T 35
L.158.
D.

L 1222.
E 6 12.

HISTOIRE
DE FRANCE.

TOME XII.

SENLIS,
IMPRIMERIE STÉRÉOTYPE DE TREMBLAY.

HISTOIRE DE FRANCE,

DEPUIS

LES GAULOIS JUSQU'A LA MORT DE LOUIS XVI,

PAR M. ANQUETIL,

DE L'INSTITUT NATIONAL, MEMBRE DE LA LÉGION D'HONNEUR.

CINQUIÈME ÉDITION,

REVUE ET CORRIGÉE AVEC LE PLUS GRAND SOIN.

TOME DOUZIÈME.

TABLE.

PARIS,
LEDENTU, LIBRAIRE,
QUAI DES AUGUSTINS, N° 31.
1825.

TABLE DES MATIÈRES.

Nota. Les chiffres romains indiquent les tomes, les chiffres arabes les pages.

Les personnages de même nom, ainsi que les princes qui sont désignés par le même prénom, sont rangés entre eux suivant l'ordre chronologique.

A

ABAILARD, ses nombreux disciples, tome II, page 219. — Est condamné par plusieurs conciles, *ibid.* — Ses amours avec Héloïse, sa mort, *ibid.*

ABDÉRAME, général des Sarrasins, vaincu et tué par Charles-Martel, I, 356.

ABERCROMBIE, général anglais, est défait par le marquis de Montcalm au fort de Carillon, XI, 59.

ABIGAT ou AMBIGAT, roi des Berruyers, envoie des colonies celtiques en Italie et en Germanie, sous la conduite de ses neveux Sigovèse et Bellovèse, I, 18.

ACADÉMIES. Leur origine, III, 111. — Des belles-lettres, des sciences, de peinture, de sculpture et d'architecture, X, 162.

ACADÉMIE FRANÇAISE (L'). Son établissement, VIII, 347.

ACHÉ (le comte D'), vice-amiral, porte le comte de Lally dans les Indes orientales, XI, 60. — Rend deux combats indécis contre l'amiral Pocock, 62. — Refuse de faire voile pour Madras et regagne l'Ile-de-France, *ibid.* — Rend un troisième combat indécis contre l'amiral Pocock, 71. — Regagne une seconde fois l'Ile-de-France malgré les instances et les protestations du conseil de Pondichéri, *ibid.*

ACIER (Jacques de Crussol, baron D'), frère et successeur d'Antoine de Crussol, premier duc d'Uzès. Il lève des troupes contre la cour, VI, 288. — Il lève 25,000 hommes dans le Languedoc et le Dauphiné, 291. — Fait lever aux catholiques le siège de Cognac, 301.

ACLOQUE, chef de bataillon de la garde nationale, se serre auprès de Louis XVI au 20 juin pour le protéger, XI, 358.

ADALBERON, archevêque de Reims; sa réponse à Charles de Lorraine, II, 151, 152.

ADALGISE, fils de Didier, roi des Lombards, poursuivi par Charlemagne, se retire à Constantinople, II, 170. — Revient en Italie, 179. — Vaincu par les généraux de Charlemagne, est mis à mort, 185.

ADÉLAIDE ou **ALIX**, fille de Louis-le-Bègue, mère de Charles le-Simple, II, 107.

ADÉLAIDE, fille de Humbert, comtesse de Maurienne, femme de Louis VI, surveille l'éducation de ses enfants, II, 195. — Épouse en secondes noces Mathieu de Montmorency, 206.

ADÉLAIDE (Marie) **DE SAVOIE**, fille d'Amédée, duc de Savoie, épouse le duc de Bourgogne, petit-fils de Louis XIV, X, 83. — Sa mort, 179.

ADÉLAIS, crue fille de Louis-le-Débonnaire, femme de Robert-le-Fort, duc de France, II, 94.

ADELSTAN, roi d'Angleterre, recueille Ogine sa sœur, et Louis d'Outremer son neveu, II, 127.

ADLER SALVIUS, chancelier de cour en Suède, plénipotentiaire au traité de Westphalie, IX, 190.

ADOLPHE, fils d'Arnoul, comte d'Egmont et duc de Gueldres, renferme son père, IV, 297. — Est renfermé à son tour, *ibid*.

ADRETS (François de Beaumont, baron des). Ce que Le Laboureur dit de lui, VI, 229. — Ce qui lui arriva à Montbrison, *ibid*. — Ce que M. de Thou dit de lui, *ibid*.

ADRIEN (P. Ælius), empereur romain, fils adoptif de Trajan. Il fait construire le pont du Gard, près de Nîmes, I, 177.

ADRIEN, pape, fils de Théodule, duc de Rome et consul impérial. Il envoie à Charlemagne une pièce de vers de sa façon, II, 38. — Sa mort, 44.

ADRIEN II, pape, oblige Lothaire, roi de Lorraine, de jurer qu'il ne reprendra jamais Valdrade, II, 96.

ADRIEN VI, (Adrien-Florent), pape, succède à Léon X, V, 279. — Somme François I d'accéder à une trêve avec Charles-Quint, 288. Se prête à une ligue contre François I, *ibid*. — Sa mort; son épitaphe, 289.

ÆGA, maire du palais d'Austrasie sous Clovis II. Sa mort, I, 340.

ÆGIDIUS ou **GILLON**, maître des milices romaines dans les Gaules. Il est appelé à occuper le trône de Childéric, I, 273. — Abuse de son pouvoir, et est expulsé, *ibid*.

ÆTIUS, général romain, seconde les projets du secrétaire Jean, pour supplanter l'empereur Valentinien III, I, 265. — Force les Francs à repasser le Rhin, *ibid.* — Fait éprouver de légers échecs à Clodion, 266. — Concourt avec les Francs et les Bourguignons à la défaite d'Attila, près de Châlons, 268. — Épargne les Huns dans leur retraite, *ibid.* — Est assassiné de la propre main de l'empereur Valentinien, 270.

AGAPET II, pape, envoie un légat pour assembler un concile des Gaules et de la Germanie, II, 132.

AGIOT (l'). Son origine, X, 249. — Signification de ce mot, *ibid.* — Il s'introduit dans les autres pays, 275.

AGLIÉ (Philippe, comte d'), ministre de Christine, duchesse de Savoie, la confirme dans la résolution de ne pas se dessaisir de son fils, VIII, 397. — Richelieu propose dans le conseil de le faire arrêter, *ibid.* — Il est saisi dans Turin, et conduit à la Bastille, 401.

AGNÈS, fille de saint Louis et de Marguerite de Provence, épouse Robert II, duc de Bourgogne, II, 344.

AGRICOLA, beau-père de l'historien Tacite, nommé par Vespasien au gouvernement de l'Aquitaine, I, 176.

AGRIPPA (M. Vipsanius), lieutenant d'Auguste, est envoyé dans les Gaules à l'occasion d'une révolte de l'Aquitaine, I, 139. — Fait tracer diverses routes partant de Lyon, *ibid.* — Procure à Octave le gain de la bataille d'Actium, *ibid.* — Devient gendre d'Auguste, 143. — Est envoyé de nouveau dans la Gaule, *ibid.*

AGRIPPINE, fille de Germanicus et de la vertueuse Agrippine, fille d'Agrippa et de Julie. Elle naît à Cologne, où elle fait passer depuis une colonie, I, 143. — Veuve de Domitius Ænobarbus, et mère de Néron, elle épousa l'empereur Claude, son oncle, 152. — Elle l'empoisonna après lui avoir fait adopter son fils, *ibid.*

AGUESSEAU (Henri-François d'), chancelier de France. Il est élevé à cette dignité par le duc d'Orléans, auquel il avait été favorable dans la postulation de la régence, X, 220. — Il est exilé par son opposition au système de Law, 240. — Interpolation qu'il se permet dans une circulaire aux évêques constitutionnaires, 280. Il est rappelé, 300. — Conclut à l'arrestation de quelques membres du parlement, 314. — Donne sa démission, XI, 14.

AIDER-ALI-KAN, sultan de Mysore, ne peut arriver à temps pour sauver Pondichéri, XI, 204. — Se propose d'affranchir la péninsule de l'Inde du joug des Anglais, 205. — Ravages qu'il commet dans leurs établissements, *ibid.* — Assiége le nabab d'Arcate dans sa capitale, *ibid.* — Bat et fait prisonnier le colonel Baillie, 200. — Battu quatre fois par sir Eyre Coote, il est forcé d'évacuer le Carnate, 207. — Veut marcher sur Madras à l'arrivée du bailli de Suffren, et en est dissuadé par lui, 220. — Sa mort, 222.

AIDES (la cour des). Elle fait cause commune avec le parlement dans l'affaire de la Paulette, IX, 43. — Anne d'Autriche lui donne l'ordre de quitter Paris; elle fait des remontrances, 107. — Louis XV la casse, XI, 139.

AIDIE (Odet D'), seigneur de Lescun par sa femme. (*Voy.* Lescun.)

AIGROLD, chef danois, prend la défense de Richard, duc de Normandie, contre Louis IV, qu'il fait prisonnier, II, 129 et 130.

AIGUILLON (Marie-Magdeleine de Vignerot, duchesse D'), nièce du cardinal de Richelieu, épouse d'Antoine du Roure, marquis de Combalet. Son oncle lui ordonne de se préparer à quitter la maison de la reine-mère, VIII, 276. — Elle se jette aux pieds de la reine-mère; accueil qu'elle en reçoit, 287. — Elle ferme au duc de Richelieu, son neveu, les portes du Havre, IX, 157.

AIGUILLON (Emmanuel-Armand Duplessis, duc D'), commandant en Bretagne, arrière-petit-fils de Jean-Baptiste Amador de Vignerot, marquis de Richelieu, frère cadet d'Armand-Jean Duplessis, duc de Richelieu, substitué aux nom et armes Duplessis, sans mélange d'aucun autre, tous deux petits-fils de Françoise Duplessis Richelieu, sœur du cardinal. Il repousse les Anglais descendus à Saint-Cast, XI, 63. — Son affaire avec le parlement de cette province, 125. — Il s'oppose aux arrêts du parlement de Bretagne, 126. — Il est rappelé de Bretagne, 131. — Il est attaqué par le parlement de Bretagne, 132. — Arrêt du parlement de Paris contre lui, 134. — Il est fait ministre des affaires étrangères, 137. — Il laisse partager une partie de la Pologne entre l'Autriche, la Russie et la Prusse, 142 et suiv.

AIGUILLON (N. Duplessis, duc D'), fils du précédent, député aux états généraux de 1789, provoque, le 4 août, le rachat des droits féodaux, XI, 282.

AILLI (Pierre D'), chargé de négocier l'abdication de Benoît XIII, III, 376

AIMERIES (le seigneur D'), gouverneur de Mons, reçoit chez lui le connétable de Saint-Pol, IV, 320.

AIMERY, gouverneur de Calais pour Edouard III. Le trahit, obtient sa grâce, à quelle condition? III, 161. — S'empare de Guines; sa mort, 169.

AIRE (Jean D'), cousin d'Eustache de Saint-Pierre, bourgeois de Calais; son généreux dévouement, III, 158.

ALAIN (sire d'Albret), arrière-petit-fils du connétable de ce nom, et père de Jean, roi de Navarre. Il se flatte d'épouser Anne, fille de François II, duc de Bretagne, V, 34. — Projette de se défaire du duc d'Orléans, 40. — Se fait donner par le vice-chancelier de Bretagne une procuration au nom d'Anne de Bretagne, pour obtenir de Rome la dispense nécessaire pour son mariage avec cette princesse, 43. — Projette d'enlever Anne de Bretagne, 45. — Continue ses persécutions contre Anne de Bretagne, 47. — Renonce à ses prétentions sur Anne de Bretagne, et livre aux Français la ville de Nantes, 48. — Louis XII lui donne le commandement d'une armée chargée de pénétrer en Espagne, V, 151. — S'offre comme témoin dans le procès du maréchal de Gié, 166. — Le maréchal de Gié le traite avec mépris, *ibid.*

ALAIS (Louis-Emmanuel d'Angoulême, comte d'). *Voy.* Angoulême (Louis-Emmanuel).

ALANÇON (D'), avocat. Le président Brisson demande à lui parler avant d'aller à la potence, VII, 297.

ALARIC, roi des Visigoths, de la famille des Balthes, successeur de Fritigern, fait ses premières armes sous Théodose, à la bataille d'Aquilée, I, 244. — Est appelé par Ruffin à la dévastation de l'empire, 248. — Se retire devant Stilicon, 249. — Gagne l'Illyrie et s'y maintient en qualité de gouverneur, 251. — Est pensionné par l'empire sur l'avis de Stilicon; forme de nouvelles demandes, passe en Italie; est battu par Stilicon à Pollentia et à Vérone, et retourne en Illyrie, 252. — Rentre en Italie sous prétexte de venger la mort de Stilicon, et assiége Rome qui se rachète du pillage, 255. — Assiége Rome une seconde fois et lui donne Attale pour maître, 256. — Investit Honorius dans Ravennes, dépose Attale et le rapproche de l'empereur, *ibid.* — Il rompt les négociations, met pour la troisième fois le siége devant Rome: la prend, la livre au pillage et y fait prisonnière Placidie, sœur d'Honorius, 257. — Sa mort, sa sépulture, *ibid.*

ALARIC II, roi des Visigoths, est défait et tué par Clovis, à la bataille de Vouillé, I, 283.

ALBE (Ferdinand d'Avaroz de Tolède, duc d'), vice-roi de Naples, fait lever le siége de Perpignan aux Français, V, 396. — Commande à Naples avec dureté, VI, 43. — Commande en Italie une armée de 30,000 hommes, que Charles V lui envoie, 62. — Entretient des intelligences secrètes avec le cardinal Caraffe, 83. — Ses conférences à Bayonne avec Catherine de Médicis, VI, 250. — S'approche des frontières de France pour aller combattre les Flamands, 263.

ALBE MARIE (Arnold-Juste de Keppel, lord duc d'), général des

Hollandais à la journée de Denain, est forcé et fait prisonnier dans ses lignes par Villars, X, 187.

ALBERGOTTI (le marquis d'), contrarie Villars dans ses opérations, X, 189. — Se refuse d'abord à attaquer un fort, qu'il a la honte de trouver évacué, 195 et 196.

ALBERONI (le cardinal), ministre d'Espagne sous Philippe V, X, 226. — Ses desseins, 227. — Ses projets, 234. — Efforts de l'Espagne sous son ministère, 235. — Ce qu'il écrivait au prince de Cellamare, ambassadeur d'Espagne en France, 254. — Il est disgracié, 267.

ALBERT DE BAVIÈRE, comte de Hainaut et de Hollande, conseille à son fils, le comte d'Ostervant, de ne point s'embarquer dans l'expédition de Hongrie contre Bajazet, III, 381.

ALBERT, électeur de Brandebourg, refuse d'accéder au traité nommé la *liberté de Passau*, VI, 41. — Vient offrir ses services au duc de Guise enfermé dans Metz, 47. — Bat un détachement de troupes françaises devant Metz, *ibid.*

ALBERT (l'archiduc), frère des empereurs Rodolphe II et Mathias, gouverneur des Pays-Bas, vient au secours d'Amiens assiégé par les Espagnols, VII, 401. — État de sa cour, VIII, 56 et 57. — Il oblige le prince de Condé à sortir de ses états, 59. — Sa réponse aux plaintes de d'Estrées, 63. — Se montre sensible à la mort de Henri IV, 78.

ALBERT DE RIOMS (D'), capitaine de vaisseau, fait retirer de la mer l'artillerie de siège échouée à la côte de l'île de Saint-Christophe, XI, 211.

ALBERT (Jacques D'), maréchal de Saint-André. (*V.* Saint-André.)

ALBIGEOIS. Ce qu'ils étaient, II, 263.

ALBRET (Arnaud Amanieu, sire D') envoie demander un sauf-conduit aux Parisiens pour conférer avec eux, III, 327.

ALBRET (Charles, sire D'), fils du précédent, connétable, est prisonnier à la bataille d'Azincourt, IV, 64.

ALBRET (Charles II, sire D'), fils du précédent, un des chefs de la guerre du bien public, IV, 229.

ALBRET (Alain, sire D'), dit *le Grand*, fils de Jean d'Albret, vicomte de Tartas, et petit-fils du précédent. (*Voy.* Alain.)

ALBRET (Henri II, sire D'), roi de Navarre, fils de Jean d'Albret, roi de Navarre, et petit-fils d'Alain; ce qu'il dit à sa fille, grosse de Henri IV, VI, 245.

ALCUIN, auteur contemporain de Charlemagne, II, 36.

ALÈGRE (Yves D') fait résonder la bataille de Cérignoles, V, 150.

ALEMBERT (Jean Le Rond, d'), fils naturel du chevalier Destouches et de madame de Tencin, religieuse sécularisée, sœur du cardinal de ce nom, l'un des promoteurs de la secte philosophique, lieutenant de Voltaire à cet égard, XI, 13. — Son opinion sur la véritable cause de l'extinction des jésuites, 100.

ALENÇON (Pierre d'), fils de saint Louis et de Marguerite de Provence. Son père lui lègue le comté d'Alençon et le Perche, II, 344. — Prend la croix pour la sixième croisade, 345.

ALENÇON (Charles II, comte d'), frère de Philippe de Valois, fait perdre la bataille de Créci, et y périt, III, 151.

ALENÇON (Pierre II, comte d'), fils du précédent, se ligue avec d'autres seigneurs contre le duc de Bourgogne, IV, 26.

ALENÇON (Jean, duc d'), fils du précédent, est tué à la bataille d'Azincourt, après avoir tué de sa propre main le duc d'Yorck, et attaqué en personne le roi d'Angleterre, IV, 63.

ALENÇON (Jean II, duc d'), fils du précédent, est fait prisonnier à la bataille de Verneuil, IV, 107. — Recouvre sa liberté, 119. — Est arrêté comme chef d'une conjuration, 197. — On lui fait son procès, 198. — Son discours devant ses juges, 200. — Est condamné à mort; la peine est commuée en une prison perpétuelle, 201. — Louis XI le tire de prison, et le rétablit dans tous ses biens et dignités, 210. — Un des chefs de la guerre du bien public, 229. Est arrêté et conduit à Paris, 295. — Condamné à mort; la peine est commuée en une prison; sa mort, 300.

ALENÇON (René d'), comte du Perche, puis duc d'Alençon, fils du précédent. Procès criminel que lui fait intenter Louis XI, IV, 370. — Se ligue contre madame de Beaujeu, V, 2.

ALENÇON (Charles IV, duc d'), fils du précédent. il reçoit de François I, dont il avait épousé la sœur, le commandement de l'avant-garde, au préjudice du connétable Charles de Bourbon, V, 276. — Il fuit à la bataille de Pavie, 312. — Sa mort, 314.

ALENÇON (le duc d'). *Voyez* ANJOU (Alexandre de France, duc d').

ALEXANDRE SÉVÈRE, empereur romain, menacé par Héliogabale son cousin, est proclamé par les soldats, I, 183. — Est assassiné par eux, *ibid.*

ALEXANDRE III (Roland de Sienne), pape, réconcilie Louis VII avec Henri II, roi d'Angleterre, II, 223.

ALEXANDRE V (Pierre de Candie) est élu pape par le concile de Pise, IV, 18. — Demande une décime pour la réunion des églises grecque et latine, 29.

ALEXANDRE VI (Rodrigue Borgia), pape, envoie un légat à

Charles VIII, pour le détourner de rien entreprendre contre le royaume de Naples, V, 67. — Propose à Bajazet, empereur de Constantinople, une ligue avec Alphonse, roi de Naples, contre Charles VIII, 74. — Cherche à empêcher Charles VIII de venir à Rome, 75. — Traite avec Charles VIII, *ibid*. — Instruit Bajazet du plan de révolte formé contre lui, 81. — Il fait mourir Astor Manfredi, prince de Faenza, 122. — Il publie une croisade ; à quelle intention ? 124. — Fait empoisonner le cardinal des Ursins, 139. — Négocie avec le cardinal d'Amboise, 153. — Meurt empoisonné, 154.

ALEXANDRE VII (Fabio Chigi), pape, nonce d'abord au traité de Westphalie, IX, 90. — Réparation qu'il fait à Louis XIV, d'une insulte faite au duc de Créqui, son ambassadeur, 351. — Ordonne la signature d'un formulaire condamnant les erreurs du livre de Jansénius, 374.

ALEXANDRE VIII (Pierre Ottoboni), pape, se relâche sur l'article de la régale, mais tient ferme sur celui des franchises, et amène Louis XIV à y renoncer, X, 52.

ALEXANDRIN (Michel Bonelli, dit le cardinal), neveu du pape Pie V ; son oncle l'envoie en France ; pourquoi, VI, 332.

ALEXIS I, Comnène, empereur de Constantinople, neveu de l'empereur Isaac Comnène, voit avec inquiétude les croisés dans ses états, et leur facilite leur passage en Asie, III, 58.

ALEXIS COMNÈNE, quatrième descendant d'Alexis I, et petit-fils d'Andronic I, prédécesseur d'Isaac l'Ange, fonde l'empire de Trébizonde, II, 182.

ALEXIS III (l'Ange), empereur de Constantinople ; détrône Isaac l'Ange, son frère, II, 260. — Il est détrôné et mis en fuite par les croisés, 261.

ALEXIS IV (L'Ange dit le Jeune), fils d'Isaac L'Ange, empereur de Constantinople, va trouver les croisés à Zara, II, 260. — Est assassiné, 261.

ALEXIS (Murtzuphle) tue Isaac, empereur de Constantinople, II, *ib*.

ALFESTON (Jean), domestique de Marie de Médicis, condamné à mort, comme convaincu d'avoir voulu assassiner le cardinal de Richelieu, VIII, 337.

ALIGRE (Étienne D'), garde-des-sceaux ; Richelieu lui fait ôter les sceaux. Pourquoi ? VIII, 255.

ALIGRE (Étienne II D'), garde-des-sceaux, puis chancelier de France, fils du précédent. Coopère à la confection des ordonnances de Louis XIV, IX, 361.

LINCOURT. *Voyez* VILLEROY (Charles de Neufville, marquis d').

ALIX, fille de Thibault, comte de Champagne, épouse Louis VII, II, 222. — Se retire en Normandie, 232. — Régente du royaume, 243.

ALIX DE FRANCE, fille de Louis VII, est promise à Richard, second fils du roi d'Angleterre Henri II, II, 224. — Elle est emmenée en Angleterre, 228. — Sa dot devient la cause d'une guerre, *ibid.* — Elle est renvoyée en France par Richard, qui ne l'épouse pas, et qui garde sa dot, 244.

ALIX DE CHAMPAGNE, reine de Chypre, fille de Henri II, comte de Champagne et roi de Jerusalem. Ses droits au comté de Champagne, II, 296. — Thibault IV, son cousin germain, est condamné par saint Louis à lui assurer une rente de deux mille livres et à lui payer quarante mille livres comptant, *ibid.*

ALMOADIN, fils de Malec Sala, soudan d'Egypte, II, 313. — Traité avec Louis IX, 317. — Sa mort, *ibid.*

ALPAIDE, mère de Charles, fils de Pepin d'Héristal, I, 350.

ALPHONSE DE FRANCE, comte de Poitiers et de Toulouse, fils de Louis VIII et de Blanche de Castille, II, 291. — Épouse Jeanne, fille de Raymond, comte de Toulouse, 299. — Est mis en possession du comté de Toulouse, 302. — Prend la croix, 308. — Est donné en otage aux Sarrasins, 318. — Prend la croix pour la sixième croisade, 345. — Sa mort, III, 3.

ALPHONSE III, roi d'Aragon, succède à Pierre III, son père, III, 19.

ALPHONSE V DE CASTILLE, roi d'Aragon, appelé à la succession de Jeanne II, reine de Naples, IV, 213. — S'empare de Naples et en transmet la couronne à Ferdinand I, son fils naturel, 214.

ALPHONSE II, fils de Ferdinand I, roi de Naples, succède à son père, V, 69. — Lève une armée pour s'emparer du Milanais, *ibid.* — Abdique en faveur de Ferdinand II, son fils, 77.

ALSACE (Philippe D'), comte de Flandre, régent du royaume, II, 231. — Se retire en Flandre, 233. — Fait la guerre à Philippe-Auguste, 236.

ALTREMEN (François), chef des Gantois, s'empare de Dam, III, 335.

ALVIANE (Barthélemi), général vénitien. Gonzalve l'envoie combattre Louis Ars, capitaine français, V, 171. — Commande les troupes vénitiennes; est fait prisonnier à la journée d'Agnadel, 197. — Sa réponse à Louis XII, *ibid.* — Il est rendu à la liberté, 222. Décide la victoire à Marignan, et meurt de la fatigue qu'il éprouve, 262.

AMBIGAT. (*Voyez* ABIGAT).

AMBIORIX, chef des Éburons, est affranchi par César du tribut qu'il payait aux Atuatiques, I, 83. — Attaque les quartiers de Sabinus et de Cotta, *ibid.* — Les détermine à la retraite par une fausse confidence, et les enveloppe, 84. — Invite Sabinus à une conférence, et le fait massacrer, 85. — Attaque vainement le camp de Q. Cicéron, 87. — Il est surpris par César, et lui échappe, 95.

AMBOISE (Pierre de Berrie d'), chambellan de France, père du cardinal d'Amboise, V, 100.

AMBOISE (Charles d') sieur de Chaumont, fils du précédent, se saisit de la Bourgogne au nom de Louis XI, IV, 336. — Ce qu'il demande à ce prince, et la réponse du roi, *ibid.*

AMBOISE (Charles II d'), sieur de Chaumont, maréchal de France, fils du précédent. Commande les Français venus au secours du duc de Ferrare, V, 209. — Manque d'enlever Bologne et le pape, *ibid.* Fait demander au pape, en mourant, la levée des censures portées contre ceux qui lui avaient fait la guerre, *ibid.*

AMBOISE (Georges d'), fils de Pierre de Berrie et d'Anne de Beuil, Louis XII le fait son premier ministre, et lui obtient le chapeau de cardinal, V, 100. — Louis XII l'envoie recevoir la soumission du Milanais, 117. — Va à Rome négocier avec le pape, 121. — Le pape le nomme son légat *à latere* en France, 122. — Signe un traité à Trente, au nom de Louis XII, avec Ferdinand d'Espagne et Philippe d'Autriche, 132. — Passe en Italie avec l'armée française; négocie avec le pape, 153. — Fait connaître à Louis XII le danger d'exécuter le traité de Blois, 177. — Louis XII le nomme un des membres du conseil chargé de la direction du royaume pendant la régence, 178. — Conclut une ligue à Cambrai, au nom de Louis XII, avec le pape et Maximilien, 194. — Sa mort, 204.

AMBOISE (Louis d'), évêque d'Albi, commissaire nommé par le pape Alexandre VI, relativement au divorce de Louis XII avec Jeanne de France, V, 102. (*Voy.* Bussy et Clermont.)

AMBROISE (saint), archevêque de Milan, né à Trèves, I, 241. — Négociateur de Valentinien II auprès du tyran Maxime, 237 et 241. — Rebute les priscillianistes qui recherchent son appui, 237.

AMÉDÉE V (dit *le Grand*), comte de Savoie et le sauveur de Rhodes, gagné par les présents d'Édouard I, roi d'Angleterre, III, 22.

AMÉDÉE VIII, premier duc de Savoie, antipape, élu sous le nom de *Félix V* par le concile de Basle, IV, 177. — Renonce à sa dignité, 108.

AMELINE, avocat, membre de la faction des Seize, se ligue avec d'autres pour faire périr le président Brisson, VII, 295. — Le duc de Mayenne le fait pendre, 300.

AMELOT DE LA HOUSSAYE. Ce qu'il dit de la promesse de mariage faite par Henri IV à Henriette d'Entragues, VIII, 26 et la note.

AMELOT, premier président de la cour des aides; son apostrophe au prince de Condé qui était venu prendre séance au parlement, quoiqu'en guerre ouverte avec la cour, IX, 255.

AMÉRICAINS. Ils s'insurgent contre l'Angleterre, XI, 161. — Louis XVI traite avec eux, 170. — Traité de paix qui assure leur indépendance, 226.

AMHERST, amiral anglais, s'empare de Louisbourg, XI, 58.

AMILCAR, général carthaginois, excite les Cisalpins à la révolte, I, 35.

AMIRANTE DE CASTILLE (L'). Sa réponse au duc de l'Infantado, VI, 370.

AMIRANTE DE CASTILLE (L'). Description du repas qu'il donne au maréchal de Grammont, chargé d'aller faire la demande de l'infante pour Louis XIV, IX, 337.

AMOUR (cour d'). Comment elle était composée, III, 361.

AMURAT I, petit-fils d'Ottoman, et père de Bajazet, s'établit en Europe, IV, 189. — Établit les janissaires, ibid.

AMURAT II, petit-fils de Bajazet, et père de Mahomet II, qui prit Constantinople, est battu par Corvin-Huniade, IV, 190. — Il défait à Varna Ladislas, roi de Pologne, fils de Jagellon, ibid. — Georges Castriot, dit Scanderberg, lui résiste, ibid.

AMYOT (Jacques), abbé de Bellozane, évêque d'Auxerre, précepteur des enfants de Henri II, traducteur de Plutarque, est dans les bonnes grâces de Charles IX, VI, 395.

ANASTASE, empereur d'Orient, nomme Clovis consul, I, 285.

ANDELOT (François de Coligni, sieur d'), frère de l'amiral de Coligni, colonel-général de l'infanterie française; il est arrêté pour ses opinions et privé de sa charge. Henri II le relâche à la prière de ses frères, VI, 96. — Le prince de Condé l'envoie au-devant d'une armée levée en Allemagne, 214. — Il se jette dans Orléans après la bataille de Dreux, 221. — Il n'ose attaquer les Suisses qui escortaient Charles IX de Meaux à Paris, 267 et 268. — Sommation qui lui est faite par le roi, 270. — Il lève des troupes contre la cour, 289. — Il se rend à Cognac après la bataille de Jarnac, 297 et 298. — Sa mort et son caractère, 302.

ANDRAGATHIUS assassine près de Lyon l'empereur Gratien,

I, 236. — Se jette à la mer tout armé pour échapper au supplice, 242.

ANDRÉ de Hongrie, époux de Jeanne d'Anjou, reine de Naples. (*Voy.* Anjou.)

ANDRÉ (le major), envoyé par le général anglais Clinton vers le major général américain Arnold, est saisi et exécuté comme espion, XI, 189.

ANDRÉ (D'), conseiller au parlement d'Aix, député à l'assemblée nationale, est nommé par elle pour recevoir la déclaration du roi et de la reine au sujet de leur évasion, XI, 335.

ANE (la fête de L'). En quoi elle consistait, II, 283.

ANGEL, médecin juif. Charles le Mauvais veut l'engager à empoisonner Charles V. S'y refuse. Sa mort, III, 284.

ANGELUS (L'). Prière à la sainte Vierge, par qui instituée et à quelle occasion, IV, 287.

ANGENNES (Claude D'), évêque du Mans, grand-oncle de la duchesse de Montausier. Henri IV l'envoie en ambassade à Rome avec le duc de Nevers, VII, 354. — A quelle condition le pape consent à le voir, 359 et 360.

ANGOULÊME (Jean d'Orléans, comte D'), fils de Louis I, duc d'Orléans, frère de Charles VI, et de Valentine Visconti, IV, 11. — Pardonne au duc de Bourgogne la mort de son père, 22. — Traite à Auxerre avec le duc de Bourgogne, 40.

ANGOULÊME (Charles d'Orléans, comte D'), fils du précédent et cousin de Louis II, duc d'Orléans, se ligue avec lui contre madame de Beaujeu, V, 2 et 3. — Se ligue de nouveau avec d'autres seigneurs contre la même, 20. — Obtient de rentrer en grâce avec celle-ci qui lui fait épouser Louise de Savoie, de laquelle il eut François I, 29. — Est réputé le plus homme de bien des princes du sang, 253.

ANGOULÊME (François, comte D'), duc de Valois, fils du précédent. (*Voyez* François I.)

ANGOULÊME (Louise de Savoie, duchesse D'), mère de François I. (*Voyez* Louise de Savoie).

ANGOULÊME (Diane, duchesse D'), fille naturelle de Henri II, veuve d'Horace Farnèse tué à Hesdin, VI, 50. — Épouse François de Montmorency, fils aîné du connétable, 85. — Elle négocie la réconciliation du roi de Navarre avec Henri III, VII, 209. — Elle forme une opposition à l'édit de Folembrai, 393. — Présente à la cour Henriette Charlotte de Montmorency, sa nièce, qu'elle avait élevée, VIII, 53. — Offre d'aller demeurer auprès de son frère à Bruxelles, 62.

ANGOULÊME (Henri D'), grand-prieur de France, fils naturel de Henri II; assiste au conseil où le massacre des calvinistes est fixé au jour de Saint-Barthélemi, VI, 349. — Il foule aux pieds le cadavre de Coligni, massacré à la Saint-Barthélemi, 353.

ANGOULÊME (Charles de Valois, comte d'Auvergne et duc D'), fils naturel de Charles IX et frère utérin de la marquise de Verneuil, maitresse de Henri IV. Son dépit de ce que ce prince ne l'épouse pas, VII, 431. — Se met à la tête d'une cabale contre Henri IV, 444. — Ses tentatives, 447. — Sa réponse à Praslin, capitaine des gardes de Henri IV, qui lui demandait son épée, 458. — Il est transféré de Fontainebleau à la Bastille, 459. — Il obtient sa grâce, 471. — Il entretient une liaison entre Zuniga, ambassadeur d'Espagne, et Henriette d'Entragues, sa sœur, VIII, 24 et 25. — S'échappe en plaisanteries sur Henri IV, 25. — Il se fait reléguer en Auvergne; pourquoi, 30. — Il est livré à toutes les angoisses de la frayeur, 31. — Ruse employée pour l'arrêter, 32. — Il est conduit à la Bastille, ibid. — Il est interrogé, 33. — Ses réponses aux interrogatoires qu'il subit, ibid. — Il est confronté avec le comte d'Entragues et Henriette d'Entragues, 36. — Il est condamné à avoir la tête tranchée, 37. — L'arrêt est commué en une détention à la Bastille, 38. — Marie de Médicis le tire de la Bastille, VIII, 138. — Elle lui donne le commandement de l'armée contre les mécontens, 141. — Il rapporte à Richelieu la proposition que lui a faite le père Caussin, confesseur de Louis XIII, 383.

ANGOULÊME (Louis-Emmanuel D'), comte d'Alais, fils du précédent et de Charlotte de Montmorency, fille ainée du second connétable, commandant de la Provence, manque d'être massacré par la populace d'Aix, IX, 120.

ANGHIEN (François Bourbon de Vendôme, comte D'), frère d'Antoine de Bourbon, fait partie d'une expédition dans le Luxembourg, V, 395. — Remporte une victoire à Cérisoles en Piémont, contre les troupes de Charles-Quint, 407.

ANGHIEN (le duc D'). *Voyez* Condé (Louis II).

ANHALT-DESSAU (Léopold, prince D'), quatrième descendant de Joachim d'Anhalt, tige des quatre rameaux de Dessau, Berbourg, Coethen et Zerbst. Il commande l'infanterie prussienne à la bataille de Molwitz, et fixe la victoire, X, 337

ANHALT-ZERBST (Catherine D') impératrice de Russie, cinquième descendante de Joachim d'Anhalt. (*Voyez* Catherine II).

ANJOU (Charles D'), fils de Louis VIII, et de Blanche de Castille, tige de la première maison d'Anjou, a l'Anjou et le Maine, II, 291.

— Épouse Béatrix de Provence, 305. — Prend la croix, 308. — Accepte l'offre que lui fait le pape Urbain IV de la couronne de Naples, 339. — Défait Mainfroi à Bénévent, ibid. — Défait à Aquila le jeune Conradin, héritier légitime du royaume, et le dernier rejeton de la maison de Souabe, ibid. — Le fait périr par la main du bourreau, 340. — Aborde devant Tunis, 349. — Prend le commandement, III, 1. — Assiége Messine après les vêpres siciliennes, 14. — Sa mort, 15.

ANJOU (Charles-le-Boiteux), roi de Naples, fils du précédent, III, 19. — Est fait prisonnier par Pierre-le-Grand, roi d'Aragon, et mis en liberté par son fils, ibid. — Cède l'Anjou à Charles de Valois, frère de Philippe-le-Bel, ibid.

ANJOU (Charles-Martel), roi de Hongrie, fils aîné du précédent, donne sa fille Clémence en mariage à Louis X, III, 70.

ANJOU (Robert-le-Bon), roi de Naples, frère du précédent, et père de la fameuse Jeanne de Naples, III, 310.

ANJOU (André d'), second fils de Charobert, fils de Charles-Martel, et frère de Louis-le-Grand, roi de Hongrie. — Il épouse Jeanne de Naples, III, 310. — Est étranglé et suspendu aux fenêtres du palais, 311.

ANJOU (Louis-le-Grand d'), roi de Hongrie, frère du précédent, entre en Italie pour venger sa mort, III, 311. — Chasse de Naples la reine Jeanne, et est ensuite contraint par la peste d'évacuer l'Italie, ibid.

ANJOU (Jeanne d'), reine de Naples, petite-fille de Robert-le-Bon, épouse André de Hongrie, son cousin issu de Germain, III, 310. — Celui-ci ayant été étranglé, elle donne sa main à Louis de Tarente, 311. — Est chassé de Naples par Louis-le-Grand, roi de Hongrie, frère d'André, ibid. — Passe en Provence et vend au pape son comté d'Avignon, ibid. — Rentre à Naples, 312. — Épouse successivement Jacques d'Aragon et Othon de Brunswick, ibid. — Appelle à sa succession Charles de Durazzo, qui essaie de dépouiller sa bienfaitrice, ibid. — Elle fait de nouvelles dispositions en faveur de Louis I, duc d'Anjou, fils du roi Jean, ibid. — Est étranglée par ordre de Charles de Duras, 313.

ANJOU-DURAZZO (Charles d'), roi de Naples et de Hongrie, petit-neveu de Robert-le-Bon, roi de Naples. (Voy. Durazzo.)

ANJOU (Ladislas d'), fils du précédent. Louis II d'Anjou lui abandonne le royaume de Naples, III, 388 et 389. — Est assisté puissamment par Boniface, XI, ibid.

ANJOU (Jeanne II ou Jeannette d') reine de Naples, sœur du précédent, succède à son frère. Elle épouse Jacques de Bourbon, comte de la Marche, et par sa mauvaise conduite l'oblige à retourner en France, IV, 120, *à la note*. — Teste en faveur d'Alphonse V, roi d'Aragon, puis de Louis III, duc d'Anjou, et de René son frère, 213 et 214.

ANJOU (Louis I, duc d'), roi titulaire de Naples et de Sicile, fils du roi Jean, et tige de la seconde maison d'Anjou. Il est chargé du gouvernement dans l'absence de Charles, dauphin, son frère, III, 193. — Tige de la seconde branche des rois de Naples, 234. — S'échappe de Calais, où il était en otage, 237. — Sollicite Charles V de faire la guerre à Montfort, duc de Bretagne, 244. — Commande l'armée française en Bretagne, 274. — Convient d'une suspension d'armes avec le duc de Lancastre, 275. — S'empare de Montpellier sur Charles-le-Mauvais, 286. — Fait des plaintes à Charles V, son frère, de ses intentions à l'égard de la Bretagne, 293. — Chargé de défendre la Normandie contre Montfort, duc de Bretagne, signe une trêve d'un mois, 295. — A la mort de Charles V, son frère, veut la régence sans partage, 303. — Ses rapines, *ibid.* — Force Savoisi à lui indiquer l'endroit où était déposé le trésor de Charles V, 304. — Est nommé président du conseil de Charles VI, 306. — Promet au peuple l'abolition des impôts depuis Philippe-le-Bel, 307. — Ses préparatifs pour la conquête du royaume de Naples, 310. — Est adopté par Jeanne, reine de Naples, 312. — Descend en Italie, 313. — Supercherie qu'il emploie pour lever un nouvel impôt, 317. — Fait filer des troupes dans Paris, 319. — Se fait reconnaître héritier de Jeanne de Naples pour le comté de Provence, 332. — Obligé de vendre sa vaisselle et ses équipages, 333. — Sa déroute et sa mort, 334.

ANJOU (Louis II d'), fils du précédent, roi titulaire de Naples et de Sicile. Tournoi donné lorsqu'il reçoit l'ordre de chevalerie, III, 350. — Tente en vain de rentrer dans le royaume de Naples, 358. — Abandonne le royaume de Naples à Ladislas, 389. — Se porte médiateur entre le duc d'Orléans et le duc de Bourgogne, IV, 6. — Va au-devant de la duchesse d'Orléans après la mort de son mari, 12. — Va trouver, de la part de la cour, le duc de Bourgogne à Amiens, *ibid.* — Suit à Melun la reine Isabelle, 15. — Presse le roi de pardonner au duc de Bourgogne, 22. — Est obligé de renoncer à la couronne de Sicile, dont il retient le titre, 25. — Entre dans une ligue contre le duc de Bourgogne, 48. — Renvoie Catherine de Bourgogne, venue pour épouser son fils, 50 et 51. — Vient avec Isabelle enlever d'auprès du dauphin quatre de ses favoris, 51.

ANJOU (Louis III d'), fils du précédent, roi titulaire de Naples et de Sicile, est appelé par Jeanne II ou Jeannette, reine de Naples, à sa succession, IV, 213. — Va conquérir le royaume de Naples, 215.

ANJOU (René d', dit *le Bon*), frère du précédent, donne sa fille Marguerite en mariage à Henri VI, roi d'Angleterre, IV, 170. — Est appelé après la mort de son frère à la succession de Jeanne II, reine de Naples, 213 et 14. — Ne peut l'aller recueillir ayant été fait prisonnier à Bulgneville, en disputant la Lorraine aux Vaudemonts, 214. — Il fait passer en Italie sa femme et son fils, *ibid.* — Se brouille avec Louis XI, 326. — A recours au duc de Bourgogne, 327. — Arrêt du parlement rendu contre lui, 328. — S'accommode avec Louis XI, *ibid.* — Son testament, 362 et 363.

ANJOU (Marie d'), sœur du précédent. (*Voy.* Marie d'Anjou.)

ANJOU (Marguerite d'), fille du roi René. (*Voy.* Marguerite d'Anjou.)

ANJOU (Jean d'), duc de Calabre, puis de Lorraine, fils du roi René, a des succès à Naples, puis des revers, IV, 214. — Entre dans une ligue contre Louis XI, 229.

ANJOU (Nicolas d'), duc de Lorraine, fils du précédent. (*V.* Nicolas.)

ANJOU (Charles d'), comte du Maine, frère du roi René et de Marie d'Anjou, femme de Charles VII, premier ministre de ce prince, IV, 132. — Entre dans une ligue contre Louis XI, 229. — Prend la fuite à la bataille de Mont-Lhéri, 235.

ANJOU (Charles II), comte du Maine, fils du précédent. Louis XI encourage ses poursuites sur la Provence, dans l'espoir d'en hériter. IV, 363. — Il lègue le comté de Provence à Louis XI, 372.

ANJOU (Édouard-Alexandre, et depuis Henri de France, duc d'), troisième fils de Henri II et de Catherine de Médicis. (*Voyez* Henri III.)

ANJOU (François, duc d'), d'abord duc d'Alençon, quatrième fils de Henri II et de Catherine de Médicis. — Il comble de caresses Coligni, qui était venu à la cour, VI, 330. — Vient au siége de La Rochelle avec l'armée de Henri, duc d'Anjou, son frère, 375, - - Projet chimérique qu'il forme, 379. — Son caractère, 386. — Il est chef de la cabale des *politiques* ou *mécontens*, *ibid.* — Ne profite pas de l'entreprise des *Jours gras*, tentée en sa faveur, 388. — On lui donne des gardes, 391. — Il avoue tout à sa mère, *ibid.* — Il va au-devant de Henri III à Lyon ; accueil qu'il en reçoit, VII, 15. — Son caractère, ses défauts, 23. — Mésintelligence entre Henri III et lui, 24. — Il est insulté, 27. — Il se sauve de la cour, 28. — Il se retire à Dreux, et de là dans le Poitou, 29. — Il s'abouche en Touraine avec sa mère, 30. — Il annonce au parlement l'entrée en

France d'une armée étrangère, 36. — Il est nommé généralissime de l'armée amenée en France par Jean Casimir et le prince de Condé, *ibid.* — Son apanage est augmenté de trois provinces. Il prend le titre de duc d'Anjou, 39. — Son frère lui donne le commandement d'une armée contre les confédérés, 55. — Ses projets sur la Flandre, 62. — Élisabeth, reine d'Angleterre, le flatte de l'espérance de l'épouser, 63 et 64. — Insolence des mignons à son égard, 65. — Le roi lui ordonne les arrêts, 66. — Il rentre dans les bonnes grâces du roi, à quelles conditions, 67. — Il se sauve à Alençon, *ibid.* — Se rend à Mons et s'empare de Maubeuge, *ib.* — Manque le Quesnoi et Landrecies, et rentre en France, *ibid.* — Il revient à la cour, 73. — Il presse le roi de Navarre de commencer la guerre, 78. — Il se rend au château de Fleix pour négocier avec son frère, 79. — Ses espérances, 80. — Fait lever le siége de Cambrai à Alexandre Farnèse, et s'empare de l'Écluse et du Cateau-Cambresis, *ibid.* — Il est nommé duc de Brabant, 85. — Fait un séjour à Londres, *ibid.* — Il reçoit d'Élisabeth d'Angleterre un anneau en gage de sa foi, *ibid.* — Faute qu'il commet en Flandre, 96 et 97. — Sa mort et son caractère, 97.

ANNE, fille d'Iaroslave, duc de Russie, femme de Henri II, 169. — Épouse en secondes noces Raoul, comte de Crépy, 170. — Retourne en Russie, *ibid.*

ANNE DE FRANCE, dame de Beaujeu, fille de Louis XI. (*Voyez* Beaujeu.)

ANNE DE BRETAGNE, fille ainée de François II, duc de Bretagne. Maximilien aspire à sa main, V, 30. — Fait mettre opposition par son chancelier à la procuration subreptice qu'avait obtenue le sire d'Albret à l'effet de l'épouser, 44. — Se rend à Nantes, 45. — Épouse Maximilien, 48. — Sa répugnance pour épouser Charles VIII, 52. — Épouse Charles VIII, 54. — Est couronnée à Saint-Denis, *ibid.* — Épouse Louis XII. Clauses de son mariage, V, 105 et 106. — Est couronnée une seconde fois à Saint-Denis, 107. — Sa conduite pendant la maladie du roi, 164. — Précautions qu'elle prend dans le cas où Louis XII viendrait à mourir, *ibid.* — Elle fait arrêter le maréchal de Gié, 165. — Louis XII l'institue régente conjointement avec Louise de Savoie, 178. — Ses remontrances à Louis XII sur son indifférence au sujet des excommunications, 207 et 208. — Sa mort, 232.

ANNE JAGELLON, arrière-petite fille de Jagellon, roi de Pologne, fille et héritière de Ladislas, roi de Bohême et de Hongrie, épouse Ferdinand d'Autriche, frère de Charles-Quint, V, 345.

ANNE D'EST, femme de François duc de Guise, fille d'Hercule II, duc de Ferrare, et de Renée de France, fille de Louis XII. Conseils que lui donne son mari mourant, VI, 223 et 224.—Après l'assassinat de son mari mourant implore le secours des lois, 252.— Sa réconciliation avec Coligni, 254. Épouse en secondes noces le duc de Nemours, 267.

ANNE D'AUTRICHE, fille de Philippe III, roi d'Espagne, épouse Louis XIII, VIII, 128.—Elle fait son entrée à Paris, 133.—Elle cherche à empêcher le mariage de Gaston, son beau-frère, avec mademoiselle de Montpensier, 241.— Louis XIII la fait comparaître en plein conseil; pourquoi? 252.— On fait une réforme dans sa maison, 255.— On lui ôte plusieurs femmes qu'elle aimait, 291.— Mortification que Richelieu lui fait essuyer, 376 à 377.— Elle accompagne Louis XIII à Chantilly et y est resserrée dans son appartement, ibid.— Richelieu lui fait signer un écrit par lequel elle se reconnaît coupable d'imprudence, 378.— Louis XIII se réconcilie avec elle, ibid.— Elle encourage Cinq-Mars à ne pas rester sous la tutelle de Richelieu, 422.— Elle refuse d'accompagner le roi dans le Roussillon, 425 à 426.— Elle entre indirectement dans la conspiration de Cinq-Mars, 427.— Elle sollicite du duc de Bouillon une retraite à Sédan, dans le cas où le roi viendrait à mourir, 431.— Elle confie ses enfans au duc de Beaufort, IX, 3.— Elle travaille à faire changer les dispositions de Louis XIII, 4.— Elle est nommée régente sans restriction, 5.— Elle est fatiguée des importans, 22.— Elle s'en débarrasse, 22 et 23.— On murmure contre elle, 38.— Elle tolère les assemblées de la chambre de Saint-Louis, à quelle condition? 45.— Elle accorde au parlement une partie de ses prétentions, 54.— Sa réponse au coadjuteur de Paris, qui lui conseillait de rendre la liberté à Broussel, 61.— Ce qu'elle dit au coadjuteur qui venait d'apaiser une émeute excitée dans Paris, 64.—Elle irrite le peuple au lieu de l'apaiser, 67.— Comment elle reçoit le parlement venu en corps lui demander la liberté de Broussel, 71.— Elle consent à rendre la liberté aux prisonniers; à quelle condition? 72.— Elle signe l'ordre pour le retour de Broussel et de Blancmenil, 74.— Elle emmène le roi à Ruel, 80.— Elle revient à Paris, 96.— Elle sort de Paris, 104.— Sa lettre au prévôt des marchands, ibid.— Elle ordonne aux gens du roi de se retirer à Montargis, 105.— Elle envoie un hérés au parlement, 122.— Elle empêche la noblesse de s'assembler, 145.— Elle part pour Bordeaux, 169.— Elle prie Gaston de venir à Fontainebleau, 175.— Elle défend au parlement de délibérer sur la requête de la princesse de Condé, 182. — Sa lettre au parlement contre le coadjuteur, 199. — Elle sollicite inutilement une entrevue avec Gaston, 193. — Ses nouvelles instances auprès de Gaston pour en obtenir une entrevue, *ibid.* — Elle promet de ne jamais rappeler Mazarin, 194. — Elle ne peut pas sortir de Paris, 195. — Elle abandonne aux bourgeois la garde de Paris; pourquoi? 196. — Sa réponse à Gaston, qui se plaignait des changemens opérés dans le ministère, 203. — Elle ramène Gaston à elle, 205. — Elle recherche le coadjuteur, 208. — Son entrevue avec le coadjuteur, *ibid.* — Son mot au coadjuteur sur Gaston, 209. — Elle promet au coadjuteur le chapeau de cardinal; à quelles conditions, 210. — Sa haine contre le prince de Condé, 215. — Elle l'accuse du crime de lèse-majesté dans un écrit qu'elle envoie au parlement, 216. — Elle sort de Paris, 228 et 229. — Elle fait enregistrer au parlement l'édit qui déclarait Condé criminel de lèse-majesté, 229. — Sa réponse à madame de Navailles, qui la pressait de rappeler Mazarin, 230. — Elle travaille au retour de Mazarin, 233. — Elle reste à Saint-Denis pendant la bataille de Saint-Antoine, 272. — Sa réponse à Mazarin au sujet du mariage du roi avec la nièce du cardinal, 321. — Sa mort, 361 et 362. — Plaisanterie du cardinal Mazarin sur son extrême délicatesse, 362. — Son éloge, *ibid.*

ANNE DE GONZAGUE (dite la *Palatine* (*Voy.* GONZAGUE).

ANNE D'ANGLETERRE, seconde fille du roi Jacques II, et belle-sœur de Guillaume II, roi d'Angleterre, monte sur le trône après lui, X, 106. — Reste attachée à la confédération contre Louis XIV, *ibid.* — Elle écoute les propositions de paix qui lui sont faites par la France, 176. — Elle rappelle le duc de Marlborough qui commandait les troupes anglaises jointes à celles d'Allemagne, 178. — Conserve de la bienveillance pour le prétendant son frère, 224. — Est prévenue par la mort dans le dessein de faire révoquer les actes qui l'excluaient du trône, *ibid.*

ANNE IVANOVNA, czarine, nièce de Pierre-le-Grand, fait marcher des troupes en Pologne en faveur de Frédéric Auguste II, X, 318. — Désigne Ivan de Brunswick-Bevern pour son successeur, 346. — Sa mort, *ibid.*

ANNEBAUT (Claude d'), amiral de France, général de l'armée française en Italie. François I lui ordonne de suspendre toute hostilité, V, 361. — Commande sous le dauphin une expédition infructueuse dans le Roussillon, 395 et 396. — S'oppose dans le conseil au projet de livrer la bataille de Cérisoles, 407.

ANNÉE, ses divers commencemens, V, 236, note 2.

ANNÉE ARABIQUE, ses mois, sa durée, I, 331, note 2.

ANNIBAL, général Carthaginois, fomente la révolte des Cisalpins, I, 33.—Traverse la Gaule, *ibid.*—Les Volces lui disputent le passage du Rhône, *ibid.*—Il descend les Alpes, guidé par le roi des Allobroges, 34.

ANNONCIADES. Ordre de religieuses fondé par Jeanne de France, femme divorcée de Louis XII, V, 104.

ANOBLISSEMENTS. Leur origine, III, 16 et 17.

ANQUETIL (Laurent), habile marin, commande des barques armées pour la défense de Rouen, assiégée par Henri IV, VII, 301.

ANQUETIL-DUPERRON, frère de l'auteur; ses talens et son austérité, I, page XXVI, à la note.—Enrichit la bibliothèque royale de manuscrits indiens, XI, 151.

ANROUX. Un des membres de la faction des Seize, se ligue avec d'autres pour faire périr le président Brisson, VII, 295. — Le duc de Mayenne le fait pendre, 300.

ANSELME (le général) s'empare de Nice, XI, 377.

ANSGARDE, femme de Louis-le-Bègue, qui la répudie, II, 107.

ANSON (lord George), amiral et navigateur anglais, enlève l'escadre du marquis de La Jonquière, XI, 7.

ANSON, receveur général des finances, député à l'assemblée constituante, puis membre du directoire du département de Paris, signataire à ce titre d'une adresse au roi pour l'inviter à opposer son *veto* sur un décret vexatoire du corps législatif, XI, 342.

ANTIGONE, l'un des généraux d'Alexandre, prend des Gaulois à sa solde, I, 28.

ANTIGONE-GONATHAS, roi de Macédoine, petit-fils du précédent, défait et disperse les Gaulois qui, sous Belgius et le second Brennus, avaient envahi la Macédoine, I, 28.

ANTIN (Louis-Antoine de Pardaillon, seigneur de Gondrin et duc d'), fils de Louis-Henri, marquis de Montespan et de Françoise-Athénaïs de Rochechouart-Mortemart, est nommé par le régent président du conseil de l'intérieur, X, 222.

ANTOINE (Marc), lieutenant de César, est chargé par lui de réduire Comius, roi d'Arras, I, 124. — Il reçoit ses otages, et par cet acte achève la réduction de la Gaule, *ibid.*—Convoite le gouvernement de la Cisalpine donné à D. Brutus, et se le fait attribuer par un plébiscite, 137.—Assiège Décimus dans Modène, *ibid.*—Est vaincu par Octave et se réfugie dans les Gaules, où il débauche les troupes de Lépide, 138.—Forme avec Lépide et Octave le second triumvirat, renommé par ses proscriptions, *ibid.* — Les Gaules lui échoient en partage; mais, s'étant jeté sur les provinces d'Orient, elles lui échappent, 139. — Il est vaincu à Actium par Octave, *ibid.*

ANTOINE, grand bâtard de Bourgogne, est fait prisonnier à la bataille de Nanci, IV, 334.

ANTOINETTE DE BOURBON, mère de François, duc de Guise, vient après l'assassinat de son fils implorer le secours des lois, VI, 253.

ANTONIN-LE-PIEUX (Titus), empereur romain, originaire de Nîmes, adopté par Adrien. Ses travaux dans la Gaule, I, 177. — N'est point l'auteur de l'Itinéraire qui porte son nom, 178.

ANTONINS, leur origine, II, 187.

ANTONIO, prieur de Crato. Ses prétentions à la couronne de Portugal, VII, 90. — Se réfugie en France, et avec le secours qu'il y reçoit passe aux îles Açores, *ibid.* — Est contraint de les abandonner, *ibid.*

ANTONIUS PRIMUS, lieutenant de Vespasien, gagne la seconde bataille de Bédriac sur les troupes de Vitellius, I, 159. — S'empare de Côme et de Vitellius, qui est massacré, 160. — Excite le Batave Civilis à la révolte contre Vitellius, 161.

APRAXIN, général russe, bat à Velau en Prusse le maréchal prussien Lehwald, et se retire en Pologne, XI, 44.

AQUITAINE (Guillaume IX, duc D'), recommande Éléonore, sa fille, à Louis VI, II, 206.

ARAUCOUR (Guillaume D'), évêque de Verdun, est arrêté comme complice de La Balue, IV, 268. — Renfermé à la Bastille, *ibid.* — Est mis en liberté, 366.

ARBOGAST, Franc de nation, général de l'empereur Gratien, conduit des secours à Théodose contre les Goths, I, 235. — Fait mettre à mort le fils de l'usurpateur Maxime, 242. — Se constitue ministre de l'empereur Valentinien, *ibid.* — Le fait mettre à mort, 243. — Proclame Eugène, et lui fait rétablir la liberté du culte idolâtrique, *ibid.* — Se donne les Francs pour alliés contre Théodose, 244. — Est battu par lui à Aquilée, 246. — Se donne la mort, 247.

ARBOUVILLE (Jeannot D'), capitaine français, somme les Pisans de rentrer sous l'obéissance des Florentins, V, 118.

ARBRISSEL (Robert D'), fondat. de l'ordre de Fontevraud, II, 188.

ARBUTHNOT (M.), amiral anglais, coopère à la prise de Charles-Town, XI, 188. — Seconde inutilement une tentative des Anglais sur Rhode-Island, 189. — Est rappelé des côtes de Virginie où il protégeait lord Cornwallis, 198.

ARC (Jeanne d'), pucelle d'Orléans, se présente au seigneur de Baudricourt, IV, 127. — Son entrevue avec Charles VII, 128. — Elle va à Poitiers; pourquoi, 129. — Ses actions guerrières, ibid. — Elle délivre Orléans, 131. — Elle prend Gergeau, 132. — Sa conduite à l'égard du connétable de Richemont, ibid. — Se distingue à la bataille de Patai, 133. — Détermine Charles VII à aller à Reims pour s'y faire sacrer, 134. — Assiste au sacre de Charles VII à Reims, 136. — Est blessée dans une entreprise sur Paris, 137. — Demande la permission de se retirer, 138. — Elle est anoblie, 139. — Faite prisonnière au siège de Compiègne, ib. — On lui fait son procès, 141. — Ses réponses aux interpellations qui lui sont faites, 142. — Elle est condamnée, 145. — Son supplice, 146. — Elle est réhabilitée, 148.

ARCADE, fils aîné de Théodose-le-Grand, lui succède à l'empire d'Orient, sous la direction de Rufin, I, 247. — Voit ses provinces ravagées par Alaric, 248. — Redemande à Stilicon les troupes d'Orient qu'il lui retenait, 249. — Se disposait à associer Rufin à l'empire, lorsque celui-ci est assassiné par Gaïnas, 250. — Fait déclarer Gaïnas rebelle, et s'allie aux Huns contre lui, ibid.

ARCHERS (Francs). Ce qu'ils étaient, IV, 174.

ARCO (le maréchal d'), général bavarois, battu à Schellenberg par Marlborough et le prince de Bade, X, 122.

ARCY (Pierre d'), avocat général, est massacré dans la cour du Palais, III, 205.

ARÉGISE, créé duc de Bénévent par Charlemagne, se révolte contre lui, est obligé de se soumettre, II, 33.

ARGENSON (Marc-René de Voyer de Paulmy d'), garde des sceaux, fait les fonctions de chancelier au lit de justice qui prive les princes légitimes de leur état, X, 240. — A la direction de la justice et des finances, 242.

ARGENSON (René-Louis de Voyer de Paulmy, marquis d'), fils aîné du précédent. Ce qu'il raconte dans ses *Essais* de la mort de madame Henriette d'Angleterre, duchesse d'Orléans, IX, 384. — Ministre des affaires étrangères, XI, 26. — Auteur des *Considérations sur le Gouvernement*, ibid.

ARGENSON, (Marc-Pierre de Voyer de Paulmy, comte d'), frère du précédent, ministre de la guerre, résiste à la marquise de Pompadour, XI, 14 et 15. — Fait instituer l'École militaire, et la noblesse pour les roturiers parvenus aux grades militaires, ib. — Conseille au roi l'exil du parlement, 19. — Triomphe de la disgrâce de madame de Pompadour, lors de l'assassinat du roi, 25. — Est renvoyé à son retour, *ibid.*

ARGENSON (Antoine-René de Voyer d'), dit le marquis de Paulmy, fils du marquis d'Argenson, adjoint au ministère de la guerre, y remplace son oncle, XI, 26. — Est remplacé par le maréchal de Belle-Isle, 63 et 64.

ARGOUGES, (d'), gentilhomme normand, attaché au connétable de Bourbon, cherche à le dissuader de ses liaisons avec Charles-Quint, V, 300.

ARIOVISTE, roi des Suèves, appelé contre les Éduens par les Séquanois et les Arvernes, réduit les premiers à lui payer tribut, et tyrannise toute la Gaule, I, 63 et 64. — Refuse une entrevue avec César, 90. — Est battu par lui et forcé de repasser le Rhin, 64.

ARISTOCRATES. Signification de ce mot, XI, 256.

ARMAGNAC (Géraud V, comte d'), d'accord avec son beau-frère le comte de Foix Roger-Bernard, il essaie de dépouiller le seigneur de Sompuy, III, 4. — Philippe-le-Hardi le force à se départir de son dessein, *ibid.*

ARMAGNAC (Bernard VI, comte d'), fils du précédent, se bat en duel par arrêt du parlement de Toulouse et en présence de Philippe-le-Bel, contre son oncle le comte de Foix, III, 5. — Le roi les sépare, mais ne peut les accorder, *ibid.*

ARMAGNAC (Jean I, comte d'), fils du précédent, préside les états généraux de la partie méridionale de la France, assemblés à Toulouse, III, 188.

ARMAGNAC (Jean III, comte d'), fils de Jean II, et petit-fils de Jean III, commande une expédition en Italie contre Galéas Visconti, duc de Milan, III, 358. — Est fait prisonnier. Sa mort, *ibid.*

ARMAGNAC (Bernard VII, comte d'), frère du précédent, fait épouser Bonne, sa fille, à Charles, fils de Louis duc d'Orléans et de Valentine Visconti. Devient chef du parti orléanais, IV, 26. — S'oppose à la capitulation de Compiègne et de Soissons, 54. — Est fait connétable en place de Charles d'Albret, tué à la bataille d'Azincourt, 65 et 66. — Son gouvernement, 66. — Revient à Paris pour en châtier les habitants, 69. — Se brouille avec la reine Isabelle, 73. — Vengeances qu'il exerce dans Paris, 77. — Il assiège Senlis. Sa cruauté, 78. — Il se refuse à la paix, *ibid.* — Est traîné à la conciergerie, 80. — Son supplice, 81.

ARMAGNAC (les). Pourquoi ainsi nommés, IV, 27. — Ravagent les campagnes au-delà de la Loire, *ib.* — Leurs excès hors de Paris, 35. — Ils lèvent onze mille hommes dans Paris, 51. — Obligent les Parisiens de remettre leurs armes, 53. — Envoient au dauphin Jean pour l'attirer dans leur parti, 72.

ARMAGNAC (Jean IV, comte d'), fils du connétable d'Armagnac, amène des troupes à Charles VII, IV, 105.

ARMAGNAC (Jean V, comte d'), fils du précédent, accusé de bigamie, prend la fuite, IV, 194. — Louis XI le réhabilite, 210. — Un des chefs de la guerre du bien public, 229. — Chef de la ligue des seigneurs gascons, prend la fuite et est condamné, 273 et 274. Ses biens sont confisqués, 274. — Rentre en France et s'empare de Lectoure, 295. — Y est tué, *ibid.*

ARMAGNAC (Charles d'), frère du précédent, est jeté par ordre de Louis XI à la Bastille, où on lui fait subir mille indignes traitements, IV, 295. — Sa succession passe au duc d'Alençon, beau-frère de François I, 296.

ARMAGNAC (Jacques d'), duc de Nemours, fils de Bernard, comte de Pardiac et duc de Nemours, second fils du connétable d'Armagnac. (*Voyez* NEMOURS.)

ARMAGNAC (Louis d'), duc de Nemours, fils du précédent. (*Voy.* NEMOURS.)

ARMENONVILLE (Joseph-Jean-Baptiste Fleuriau, seigneur d'), garde des sceaux à la mort de M. d'Argenson, est fait ministre de la marine, X, 242.

ARMENONVILLE (Charles-Jean-Baptiste Fleuriau, seigneur d'), comte de Morville, fils du précédent, ministre de la marine, puis des affaires étrangères, est remplacé par le duc de Chauvelin, X, 300.

ARMES (homme d'). Ce qu'il était, IV, 173.

ARMINIUS *ou* HERMANN, prince chérusque, est fait chevalier romain par Auguste, I, 147. — Surprend Varus et détruit trois légions romaines, *ibid.* — Tibère est envoyé contre lui, *ibid.* — Il est vaincu par Germanicus, 148.

ARMOIRIES. Leur origine, II, 185.

ARNAULD (Antoine), docteur de Sorbonne défend l'*Augustinus* de Jansénius, évêque d'Ypres, IX, 372. — Élude la condamnation des cinq propositions extraites de cet ouvrage, 373. — Se soumet et est présenté au roi, 378.

ARNAULD (Henri), frère du précédent, évêque d'Angers, donne un mandement pour la distinction du fait et du droit dans la signature du formulaire, IX, 375. — Le roi veut le faire juger par une commission d'évêques, 376. — Il se soumet, 377.

ARNAULD (Simon), marquis de Pompone, ministre des affaires étrangères, neveu des précédents et fils de Robert Arnauld d'Andilly, le traducteur de *Josèphe*. Il est chargé de rédiger avec Louvois les dures conditions que Louis XIV offre à la Hollande, IX, 393. — Est disgracié, 394. — Rappelé au ministère pour guider le marquis de Torcy, son gendre, 395.

ARNOLD (Bénédict), major-général américain. Son expédition dans le Canada. Il y est blessé, XI, 165. — Concourt à forcer le général anglais Burgoyne à mettre bas les armes à Saratoga, 166. — Trahit la cause américaine et passe dans l'armée anglaise, 197.

ARNOLFINI, moine bernardin; rôle que la Fronde lui fait jouer, IX, 125. — Il va trouver le duc d'Elbeuf, *ibid*. — On le fait paraître devant les chefs des Frondeurs, 127. — Son discours dans le parlement, *ibid*.

ARNOUL, comte d'Egmont, puis duc de Gueldres, est renfermé par son fils, IV, 297. — Vend l'usufruit de ses états au duc de Bourgogne, Charles-le-Téméraire, 298.

ARNOULD (l'empereur) donne à Charles-le-Gros, son oncle, quelques petits fiefs pour subsister, II, 113.

ARNOULD, évêque de Metz. Clotaire II lui recommande son fils, I, 330.

ARNOULX (le père), jésuite, confesseur de Louis XIII. Son crédit à la cour de ce prince, VIII, 195. — Il cherche à empêcher que Richelieu ne soit fait cardinal, 208. — Le duc de Luynes le fait renvoyer de la cour; pourquoi? 218.

ARS (Louis D'). Sa courageuse défense dans Venouse, V, 171. — En sort en ordre de bataille, et se rend à Blois sans aucune perte, *ibid*. — Ce qu'il demande à Louis XII pour récompense, 172. — Protége avec Bayard la retraite de la Palice, 219. — Est tué à la bataille de Pavie, 313.

ARSCHOT (Philippe II de Croï, duc d'), général de Charles-Quint, sollicite Nicolas de Bossut, gouverneur de Guise, de lui livrer sa place, V, 286.

ARTEVELLE (Jacques D'), brasseur de Gand, fait soulever la Flandre; ses liaisons avec Édouard III, III, 128. — Lui procure un traité de commerce avec les Flamands, 132. — S'abouche avec Édouard III, 145. — Est massacré par les Gantois, 145 et 146.

ARTEVELLE (Philippe D'), fils de Jacques d'Artevelle. Les Gantois l'élisent pour leur chef, III, 321. — S'empare de Bruges, 322 et 323. — Est vaincu à Rosbec, 324. — Sa mort, 325.

ARTOIS (Robert, comte d'), fils de Louis VIII et de Blanche de Castille, II, 291. — Épouse Mathilde, fille du duc de Brabant, prend le titre de comte d'Artois, 299. — Prend la croix, 308. — Est tué à Massour, 314.

ARTOIS (Robert II, comte d'), fils du précédent. Louis IX le fait chevalier, II, 341. — Prend la croix pour la dernière croisade, 345. — Bat les Anglais, III, 22. — Bat les Flamands à Furnes, et y perd Philippe, son fils, 23. — Déchire en plein conseil la bulle de Boniface VIII, 25. — Vaincu à Courtrai par les Flamands, 33. — Sa mort, 35.

ARTOIS (Philippe d'), fils du précédent, tué du vivant de son père à la bataille de Furnes, donne par sa mort à Mahaud, sa sœur, au préjudice de son fils, des droits à la succession paternelle, III, 23.

ARTOIS (Robert III, comte d'), fils du précédent, revendique l'Artois contre Mahaud, sa tante, III, 82. — Forcé de renoncer à ses prétentions, obtient des pensions en dédommagement, épouse Jeanne, fille de Charles de Valois, est fait comte et pair de Beaumont-le-Rocher, 83. — Continue ses tentatives sur l'Artois, 87. — Son procès, 120 et 121. — Condamné au bannissement, 125. — Sa réponse au duc de Brabant, *ibid.* — Passe en Angleterre, 126. — Son discours à Édouard III, 128. — Rentre en France avec Édouard III, 130. — Assiége Saint-Omer, 133. — Obligé de lever le siége, 134. — Vient au secours de Jeanne, comtesse de Montfort, 139. — Sa mort, 140.

ARTOIS (Philippe d'), fils de Jean sans-Terre, comte d'Eu, et petit-fils du précédent.

ARTOIS (Charles d'), fils du précédent, et le dernier mâle de sa branche, est fait prisonnier à la bataille d'Azincourt, IV, 64.

ARTOIS (Charles-Philippe de France, comte d'), fils de Louis, dauphin, et de Marie-Joséphe de Saxe, épouse Marie-Thérèse de Savoie, fille de Victor-Amédée III, XI, 147. — Louis XVI le presse de sortir du royaume, 278.

ARTUS, fils de Geoffroi d'Angleterre, II, 250. — Réclame la protection de Philippe-Auguste contre Jean-sans-Terre, 257. — Surpris par Jean-sans-Terre, est tué par lui, *ibid.*

ARUNS, attire les Sénonois en Étrurie, I, 22.

ASCARIC, roi Franc, est condamné aux bêtes par Constantin, I, 205.

ASFELD (Charles-François Bidal, maréchal d'), rend inexpugnables les lignes françaises devant Philisbourg, X, 26. — S'empare de la ville, *ibid.*

ASILES. Règlement de Louis IX à leur égard, II, 336.

SSAS (le chevalier d'). Son dévouement au combat de Clostercamp, XI, 76.

ASSEMBLÉE NATIONALE. Les états généraux de 1789 se donnent cette dénomination, XI, 261. — Moyens qu'elle prend pour assurer sa permanence, 262. — Serment qu'elle prête dans un jeu de paume, 263. — Sa séance dans la nuit du 4 au 5 août 1789, 281 et suiv. — Observations du roi sur cette séance, 286. — La discussion sur le *veto*, 289. — Elle est transportée à Paris, 302. — Elle travaille à la constitution, 303. — Elle décrète que les biens du clergé sont à la disposition de la nation, 306. — Elle envoie au-devant du roi à son retour de Varennes, 334. — Elle décrète la suspension du roi, 335. — Elle présente au roi la constitution, 336. — Sa fin, 338.

ASSEMBLÉE CONSTITUANTE. (*Voy.* ASSEMBLÉE NATIONALE.)

ASSEMBLÉE LÉGISLATIVE. Son ouverture, XI, 338. — Ses décrets au sujet des princes et des émigrés, 341. — Son décret sur les prêtres, 342. — Sur la liberté des nègres, 353. — Elle décrète la Convention nationale, 370.

ASSEMBLÉES PROVINCIALES. M. Necker les établit dans quelques provinces, XI, 193.

ASSEMBLÉES POPULAIRES. Comment elles étaient composées; leur influence sur l'assemblée législative, XI, 345 et 346.

ASSENTAR (le marquis d'), commandant des Espagnols à Senef. Son courage et sa mort, IX, 405.

ASSIGNATS. Étymologie de ce mot, XI, 308.

ASTOLFE, roi de Lombardie; Griffon, mécontent de Pépin, son frère, essaie de se réfugier près de lui, I, 6. — Il assiège Étienne III dans Rome, 8. — Se retire dans Pavie, est battu par Pépin, 10 et 11. — Sa mort, 11.

ATAULPHE, roi des Visigoths, beau-frère d'Alaric I, est élu pour lui succéder, I, 25. — Devient épris de Placidie, sœur d'Honorius et prisonnière des Goths, laquelle se refuse à son alliance, 259. — S'allie à l'usurpateur Jovin, *ibid.* — Change de parti à la prière de Placidie, 260. — Fait prisonnier Jovin et le livre à Honorius, *ibid.* — S'empare de Narbonne et y épouse Placidie, *ibid.* — Forcé par le général Constance, son rival, à évacuer la Gaule, il s'établit à Barcelonne, en Espagne, *ibid.* — Il y est assassiné, *ibid.*

ATHANASE (saint), patriarche d'Alexandrie, est exilé dans les Gaules par Constantin, I, 227. — Quelques évêques de la Gaule lui disent anathème au concile d'Arles, *ibid.*

ATHLONE (Ginckle, comte d') ruine sans retour le parti du roi Jacques par la victoire qu'il remporte à Kyreonnel, X, 61. — Couvre le siége de Keiserswerth sur le Rhin, et sauve Nimègue, 106.

ATTALE I, roi de Pergame, fait aux Gaulois des concessions en Asie, I, 30.

ATTALE, martyr à Lyon sous Marc-Aurèle, I, 180.

ATTILA, roi des Huns, fait trembler Constantinople, qui se rachète, I, 267. — Passe en Occident et entre dans les Gaules, 268. — Est battu près de Châlons par Mérovée, roi de France, aidé d'Aétius, de Théodoric et de Gundicaire, *ibid.* — Il descend en Italie, 269. — Le pape saint Léon lui est député par Valentinien, et obtient de lui de se retirer, *ib.* — Sa mort, *ib.*

AUBENTON (D'), jésuite, confesseur de la cour d'Espagne, la détermine à donner l'infante à Louis XV. A quelles conditions, X, 284.

AUBESPINE (Claude de L'), baron de Châteauneuf, secrétaire d'état; Catherine de Médicis l'envoie en Espagne; pourquoi? VI, 262. — Philippe II le reçoit mal en public, *ib.*

AUBESPINE (Charles), marquis de Châteauneuf, petit-fils du précédent. (*Voyez* CHATEAUNEUF.)

AUBIER (D') se serre auprès du roi au 20 juin pour le protéger, XI, 338.

AUBIGNÉ (Théodore Agrippa D'). Description plaisante qu'il fait du départ précipité de la cour, qui quittait Saint-Germain pour aller à Paris, VI, 390. — Ce qu'il dit à La Trémouille en passant devant des gibets, VII, 6. — Ce qu'il dit du rôle que Henri, roi de Navarre jouait à la cour, 36. — Dissuade Henri IV de se retirer dans le midi du royaume, 225.

AUBIGNÉ (Françoise D'), petite-fille du précédent. (*Voyez* MAINTENON, madame de.)

AUBIGNI (Eberard ou Beraud Stuart-Darnley, seigneur D'), petit-fils de Jean Stuart-Darnley, comte d'Évreux et seigneur d'Aubigny. Il bat Gonzalve à Seminara, V, 90. — Commande en chef l'armée envoyée par Louis XII à la conquête du royaume de Naples, 125. — S'empare de Capoue, 127. — S'empare de Naples, 128. — Est remplacé par le duc de Nemours, 140. — Est battu à Seminara et fait prisonnier, 148 et 149. (*Voyez* STUART.)

AUBRAY (D'), ancien prevôt des marchands. On tient des conseils chez lui contre la faction des Seize, VII, 318. — Sa conférence avec les Seize devant Belin, gouverneur de Paris, 319.

AUBRI, curé de Saint-André-des-Arts. Ce qu'il dit en chaire en parlant de Sixte V. VII, 269 et 270. — Henri IV permet au légat du pape de l'emmener sous sa sauvegarde, 371.

AUBRI (le président), prevôt des marchands, penche pour la cour contre le prince de Condé, IX, 254.

AUBRIOT (Hugues), prévôt de Paris. Sa querelle avec l'Université, III, 313. — Sa condamnation, 316. — Les Maillotins le tirent de son cachot, 318.— Sa retraite, *ibid*.

AUBUSSON (Pierre D'), grand-maître de l'ordre de Saint-Jean de Jérusalem, fait lever le siége de Rhodes à Mahomet II, empereur des Turcs, VI, 252.

AUBUSSON DE LA FEUILLADE. (*Voyez* LA FEUILLADE.)

AUDIBERT II, vicomte de Périgord, résiste à Hugues Capet; sa réponse à ce prince, II, 153.

AUDOVÈRE, première femme de Chilpéric I, I, 302. Étranglée par ordre de Frédégonde, 311.

AUGER (le père Edmond), jésuite, confesseur de Henri III, éloigné de la cour par ses supérieurs. Pourquoi? VII, 106.

AUGUSTE (Caius Julius César Octave), petit neveu de César et son fils adoptif, empereur romain, réduit la Galatie ou Gallo-Grèce en province romaine, I, 30 et 31. — Lève des troupes avec lesquelles il seconde les consuls Hertius et Pansa contre Antoine, 137. — Par son habileté et l'appui de Cicéron, il est élu consul à dix-huit ans, 138. — Se réunit à Antoine, et forme avec lui et avec Lépide le second triumvirat. *ibid*. Après la bataille de Philippe il s'attribue le gouvernement des Gaules, 139. — Il y envoie Agrippa pour soumettre l'Aquitaine révoltée, *ib*. — Il bat Antoine à Actium, *ib*. — Envoie Carinas contre les Morins révoltés, *ib*. — Ferme le temple de Janus et reçoit le nom d'Auguste, 140. — Passe dans les Gaules et en appesantit le joug, *ib*.—En ordonne le dénombrement et en fait une nouvelle division, *ib*. — Y passe de nouveau pour étouffer un ferment de révolte, 144.— On lui élève un temple à Lyon, *ib*.—Ferme le temple de Janus pour la troisième fois, 145.—Fait épouser à Tibère Julie, sa fille, veuve de Marcellus et d'Agrippa, et l'envoie en Germanie, 146. — L'y renvoie après la défaite de Varus, 147.—Sa mort, 148.

AUGUSTE I (Frédéric), électeur de Saxe et roi de Pologne. Sa mort occasionne une guerre, X, 317

AUGUSTE II (Frédéric), fils du précédent, électeur de Saxe, est proclamé roi de Pologne, X, 318.— Son électorat est envahi par le roi de Prusse, 374. — Donne sa fille Marie-Joseph en mariage à Louis, dauphin, fils de Louis XV, XI, 1.—Sans déclaration de guerre préalable, il est dépouillé de nouveau de son électorat par le roi de Prusse, 36. — Il lui est rendu par la paix d'Hubertsbourg, 93. — Sa mort, 142.

AUGUSTULUS (Romulus), fils du patrice Orestes, et dernier empereur romain d'Occident, I, 277. — Est détrôné et relégué dans un château par Odoacre, chef des Hérules, 278.

AULNAY (Gautier d'), gentilhomme normand; son supplice, III, 55.

AULNAY (Philippe d'), gentilhomme normand; son supplice, III, 55.

AUMALE (Claude, duc d'), frère de François, duc de Guise, remplace le comte de Brissac dans le commandement de l'armée d'Italie, VI, 62. — Défie les Colignis en présence de la reine, 254. — Empêche avec une armée le duc des Deux-Ponts d'entrer en France, 297. — Harcèle le duc des Deux-Ponts dans sa marche, 299. — On le mande à la cour; pourquoi? 342. — Il est tué au siége de La Rochelle, 376.

AUMALE (Charles, duc d'), fils du précédent et cousin germain des ducs de Guise et de Mayenne, assiste à une assemblée tenue à Nancy par les principaux ligueurs. Quel était son motif? VII, 153. — Après la mort du duc de Guise, la populace de Paris le nomme gouverneur de cette ville, 197. — Sa conduite indécente dans les processions ordonnées par la ligue après l'assassinat du duc de Guise, 201. — Est battu devant Orléans, 206. — Est blessé au combat de Senlis et lève le siège de cette place, 215 et 216. — Il fait mettre en prison plusieurs bourgeois de Paris, pourquoi; 228. — Il est condamné à mort et exécuté en effigie, 386.

AUMALE (Claude, dit le chevalier d'), frère du précédent, assiste à Nancy à une assemblée tenue par les principaux ligueurs, VII, 153. — Il est tué par les ligueurs en voulant s'emparer de Saint-Denis, 273.

AUMONT (Jean VI, sire d') maréchal de France, instruit Henri III d'une conversation qu'il a eue avec le duc de Guise, VII, 190. — Il est médiateur d'une entrevue entre Henri III et le roi de Navarre, 211. — Sa générosité, 213. — Henri IV lui donne le commandement d'un corps de troupes chargé de défendre la Champagne, 227. — Il soutient avec succès la guerre en Bretagne contre le duc de Mercœur, 213. — Sa mort, 376.

AUMONT (Antoine, duc d'), maréchal de France, fils de Jacques et de Charlotte-Catherine de Villequier, fille unique et héritière de René de Villequier, fils du précédent. Il est vivement pressé par

Turenne à la bataille de Rhétel, IX, 184. — Est fait maréchal de France, *ibid.* — Est fait prisonnier devant Ostende, 317.

AURELIEN (L. Valerius Domitius), empereur romain, donné pour conseil à Gallien, par Valérien son père, I, 186. — Simple tribun, il défait les Francs près de Mayence, 191. — Succède à Claude-le-Gothique, *ibid.* — Bat les Goths et réduit Zénobie, *ibid.* — Dissipe dans la Gaule le parti de Tetricus, *ibid.* — Est assassiné par son secrétaire, 192.

AUTRICHE (Sigismond, duc D'), cousin germain de l'empereur Frédéric III, engage à Charles-le Téméraire le landgraviat d'**Alsace**, IV, 296.

AUTRICHE (D. Juan D'), fils naturel de Charles-Quint, vainqueur des Turcs à la bataille navale de Lépanthe, VI, 324. — Gouverneur des Pays-Bas, VII, 62. — Sa mort, *ibid.*

AUTRICHE (D. Juan D'), fils naturel de Philippe IV, roi d'Espagne, remet Naples sous l'obéissance et fait prisonnier le duc de Guise, IX, 34. — Reprend Barcelonne, 294. — Bat le maréchal d'Hocquincourt devant Girone, 305. — Fait échouer les opérations du prince de Conti en Catalogne, 314 et 315. — Remplace en Flandre l'archiduc Léopold, et conjointement avec Condé fait lever le siège de Valenciennes à Turenne, 315.

AUVERGNE (Charles de Valois, comte D'), (*Voy.* Angoulême).

AVALOS. (*Voy.* Pescaire et du Guast).

AVAUGOUR (François de Bretagne, comte de Vertus et baron D'), frère naturel d'Anne de Bretagne, prend parti contre le duc François II, son père, dans l'espoir de supplanter ses sœurs, V, 32. — Les sujets de mécontentement que lui donne madame de Beaujeu le font rentrer dans son devoir, *ibid.*

AVAUX (Claude de Mesmes, comte D'), plénipotentiaire de France au traité de Westphalie, IX, 90.

AVAUX (Jean-Antoine de Mesmes, comte D'), neveu du précédent, ambassadeur de France à Stockholm. Louis XIV le charge de suivre les négociations pour la paix de Riswick, dont le roi de Suède était médiateur, X, 81.

AVENELLES, avocat. La Renaudie lui découvre la conjuration d'Amboise, VI, 133. — Il la découvre aux Guises, *ibid.*

AVERHOULT (D'), un des régens d'Utrecht, bat à Japhatz un détachement des troupes stathoudériennes, XI, 237.

AVIDE ou HEDWIGE ou HATWIN, fille de Henri-l'Oiseleur, roi de Germanie, et femme de Hugues-le-Grand, II, 135.

AVITUS (M. Mæcilius), né à Clermont, est proclamé empereur, I, 271. Ricimer le force d'abdiquer, 272.

AVOCATS. Époque à laquelle ce corps prend le nom d'ordre, X, 314.

AYDIE. (*Voyez* AIDIE, LESCUN.)

B

BABELOT, cordelier. Le duc de Montpensier lui adresse les huguenots pour les exhorter avant d'aller au lieu de l'exécution, VI, 292.

BACHAUMONT (François Le Coigneux), conseiller au parlement de Paris, fils du président Le Coigneux. Plaisanterie qu'il dit au coadjuteur, IX, 237 et 238.

BACHELIER ou BAS CHEVALIER. Ce que c'était, II, 288.

BACHMANN (de), major-général des Suisses, envoyé au supplice par le tribunal révolutionnaire du 10 août, XI, 371.

BADE (Louis, margrave de), quatrième descendant du frère de Philibert; général de l'empereur, est battu par Créqui près de Fribourg, X, 13. — Bat les Turcs à Salankemen, 65. — Se tient sur la défensive sur le Rhin, 78 et 79. — Commande sous l'archiduc Joseph, et s'empare de Landau, 107. — Est battu par Villars à Friedlingen, 108. — Recule devant lui dans les lignes de Stolhoffen, 111. — Trompe la surveillance de Tallard et rejoint le comte de Styrum, 116.. — De concert avec Marlborough, il bat le maréchal bavarois d'Arco à Schellenberg, 122. — Avec le même et le prince Eugène, il bat à Hochstædt l'électeur de Bavière et les maréchaux de Marsin et de Tallard, 123. — Reprend Landau dont s'était emparé Tallard, 126. — Force les lignes de Haguenau, malgré la résistance de Villars, 136. — Sa mort, 145.

BADEROL (Seguin de), est empoisonné par le roi de Navarre, III, 220 et 221.

BAGNI (le marquis de), commandant les troupes du pape dans la Valteline, en est chassé par les Français, VIII, 233.

BAIF (Jean-Antoine), poëte, est dans les bonnes grâces de Charles IX, VI, 395.

BAILLET (Jean), trésorier de France, massacré par la populace, III, 205.

BAILLET, président au parlement de Paris; son avis relativement aux calvinistes, VI, 109.

BAILLEUL, président au parlement de Paris. Ce que lui dit Richelieu lors du jugement du duc de La Valette, VIII, 394. — Son apostrophe au prince de Condé, qui était venu prendre séance au parlement, quoique faisant ouvertement la guerre au roi, IX, 255.

BAILLI (Jean-Sylvain), homme de lettres. Le tiers état le nomme son président aux états généraux de 1789, XI, 261. — Il est nommé maire de Paris, 274. — Il présente le drapeau rouge au Champ-de-Mars, 336.

BAILLIE (le colonel anglais), accouru au secours du général Monro, gouverneur de Madras, est battu et fait prisonnier par Aider-Ali-Kan, XI, 206.

BAJAZET I, empereur des Turcs, arrière-petit-fils d'Otman. Il envahit la Hongrie, III, 381. — Croisade contre lui en faveur de Sigismond, de la part des rois de France et d'Angleterre, Charles VI et Richard II, ibid. — Il remporte sur eux la victoire de Nicopolis, et fait prisonnier le connétable de France, et Jean, comte de Nevers, depuis Jean-sans-Peur, 381 et 382.

BAJAZET II, empereur des Turcs, quatrième descendant du précédent et fils de Mahomet II, fait offrir à Louis XI toutes les reliques de Constantinople, s'il veut retenir Zizim, son frère, captif, IV, 380 — Le trône lui est disputé par ce frère, V, 66. — Entretient une secrète intelligence avec le pape Alexandre, 74.

BALEINS, commandant du château de Lectoure pour Henri, roi de Navarre. Sa cruauté, VII, 58 et 59.

BALUE (le cardinal Jean). Juvénal des Ursins le nomme son exécuteur testamentaire, IV, 249. — Louis XI le fait évêque d'Évreux, ibid. — Reproches qu'il essuie de la part de Saint-Romain, procureur général du parlement de Paris, 251. — Est arrêté comme traitre, 268. — Est renfermé dans une cage de fer, ibid. — Louis XI le remet entre les mains du cardinal de La Rovère pour être jugé à Rome, 366.

BALSAC. (*Voy.* ENTRAGUES.)

BAN. Sa publication, II, 200.

BANIÈRE (Jean), avocat. Son plaidoyer contre Enguerrand de Marigni, III, 73.

BANNERETS (chevaliers). Signification du mot, III, 255.

BANNIER (Jean), général suédois, bat l'électeur de Saxe, Jean-George I, à Witstock, VIII, 367. — Est réduit à la défensive, ibid. — Se réunit au duc de Longueville, 399. — Est sur le point de surprendre Ratisbonne, 404. — Sa mort, 405.

BANQUE (la). Sa naissance, X, 244. — Ses opérations, 268. — Son moment brillant, 269. — Sa chute, 270.

BAR (Henri, comte de), épouse une fille d'Édouard I, roi d'Angleterre, III, 21. — Fait une excursion en France, est fait prisonnier, 22.

BAR (Jean de) est condamné au feu comme négromancien, III, 386.

BAR (de), préposé à la garde des princes de Condé et de Conti, détenus au Havre, IX, 180.

BARADAS. Sa fortune et sa disgrâce, VIII, 253 et 254.—Louis XIII le reçoit bien quelques années après. Il disparaît de nouveau de la cour, 254.

BARAILLON, député à la Convention, se récuse comme juge de Louis XVI, XI, 382.

BARAT, chargé de s'assurer de l'existence de la conspiration dont Fervaques avait donné avis à Henri III, VII, 24. — Vient faire son rapport, 25.

BARAULT, ambassadeur de France à Madrid. Razis lui découvre le commerce de l'Hoste, commis de Villeroy, avec l'ambassadeur d'Espagne en France, VIII, 19.

BARBANÇON, évêque de Pamiers, est cité à Rome, VI, 241.

BARBAZAN (Arnaud-Guilhem ou Guillaume, seigneur de), bat les Anglais à la Croisette, IV, 140.

BARBERIN (Thadée), neveu du pape Urbain VIII, 409. — Fait connaître Mazarin au cardinal, son frère, *ibid.*

BARBERIN (le cardinal Antoine), frère du précédent, s'attache Mazarin, et le fait entrer dans les affaires, VIII, 409.

BARBEROUSSE ou CHEREDIN, d'abord corsaire, puis amiral de Soliman II, et enfin roi d'Alger, est battu à Tunis par Charles-Quint, V, 359. — Insulte les côtes d'Italie, 383. — Vient bloquer Nice avec les Français, 403. — Pille les côtes de Calabre, *ibid.*

BARBÉSIEUX (Louis-François-Marie Le Tellier, marquis de), troisième fils du marquis de Louvois, succède à son père dans le ministère de la guerre, X, 68. — Ses immenses préparatifs pour la campagne de Flandre de 1692, 69. — Sa mort, 103.

BARBETTE (Pierre), célèbre partisan. Le peuple démolit sa maison, III, 33.

BARBIN, est nommé contrôleur des finances, VIII, 133. — Ce qu'il dit à Cœuvres au sujet du prince de Condé, 134 et 135. — Il est arrêté, 152.

BAREITH (Christian-Ernest de Hohenzollern, margrave de), cousin issu de germain de George-Guillaume, père du grand électeur de Brandebourg. Il abandonne les lignes de Stolkoffen attaquées par Villars, X, 145.

BARENTIN (Charles-Louis-François de Paule), garde des sceaux en remplacement de M. de Lamoignon, XI, 249 et 250. — Son discours à l'ouverture des états généraux mal accueilli, 259.

BARKIAROK, lieutenant du calife de Bagdad, est vaincu par les princes chrétiens de la première croisade, II, 183.

BARNAVE (Antoine - Joseph), député à l'assemblée constituante, opine pour la spoliation du clergé, XI, 305. — Est envoyé par l'assemblée au-devant du roi arrêté à Varennes, 334. — Se rallie à la cause de l'autorité royale, 335.

BARONS. Leurs fonctions, I, 335.

BARRE (le chevalier de la) condamné à mort par le parlement de Paris, XI, 139.

BARRI (Marie-Jeanne Gomart de Vaubernier, comtesse du), maîtresse de Louis XV après madame de Pompadour, XI, 109. — Louis XV l'éloigne de lui dans ses derniers moments, 150.

BARRIERE (Pierre) forme le projet d'assassiner Henri IV; il est dénoncé et exécuté, VII, 355.

BARRINGTON (Samuel), vice-amiral anglais, s'embosse à Sainte-Lucie d'une manière inattaquable devant le comte d'Estaing, XI, 174 et 175.

BART ou BAERT (Jean) bat une escadre hollandaise, et sauve un convoi venant de la Baltique, X, 84.

BARTHE (la). Voy. THERMES ou TERMES.

BASINE, femme de Basin, roi de Thuringe, aime Childéric I, I, 278. — A de lui Clovis I, ibid. — Vient trouver Childéric après son rétablissement, 279. — Sa réponse à ce prince, ibid.

BASINE, fille de Chilpéric I et d'Audovère, est renfermée dans un couvent, I, 211.

BASSOMPIERRE (Christophe de), ami intime de Henri, duc de Guise; moyen qu'il emploie pour lui faire connaître l'intrigue de sa femme avec Saint-Mégrin, VII, 70 et 71.

BASSOMPIERRE (François de), maréchal de France, fils du précédent. Ce qu'il dit de la conjuration du duc de Biron, VII, 471. — Il recherche la main de Henriette de Montmorency, fille du connétable de Montmorency, VIII, 54. — Henri IV l'éloigne de la cour; pourquoi? ibid. — Ce qu'il rapporte avoir entendu dire à Louis XIII, 145. — Ce qu'il dit de Concini, 154. — La conduite du duc de Luynes à son égard, 209. — Il est nommé ambassadeur en Espagne, 210. — Avis qu'il donne au roi au sujet de sa négociation, 213. — Ce qu'il disait en parlant de l'expédition contre la Rochelle, 268 et 269. — Il est arrêté, 304. — Il sort de la Bastille, 448 et 449. — Il entre dans la cabale des Importants, IX, 3.

BASTILLE (la). Sa fondation, III, 279. — Sa prise et sa destruction, XI, 274.
BATAILLES. D'Allia, I, 23. — D'Aix, 49. — De Verceil, 52. — De Pharsale, 136. — De Modène, 137. — De Philippes, 139. — D'Actium, ibid. — De Crémone, 157. — Du Bedriac, 159. — De Lyon, 182. — De Rome, 213. — De Meursie, 218. — De Strasbourg, 229. — D'Andrinople, 234. — D'Aquilée, 245. — De Pollentia, 251. — De Vérone, ibid. — De Châlons, I, 268. — De Soissons, 281. — De Tolbiac, 282. — De Vouillée, 283. — De Voiron, 292. — De Poitiers, 355.
— De Roncevaux, II, 28. — De Fontenay, 82. — De Hastings, 173. — Des Andelys, 196. — De Bouvines, 272. — De Chinon, 277. — De Taillebourg, 303. — De la Massoure, 313.
— De Furnes, III, 23. — De Courtrai, 33. — De Mons en Puelle, 42. — Navale. De l'Écluse, 133. — De Créci, 150, — Des Trente, 167. — De Poitiers, 184. — De Brignais, 231. — De Cocherel, 240. — D'Aurai, 243. — De Navarette, 252. — De Chivrai, 271. De Rosbec, 324. — De Nicopolis, 381.
— D'Azincourt, IV, 62. — De Beaugé, 98. — De Cravant, 101. — De Verneuil, 106. — De Rouvrai ou des Harengs, 124. — De Patai, 133. — De Germigny et de la Croisette, 140. — De Formigny, 181. — De Castillon, 185. — De Bullegneville, 214. — De Mont-L'Héry, 234. De Grandson, 325. — De Morat, 329. — De Nancy, 332. — De Guinegate, 358.
— De Saint-Aubin-du-Cormier, V, 40. — De Fornoue, 84 et 85. — De Seminara, 90. — Seconde de Seminara, 148. — De Cerignole, 149. — Du Garillan, 151. — D'Agnadel, 196. — De Ravennes, 214. — De Novarre, 224. — De Guinegate ou des Éperons, 228. — De Marignan, 260 — De la Bicoque, 280. — De Romagnano, 305. — De Pavie, 311. — De Cérisoles, 407.
— De Renti, VI, 56. — De Marciano, 58. — De Saint-Quentin, 86. — De Gravelines, 98. — De Dreux, 217. — De Saint-Denis, 272. — De Jarnac, 295. — De La Roche-Abeille, 305. — De Montcontour, 310.
— De Coutras, VII, 144. — De Vimori, 151. — D'Arques, 231. — D'Ivry, 243. — D'Aumale, 303. — De Fontaine-Française, 382.
— De Castelnaudari, VIII, 321. — De Leipsick et de Lutzen, 352. — D'Avein, 355. — Du Tésin, 358. — De Rhinfeld, 381. — De Quiers, 397. — De La Marsée, 417.
— De Rocroi, IX, 15 et 16. — De Fribourg, 25. — De Mariendal,

28. — De Nordlingue, 30. — De Lens, 87. — De Rethel ou de Sommepy, 184. — De Gergeau, 248. — De Bleneau, 251. — De Saint-Antoine, 265 et 266. — Des Dunes, 318. — De Saint-Gothard, 359. — (Navale. De Solebay), 395. — De Senef, 404. — De Sintzheim, 408. — D'Einsheim, 413 et 414. — De Turkheim, 416. — D'Altenheim, 423. — De Consarbrick, 425.

— De Cassel, X, 3. — De Kochersberg, 5. — De Saint-Denis, 12. — De Vienne, 27. — De Walcourt, 56. — (Navale. De Bantry, 57.) — De La Boyne, ib. — (Navale. De Beachy, 59).—De Kilconnel, 60 et 61. — De Fleurus, 62. — De Staffarde, 64. — De Leuze, 66. — De Steinkerque, 70. — (Navale. De La Hogue, 73). — De Nervinde, 77. — De La Marsaille, 78. — De Vergès, 83. — De Chiari, 102. — De Luzara, 105. — De Hochstedt, 117. — De Spirebach, 120. — D'Ékeren, ibid. — Seconde de Hochstedt, 124 et 125. — (Navale. De Malaga, 127.)—De Cassano, 137. — De Ramillies, 140. — De Turin, 142. — D'Almanza, 148. — D'Oudenarde, 152. — De Malplaquet, 160. — De Rumersheim, 164. — De Saragosse, 172. — De Villaviciosa, 174. — De Denain, 186. — (Navale. De Passaro, 253.) — De Parme et de Guastalle, 327. — De Bitonto, 328. — De Molwitz, 336. — De Dettingue, 354. —(Navale. De Toulon, 359 et 360.) — De Velletri, 366. — De Fontenoy, 370. — De Preston-Pans, 376. — De Salkirk, 378. — De Culloden, ibid. — De Raucoux, 386.

·· Du Col de l'Assiette, XI, 3. — De Laufeld, 5. — (Navale. Du Cap-Finistère, 7. — Id. de Belle-Isle, ibid. — Id. de Minorque, 32.) De Lowsitz, 36. — D'Hastembeck, 40 et 41. —De Prague, 43. — De Chotzemitz, 44. — De Rosbach, 46. — De Lissa, 48. — De Crevelt, 54. — De Sondershausen et de Lutzelbourg, 55. — De Zorndorf, 56. — De Hochkirchen, 57. — De Carillon, 59. — De Saint-Cast, 63. — De Berghen et de Minden, 65. — De Zullichau et de Kunersdorf, 66. — De Maxen, 67. — De Québec, 68. — (Navales sur les côtes de Coromandel, 71. — *Id.* De Belle-Isle, 73.) — De Corbach et de Clostercamp, 75. — De Liegnetz, 77. — De Torgau, 78. — De Vandavachi, ibid. — De Filingshausen, 87. — De Wilhelmstadt et de Johannesberg, 91. — De Lexington, 164. — De Brandywine, 169. — De Saratoga, 170. — De Montmouth, 173. — (Navales. D'Ouessant, 175. — *Id.* De La Grenade, 178. — *Id.* Du Cap Sainte-Marie, 184. — *Id.* Aux Antilles, 185 et 196. — *Id.* De La Chesapeak, 200. — *Id.* Du Doggersbank, 202.) — Dans l'Inde, 206 et suiv. —

(Navales. De La Praya, 209. — *Id.* Des Saintes ou du 12 avril, 213. — *Id.* Dans l'Inde, 219 et suiv. — *Id.* Du Wiborg et de Swenskasund, 349. — De Cronstadt, *ibid.*) — De Macejowik, 352. — De Gemmapes, 377.

BATILDE, femme de Clovis II, se retire dans l'abbaye de Chelles, I, 342.

BATTEVILLE (le baron de), ambassadeur d'Espagne à Londres. Son affaire avec le comte d'Estrades, ambassadeur de France à Londres, IX, 350.

BATTORI (Etienne), prince de Transylvanie, élu roi de Pologne à la place de Henri III, VII, 32.

BAUDOIN V, *dit* DELILLE, comte de Flandre, nommé par Henri I tuteur de ses enfants, II, 169. — Sa conduite ferme, 171. — Sa mort, 174.

BAUDOIN IX, comte de Flandre, élu empereur de Constantinople, II, 262. — Fait prisonnier par les Bulgares. Sa mort, 263.

BAUDON ou BAUTON, Franc de Nation, est adjoint à la tutelle du jeune Valentinien, I, 232. — Il conduit des secours à Théodose contre les Goths, 235. — Accompagne Gratien dans sa fuite lorsque son armée, débauchée par Maxime, l'abandonne, 237.

BAUDRICOURT (Robert de), gouverneur de Vaucouleurs, rebute d'abord Jeanne d'Arc, IV, 126. — L'envoie à la cour sous la conduite de ses deux frères, 127.

BAULNE. (*Voy.* SEMBLANCAY et SAUVES.)

BAUTRU (Guillaume) comte de Sérant. Ce qu'il dit à Anne d'Autriche au moment où le coadjuteur de Paris entrait chez elle, IX, 61. (*Voyez* NOGENT.)

BAVALAN (Jean de), Le duc de Bretagne lui ordonne de jeter Clisson à la mer, III, 345. — N'exécute pas les ordres de son maître, *ibid.*

BAVIÈRE (Tassillon, duc de), prête foi et hommage à Pepin son oncle, II, 14. — Est retenu à sa cour, *ibid.* — Se sauve de la cour, 16. — Se révolte de nouveau, donne son fils Théodore en otage; se révolte une dernière fois, est enfermé dans un monastère, 33 et 34.

BAVIÈRE (Maximilien I, électeur de), de la branche cadette de la maison palatine, premier électeur de sa branche. S'attache au parti de l'empereur qui l'avait investi d'une partie du Palatinat, VIII, 352. — Gustave-Adolphe envahit ses états, et les abandonne pour courir au secours de ses alliés, *ibid.* — Il est forcé par Turenne à la neutralité, et il la rompt aussitôt, IX, 31 et 32. — Chassé de ses états par Turenne et par Wrangel, il sollicite l'empereur de faire la paix, 89.

BAVIÈRE (Maximilien-Emmanuel, électeur de), petit-fils du précédent et fils de l'électeur Ferdinand-Marie, descend en Italie au secours du duc de Savoie, et force les Français à repasser les Alpes, X, 65. — Est forcé par Luxembourg à demeurer inactif pendant le siége de Namur, 69 et 70. — Menace les lignes de Villeroi et est repoussé par lui, 86. — Fait le siége de Namur et s'en empare, ibid. — On lui promet le gouvernement héréditaire des Pays-Bas pour l'attacher à la France, 109. — Négocie avec l'empereur et rompt avec lui, 109. — S'attache à la France par la concession qui lui est faite des Pays-Bas espagnols, 110. — Bat les généraux Schlyck et Styrum, et s'empare de la majeure partie du cours du Danube, 111. — Fait sa jonction avec Villars, 112. — Mésintelligence entre les deux chefs, 113. — Il fait manquer le plan d'invasion de Villars, 114. — Envahit le Tyrol et en est expulsé, ib. — Demande le rappel de Villars, 117. — De concert avec lui, il bat le comte de Styrum à Hochstaedt, ibid. — Est battu au même lieu l'année suivante par Marlborough, le prince Eugène et le margrave de Bade, perd la Bavière et est chassé de l'Allemagne, 124. Est mis au ban de l'empire, 139. — Est battu ainsi que Villeroi à Ramillies par Marlborough, 140. — Opposé sur le Rhin au prince Eugène, il le laisse échapper, 152. — Fait une diversion tardive et inutile sur Bruxelles, 154. — Est opposé de nouveau au prince Eugène, dont l'attention se borne à couvrir l'élection de l'empereur à Francfort, 177.

BAVIÈRE (Joseph-Ferdinand-Léopold, prince de), fils du précédent; le traité de La Haye lui adjuge la couronne d'Espagne, X, 94. — Charles II, roi d'Espagne, l'institue son héritier. Sa mort, 95.

BAVIÈRE (Charles-Albert, électeur de), frère du précédent, entre en Autriche, d'où il passe en Bohême, où il se fait couronner, X, 343. — Est élu empereur sous le nom de Charles VII, 345. — Évacue une seconde fois sa capitale, 356. — Traite avec l'Autriche et s'engage à demeurer neutre, ibid. — Rentre dans sa capitale et y meurt, 364.

BAVIÈRE (Maximilien-Joseph, électeur de), fils du précédent, refuse l'empire et s'accommode avec la reine de Hongrie, X, 369.— Dernier de sa branche; sa mort occasionne une guerre, terminée par la guerre de Teschen, XI, 181.

BAVIÈRE (Charles-Théodore, électeur Palatin), successeur du précèdent, et dernier du rameau de Salzbach; réunit les possessions d s deux branches de sa maison, XI, 181. — Reconnaît les droits prétendus à la même succession par l'empereur Joseph, *ibid.* — Consent à un traité d'échange de la Bavière contre les Pays-Bas, 235. — Les réclamations du duc de Deux-Ponts et les menaces du roi de Prusse en empêchent l'exécution, *ibid.* (*Voy.* NEUBOURG, DEUX-PONTS, PALATIN.)

BAY (Alexandre, marquis du), bat lord Galloway à Badajoz, X, 165. — Est battu à Sarragosse par le comte de Stahremberg, 173.

BAYARD (Pierre du Terrail de), chevalier français. Courage avec lequel il soutient, lui deuxième, un combat contre onze Espagnols, V, 142. — Tue en combat singulier l'Espagnol Sotomajor, 143. — Protége la retraite de Garillan, 161. — Soutient seul sur un pont les premiers efforts d'une colonne ennemie, 161 et 162. — Contribue à former l'infanterie française, 196. — Vient aider les Allemands au siége de Padoue, 198. — Manque de surprendre dans une embuscade Jules, 200. — Protége la retraite de La Palice en France, 219. — Sauve l'armée française à la journée des Éperons, et est fait prisonnier, 229. — Arme François I chevalier, 263. — Défend Mézières contre le comte de Nassau, et en fait lever le siége, 274 et 275. — Ravitaille Crémone, 304. — Remplace l'amiral Bonivet dans le commandement de l'armée française à la retraite de Romagnano, est blessé. Sa réponse au connétable de Bourbon, sa mort, 304, 5 et 6.

BEATRIX, comtesse de Provence, quatrième fille de Raymond-Bérenger IV, et institué par lui son héritière, épouse Charles d'Anjou, II, 305.

BEAUFORT (François de Vendôme, duc de), fils de César, duc de Vendôme, et petit-fils naturel de Henri IV et de Gabrielle d'Estrées, duchesse de Beaufort. Accueil que lui fait Anne d'Autriche à son retour d'Angleterre, IX, 2. — Elle lui confie ses enfans. 3. — Il se déclare le champion de madame de Montbazon, 20. — Il est renfermé à Vincennes, 24. — Il se sauve de Vincennes, et vient joindre les frondeurs à Paris, 110. — Surnom qu'on lui donne, *ib.* — Il refuse d'aller à la cour après l'accommodement de Saint-Germain, 141. — Le prince de Condé lui intente un procès criminel, 151. — Il est obligé de se retirer du parlement dans l'affaire de l'assassinat du prince de Condé, 154. — Il demande à récuser dans cette affaire le premier président Molé, 155. — Il travaille à délivrer le prince de Condé, 179. — Son carrosse est arrêté dans Paris, on tue un de ses gentilshommes qui était dedans, 187. — Il va au-devant des princes qui sortaient de leur prison du Havre, 197. — Danger qu'il court au Luxembourg sans s'en douter, 204. — Gaston lui donne le commandement de ses troupes, 238.— Sa querelle avec le duc de Nemours son beau-frère, 249. — Il vient à Paris avec le prince de Condé, 253. — Il va à l'hôtel de ville avec madame de Montpensier pour y faire cesser le massacre, 273. — Le parti des princes le nomme gouverneur de Paris, 277. — Il se bat contre le duc de Nemours et le tue, 280. — Il quitte Paris avec Gaston, 290. — Obtient la survivance de la charge d'amiral de France, 299. — Purge la Méditerranée des Barbaresques et prend Gigeri, 358.

BEAUJEU (Pierre de Bourbon, sire de), puis duc de Bourbon, frère du connétable Jean II le Bon. Il épouse Anne de France, fille de Louis XI, IV, 300. — Est chargé de réduire Jacques d'Armagnac, duc de Nemours, 348 et 349. — Lui promet la vie, ib. — Préside la commission chargée de le juger, ibid. — Louis XI le nomme tuteur de Charles VIII, 381. — Donne dans le conseil un démenti au manifeste de Maximilien, V, 24. — On lui donne le gouvernement de Guienne, 28. — Devient duc de Bourbon, 39 à la note. — Se réconcilie avec le duc d'Orléans, 51. — S'adresse à lui pour en obtenir la faculté de disposer de ses biens en faveur de sa fille, 295.

BEAUJEU (Anne de France, dame de), fille de Louis XI, épouse du précédent, IV, 300. — Surveille au château d'Amboise l'éducation de Charles, dauphin, son frère, 377. — Louis XI la nomme tutrice de son frère, et régente du royaume, 381. — Son gouvernement, V, 3. — Mésintelligence entre le duc d'Orléans et elle, 14. — Elle rend à René, duc de Lorraine, le duché de Bar, 15. — Emmène Charles VIII à Montargis ; pourquoi, 16. — Attache Landais, favori du duc de Bretagne, à son parti, 17. — Ramène le roi à Paris, 18. — Mène le roi à Évreux à la tête d'un corps de troupes, 19. — Amène le roi à Orléans, 20. — Ramène le connétable à elle, 21. — Envoie une armée sur les frontières de Bretagne, 22. — Signe un traité à Bourges avec le duc de Bretagne, ib. — Fait la guerre en son propre nom à Maximilien, 23. — Fait arrêter plusieurs seigneurs, 28. — Mène le roi en Guienne à la tête d'une armée, ib. — Envoie des secours aux Bretons révoltés contre le duc François II, 30. — Obligée de lever le siége de Nantes, 31. — Faute qu'elle commet, 32. — Fait tenir un lit de justice ; pourquoi, 37. — Sa conduite à l'égard de Henri VII, roi d'Angleterre, 39. — Elle devient duchesse de Bourbon, ib. à la note. — Elle rend la liberté à Comines, 50. — Et au prince d'Orange, ib. — Écrit à Charles, son frère, au sujet de la délivrance du duc d'Orléans, 51. — S'adresse à Louis XII pour en obtenir la liberté de disposer de ses biens en faveur de sa fille, V, 225. — Accueille la proposition que lui fait le roi de la marier à Charles de Bourbon-Montpensier, 297 et 298.

BEAUJOLAIS (Philippe-Élisabeth d'Orléans, dite mademoiselle de), fille du duc d'Orléans, régent, destinée à l'infant don Carlos, est renvoyée d'Espagne, X, 295.

BEAULIEU (Le Camus de) remplace Giac dans le ministère; le connétable de Richemont le fait assassiner, IV, 117.

BEAULIEU, ministre des finances sous Louis XVI, XI, 357.

BEAUMANOIR (Jean de). Son combat avec vingt-neuf Bretons contre trente Anglais, III, 166.

BEAUMETZ, premier président du parlement de Douai, et député à l'assemblée constituante, défend la propriété du clergé, XI, 305.

BEAUMONT (Hugues de), comte du palais, massacré par ordre de la reine Constance, II, 159.

BEAUMONT (Charles-le-Noble, comte de), et depuis roi de Navarre, fils de Charles-le-Mauvais. (*Voyez* NAVARRE.)

BEAUMONT amène des troupes à Charles VII, IV, 105.

BEAUMONT (Hugues de), général des troupes envoyées par Louis XII aux Florentins, V, 118. — Investit Pise, est obligé de se retirer, 119 et 120.

BEAUMONT (Christophe de), archevêque de Paris, refuse les sacrements aux jansénistes à l'article de la mort, XI, 16 et 17. — Exige des billets de confession, *ibid.* — Il est mis en cause par le parlement, et son temporel est saisi, 19. — Il est exilé par le roi, 25.

BEAUVAIS (Vincent de), dominicain. Louis IX l'invite à écrire l'histoire, II, 340.

BEAUVAIS (Jean de), évêque d'Angers, comble de bienfaits La Balue, qui le persécute ensuite, IV, 249.

BEAUVAU. Le duc de Luynes achète sa soumission par des présents et des pensions, VIII, 201.

BEAUVILLIERS (Marie de), abbesse de Montmartre. Le roi s'attache à elle pendant le blocus de Paris, VII, 267.

BEAUVILLIERS (Paul de), duc de Saint-Aignan, petit-neveu de la précédente. Conseils qu'il donne à madame de La Vallière, X, 31. — Gouverneur des petits-fils de Louis XIV, 179, 217.

BEAUVILLIERS (Paul-Hippolyte de), duc de Saint-Aignan, frère du précédent, ambassadeur de France à la cour de Madrid, X, 256.

BECK (le général) recueille les fuyards de Rocroi, IX, 17. — Jette des secours dans Thionville, assiégée par le prince de Condé, 18.

BECQUET (Thomas), archevêque de Cantorbéry, se retire en France, se réconcilie avec Henri II, roi d'Angleterre, est massacré par ses ordres, II, 225.

BEDFORT (Jean, duc de), frère de Henri V, roi d'Angleterre, régent du royaume de France, IV, 100. — Remporte une victoire à Cravant sur Charles VII, 104. — Épouse une fille de Jean-sans-Peur, duc de Bourgogne, ibid. — Passe en Angleterre pour accommoder le différend entre le duc de Bourgogne et son frère le duc de Glocester, 108. — Repasse en France avec les troupes, 114 et 115. — Sa réponse au duc de Bourgogne, 126. — Mesures qu'il prend pour rendre inutile la tentative de Charles VII sur Paris, 137. — Propose au duc de Bourgogne la régence de France, 138. — Fait faire des réjouissances pour la prise de Jeanne d'Arc, 139 et 140. — Il se rend odieux aux Parisiens, 140. — Fait faire une procession à Paris en actions de grâces du supplice de la Pucelle d'Orléans, 149. — Ne veut point entrer en négociation avec Charles VII, 151. Veuf de la sœur du duc de Bourgogne, Philippe-le-Bon, il épouse Jacqueline de Luxembourg, sœur du comte de Saint-Pol, depuis connétable, 152. — Froideur entre le duc de Bourgogne et lui, ib. — Sa mort, 157.

BELGIUS, chef des Gaulois, se jette sur la Macédoine, en tue le roi dans une bataille, I, 28.

BELIN (Jean-François de Faudoas d'Averton, comte de), gouverneur de Paris pour la ligue, tente de s'emparer de Mantes, où Henri IV avait fixé son conseil, VII, 276. — D'Aubrai a une conférence en sa présence avec les Seize, 319. — Assiste pour les ligueurs aux conférences de Suresne, 332. — Le duc de Mayenne l'engage à donner sa démission, 364.

BÉLISAIRE, général de l'empereur Justinien, fait la guerre à Vitigès, roi des Goths en Italie, lequel est défendu par Théodebert, prince de Metz, et petit-fils de Clovis, I, 297.

BELLARMIN (Robert), neveu du pape Marcel II, jésuite et cardinal; Sixte V l'envoie avec le cardinal Gaétan, son légat en France, VII, 237.

BELLAY (Guillaume du), seigneur de Langey, gouverneur du Piémont, militaire, diplomate et auteur de mémoires. Ce qu'il dit des courtisans qui se trouvèrent à l'entrevue du champ du Drap-d'Or, entre Henri VIII et François I, V, 272. Ses avis aux envoyés de François I à Venise et à Constantinople, 392. — Il sauve les papiers, ibid.

BELLECOMBE (de), gouverneur de Pondichéri, est contraint de rendre la ville au général anglais Monro, XI, 204.

BELLEGARDE (Roger de Saint-Lary, duc de), maréchal de France; se cantonne dans le marquisat de Saluces, son gouvernement; pourquoi? VII, 74. — Envoie des émissaires dans plusieurs provinces pour les soulever, VIII, 29. — Il se joint à la faction de la maison de Lorraine, 95.

BELLE-ISLE (Louis-Charles-Auguste Fouquet, maréchal, duc de), petit-fils du surintendant Fouquet, sert dans l'armée du maréchal de Berwick, X, 326. — Fait décider la guerre contre Marie-Thérèse, 337. — Entre en Allemagne à la tête d'une armée, 341. — Plénipotentiaire à Francfort pour l'élection de l'empereur Charles VII, 342. — Est contraint de se renfermer dans Prague, 349. — Belle retraite qu'il fait dans Prague à Égra, *ibid*. — Envoyé au secours de la Provence, il force le comte de Brown à l'évacuer, 384. — Sauve Gênes par cette diversion, XI, 2 et 3. — Envoie son frère pour forcer le col de l'Assiette, 3. — Est nommé au ministère de la guerre, 63 et 64. — Sagesse de ses ordonnances, *ibid*. — Sa mort, 84.

BELLE-ISLE (Louis-Charles-Armand, dit le chevalier, puis le comte de), frère du maréchal, envoyé par son frère pour forcer le col de l'Assiette, y périt par sa témérité, XI, 3. — (*Voyez* FOUQUET et GISORS.)

BELLIÈVRE (Pompone de), chancelier, un des ministres de Henri III. Ce prince l'envoie porter au duc de Guise défense de venir à Paris, VII, 163. — Il remplit mal sa commission, 164. — Son explication chez le roi avec le duc de Guise, 166. — Henri III le congédie, 184. — Assiste aux conférences de Surêne pour Henri IV, 332. — Henri IV le charge d'entendre comme chancelier les dépositions de Lafin, relatives à la conspiration de Biron, 453. — Il vient au parlement pour juger le duc de Biron, 463. — Il s'oppose à ce qu'on décrète Lafin et Renazé complices du duc de Biron, 467.

BELLIÈVRE (Nicolas de), président au parlement de Paris, fils du précédent; ce qu'il dit à Louis XIII lors du procès contre le duc de La Valette, VIII, 395. — Efforts qu'il fait pour sauver le duc de La Valette, 395.

BELLOVÈSE passe en Italie avec les Sénonais et les Manceaux, s'empare du pays entre les Alpes et l'Apennin, et bâtit Milan, Bresse et Vérone, I, 19.

BELZUNCE (Henri-François-Xavier de), évêque de Marseille. Son zèle pendant la peste qui afflige cette ville, X, 277.

BEME, Allemand, massacre Coligni, VI, 352.

BÉNÉDICTINS (les) n'assistent point à la procession militaire de la ligue, VII, 255.

BÉNÉFICES CONSISTORIAUX. Ce que l'on entend par ces mots, V, 265.

BÉNÉVENT (la comtesse de), femme de l'ambassadeur d'Espagne à Rome; son entrevue avec le cardinal Tolet, relativement aux bonnes dispositions du pape envers Henri IV, VII, 388.

BENOIT XI (Nicolas Bocasin), succède à Boniface VIII, rétablit la paix dans l'église de France. Sa mort, III, 44.

BENOIT XIII (Pierre de Lune), pape à Avignon, puis en Catalogne pendant le schisme d'occident, succède à Clément VII, III, 374. — Refuse d'abdiquer d'après sa promesse et la décision du concile de Paris, 376 et 377. — Son obstination, 382. — Sa réponse à la décision de l'assemblée de Paris, 383. — Raffermit la tiare sur sa tête, 393. — Se rend à Savonne pour une entrevue avec Grégoire, IV, 7. — Est déposé par le concile de Pise, 18. — Excommunie ses compétiteurs, 57.

BENOIT XIII (Pierre-François Orsini), pape, fait rendre de solennelles actions de grâce de la rétractation du cardinal de Noailles, X, 311. — Rend commun à toute l'église l'office de Grégoire VII, ibid.

BENOIT XIV (Prosper Lambertini), pape, est consulté par le clergé de France et par le roi au sujet des refus de sacrements, XI, 21. — Sa réponse est supprimée par le parlement, ibid.

BERAUDIÈRE (Rouhet de la), maîtresse d'Antoine de Bourbon-Vendôme, roi de Navarre, VI, 185.

BÉRENGER IV (Raymond), comte de Provence, donne Marguerite, sa fille, en mariage à Louis IX, II, 298 et 299.

BERNARD, fils de Pepin, roi d'Italie, II, 207. — Se révolte contre son oncle, est défait et tué, 213. (*Voy.* PEPIN et HERBERT.)

BERNARD, comte de Barcelonne, ministre de Louis I; les mécontents se soulèvent contre lui, II, 60. — Il lui est permis de revenir à la cour, 64. — Soupçonné de trahison, est privé de ses emplois, 65.

BERNARD, comte de Senlis, enlève de la cour de Louis IV Richard son neveu. Sème la discorde entre Louis et Hugues, II, 129.

BERNARD (Saint) blâme la modération de Louis VI, II, 203. — Réformateur de Cluny, fondateur de Clairvaux, prêche la seconde croisade, 211. — Donne la croix à Louis VII. Refuse le commandement de l'armée des croisés, 213. — Son éloquence, son crédit, 219. — Dénonce Abailard, *ibid.*

BERNIS (François-Joachim de Pierre, cardinal de), est appelé au ministère des affaires étrangères, XI, 26. — Est remplacé par le duc de Choiseul, 64.

BERNY, est tué à la Saint-Barthélemy, VI, 356.

BERRI (Jean, duc de), troisième fils de Jean, roi de France, III, 234. — Fait arrêter trois cents séditieux dans Paris, 327. — Fait manquer l'expédition contre l'Angleterre, 340. — Veut qu'on oublie l'affaire de Clisson avec le duc de Bretagne, 346. — Se retire dans son apanage, 349. — Vexations qu'il exerce à l'égard de ses vassaux, 353. — On lui ôte le gouvernement du Languedoc, 355. — Conseille à Charles VI de ne pas faire la guerre au duc de Bretagne, 364. — Clisson lui fait rendre le gouvernement du Languedoc, 365. — S'empare du gouvernement lors de la maladie de Charles VI, 368. — Vient à Abbeville pour traiter de la paix avec l'Angleterre, 371. — Envoie des secours au duc de Bretagne contre Clisson, 374. — Va porter à Avignon, à Benoît XIII, la décision du concile de Paris, 376. — Préside à l'assemblée tenue à Paris, relativement au schisme, 385. — Poursuit ouvertement Benoît XIII, *ibid.* — Intervient dans la querelle entre le duc d'Orléans et le duc de Bourgogne, 391. — Se porte médiateur entre le duc d'Orléans et le duc de Bourgogne, IV, 6. — Fait tous ses efforts pour réconcilier ensemble les ducs d'Orléans et de Bourgogne, 8. — Repousse le duc de Bourgogne qui veut entrer au conseil, 11. — Va au devant de la duchesse d'Orléans, après la mort de son mari, 12. — Va trouver, de la part de la cour, le duc de Bourgogne à Amiens, *ibid.* — Suit à Melun la reine Isabelle, 15. — Presse le roi de pardonner au duc de Bourgogne, 22. — Se ligue avec d'autres seigneurs contre le duc de Bourgogne, 26. — Se retire à Bourges après le traité de Bicêtre, 28. — Sauve la vie au comte de Crouï, 29. — S'oppose au projet de régence, présenté par le duc de Bourgogne, 30. — Vient à Paris contre la convention de Bicêtre, 31. — Veut s'en constituer gouverneur, et est refusé, *ibid.* — Traite devant Bourges avec le duc de Bourgogne, 40. — Présente à Charles VI les clefs de Bourges, *ibid.* — Assiste au traité d'Auxerre, entre les Orléanais et le duc de Bourgogne, 41. — Signe à Pontoise la paix avec le duc de Bourgogne, 48. — On lui confie le gouvernement de Paris, 54. — Sa réponse aux Parisiens, 56. — Reçoit à Paris les ambassadeurs de Henri V, roi d'Angleterre, *ibid.* — Raison qu'il allègue pour que le roi et le dauphin ne se trouvent point à la bataille d'Azincourt, 65. — Sa mort, 70.

BERRI (Charles de France, duc de), petit-fils de Louis XIV. Charles IV, roi d'Espagne, l'appelle à sa succession, arrivant la mort de Philippe, duc d'Anjou, X, 95.

BERRYER (Nicolas René), lieutenant de police, passe à la marine. Il l'abandonne au duc de Choiseul, et reçoit les sceaux en dédommagement, XI, 86.

BERTAUD, conseiller au parlement de Paris, député par sa compagnie pour s'opposer au retour du cardinal Mazarin en France, IX, 237. — Il est arrêté par un détachement de l'armée du maréchal d'Hocquincourt, ibid.

BERTHE, femme de Pepin, couronnée par le pape avec son mari et ses deux enfants, II, 9. — Suivait son époux dans ses voyages, 18. — Obtient de Charles son fils de quitter Himiltrude sa femme, lui fait épouser Hermengarde, 20.

BERTHE, femme de Robert, fille de Conrad, duc de Bourgogne, veuve de Eudes, comte de Champagne, II, 155.

BERTHE, femme de Philippe I, fille de Robert, comte de Frise, II, 174. — Est répudiée, 176 et 177.

BERTHET. L'un des confidents de Mazarin, IX, 212.

BERTHIER (Alexandre), prince de Neufchâtel et de Wagram, se distingue parmi les officiers employés à l'expédition contre lord Cornwallis, XI, 199.

BERTHIER, intendant de Paris, est pendu à un réverbère, XI, 279.

BERTIN (Henri-Léonard-Jean-Baptiste), lieutenant général de police, remplace M. de Silhouette au contrôle général, XI, 75. — Il établit un troisième vingtième et un doublement de capitation, ibid.

BERTOULD, maire du palais en Austrasie et en Bourgogne, I, 321.

BERTOULD, duc des Saxons, se révolte contre Clotaire II, est vaincu et tué par ce prince, I, 330.

BERTRADE, femme de Foulques, comte d'Anjou, le quitte pour épouser Philippe I, II, 177 et 178. — Est excommunié, 178. — Force Louis, fils de Philippe, à fuir de la cour, 190. — Soupçonnée de l'avoir fait empoisonner, ibid. — Songe à procurer un sort à ses enfants, 191. — Appuie la révolte de Philippe, son fils, contre Louis VI. Sa mort, 193 et 194.

BERTRANDI (Pierre), évêque d'Autun, orateur du clergé, réfute Pierre de Cugnières, III, 119.

BÉRULLE (le cardinal, Pierre de), fondateur général des oratoriens, considéré à la cour de Louis XIII, VIII, 195. — Marie de Médicis le députe à Louis XIII pour en obtenir la paix, 201. — Il est entremetteur de la paix entre Louis XIII et sa mère, 204. — Il s'oppose dans le conseil à ce qu'on donne du secours au duc de Nevers, 270.

BERWICK (Jacques de Fitzjames, duc de), fils naturel de Jacques II, roi d'Angleterre et d'Arabella Churchill, sœur du duc de Marlborough, général célèbre sous Louis XIV, X, 101. — Se rend incognito en Angleterre pour y pratiquer des intelligences en faveur de son père, 89. — Commande les Français en Portugal, 126. — Fait évacuer Madrid à lord Galloway, 143. — Le bat à Almanza, 148. — Est envoyé sur le Rhin avec l'électeur de Bavière contre le prince Eugène, 152. — Laisse échapper celui-ci, *ibid.* — Ne rejoint les ducs de Bourgogne et de Vendôme qu'après le combat d'Oudenarde, 153. — Prévient une invasion du duc de Savoie, 177. — Pénètre en Espagne, 262. — Est tué au siège de Philisbourg, 325. — Mot de Villars à ce sujet, 326.

BESENWALD (N. baron de), commandant de la vicomté de Paris. Arrêté après la prise de la Bastille, M. Necker obtient son élargissement, XI, 279. — La grâce est rétractée, et il faut un jugement pour le rendre à la liberté, *ibid.*

BETHANCOURT (Jean de), gentilhomme normand, forme des établissements de commerce sur la côte d'Afrique, VIII, 348.

BÉTHUNE, (Maximilien de), marquis de Rosny et duc de Sully. (*Voy.* SULLY).

BÉTHUNE (Philippe de), comte de Selles et de Charost, frère du duc de Sully. Il négocie la paix entre Louis XIII et sa mère. Sa conduite dans cette circonstance est un chef-d'œuvre, VIII, 187. — Le cardinal de Richelieu l'envoie ambassadeur à Rome, 230. (*Voy.* CHAROST, ROSNY et SULLY).

BÉTISAC, ministre de Jean, duc de Berri, 353. — Condamné au feu, 354 et 355.

BEUIL (Anne de), femme de Berri d'Amboise, et mère du cardinal d'Amboise, V, 100.

BEUVRON (la marquise de Beuvron), Law lui offre 500,000 liv. pour une de ses terres, X, 250.

BÈZE (Théodore de), ministre protestant. Se distingue au colloque de Poissy, VI, 174. — Sa réponse à Antoine de Bourbon, roi de Navarre, après le massacre de Vassy, 186. — Ce qu'il dit de l'armée calviniste, 202. — Fait de vifs reproches au prince de Condé de la convention d'Amboise, 227. — Va en Allemagne prêcher une espèce de Croisade contre les ligueurs, VII, 124.

BEZONS (Jacques Bazin, comte de), maréchal de France, est battu en Catalogne par le comte de Stahremberg, X, 165. — Assiège Landau, de concert avec Villars, 196. — Est appelé à faire partie du conseil de régence, 221.

BIEZ (Oudart, maréchal du), bloque Boulogne, V, 420. — Ravage la contrée d'Oye, 421. — Condamné à mort pour trahison sous Henri II, 422. — Sa peine est commuée, ibid.

BIGNE (la), secrétaire de La Renaudie, charge le prince de Condé, VI, 141.

BIRAGUE (René de), Milanais, chancelier de France, assiste au conseil où le massacre des calvinistes est fixé au jour de Saint-Barthélemi, VI, 349.

BIREN (Ernest-Jean de), duc de Courlande et de Semigalle, favori de l'impératrice Anne Ivanovna, est nommé par elle régent, pendant la minorité du czar Ivan, X, 346. — Est envoyé en Sibérie par le père et la mère du jeune prince, ibid.

BIRON (Armand de Gontaut, baron de), maréchal de France. Il s'abouche à Longjumeau pour la paix avec le cardinal de Chatillon, VI, 280. — Il fait le siége de La Rochelle, 373. — Il est nommé gouverneur de La Rochelle, 381. — Henri III l'envoie négocier avec les confédérés, VII, 54. — Amène les Suisses à Henri IV, après la mort de Henri III, 225. — Suit le roi en Normandie, 227. — Le dissuade de passer en Angleterre, 230. — Commande l'arrière-garde à la bataille d'Ivri, et contribue sans combattre à la victoire, 247. — Il a une entrevue à Noisi avec le légat Gaëtan, 251. — Il empêche son fils de poursuivre le duc de Parme. Son motif, 312. — Il meurt au siége d'Épernai; son caractère, ibid.

BIRON (Charles de Gontaut, duc de), fils du précédent et maréchal de France comme lui, est empêché par son père de poursuivre le duc de Parme, VII, 312. — Cède au roi la dignité d'amiral dont il était pourvu, et reçoit en échange le bâton de maréchal de France, 377. — Va reconnaître l'armée à Fontaine-Française, y est blessé et dégagé par le roi, 383. — Achève la déroute de l'ennemi, 384. — Commencement de ses intrigues, 421. — Ce que Henri IV disait de lui, ibid. — Conseils que son père lui donnait, 422. — Son caractère, 423. — Ses liaisons avec les Espagnols, 425. — Sa réponse aux agens des Espagnols qui le poussaient à la révolte, 426. — Il va à Bruxelles faire jurer à l'archiduc la paix de Vervins, ibid. — Il se laisse gagner par le duc de Savoie, 432.

— Il fait la guerre au duc de Savoie malgré lui, 436 et 437. — Il est forcé de le vaincre, *ibid.* — Henri IV lui pardonne à Lyon, 441. — Ce que lui dit Épernon au sujet de ce pardon, 442. — Il continue ses liaisons avec les ennemis de l'état, 443. — Henri IV l'envoie en ambassade en Angleterre, *ibid.* — Avis que lui donne Élisabeth, 444. — Il entre dans une cabale contre Henri IV, 447. — Ses tentatives, *ibid.* — Il est soupçonné, 449. — Conseils qu'il donne à Lafin relativement à ses complices, 450. — Il est découvert par Lafin, 451. — Il est appelé à la cour, 453. — Il envoie à la cour le baron de Luz pour sonder le terrain, *ibid.* — Il arrive à la cour, 454. — Son entrevue avec Henri IV, 455. — Sa réponse à Henri IV qui le pressait d'avouer son crime, 457. — Sa réponse à Vitri, capitaine des gardes, qui lui demandait son épée, 458. — Il est transféré de Fontainebleau à la Bastille, 450. — Griefs contre lui, 460. — Instruction de son procès, 461. — Ce qu'il dit de Renazé, 462. — Il est entendu dans sa défense, 463. — Ses réponses sur la sellette, 464. — Il est condamné, 466. — Il est exécuté, 468. — Circonstances de son supplice, 469.

BIRON (Louis-Antoine de Gontaut, duc de), maréchal de France, fils de Charles-Arnaud, aussi maréchal, lequel était petit-neveu du précédent. Il fait à Prague une sortie qui détruit tous les ouvrages des assiégeans, X, 349 — Imprudente générosité par laquelle il libère l'amiral Rodney, retenu en France par ses dettes, XI, 184.

BIRON (Armand-Louis de Gontaut, duc de), neveu du précédent, connu d'abord sous le titre de duc de Lauzun, achève la conquête du Sénégal, XI, 199. — Se distingue entre les officiers employés dans l'expédition contre lord Cornwallis, *ibid.*

BITUITUS, roi des Auvergnats, est enlevé en trahison, et conduit à Rome, I, 39.

BLANC (Claude Le), est fait ministre de la guerre, X, 242. — Est mis à la Bastille et en jugement par ordre du duc de Bourbon, 300. — Est rappelé au ministère par le cardinal de Fleuri, *ibid.*

BLANCHE, femme de Louis-le-Fainéant, le quitte. Est obligée de retourner avec lui, II, 139. — Soupçonnée d'avoir empoisonné son mari, *ibid.*

BLANCHE DE CASTILLE, femme de Louis VIII. Lui envoie des secours en Angleterre, II, 289. — Nommée régente, 292. — Sa fermeté et ses succès, 294. — Tire de la tour du Louvre, Ferrand, comte de Flandre, 295. — Achète de Thibault, comte de Champagne, les comtés de Blois, de Sancerre, etc., 297. — Accompagne son fils en Bretagne, *ibid.* — Convoque à Compiègne les grands vassaux, 298. — Se démet de la régence, ibid. — Fait épouser à Louis, son fils, Marguerite, fille de Raymond Bérenger, comte de Provence, 299. — Nommée régente, 310. — Sa mort, 322.

BLANCHE, fille de Louis IX et de Marguerite de Provence, épouse Ferdinand de La Cerda, privé par son oncle de ses droits à l'héritage de la Castille, II, 341.

BLANCHE DE BOURGOGNE-COMTE, femme de Charles-le-Bel, troisième fils de Philippe-le-Bel, est renfermée pour sa mauvaise conduite au château Gaillard, III, 54. En sort pour se faire religieuse, ibid.

BLANCHE DE NAVARRE, deuxième femme de Philippe de Valois, III, 163. — Sollicite la grâce de Charles-le-Mauvais, son frère, 173. — Sollicite la paix de son frère avec Charles V, 246 et 247.

BLANC-MESNIL (René Potier de), président au parlement de Paris. Se pique contre Mazarin. Pourquoi? IX, 39. — Il est arrêté et conduit à Vincennes, 59. — Il sort de prison et vient au parlement, 75. — Ce qu'il dit dans le parlement au sujet de l'article de la sûreté, 85.

BLANDINE, esclave chrétienne, martyre à Lyon, sous Marc-Aurèle I, 180.

BLOIS (Charles de), second fils de Gui de Châtillon, comte de Blois, et de Marguerite de Valois, sœur de Philippe VI de Valois, roi de France. Il est reconnu par les états de Bretagne pour successeur de Jean-le-Bon, comme époux de Jeanne-la-Boiteuse, sa nièce, fille de Gui, comte de Penthièvre, III, 135 et 136. — Est fait prisonnier au combat de la Roche-de-Rien et conduit en Angleterre, 155. — Refuse un accommodement avec Montfort. Sa mort à la bataille d'Aurai, 243.

BLOIS-PENTHIÈVRE (Françoise de), arrière-petite-fille de Jeanne-la-Boiteuse, épouse d'Alain, sire d'Albret, V, 34. (*Voyez* PENTHIÈVRE.)

BLOIS (Marie-Anne de Bourbon, légitimée de France, dite Mademoiselle de), fille de Louis XIV et de madame de La Vallière, IX, 364. — Elle épouse Louis-Armand de Bourbon, prince de Conti, neveu du grand Condé, X, 32.

BODILLON, tue Childéric II, 344.

BOHEMOND, prince de Tarente, fils de Robert Guiscard, duc de la Pouille, l'un des principaux croisés, II, 182. — Prince d'Antioche, 184.

BOHÊME. Étymologie de ce mot.

BOIS-BOURDON, chevalier. Ses intrigues amoureuses avec la reine Isabelle, IV, 73. — Son supplice, *ibid.*

BOIS-DAUPHIN (Urbain de Montmorency-Laval, seigneur de), maréchal de France de la création du duc de Mayenne, obtient de Henri IV la confirmation de cette dignité, VII, 377. — Commande l'armée qui escorte Louis XIII à Bordeaux, VIII, 126.

BOISGELIN (Jean de Dieu Raymond de), archevêque d'Aix, député à l'assemblée constituante, défend avec talent, mais inutilement, la propriété du clergé, XI, 305.

BOISENVAL, confident du commerce entre Louis XIII et mademoiselle de La Fayette. Richelieu l'engage à trahir leurs secrets, VIII, 380. — Disgracié, 381.

BOISSIEUX (le comte de), neveu de Villars, est envoyé en Corse pour faire admettre la médiation du roi de France, X, 333. — Est repoussé dans Bastia et en meurt de chagrin, *ibid.*

BOISSISE. Marie de Médicis l'envoie négocier avec les mécontents retirés à Soissons, VIII, 141.

BONAPARTE (Napoléon), empereur; sa naissance, XI, 116.

BON-DOC-DAR ou BON-DOC-HAR (Bibars), chef de mamelucks, remplace Facardin, II, 314. — Son caractère, 347.

BONHOMME (Jacques), chef de La Jacquerie, III, 213.

BONIFACE VIII (Benoit Gajétan). Commencement de sa querelle avec Philippe IV, III, 24. — Poursuit les Colonnes, 26. — Envoie un légat en France, 35. — Excommunie Philippe IV, 37. — Est enlevé, 39. — Sa mort, 41.

BONIFACE IX (Pierre Tomacelli), pape, succède à Urbain VI. Les Chartreux s'adressent à lui pour obtenir quelques priviléges, il les charge d'une lettre pour Charles VI, III, 372. — Son obstination, 383. — Secourt puissamment Ladislas, compétiteur de Louis II d'Anjou au royaume de Naples, 389. — Sa mort, IV, 1.

BONIVET (Guillaume Gouffier de Boisy, seigneur de), amiral de France, prend Fontarabie, V, 275. — Général des troupes françaises, entre en Italie, 288. — Assiége Milan, est obligé de se retirer, 304. — Est blessé à la retraite de Romagnano, 305. — Est tué à la bataille de Pavie, 314.

BONIVET (Henri-Marc-Alphonse-Vincent Gouffier, marquis de), arrière-petit-fils du précédent, entre dans une cabale contre Marie de Médicis, VIII, 102, à la note.

BONNE D'ARMAGNAC, fille du comte d'Armagnac, épouse Charles d'Orléans, fils de Louis, duc d'Orléans, et de Valentine Visconti, IV, 27.

BONNET ROUGE, signe de ralliement. Quelle en fut l'origine, XI, 345.

BONNEVAL, capitaine français, ravage la Provence par ordre de François I. Pourquoi? V, 370.

BORGIA (César), cardinal. Alexandre VI, son père, le donne en otage à Charles VIII, V, 76. — Se sauve d'auprès de Charles VIII, ibid. — Fait empoisonner le duc de Candie, son frère aîné, 105. — Quitte le chapeau de cardinal, et obtient de Louis XII le duché de Valence, ibid. — S'empare de Faenza. Son infâme perfidie à l'égard d'Astor-Manfredi, prince de Faenza, 121 et 122. — Trait infâme qu'il commet à la prise de Capoue, 127. — Moyens dont il se sert pour s'emparer du duché d'Urbin, 133. — S'empare de Camérino, et fait étrangler Varannes qui en était seigneur, ibid. — Plaintes portées contre lui à Louis XII, 134. — Se justifie et conclut un traité avec Louis XII, 135. — Fait jeter dans un cachot et étrangler Paul des Ursins et le duc de Gravina, 138 et 139. — Est empoisonné, 154. — Jules II le fait arrêter, 157. — Il se sauve et se réfugie auprès de Gonzalve, ibid. — Gonzalve le retient prisonnier, 158. — Sa mort, ibid.

BOSCAWEN (l'amiral) assiége en vain Pondichéry, défendu par Dupleix, XI, 10. — Enlève en pleine paix deux vaisseaux de guerre français, 30. — Coopère à la prise de Louisbourg, 58. — Bat M. de La Clue à Lagos, 72.

BOSSUET (Jacques-Bénigne), évêque de Meaux; son sentiment sur les cinq propositions de Jansénius, IX, 372. — Député aux religieuses de Port-Royal, pour les engager à signer le formulaire; lettre qu'il leur écrivit, 375. — Prêche à l'ouverture de l'assemblée du clergé de 1682, X, 19. — Expédient qu'il suggère pour prévenir le schisme, 22. — Prépare madame de La Vallière à la nouvelle de la mort du comte de Vermandois, son fils, 32. — Fait condamner Fénélon dans l'affaire du quiétisme, 131. — Précepteur du dauphin, fils de Louis XIV, 202. — Promet une apologie des réflexions morales du P. Quesnel, moyennant des corrections, 203. — Son sentiment sur l'ouvrage, ibid.

BOSSUT (Nicolas de), gouverneur de Guise, instruit François I des sollicitations du duc d'Arscot, général de Charles-Quint, pour qu'il lui livre sa place, V, 287.

BOTTA (le marquis de), commandant de Gênes après la prise de cette ville par les Autrichiens, X, 384. — En est chassé par un soulèvement des Génois, ibid.

BOUCARD (Jacques de). Sommation qui lui est faite par Charles IX de mettre bas les armes, VI, 271.

BOUCHAGE (Imbert de Batarnay, sieur du); ce que Louis XI lui écrivait au sujet d'Yvon-du-Fau, IV, 307.

BOUCHAGE (Henri, duc de Joyeuse, et d'abord comte du), à cause de Marie de Batarnay, sa mère; se fait capucin, VII, 142. — Rôle qu'il joue dans une procession de la ligue, 180. — Réprimande que le roi lui fait à ce sujet, 181. — Il ramène à Henri IV le Toulousain, et est fait maréchal de France, 393.

BOUCHAVANNES (Bayancour de). Sommation qui lui est faite par Charles IX de mettre bas les armes, VI, 270. — L'un des quatre seigneurs qui obtiennent grâce du roi à la Saint-Barthélemy, 357.

BOUCHER (Jean), curé de Saint-Benoît; ses sermons contre Henri IV, VII, 352.

BOUCHERAT (Louis), chancelier de France, l'un des rédacteurs des ordonnances de Louis XIV, IX, 361, à la note.

BOUCICAUT (Jean II le Maingre, seigneur de), maréchal de France, ainsi que son père de même nom que lui, investit Benoît XIII dans Avignon à la tête des troupes françaises, III, 385. — Rétablit dans Gênes l'autorité de la France, 392. — Est obligé d'abandonner Gênes, IV, 25.

BOUFFLERS (Louis-François de), maréchal de France, investit Namur, X, 69. — Achève de décider la victoire de Steinkerque, 71. — Prend Furnes et Dixmude, ibid. — Opine pour la retraite à Nerwinde, 77. — Se jette dans Namur et est forcé d'y capituler, 86. — Commande en Flandre dans la campagne qui précède la paix de Ryswick, 90. — Y commande encore dans celle qui ouvre la guerre de la succession d'Espagne, et fait creuser des lignes pour la défense des Pays-Bas, 103. — Est envoyé sur le Rhin sous le duc de Bourgogne, 106. — Recule devant Marlborough, ibid. — Bat Cohorn et Opdam à Ékeren, 120. — Ne peut sauver Lille malgré une défense brillante de quatre mois, 153 et 154. — Demande à servir sous Villars, quoique son ancien, 162. — Fait la retraite de Malplaquet, 163.

BOUFFLERS (Joseph-Marie, duc de), fils du précédent, s'introduit à Gênes malgré les Anglais, et fait reculer les Autrichiens, XI, 3. — Y meurt de la petite vérole, ibid.

BOUFILE, comte de Castres, général de Louis XI en Roussillon, refuse d'exécuter les ordres rigoureux qu'il lui donne, IV, 307.

BOUGAINVILLE (Louis-Antoine de), navigateur français, commande l'avant-garde de la flotte française au combat de la Chesapeak, maltraite et repousse l'ennemi, XI, 200. — *Id.* à celui des Saintes où du 12 avril 1782, est coupé du corps de bataille et relâche à Saint-Eustache, 213 et 214. — Se serre auprès du roi au 20 juin pour le protéger, 358.

BOUILLÉ (le marquis de), gouverneur de la Martinique, s'empare de La Dominique sans perdre un seul homme, XI, 175. — De Tabago, 196. — De Saint-Eustache, 201. — Projette, d'accord avec M. de Grasse, une tentative sur la Jamaïque, 210. — S'empare de Saint-Christophe, 211. — Ses Mémoires témoignent que Mirabeau, à l'époque de sa mort, était rallié à la cause du roi, 329. — Dirige la fuite de Louis XVI à Montmédi, 332. — Se retire à Luxembourg quand elle est manquée, 333. — Réduit à Nancy les régiments révoltés qui y étaient en garnison, 344.

BOUILLON (Godefroy de), duc de la Basse-Lorraine, chef de la première croisade, II, 183. — Est élu roi de Jérusalem, 184.

BOUILLON (Robert II de La Marck, duc de), envoie défier Charles-Quint, V, 274.

BOUILLON (Robert III de La Marck, duc de), maréchal de France, fils du précédent, fait lever le siége de Péronne, V, 376.

BOUILLON (Henri-Robert de La Marck, duc de), fils de Robert IV, seigneur de Fleuranges, maréchal de France, ainsi que Robert III son père. Ce que lui dit Henri, roi de Navarre, au sujet du duc d'Alençon, VI, 391. — Ses états sont envahis par le duc de Guise, à la tête de l'armée de la ligue, VII, 128.

BOUILLON (Henri, duc de), gendre du précédent. (*Voy.* TURENNE (Henri I, vicomte de).

BOUILLON (Frédéric-Maurice de La Tour d'Auvergne, duc de), fils aîné du précédent, et frère du maréchal de Turenne. Il vient à Paris avec le prince de Conti, IX, 109. — Il est nommé lieutenant général du prince de Conti, *ibid.* — Rôle qu'il jouait dans le parti de la Fronde, 115. — Il écrit à l'archiduc pour lui demander du secours, 124. — Il vient à la cour après l'accommodement de Saint-Germain, 140. — Il appelle la jeune princesse de Condé et son fils à Bordeaux, 164. — Il fait pendre Canolles, officier royaliste, 172. — Il a des conférences clandestines avec Mazarin, *ibid.* Il quitte le parti de Condé pour s'attacher à la reine, 227 et 228.

BOUILLON (Éléonore-Catherine Febronie de Bergh, duchesse de), épouse du précédent. Le coadjuteur la dépose à l'hôtel de ville comme otage, IX, 113.

BOULAYE (le marquis de la), zélé frondeur, cherche à exciter une émeute dans Paris, IX, 149.

BOULEN (Anne de), maîtresse d'Henri VIII, V, 335.
BOULOGNE (Renaud, comte de), un des chefs de la ligue contre Philippe-Auguste, II, 272. — Est fait prisonnier, 275 et 276.
BOULOGNE (Gui d'Auvergne, dit le cardinal de), fils de Robert VII le Grand, comte d'Auvergne; son exhortation à Charles-le-Mauvais, III, 174 et 175.
BOULOGNE (Jean de), contrôleur général, successeur de M. de Moras, est remplacé par M. de Silhouette, XI, 73.
BOURBON (Louis I, duc de), fils de Robert, comte de Clermont, sixième fils de saint Louis et époux de l'héritière de Bourbon. Charles-le-Bel érige en sa faveur la baronnie de Bourbon en duché-pairie, III, 104.
BOURBON (Jacques I de) comte de la Marche, connétable, second fils du précédent. Il arrête Charles-le-Mauvais, III, 174. — Est défait par une bande des grandes compagnies. Sa mort, 231.
BOURBON (Jacques II de), comte de la Marche, roi de Naples par Jeannette, sa femme, petit-fils du précédent et fils de Jean, comte de la Marche. Il se joint au connétable de Richemont contre La Trimouille, IV, 120. — Se fait cordelier, ibid. à la note.
BOURBON (Louis II le Bon, duc de), fils du duc Pierre, tué à Poitiers, et petit-fils de Louis, dernier duc de Bourbon. La garde de la personne de Charles VI et de ses frères lui est confiée, III, 305. — Fait arrêter trois cents séditieux dans Paris, 327. — Témoignage que lui rend Charles VI en plein conseil, 349. — Assiste au service que Charles VI fait célébrer à Saint-Denis pour Duguesclin, 352. — Commande une expédition des Génois contre Alger et Tunis, 357. Charles VI le fait entrer dans son conseil, 370. — Assiste à l'assemblée tenue à Paris relativement au schisme, 385. — Se porte pour médiateur entre le duc d'Orléans et le duc de Bourgogne, IV, 7. — Se plaint de ce que l'on n'a pas arrêté le duc de Bourgogne lorsqu'il se présentait au conseil, 11. — Va au devant de la duchesse d'Orléans après la mort de son mari, 12. — Se retire de la cour, 15. — Se ligue avec d'autres seigneurs contre le duc de Bourgogne, 26. — Sa mort, 27.
BOURBON (Jean I, duc de), fils du précédent, s'empare, conjointement avec le duc d'Orléans, du Louvre, et y renferme le dauphin, IV, 58. — Prisonnier à la bataille d'Azincourt, 64.
BOURBON (Charles I, duc de), fils du précédent, et connu d'abord sous le nom de comte de Clermont. Se ligue contre Charles VII, IV, 120. — Est battu par les Anglais à la journée des Harengs, 124. — Prépare le traité d'Arras, qui rend la paix à la France par

le rapprochement du duc de Bourgogne avec Charles VII, V, 154.

BOURBON (Jean-le-Bon, duc de), connétable, fils du précédent, et connu d'abord sous le nom de comte de Clermont, obtient le prix de la valeur à la journée de Formigny, IV, 182. — Mécontent de ce que Louis XI ne lui donne pas l'épée de connétable, se met à la tête d'une ligue formée contre lui, 229. — Attaqué par Louis XI, il obtient une trêve, 231. — Ses plaintes à Louis XI sur sa conduite à l'égard de Marie de Bourgogne, 361. — Mortification qu'il éprouve en Auvergne, 362. — On lui donne l'épée de connétable avec le titre de lieutenant général du royaume, V, 2. — Entre dans une ligue contre madame de Beaujeu, 19. — Se raccommode avec la cour, 21.

BOURBON (Pierre, duc de), d'abord sire de Beaujeu, frère du précédent. (*Voy.* BEAUJEU).

BOURBON (Suzanne de), fille et héritière du précédent et d'Anne de France, fille de Louis XI. (*Voy.* SUZANNE).

BOURBON (Louis-le-Bon, de), comte de Montpensier, frère du duc Charles I, renonce à l'expectative du duché de Bourbon, V, 293.

BOURBON (Gilbert de), comte de Montpensier, vice-roi de Naples, fils du précédent. (*Voy.* MONTPENSIER).

BOURBON (Louis II de), comte de Montpensier, fils aîné du précédent, réclame, comme son père, contre l'abandon de ses droits, V, 295. — Contribue au recouvrement du royaume de Naples, 296. Meurt de douleur en rendant les derniers devoirs à son père qu'il avait fait exhumer, *ibid.*

BOURBON (Charles II, duc de), comte de Montpensier, frère du précédent, soutient l'avant-garde à la bataille d'Aignadel, V, 197. — Refuse le commandement critique de l'armée d'Italie, 224. — François I le fait connétable, 256. — Il dirige toute l'action à la bataille de Marignan, 262. — François I lui donne le gouvernement du Milanais, 266. — Conseille à François I d'attaquer près de Valenciennes, l'empereur Charles-Quint, qui était en France, 275. — Il est privé du droit que lui donnait sa charge de commander l'avant-garde, 276. — On intrigue à la cour contre lui, *ibid.* — Louise de Savoie lui intente un procès, 289. — Charles-Quint le sollicite de se réfugier auprès de lui, 299. — Son entrevue à Moulins avec François I, 300, Passe en Allemagne, 301. — Charles-Quint lui donne le commandement de son armée en Italie, 302. — Réponse que lui fait Bayard à la retraite de Romagnano, 306. — Fait le siège de Marseille, 308. — Est obligé de le lever,

309. — Remplace Pesquaire en Italie, 329. — Son embarras, 331. — Est tué à l'assaut de Rome, 333.

BOURBON (Louis de), prince de la Roche-sur-Yon, comte de Montpensier par son mariage avec la sœur du précédent, et tige du second rameau de Montpensier, était frère de François, comte de Vendôme, fils de Jean et petit-fils de Louis, comte de Vendôme par sa mère, lequel était frère cadet de Jacques II, comte de la Marche, roi de Naples. Il est tuteur du jeune Charles de Bourbon-Montpensier son beau-frère, et soutient avec succès les droits de son pupille au duché, V, 296 et 297. (*Voyez* MONTPENSIER).

BOURBON (Charles de), premier duc de Vendôme, neveu du précédent. Il commande l'armée française sur les frontières de France, essuie un échec, V, 287. — Est déclaré chef du conseil de régence pendant la prison de François I, 316. — François I lui donne le commandement de l'armée chargée de défendre la Picardie contre Charles-Quint, 369.

BOURBON-VENDOME (François de), comte de Saint-Pol, frère du précédent, fait la retraite de Romagnano après la mort de Bayard, V, 305. — Laissé pour mort à la bataille de Pavie, il est fait prisonnier et s'échappe, 314. — Est battu à Landriano par Antoine de Lève, 342. — S'oppose dans le conseil au projet de livrer la bataille de Cérisoles, 408.

BOURBON-VENDOME (Louis de), cardinal, archevêque de Sens, frère du précédent. Ce qu'il dit dans un lit de justice tenu par Henri II, VI, 34.

BOURBON (Antoine de), duc de Vendôme et roi de Navarre, neveu du précédent et fils du duc Charles. Il épouse Jeanne d'Albret, héritière de la Navarre, VI, 17. — Empêche le duc de Savoie, général de Charles-Quint, de passer la Somme, 57. — Son caractère, VII, 119. — Les Guises l'intimident, 120. — La reine-mère le décourage, *ibid*. — Il va à Paris, 121. — Il renonce aux projets de Vendôme, *ibid*. — Il conduit Élisabeth de France en Espagne, *ibid*. — Il se retire en Béarn, 122. — Demande la grâce du prince de Condé, 155. — Il est déclaré lieutenant général du royaume, 160. — Menace de quitter la cour, si l'on ne renvoie pas les Guises, 163. — Moyens employés par les Guises pour se l'attacher, 177. — Il se lie ouvertement avec les Guises, 178. — Il appelle le duc de Guise à Paris, 185. — Réponse que lui fait Bèze, ministre protestant, au sujet du massacre de Vassy, 186. — Il assiste à la conférence de Toury, 195. — Sa mort au siége de Rouen, 212.

BOURBON-VENDOME (François), duc d'Enghien, frère du précédent.(*Voy.* ANGUIEN ou ENGHIEN.)

BOURBON-VENDOME (Charles de), cardinal, archevêque de Rouen, connu sous le nom de Charles X, frère du précédent. François II l'envoie au devant du roi de Navarre et du prince de Condé, ses frères, qui se rendaient aux états généraux d'Orléans, VI, 153. — Il donne l'absolution à Henri, roi de Navarre, et au prince de Condé, 364. — Les Guises négocient avec lui, VII, 96. — Ses prétentions à la couronne, 100. — Sa réponse lorsqu'on l'excitait à quitter le parti des Guises, *ibid.* — Il prête l'oreille aux propositions de mariage avec Catherine de Lorraine, veuve du duc de Montpensier, 101. — Il se retire dans son diocèse, 103. — Est arrêté après l'assassinat du duc de Guise, 194. — Il est proclamé roi sous le nom de Charles IX, 229. — Sa mort, 252.

BOURBON-CONDÉ (Charles de), cardinal, archevêque de Rouen, neveu du précédent, fils de Louis de Bourbon, premier prince de Condé. Il se met à la tête d'une faction nommée le *tiers-parti*, VII, 275. — Ses écrits et ses entreprises, *ibid.* — Il veut sortir du conseil, où il s'agissait de proposer une surséance aux édits contre les calvinistes, 276. — Il offre aux ambassadeurs d'Espagne la jonction du tiers-parti, 342. — Sa mort, 347.

BOURBON-CONDÉ (Henri-Jules, duc de), depuis prince de Condé, arrière-petit-neveu du précédent, et fils de Louis II de Bourbon, dit le *Grand-Condé*, et de Claire-Clémence de Maillé. Sa mère l'emmène à Bordeaux, IX, 160. — Sa fille épouse le duc du Maine, fils légitimé de Louis XIV, X, 169. — Son fils avait épousé mademoiselle de Nantes, fils légitimé du même monarque. (*Voy.* CONDÉ.)

BOURBON-CONDÉ (Louis-Henri, duc de), plus connu sous le nom de M. le Duc, petit-fils du précédent et fils du prince de Condé, Louis III. Il est déclaré chef du conseil de régence par le parlement, X, 221. — Sa requête au parlement pour priver les princes légitimés du rang de prince du sang, 230. — Il fait lecture d'un mémoire au roi contre le duc du Maine, 239. — Il est nommé premier ministre, 292. — Son portrait, 293. — Il fait épouser à Louis XV Marie-Charlotte Leczinski, fille de Stanislas, roi de Pologne, détrôné, 295. — Son gouvernement, 296. — Édit rigoureux qu'il fait rendre contre les protestants, *ibid.* — Emploie les frères Pâris pour essayer de rétablir l'ordre dans les finances, *ibid.* — Il intrigue avec la reine contre l'évêque de Fréjus, 298. — Il est disgracié, 299. (*Voy.* CHAROLAIS et VERMANDOIS.)

BOURBON CONDÉ (Louis de), comte de Clermont, frère du précé-

à Paris contre la convention de Bicêtre, 31. — Appelle les Anglais à son secours, 32. — Est abandonné des Flamands, 33. — Vient à Paris avec six mille archers anglais, 36. — Ses opérations financières, 37. — Ses opérations politiques, *ibid*. — Rassemble une armée considérable, 38. — Traite avec le duc de Berri, 40. — Mésintelligence entre lui et le dauphin, son gendre, 43. — Engage Desessarts à rendre la Bastille, 44. Violences qu'il exerce, *ibid*. — Se prête à une négociation, 48. — Signe la paix avec le dauphin et les orléanistes, *ibid*. — Fait retirer un groupe de séditieux, 49. — Veut faire enlever le dauphin à Vincennes. Se retire en Flandre, *ibid*. — Devient l'objet des railleries publiques, 50. — Marche sur Paris d'après les instances du dauphin, 51. — Il se retire, 52. — Traite avec les orléanistes, 55. — Refuse de ratifier la paix d'Arras, 59. — Offre de joindre ses troupes à celles du roi pour combattre les Anglais. On le refuse, 65. — Veut se rendre maître de Paris, 67. — Traite avec le roi d'Angleterre, 71. — Députe au dauphin Jean pour l'attirer dans son parti, 72. — Se réconcilie avec la reine Isabelle, qu'il ramène de son exil, 76. — S'éloigne de Paris et va à Troyes, *ibid*. — Négocie avec le dauphin Charles, 78. — Entre en triomphe dans Paris avec la reine, 81. Il se réserve le gouvernement de Paris, 84. — Invite le dauphin à revenir à Paris, *ibid*. — Sa réponse aux Parisiens qui demandaient le retour du roi, 87. — Il n'ose se déclarer ouvertement contre les Anglais, *ibid*. — Sa réponse à Henri V, roi d'Angleterre, *ib*. — Traite auprès de Pontoise avec Henri V, *ibid*. — Son entrevue à Pouilly-le-Fort avec le dauphin, 88 et 89. — Se retire à Troyes, *ibid*. — Son entrevue à Montereau avec le dauphin, 89. — Est assassiné, 90.

BOURGOGNE (Catherine de), fille du précédent. (*Voy.* CATHERINE.)
BOURGOGNE (Philippe-le-Bon, duc de), succède à Jean-sans-Peur, son père. Envoie à la reine Isabelle un corps de troupes pour la défendre, IV, 92. — Traite à Arras avec le roi d'Angleterre, 93 et 94. — Rend à Montereau les derniers devoirs à son père, 95. — S'empare de la Picardie et de la Champagne, 99. — Refuse la régence de France, 100. — Soutient Jean IV, duc de Brabant, contre le duc de Glocester, 107 et 108. — Force Jacqueline de Hainaut à lui abandonner ses états, 114. — Va communiquer au duc de Bedfort la proposition des Orléanais, 126. — Rappelle les troupes qu'il avait dans l'armée anglaise, *ibid*. — Conclut avec Charles VII une trêve pour la Picardie, l'Artois et la Champagne, 137. — Institue l'ordre de la Toison d'or, 138. — Accepte la

régence de France que lui offre le duc de Bedfort, *ibid*. — Conclut avec Charles VII une trêve de six ans, 151. — Froideur entre le duc de Bedfort et lui, 152. — Consent à un congrès à Arras, 154. — Fait la paix avec Charles VII, 155. — Entreprend le siège de Calais; est forcé de le lever, 159. — Contribue à mettre le duc d'Orléans en liberté, 166. — Reçoit honorablement le dauphin Louis dans ses états, 195 et 196. — Charles VII le dispense de venir au lit de justice où se jugeait le procès du duc d'Alençon, 201. — Acquiert le duché de Luxembourg, 203. — Fait un affront à Charles VII, A quelle occasion? *ibid*. — Offre à Louis XI de le mettre en possession du trône, 208. — Lui demande la grâce des personnes qui ont pu lui déplaire, 209. — Lui fait hommage du duché de Bourgogne, *ibid*. — Accuse Louis XI d'avoir voulu l'empoisonner, 218. — Lui rend, moyennant 400 mille écus d'or, les villes sur la Somme qui lui avaient été cédées par le traité d'Arras, *ibid*. — Se refuse à la gabelle que Louis XI voulait établir dans ses états, 219. 219. — Reçoit une députation de Louis XI, 224. — Sa réponse aux députés, 245. — Sa mort, 252. — Révoltes qu'il éprouva dans ses états, 253. — Sa rigueur à l'égard de la ville de Dinan, 253 et 254.

BOURGOGNE (Charles-le-Téméraire, duc de), fils du précédent, connu du vivant de son père sous le nom de comte de Charolais. Il obtient de Louis XI le gouvernement de Normandie, IV, 210. — Brouillé avec son père, il se retire à Gorkum, 223. — Manière dont il se conduit envers la députation envoyée à son père par Louis XI, 225. — Ce qu'il dit à l'archevêque de Narbonne, l'un des députés, 226. — Vient à la tête d'une armée sous les murs de Paris, 232. — Va au-devant du duc de Bretagne, 233. — Manque d'être pris à la bataille de Mont-Lhéri, 234. — Il assiège Paris, 236. — Son entrevue avec Louis XI, 238. — Signe avec Louis XI les traités de Conflans et de Vincennes, 240. — Retourne en Flandre pour repousser les Liégeois, 244. — Prend le titre de duc de Bourgogne, 255. — Se trouve à la tête de son armée en présence de Louis XI, 258. — Son entrevue à Péronne avec Louis XI, 259. — Il tient Louis XI enfermé, 260. — Il traite avec lui, 261. — Ses propositions à Louis XI, 262. — Épouse la sœur de Henri VI, roi d'Angleterre, *ib*. — S'empare de Liége et la détruit de fond en comble, 263 et 264. — Ses discussions avec Louis XI, 277. — Lève une armée contre Louis XI, 283. — Conclut une trêve avec lui, 285. — Son traité frauduleux avec lui, 288. — Il ravage la Picardie, 291. — Signe une trêve avec

Louis XI, 292. — Acquiert l'Alsace, 296. — Acquiert la Gueldre, 297. — Fait enlever René II, que les Lorrains avaient choisi pour leur duc, 299. — Se brouille avec Maximilien, empereur d'Allemagne, *ibid.* — Se ligue avec Édouard IV contre Louis XI, 302. — Il se brouille avec l'empereur Frédéric, 304. — Est obligé de lever le siége de Nuits, 308. — Quitte Édouard IV pour aller faire la guerre au duc de Lorraine, *ibid.* — Sa réponse à Édouard en apprenant la trève conclue entre Louis XI et lui, 318. — Traite à Soleure avec Louis XI, 319. — Fond sur la Lorraine, 320. — S'empare de Nanci, 322. — Ses projets, *ibid.* — S'empare de Granson. Sa défaite devant cette ville, 325. — Il assiége Morat, est battu devant cette ville, 329. — Il assiége Nanci, est vaincu devant cette ville. Sa mort, 333.

BOURGOGNE (Marie de), fille et héritière du précédent. (*Voyez* MARIE.)

BOURGOGNE (Louis, duc de), petit-fils de Louis XIV, fils de Louis, dauphin, dit *Monseigneur*, et dauphin lui-même après la mort de son père. Il épouse Marie-Adelaïde de Savoie, fille de Victor Amédée II, premier roi de Sardaigne, X, 83 et 89. — Commande sur le Rhin, ayant sous lui le maréchal de Boufflers, 106. — Est forcé de reculer devant Marlborough, 107. — Commande en Flandre avec le duc de Vendôme, 151. — Combat Marlborough et Eugène à Oudenarde, et ordonne la retraite, 152 et 153. — Mésintelligence entre lui et le duc de Vendôme, *ibid.* — Laisse prendre Lille au prince Eugène, *ibid.* — Défend le duc d'Orléans dans le conseil, 166. — Sa mort, 178. — Ses éminentes qualités, 179. — Arbitre entre le cardinal de Noailles et les évêques de Luçon et de La Rochelle, 206. — Projet de médiation qu'il propose, *ibid.*

BOURGOGNE (Marie-Adélaide de Savoie, duchesse de), épouse du précédent, et fille de Victor-Amédée, premier roi de Sardaigne. Sa mort, X, 178.

BOURGOGNE (Louis-Joseph-Xavier, duc de), arrière-petit-fils du précédent, fils aîné de Louis, dauphin, fils de Louis XV, jeune prince de la plus grande espérance. Sa mort, XI, 109.

BOURGUIGNONS. Pourquoi ainsi nommés, IV, 27. — Ravagent les campagnes en-deçà de la Loire, *ibid.* — Leurs excès dans Paris, 35. — Leur tentative sur Paris, 76.

BOURNONVILLE (le duc de), général de l'empereur, est battu par Turenne à Ensheim, IX, 413.

BOUSSOLE. A quelle époque elle a été appliquée à la marine, III, 67.

BOUTTEVILLE (François de Montmorency, sieur de) Il a la tête tranchée pour cause de duel, VIII, 265.

BOUTTEVILLE (François-Henri de Montmorency), maréchal de Luxembourg, fils posthume du précédent. (*Voy.* LUXEMBOURG.)

BOUTHILLIER (Claude), seigneur de Chavigny, assiste pour Henri IV aux conférences de Suréne, VII, 332.

BOUTHILLIER (Claude), secrétaire d'état, surintendant des finances, fils du précédent. Richelieu le charge de sonder Gaston sur son mariage avec Marguerite de Lorraine, VIII, 343. — Il opine dans le conseil pour fixer Marie de Médicis à Avignon, 407.

BOUTHILLIER (Léon de), comte de Chavigny, fils du précédent. (*Voy.* CHAVIGNY (Léon de Bouthillier).

BOUTIÈRES (Gui de Guiffrey, seigneur de), élève et parent de Bayard, est remplacé en Piémont par le comte d'Enghien, V, 407. — Commande sous lui l'aile droite à la bataille de Cérisoles, 409.

BOYNES (M. de), intendant et premier président du parlement de Besançon, est rappelé par la cour, XI, 123. — Est fait ministre de la marine, 137.

BRABANT (Jean, dit le *Victorieux*, duc de), frère de Marie, femme de Philippe-le-Hardi, se déclare le champion de sa sœur, III, 10. — Épouse une fille d'Édouard, roi d'Angleterre, 21.

BRABANT (Antoine, duc de), frère du duc de Bourgogne Jean-sans-Peur. Se porte pour médiateur entre le duc de Bourgogne et les orléanistes, IV, 55.

BRABANT, (Jean IV, duc de), fils du précédent, épouse Jacqueline de Hainaut, veuve de Jean, dauphin de France, V, 107. — S'oppose au divorce par elle demandé, 108. — Sa mort, 114.

BRACHET. L'un des confidents de Mazarin, IX, 212.

BRADDOCK, général anglais. Son expédition en Amérique contre le fort du Quesne, XI, 29.

BRAGANCE (don Juan de), prince de la ligne bâtarde de Portugal, est porté sur le trône, VIII, 403.

BRANDEBOURG (Albert de), dit l'*Alcibiade*, margrave d'Anspach, arrière-petit-fils d'Albert de Hohenzollern, dit l'*Achille*, troisième électeur de Brandebourg, et cousin issu de germain de l'électeur d'alors, Joachim-Hector. Refuse d'adhérer à la paix de Passau, VI, 41. — Trahit la France, 48.

BRANDEBOURG (Jean-Sigismond, margrave de), arrière-petit-fils de Joachim-Hector. Héritier par sa femme de la Prusse et de Clèves, possède la succession par indivis avec le palatin, VIII, 81. — La lui dispute, *ibid.* — De luthérien il se fait calviniste pour gagner les Hollandais à sa cause, *ibid.*

BRANDEBOURG (Frédéric-Guillaume, margrave de), dit le *grand-électeur*, petit-fils du précédent. Se déclare le premier pour les Hollandais attaqués par Louis XIV, IX, 396. — Est forcé à la neutralité par Turenne, 398. — Battu par le même à Turkheim, est forcé d'évacuer l'Alsace, 416 et 417. — Attaque le roi de Suède, 418. — Fait la paix à Nimègue, et restitue les conquêtes sur la Suède, X, 13 et 14. — S'empare de la ville de Bonn sur les Français, 56.

BRANTES (Léon-d'Albert, seigneur de), puis duc de Luxembourg-Piney par sa femme, frère du connétable de Luynes. Son frère le fait venir à la cour, VIII, 145.

BRANTOME (Pierre de Bourdeilles, abbé de), historien. Ce qu'il dit de la canonnade de Venise ordonnée par Louis XII, V, 198. — De l'opéra d'Orphée, représenté devant Henri, VII, 95. — Du cardinal de Lorraine, 122. — Des Chatillons, 127. — De la conjuration d'Amboise, 143. — De plusieurs évêques relativement à leurs opinions religieuses, 175. — De Jeanne d'Albret, femme d'Antoine de Bourbon, roi de Navarre, 214. — Du maréchal de Montluc, 231. — Du duc de Montpensier, 292. — Du comte de Brissac, 301. — De Strozzi, colonel de l'infanterie française, 305. — De Coligny, 329. — Des ordres donnés au prevôt des marchands relativement au massacre de la Saint-Barthélemi, 350. — Du gain fait par plusieurs de ses camarades à la Saint-Barthélemi, 357. — De Grégoire XIII, en apprenant la nouvelle du massacre de la Saint-Barthélemi, 369. — De Duguast, favori de Henri III, VII, 32.

BRÉHANT. (*Voy.* PIÉLO.)

BRENNUS I, chef des Gaulois sénonais, forme un établissement au-delà du Rubicon, I, 21. — Assiége Clusium, *ibid.* — Demande justice au sénat romain contre les Fabius, ses ambassadeurs, 2.. — Défait une armée romaine sur les bords de l'Allia, *ibid.* — Prend Rome, *ibid.* — En est chassé par le dictateur Camille, *ibid.*

BRENNUS II, chef des Gaulois, pénètre en Macédoine, I, 28 et 29. — Se propose de piller le temple de Delphes, et y est repoussé, *ibid.*

BRESNE (le comte de), écuyer de Marie de Médicis, fait tous les préparatifs pour la tirer de Blois où elle était exilée, VIII, 182.

BRESTOIS (les). Ce qu'ils étaient. Ils attaquent le château des Tuileries, XI, 365.

BRETAGNE (Jean III, dit *le Bon*, duc de), quatrième descendant de

Pierre Mauclerc, tige du rameau de Bretagne, lequel était petit-fils de Robert, comte de Dreux, fils de Louis VI, dit *le Gros*. Sa mort, III, 135.

BRETAGNE (Jean V, duc de), fils de Jean IV, comte de Montfort, neveu du précédent, et de Jeanne la Flamande. (*Voy.* MONTFORT).

BRETAGNE (Jean VI, dit *le Sage*, duc de), fils du précédent. Charles VII négocie avec lui, IV, 109. — Est enlevé et détenu six mois par les Penthièvres, *ibid.* — Se réconcilie avec Charles VII, 113. — Fait hommage du duché de Bretagne, *ibid.* — Est forcé de faire un traité d'alliance avec les Anglais, 119. — Fait épouser à son fils aîné Isabelle d'Écosse. Motifs qui le déterminent, 175.

BRETAGNE (François I, duc de), fils aîné du précédent, épouse Isabelle d'Écosse, sœur de Marguerite, première femme de Louis XI, IV, 175. — Par quels motifs son père se détermine à cette alliance, *ibid.*

BRETAGNE (François II, duc de), neveu du précédent, Louis XI le nomme son lieutenant en Normandie, IV, 218. — Il y renonce. Ses liaisons avec Charles-le-Téméraire, 220. — Écrit aux différents princes et seigneurs pour les soulever contre Louis XI, 222. — Envoie des ambassadeurs à Louis XI, 230. — Cherche à joindre le duc de Bourgogne, 233. — Vu en Normandie avec Charles de France; n'ose pas s'exposer dans Rouen, 245. — Conclut un traité à Amiens avec Louis XI, 257 et 258. — Demande du temps pour discuter les statuts de l'ordre de Saint-Michel, que Louis XI lui envoie, 276. — Signe un traité à Angers avec lui, *ibid.* — Signe un traité à Étampes avec le duc de Bourgogne, 277. — Envoie des troupes à Louis XI contre le duc de Bourgogne, 284. — Il demande la paix à Louis XI, 292. — Se ligue avec Édouard contre Louis XI, 302. — Traite avec Louis XI à l'abbaye de la Victoire, 319. — Cherche à armer l'Angleterre contre Louis XI, 344. — Envoie des ambassadeurs à Louis XI, *ibid.* — Se prépare à la guerre contre Louis XI, 346. — Traite avec lui, 347. — Veut terminer toute discussion avec Louis XI, 372. — Se ligue avec le duc d'Orléans contre madame de Beaujeu, V, 2 et 3. — Se ligue de nouveau contre madame de Beaujeu, 20. — Ne peut envoyer aux seigneurs ligués les secours promis, 22. — Signe un traité à Bourges avec madame de Beaujeu, *ibid.* — Signe un traité à Bruges avec Maximilien, *ibid.* — Consent à donner Anne, sa fille aînée, à Alain sire d'Albret, 55. — Conclut avec Charles VIII un traité à Sablé, 43. — Sa mort, *ibid.*

BRETAGNE (Anne, duchesse de), fille du précédent. (*Voy.* ANNE DE BRETAGNE).

(*Voy.* encore PIERRE MAUCLERC, JEANNE LA BOITEUSE, BLOIS, MONTFORT, DE BROSSE, PENTHIÈVRE)

BRETAILLES, gentilhomme gascon au service de l'Angleterre. Sa réponse à Comines, IV, 314.

BRETEUIL (Louis-Auguste, seigneur de), baron de Preuilli, ministre de la maison du roi, XI, 242. — Président du conseil des finances, 271.

BRÈVES (le sieur de), gouverneur de Gaston, frère de Louis XIII, VIII, 224. — Il est congédié, 225.

BRÉZÉ (Pierre de), sénéchal de Normandie, fait une descente en Angleterre, IV, 198. — Ce qu'il dit à Louis XI en le voyant sur un cheval faible, 212 et 213. — Est cause que la bataille de Mont-Lhéri se donne, et y est tué, 234.

BRÉZÉ (Louis de), comte de Maulevrier, sénéchal de Normandie, petit-fils du précédent, époux de Diane de Poitiers de Saint-Vallier, depuis maitresse de Henri II, VI, 2.

BRÉZÉ (Urbain de Maillé, marquis de), maréchal de France, beau-frère du cardinal de Richelieu, dont il avait épousé la sœur puinée, Nicolle Duplessis. Il est chargé de défendre la frontière de Picardie contre les troupes espagnoles, VIII, 361. — Est envoyé en Catalogne en qualité de vice-roi, 403.

BRÉZÉ (Armand de Maillé, marquis de), duc de Fronsac et de Caumont, surintendant du commerce et de la navigation, fils du précédent, et neveu de Richelieu. Se déclare contre Marie de Médicis, VIII, 64. — Richelieu lui destine la charge d'amiral, 114. — Bat une flotte espagnole qui vient au secours d'Orbitello, et est tué dans le combat, IX, 32.

BRÉZÉ (Claire-Clémence de), sœur et héritière du précédent, épouse le grand Condé, VIII, 414. (*Voy.* CONDÉ).

BRIÇONNET (Guillaume), cardinal et ministre, est soupçonné d'avoir mis des obstacles à l'expédition d'Italie entreprise par Charles VIII, V, 74. — Négocie pour Charles VIII avec le pape. Obtient le chapeau de cardinal, 75 et 76.

BRICOT (Thomas), chanoine de Paris, orateur du tiers aux états de Tours. Son discours dans l'assemblée, V, 181.

BRIE (Simon de), cardinal de Sainte-Cécile, légat du pape, vient en France pour prêcher la sixième croisade, II, 345. — Sa mort, 347.

BRIENNE (Raoul de), comte d'Eu. (*Voy.* EU).

BRIENNE (François de), de la maison de Luxembourg. (*Voyez* PINEY).

BRIENNE (Henri-Auguste de Loménie, seigneur de la Ville-aux-Clercs, et par sa femme, comte de), secrétaire d'état au département des affaires étrangères. Il est chargé par Louis XIII d'annoncer à Marie de Médicis les changements survenus dans le ministère après la journée des Dupes, VIII, 291. — De lui proposer de se retirer à Moulins, 303. — Il vient au parlement prier Gaston de revenir auprès du roi, IX, 192. — Sa réflexion sur la conduite de Mazarin après son retour de Cologne, 240.

BRIENNE (Louis-Marie-Athanase, comte de), arrière-petit-fils de Henri-Louis, secrétaire d'état, fils du précédent. Il est fait ministre de la guerre, XI, 242.

BRIENNE (Étienne-Charles de Loménie), cardinal de Loménie, archevêque de Toulouse, frère du précédent. Louis XVI le nomme chef du conseil des finances, XI, 242. — Fait impolitiquement reculer l'époque des états généraux, 243. — Ses projets contre les parlements, 245. — Suspend une partie des paiements du trésor royal, et fait rendre un arrêt pour acquitter les autres en papier, 249. — Donne sa démission, et conseille au roi de rappeler M. Necker, *ibid*.

BRIGARD, procureur de la ville de Paris, accusé d'intelligence avec Henri IV, et absous par le parlement, VII, 294.

BRINVILLIERS (Marie-Madelaine d'Aubray, marquise de), est condamnée au feu, X, 15.

BRION, gouverneur du prince de Conti, est tué à la Saint-Barthélemi, VI, 358.

BRIQUEMAUT, chef des calvinistes; ce que M. de Thou rapporte de sa cruauté, VI, 292. — On lui fait son procès, 365. — Il est condamné à mort, *ib*. — Sa mémoire est réhabilitée, VII, 39.

BRISSAC (Charles de Cossé, comte de), maréchal de France, dit le Beau Brissac. Ses succès en Piémont déterminent le pape à solliciter la paix, VI, 27. — Motifs donnés à son envoi en Italie, 42, 43. — Surprend Verceil, 52. — Introduit une discipline exacte dans l'armée, *ib*. — Il demande son rappel pour un acte de désobéissance de l'armée à ses ordres pendant une maladie qu'il éprouve, 62. — Leçon de discipline qu'il lui donne, 63. — Éprouve quelques échecs en Piémont, 102. — Demande à défendre seul cette province, 106. — Le duc de Guise lui fait donner le gouvernement de Picardie, VI, 123. (*Voy*. Cossé).

BRISSAC (Timoléon de Cossé, comte de), fils aîné du précédent, est tué sous les murs de Mucidan. Sa cruauté, VI, 301.

BRISSAC (Charles II de Cossé, duc de), maréchal de France, frère du précédent. Donne aux Parisiens l'idée des barricades, VII, 169. — Le duc de Guise demande pour lui le gouvernement de Paris, 171 et 172. — Il est créé maréchal de France par Mayenne, 329. — Le duc de Mayenne le nomme gouverneur de Paris, 365. — Il négocie secrètement avec les royalistes, *ibid.* — Son adresse, 368. — Il ouvre à Henri IV les portes de Paris, *ibid.* — Un des sous-présidents de l'assemblée des notables tenue à Rouen, VIII, 161.

BRISSAC (François de Cossé, duc de), fils du précédent. Son mot sur le duc d'Elbeuf, venu de Saint-Germain à Paris pour se joindre aux frondeurs, IX, 108.

BRISSAC (N. de Cossé), chef de la garde constitutionnelle de Louis XVI, est envoyé par l'assemblée législative à la haute-cour nationale d'Orléans, XI, 357. — Est massacré à Versailles, 373.

BRISSON (Barnabé), président au parlement de Paris. Le duc de Guise l'invite à assembler sa compagnie, VII, 175. — Il préside le parlement séant à Paris, qui proclame Charles X, 235. — Mortification qu'il donne à Gaëtan, légat en France, 239. — Il renvoie absous Brigard, procureur de la ville, accusé d'intelligence avec Henri IV, 294. — Les Seize veulent le faire assassiner, 295. — Le conseil des douze le condamne à être pendu, 297. — Ses dernières paroles avant d'aller à la potence, 298.

BRISSOT DE WARVILLE (Jean-Pierre), député à l'assemblée législative et à la convention, chef de la faction des fédéralistes. Il appelle la guerre contre l'empereur d'Allemagne, XI, 355. — Dénonce le ministre des affaires étrangères Valdec de Lessart, et le fait envoyer à la haute-cour d'Orléans, 356.

BRISTOL (Robinson, évêque de), l'un des négociateurs anglais au congrès d'Utrecht; son démêlé avec le prince Eugène à l'ouverture des conférences, X, 181.

BROGLIE (François-Maurice, comte, puis duc de), maréchal de France, fils de Victor-Maurice, aussi maréchal de France. Il reçoit de Villars l'ordre de s'emparer de Marchiennes, X, 188. — Entre en Allemagne, se joint aux troupes de Bavière, et pénètre en Bohême, 342. — Bat le prince de Lobkowitz à Sahay, 347. — Se retire sous Prague lors de la défection du roi de Prusse, 348. — Essaie en vain de se joindre au maréchal de Maillebois, 349. — Remplace celui-ci dans le commandement de son armée *ibid.* —

Recule devant le prince Charles de Lorraine et repasse le Rhin, 355.

BROGLIE (Victor-François, duc de), fils du précédent, maréchal de France. Bat le prince d'Isembourg à Sundershausen, XI, 55. — Bat le prince Ferdinand de Brunswick à Berghen, 65. — Est battu conjointement avec le maréchal de Contades à Minden par le prince Ferdinand, *ibid*. — Est fait maréchal de France, 66. — Bat le prince héréditaire de Brunswick, Charles-Guillaume, à Corbach, 75. — Le bat encore à Grunberg, ce qui fait lever le siége de Cassel au prince Ferdinand, 86. — Est battu, ainsi que le prince de Soubise, à Filingshausen par le prince Ferdinand, 87. — Est exilé, *ibid*. — Est appelé au ministère de la guerre et au commandement des troupes près Paris, 272.

BROSSE (Pierre de La), chambellan de Philippe-le-Hardi; sa calomnie et son supplice, III, 9.

BROSSE (Jean Tiercelin de), dit de Brétagne-Penthièvre, duc d'Etampes, fils de Réné de Brosse et de Jeanne, fille de Comines, et petit-fils de Jean de Brosse, et de Nicole ou Madeleine de Penthièvre. Il épouse Anne de Pisseleu, dite mademoiselle d'Heilly, maîtresse de François I, V, 326. (*Voyez* PENTHIÈVRE.)

DROUSS DESFAUCHERETS, membre du directoire du département de Paris, signataire à ce titre d'une adresse au roi pour l'inviter à apposer son *veto* sur un décret vexatoire du Corps législatif, XI, 342.

BROUSSEL, conseiller au parlement de Paris. Il ouvre toujours des avis contre la cour, IX, 49 et 50. — Il est arrêté et conduit au château de Madrid, 59 et 60. — Il sort de prison et vient au parlement, 75. — Les frondeurs le nomment gouverneur de la Bastille, 112. — Il fait renvoyer le héraut adressé par la régente au parlement, 123. — Il est accusé d'avoir trempé dans l'assassinat médité contre le prince de Condé, 153. — Il est obligé de se départir comme juge dans le procès intenté à ce sujet, 154. — Il demande à récuser le premier président Molé, 155. — Il opine dans le parlement pour que l'on exclue du ministère les cardinaux, 200. — Le parti des princes le nomme prevôt des marchands. (*Voyez* LA LOUVIÈRE.)

BROWN (Ulysse-Maximilien, comte de), Irlandais d'origine, feld-maréchal au service de l'empereur, surprend Velletri, et est sur le point d'y faire prisonnier D. Carlos, roi des Deux-Siciles, X, 366. — Pénètre en Provence et la rançonne, 384. — Est forcé à la retraite par le maréchal de Belle-Isle, *ibid*. — Est battu par le roi de Prusse à Lowositz, XI, 36 et 37. — Est blessé mortellement à la bataille de Prague, 43.

BRUCE (David), chassé du royaume d'Écosse par Édouard III, se réfugie en France, III, 126.

BRUCH (le capital de). (*Voy.* GRAILLL.)

BRULART (Pierre), seigneur de Crosne et de Genlis, secrétaire d'état, cousin-germain de Pierre Brulart III, père du chancelier de Sillery. — Ce qu'il dit des représailles employées par les calvinistes à l'égard des catholiques, VI, 212. — Ministre de Henri III; ce prince le congédie, VII, 181. (*Voy.* PUISIEULX et SILLERY.)

BRULART (Charles), prieur de Léon, fils du précédent, et cousin issu de germain du chancelier. Négociateur de la paix de Ratisbonne avec le P. Joseph; est désavoué par le cardinal de Richelieu, VIII, 350. (*Voyez* PUISIEULX et SILLERY.)

BRUN (Le), peintre célèbre sous Louis XIV, X, 216.

BRUN (Le) appelé au ministère des affaires étrangères après la chute de Louis XVI, XI, 370. — Négocie avec la Prusse et l'Autriche dans la vue de sauver la vie du roi, 848.

BRUNEHAUT, femme de Sigebert, I, 302. — Cause de haine entre elle et Frédégonde, *ibid.* — Fait sauver son fils, 306. — Ses aventures, *ibid.* — Épouse Mérovée, fils de Chilpéric II, *ibid.* — Demandée par les Austrasiens pour l'éducation de son fils, 307. — Ses perplexités, 309. — Ses disgrâces, 311. — Sa mauvaise conduite, 321. — Se retire à la cour de Bourgogne, *ibid.* — Querelle qu'elle suscite en Austrasie, 322. — Ses trames odieuses à la cour de Bourgogne, *ibid.* — Ses dernières entreprises, 323 et 324. — Sa mort, *ibid.*

BRUNO (Saint), fondateur de l'ordre des Chartreux, II, 187.

BRUNON, archevêque de Cologne, soutient en France le crédit de l'empereur Othon, son frère, II, 135.

BRUNSWICK (Othon de), cousin issu de germain de Magnus-Torquatus, père de l'empereur Frédéric de Brunswick. Il épouse Jeanne d'Anjou, reine de Naples, III, 312. Est battu et fait prisonnier par Charles de Durazzo, 312 et 313.

BRUNSWICK-WOLFEMBUTEL (Henri de), quatrième descendant de Henri, frère de Frédéric de Brunswick, élu empereur en 1400, sixième descendant lui-même de Guillaume, frère de l'empereur Othon et de Henri-le-Lion. Il contribue au gain de la bataille de Saint-Quentin, VI, 87.

BRUNSWICK-LUNNEBOURG (George-Guillaume de), arrière-petit-fils d'Ernest, tige commune des rameaux de Wolfembutel et de

Lunebourg, lequel était le quatrième descendant de Bernard, frère de l'empereur Frédéric, élu en 1400. Il bat le maréchal de Créqui à Cousarbruck, IX, 425.

BRUNSWICK-LUNEBOURG (George-Louis de), électeur de Hanovre et roi d'Angleterre, neveu du précédent. (*Voy.* GEORGES.)

BRUNSWICK-WOLFEMBUTEL (Charles-Guillaume, duc de), connu d'abord sous le nom de prince héréditaire, sixième descendant d'Ernest ci-dessus. Commence à se distinguer à la bataille d'Ostembeck, XI, 41. — Est battu à Corbach par le maréchal de Broglie, 75. — A Clostercamp par le marquis de Castries, 76. — A Grunberg par le maréchal de Broglie, ce qui fait lever le siége de Cassel au prince Ferdinand, 86. — A Johannesberg par le prince de Condé, 91. — S'empare d'Amsterdam et rétablit le stathouder dans sa dignité, 238. — Entre en France et s'empare de Longwy et de Verdun, 372, 376. — Est battu à Valmy par le général Kellermann, et contraint par Dumourier à évacuer la France, 376.

BRUNSWICK-WOLFEMBUTEL (Louis-Ernest de), oncle du précédent. Commande en Hollande sous le nom du stathouder Guillaume V, son élève, XI, 236. — Est forcé d'abdiquer ses fonctions pour avoir empêché l'amiral Bylaud d'agir contre les Anglais, *ibid.*

BRUNSWICK-WOLFEMBUTEL (Ferdinand de), frère du précédent, envahit la Saxe à la tête d'une armée prussienne, XI, 36. — Rompt la capitulation de Closterseven, 47. — Fait reculer le maréchal de Richelieu, *ibid.* — Coupe les quartiers français, 53. — Bat le comte de Clermont à Crevelt, 54. — Est battu à Lutzelberg par le prince de Soubise, 55. — A Berghen par le duc de Broglie qu'il s'était proposé de surprendre, 65. — Bat à Minden le maréchal de Contades, *ibid.* — Tente vainement d'assiéger Cassel, que dégage le maréchal de Broglie, 86. — Bat à Filingshausen les maréchaux de Broglie et de Soubise, 87. — A Wilhelmstadt les maréchaux de Soubise et d'Estrées, 91. — Prend Cassel la surveille des préliminaires de la paix, *ibid.*

BRUNSWICK-WOLFEMBUTEL (Antoine-Ulric de), frère des précédens. S'établit régent de Russie pendant la minorité d'Ivan, son fils, X, 346. — Son pouvoir est détruit par la révolution, qui porte l'impératrice Élisabeth Petrowna sur le trône, *ibid.*

BRUNSWICK-BEVERN (Frédéric-Charles-Ferdinand de), cousin germain des précédens, est battu et fait prisonnier sous Breslau par le prince Charles de Lorraine, XI, 48.

BRUTUS (Decimus), bat la flotte des Armoriques révoltés, I, 75. —

Bat celle des Marseillais et bloque leur port, 135. — Reçoit de César le gouvernement de la Cisalpine, 136. — Est un de ses meurtriers, *ibid.* — Est assiégé dans Modène par Antoine, qui convoite son gouvernement, 37. — Est dégagé par les consuls et par Octave, et poursuit Antoine dans les Alpes, *ibid.*

BRUTUS (Marcus-Junius), auteur de la conspiration contre César, I, 137. — Est défait à Philippes par Antoine et Octave, 139.

BRUYÈRE (La), célèbre écrivain français sous Louis XIV, X, 217.

BUCHAN (Jean Stuart d'Albanie, comte de), connétable de France, neveu de Robert III, roi d'Écosse. Bat le duc de Clarence à Baugé et le tue de sa main, IV, 98. — Est fait prisonnier à la bataille de Cravant, et échangé contre Toulongeon, maréchal de Bourgogne, 105. — Est tué à la bataille de Verneuil, 106.

BUCKINGHAM (Thomas Woodstoke, comte de), puis duc de Glocester, l'un des fils d'Édouard III, et oncle du jeune Richard II, roi d'Angleterre, débarque en France à la tête d'une armée, III, 298. — Reproche au duc de Bretagne sa paix avec la France, 309. — Se rend à Abbeville pour traiter de la paix avec Charles VI, 371. — Richard le fait étouffer, 387.

BUCKINGHAM (Georges Villiers, marquis de), favori de Charles I, roi d'Angleterre, vient en France épouser au nom de son maître madame Henriette, sœur de Louis XIII, VIII, 237. — Il devient amoureux d'Anne d'Autriche, femme de Louis XIII, 238. — Richelieu lui donne des mortifications, *ibid.* — Il se présente devant l'île de Rhé à la tête d'une flotte anglaise, 265 et 266. — Il est assassiné, 268.

BUHI (Pierre de Mornay, seigneur de), fils aîné de Duplessis Mornay; il s'empare d'une porte de Mantes lors de l'entreprise des jours gras, VI, 389.

BUISSON (Du), conseiller au parlement. Moyens dont il se sert pour enlever à Delorme les lettres qu'il était chargé de remettre à Marie de Médicis, VIII, 180.

BULGARES, resserrent la France du côté de la Pannonie et du Frioul, II, 58.

BULLES. *Vineam Domini Sabaoth.* Quel est son motif, X, 133. — *Unigenitus Dei Filius.* Quel est son objet, 207 et 208. — Elle a été la cause des dissensions qui ont agité la France, *ibid.* — Quatre évêques appellent de cette bulle au futur concile, 279. — Affaires relatives à cette bulle, 309. — Renouvellement des querelles qu'elle excite, XI, 16. — Elles s'assoupissent, 25. — Clément XIV fait cesser la publication annuelle de la bulle *In Cœnâ Domini*,

121. — Bref du même qui anéantit la société des jésuites, *ibid.*
BULLES refusées aux prélats français nommés à des évêchés par Louis XIV, et qui avaient fait partie de l'assemblée du clergé de France de 1682, X, 21. — Elles sont accordées au bout de douze ans, 81.
BULLION (Claude), surintendant des finances, créature de Concini. Les confédérés l'attaquent dans leur manifeste, VIII, 124.
BUREAU (Jean). Louis XI assiste aux noces de sa fille avec le frère du cardinal La Balue. Il est fait chevalier, IV, 251.
BUREAU DE LA RIVIÈRE. (*Voy.* RIVIÈRE.)
BUREAUX DE PUZY, député à l'assemblée constituante, et membre de l'état-major du général La Fayette, fut avec lui hors de France, et est détenu comme lui, XI, 375. — Recouvre la liberté à la paix de Campo-Formio, 376.
BURGOYNE, général anglais, débarque à Boston, XI, 164. — S'empare du fort de Ticonderago, 169. — Cerné à Saratoga par les généraux américains Gates et Arnold, il est forcé de mettre bas les armes, 170.
BUSSI (Simon de), premier président du parlement de Paris, chargé de négocier avec Marcel, prévôt des marchands, III, 193 et 194.
BUSSI-D'AMBOISE (Louis de Clermont en Anjou, dit de), favori du duc d'Alençon. Les favoris de Henri III veulent le faire assassiner, VII, 27. — Éloigné de la cour, 62. — Il est conduit à la Bastille, 66. — Sa réponse au roi qui lui ordonnait d'embrasser Caylus, 67. — Ses duels avec Saint-Phal, 72 et à la note. — Son intrigue avec la dame de Montsoreaux, 73. — Le mari de la dame de Montsoreaux le fait assassiner, *ibid.* (*Voy.* CLERMONT.)
BUSSI-LE-CLERC, ancien maître en fait d'armes, membre du conseil de la ligue, VIII, 135. — Il conduit le parlement à la Bastille, 203. — Membre de la faction des Seize, il cherche à faire périr le président Brisson, 295. — Il propose de signer de nouveau l'édit d'*Union*, 296. — Rend au duc de Mayenne la Bastille, dont il était gouverneur, 300.
BUSSI (le marquis de), le bras droit de Dupleix dans l'Inde, XI, 60. Est fait prisonnier à Vandavachi par le colonel anglais Coote, 78. — Déposé au cap de Bonne-Espérance par le bailli de Suffren, il le met dans un bon état de défense, 209. — Fait manquer l'expédition du commodore Johnstone contre cette place, *ibid.* — Arrive dans l'Inde avec des renforts, 222. — Est investi dans Goudelour par le major Stuart, 224. — Donne une partie de sa garnison au bailli de Suffren pour renforcer ses équipages, et, après la victoire

de celui-ci sur sir Hughes, en reçoit un corps de marine, 224. — L'annonce de la paix achève de le délivrer, *ibid.*

BUTE (lord), favori de Georges III, roi d'Angleterre; ses dispositions pacifiques, XI, 84. — Parvient à faire éloigner M. Pitt du ministère, et fait conclure la paix, 92.

BUTTURLINE, feld-maréchal russe, se réunit à Laudhon en Silésie, XI, 87. — Ne peut attaquer le roi de Prusse, et décampe faute de vivres, *ibid.*

BUZANVAL. (*Voy.* CHOART.)

BYLAND, amiral hollandais, est remercié de ses services pour cause de l'inaction dans laquelle, par les intrigues du stathouder, il s'était tenu pendant la guerre contre l'Angleterre, XI, 236.

BYNG (Georges), amiral anglais, poursuit la flotte française qui avait essayé de porter le chevalier de Saint-Georges en Angleterre, X, 150. — Bat et brûle une flotte espagnole au cap Passaro, 253.

BYNG (John), amiral anglais, fils du précédent, est battu à Minorque par le marquis de La Galissonnière, XI, 32. — Est condamné à mort, 34.

BYRON (John), vice-amiral anglais, se réunit à l'amiral Howe pour menacer Boston, XI, 174. — Son arrivée dans le canal de Sainte-Lucie force le comte d'Estaing à regagner la Martinique, 175. — Est battu par lui devant la Grenade, 178 et 179.

C

CABOCHE (Simon, dit), coutelier, renforce la troupe des brigands aux ordres du duc de Bourgogne, IV, 34. — Rassemble les satellites du duc de Bourgogne, 44.

CABOCHIENS. Pourquoi ainsi nommés, IV, 34. — Demandent qu'on les mène contre les Armagnacs, 35. — Massacres qu'ils exercent dans Paris, 81. — Autres massacres par eux commis sous les ordres de Capeluche, 82. — Demandent à sortir contre des détachements orléanais, *ibid.* — Les portes de Paris leur sont fermées, 83.

CADENET (Honoré d'Albert, seigneur de), duc de Chaulnes et maréchal de France, frère du connétable de Luynes. Son frère le fait venir à la cour, VIII, 145. — Le charge de négocier avec la reine-mère, 146. — Est envoyé par le cardinal de Richelieu pour s'opposer à l'invasion des Espagnols en Picardie, 166.

CADILLAC, confident du duc d'Épernon. Plessis, autre confident du duc, l'emmène dans une auberge à Metz. Pourquoi, VIII, 176. —

Il va à Blois. Pourquoi, 181 et 182. — Il revient trouver le duc d'Épernon à Angoulême, *ibid.*

CAHIER DE GERVILLE, est appelé par Louis XVI au ministère de l'intérieur, XI, 348. — Se retire, 356.

CAJETAN (le marquis de), neveu de Boniface VIII, s'oppose à son enlèvement, III, 30.

CALAS (Jean), condamné à mort par erreur par le parlement de Toulouse, XI, 139.

CALIGNAN (Soffrey de), chancelier de Navarre, l'un des rédacteurs de l'édit de Nantes, VII, 403.

CALIGULA (Caius Julius César Germanicus), empereur romain, fils de Germanicus et d'Agrippine, petite-fille d'Auguste. Son séjour dans les Gaules, qu'il vexe, I, 150 et 151. — Il y bâtit un phare près de Gessoriac ou de Boulogne, *ibid.* — Fonde des jeux d'éloquence à Lyon, 152. — Est assassiné, *ibid.*

CALIXTE III (Alphonse Borgia), pape, donne à Jacques Cœur, argentier de France, le commandement d'une flotte contre les Turcs, IV, 179.

CALLIÈRES (François de), est envoyé à Liége par Louis XIV pour négocier la paix, X, 82. — Présente des préliminaires au baron de Lilienroot, ambassadeur du roi de Suède, médiateur à la paix de Ryswick, 90.

CALONNE (Charles-Alexandre de), maître des requêtes, puis intendant de Metz. Il dénonce MM. de La Chalotais comme auteurs des libelles contre Louis XV, XI, 122. — Il est fait contrôleur général, 233. — Ses opérations de finances accroissent rapidement le déficit, *ibid.* et 239. — Causes du déficit selon lui, 239. — Contredit par M. Necker, il le fait exiler, 240. — Il suggère au roi l'idée de convoquer une assemblée de notables. *ibid.* — Il y propose, pour combler le déficit, le sacrifice de tous les priviléges en matière d'impôt, ce qui cause son renvoi, 241.

CALVIMONT, ambassadeur de Charles-Quint en France, V, 338.

CALVIN (Jean), disciple de Zuingle et de Luther, forme une nouvelle secte qui s'établit en France, V, 247. — Ses dogmes, *ib.* — Dédie ses écrits à François I, 356. — Fait de vifs reproches au prince de Condé de la convention d'Amboise, VI, 207.

CALVINISME. Ses progrès, V, 336, VI, 95, 106.

CALVINISTES. Leur premier synode, VI, 119. — On sévit contre eux, 125. — Leurs liaisons avec les mécontents, 126. — Leurs plaintes, *ibid.* — Les Châtillons les appuient, 127. — Édit rendu en leur faveur, 135. — Les Guises font rendre un nouvel édit en leur faveur, 144. — Ils demandent justice du discours de l'orateur du clergé aux états d'Orléans, 162. — Ils présentent à Charles IX une complainte apologétique, 170. — Ils sont massacrés à Vassy, 185. — Catherine de Médicis se livre à eux, 187. — Ils saccagent Beaugenci, 202. — Cruautés qu'ils exercent en plusieurs endroits, 204. — Ils se récrient contre les modifications de l'édit d'Amboise, 236. — Égards de Catherine de Médicis pour eux, 259. — Aigreur de Charles IX contre eux, ibid. et 260. — Ils veulent surprendre la cour, 264. — Ils demandent l'assemblée des états, 270. — Ils demandent l'exercice public de leur religion, 272. — Ils sont défaits à la bataille de Saint-Denis, 273.— Ils se retirent vers la Lorraine, 276. — Ils rentrent en force dans le royaume, 279. — Leur armée se fond devant Chartres, 281.— Ils sont maltraités, 284.—Leur haine contre le cardinal de Lorraine, 286.—Édits multipliés rendus contre eux, 290. — Ils profitent de la négligence de la cour, ibid. — Leur fureur contre le clergé catholique, 291. — Ils sont battus à Montcontour, 310.— Ils mettent tout à feu et à sang dans le Languedoc, 317. — Ils avancent vers Paris, ibid. — Conditions auxquelles la cour fait la paix avec eux. 322 et 323. — Charles IX les ménage, 335. — Leurs craintes, 337.— Leurs bravades, 346. — Ils sont massacrés le jour de Saint-Barthélemi, 353. — Ils sont dépouillés de leurs charges, 370. — Charles IX rend un édit qui défend de les inquiéter, 371. — Édit de Nemours rendu contre eux, VII, 109.— Henri III rend un nouvel édit contre eux, 122. — Leurs assemblées et leur mécontentement contre Henri IV, IX, 394. — Édit de Nantes rendu en leur faveur par ce prince, 403. — Louis XIII leur fait la guerre, VIII, 213.—Dernière guerre contre eux, 263. — Révocation de l'édit de Nantes et persécutions qu'ils éprouvent sous Louis XIV, X, 37 et suiv. — La déclaration rendue contre eux par le duc de Bourbon tombe en désuétude, 296.

CALVO-GUALBES (François de), lieutenant général, l'un des quatre braves qui du temps de Louis XIV s'étaient fait une réputation pour la défense des places. Il fait lever le siége de Maëstricht au prince d'Orange, IX, 427.

CAMILLE (Marcus Furius), dictateur romain, chasse de Rome les Gaulois commandés par Brennus, I, 23. — Les bat encore près d'Albe, 24.

CAMILLE (L. Furius), fils du précédent, bat les Gaulois dans les marais Pontins, I, 25.

CAMISARDS (les). Ce qu'ils étaient, X, 44. — Pourquoi ainsi nommés, *ibid.* — Le maréchal de Villars les soumet, 128.

CAMPOBASSO, chef d'aventuriers. Charles-le-Téméraire le prend à son service, IV, 331. — Il le trahit à la bataille de Nanci, 332.

CAMUS, avocat du clergé, député à l'assemblée constituante et à la convention, il défend la propriété du clergé, XI, 30. — Le persécute quand il est dépouillé, 321. — Ardent instigateur de la constitution civile du clergé, il fait obséder le roi pour l'accepter, *ibid.* — Opine en faveur de Louis XVI lorsque ce prince fut mis en jugement, et ose même lui donner des éloges, 382.

CANAYE (Philippe), sieur du Fresne, ambassadeur de Henri IV à Venise, lui donne avis d'une conjuration tramée contre sa personne, VII, 448. — Ce qu'il dit des manœuvres des Espagnols pour exciter des troubles en France, 473.

CANDALE (Henri de Nogaret de La Valette, dit de Foix, duc de), fils du duc d'Épernon. Sa mort, VIII, 396.

CANDALE (Louis-Charles Gaston, duc de), neveu du précédent, et fils de Bernard Nogaret, duc de La Valette, et de Gabrielle-Angélique légitimée de France, fille de Henri IV. Il investit dans Bordeaux les chefs de la Fronde, et les amène à une négociation qui y met fin, IX, 296. (*Voy.* ÉPERNON et LA VALETTE).

CANI (François Barbançon de). Sommation qui lui est faite par Charles IX de mettre bas les armes, VI, 270.

CANILLAC (N. de Montboissier-Beaufort, marquis de). Sa rencontre chez le coadjuteur avec le marquis de Rouillac, IX, 214.

CANINIUS, lieutenant de César, vient au secours de Limoge, assiégée par les Angevins, I, 121. — Poursuit Lutérius chez les Carduques, et assiége Uxellodunum, 122. — Dissipe les corps d'armée de Lutérius et du Sénonais Drapès, et fait ce dernier prisonnier, *ibid.*

CANOLLES (le baron de), officier royaliste, se rend à discrétion aux Bordelais révoltés, et est pendu, IX, 172.

CANTECROIX (Béatrix de Cusance, veuve du prince de), le duc de Lorraine, Charles IV, répudie la princesse Nicole pour épouser celle-ci, qu'il appelait sa femme de campagne, VIII, 406. — Richelieu lui donne l'espérance de faire approuver son divorce par le pape, *ibid.*

CANTO, l'un des témoins payés pour déposer contre les chefs de la Fronde, accusés d'avoir voulu faire assassiner le prince de Condé, IX, 153.

CANUT, roi de Dannemarck, donne Ingelberge, sa sœur, en mariage à Philippe-Auguste, II, 251.

CAPELUCHE, bourreau de Paris, chef apparent des Cabochiens, IV, 82. — A la tête tranchée. Leçon qu'il donne à l'exécuteur sur l'échafaud, 83.

CAPETAL (Henri), prévôt de Paris. Son crime, III, 93.

CAPITAINE D'ARMES. Ses fonctions, III, 95.

CAPITATION. Son origine, III, 206. — Son renouvellement sous Louis XIV, X, 85.

CAPITULAIRES. Pourquoi ainsi nommés, II, 47.

CAPRARA (Énée, comte de), général des cercles de l'empire, est battu à Sintzheim par Turenne, IX, 408. — Manœuvre pour faire repasser le Rhin aux Français après la mort de Turenne, 422. — Accompagne le duc de Savoie dans son invasion du Dauphiné, 72.

CAPUCINS (les) refusent à Henri IV les prières nominales et publiques, VII, 371.

CARACALLA (M. Aur. Sever. Anton.), empereur romain, fils de Sévère, assassine Géta, son frère, 1, 182. — Son séjour funeste dans les Gaules, ibid. — Il est assassiné, 183.

CARACCIOLI (Antoine), évêque de Troyes, se fait réordonner par les ministres calvinistes, VI, 175. — Est cité à Rome, 241.

CARACÈNE (le marquis de), est battu à la Roquette sur le Tanaro par le maréchal de Grancey, IX, 304. — Passe en Flandre à la place du comte de Fuensaldagne, 315.

CARAFFE (Jean), comte de Montorio, neveu et ministre du pape Paul IV, VI, 75.

CARAFFE (Charles), cardinal, neveu du pape Paul IV, qui lui confie les détails de la guerre, VI, 75. — Il emploie, ainsi que son frère, toutes sortes de moyens pour les déterminer à la guerre contre l'Espagne, 77. — Lui font conclure un traité d'alliance avec la France, 78. — Entrent en négociation avec les Espagnols, 85.

CARARIC, roi de la Belgique, est détrôné par Clovis, et obligé de se faire prêtre, I, 307.

CARAUSIUS, chargé de protéger les côtes de la Belgique contre les barbares, se fait déclarer empereur à Boulogne, et s'empare de la Bretagne, I, 199. — Est tué par son lieutenant Alectus, qui le remplace, 201.

CARDENAS (don Inigo de), ambassadeur d'Espagne à Paris, cherche à empêcher le prince de Condé de revenir en France, VIII, 61.

CARDONNE (Raymond de), vice-roi de Naples, général de l'armée de la sainte union, V, 215. — Est battu à Ravennes par Gaston de Foix, *ibid.* — Rétablit les Médicis à Florence, 223. — Commande l'armée de la ligue italienne destinée à empêcher François I de pénétrer en Italie, 257.

CARIBERT I, fils de Clotaire I, répudie sa femme, I, 301. — Sa mort, 303.

CARIBERT ou ARIBERT, fils de Clotaire II, I, 329. — Son frère Dagobert I lui cède les provinces du milieu de la France. Sa mort, 333.

CARIGNAN (Emmanuel-Thomas, prince de), fils du comte de Soissons, et neveu du prince Eugène. Law lui offre 1,400,000 liv. de l'hôtel de Soissons, X, 250.

CARINAS, préfet de la Belgique, bat les marins et triomphe avec Auguste, I, 139.

CARLETON (Guy), gouverneur anglais du Canada, résiste à l'invasion tentée par les généraux américains Montgommery et Arnold, XI, 165. — Remplace le général Clinton à New-Yorck, 215. — Est chargé de négocier plus que de combattre, *ibid.*

CARLOMAN, fils de Charles-Martel et de Rolande, gouverne l'Austrasie, place Childéric III sur le trône, I, 359. — Se fait moine, 360. — Se retire au Mont-Cassin, *ibid.* — Passe en France à la prière d'Astolfe. Sa mort, II, 10.

CARLOMAN, fils de Pepin et de Berthe, est couronné par le pape, avec son père et Charles son frère, II, 9. — Est couronné roi d'Austrasie, 19. — Sa mort, 21.

CARLOMAN, fils de Charles-le-Chauve, a les yeux crevés par les ordres de son père. Sa mort, II, 97.

CARLOMAN, fils de Louis-le-Germanique, a la Bavière et l'Italie, et partage, II, 98. — Passe en Italie, et rebrousse vers l'Allemagne, 100.

CARLOMAN, fils de Louis-le-Bègue et d'Ansgarde, II, 107. — Est couronné, 109. — Est tué à la chasse, 110.

CARLOS (don), prince de Viane, fils de don Juan II, roi d'Aragon, révolte la Navarre contre son père. Sa mort, IV, 216.

CARLOS (don), prince des Asturies, fils de Philippe II, roi d'Espagne. Élisabeth, fille de Henri II, roi de France, qui lui était destinée en mariage, est donnée à son père par le traité de Cateau-Cambrésis, VI, 105.

CARLOS (don), infant d'Espagne, fils de Philippe V et d'Élisabeth Farnèse, et roi d'Espagne sous le nom de Charles III. Le duc de Parme le reconnaît pour son successeur, X, 309. — S'empare de

Naples et est reconnu roi de Sicile, 328. — Est forcé à la neutralité par le capitaine anglais Martin, au commencement de la guerre de la succession d'Autriche, 352. — Renonce à la neutralité, 362. — Est sur le point d'être fait prisonnier à Velletri, 366. — Monte sur le trône d'Espagne, XI, 85. — Fait reconnaître Ferdinand, son troisième fils, pour roi des Deux-Siciles, *ibid.* — Conclut avec la France le pacte de famille, *ibid.* — Se déclare pour elle contre l'Angleterre, 92. — Fait la paix, 93.

CARTES (jeu de). A quelle occasion il fut inventé, III, 372.

CARUS (M. Aur.), empereur romain, né à Narbonne, I, 195.

CASIMIR (Jean), second fils de l'électeur palatin Frédéric III. Il amène des troupes à Louis I, prince de Condé, VI, 277. — L'armée française se cotise pour payer ses traites, 278. — Leurs excès dans leur retour, 282. — Henri I, prince de Condé, négocie avec lui pour les confédérés, VII, 28. — Il entre en France à la tête d'une armée, 36. — Il traite avec la cour, 39. — Menace de revenir sur ses pas, 58.

CASSART (Jacques), armateur français, désole le commerce anglais, X, 88.

CASSIUS LONGINUS, consul, battu dans les Gaules par les Tigurins, est tué dans une embuscade, I, 43.

CASTELAN ou DU CHATEL (Pierre), évêque de Mâcon et grand aumônier, promoteur de la fondation du collège de France, V, 427. — Fait l'oraison funèbre de François I, 428. — Son discours est dénoncé par l'université, *ibid.* — Une plaisanterie met fin à cette affaire, *ibid.* — Est fait grand aumônier l'année suivante, *ibid.*

CASTELBERG, capitaine suisse, défend le château des Tuileries au 10 août, et met en fuite ceux qui l'assaillent, XI, 368. — Obéit à l'ordre d'évacuer le château, *ibid.*

CASTELNAU, baron de Chalosse, se remet entre les mains du duc de Nemours; à quelles conditions, VI, 140. — Est mis dans les fers, et meurt sur l'échafaud, 141.

CASTELNAU-MAUVISIÈRE (Michel de), auteur des mémoires, demande à Catherine de Médicis, de la part des triumvirs, la permission de livrer la bataille de Dreux, VI, 219. — Son rapport à la cour sur l'existence d'une armée de calvinistes, 264. — Demande permission d'envoyer à ce sujet quelqu'un à la découverte, 265. — Est chargé de traiter avec les reitres pour leur sortie de France, 282.

CASTRES (l'évêque de). Sa réponse à la lettre circulaire du régent, X, 273.

CASTRIES (Ch.-Eug. Gabr. de La Croix, marquis de), maréchal de France, ministre de la marine. Il bat le prince héréditaire de Brunswick à Clostercamp, XI, 75. — Est envoyé en Corse et rappelé pour passer en Allemagne, 383. — Est porté au ministère de la marine à la sollicitation de M. Necker, 191. — Donne sa démission, 242.

CASTRIES (N. de La Croix, marquis de), fils du précédent. Duel entre lui et le comte Charles de Lameth, XI, 326. — La populace pille son hôtel, *ibid.*

CATHERINE DE BOURGOGNE, fille de Jean-sans-Peur, duc de Bourgogne, est renvoyée par le roi de Sicile, qui devait la marier à son fils, IV, 50.

CATHERINE DE FRANCE, fille de Charles VI et d'Isabelle de Bavière, est demandée en mariage par Henri V, roi d'Angleterre, V, 56. — Sa mère la conduit à la conférence qui doit avoir lieu avec Henri, 87. — Épouse Henri V, roi d'Angleterre, 95. — Passe en Angleterre avec lui, 97. — Lui donne à Windsor un fils qui fut Henri VI, 99.

CATHERINE DE FOIX, sœur et héritière de François Phœbus, au comté de Foix et au royaume de Navarre, femme de don Juan d'Albret, fils d'Alain. Ce qu'elle dit à son mari que Ferdinand V, roi d'Aragon, venait de détrôner, V, 218.

CATHERINE DE MÉDICIS D'ARAGON, fille de Ferdinand et d'Isabelle, et tante de Charles-Quint, femme de Henri VIII, roi d'Angleterre. Ce prince veut divorcer d'avec elle, V, 334 et 335.

CATHERINE DE MÉDICIS, petite nièce à la mode de Bretagne du pape Clément VII, épouse Henri, duc d'Orléans, deuxième fils de François I, V, 351. — Est soupçonnée d'avoir empoisonné le dauphin, 372. — Se met à la tête d'un parti après la mort de François I, VI, 2. — Intrigue pour qu'on déclare la guerre à Philippe II, 79. — Elle reçoit mal le connétable de Montmorency après la mort de Henri II, 116. — Elle décourage le roi de Navarre, 120. — Elle mendie le secours de Philippe II, 121. — Son caractère, 143. — Convoque une assemblée à Fontainebleau, 147. — Après la mort de François II, elle s'empare du gouvernement, 158. — Elle s'accommode avec le roi de Navarre, 159. — Elle négocie avec tous les partis, 164. — Sa lettre au pape, relativement aux calvinistes, 175. — Convoque à Saint-Germain des députés de tous les parlemens, 180. — Elle veut réconcilier le duc de Guise avec le prince de Condé, 186. — Elle se jette entre les bras des calvinistes, 187. — Elle emmène Charles IX à Melun

188. — Ses incertitudes, *ib*. — Les triumvirs la conduisent à Paris, 189. — Sa mauvaise foi, 192. — Elle demande une entrevue entre le prince de Condé et les triumvirs, 195. — Elle assiste à la conférence de Talsy, 197. — Ce qu'elle dit au prince de Condé à la conférence de Talsy, *ibid*. — Fait de nouvelles instances au prince de Condé pour entrer en conciliation, 205. — Offre avec profusion des lettres d'abolition aux confédérés, 207. — Elle s'oppose à ce que l'on s'empare d'Orléans. Pourquoi? 209. — Elle négocie avec les calvinistes, 215. — Ce qu'elle dit à une de ses femmes, lorsqu'on vint lui demander la permission de livrer la bataille de Dreux, 319. — Traite le prince de Condé, son prisonnier, avec beaucoup d'égards, 221. — Accorde une amnistie après la bataille de Dreux, 222. — Ce qu'elle écrivait au sujet d'une nouvelle promotion de chevaliers de Saint-Michel qu'exigeait le duc de Guise, *ibid*. — Elle offre au duc de Wirtemberg le commandement de l'armée royale, 225. — Sa mauvaise foi, 228. — Elle fait déclarer Charles IX majeur au parlement de Normandie, 233. — Bons principes d'éducation qu'elle donne à Charles IX, *ibid*. — Elle fait mettre à exécution l'édit d'Amboise, 235. — Fait créer les gardes suisses et les gardes françaises, 238. — Ses négociations en Allemagne, 247. — Son voyage en Lorraine, *ibid*. — Son voyage en Bourgogne, 248. — Ses conférences à Bayonne avec le duc d'Albe, 250. — Ses égards pour les calvinistes, 259. — Haine des calvinistes contre elle, 261. — Elle veut surprendre les réformés, *ibid*. — Elle négocie sans succès avec les confédérés, 270. — Son activité, 279. — Elle forme un conseil particulier, 285. — Elle fait signer un formulaire de serment, *ibid*. — Elle pousse à bout le prince de Condé, 286. — Elle veut le faire enlever, 287. — Ses fausses mesures contre les confédérés, 289 et 290. — Elle va trouver Henri, duc d'Anjou, dans son camp, 304. — Paroles pleines d'humanité sorties de sa bouche, 305. — Elle comble de caresses Coligni qui était venu à la cour, 330. — Ce qu'elle dit à Tavanne au sujet de la reine de Navarre, 331. — Elle s'unit secrètement aux Guises, 335. — Son adresse, 340. — Elle fait craindre à Charles IX son ressentiment et l'audace des calvinistes, 341. — Sa frayeur pendant l'entrevue du roi avec Coligni, 344 et 345. — Elle fait entendre à Charles IX que Coligni a été assassiné par le duc de Guise, 345. — Elle confirme à Charles IX tout ce que le maréchal de Retz lui a dit de l'assassinat de Coligni, 346. — Ce qu'elle raconte de Coligni à Charles IX, *ibid*. — Fixe le massacre des calvinistes au jour de la Saint-Barthé-

lemi, 349. — Ce qu'elle dit après la Saint-Barthélemi, *ibid*. — Arrache à son fils l'ordre du signal, et le donne elle-même en faisant sonner le tocsin à Saint-Germain l'Auxerrois, 351. — Ses motifs pour solliciter le trône de Pologne en faveur du duc d'Anjou, 383. — Ce qu'elle dit au duc d'Anjou partant pour la Pologne, 384. — Elle est trompée lors de l'entreprise des Jours gras, 389. — Donne des ordres pour que la cour se retire à Paris, 390. —Mesures qu'elle prend, 394.— Charles IX la nomme régente en mourant, *ibid*. — Sa crédulité, VII, 4 et 5. — Elle fait décapiter Montgommery, 10. — Elle va au-devant de Henri III, à Lyon, 15. — Elle travaille à réconcilier le duc d'Alençon avec Henri III, 25. — Son antipathie contre le roi de Navarre, 26. — Sa menace à Thoré qui s'avançait avec des troupes étrangères, 30. —Elle s'abouche en Touraine avec le duc d'Alençon, *ibid*.—Elle signe une trêve avec les confédérés, 31. — Elle tire la reine de Navarre de la prison où elle était depuis l'évasion de son mari, 38. — Elle augmente l'apanage du duc d'Alençon, 39. — Festin indécent qu'elle donne, 60 et 61. — Elle travaille à rétablir la paix, 74. — Ses prétentions sur le Portugal, 90. — Se réduit à soutenir le prieur de Crato, et l'envoie aux Açores avec une flotte commandée par Philippe Strozzi, *ibid*. — Elle négocie avec le duc de Lorraine, 96. — Elle s'abouche avec les principaux confédérés à Épernay, 109. — Elle entame une conférence à Saint-Bris avec le roi de Navarre, 129. — Piége séduisant qu'elle lui tend, 130.—Elle propose au roi de Navarre la main de Christine de Lorraine, 131. — Trait de cruauté de sa part, *ibid*. — Elle penche pour la ligue, 133. — Elle ne veut pas qu'on éclaire trop le roi sur son état, 155. — Ce qu'elle dit à Bellièvre, chargé par le roi d'arrêter la marche du duc de Guise, 163. — Elle fait annoncer au roi l'arrivée du duc de Guise à Paris, 165.— Elle conduit le duc de Guise chez le roi, *ibid*. — Elle négocie avec le duc de Guise, 171. — Elle traine la négociation en longueur, 172. — Elle envoie ordre aux troupes d'aller rejoindre le roi qui s'était sauvé de Paris, 173. — Elle procure au duc de Guise une entrevue avec le roi, 184. — Sa réponse à son fils qui lui annonce l'assassinat du duc de Guise, 194. — Sa mort, 197. — Caractère de son esprit, 198.

CATHERINE DE CLÈVES, veuve d'Antoine de Croi, prince de Porcien, et femme de Henri, duc de Guise, VI, 332. — Elle aime Saint-Mégrin, VII, 69. — Vengeance que tire d'elle son mari qui la soupçonnait d'infidélité, 69 et 70. — A la direction des divertissemens de Marie de Médicis, VIII, 95.

CATHERINE DE BOURBON, sœur de Henri IV. Charles IX l'oblige de faire abjuration, VI, 364. — Henri III l'envoie pour négocier avec son frère, VII, 55. — Henri IV l'empêche d'épouser le comte de Soissons, 278. — Il la marie avec le duc de Lorraine, 410.

CATHERINE, confidente de Marie de Médicis, l'accompagne dans son évasion de Blois, VIII, 182.

CATHERINE DE BRAGANCE, princesse de Portugal, fille du roi don Juan, épouse Charles II, roi d'Angleterre, IX, 366.

CATHERINE I, veuve du czar Pierre-le-Grand, lui succède au trône de Russie, X, 328.

CATHERINE II, impératrice de Russie, fille de Christian-Auguste, prince d'Anhalt-Zerbst, épouse de Charles-Pierre-Ulric, empereur de Russie, sous le nom de Pierre III, fils d'Anne Petrowna, fille aimée de Pierre-le-Grand, et de Charles-Frédéric, duc de Holstein Gottorp. Menacée d'être répudiée par son mari, elle le force à abdiquer, XI, 89. — Elle rappelle les troupes que Pierre III avait données au roi de Prusse, et se déclare neutre, 90. — Conserve les jésuites dans ses états, 122. — Ascendant qu'elle prend en Pologne, 142. — Fait élire roi Stanislas-Auguste Poniatowski, grand panetier de Lithuanie, ibid. — Donne des ordres pour arrêter plusieurs sénateurs, 143. — Partage une partie de la Pologne avec la Prusse et l'Autriche, 145. — Est considérée par l'Angleterre comme l'instigatrice de la neutralité armée, 183. — Occupe la Crimée, d'après l'abandon que lui en fait Schaïm Guéray, kan des Tartares, 231. — Conclut le traité d'Ainali Lavak, par lequel cette province lui est reconnue par la Porte, ibid. — Les Turcs lui déclarent la guerre à l'instigation de l'Angleterre, 349. — L'empereur Joseph II se déclare pour elle, et le roi de Suède, Gustave III, contre elle, ibid. — Elle a des succès sur le Dniester, dans la mer d'Azof et dans la mer Baltique, ibid. — Fait sa paix avec la Suède à Varelæ, 350 et 351. — Avec les Turcs à Jassy, ibid. — Dissimule ses projets sur la Pologne, sous le voile de l'intérêt qu'elle témoigne pour la cause des émigrés français, 352. — Excite politiquement la Suède, la Prusse et l'Autriche contre la France, ibid. — Dirige ses forces contre la Pologne, ibid. — Anéantit la confédération polonaise, fait amener le roi Stanislas à Pétersbourg, et partage la Pologne entière avec la Prusse et l'Autriche, 352, 353.

CATILINA (Lucius). Sa conjuration est découverte à Cicéron par les députés des Allobroges, I, 54. — Il livre bataille au consul Antonius, et y est tué, 56.

CATINAT (Nicolas de), maréchal de France, commande en Alsace sous le dauphin, X, 53. — Intime au duc de Savoie l'ordre de livrer ses places fortes, et est joué par lui, 64. — Le bat à Staffarde, ibid. — Est néanmoins forcé de repasser les Alpes, 65. — Est fait maréchal de France, 75. — Bat le duc de Savoie à la Marsaille, 78. — Prend Ath en Flandre, 90. — Est rappelé d'Italie pour les soupçons qu'il communique au sujet du duc de Savoie, 102. — Est blessé au combat de Chiari, et dirige néanmoins la retraite, ib. — Ne peut prévenir la prise de Landau et de Haguenau par le prince de Bade, et se retire sous Strasbourg, 107.

CATULUS (Lutatius) défend la Cisalpine contre les Cimbres, I, 47. — De concert avec Marius, les défait dans la plaine de Verceil, 52.

CAUCHON (Pierre), évêque de Beauvais, préside le tribunal chargé de juger Jeanne d'Arc, IV, 141.

CAULET (François-Étienne de), évêque de Pamiers, donne un mandement pour la distinction du fait et du droit dans la signature du formulaire, IX, 375. — Louis XII veut le faire juger par une commission d'évêques, 376. — Il se soumet, 377. — S'oppose à l'extension du droit de régale, X, 18.

CAUMONT-LA-FORCE. (*Voyez* FORCE).

CAUMONT-LAUZUN. (*Voy.* LAUZUN).

CAUMARTIN (Louis Lefèvre, seigneur de), conseiller d'état sous Henri IV, et garde-des-sceaux sous Louis XIII. Il rassemble en différentes généralités deux cent mille livres qu'il apporte à Henri IV, VIII, 6.

CAUMARTIN (N. Lefèvre de), ami du coadjuteur, détermine Gaston à consentir à la délivrance du prince de Condé, IX, 180. — Le coadjuteur l'emploie à faire des libelles contre la petite fronde, 211.

CAUMARTIN DE LA BARRE (N. Lefèvre de). (*Voy.* LEFÈVRE CAUMARTIN DE LA BARRE.)

CAUSSE (du), gouverneur de Saint-Domingue, aidé des flibustiers, ruine les sucreries de la Jamaïque, X, 84.

CAUSSIN (le P. Nicolas), jésuite, confesseur de Louis XIII, se ligue avec plusieurs personnes de la cour contre le cardinal de Richelieu, VIII, 375. — Il tente de faire disgracier Richelieu, 384. — Moyens qu'il emploie pour déterminer Louis XIII à renvoyer Richelieu, 384 et 385. — Sa réponse naïve au roi, 385. — Il propose le duc d'Angoulême pour remplacer Richelieu, 386. — Il est exilé, ibid.

CAVAGNE, calviniste, est condamné à mort, VI, 348. — Sa mémoire est réhabilitée, 365.

CAVALIER (Jean), chef des camisards des Cévennes, se soumet à

Villars, et reçoit le brevet de colonel. Passe en Angleterre et meurt officier général à Jersey, X, 129.

CAVOYE (d'Oger, sieur de). Le maréchal de Schomberg l'envoie à Gaston, duc d'Orléans, pour lui proposer un accommodement, VIII, 321.

CAYET (Pierre-Victor-Palma), précepteur de Henri IV. Ce qu'il raconte de l'enfance de ce prince, VI, 245. — Ce qu'il raconte de la mauvaise volonté de Catherine de Médicis pour Henri IV, VII, 26. — Réponse qu'il rapporte du cardinal de Bourbon, lorsqu'on l'excitait à quitter le parti des Guises, 100.

CAYLUS (Jacques de Levis, comte de), un des favoris de Henri III, nommés *mignons*, VII, 40. — Il se bat en duel contre d'Entragues, 68. — Il est tué, *ibid.*

CAZALÈS (de), député à l'assemblée constituante, invite l'assemblée à réviser la constitution civile du clergé, XI, 321 et 322.

CECINA, lieutenant de Vitellius, pille la Gaule en se rendant en Italie, I, 157. — Vainqueur des troupes d'Othon à la bataille près de Crémone, *ibid.*

CÉLESTIN III (Hyacinthe Bobocard), pape. Sous son pontificat, procédures relatives au divorce de Philippe-Auguste, II, 252.

CÉLESTINS (les) n'assistent point à la procession militaire de la ligue, VII, 255.

CELLAMARE (le prince de), ambassadeur d'Espagne à la cour de France. Ses intrigues, X, 253. — Elles sont découvertes, 254. — Il est arrêté et transféré à Blois, 256.

CELTES. Leur origine, I, 5.

CERDA (Alphonse de La), roi titulaire de Castille, fils de Blanche, fille de saint Louis et de Ferdinand de La Cerda, fils aîné du roi Alphonse X, l'astronome, III, 19. — On lui donne le duché de Medina-Cœli, *ibid.* (*Voy.* FERDINAND.)

CERDA (Charles d'Espagne ou de La), fils du précédent; le roi le fait connétable, III, 168. — Il épouse Marguerite de Blois-Penthièvre, fille de Charles de Blois et de Jeanne-la-Boiteuse, 171. — Charles-le-Mauvais le fait assassiner, 172.

CÉRIALIS (Pétilius) est envoyé par Vespasien dans les Gaules contre le Batave Civilis, I, 170. — Reçoit en grâce les légions qui s'étaient données aux Gaulois, 171. — Il prend Trèves, la sauve du pillage et amène les Trévirs à une soumission volontaire, *ibid.* — Est investi dans Trèves par Civilis et le repousse, 172. — L'attaque à Vétéra et le force à se retirer dans l'île des Bataves, 174. — Est une seconde fois sur le point d'être enlevé par lui, *ibid.* — Propose la paix, qui est acceptée par Civilis, 175.

CÉPION (Q. Servilius), consul, bat les Cimbres et s'empare de Toulouse, dont il dépouille les temples, I, 43. — Sa jalousie contre le consul Manlius, les fait battre l'un et l'autre par les Cimbres, 44. — Il est déposé et ses biens sont confisqués, 45.

CÉSAR (Caïus Julius), élu propréteur et grand pontife, est envoyé en Espagne et soumet cette contrée, I, 56 et 57. — Forme le triumvirat entre Pompée, Crassus et lui, 57. — Obtient le consulat, 58. — Se fait donner le gouvernement des deux Gaules, 59. — S'oppose à une irruption des Helvétiens, 60. — Est appelé contre eux par les Éduens, 61. — Les bat et les force à regagner leur pays, 62. — Est invité par les Gaulois à intervenir dans leurs démêlés avec Arioviste, roi des Suèves, 63 et 64. — Réclame inutilement de lui les otages des Éduens, 64 et 65. — Marche contre Arioviste et le force à repasser le Rhin, 65 et 66. — Prend ses quartiers d'hiver dans la Séquanie, *ibid.* — Les Belges s'en alarment et se confédèrent, 67. — César taille en pièces leur armée, 68. — Victoire sur les Nerviens, 68 et 69. — Il fait vendre les Atuatiques à l'encan, 71. — Réduit les Armoriques révoltés, 73, 74 et 75. — Abat les forêts des Morins et des Ménapiens, 77. — Emploie les Gaulois comme auxiliaires contre les Germains et les Bretons, 78. — Se fait prolonger dans son gouvernement, 79. — Nouvelle expédition dans la Bretagne, 80. — Fait ramener la cavalerie éduenne qui refusait de s'embarquer, 81. — Perd sa fille, femme de Pompée, *ibid.* — Dissémine ses quartiers d'hiver, qui sont attaqués par Ambiorix, 82. — Va au secours de Quintus Cicéron, 88. — Bat avec sept mille hommes soixante mille Gaulois, et dégage Cicéron, 89. — Pour dissiper une nouvelle ligue des Gaulois, il demande deux légions à Pompée, et en lève une troisième, 92. — Soumet les Nerviens, les Senonais, les Carnutes et les Ménapiens, *ibid.* — Convoque les états de la Gaule à Lutèce, *ibid.* — Fait une nouvelle incursion dans la Germanie, 94. — Est sur le point de saisir Ambiorix, qui lui échappe, 95. — Appelle les peuples environnants au pillage du pays des Éburons, *ibid.* — Instruit d'une nouvelle ligue des Gaulois, il fortifie Narbonne, traverse les Cévennes en plein hiver, et ravage l'Auvergne, 99. — Réunit ses légions et s'empare de Génabum, 100. — Fait lever à Vercingetorix le siège de Gergovie des Boyens, et s'empare lui-même d'Avaricum, 101. — Réclamé par les Éduens pour pacifier leurs différends domestiques, il confère le souverain pouvoir à Convictolitan, 104. — Il assiége Gergovie, capitale de l'Auvergne, 105. — Il va au-devant d'un secours des Éduens, détourné par les intrigues de Convictolitan, et l'amène à son camp, *ibid*. — Il lève le siége de Gergovie et repasse l'Allier pour déjouer les intrigues des Éduens, dont il congédie la cavalerie, 107. — Il demande de la cavalerie aux Germains, 110. — Attaqué par Vercingetorix, il le bat et le poursuit dans Atise, dont il fait le siége, 111 et 112. — Il soutient les efforts extérieurs des Gau'ois et repousse les sorties de la ville, 113, 114 et 115. — Atise se rend à lui ainsi que Vercingetorix, qu'il réserve pour son triomphe, 117. — Huitième et dernière campagne de César dans les Gaules, 118. — Il soumet les Bituriges, ravage le pays des Carnutes, et va au secours des Rémois, 119. — Il adopte par politique des mesures de rigueur, 121. Il fait battre de verges et décapiter le Carnute Guturvatus, 123. — Passe dans le midi et assiége Uxellodunum, *ibid*. — Au moyen d'une mine il enlève à la ville la ressource d'une fontaine, et la force ainsi à se rendre, *ibid*. — Il fait couper la main droite aux soldats qui la défendaient, 124. — Il achève sa conquête par la soumission de l'Aquitaine, *ibid*. — Il impose un léger tribut à la Gaule, 125. — Il achète le tribun Curion pour se faire continuer dans son gouvernement, 127. — Écrit au sénat pour que Pompée remette ainsi que lui son gouvernement, 129. — Le sénat l'ordonne, mais le décret n'a pas de suite, *ibid*. — Il passe les Alpes avec une seule légion et négocie quelque temps, 130. — Il est déclaré rebelle, *ibid*. — Il passe le Rubicon, s'empare de toute l'Italie en deux mois, et force Pompée à fuir en Macédoine, 131. — Il prend dans Corfinium Domitius Ænobarbus, désigné pour lui succéder dans la Transalpine, et lui rend la liberté, 132. — Il fait assiéger Marseille par Trébonius, 133. — Passe en Espagne et force à se rendre Afranius et Pétréius, lieutenants de Pompée, 135. — Il pardonne à Marseille et lui enlève seulement une partie de ses richesses, *ibid*. — Se fait nommer consul, *ibid*. — Passe en Grèce et défait Pompée à Pharsale, 136. — Sa conduite à l'égard de la Gaule, *ibid*. — Sa mort, *ibid*.

CHABANNES (Antoine de), comte de Dammartin, vient au secours des Orléanais assiégés, IV, 123. — Révèle à Charles VII les tentatives de Louis, dauphin, pour l'engager à la révolte, 176. — Reçoit de Charles VII l'ordre de poursuivre le dauphin, 196. — Est condamné à mort; sa peine commuée en un exil perpétuel, 210. — Ce qu'il dit à Louis IX au sujet de La Balue, 250. — Rentré en grâce auprès de Louis XI, il lui conseille de livrer bataille au duc de Bourgogne, 259. — Louis XI lui laisse à Noyon le commandement de son armée, *ibid.* — Sa réponse à l'envoyé du duc de Bourgogne, 265. — S'empare d'Amiens sur le duc de Bourgogne, 284. — Madame de Beaujeu lui donne le gouvernement de Paris, V, 18.

CHABANNES (Jacques I, de), seigneur de La Palice, frère aîné du précédent; de concert avec le comte de Penthièvre, il bat Talbot à Castillon, IV, 185. (*Voy.* LA PALICE et VANDENESSE, ses petits-fils.)

CHABOT (Philippe de), seigneur de Brion, amiral de France. Son procès; est privé de sa charge; est rétabli. Sa mort, V, 397.

CHABOT (Léonor), comte de Charny, gouverneur de Bourgogne, refuse d'exécuter les ordres sanguinaires de Charles IX, VI, 362. (*Voy.* MIREBEAU.)

CHABOT (Gui de), seigneur de Jarnac, cousin germain du précédent. (*Voy.* JARNAC.)

CHAISE (le P. François de La), jésuite, confesseur de Louis XIV. Sa mort, X, 167.

CHALAIS (Henri de Talleyrand-Périgord, prince de), maître de la garde-robe, et favori de Louis XIII, VIII, 240. — Il se charge d'assassiner le cardinal de Richelieu, 244. — Il est arrêté, 248. — Richelieu va l'interroger dans sa prison, 249 et 250. — Son supplice, 251 et 252.

CHALON, historien. Exposition qu'il fait de la politique de Louis XI, IV, 239.

CHALONS. (*Voy.* ORANGE.)

CHALOTAIS (Louis-René Caradeux de La), procureur général du parlement de Bretagne. Il porte la parole contre le duc d'Aiguillon, XI, 126. — Il est renfermé dans la citadelle de Saint-Malo, 127. — Il décline la juridiction du parlement de Bretagne, 129. — Il est transféré à la Bastille, *ibid.* — Il est remis en liberté, mais non rétabli, 131.

CHALOTAIS (N. de Caradeux de La), fils du précédent, partage le sort et les dangers de son père, XI, 127 et 131.

CHAMBONAS (de), ministre des affaires étrangères, XI, 357.

CHAMBRE DES COMPTES, rendue sédentaire, III, 58.

CHAMBRE ARDENTE sous Charles VII, pour la recherche des sorciers, IV, 195. — Sous Louis XIV, pour la recherche des empoisonneurs, X, 16.

CHAMBRE ROYALE pour remplacer le parlement, XI, 19.

CHAMBRES MI-PARTIES. Leur origine, VI, 323.

CHAMBRIER. Ses fonctions, I, 308.

CHAMILLART (Michel de), contrôleur général des finances et ministre de la guerre, X, 103. — Est accablé de ce fardeau, *ibid.* — Essaie en vain de concilier les ducs de Bourgogne et de Vendôme, 153. — Résigne le ministère, 166.

CHAMILLI (Noël Bouton de), maréchal de France, l'un des quatre braves qui du temps de Louis XIV s'étaient fait une réputation pour la défense des places, IX, 427.

CHAMPAGNE (Thibaut II, le Grand, comte de). Ses terres sont dévastées par Louis VII, II, 210. — Donne sa fille en mariage à Louis VII, 222.

CHAMPAGNE (Thibaut III, comte de), petit-fils du précédent, indique un tournoi à Corbie, II, 259.

CHAMPAGNE (Thibaut IV, dit le Grand, à cause de sa taille, comte de), premier en Navarre, un des chefs de la ligue contre Blanche de Castille, s'en détache, II, 295. — Vend l'hommage des comtés de Blois, de Sancerre, etc., à Blanche de Castille, 297. — Fait publier une croisade, 307.

CHAMPAGNE (Thibaut V), II° en Navarre, fils du précédent, Louis IX le réconcilie avec les comtes de Châlons et de Bourgogne, II, 334. — Épouse Élisabeth, fille de Louis IX et de Marguerite de Provence, 341. — Prend la croix pour la sixième croisade, 345. — Sa mort, III, 3.

CHAMPLATREUX (Louis Molé, seigneur de), fils du président Matthieu Molé, délivre le coadjuteur du danger qu'il courait à la porte de la grand'chambre, IX, 218.

CHAMPS-DE-MARS, convoqués par Clovis I, 284. — La paix et la guerre y étaient proclamées, 3..5. — Sont tenus à Crécy, II, 10. — Convoqués à Paderborn, 25 et 26. — Convoqués à Worms, 31. — Convoqués à Ingelheim, 32.

CHAMPS-DE-MAI, remplacent les Champs-de-Mars, II, 13.

CHAMPS DIVERS (Odette de), dite la Petite reine, maîtresse de Charles VI, roi de France, IV, 101.

CHANDIEU (Antoine de La Roche, baron de), ministre calviniste, reçoit la confession du roi de Navarre avant la bataille de Coutras, VII, 146.

CHANDIEU (le marquis de), soutient un siège dans Charenton contre l'armée royale, IX, 117. — Il est tué, 118.

CHANDOS (Jean), capitaine anglais, contribue au gain de la bataille de Poitiers, III, 185. — Passe en Bretagne à la tête d'une armée, 241. — Fait Duguesclin prisonnier, 244. — Lui rend la liberté, 250. — Lui offre sa bourse, 256.

CHANTELOUBE (le père), retiré à Bruxelles auprès de Marie de Médicis. Richelieu demande son éloignement, VIII, 340. — Est soupçonné d'avoir voulu faire assassiner Puy-Laurent à Bruxelles, 342.

CHANVALON. Marie de Médicis l'envoie négocier avec les mécontents retirés à Soissons, VIII, 141.

CHANVERON (Audouin de), prévôt de Paris, condamné à mort, obtient sa grâce, III, 348.

CHAPELIER (le), avocat de Bretagne, député à l'assemblée constituante, préside l'assemblée lors de la séance du 4 août, XI, 283. — Invite le clergé à imiter les sacrifices de la noblesse et des provinces, *ibid*. — Opine pour la spoliation du clergé, 305.

CHAPELLE (la Sainte-). Sa fondation, II, 341.

CHAPELLE-MARTEAU (la), bourgeois de Paris, membre du conseil de la ligue, VII, 135.

CHAPELLES (François de Rosmadec, comte des). Il a la tête tranchée. Pourquoi, VIII, 264.

CHARLES-MARTEL, fils de Pepin d'Héristal et d'Alpaïde, I, 350. — Enfermé par Plectrude, se sauve, la combat et la force de se retirer, 351. — Bat Rainfroy, maire de Neustrie, 352. — Bat les Saxons, et met Thierry IV sur le trône de Neustrie, *ibid*. — Vole au secours d'Eudes, bat les Sarrasins, 355.—Bat les Frisons, 356. — Bat Eudes, duc d'Aquitaine, *ibid*. — Engage Luitprand, roi de Lombardie, à s'accommoder avec le pape, 358. — Institue l'ordre de la Genette. Sa mort, *ibid*.

CHARLES I, ou CHARLEMAGNE, roi de France et empereur, fils de Pepin et de Berthe, couronné par le pape, II, 9. — Couronné roi de Neustrie et de Bourgogne, 19. — Soumet l'Aquitaine, *ib*. — Épouse Hermengarde ; la renvoie et épouse Hildegarde, 20. — Sa première expédition contre les Saxons, 21. — Passe en Italie, 23. Poursuit Didier et Adalgise ; va visiter Rome, 23 et 24. — Revient en France, 25. — Sa seconde expédition contre les Saxons, *ibid*. — Est attaqué à Roncevaux par les Gascons, 28. — Sa troisième expédition contre les Saxons, *ibid*. — Retourne en Italie, 30. — Donne la couronne d'Italie à Pepin, son second fils, *ibid*. — Fait couronner Louis, son troisième fils, roi d'Aquitaine, *ibid*. — Sa quatrième expédition contre les Saxons, *ibid*. — Ses cinquième, sixième et septième expéditions contre les Saxons, 31 et 32. — Soumet les Bretons, 32. — Réunit la Bavière à ses États, 33. — Encourage les sciences et les arts, 35. — Le chant de l'église attire son attention, 41. — Sa guerre contre les Huns, 42. — Fait renfermer dans un monastère Pepin son fils, 43 — Disperse les Saxons, *ibid.* — Est déclaré empereur, 45. — Ses lois, 46. — Ses pertes, 49. — Sa mort, 50.

CHARLES, fils aîné de Charlemagne et de Hildegarde, II, 30. — Sa mort, 49.

CHARLES, fils de Pepin, roi d'Aquitaine, II, 72. — Implore l'assistance des Normands; est renfermé dans le monastère de Corbie, 86. — Est promu à l'archevêché de Mayence, *ibid.*

CHARLES, fils de l'empereur Lothaire, a en partage la Provence et la Bourgogne, II, 91. — Sa mort, 94.

CHARLES II, *dit* LE CHAUVE, roi de France et empereur, fils de Louis I et de Judith, II, 57. — Est remis par son père entre les mains de Louis et de Lothaire, 66 et 67. — Est associé par son père au royaume de Neustrie, 71. — On lui donne l'Aquitaine, 73. — Traite avec ses frères, 79. — Part pour la Bretagne, 80. — Bat Lothaire à Fontenai, 82. — Poursuit Pepin en Aquitaine, 83. — A la France en partage, 85. — Accorde le Cotentin à Godefroy, chef des Normands, 87. Soumet l'Aquitaine, 90. — Cherche à gagner les seigneurs, 92. — Fait crever les yeux à Hugues, son petit-neveu, 96. — Est couronné empereur, 98. — Veut s'emparer des états de Louis, son neveu, 99. — Est vaincu par lui, 100. — Meurt empoisonné, *ib.* — Son caractère, 101. — Rend les fiefs généralement héréditaires, et prépare ainsi la ruine de sa race, 102.

CHARLES *dit* LE GROS, fils de Louis-le-Germanique, roi de France et empereur. Il a la Frise, la Suisse et les Grisons en partage, II, 98. — A la mort de son frère Louis, la couronne de France lui est aussi déférée; son portrait, 110. — Capitule avec les Normands qui assiégeaient Paris, 112. et 113. — Ses infortunes; sa mort, 113.

CHARLES III, *dit* LE SIMPLE, roi de France, fils de Louis-le-Bègue, II, 107. — Est obligé de se retirer chez Arnould, empereur de Germanie, partage la France avec Eudes, 114. — Est seul roi, 115. — Traite avec les Normands, 116. — Est abandonné de tous les seigneurs, 119. — Livre bataille à Robert, et le tue de sa main, 120. — Est fait prisonnier, 121. — Sa mort, 122.

CHARLES DE VALOIS, fils de Philippe III, roi de France, et d'Isabelle d'Aragon, III, 8. — Reçoit de Charles-le-Boiteux le comté d'Anjou, 19. — Enlève à Édouard I plusieurs villes en France, 22. — Commande les troupes de Philippe IV, son frère, en Flandre, 28. — Mécontent de la rigueur du roi, *ibid.* — Son altercation avec Enguerrand de Marigni, 72. — Lui fait faire son procès, 73. — Ses regrets à ce sujet, 77. — Sa mort, *ibid.*

CHARLES-LE-BOITEUX, roi de Naples. (*Voyez* ANJOU.)

CHARLES-MARTEL, roi de Hongrie (*Voyez* ANJOU.)

CHARLES IV, dit le BEL, roi de France, fils du roi Philippe IV, dit Le Bel, épouse Blanche de Bourgogne-Comté, III, 54. — Veut s'opposer au sacre de Philippe V, son frère, 84. — Monte sur le trône, 98. — Fait casser son mariage avec Blanche de Bourgogne, 99. — Épouse Marie de Luxembourg, fille de l'empereur Henri VIII. Épouse en troisièmes noces Jeanne, fille de Louis, comte d'Évreux. *ibid.* — Demande à Édouard II l'hommage de la Guienne, 101. — Sa mort, 104.

CHARLES-LE-MAUVAIS, roi de Navarre, fils de Philippe, comte d'Évreux, neveu de Philippe-le-Bel, et de Jeanne de France, reine de Navarre, fille de Louis Hutin. Il épouse Jeanne, fille ainée de Jean, III, 171. — Fait assassiner le connétable Charles de la Cerda, 172. — Fait solliciter son pardon, 173. — Est arrêté; obtient son pardon, 174. — Engage Charles, fils de Jean, à se retirer chez l'empereur, 176. — Est arrêté, 182. — Est mis en liberté, 199. — Fait ouvrir les prisons, 200. — Harangue le peuple dans le Pré-aux-Clercs, *ibid.* — Va à Rouen, à quelle intention, 204. — Revient à Paris, 204. — Son arrogance, 206. — Traite avec Édouard III, 216. — Fait rejeter dans l'assemblée des états le traité conclu entre Jean et Édouard, 218. — Empoisonne le dauphin, 220. — Veut faire assassiner Charles, dauphin, 221. — Fait la paix avec Charles V, 246. — Signe un traité avec Édouard III, 262. — Obtient son pardon, *ibid.* — Se réconcilie avec Charles V, 266. — Brouille Olivier Clisson avec le duc de Bretagne, 267. — Négocie auprès du roi de Castille en faveur d'Édouard III, 271. — Se retire dans la Navarre, *ibid.* — Est soupçonné d'avoir empoisonné Jeanne de France sa femme et son fils ainé, 284. — Veut faire empoisonner Charles V, 284. — Se sauve en Angleterre, 287. — Veut faire empoisonner la famille royale, 342. — Sa mort, 343.

CHARLES II, LE NOBLE, roi de Navarre, fils du précédent. (*Voyez* BEAUMONT ET NAVARRE.)

CHARLES V, dit LE SAGE, roi de France, fils du roi Jean II, épouse Jeanne de Bourbon, III, 163. — Veut se retirer chez l'empereur, 176. — Obtient de Jean, son père, le duché de Normandie, *ibid.* — Convoque les états généraux après la bataille de Poitiers, 188. — Va à Metz, 193. — Ordonne une refonte des monnaies, *ib*. — Entre en négociation avec Marcel, prevôt des marchands, 194. — Supprime la nouvelle monnaie, *ibid*. — Convoque les états généraux, *ibid*. — Quitte Paris, 197. — Prend le titre de régent, 199. — Se retire à Compiègne, 206. — Fuit de Paris pour la troisième fois, *ibid*. — S'empare de Charenton, 208. — Lève le siège de Paris, *ibid*. — Taille en pièces une multitude de ceux qui composaient la Jacquerie, 214. — Convoque les états, 217. — Est empoisonné par le roi de Navarre, 220. — Se justifie devant le peuple, 222. — Signe le traité de Bretigni, 225. — Donne à Duguesclin le comté de Longueville, 241. — Fait la guerre en Normandie contre Charles-le-Mauvais, 246. — Diminue les impôts, 248. — Éloigne les grandes compagnies, 249. — Paie la rançon de Duguesclin, 256. — Somme le prince de Galles de comparaitre devant la cour des pairs, 258. — Assemble le parlement, 259. — Déclare la guerre à Édouard III, *ibid*. — Assemble les états généraux, 260. — Saisit sur Charles-le-Mauvais la seigneurerie de Montpellier, 262. — Engage le roi d'Écosse à rompre sa trêve avec l'Angleterre, 266. — Se réconcilie avec Charles-le-Mauvais, *ibid*. — Somme Montfort, duc de Bretagne, de ne pas recevoir les Anglais, 272. — Refuse de ratifier la suspension d'armes conclue entre le duc d'Anjou son frère et le duc de Lancastre, 276. — Conclut une trêve avec les Anglais, 277. — Ses règlemens, 278. — Bâtit la Bastille, 279. — Négocie la paix, 281. — Recommence la guerre contre l'Angleterre, 282. — Reçoit à Paris l'empereur Charles IV et son fils Venceslas, 283. — Rend publique la conspiration de Charles-le-Mauvais, 286. — tient un lit de justice, 292. — Sa mort et ses dispositions, 299. — Ses qualités, 301. — Fait construire le château de Montargis, et y place la seconde horloge faite en France, VI, 157 à la note.

CHARLES IV, empereur d'Allemagne, fils de Jean, duc de Luxembourg et roi de Bohême, vient à Paris, III, 283.

CHARLES VI, roi de France, fils de Charles V; son couronnement, III, 304. — Punit les habitants de Rouen révoltés, 317. — Rentre dans Paris, dont une émeute l'avait fait sortir, 319. — Son entrée à Paris après la bataille de Rosbec, 326. — Epouse Isabelle de Bavière, 335. — Ses préparatifs pour une descente en Angleterre, 338. — Marche contre le duc de Gueldre, 346. — Commence à se lasser de la tutelle de ses oncles, 347. — Convoque une assemblée à ce sujet, 347 et 348. — Règlemens faits sous son règne, 349. — Fait faire un service à Duguesclin, 352. — Son caractère, 356. — Son entrevue à Tours avec le duc de Bretagne, 359. — Il revient à Paris, 360. — Il tombe malade, 362. — Exige du duc de Bretagne qu'il lui livre le baron de Craon, assassin de Clisson, 364. — Marche contre le duc de Bretagne, 365. — Sa frénésie, 366. — Nomme le duc d'Orléans, son frère, régent du royaume, 370. — Sa rechute occasionée par un accident, *ibid.* — Vient à Abbeville pour traiter de la paix avec l'Angleterre, 371. — Communique à l'Université une lettre du pape Boniface XII, 373. — Son triste état, 383. — Réclame Isabelle sa fille après la mort de Richard II son mari, 388. — Est surnommé le *Bien-aimé*, 394. — On le laisse presque manquer de tout, IV, 3. — Promet à la duchesse d'Orléans de venger la mort de son mari, 12. — Accorde des lettres d'abolition au duc de Bourgogne, 15. — Accorde un nouveau pardon au duc de Bourgogne, 22. — Veut marcher contre les Armagnacs, 27. — Insolence de Jean de Troye, qui le coiffe du chaperon blanc, 45. — Fait enregistrer au parlement les ordonnances cabochiennes, 46. — Il marche contre le duc de Bourgogne, 54. — Il va au siége de Senlis, 78. — Il se retire à Troyes, 86. — Sa mort, 101.

CHARLES DE DURAZZO, roi de Naples et de Hongrie. (*Voy.* ANJOU et DURAZZO.)

CHARLES VII, roi de France, fils de Charles VI, et d'Isabelle de Bavière. Sa mère le mène à Senlis, IV, 72. — Prend la dénomination de dauphin, 73. — Tannegui Duchâtel le conduit à Melun, 80. — Refuse de revenir à Paris, 84 et 85. — Envoi Tannegui Duchâtel pour le représenter à la conférence tenue près Pontoise, avec le roi d'Angleterre et le duc de Bourgogne, 87. — Son entrevue à Pouilly-le-Fort avec le duc de Bourgogne, 88. — Son entrevue à Montereau avec le duc de Bourgogne, 89. — Il se retire au delà de la Loire, 93. — Il monte sur le trône, 103. — Il se fait sacrer à Poitiers, 104. — Négocie avec le duc de Bretagne, 108 et 109. — Se réconcilie avec le duc de Bretagne, 113. — Envoie au secours des Orléanais assiégés, 123. — Vient à Chinon pour veiller aux besoins des Orléanais, *ibid.* — Incline à se retirer à l'extrémité du royaume, 125. — Son entrevue avec Jeanne d'Arc, 128. — Il l'envoie à Poitiers, 129. — Son indolence, 133. — Il se détermine pour le voyage de Reims, 134. — Est couronné à Reims, 136. — Tente inutilement d'attaquer Paris, *ibid.* — Conclut avec le duc de Bourgogne une trêve, 151. — Reçoit le connétable dans ses bonnes grâces, 152. — Fait la paix avec le duc de Bourgogne, 155 et 156. — Donne Louis, dauphin, son fils, en mariage à Marguerite, fille de Jacques I, roi d'Écosse, 158 et 159.

— Son entrée dans Paris, 158 et 159. — Se distingue au siège de Montereau, *ibid.* — Règlements qu'il fait, 160. — Établit la pragmatique sanction, 161. — Marche au-devant des chefs de la Praguerie, 165. — Son entrevue avec le dauphin, *ibid.* — Se signale au siège de Pontoise, 167 et 168. — Va en Guienne y faire la guerre, 170. — Conclut une trêve avec les Anglais, *ibid.* — Fait un règlement pour les troupes, 172. — Sa puissance, 174. — Se brouille avec son fils, 176. — Conserve la paix dans l'église de France, 177. — Continue la guerre avec l'Angleterre, 178. — S'empare de la Normandie, 179 et 180. — S'oppose inutilement au mariage de son fils avec Charlotte, fille du duc de Savoie, 182. — Il réunit la Guienne à la France, 183. — Sa réponse à son fils, qui lui offrait ses services pour soumettre la Guienne révoltée, 185. — Marie Yolande, sa fille, au fils aîné du duc de Savoie, 187. — Veut restreindre le ressort du parlement de Paris, 187 et 188. — Ses divers règlements, 192. — Donne l'ordre de poursuivre le dauphin, son fils, 196. — Droits qu'il acquiert au duché de Luxembourg, 203. — Renouvelle une alliance avec les Liégeois, 204. — Sa maladie et sa mort, *ibid.* — Jugement sur ce prince, 206.

CHARLES DE FRANCE, second fils du roi Charles VII et de Marie d'Anjou, IV, 205. — S'enfuit en Bretagne avec les ambassadeurs du duc, 230. — Est salué comme roi par les Bourguignons et les Bretons, après la bataille de Mont-Lhéri, 235. — Sentiments d'humanité qu'il témoigne après cette action, *ibid.* — Obtient le duché de Normandie par le traité de Conflans, 240 et 241. — Va en Normandie. Les habitants de Rouen le reçoivent froidement, 245. Est dépouillé de la Normandie, 247. — Son frère lui donne pour apanage les comtés de Champagne et de Brie, 262. — Accepte en échange le duché de Guienne, 269. — Son entrevue avec son frère à Saintes, *ibid.* — Il part pour la Guienne, 270. — Va visiter son frère qui lui fait un accueil agréable, 272. — Vient à l'armée de son frère contre le duc de Bourgogne, 283. — Envoie un messager secret au duc de Bourgogne, 284. — Il se retire en Guienne, 285 et 286. — Est empoisonné, 287. — Sa mort, 289.

CHARLES-LE-TÉMÉRAIRE. (*Voy.* BOURGOGNE.)

CHARLES VIII, roi de France, fils de Louis XI et de Charlotte de Savoie. Manière dont il était élevé au château d'Amboise, IV, 377. — Monte sur le trône, V, 1. — Paraît à Tours aux états généraux, 5 et 6. — Son sacre, 14. — Traité avec le duc de Bretagne, 43. — Promet au conseil de Bretagne de se conformer au traité de Sablé;

mais à quelles conditions, 44. — Délivre le duc d'Orléans de sa prison, 50. — Épouse Anne de Bretagne, 52 et 53. — Ses démarches auprès de Maximilien, 53. — Il se prépare à faire la guerre au roi d'Angleterre, 58. — Signe un traité avec le roi d'Angleterre, *ibid.* — Cède l'Artois et la Franche-Comté à Maximilien et à Philippe, son fils, 59. — Il cède le Roussillon à Ferdinand, roi d'Aragon, 59 et 60. — Ses projets sur l'Italie, 64. — Ses droits sur le royaume de Naples, *ibid.* — Indique un tournoi à Lyon, 69. — Laisse le gouvernement à madame de Beaujeu pendant son expédition d'Italie, *ibid.* — Entre dans Milan, 70. — Son entrevue avec le jeune Galéas, 72. — Il traite avec les républiques de Florence et de Sienne, 73 et 74. — Vient à Rome malgré le pape Alexandre VI, 75. — Négocie avec lui, *ibid.* — Est couronné à Naples, 81. — Quitte Naples, 83. — Bat les Italiens à Fornoue, 84. — Danger qu'il court de la part des Suisses, 88. — Traite avec Ludovic-le-Maure à Verceil, *ibid.* — Il rentre en France, 89. — Il envoie trois mille hommes au secours du comte de Montpensier en Italie, 91. — Son altercation avec le parlement, 94. — fixe à Paris le grand conseil, et règle ses attributions, 95. — Sa lettre à la chambre des comptes, *ibid.* — Sa mort, 96. — Son caractère, 96 et 97.

CHARLES-QUINT, empereur et roi d'Espagne, fils de Philippe d'Autriche, fils de l'empereur Maximilien I, et de Jeanne-la-Folle, fille de Ferdinand, roi d'Aragon, et d'Isabelle, reine de Castille. Il est promis en mariage à Claude de France, fille de Louis XII et d'Anne de Bretagne, V, 132. — Traite avec François I, 254. — Son traité de Noyon avec François I, 267. — Est élu empereur d'Allemagne, 270. — Son entrevue en Angleterre avec Henri VIII, 272. — Entre en France à la tête d'une armée, 274. — Sa retraite précipitée, 275. — Réclame l'arbitrage de Henri VIII, *ibid.* — Passe en Angleterre et conclut une ligue avec Henri VIII contre la France, 284. — Se ligue avec plusieurs princes contre François I, 288. — Sollicite le connétable de Bourbon de se réfugier auprès de lui, 299. — Médite une invasion en France, 307. — Conditions auxquelles il consent de rendre à François I la liberté, 316 et 317. — Signe avec François I le traité de Madrid, 323. — Son défi à François I, 338. — Se fait couronner par le pape empereur d'Allemagne, 346. — Cherche à rendre François I suspect aux confédérés de Smalkade, 358. — Son expédition en Afrique, où il défait Chéredin ou Barberousse, et replace Muley-Assem sur le trône de Tunis, 359. — Il se rend à Rome; sa harangue dans le consistoire, 362. — Sa mauvaise foi, *ibid.* — Il quitte Rome pour entrer en France, 363. — Est accusé d'avoir empoisonné le dauphin François, 372. — Il abandonne la Provence, 375. — Dangers qu'il court dans sa retraite, 377. — Sa dissimulation, 378. — Sa réponse à la citation de la cour des pairs, 381.—Signe une trêve avec François I; son entrevue avec ce prince à Aiguemortes, 384. — Passe par la France pour aller en Flandre, 386. — Il craint d'être arrêté, 387. — Sa réponse à François I, *ibid.* — Ce qu'il dit à la duchesse d'Étampes en lui présentant un diamant, 388. — Il abuse de la bonne foi de François I, 389.— Sa réponse à l'ambassadeur de François I, 390. — Il tâche de susciter des ennemis à François I, *ibid.* — Il demande aux diètes de Spire et de Ratisbonne des secours pour Ferdinand, son frère, contre Soliman, 392. — Fait assassiner deux envoyés de François I, *ibid.* — Justifie le meurtre de ces envoyés, 393. — Il cherche à rentrer en Provence, *ibid.* — Son expédition malheureuse contre Alger, 394. — Son manifeste contre François I, 400. — Il s'empare du duché de Clèves, 402. — Il vient attaquer François I dans le Luxembourg, 404. — Il soulève l'Allemagne et Henri VIII contre François I, 404 et 405. — Il entre en France avec une armée, 411. — Ruse qu'il emploie pour s'emparer de Saint-Dizier, 412. — Il approche de Paris, *ibid.* — Il prête l'oreille à des négociations, 413.—Signe un traité à Crépy avec François I, 416.—Sa réponse à François I, 423. — Vainqueur des confédérés de Smalkade à la bataille de Mulberg, VI, 8. — Sa réponse aux ambassadeurs de Henri II, 9. — Sa réponse à l'égard des religionnaires, 13. — Fait publier l'*interim*, édit provisoire sur le fait de la religion, *ibid.* — Attise le feu de la révolte dans le Bordelais, 19 et 20. — Témoigne son mécontentement de l'accommodement conclu entre l'Angleterre et la France, 22. — Fait investir la ville de Parme, 24. — Son manifeste contre Henri II, 26. — Veut incorporer les Pays-Bas au corps germanique, 28. — Il manque d'être surpris à Inspruck par les princes allemands, 39. — Vient assiéger Metz, 47. — Lève le siége de Metz, 48. — Prend et détruit Thérouenne, 50. — Envoie des troupes aux Génois pour les aider à reprendre la Corse, 52.— Fonde Philippeville et Charlemont, 55.— Combat devant le château de Renty, contre Henri II, 56. — Envoie trente mille hommes en Italie, 62. — Son abdication, 73. — Ce qu'il dit en apprenant la victoire remportée à Saint-Quentin par Philippe II, 88. — Sa mort, 98.

CHARLES III, duc de Savoie, victime des débats de François I et de Charles-Quint, meurt dépouillé par la France, VI, 53.

CHARLES-EMMANUEL I, dit le Grand, duc de Savoie, petit-fils du précédent et fils d'Emmanuel-Philibert. (*Voyez* EMMANUEL I, Charles).

CHARLES IX, roi de France, fils de Henri II et de Catherine de Médicis, succède à François II, son frère, VI, 157. — Il défend au connétable de Montmorency de quitter la cour, 163. — Les triumvirs l'amènent à Paris, 188. — Sa mère le fait déclarer majeur au parlement de Normandie, 233. — Sa réponse aux ambassadeurs des princes catholiques, 243. — Son voyage en Lorraine, 247. — Son voyage en Bourgogne, 248. — Il donne l'édit de Roussillon, *ibid.* — Son entrevue à Bayonne avec la reine d'Espagne sa sœur, 250. — Il va à Nérac et y rétablit la religion catholique, 251. — Il convoque une assemblée à Moulins, 262. — Évoque au conseil le procès relatif à l'assassinat du duc de Guise, 253 et 254. — Son aigreur contre les calvinistes, 259 et 260. — Sa réponse ferme aux ambassadeurs protestants, 260. — Il va de Meaux à Paris, escorté par six mille Suisses, 267. — Ce qu'il dit relativement à sa retraite de Meaux à Paris, 268. — Il va à Metz, 297. — Il va à l'armée après la bataille de Montcontour, 312. — Il envoie des députés aux confédérés pour traiter de la paix, 318 et 319. — Il épouse Élisabeth d'Autriche, seconde fille de l'empereur, 324. — Son gouvernement paternel après la paix de Saint-Germain, 325. — Il va en Touraine, ce qu'il dit à l'amiral Coligni, 330. — Embarras où il se trouve, 331. — Sa réponse au cardinal Alexandrin, légat du pape, 333. — Il ménage les calvinistes, 335. — Sa colère en apprenant l'assassinat de Coligni, 342. — Il promet de punir les coupables, 343. — Il visite Coligni, *ibid.* — Sa conférence avec Coligni, *ibid.* et 344. — Il consent au massacre des calvinistes, 347. Sa réponse hypocrite aux Guises, 350. — Il donne l'ordre pour le signal du massacre, 351. — Il mande le roi de Navarre et le prince de Condé, 355. — Est accusé d'avoir tiré sur les calvinistes à la Saint-Barthélemi, 358. — Son incertitude sur la manière dont il doit parler de la Saint-Barthélemi, 360. — Va tenir un lit de justice au parlement, *ibid.* — Il prend sur lui le massacre, 361. — Il ordonne le massacre dans les provinces, *ibid.* — Il force Henri, roi de Navarre, et le prince de Condé à faire abjuration, 363 et 364. — Publie que l'événement de la Saint-Barthélemi n'a pas la religion pour cause, 371 et 372. — Il envoie La Noue commander à La Rochelle pendant le siége, 373. — Il signe un traité d'alliance avec la reine d'Angleterre, 378. — Fait une quatrième paix avec les calvinistes, 381. — Punition qu'il tire des habitants de Sancerre révoltés, *ibid.* — Fêtes qu'il donne lors du départ de Henri son frère, élu roi de Pologne, 383. — Son dépérissement, 384. — Veut faire étrangler La Mole, 387. — Son exclamation en fuyant de Saint-Germain pour aller à Paris, 390. — Sa mort, 394. — Son caractère, 395. — Favorise de sa protection Amyot, traducteur de Plutarque, et les poètes Dorat, Baïf et Ronsard, *ibid.*

CHARLES-GUSTAVE, fils de Jean Casimir, comte palatin, et de Christine de Suède, sœur du roi Charles IX, et comte palatin de Deux-Ponts, et depuis appelé au trône de Suède par Christine. Il s'empare de Prague et y fait un butin immense, succès qui contribue à la paix de Westphalie, IX, 89.

CHARLES I, fils de Jacques I, roi d'Angleterre. Son père l'envoie en Espagne demander la main de l'infante, VIII, 236. — Il épouse madame Henriette de France, fille de Henri IV et de Marie de Médicis, 237. — Il entreprend de réconcilier Marie de Médicis avec Louis XIII, 406. — Il meurt sur l'échafaud, IX, 121.

CHARLES IV, duc de Lorraine. (*Voy.* LORRAINE).

CHARLES II, roi d'Angleterre, fils de Charles I. Il est rétabli sur le trône d'Angleterre, contre l'opinion de Mazarin, IX, 3. 6. — Fait à Louis XIV une guerre simulée qui se termine par la paix de Breda, 360. — Il épouse Catherine de Bragance, princesse de Portugal, 366. — Vend Dunkerque à Louis XIV, 380. — S'allie à lui contre la Hollande, 381. — Est forcé par le parlement à faire la paix avec cette dernière puissance, 402. — Est détaché par le prince d'Orange des intérêts de la France, X, 6. — Sa mort, 46.

CHARLES II, roi d'Espagne, fils de Philippe IV, succède à son père à l'âge de quatre ans, IX, 366 et 367. — Louis XIV lui déclare la guerre, 368. — Perd une partie de la Flandre à la paix d'Aix-la-Chapelle, 370. — La Franche-Comté à celle de Nimègue, X, 9. — Il est inquiété par Louis XIV à l'époque des affaires des réunions, et lui abandonne Luxembourg, 25. — Il rentre à la paix de Ryswick dans une partie de ses domaines des Pays-Bas, 92. — On partage sa succession avant sa mort, 93 et 94. — Il fait son premier testament, 94. — Son second testament, 95. — Sa mort, 96.

CHARLES V, duc de Lorraine, neveu du duc Charles IV. (*Voyez* LORRAINE.)

CHARLES XI, roi de Suède, fils de Charles X et petit-fils de Jean Casimir, comte palatin de Deux-Ponts, lequel avait épousé la sœur de Gustave-Adolphe. Il est admis par les puissances belligérantes pour médiateur de la paix de Ryswick, X, 88.

CHARLES XII, roi de Suède, fils du précédent, succède à son père dans la médiation de Ryswick, X, 90. — Attaqué par les puissances du Nord, il bat les Danois et les Russes, 100. — Refuse de se joindre à Villars et se tourne contre les Russes pour son malheur, 146. — Stanislas Leczynski, élevé par lui au trône de Pologne, 317.

CHARLES VI, empereur, second fils de l'empereur Léopold. On lui assigne le duché de Milan, dans le premier partage de la succession de Charles II, roi d'Espagne, X, 94. — Il est substitué par le testament de Charles II aux enfans de Louis XIV, 95. — L'empereur et son fils aîné renoncent en sa faveur aux droits qu'ils prétendent à la totalité de la succession, 121. — Il est transporté par les Anglais en Portugal, 126. — Passe à Barcelonne, où il est proclamé roi, 138. — Assiégé dans cette ville par Philippe V, il est délivré par l'amiral Leake, 143. — Lord Galloway le fait proclamer à Madrid, ibid. — Le pape est contraint de le reconnaître pour le roi d'Espagne, 165. — Il succède en Allemagne à l'empereur Joseph, son frère, 176. — Conclut la paix avec la France à Rastadt, 200. — Refuse de traiter avec Philippe, mais promet de ne pas l'inquiéter, 201. — Conclut avec les Hollandais le traité dit de Barrière, ibid. — Il est attaqué par l'Espagne, 235. — Fait passer des forces en Sicile, et force les Espagnols à évacuer l'île, 264. — Convient d'une suspension d'armes et d'un congrès à Cambrai, 267. — Ses efforts pour établir une compagnie de commerce à Ostende sont contrariés par les Hollandais, 303. — Sa pragmatique, ou règlement de sa succession, 303 et 304. — Fait la paix avec l'Espagne et s'allie même avec elle, ibid. — S'accommode avec la Hollande, l'Angleterre et la France, moyennant la garantie qui lui est faite de sa pragmatique, 308. — Contribue à faire élire Frédéric Auguste II, roi de Pologne, 318. — Soulève l'Allemagne contre la France, 324. — Négocie la paix dont les préliminaires sont signés à Vienne, 328. — Envoie des troupes en Corse à la demande des Génois, et fait accepter sa médiation en Corse, 331. — Sa mort, 334.

CHARLES VII, électeur de Bavière. (*Voy*. BAVIÈRE. Ch. Albert.)

CHARLES EMMANUEL I, duc de Savoie. (*Voy*. EMMANUEL Charles.)

CHARLES EMMANUEL II, petit-fils du précédent. Richelieu veut se le faire remettre par la duchesse Christine de France, sa mère, VIII, 383.

CHARLES EMMANUEL III, roi de Sardaigne, petit-fils du précédent, et fils de Victor Amédée, premier roi de Sardaigne, monte sur le trône par l'abdication de son père; il le fait enfermer, puis le relâche, X, 323. — S'allie à la France et à l'Espagne dans la guerre de la succession de Pologne, 324. — S'empare du Milanais, *ibid.* — Sa mauvaise tactique, 325. — Bat le comte de Kœnipgseck à Guastalle, 327. — Renonce à l'alliance de la France pour celle de Marie-Thérèse, 344. — Fait échouer les efforts des Français et de don Philippe pour forcer les Alpes, 351. — Traité de Worms avec la reine de Hongrie, 359. — Est battu à Villefranche par don Philippe et par le prince de Conti, 364 et 365. — S'opiniâtre en vain à défendre les retranchemens de Château-Dauphin, *ibid.* — Est encore battu à Coni, *ibid.* — Défait à Basignano par le maréchal de Maillebois et le comte de Gages, il est presque réduit à sa capitale, 373. — Les secours de l'Autriche et ses négociations avec la France lui rendent tous les avantages qu'il a perdus, 382. — S'empare de Savone et de Final et pénètre en France, 383. — Le Vigévanasque et une partie du Pavésan lui sont reconnus par le traité d'Aix-la-Chapelle, XI, 9.

CHARLES DE LORRAINE (le prince), frère de l'empereur François Étienne, est battu à Czaslaw par Frédéric II, roi de Prusse, X, 347. — Empêche le maréchal de Maillebois de pénétrer en Bohême pour faire lever le siége de Prague, 349. — Fait reculer le maréchal de Broglie jusqu'au-delà du Rhin, mais ne peut franchir lui-même cette barrière, 355. — Passe ce fleuve l'année suivante, 363. — Est forcé de rétrograder pour courir au secours de la Bohême, *ibid.* — La fait évacuer aux Prussiens, 364. — Est battu à Rocoux par le maréchal de Saxe, et n'en protége pas moins Maëstricht, 385. — Est battu sous Prague par le roi de Prusse, XI, 43. — Bat le prince de Brunswick-Bewern à Breslau et le fait prisonnier, 48. — Est battu de nouveau à Lissa par Frédéric, *ibid.*

CHARLES III, roi d'Espagne, connu d'abord sous le nom de don Carlos, fils aîné de Philippe V et d'Élisabeth Farnèse sa seconde femme. (*Voy.* CARLOS.)

CHARLES IV, roi d'Espagne, fils du précédent, passe en Espagne avec son père, XI, 85. — S'unit à la France contre l'Angleterre dans la guerre de l'indépendance de l'Amérique, 177. — Fait bloquer Gibraltar par terre et par mer, *ibid.* — Nomme le comte d'Estaing généralissime de ses armées de terre et de mer, 187. —

fait la paix avec l'Angleterre, 227. — A de nouvelles difficultés avec cette puissance au sujet des établissemens occidentaux du nord de l'Amérique, 315. Fait d'inutiles instances auprès de la Convention pour sauver la vie à Louis XVI, 348.

CHARLES-THÉODORE, électeur palatin et de Bavière. (*Voyez* BAVIÈRE.)

CHARLES-ÉDOUARD STUART, fils du chevalier de Saint-Georges et petit-fils de Jacques II, roi d'Angleterre. (*Voy.* STUART.)

CHARLOTTE DE SAVOIE, fille du duc Louis et petite-fille d'Amédée VIII, épouse Louis, dauphin, fils de Charles VII et de Marie d'Anjou, IV, 182. — Va trouver à Bruxelles son mari, 202. — Accouche d'un fils, 371. — Prétend à la régence du royaume. Sa mort, V, 2.

CHARLOTTE DE LA TREMOUILLE, femme de Henri I, prince de Condé, soupçonnée d'avoir empoisonné son mari, VII, 158. — Le roi de Navarre la fait renfermer. Le parlement la déclare innocente, 159.

CHARNI (Geoffroi de), commandant de Saint-Omer; fait une tentative inutile sur Calais, III, 161. — Surprend Aimery, gouverneur de Calais, et le fait tirer à quatre chevaux, 169.

CHAROLAIS (Charles, comte de), fils de Philippe-le-Bon, duc de Bourgogne. (*Voy.* BOURGOGNE. Charles-le-Téméraire, duc de).

CHAROLAIS (Charles de Bourbon-Condé, comte de), frère de M. le duc et du comte de Clermont, XI, 53.

CHAROLAIS (Louise-Anne de Bourbon-Condé), sœur du précédent, intercèdent auprès du régent pour le duc de Richelieu, X, 256.

CHAROST (Armand II de Béthune, duc de), arrière-petit-fils de Philippe de Béthune, frère du duc de Sully. Il remet à M. le duc l'ordre du roi de se retirer à Chantilly, X, 299.

CHARRON (Jean), prévôt des marchands. Ordre que lui donne Tavannes la veille de la Saint-Barthélemi, VI, 350.

CHARRY, (Pierre Prévost, sieur de), premier commandant des gardes-françaises, est assassiné par les créatures des Châtillons, VI, 238.

CHARTIER (Alain) reçoit, lorsqu'il était endormi, un baiser de Marguerite d'Écosse, femme de Louis, dauphin, fils de Charles VII, IV, 175.

CHARTON, président au parlement de Paris, déteste les ministres. Pourquoi, IX, 49. — La régente le veut faire arrêter; il se sauve, 59.

CHARTRES (Jean de La Terrière-Maligny, vidame de), comme héritier des biens et des titres de François de Vendôme, vidame de Chartres, son beau-frère, dernier mâle de sa maison. Sommation qui lui est faite de la part de Charles IX, VI, 271. — Lève des troupes contre la cour, 289. — Est condamné à mort par le parlement de Paris et exécuté en effigie, 307. — Échappe au massacre de la Saint-Barthélemi, 357.

CHARTRES (le vidame de) entre dans une cabale formée contre Marie de Médicis, VIII, 102, à la note 2.

CHARTRES (le duc de). (*Voy.* ORLÉANS. Philippe, duc d').

CHARTREUX. Leur origine, II, 187. — S'adressent à Boniface XII, pape, pour obtenir quelques privilèges, III, 372 et 373. — Leur prieur figure dans la procession militaire de la ligue, VII, 255. — Ils refusent à Henri IV les prières nominales et publiques, 371.

CHASSEBRAS, curé de la Madeleine de Paris, et grand-vicaire du cardinal de Retz. Courage avec lequel il soutient les intérêts de ce prélat, IX, 300.

CHASSET, député à l'assemblée constituante, demande la suppression de la dîme, déclarée d'abord rachetable, XI, 286.

CHATEAUBRIANT (Françoise de Foix-Lautrec, épouse de Jean de Montmorency-Laval, comte de), maîtresse de François I, fait donner au comte de Lautrec, son frère, le gouvernement du Milanais, V, 277. — Presse François I d'entendre la justification du comte de Lautrec, 281.

CHATEAUGAI (madame de), maîtresse de Charles de Valois, duc d'Angoulême. Vie errante qu'elle mène avec son amant, VIII, 31.

CHATEAUNEUF (Pierre de), légat du pape, est tué, II, 265. — Sa mort est le motif de la croisade contre les Albigeois, *ibid.*

CHATEAUNEUF (René de Rieux), petite-fille de Jean IV, sire de Rieux, maréchal de Bretagne. Elle est aimée de Henri III, qui lui écrit avec son sang, VII, 4. — Elle tue son mari, Philippe Antinotti, comte de Castellane, 6.

CHATEAUNEUF (Charles de L'Aubepine, marquis de), petit-fils du secrétaire d'état Claude de L'Aubepine, connu d'abord sous le nom de l'abbé de Préaux. On lui donne les sceaux enlevés à Marillac, VIII, 291. — Préside le tribunal qui condamne le duc de Montmorency, 324. — Il travaille à supplanter Richelieu, 329. — Est privé des sceaux et renfermé au château d'Angoulême, 330. — Il sort de prison, IX, 8. — Anne d'Autriche le confine à Montrouge, 19. — Il a ordre de s'éloigner de la cour, 24. — Il est exilé dans le Berri, 40. — Il est exilé de nouveau, 81. — La reine lui donne les sceaux, 168. — Elle le charge de veiller à la tranquillité de

Paris pendant son absence, 169. — Il s'oppose dans le conseil à ce que l'on donne le chapeau de cardinal au coadjuteur, 177. — La régente lui ôte les sceaux, 203. — Elle le rappelle au conseil, 221. Il a la direction des affaires pendant l'éloignement de Mazarin, 230. — Il quitte le ministère. Sa mort, 240.

CHATEAURENAUD (François - Louis Rousselet, comte de), vice-amiral et maréchal de France. Il porte en Irlande des secours au roi Jacques, et bat au retour, dans la baie de Bantry, l'amiral anglais Herbert, depuis lord Torrington, X, 57. — Sa flotte et les galions qu'il convoyait sont pris ou brûlés dans le port de Vigo, 110.

CHATEAUROUX (Marie-Anne de Mailly de Nesle, marquise de La Tournelle, puis duchesse de), supplante sa sœur dans le cœur de Louis XV, X, 330. — Accompagne le monarque en Flandre, 362. — Le roi malade consent à la renvoyer, 367. — Elle est accablée d'outrages par le peuple, ibid. — Elle est rappelée et meurt presque aussitôt, 368.

CHATEAUVIEUX (le régiment de) se révolte contre ses officiers. Suites de cette révolte, XI, 344.

CHATEIGNERAIE (François de Vivonne, seigneur de La), son duel avec Jarnac, VI, 7. — Est vaincu. Sa mort, 8.

CHATEL (Tangui du). (Voy. TANNEGUI DU CHATEL.)

CHATEL (Pierre du). (Voy. CASTELAN.)

CHATEL (Jean) blesse Henri IV à la bouche. Il est arrêté et condamné à mort, VII, 380.

CHATELET (Florent - Louis - Marie, duc du), député à l'assemblée constituante, propose dans la nuit du 4 août le rachat des dîmes ecclésiastiques, XI, 283.

CHATELLUX (François-Jean, marquis de), l'un des principaux officiers employés en Amérique dans l'expédition dirigée contre lord Cornwallis, XI, 199.

CHATILLON (Gautier ou Gaucher de), seigneur de Monjay, petit-fils de Gaucher III, qui se distingua à la bataille de Bouvines, et qui fut comte de Saint-Paul par sa femme. Pour essayer de sauver saint Louis, il soutient en Égypte les efforts des musulmans sur un pont et y périt, II, 316.

CHATILLON (Jacques de), seigneur de Leuse, frère de Hugues, comte de Blois et de Gui, comte de Saint-Paul, tous trois fils de Gui, cousin germain du précédent et petit-fils de Hugues, époux de l'héritière de Blois. Il est fait gouverneur général de la Flandre, III, 29. — Tyrannise les Flamands, 30. — Est tué à Courtrai, 35.

CHATILLON (Charles de), petit-neveu du précédent, second fils de

Gui, comte de Blois, et de Marguerite de Valois, sœur de Philippe de Valois. (*Voy*. BLOIS, PENTHIÈVRE.)

CHATILLON-SUR-LOING (Gaspard I de Coligni, maréchal de). Contre l'avis du connétable de Bourbon, il dissuade François I d'attaquer l'armée de Charles-Quint près de Valenciennes, V, 275.

CHATILLON (Gaspard II de Coligni, seigneur de), amiral de France, fils du précédent. (*Voy*. COLIGNI.)

CHATILLON (Odet de Coligni, cardinal de), frère aîné du précédent. Son caractère, VI, 127. — Il fait la cène dans son palais, 175. — Il épouse Élisabeth de Hauteville, est cité à Rome, 241. — Il se démet du titre de ses bénéfices, mais il en conserve le revenu, 259. — Sommation qui lui est faite par le roi, 271. — Ses conférences avec la reine, 280. — Il s'abouche avec Biron et Malassise, *ibid*. — Il se sauve en Normandie et passe de là en Angleterre, 289. — Est empoisonné par son valet-de-chambre, 336.

CHATILLON (François de Coligni, seigneur de), neveu du précédent et fils de l'amiral de Coligni. Sur le point de combattre contre Damville, Lanoue lui annonce que la paix est faite, VII, 60. — Il dégage Henri IV au combat d'Arques, 232. — Meurt de ses fatigues au siége de Chartres, 274.

CHATILLON (Louise de), sœur du précédent. (*Voy*. LOUISE).

CHATILLON (Gaspard III de Coligni, comte, puis maréchal de), fils du précédent, rend Aiguesmortes au roi et est fait maréchal de France, VIII, 221. — Bat à Avein le prince Thomas de Savoie, 355. — Échoue devant Saint-Omer, 382. — Commande l'armée contre le comte de Soissons, 416. — Est battu par le comte de Soissons, 417 et 418.

CHATILLON (Gaspard IV de Coligni, duc de), fils du précédent, connu d'abord sous le nom du comte de Coligni. Confident du duc d'Enghien, il vient annoncer son arrivée au coadjuteur, IX, 82.

CHATILLON (Élisabeth-Angélique de Montmorency-Boutteville, duchesse de), femme du précédent, puis du duc de Meckelbourg, et sœur du maréchal de Luxembourg. Passion du prince de Condé pour elle, IX, 264. — Elle négocie pour lui à la cour, *ibid*. — On lui fait défense de paraître à la cour, 290.

CHATRE (Henri de la), comte de Nançay, maréchal de France, de la création du duc de Mayenne, VII, 329. — Ses représentations dans les états de Paris, 347. — Il obtient de Henri IV la confirmation de la dignité de maréchal de France, 377. — Il prend Juliers, VIII, 81.

CHAUMONT. (*Voy.* AMBOISE).

CHAULNEPS. (*Voy.* CADENET et LUYNES).

CHAUVELIN (Germain-Louis de), marquis de Grobris, fils de Louis III Chauvelin, seigneur de Crisenoy, est fait garde des sceaux, X, 300.

CHAUVELIN-BEAUSÉJOUR (Bernard-Louis, marquis de), lieutenant-général, petit-fils de Bernard, lequel était cousin au cinquième degré du garde des sceaux. Il est envoyé en Corse pour en prendre possession, XI, 114. — Y éprouve des échecs et propose de renoncer à cette conquête, 115. — Est rappelé et remplacé par le comte de Marbeuf, ib.

CHAUVIN, chancelier du duc de Bretagne. Son maître l'envoie en ambassade à Louis XI. Est arrêté par ordre de ce prince. Son entrevue avec lui, IV, 344.

CHAVIGNI (Claude Bouthillier, seigneur de). (*Voy.* BOUTHILLIER).

CHAVIGNI (Léon Bouthillier, comte de), secrétaire d'état, petit-fils du précédent, et fils de Claude Bouthillier, surintendant des finances. Il recommande Mazarin à Richelieu, VIII, 410. — Richelieu le charge de porter à Louis XIII copie du traité signé par Gaston, le duc de Bouillon et Cinq-Mars, avec l'Espagne, 433. — Ce que lui dit Louis XIII au lit de la mort, au sujet d'Anne d'Autriche, 450 et 451. — Il est disgracié, IX, 39. — Il se cantonne dans le parlement, *ibid*. — Il est arrêté et conduit au château de Vincennes, 82. — La régente le rappelle au conseil, 203. — Elle l'éloigne du conseil, 221. — Il cherche à former dans Paris un parti au prince de Condé, 244.

CHEMIN (du), commandant des renforts envoyés dans l'Inde par le bailli de Suffren, s'empare de Goudelour, XI, 220.

CHENETS (Guillaume de Dinteville, seigneur des), obtient une réparation publique de Montécuculli, V, 373.

CHERÉDIN. (*Voy.* BARBEROUSSE).

CHEVALERIE. Son institution, II, 287.

CHEVERT (François de), lieutenant général. Ordre singulier qu'il donne à un de ses grenadiers à l'assaut de Prague, X, 343. — Honorable capitulation qu'il obtient à Prague par sa fermeté, 351. — Escalade Château-Dauphin, 365. — Contribue au gain de la bataille de Hastembeck, XI, 41. — Commande à Dunkerque une armée destinée à descendre en Angleterre, 72.

CHEVILLARD (Antoine), trésorier général de la gendarmerie, dépositaire de la promesse de mariage faite par Henri IV, à Marie d'Entragues, VIII, 26, note 2. — Il est arrêté comme ami du duc d'Angoulême, 34, à la note.

CHEVREUSE (Claude de Lorraine-Guise, duc de), le dernier des fils de Henri le Balafré, et connu d'abord sous le nom de prince de Joinville. Ses amours avec Henriette d'Entragues, maîtresse de Henri IV, VII, 473. — Il fait part de ses amours à la dame de Villars, 474. — Il signe un traité avec les Espagnols, ibid. — Il voyage en Allemagne, 475. — Il quitte Paris pour éviter d'être arrêté, VIII, 139.

CHEVREUSE (Marie de Rohan-Montbazon, duchesse de), femme du précédent. Elle épouse en premières noces le connétable de Luynes, VIII, 161. — Elle est nommée surintendante de la maison d'Anne d'Autriche, 241. — Déteste le cardinal de Richelieu, amoureux d'elle, 245. — Elle a ordre de se retirer à sa maison de Dampierre en Lorraine, 252. — Elle cabale contre le cardinal de Richelieu, 263 et 264. — Elle se sauve en Angleterre, ibid. — Elle revient à la cour, 329. — Elle se sauve en Espagne, 330. — Elle revient à la cour, IX, 8. — Anne d'Autriche lui conseille de se retirer à la campagne, 10. — Ses prétentions, 10 et 11. — Le duc d'Enghien recherche sa société, 19. — Son âge, ibid. — Avis que lui donne la reine, 23. — Elle a ordre de s'éloigner de la cour, 24. — Elle dégoise à Bruxelles pour le coadjuteur, 124. — La Palatine l'emploie à briser les fers du prince de Condé, 178. — Elle engage le coadjuteur à faire le galant auprès de la régente, 226.

CHEVREUSE (Charlotte-Marie de Lorraine-Guise, mademoiselle de) fille des précédens. La Palatine l'emploie à briser les fers du prince de Condé, IX, 178. — Son mariage projeté par les frondeurs avec le prince de Conti, est rompu par le prince de Condé, 202 et 203. — Elle veut faire arrêter Condé au Luxembourg, 204.

CHIGI (Mario), frère du pape Innocent X, et général de ses troupes. Louis XIV force le pape à l'exiler, pour la part qu'il était soupçonné d'avoir prise à l'insulte faite au duc de Créqui, ambassadeur de France à Rome, IX, 352.

CHIGI (Flavio), cardinal, neveu du pape Innocent X. Son oncle l'envoie en France faire ses excuses à Louis XIV, IX, 352.

CHILDEBERT I, roi de France, fils de Clovis et de Clotilde, règne à Paris, I, 292. — Fait prisonnier Gondemar, 292 et 293. — Sa mort, 298.

CHILDEBERT, roi d'Austrasie, petit-neveu du précédent, fils de Sigebert et de Brunehaut, est sauvé par l'adresse de sa mère, I, 366.

— Marche sur Paris, 314. — Gontrand le nomme son héritier, 318 et 319. — Sa mort, 319.

CHILDEBERT III, roi de France, fils de Thierry III, I, 347. — Succède à son frère Clovis III, 349. — Sa mort, 350.

CHILDEBRAND, frère de Charles-Martel, et tige des rois Capétiens, I, 351. — Seconde son frère dans ses opérations militaires, 357. — Sa postérité, II, 108.

CHILDEBERT I, roi de France, succède à Mérovée, son père, I, 273. — Est déposé, est remplacé par Ægidius, maître des milices romaines, ibid. — Combat son rival et prend sur lui une partie du royaume, 274. — A de Basine Clovis I, 279. — Son tombeau, ibid.

CHILDERIC II, roi de France et d'abord d'Austrasie, septième descendant du précédent, fils de Clovis II et de Batilde, I, 341. — A l'Austrasie en partage, ibid. — Est appelé au trône de Neustrie, 343. — Maltraite Saint-Léger qui l'y avait fait monter, 344. — Est tué par Bodillon, ibid.

CHYLDERIC III, roi de France, et le dernier des Mérovingiens, dixième descendant de Clovis, et fils de Thierry IV, dit de Chelles. Il est placé sur le trône par Pepin, dit le Bref, maire du palais, I, 359. — Il est détrôné, 362.

CHILLEAU (le marquis du), colonel du régiment de Viennois, coopère à la prise de la Dominique, XI, 175. — A celle de Saint-Christophe, 211.

CHILLEAU DE LA ROCHE (du), capitaine de vaisseau, conduisant un secours dans l'Inde, il est rencontré par Rodney, et fait prisonnier, XI, 208.

CHILPÉRIC, roi de Bourgogne, père de Clotilde, est assassiné par Gondebaud, son frère, I, 281.

CHILPÉRIC I, roi de France, fils de Clotaire I, et petit-fils de Clovis, s'attache à Frédégonde, I, 302. — Demande en mariage Galsuinde, sœur de Brunehaut, ibid. — S'empare du trésor de son père, ibid. — Est roi de Neustrie, 303. Est repoussé par Sigebert, ibid. — Se jette sur l'Austrasie, 305. — Marche sur Paris, 306. — Est assassiné, 314.

CHILPERIC II, dit aussi DANIEL, roi de France, fils de Childeric II, est confiné dans un cloître, I, 344. — Est mis sur le trône par Rainfroy, 352. — Se retire en Aquitaine, ibid. — Est remplacé sur le trône par Charles-Martel, ibid. — Meurt à Noyon, 353.

CHIMAY (Jean de Croy, sire, puis comte de), tige des comtes de ce nom, troisième fils de Jean II de Croy, favori du duc de Bourgogne; il reçoit une pension de Louis XI, IV, 218. — Envoyé par le duc de Bourgogne auprès de Louis XI, sa réponse à ce prince, 219.

CHIRURGIE (école de); par qui établie, XI, 151.

CHIVERNI (Philippe Hierault, comte de), chancelier de France. Catherine de Médicis l'envoie en Piémont au-devant de Henri III; pourquoi, VII. 14.— Peinture qu'il fait du caractère de Henri III, 15. — Henri III l'exclut du conseil, 184. — Membre du conseil des finances sous Henri IV, VIII, 5.

CHOART DE BUZENVAL (Nicolas), évêque de Beauvais, donne un mandement pour la distinction du fait et du droit dans la signature du formulaire, IX, 375. — Louis XIV veut le faire juger par une commission d'évêques, 376. — Il se soumet, 377.

CHOISEUL (Charles de), marquis de Praslin, maréchal de France, et capitaine des gardes de Henri IV. Les ligueurs le mettent en prison pour son attachement à Henri III, VII, 203. — Demande au duc d'Angoulême son épée, 458. — Est envoyé à la cour de Bruxelles pour réclamer le prince et la princesse de Condé, VIII, 58.

CHOISEUL (César de), comte de Plessis - Praslin, maréchal de France, neveu du précédent. Prend Roses en Roussillon, et est fait maréchal de France, IX, 31. — Sert la cour sous Condé, 111.— Bat Turenne et don Estavan de Gamarre à Rethel, 183.

CHOISEUL (Gilbert de), du Plessis-Praslin, frère du précédent, évêque de Beauvau, puis de Tournay; son sentiment sur les matières de la grâce, XII, 45.

CHOISEUL (César - Gabriel de), duc de Praslin, arrière-petit-fils de Jacques de Choiseul Praslin, cousin issu de germain de Charles de Choiseul, maréchal de France. Le porte-feuille des affaires étrangères lui est abandonné par le duc de Choiseul Stainville, XI, 86. — Il est exilé en même temps que celui-ci, 136.

CHOISEUL-BEAUPRÉ-STAINVILLE (Étienne-François, duc de), neuvième descendant de Rainier ou Renaud III de Choiseul, tige commune des branches de Beaupré et de Praslin. Par le crédit de madame de Pompadour, il remplace le cardinal de Bernis au ministère des affaires étrangères, XI, 64. — Cimente l'alliance des cours de France et d'Autriche, ibid. — Est investi du ministère de la guerre, 84. — Fait inutilement des propositions de paix à l'Angleterre, ibid. — Donne à la France l'appui de l'Espagne par le pacte de famille, 85. — Réunit les ministères de la guerre et de la marine, et abandonne celui des affaires étrangères au duc de Praslin, 86. — Provoque l'expulsion des jésuites, 106. — Soulage le roi du poids de l'administration, 108. — S'accorde avec madame de Pompadour, *ibid.* — Ose braver le dauphin, 109. — Ménage la réunion de la Corse, 112. — Propose aux Génois et obtient d'eux de la céder à la France, 114. — S'affiche pour être l'appui des parlemens, 129. — Est exilé, 136.

CHOISEUL-MEUSE (Claude de), marquis de Bancières, maréchal de France, cousin issu de germain de Louis, bisaïeul du précédent, commande sur le Rhin, où il observe le prince de Bade, X, 90.

CHOISI (le comte de), entre dans une cabale formée contre Marie de Médicis, VIII, 102, note 2.

CHOUANS (les). Pourquoi ainsi nommés, XI, 340.

CHRAMNE, fils de Clotaire I, est mis à mort par son père, I, 298.

CHRÉTIEN (Florent), l'un des auteurs de la satire Ménippée, VII, 348 et 349.

CHRISTIANISME. Son introduction dans les Gaules, I, 178.

CHRISTIERN I, roi de Danemarck, prend Charles VII pour arbitre entre le roi d'Écosse et lui, IV, 202.

CHRISTINE DE LORRAINE, fille de Charles II, duc de Lorraine, et de Claude de France. La reine mère la propose en mariage au roi de Navarre, VII, 130 et 131.

CHRISTINE DE FRANCE, duchesse de Savoie, fille de Henri IV et de Marie de Médicis. Le duc de Savoie la demande en mariage pour son fils, VIII, 94. — Elle devient veuve, 368. — Ses beaux-frères lui disputent la régence, 383. — Elle signe un traité offensif et défensif avec la France, *ibid.* — Richelieu veut lui faire remettre son fils à Louis XIII, afin de dominer dans ses états, *ibid.* — Il fait envahir une partie de ses états sous prétexte de la protéger contre les Espagnols, 387. — Il contribue à la brouiller de plus en plus avec ses deux beaux-frères, 396. — Son entrevue avec Louis XIII à Grenoble, par le conseil du comte d'Aglié son ministre, elle y persévère à refuser de se dessaisir de son fils, 397. — Elle rentre dans sa capitale enlevée par les Français au prince Thomas, son beau-frère, mais le comte d'Aglié est enlevé et conduit à la Bastille, 401. — Elle se réconcilie avec ses deux beaux-frères et renonce à l'alliance de l'Espagne, 429 et 430. — Son entrevue à Lyon avec Louis XIV, auquel elle voulait faire épouser Marguerite, sa fille, IX, 322. — Elle retourne en Savoie, sans avoir conclu ce mariage, 324.

CICÉ (Jérôme-Marie Champion de), archevêque de Bordeaux, député à l'assemblée constituante, en est tiré pour être fait garde des sceaux, XI, 280. — Donne sa démission, 320.

CICÉRON (Marcus Tullius), consul romain; son plaidoyer en faveur de Déjotare, roi des Galates ou des Gaulois d'Asie, accusé d'avoir attenté à la vie de César, I, 30. — L'époque de sa naissance et de Pompée marquée par la défaite des Cimbres à Toulouse par Cépion, 44. — Instruit par les députés des Allobroges de la conjuration de Catilina, il les invite à feindre d'y adhérer, 55. — D'accord avec les mêmes, il les fait arrêter lorsqu'ils sont munis des signatures des conjurés, *ibid.* — Il essaie de réconcilier César et Pompée, 130. — Est chargé conjointement avec Pompée de veiller à la sûreté de la république, 131. — Fait déclarer Antoine ennemi de la patrie et publie ses Philippiques contre lui, 137. — Octave, par son crédit, est élu consul à dix-huit ans, en remplacement de Pensa, 138.

CICÉRON (Quintus), frère du précédent, lieutenant de César, est envoyé en quartier d'hiver chez les Nerviens, I, 82. — Son camp est attaqué en trahison par Ambiorix, roi des Éburons, 86. — Il repousse l'assaut, rejette les propositions insidieuses de l'ennemi, et parvient à faire connaître son danger à César, 88. — Il le prévient que les barbares l'ont abandonné pour aller au-devant de lui, 89. — Chargé de la garde des bagages à Atuaca, son camp est inopinément attaqué par les Sicambres; il les repousse, 96 et 97.

CINQ-MARS (Henri Coiffier, dit Ruzé, marquis de), second fils d'Antoine Coiffier, marquis d'Effiat, maréchal de France. Il est fait grand écuyer et devient favori du roi, VIII, 420. — Ses prétentions, 421. — Richelieu le traverse, 422. — Il lui fait offrir le gouvernement de Touraine, *ibid.* — Sa conspiration contre Richelieu, 426. — Il gagne le roi, 427, à la note 2. — Il traite avec l'Espagne, 431. — Le roi commence à se dégoûter de lui, 432. — Il est arrêté, 433. — Ce qu'il dit dans son interrogatoire, 437. — Il est condamné, 438. — Il est exécuté, 441.

CITÉ. Signification de ce mot, I, 140.

CITEAUX (les moines de). Leur origine, II, 187.

CITEAUX (l'abbé de), ordonne à Simon de Montfort de prendre le commandement des croisés contre les Albigeois, II, 266. — Sa réponse aux croisés prêts à s'emparer de Béziers, 268.

CIVIL (François), officier de la garnison qui défendait Rouen, assiégée par les royalistes. Ce qui lui arrive pendant le siége, VI, 211, à la note.

CIVILIS, Batave. Il profite de l'anarchie qui suit la mort de Néron pour essayer d'affranchir son pays, I, 161. — Il force les légions romaines à se retirer au camp de Vétéra sur le Rhin, 162. — Il en fait inutilement le siége et est battu par Vocula, 163. — Il enlève le camp romain de Gelduba, 166. — L'armée romaine se donne à lui par haine pour Vespasien, et prête serment à l'empire des Gaules, *ibid.* — Il désarme les légionnaires du camp de Vétéra, qui sont ensuite massacrés par les Germains, 168. — Sa harangue aux Tongres, 169. — Pétilius Cérialis est envoyé contre lui, 170. — Civilis près de l'investir dans Trèves est repoussé, 172. — Il est battu à Vétéra et rejeté dans l'île des Bataves, 174. — Est sur le point d'enlever Cérialis sur le Rhin, et le manque, *ibid.* — Lui demande une entrevue et conclut la paix avec lui, 175.

CLARENCE (Thomas, duc de), second fils de Henri IV, roi d'Angleterre, et frère de Henri V, général de l'armée anglaise descendue en Normandie, se retire en Guienne, IV, 41 et 42.

CLARINCARD, Irlandais, favori d'Élisabeth, reine d'Angleterre VIII, 15

CLASSICUS (le Trévir), ligué avec Civilis, reçoit d'une armée romaine serment de fidélité à l'empire des Gaules, I, 167. — Surprend le général romain Cérialis à Trèves, et en est repoussé, 172.

CLAUDE (Tib. Nero Drusus), empereur romain, frère de Germanicus et deuxième fils de Drusus et d'Antonia, nièce d'Auguste. Il naît à Lyon, I, 152. — Triomphe de la Bretagne, soumise par Vespasien, *ibid.* — Fait accorder aux nobles de la Gaule le droit d'entrer au sénat, 153. — Poursuit la destruction des Druides, *ibid.* — Adopte Néron, *ibid.* — Est empoisonné par Agrippine, *ibid.*

CLAUDE II (M. Aurel.), dit *le Gothique*, empereur romain, défait les Goths, I, 190 et 191. — Meurt d'une fièvre pestilentielle, *ibid* — Arrière-grand-oncle de Constantin-le-Grand, *ibid.*

CLAUDE DE FRANCE, fille de Louis XII et d'Anne de Bretagne, est promise en mariage à Charles, duc de Luxembourg, fils de Philippe d'Autriche et de Jeanne-la-Folle, V, 132. — Est fiancée avec François I, fils du comte d'Angoulême et de Louise de Savoie, 183. — Épouse François I, 233.

CLAUDE DE FRANCE, fille de Henri II et de Catherine de Médicis. Son mariage avec Charles II, duc de Lorraine, est stipulé par le traité de Cateau-Cambresis, VI, 105.

CLAVIÈRE (Étienne), citoyen de Genève, ministre des finances de France, XI, 357. — Est renvoyé par Louis XVI, *ibid.* — Est rappelé au ministère après la journée du 10 août, 370.

CLÉMENCE, fille de Charles-Martel, roi de Hongrie, et femme de Louis X, III, 70. — Accouche d'un fils, 83.

CLÉMENGIS (Nicolas de), docteur en théologie, rédige la décision de l'Université relativement au schisme, III, 373.

CLÉMENT V (Bertrand de Got), pape, d'abord archevêque de Bordeaux, III, 45. — Est élu pape, se fixe à Avignon, 46. — Convoque un concile à Vienne en Dauphiné, 50. — Abolit l'ordre des Templiers, 51. — Il adjuge le royaume de Naples à Robert-le-Bon, au préjudice de Charles-Martel, roi de Hongrie, son aîné, 310.

CLÉMENT VI (Pierre Roger), pape, d'abord archevêque de Sens et garde-des-sceaux de France, réfute Pierre de Cugnières dans l'assemblée convoquée par Philippe de Valois au sujet des prétentions du clergé, III, 119. — Il ordonne des recherches sur l'assassinat du roi de Naples, André d'Anjou-Hongrie, 311. — Achète Avignon de Jeanne, sa veuve, *ibid.*

CLÉMENT VII (Jules de Médicis), pape, cousin germain de Léon X, et fils de Julien de Médicis, assassiné par les Pazzi; il succède à Adrien VI, V, 289. — Renonce à la ligue formée par Adrien VI avec Charles-Quint contre la France, 307. — Engage les Vénitiens à se détacher de Charles-Quint, 321 et 322. — Est assiégé dans le château Saint-Ange, 333. — Se sauve du château Saint-Ange, 336. — Il se détache de la ligue sainte, 342 et 343. — Il couronne à Boulogne Charles-Quint, 346. — Motifs de son union avec François I, 350. — Son entrevue à Marseille avec ce prince, 351. — Excommunie Henri VIII, 355. — Sa mort, *ibid.*

CLÉMENT (Jacques), jacobin. Son caractère, VII, 217 et 218. — Comment on le gagne, 218. — Il va trouver Henri III, 219. — Il le blesse à mort, 220. — Il est mis en pièces, *ibid.* — Des prédicateurs font son éloge, 223.

CLÉMENT VIII (Hippolyte Aldobrandin), pape, succède à Innocent IX. Il adresse un bref au cardinal de Plaisance, légat en France, VII, 316 et 317. — Difficultés qu'il fait pour recevoir l'agent de Henri IV, 357. — Mauvais traitement qu'il fait essuyer au duc de Nevers, ambassadeur de Henri IV, 359. — Réponse ambiguë qu'il donne à l'ambassade de la ligue, 361. — Il est bien disposé pour Henri IV, 387. — Il prend l'avis du consistoire relativement à l'absolution de Henri IV, 388. — Il prononce l'absolution, 389. — Il envoie Alexandre de Médicis légat en France, 395.

CLÉMENT IX (Jules Tospigliosi), pape. Paix qu'il donne à l'église au sujet du jansénisme, IX, 371.

CLÉMENT XI (Jean-François Albano), pape, condamne l'avis d.

quarante docteurs de Sorbonne sur le *Cas de conscience*, X, 131. — Donne la bulle *Vineam Domini Sabaoth* sur le même sujet, 133. — Est forcé par l'empereur à reconnaitre l'archiduc Charles pour roi d'Espagne, 165. — Est requis par Louis XIV de prononcer sur les réflexions morales du P. Quesnel, 207. — Y condamne cent et une propositions par la fameuse bulle *Unigenitus*, ibid. — Le roi se concerte avec lui pour convoquer un concile national à l'occasion des évêques réfractaires à la bulle, 210 et 211. — Il envoie des grains à la ville de Marseille affligée de la famine lors de la cessation de la peste, 278. — Sa mort, *ibid.*

CLÉMENT XIII (Charles Rezzonico), pape, succède à Benoît XIV, XI, 118. — Frappe de censures le duc de Parme, 119. — Refuse la restitution d'Avignon et de Bénévent, 120. — Refuse d'éteindre les jésuites, *ibid.* — Sa mort, *ibid.*

CLÉMENT XIV (Laurent Ganganelli), pape, d'abord cordelier. Lève les censures portées contre le duc de Parme, XI, 120. — Abolit l'usage de la publication annuelle de la bulle *In cœnd Domini*, 121. — Éteint l'ordre des Jésuites, *ibid.* — Sa langueur et sa mort, *ibid.*

CLERC DE COURCELLE (le), conseiller au parlement. Ce qu'il dit au sujet de la procession de la châsse de sainte Géneviève, ordonnée par le parlement, IX, 263.

CLERGÉ. Ce qui le composait, II, 150 et 151. — Ses mœurs, 166. Ses prétentions, III, 119. — Il demande à Henri III de rétablir les élections, VII, 85, à la note. — Ses biens sont confisqués, XI, 306. — L'assemblée nationale prétend lui donner une constitution civile, 317.

CLERMONT en Beauvoisis (Robert de), maréchal de Normandie. Est tué dans une sédition à côté du dauphin Charles, III, 205.

CLERMONT en Beauvoisis (Robert, comte de), sixième fils de saint Louis, époux de l'héritière de Bourbon. (*Voy.* ROBERT.)

CLERMONT (Charles, comte de). (*Voy.* BOURBON. Charles I. duc de).

CLERMONT (Jean, comte de). (*Voy.* BOURBON. Jean II, duc de).

CLERMONT en Auvergne (Béraud III, dauphin d'Auvergne, comte de), se ligue avec le duc de Bourbon et d'autres seigneurs contre le duc de Bourgogne, IV, 26.

CLERMONT en Anjou (Louis de), dit Bussy-d'Amboise, du nom de son aïeule, nièce du cardinal d'Amboise. (*Voy.* BUSSY-D'AMBOISE.)

CLERMONT D'AMBOISE (Georges de), frère du précédent. Sommation qui lui est faite à Saint-Denis de mettre bas les armes, VI, 270 et 271. — Est tué à la Saint-Barthélemi, 356.

CLERMONT en Viennois, dit aussi Talard et Tonnerre. (*Voy.* UZÈS.)

CLERMONT en Argonne (Louis de Bourbon-Condé, comte de), frère de M. le duc et du comte de Charolais. (*Voy.* BOURBON-CONDÉ.)

CLÉRY, valet-de-chambre de Louis XVI, et l'historien de ses souffrances à la tour du Temple, XI, 395. — Il lui demande sa bénédiction comme ce prince partait pour subir son supplice, 396.

CLÈVES (Philippe de), seigneur de Ravestein, cousin germain de Jean II, duc de Clèves, et d'Engelbert de Clèves, comte de Nevers. (*Voy.* RAVESTEIN.)

CLÈVES (Guillaume, duc de Juliers et de), petit-fils du duc Jean IX, hérite la Gueldre, V, 401 et 402.— Défend ses états contre Charles-Quint, *ibid.* — Épouse Jeanne d'Albret, nièce de François 1, *ibid.* — Demande grâce à Charles-Quint et rompt son mariage avec Jeanne d'Albret, 402.

CLÈVES (Jean-Guillaume, duc de), fils du précédent. (*Voy.* JEAN-GUILLAUME.)

CLÈVES (François de), duc de Nevers, petit-fils d'Engilbert. (*Voy.* NEVERS.)

CLÈVES (Henriette, Catherine, Marie), filles du précédent, et dites les trois Grâces. (*Voy.* CES NOMS.)

CLIELLE (Brochard de La), gentilhomme. Henri IV l'envoie à Rome préparer les voies au duc de Nevers, son ambassadeur, VII, 357. — Il est admis devant le pape, 358.

CLINTON (Henri), général anglais, remplace en Amérique le chevalier How et évacue Philadelphie, XI, 173. — Combat indécis entre lui et Washington à Montmouth, *ibid.* — Ordonne l'évacuation de Rhode-Island, dont s'emparent les Américains, 180. — S'empare de Charles-Town, 188. — Est inscrit par les Américains à la tête d'une liste de proscrits, *ibid.*—Inutile tentative qu'il fait sur Rhode-Island, 189.— Envoie le major André au major américain Arnold pour concerter la défection de celui-ci, *ibid.* —Trompé par une lettre interceptée, il rappelle l'amiral Arbuthnot qui soutenait l'armée de lord Cornwallis, et livre ainsi ce dernier, 198. — Est remplacé par Gui Carleton, ancien gouverneur du Canada, 215.

CLISSON (Olivier III de), seigneur breton, attiré à Paris par un tournoi, est arrêté et décapité par ordre de Philippe de Valois, III, 143.

CLISSON (Olivier IV de), connétable de France, fils du précédent, s'attache à Charles V, III, 247. — Se brouille avec le duc de Bretagné, 267. — Prend le château de Benon, 269. — Fait décapiter des otages devant le château de Derval, 274. — Est renfermé dans Quimperlé, 276. — Duguesclin en mourant le charge de remettre à Charles V l'épée de connétable, 297. — Devenu connétable lui-même, il décide le gain de la bataille de Rosebec, 324 et 325. — Il rassemble une flotte de soixante-douze voiles dans le port de l'Écluse, 338. — Paie la rançon de Jean de Blois, comte de Penthièvre, fils de Charles de Blois, et lui donne Marguerite sa fille en mariage, 345. — Montfort, duc de Bretagne, le fait arrêter en trahison, ordonne qu'on le fasse mourir ; mais il se repent de l'ordre qu'il avait donné, et qui heureusement n'avait pas été exécuté, 345 et 346. — Clisson revient à la cour et demande vengeance, 346. — Conduit le deuil au service de Duguesclin, 352. — Poursuit sa vengeance contre le duc de Bretagne, 359. — S'efforce d'empêcher l'accommodement de Charles VI avec Montfort, 360. — Le baron de Craon le fait assassiner, 362 et 363. — Est disgracié par les oncles du roi, 368. — Est banni, condamné à une amende et privé de sa charge de connétable, 369. — Se réconcilie avec le duc de Bretagne, 374. — Le duc de Bretagne lui confie la garde de sa femme et de ses enfants, 379. — Montfort, en mourant, lui recommande sa femme et ses enfants, 389. — Son emportement contre sa fille, qui lui proposait de se défaire de ses enfants, 390.

CLISSON (Marguerite de), fille du précédent. Son père lui fait épouser Jean de Blois, comte de Penthièvre, dont le père avait été compétiteur du duc de Bretagne, III, 344. — Propose à son père de se défaire des enfants du duc de Bretagne, 390.

CLIVES (lord) reprend Calcuta sur le souba du Bengale, et fait la conquête de ce pays, XI, 52. — S'empare de l'établissement français de Chandernagor, ibid.

CLODERIC tue Sigebert, son père, roi de Cologne, et est tué par ordre de Clovis qui l'avait fait agir, I, 286.

CLODION succède à Pharamond, I, 265. — Chassé des Gaules par Ætius, il y rentre et s'établit à Amiens, 266.

CLODOALD ou SAINT-CLOUD, fils de Clodomir, roi d'Orléans, se retire dans un ermitage, I, 294.

CLODOMIR, fils de Clovis et de Clotilde, roi d'Orléans, I, 292. — Fait mourir Sigismond, roi de Bourgogne, ibid. — Est tué à la bataille de Voiron, ibid.

CLOTAIRE I, roi de France, et d'abord roi de Soissons, fils de Clovis et de Clotilde, I, 292. — Fait prisonnier Gondemar et réunit la Bourgogne à ses états, 292 et 293. — Massacre deux fils de Clodomir son frère, 293. — Épouse la veuve de Théodebalde, son petit-neveu, 297 et 298. — Envahit l'héritage de Thierry, son frère, roi de Metz, *ibid.* — S'empare du royaume de Paris, *ibid.* — Fait mourir Chramne son fils, *ibid.* — Sa mort, 299.

CLOTAIRE II, roi de France, fils de Chilperic I et de Frédégonde, est proclamé roi de Neustrie, I, 314. — Baptisé à Paris, 319. — Fait massacrer deux fils de Thierry, 325. — Fait comparaître Brunehaut devant son tribunal, *ibid.* — Sa fortune, 327. — Son gouvernement, *ib.* — Prépare la chute de sa famille par ses usurpations et par l'inamovibilité des maires qu'il tolère, 328. — Envoie son fils aux Austrasiens pour être roi, 329. — Le recommande à Arnould et à Pepin, 330. — Défait et tue Bertould, duc des Saxons, *ibid.* — Sa mort, 331.

CLOTAIRE III, roi de France, fils de Clovis II et de Bathilde, I, 342. — Sa mort, *ibid.*

CLOTILDE, fille de Chilpéric, roi de Bourgogne, épouse Clovis I, I, 281. — Fait mettre le feu aux villages de la frontière de Bourgogne, 282. — Sa réponse lorsqu'on lui laisse la décision du sort de ses petits-fils, 293. — Sa retraite à Tours, 295.

CLOVIS I, roi de France, fils de Childéric et de Basine, I, 278. — Action hardie de ce prince, 280. — Fait mourir Syagrius, fils de Gillon, 281. — Épouse Clotilde, *ibid.* — Se convertit à la bataille de Tolbiac, 282. — Est baptisé, 283. — Réunit plusieurs provinces, *ibid.* — Aide alternativement Gondebaud et Godegisille, 284. — Convoque la nation, *ibid.* — Est nommé consul par Anastase, 285. — Déshonore ses victoires par des assassinats, 286. — Fondateur de la monarchie, 287. — Ses libéralités au clergé, 288. — Convoque le concile d'Orléans, 290. — Laisse quatre fils, 291. — Sa mort, *ibid.*

CLOVIS, fils de Chilpéric I, est assassiné par ordre de Frédégonde, I, 310 et 311.

CLOVIS II, roi de France, fils de Dagobert, I, 340. — S'abandonne aux désordres, 341. — Condamne à mort Grimoald, maire du palais d'Austrasie, *ibid.* — Sa mort, *ibid.*

CLOVIS III, roi de France, fils de Thierry III. Sa mort, I, 348.

CLUBS (les). Signification de ce mot, XI, 255. — Club breton, 256. — Des Jacobins, 326. — Des Royalistes ou des Feuillants, *ibid.* — Suppression du club des Feuillants, 343. — Prétendu club autrichien, 355.

CLUE (la), amiral français, battu à Lagos par l'amiral anglais Boscawen, XI, 72.

CLUGNI (Jean-Étienne-Bernard de), contrôleur général des finances, succède à M. Turgot, XI, 157. — Établit les loteries et la caisse d'escompte, 158.

CLUNI (l'abbé de), amène à Louis IX des chevaux. Réflexion de Joinville à ce sujet, II, 324.

COBOURG (le prince de Saxe), général au service de l'empereur d'Allemagne. Ses progrès contre les Turcs sur le Danube, XI, 370. — Est battu à Jemmapes près Mons par le général français Dumouriez, 410.

COCARDE (la). Signe de ralliement; d'abord verte et ensuite tricolore, XI, 275. — Elle est foulée aux pieds dans une orgie à Versailles, 293.

COCHERI, capitaine de quartier, l'un des membres de la faction des Seize, se ligue avec d'autres pour faire périr le président Brisson, VII, 295. — Est excepté de l'amnistie publiée par le duc de Mayenne, 300.

COCHILIAC, prince danois, fait une descente sur les côtes d'Austrasie, I, 296. — Est repoussé par Théodebert, ibid.

COCONNAS, Italien, favori d'Alexandre de France, duc d'Alençon, VI, 386. — Est aimé de la duchesse de Nevers, 387. — Il est arrêté, 391. — Il est condamné à avoir la tête tranchée, 392. — Sa mémoire est réhabilitée, VII, 39.

COEUR (Jacques), argentier de Charles VII, condamné à mort. La peine est convertie en un bannissement perpétuel, IV, 179. — Il s'évade et passe à Rome, où le pape Calixte III lui donne le commandement d'une flotte contre les Turcs, ibid.

COEUVRES (François-Annibal d'Estrées, marquis de), maréchal de France, frère de la belle Gabrielle, maîtresse de Henri IV. Ce prince l'envoie à Bruxelles redemander la princesse de Condé, VIII, 60. — Il tente de l'enlever, 63. — Il demande audience à l'archiduc, ibid. — Il fait signifier au prince de Condé l'ordre de revenir en France, 64. — Sa réponse aux reproches du prince de Condé, ibid. — Il quitte Paris lors de l'arrestation du prince de Condé par ordre de Marie de Médicis, 139. — Ce qu'il dit de Concini, 154. — Est envoyé en ambassade chez les Grisons, 231. — S'empare de la Valteline, 233. — Commande les troupes chargées de garder la reine-mère laissée à Compiègne, 302.

COFFIN (Charles), principal du collège de Beauvais et recteur de l'Université de Paris, est privé des sacrements à l'article de la mort, faute de billet de confession, XI, 18.

COHORN (Memnon), le Vauban des Hollandais. Il défend Namur,

dont le siége est dirigé par Vauban, et ne peut l'empêcher de capituler. Il y est blessé, X, 69. — Dirige la reprise de Namur, 86. — Commence les hostilités dans les Pays-Bas, lors de la guerre de la succession, 106. — Force les lignes de Waës, et est ensuite battu à Ekeren par le maréchal de Boufflers, 120.

COIGNEUX (Jacques le), président au parlement et chancelier du duc d'Orléans. Gaston le charge de négocier la liberté du maréchal d'Ornano, VIII, 247. — Il empêche Gaston de fuir après l'arrestation de Chalais, 250. — Richelieu lui promet le chapeau de cardinal, 292. — Il procure des fonds considérables à Gaston, retiré à Orléans, 295. (*Voyez* BACHAUMONT.)

COIGNY (François de Franquetot, duc de), maréchal de France, bat le général Mercy à Parme, X, 327. — Empêche le prince Charles de Lorraine de passer le Rhin, 355. — Recule devant lui l'année suivante, 363.

COLBERT (Jean-Baptiste), ministre et secrétaire d'état, contrôleur-général des finances. Il s'attache à Mazarin, qui le donne à Louis XIV comme un homme clairvoyant, IX, 342. — Il est nommé contrôleur-général, 349. — Encouragemens qu'il procure au commerce et aux arts, 354. — Ses travaux pour le rétablissement des finances, 356. — Part qu'il prend à la confection des ordonnances de Louis XIV, 361 à la note. — Louis XIV l'envoie chercher mademoiselle de La Vallière, retirée à Chaillot, 365. — Sa mort, X, 29.

COLBERT (Jean-Baptiste), marquis de Seignelay, fils aîné du précédent, ministre de la marine. Il monte sur l'escadre qui bombarde Gênes, X, 23. — Réponse que lui fait le doge à Versailles, 24. — Projette d'enfermer Guillaume en Irlande. Une maladie l'empêche d'exécuter son dessein, 59. — Ses reproches à Tourville de n'avoir pas donné suite à sa descente en Angleterre, 6c. — Sa mort, 68.

COLBERT (Charles), marquis de Croissy, ministre des affaires étrangères, oncle du précédent, et frère du controleur-général. Est envoyé à Stenay pour négocier la paix avec les Espagnols et le retour de Turenne, IX, 228. — Est envoyé en Angleterre pour engager Charles II à faire la guerre aux Hollandais, 380. — Est nommé plénipotentiaire au traité de Nimègue, X, 1. — Négocie le mariage du dauphin, 14. — Est fait ministre des affaires étrangères, *ibid.* — Sa mort, 91 et 92.

COLBERT (Jean-Baptiste), marquis de Torcy, ministre des affaires étrangères, fils du précédent, succède à son père, et a pou guidé le marquis de Pompone, dont le roi lui fait épouser une des filles, X, 92. — Son opinion sur l'acceptation du testament de Charles II, roi d'Espagne, 96 et 97. — Est envoyé en Hollande pour négocier la paix, 155. — Est fait membre du conseil de régence, 222.

COLIGNI (Gaspard II de), seigneur de Châtillon-sur-Loing, amiral de France, fils de Gaspard I de Coligni, maréchal de Châtillon; et de Louie de Montmorency, sœur aînée du connétable Anne. Fait partie d'une expédition dirigée contre le Luxembourg, V, 395. — Se distingue au combat de Renti, VI, 56. — Protége l'établissement d'une colonie au Brésil, 66. — Fait une irruption dans l'Artois, 82. — Se jette dans Saint-Quentin, investie par les Espagnols, 86. — Est fait prisonnier, 88. — Intercède auprès de Henri II pour d'Andelot, son frère, 96. — Le duc de Guise lui enlève le gouvernement en Picardie, 123. — Il plaide la cause des réformés devant Catherine de Médicis, 135. — Il présente à l'assemblée de Fontainebleau une requête en faveur des religionnaires, 149. — Demande réparation des paroles de l'orateur du clergé aux états d'Orléans, 162. — Est, ainsi que son frère, médiateur de la cour auprès des états de Poissy, 173. — Il assista à la conférence de Toury, 195. — Propose à la conférence de Talsy que les réformés quittent le royaume, 198. — Il se cantonne en Normandie après la bataille de Dreux, 221. — Poltrot le charge de lui avoir conseillé l'assassinat du duc de Guise, 224 et 225. — Il fait de vifs reproches au prince de Condé de la convention d'Amboise, 227. — Il récuse le parlement commis à la recherche de l'assassinat du duc de Guise, 238. — Se rend à Paris avec une escorte formidable, ibid. — Il s'approche de Meaux pour surprendre la cour, 265. — Sommation qui lui est faite par le roi, 271. — Il se retire dans ses terres, 283. — Il se sauve avec le prince de Condé à La Rochelle, 288. — Il équipe une petite flotte, 290. — Il vient à Cognac après la bataille de Jarnac, 298. — Il commande les confédérés, sous Henri, prince de Béarn, ibid. — Son embarras, 299. — Il sauve la vie à Strozzi, colonel de l'infanterie française, après le combat de la Roche-l'Abeille, 305. — Il fait le siége de Poitiers, 306. — Est condamné à mort par arrêt du parlement de Paris, ibid. — Il lève le siège de Poitiers, 308. — Il est blessé à la bataille de Moncontour, 310. — Il se retire à Saint-Jean-d'Angely. Son discours aux confédérés, 311. — Il tombe malade, 317. — Il épouse Jacqueline de Monbel, 327 et 328. — Il marie Louise de Châtillon, sa fille, à Teligny, 328. — Charles IX le consulte sur différentes affaires, 331. — Il se retire à Châtillon-sur-Loing, 337. — Ce qu'il dit au maréchal de Danville le jour du mariage du roi de Navarre, 339. — Est blessé en trahison par Maurevel, 342. — Le roi va le visiter, 343. — Sa conférence avec le roi, 344. — Il demande au roi une garde, 348. — Comment on le trompe, *ibid.* — Il est massacré, 352. — Sa mémoire est flétrie, 366. Son caractère, 367. — Sa mémoire est réhabilitée, IX, 39. (*Voy.* ANDELOT ET CHATILLON.)

COLLÉGE ROYAL. Par qui fondé, V, 348.

COLLOQUE DE POISSY. Ce que c'était, VI, 173. — Comment les catholiques s'y comportèrent, 174.

COLOMB (Christophe), Génois, découvre l'Amérique, V, 61 et 62.

COLONNE (Jacques), cardinal. Persécuté par Boniface VIII, il se sauve à Gênes, III, 27.

COLONNE (Pierre), cardinal, neveu du précédent, s'enfuit comme lui à Gênes, III, 27.

COLONNE (Sciara), parent des précédens, leve des troupes pour les soutenir, III, 27. — Est pris en fuyant par des corsaires et demeure trois ans inconnu et forçat sur une galère, *ibid.* — Se sauve en France, *ibid.* — Est chargé par Philippe le-Bel d'enlever Boniface VIII, 39. — Le frappe de son gantelet, 40.

COLONNE (Othon), pape. (*Voy.* MARTIN V.)

COLONNE (Prosper), seigneur de Galliano, harcelle les Français à la retraite de Garillan, V, 161. — Est fait prisonnier à Villefranche à la descente des Alpes par François I, 259. — Bat Lautrec au combat de la Bicoque, 280 et 281. — Trompe l'amiral Bonnivet, qui se borne à l'observer dans Milan, 304.

COLONNE (Fabrice), connétable de Naples, cousin du précédent, commandant l'avant-garde ennemie à la bataille de Ravennes, est fait prisonnier par les Français, V, 215.

COLONNE (Ascagne), cardinal, fils de Marc-Antoine Colonne, cousin des précédens, lequel commandait les galères du pape à la bataille de Lépante. Il réclame dans le consistoire contre la sentence du pape qui absout Henri IV, VII, 389.

COLONNE (Jérôme), cardinal. Le cardinal Sachetti lui fait connaître Jules Mazarin, VIII, 409.

COLONNE (Laurent Onuphre), connétable de Naples, épouse Marie Mancini, nièce du cardinal Mazarin, IX, 306.

COMBALET (la marquise de). *Voyez* AIGUILLON (la duchesse D')

COMÈTE (la), l'un des témoins qui déposent dans l'affaire de l'assassinat médité contre le prince de Condé, IX, 153.

COMIUS, roi des Atrébates, aide César de ses négociations dans la Bretague, I, 79. — Commande une partie de l'armée qui vient au secours d'Alise, 113. — Commande les Bellovaques l'année suivante, 118. — N'est pas compris dans leur capitulation, 121. — Échappe à un assassinat médité contre lui dans une entrevue avec Labiénus, *ibid*. — Tue Voluśenus, celui qui avait tenté de l'assassiner, 124. — Se soumet à Antoine et lui donne des otages, ce qui achève la réduction de la Gaule, *ibid*.

COMMINES (Philippe de), historien, fils de Jean de Commines, sénéchal de Poitou. Ce qu'il dit relativement à la bataille de Mont-Lhéri, IV, 235. — Passe du service de Charles-le-Téméraire à celui de Louis XI, 309. — Sa conversation avec Bretailles, gentilhomme gascon au service de l'Angleterre, 314. — Désapprouve les projets de Louis XI sur les états de Marie de Bourgogne. Sa disgrâce, 338. — Le connétable de Bourbon l'éloigne de sa maison, V, 24. — Il se lie avec Dunois, 25. — Madame de Beaujeu le fait arrêter, 28. — Il recouvre sa liberté, 50. — Découvre la ligue formée contre les Français en Italie, 82. — Ouvre les conférences avec les provéditeurs de Venise, 84. — Retourne auprès des Vénitiens après la bataille de Fornoue, 86.

COMMINGES (François de), comte de Guitaut, capitaine des gardes, arrête Broussel, conseiller au parlement, IX, 60. — Avis qu'il ouvre chez la reine, relativement à Broussel, 61. — Le parlement rend un arrêt contre lui, 71.

COMMISSION DES VINGT-QUATRE. Ses fonctions, XI, 378.

COMMODE (L. Ælius Aurel.), empereur romain, fils de Marc-Aurèle. Sa mort est l'époque d'un siècle d'anarchie militaire, I, 180.

COMMUNES. Leur origine, II, 221.

COMMUNE DE PARIS. Sa puissance, XI, 347. — Elle fixe le *maximum*, 354.

COMNÈNE (Alexis), empereur. (*Voy.* ALEXIS).

COMNÈNE (Manuel), empereur. (*Voy.* MANUEL).

COMNÈNE (Isaac), roi de Chypre, est détrôné par Richard II, roi d'Angleterre, qui donne son trône à Gui de Lusignan, privé du royaume de Jérusalem, II, 246 et 247. (*Voy.* ALEXIS et ISAAC, empereurs de Constantinople).

COMPAGNIES (les grandes). En quoi elles consistaient, III, 231. — Charles V les éloigne de France, 249. — Elles rançonnent Avignon, 251 et 252. — Elles fondent sur la Castille, 252. — Leur sort, 257.

COMPAGNIES D'ORDONNANCE. En quoi elles consistaient, IV, 173.

COMPENSATION. Définition de ce mot, I, 289.
COMPTES (chambre des). Est rendue sédentaire par Philippe-le-Bel, III, 58. — Lettre que lui écrit Charles VIII, V, 95. — Elle fait cause commune avec le parlement dans l'affaire de la Paulette, IX, 43. — Anne d'Autriche lui donne l'ordre de quitter Paris, 106.
COMPUT ECCLÉSIASTIQUE. La connaissance en est ordonnée au clergé, II, 39.
COMTE DU PALAIS. (*Voy.* PALATIN, I, 308).
COMTE DE L'ÉTABLE. Ses fonctions, I, 308.
COMTES. Leurs fonctions, I, 307.
CONCILES D'ORLÉANS, I, 290. — De Vernon, II, 12. — De Rome, 44. — D'Aix-la-Chapelle, 54. — De Thionville, 56. — De Compiègne, 67. — De Senlis, 97. — D'Engelheim, 132. — De Clermont, 180. — De Reims, 198. — De Soissons, 221. — De Paris, 252. — De Lyon, 253. — De Lyon, 305. — De Rome, III, 37. — De Paris, 49. — De Senlis, *ibid.* — De Salamanque, *ibid.* — De Vienne, 50. — De Paris, 376. — De Pise, IV, 18. De Constance, 57. — De Bâle, 177. — National de Tours, V, 207. — De Pise, 208. — De Latran, 212. — De Trente, est transféré à Bologne, VI, 12. — Sa fin, 24 et suiv. — D'Embrun, X, 309.
CONCINI, maréchal d'Ancre, gentilhomme florentin, vient en France, où il épouse Léonore Galigaye, VIII, 20. — Sa conduite à l'égard de Henri IV, 21. — Faveur dont il jouit auprès de Marie de Médicis, 83. — Ce qu'il disait de Sully, 84. — Il achète le marquisat d'Ancre et en prend le titre, 85. — Il est fait maréchal de France, *ibid.* — Moyens qu'il emploie pour apaiser les mécontents, 86. — On cherche à l'intimider, 93. — Il se joint à la faction des princes, 95. — Il médite de quitter la France, 96. — Il perd de son crédit, 133. — Mortification qu'il éprouve, 135. — Son grand crédit, 142. — Ses alarmes, 143. — Il est décrié auprès du roi, 146. — Ce qu'il mandait à la reine, 147. — Il s'empare de toute l'autorité, *ibid.* — Il est tué, 148. — Excès commis sur son cadavre, 150. — Son caractère, 154. — Sa mémoire proscrite par arrêt, 157.
CONCINI, fils du précédent et de Léonore Galigaye, est renfermé au château de Nantes, et de là envoyé à Florence, 158.
CONCORDAT. Signification du mot. Il est substitué par François I à la pragmatique, V, 265. — Le parlement refuse de l'enregistrer, 237.
CONDÉ (Louis I de Bourbon, prince de), frère d'Antoine de Bour-

bon, roi de Navarre, donne avis au connétable de Montmorency, à la bataille de Saint-Quentin, d'un mouvement des ennemis, et n'est point écouté, VI, 86. — Se fait calviniste, 128. — Le roi lui commande les arrêts, 139. — Se justifie d'une manière singulière, 141. — Va trouver le roi de Navarre à Nérac, 148. — Est arrêté. On lui fait son procès, 154. — Est défendu par François Marillac, ibid. — Il est condamné à mort, 156. — Sollicité de s'accommoder avec les Guises, sa réponse, ibid. — Il sort de prison et se retire dans les terres du roi de Navarre, 160. — Est rappelé à la cour et déclaré innocent, 163. — Son raccommodement avec le duc de Guise, 171. — Enfreint ouvertement l'édit de janvier, et fait des levées de protestants, 183. — Il vient à Paris pour tenir tête au duc de Guise, 187. — Il va à Meaux, ibid. — Marche vers Fontainebleau pour enlever la cour, 190. — Il s'empare d'Orléans, ibid. — Il publie un manifeste contre le duc de Guise, 190 et 191. — Ce qu'il écrivait aux princes étrangers, 192. — Les calvinistes le reconnaissent pour chef, 193. — Il publie qu'il va à Paris délivrer le roi, 195. — Il assiste à la conférence de Toury, ibid. — Se rend à la conférence de Talsy, 196 et 197. — S'offre en otage pour caution de la soumission des réformés, après la retraite des triumvirs, ibid. — Il offre de sortir du royaume, 199. — Il rompt la conférence de Talsy, en se laissant enlever par les seigneurs confédérés, 101. — Il s'empare de Beaugenci, 202. — Sa réponse aux nouvelles instances de la reine pour entrer en conciliation, 204. — Il se retire à Orléans, 207. — Il sort d'Orléans, 214. — Il marche sur Paris, 215. — Il se retire, 216. — Il est fait prisonnier à la bataille de Dreux, 218. — Catherine de Médicis l'abouche avec le connétable de Montmorency, 226. — Il donne son consentement à l'édit d'Amboise, ibid. — Reproches que lui en font Coligni, Bèze et Calvin, 227. — Il n'y a point d'égard et demeure tranquille, 237. — Il adresse des remontrances au roi sur l'édit de Roussillon, 249. — Il se remarie à la sœur du duc de Longueville, 256. — Demande la lieutenance générale du royaume, 259. — Il propose au roi le secours des confédérés contre l'Espagne, 263. — Veut surprendre la cour, 264. — Il n'ose attaquer les Suisses qui escortent Charles IX de Meaux à Paris, 267. — Sommation qui lui est faite par le roi, 270. — Sa réponse au héraut qui lui apportait cette sommation, 271. — Son entrevue à la Chapelle avec le connétable de Montmorency, 272. — Il se retire dans ses terres après la deuxième paix, 283. — La reine veut le faire enlever, 287. — Il se sauve à La Rochelle, 288. — Sa lettre au maréchal de la Vieilleville, *ibid.* — Il s'avance jusqu'à Loudun pour combattre le duc d'Anjou, 293. — Il fait battre une monnaie, 294. — Il persuade la neutralité à l'empereur et au duc de Saxe, *ibid.* — Il est tué à la bataille de Jarnac, 297.

CONDÉ (Éléonore de Roye, princesse de), première femme du précédent. (*Voy.* ÉLÉONORE DE ROYE.)

CONDÉ (Henri I de Bourbon, prince de), fils des précédents. La reine de Navarre l'amène à Cognac, après la bataille de Jarnac, VI, 298. — La reine de Navarre l'amène à la cour, 330. — Il épouse Marie de Clèves, 338 et 339. — Présente une requête à Charles IX relativement à l'assassinat de Coligni, 343. — Les représentations de Tavannes dans le conseil l'empêchent d'être enveloppé dans le massacre projeté, 349. — Charles IX le mande chez lui le jour de Saint-Barthélemi, 355. — Il fait abjuration, 364. — Vient au siège de La Rochelle avec l'armée du duc d'Anjou, 375 et 376. — Il entre dans la cabale des politiques ou malcontents, 386 et 387. — Il se sauve dans son gouvernement de Picardie, 391. — Il ménage la bienveillance des princes allemands en faveur des calvinistes de France, VII, 9. — Il est l'âme de l'assemblée de Milhaud, 12. — Négocie avec Jean Casimir, fils de l'électeur Palatin, en faveur des confédérés, 28. — Il entre en France à la tête d'une armée, 36. — Ses prétentions outrées, 37 et 38. — Il traite avec la cour, 39. — Il se cantonne dans la Guienne et le Poitou, 51. — Sa réponse à la députation des états de Blois, 53. — Il se met à la tête des calvinistes dans le Languedoc, 79. — Il est battu et se sauve en Angleterre, 117. — Il meurt empoisonné, 158. — Son caractère, 159.

CONDÉ (Henri II de Bourbon, prince de), fils du précédent. Henri IV le fait venir auprès de lui et le fait élever dans la religion catholique, VII, 378. — Il épouse Henriette-Charlotte de Montmorency, fille du connétable, VIII, 54 et 55. — Il éloigne sa femme de la cour, *ibid.* — Il se sauve à Landrecies avec elle, 56. — Il se retire en Allemagne, 59. — Il revient à Bruxelles, 60. — Négociation pour son retour à la cour, 61. — Il se sauve à Milan, 68. — Il revient à Bruxelles, 81 et 82. — Il se réconcilie avec sa femme, *ibid.* — Il négocie son rappel en France, 83. — Il s'oppose dans le conseil au mariage de Louis XIII avec l'Infante, 92 et 93. — Il se retire en Guienne, *ibid.* — Témoigne son mécontentement de ce qu'on lui refuse le château Trompette, 97. — Il quitte la cour, 101. — Il rompt avec la cour, 123. — Il se retire à Clermont en Beauvoisis, *ibid.* — Il poursuit l'armée du roi à la tête de celle des mécontents, 126. — Il est déclaré criminel de lèse-majesté, 127. — Est réhabilité par la paix de Loudun, 132. — Il se déclare le protecteur de Concini, 134. — Il triomphe, 135. — Sa hauteur, 137. — Il est arrêté, 139. — Il est transféré à la Bastille, 141. — Il est délivré, 192 et 193. — Conseils qu'il donne contre Marie de Médicis, 198. — Il fait attaquer le pont de Cé, 202. — Il appuie le projet de guerre contre les calvinistes, 204. — Il va en Italie, 222. — Lève le siége de Dôle, 359. — Il est obligé de lever le siége de Fontarabie, et accuse le duc de La Valette d'en être cause, 392. — Prend Salces en Roussillon et le laisse reprendre, 398. — Louis XIII lui confie toute l'autorité pendant son voyage dans le Roussillon, 426. — Sa mort, IX, 33.

CONDÉ (Henriette-Charlotte de Montmorency, princesse de), fille du connétable Henri de Montmorency, femme du précédent. Elle est présentée à la cour, VIII, 53. — Elle épouse le prince de Condé, 55. — Son mari l'emmène à Landrecies, 56. — L'archiduchesse le retient à Bruxelles, 59. — Ses dispositions à l'égard de Henri IV, ibid. — Ce que l'archiduchesse disait d'elle, 60. — Négociation pour son retour à la cour, 61. — Ce qu'elle disait de ses amants, 62. Elle consent à se laisser enlever, 63. — L'archiduchesse la retire dans son palais, 64. — Elle se réconcilie avec son mari, 82. — Elle sollicite la grâce du duc de Montmorency, son frère, 326. — Elle indispose Anne d'Autriche contre Châteauneuf, IX, 9. — Demande justice à la reine de madame de Monthazon, 20. — Reçoit les excuses de celle-ci, 21. — Elle indispose son fils contre la cour, 142. — Elle a ordre de se retirer à Chantilly, 161. — Sa mort, 181.

CONDÉ (Louis II de Bourbon, dit le Grand), d'abord duc d'Enghien, fils des précédents, fait ses premières armes au siége d'Arras, VIII, 400. — Richelieu lui fait épouser Claire-Clémence de Maillé, fille du maréchal de Brezé, sa nièce, 414. — Sert avec Turenne dans l'armée de Roussillon, 429. — Est mis à la tête de l'armée de Flandre, 450. — Général en chef à vingt-deux ans, IX, 13. — Bat don Francisco de Mélos à Rocroi, 15. — Prend Thionville, 17. — Envoie des secours à Guébriant, 18. — Il entre dans la cabale des Importants, 19. — Il s'attache à madame de Monthazon, 20. — Il quitte la cabale des Importants, 20 et 21. — Il bat les impériaux à Fribourg, 25 et 26. — S'empare de Dunkerque, 32. — Lève le siége de Lérida, 33. — Bat les Espagnols à Lens, 58, 87. Il revient à Paris. Ses conférences avec le coadjuteur, 82 et 83. — — Il écrit au parlement, 84. — Il engage le parlement de se contenter de la parole de la reine au sujet de l'article de la sûreté, 86.

— Il se détermine pour la cour, 99. — Sa réponse au coadjuteur qui voulait l'attacher au parti de la Fronde, 100. — Il se charge du blocus de Paris, 103. — Il sort de Paris avec la cour, 104. — Il fait le blocus de Paris, 111. — Son activité, 116. — Son opiniâtreté manque de faire rompre les conférences de Ruel, 129. — Il vient à Paris après l'accommodement de Saint-Germain, 140. — Il accompagne Mazarin après l'accommodement de S.-Germain, 142. — Son mécontentement, *ibid.* — Ses prétentions, 143. — Il se fait beaucoup d'ennemis, 144. — Il se met à dos la noblesse, 145. — Les Frondeurs le recherchent inutilement, 146. — Sa réponse au coadjuteur qui le pressait de se joindre à la Fronde, *ibid.* — Il croit que les Frondeurs ont voulu l'assassiner, 151. — Il demande justice de l'assassinat médité contre lui, *ibid.* — Ses fautes, 155. — Il se brouille ouvertement avec les frondeurs, 156. — Il fait épouser au duc de Richelieu mademoiselle de Pons, 157. — Il force la reine à voir Jarsay qu'elle avait chassé de sa présence, 158. — Il est arrêté et conduit à Vincennes, 159. — Il est transféré à Marcoussi, 170. — Il est transféré au Havre-de-Grâce, 177. — Il traite avec les frondeurs pour sa délivrance, 179. — Il trompe la vigilance de son geôlier, 180. — Il sort de prison et vient à Paris, 197. — Sa politique ambiguë, 198. — Il invite la noblesse à rompre ses assemblées, 201. — Il exige du prince de Conti qu'il n'épouse point mademoiselle de Chevreuse, 203. — Il est d'intelligence avec la régente, *ibid.* — Sa réponse au coadjuteur, 204. — Danger qu'il court au Luxembourg, *ibid.* — Sa puissance, 206. — Ses prétentions, 207. — Il s'enfuit à Saint-Maur, 213. — Il fait partir pour Montrond son fils et sa femme, 216. — La régente l'accuse du crime de lèse-majesté, *ibid.* — Il congédie au palais ses amis venus pour le soutenir contre le coadjuteur, 218. — Il ne veut pas paraître au lit de justice tenu par la majorité du roi, 220. — Position dangereuse où il se trouve, 221. — Il se détermine à la guerre, 224. — Ses succès, 227. — Il cherche à attirer Gaston dans son parti, 238. — Il traite avec Gaston, 241. — Il joint son armée auprès d'Orléans, 250. — Il s'empare de Montargis et bat le maréchal d'Hocquincourt, 251. — Il se trouve en présence de Turenne, 252. — Il vient à Paris, 253. — Il obtient avec peine séance au parlement, 255. — Il engage Gaston dans son parti, 256. — Dévotion avec laquelle il assiste à la procession de la châsse de sainte Geneviève, 263. — Il se bat au faubourg Saint-Antoine, 265 à 271. — Il entre dans Paris pendant le combat, 269. — Il se détermine à se rendre plus puissant dans Paris, 272. — Il est soupçonné d'avoir excité le massacre de l'hôtel de ville, 276. — Il est obligé de tolérer l'anarchie qui règne dans Paris, 279. — Son embarras, 280. — Il quitte la France, 287. — S'empare pour son compte de Rethel, Bar et Sainte-Ménéhoult, 293. — Est repoussé par Turenne hors de France, *ibid.* et 294. — Il est déclaré criminel de lèse-majesté, 298. — Fait une invasion en Picardie, 301. — Est encore forcé à la retraite par Turenne, 302. — Mésintelligence entre lui et les généraux espagnols, 303. — Il prend Rocroi, 304. — Ne peut déterminer les Lorrains à secourir sa ville de Stenay, 309. — Fait une diversion sur Arras, 310. — Turenne lui en fait lever le siége, 310 et 311. — Il arrête les progrès de Turenne en Flandre, 313 et 314. — Force les quartiers de La Ferté devant Valenciennes, et en fait lever le siége à Turenne, 315 et 316. — Se jette dans Cambrai investie par Turenne, et sauve la ville, 317. — Est battu par Turenne à la bataille des Dunes, 318. — Conditions qui lui sont imposées par le traité des Pyrénées, 332. — Rentre dans ses biens, 332 et 333. — Revient en France et est bien accueilli par le roi, 338. — Remis en activité, il commande en Franche-Comté sous le roi, 369. Est employé dans l'expédition de Hollande, 389. — Passe le Rhin à Tolhuis et y est blessé, 390. — Sa blessure l'oblige de quitter le commandement, 392. — Retourne à l'armée, 396. — Gagne la bataille de Senef sur le stathouder, 404. — Se tient sur la défensive en Flandre, 418. — Est envoyé remplacer Turenne en Alsace, et la fait évacuer à Montécuculli, 224. — Sa retraite à Chantilly et les occupations des dernières années de sa ville, *ibid.*

CONDÉ (Anne-Geneviève de Bourbon-), duchesse de Longueville, sœur du précédent. (*Voy.* LONGUEVILLE.)

CONDÉ (Henri-Jules de Bourbon, prince de Condé, fils du précédent.) (*Voy.* BOURBON-CONDÉ.)

CONDÉ (Louis-Henri, duc de Bourbon, prince de), connu sous le nom de M. le Duc, petit-fils du précédent. (*Voy.* BOURBON-CONDÉ.)

CONDÉ (Louis-Joseph de Bourbon, prince de), fils du précédent, bat le prince héréditaire de Brunswick à Johannesberg, XI, 91. — Est désigné pour commander sous Givet au camp destiné à protéger les républicains hollandais contre le stathouder et la Prusse. L'assemblée législative rend un décret contre lui, 347. (*Voy.* CLERMONT, CHAROLAIS, ORANGE,)

CONDOLMIER, ambassadeur de Venise auprès de Louis XII. Sa réponse à quelqu'un qui lui demandait des nouvelles de sa santé, V, 194. — Ce qu'il dit à Louis XII, *ibid.*

CONDORCET (Mar.-Jean-Ant.-Nic. Caritat de), député à la Convention. Ses sophismes pour faire trouver coupable Louis XVI, manifestement absous par la constitution, XI, 383. — N'opine point à la mort par système philosophique, *ibid*.

CONDORIER (Jean), maire de La Rochelle. Ruse qu'il emploie pour rendre cette ville à la France, III, 268.

CONFESSION (billets de). Pourquoi on les exigeait, XI, 17.

CONFLANS (Jean de), maréchal de Champagne, est tué dans une sédition à côté du dauphin Charles, III, 205.

CONFLANS (Hubert de), maréchal et vice-amiral de France. Il perd contre l'amiral Hawke, près de Belle-Isle, une importante bataille navale, XI, 73.

CONFRAIRIE DE DIEU. En quoi elle consistait, II, 167 et 168.

CONGÉNIATE, fils de Bituitus, roi des Arvernes, est enlevé par les Romains ainsi que son père, I, 39. — Il est élevé à Rome et rétabli dans ses états, *ibid*.

CONRAD III, empereur d'Allemagne, premier de la maison de Souabe, va trouver Louis VII à Jérusalem, II, 218.

CONRADIN, roi de Naples et de Sicile, dernier rejeton de la maison de Souabe, fils de Conrad IV, lequel était arrière-petit-fils de Frédéric I Barberousse, neveu du précédent, II, 338. — Le pape Urbain IV, comme seigneur suzerain, et Mainfroi, oncle naturel du jeune prince, prétendent à sa tutelle, *ibid*. — Il livre bataille à Charles, comte d'Anjou, frère de saint Louis, auquel son royaume avait été offert par le pape, 339. — Il est fait prisonnier et envoyé à l'échafaud par le vainqueur, *ibid*.

CONSEIL (le grand). Charles VIII le fixe à Paris et règle ses attributions, V, 95. — Ne peut obtenir de passe-ports pour se rendre à Mantes suivant les ordres de la cour, IX, 107. — Il casse plusieurs arrêts du parlement, au sujet de la constitution *unigenitus*, XI, 18 et suiv.

CONSEIL PRIVÉ. Son origine, VI, 285.

CONSEILS SUPÉRIEURS, créés au nombre de six dans le ressort du parlement de Paris, XI, 139.

CONSTANCE CHLORE (Flavius Valerius), est fait césar par Dioclétien, I, 200. — Est forcé de répudier Hélène pour épouser Théodore, belle-fille de Maximien-Hercule, *ibid*. — Il a le département des Gaules, *ibid*. — Prend Boulogne et bat les Francs, *ibid*. — Fait passer une flotte dans la Bretagne contre Alectus, *ib*. — Est déclaré Auguste ainsi que Galère, 202. — Protège les chrétiens dans les Gaules, 203. — Redemande Constantin, son fils, à Galère, *ibid.* — Meurt en Bretagne pendant une expédition contre les Pictes, 204. — Institue Constantin son héritier, et réduit à la condition privée les enfans de sa seconde femme, *ibid.*

CONSTANCE (Flav. Jul. Val.), second fils de Constantin-le-Grand et petit-fils du précédent, empereur romain. Il réclame contre Magnence l'héritage de Constant, son frère, I, 218. — Il le bat à Meursint, *ibid.* — L'investit à Lyon, *ibid.* — Devient seul empereur, *ibid.* — Reçoit les Francs à l'alliance des Romains, 219. — Fait assassiner Sylvain, proclamé empereur dans les Gaules, *ibid.* — Envoie Julien pour rétablir l'ordre dans les Gaules et lui donne sa sœur en mariage, 220. — Limite ses pouvoirs, *ibid.* — Lui redemande plusieurs légions pour une expédition contre la Perse, 225. — Marche contre lui et meurt dans sa marche, 227. — Favorise l'arianisme, *ibid.* — Force les pères du concile de Rimini à recevoir le formulaire équivoque de Sirmium, 228.

CONSTANCE, général de l'empereur Honorius, est envoyé dans les Gaules contre l'usurpateur Constantin, I, 258. — Il bat les Francs qui venaient à son secours, le fait prisonnier dans Arles et lui promet la vie, 258 et 259. — Épris des charmes de Placidie, sœur de l'empereur, il met obstacle aux négociations de paix qui la peuvent faire accorder à Ataulphe, roi des Visigoths, 259. — Il force celui-ci à évacuer la Gaule, *ibid.* — Confirme les cessions faites aux Francs, 261. — Épouse Placidie après la mort d'Ataulphe, et est associé à l'empire, *ibid.* — Concède la seconde Aquitaine à Vallia, roi des Goths, en reconnaissance de ses services contre les Alains, *ibid.* — Sa mort, II, 265.

CONSTANCE, fille de Guillaume Taillefer, comte de Toulouse, femme de Robert, II, 157. — Fait massacrer Hugues de Baumont, comte du palais, 159. — Brouille Hugues avec Robert, son père, 160. — Suscite Robert, son fils, contre Henri I. Sa mort, 168.

CONSTANCE, fille d'Adolphe-Raymond, roi de Castille, épouse Louis VII, II, 220. — Sa mort, 222.

CONSTANT (Flav. Jul.), troisième fils de Constantin-le-Grand. Il défait Constantin-le-Jeune, son frère, à Aquilée, et devient ainsi maître de la Gaule, I, 217. — Il achète la retraite des barbares et se fait haïr par sa conduite licencieuse, *ibid.* — Est massacré à Elne par ordre de Magnence, *ibid.*

CONSTANTIN-LE-GRAND (C. Ful. Val. Aurel. Cl.), fils de Constance-Chlore et d'Hélène, est exclu de la dignité de César par Galère, I, 203. — Il est retenu par Galère en otage, *ibid.* — Il s'échappe et va recevoir les derniers soupirs de son père à Yorck, et est institué son seul héritier, 204. — Il est proclamé par l'armée de son père et reconnu César par Galère, 205. — Il condamne aux bêtes les rois francs Ascaric et Ragaise, *ibid.* — Stratagème qu'il emploie contre les Germains, qu'il force à repasser le Rhin, 206. — Est sollicité par Maximien contre Galère, et reçoit de lui le titre d'Auguste, et Fausta, sa fille, en mariage, 208. — Se saisit de son beau-père, qui avait voulu prendre la pourpre, 210. — Le fait mettre à mort sur une tentative de celui-ci pour l'assassiner, 211. — Se dispose à marcher contre Maxence, qui prétend venger son père, 211 et 212. — Vision d'après laquelle il fait exécuter l'étendard dit *Labarum*, 212. — Campe devant Rome et y défait Maxence, qui est tué dans sa fuite, 213. — Rend un édit pour la liberté de conscience, *ibid.* — Ses démêlés avec Licinius, son beau-frère, qu'il force d'abord à abdiquer, et qu'il fait mettre depuis à mort, 214. — Il envoie Crispus, son fils, contre les Francs, 215. — Le fait mettre à mort sur une fausse accusation de Fausta, sa belle-mère, et fait ensuite étouffer celle-ci dans un bain, *ibid.* — Procure la tenue du premier concile général de Nicée, 216. — Réforme l'administration, bâtit Constantinople, et partage impolitiquement son empire entre ses enfans, *ibid.*

CONSTANTIN-LE-JEUNE, fils aîné de Constantin-le-Grand, a le département des Gaules dans son partage, I, 217. — Est tué à Aquilée dans une bataille contre son frère Constant, *ibid.*

CONSTANTIN, usurpateur, est proclamé dans la Bretagne, menacée par les Barbares, I, 253. — Descend dans les Gaules, et à l'aide des Francs défait les Vandales, *ibid.* — Fait son fils Constant César, *ibid.* — Assiégé dans Vienne par le Goth Sarus, général d'Honorius, il est dégagé par Géronce, 253 et 254. — Fait des concessions aux Barbares et établit le siége de son empire à Arles, *ibid.* — Est reconnu par Honorius, auquel il promet des secours contre Alaric, 256. — Fait de nouvelles concessions aux Barbares soulevés par Géronce, qu'il avait mécontenté, 258. — Forme une intrigue contre Honorius, *ibid.* — Est assiégé à la fois dans Arles par Géronce, son lieutenant, et par Constance, lieutenant d'Honorius, *ibid.* — Se rend à Constance, et se fait donner d'abord l'ordre de la prêtrise, 259. — Est assassiné par ordre d'Honorius, *ibid.*

CONSTANTIN IV COPRONYME, empereur de Constantinople, envoie des ambassadeurs à Pepin, II, 14.

CONSTANTIN XII Paléologue, le dernier des empereurs grecs de

Constantinople, périt à la prise de sa capitale par Mahomet II, IV, 197.

CONSTITUTION UNIGENITUS (la). (*Voyez* BULLES.)

CONSTITUTION CIVILE DU CLERGÉ. En quoi elle consistait, XI, 317.

CONSTITUTION (la). Elle est présentée au roi, XI, 336. — Elle est proclamée, 337.

CONTADES (Louis-Georges-Erasme de), maréchal de France, remplace le comte de Clermont en Hanovre, XI, 64. — Est battu à Minden par le prince Ferdinand de Brunswick, 65.

CONTAI (le seigneur de), gentilhomme au service du duc de Bourgogne. Son aventure avec Créville, envoyé du connétable de Saint-Pol, IV, 315.

CONTARINI (Charles), doge de Venise, d'abord médiateur du traité de Westphalie, IX, 90.

CONTI (François de Bourbon, prince de), frère du prince de Condé, Henri I. Le roi de Navarre l'envoie pour le remplacer auprès de l'armée allemande, VII, 151. — Sollicite l'absolution du pape, 186.

CONTI (Louise-Marguerite de Lorraine-Guise), fille de Henri-le-Balafré, femme du précédent. Le maréchal d'Estrées a ordre de la faire partir pour son château d'Eu, VIII, 302.

CONTI (Armand de Bourbon, prince de), frère du duc d'Enghien (le grand Condé), demande le chapeau de cardinal, IX, 98. — Son caractère, 101. — Il s'attache à la Fronde, 102. — Il quitte Saint-Germain pour venir se joindre aux frondeurs, 108. — Il est nommé généralissime de l'armée parisienne, 109. — Son discours dans le parlement, 118. — Il demande que l'envoyé de l'archiduc soit entendu dans le parlement, 126. — Il est arrêté et conduit à Vincennes, 159. — Il est transféré à Marcoussi, 170. — Il est transféré au Hâvre, 177. — Il sort de prison et vient à Paris, 197. — Il rompt avec mademoiselle de Chevreuse qu'il devait épouser, 202 et 203. — Danger qu'il court au Luxembourg, 204. — Son mot au coadjuteur qui lui annonçait sa retraite, 206. — Il fait insulter madame et mademoiselle de Chevreuse, 214 et 215. — Mésintelligence entre la duchesse de Longueville et lui, 297. — Le roi lui assigne un séjour éloigné de la cour, *ibid*. — Il fait sa paix en épousant une nièce de Mazarin, 299. — Il s'empare de la Cerdagne, 311. — Ses opérations sont neutralisées par don Juan d'Autriche, 314 et 315.

CONTI (Anne Martinozzi, princesse de), femme du précédent, nièce du cardinal Mazarin, est nommée surintendante de la reine mère de Louis XIV, IX, 460.

CONTI (Louis-Armand, prince de), fils du précédent, épouse mademoiselle de Blois, fille de Louis XIV et de madame de La Vallière, IX, 340.

CONTI (Louis-François de Bourbon, prince de), petit-neveu du précédent, commande dans les Alpes avec don Philippe, infant d'Espagne, V, 364. — Bat le roi de Sardaigne à Villefranche, et s'empare de Château-Dauphin, 364 et 365. — Prend le fort de Demont et fait le siége de Coni, *ibid.* — Gagne une bataille sous les murs de cette ville, contre le roi de Sardaigne, *ibid.* — Est forcé par la mauvaise saison à regagner les Alpes et la Provence, 366. — Est envoyé en Allemagne pour contrarier l'élection de l'empereur François-Étienne, 373. — Trop faible pour remplir son objet, il repasse le Rhin, 374. — Seconde en Flandre le maréchal de Saxe, 385.

CONVENTION NATIONALE. Les jacobins la proposent, XI, 362. — L'assemblée législative la décrète, 370. — Son établissement, 374. Ses premières opérations, *ibid.* — Elle décrète la mort de Louis XVI, 391.

CONVICTOLITAN est revêtu par César du souverain pouvoir chez les Éduens, I, 104. — Il s'efforce de lui enlever les secours qu'il tirait de ses compatriotes, *ibid.*

COOTE (le colonel) bat M. de Lally à Vandavachi, XI, 78. — S'empare de tous les établissements français sur la côte de Coromandel, *ibid.* — Fait le siége de Pondichéri, s'en rend maître et détruit cette ville en majeure partie, 80 et 81.

COOTE (sir Eyre) est envoyé au secours de Madras, menacée par Ader-Ali-Kan, XI, 206. — Rentre dans Pondichéri, évacuée par Monro, *ibid.* — Bat quatre fois Aïder, et l'oblige à évacuer le Carnate, 208. Sa mort, 223.

COQ (Robert Le), évêque de Laon, intrigue dans l'assemblée des états généraux, III, 189. — Est chargé de porter au dauphin les propositions des états, 191. — A ordre de se retirer dans son diocèse, 215.

CORDELIÈRE (ordre de La), institué par Anne de Bretagne, V, 223.

CORDELIERS. (*Voy.* FRANCISCAINS.) Pourquoi ainsi nommés, II, 286.

CORDES (des). (*Voy.* QUERDES des).

CORDOVA (D. Louis de), amiral espagnol, joint le comte d'Orvilliers avec trente-quatre vaisseaux de ligne, XI, 177. — Se joint au comte d'Estaing, nommé généralissime des armées espagnoles, 187. Croise avec M. de Guichen sur les côtes d'Angleterre, 201. — Bloque Gibraltar par mer pendant l'attaque des batteries flottantes, 216. — Une tempête disperse son escadre, et permet au lord Howe de ravitailler la place, 219. — Il le joint à son retour; mais la marche inégale de ses vaisseaux l'empêche de profiter de sa supériorité, *ibid.* — Howe lui échappe à la faveur de la nuit, *ibid.*

CORNE (Ascagne de la), neveu de Jules III. Son oncle veut lui procurer le duché de Parme, 23. — Son oncle l'envoie à Henri II, VI, 26.

CORNEILLE, célèbre poëte tragique français, X, 217.

CORNWALLIS (lord Charles) laisse échapper Washington, qu'il se flattait d'écraser, XI, 168. — Se laisse enlever un convoi par le marquis de La Fayette, 170. — Fait rentrer une partie du continent américain sous l'obéissance de l'Angleterre, 197. — Est harcelé par M. de La Fayette et par les généraux Wayne et Greene, qui le confinent dans la presqu'île de Yorkstown, 197 et 198. — Il y est forcé par les généraux Washington, de Rochambeau et de Grasse, à mettre bas les armes, 200.

CORREUS, chef des Bellovaques, attend César dans une position formidable, I, 118. — Stratagème qu'il emploie pour protéger la retraite d'une partie des siens, 119. — Est tué dans une embuscade, 120.

CORSE (la); son union à la France, XI, 112 à 114.

COSSÉ. (*Voy.* BRISSAC.)

COSSÉ-CONNOR (Artus de), dit le maréchal de Cossé, frère de Charles I de Cossé, maréchal de Brissac. Il est mécontent de la cour, VI, 313. — Livre bataille aux confédérés auprès d'Arnay-le-Duc, 318. — Il est mis à la Bastille, 391. — Henri III veut le faire étrangler, VII, 27. — Il est mis en liberté, 30.

COSSEINS. Un des assassins de Coligni, est tué au siège de La Rochelle, VI, 376.

COTE (le marquis de LA), député à l'assemblée constituante, demande la suppression de la dîme, déclarée d'abord rachetable, et attaque le premier la propriété du clergé, XI, 286.

COSTE (M. de LA), commis dans les bureaux de la marine, est nommé par Louis XVI à l'emploi de ministre en cette partie, XI, 366.

COTTIER, médecin de Louis XI. Ce qu'il disait au monarque quand celui-ci lui témoignait quelque mécontentement, V, 4 et 5. — Est condamné sous Charles VIII à une amende de cent cinquante mille livres, *ibid.* — Rébus qu'il fait placer sur sa maison, *ibid.*

COUCI (Thomas de), fils d'Enguerrand I, est pris par Louis VI. Sa mort, II, 203.

COUCI (Raoul de), fils d'Enguerrand II, et petit-fils du précédent, est blessé à mort au siége de Saint-Jean-d'Acre, II, 331. — Amant de Gabrielle de Vergy, *ibid*.

COUCI (Enguerrand III de), fils du précédent, chef des conjurés contre Blanche de Castille, II, 294.

COUCI (Enguerrand IV de), fils du précédent, est condamné à mort par saint Louis, et par commutation de peine à une amende de dix mille livres, II, 330 et 331.

COUCI (Enguerrand VII, seigneur de), envoie demander aux Parisiens un sauf-conduit pour conférer avec eux, III, 327.

COUDRAY (du), conseiller au parlement de Paris, député par sa compagnie pour s'opposer au retour de Mazarin en France, IX, 237.

COURS PLÉNIÈRES. Ce qu'elles étaient, II, 13.

COURT (de), amiral français, bat l'amiral anglais Matthews devant Toulon, X, 360. — Est néanmoins relégué dans ses terres, *ibid*.

COUTURES (des). L'un des témoins dans l'affaire de l'assassinat du prince de Condé, est arrêté, IX, 159.

CRAMAIL (le duc de). Il sort de la Bastille, VIII, 448.

CRANE (le conseiller) plénipotentiaire de l'empereur au traité de Westphalie, IX, 90.

CRAON (Pierre de), favori de Louis, duc d'Anjou, dissipe l'argent que ce prince l'avait chargé de recevoir pour lui, III, 333. — Est condamné à une restitution de 100,000 fr., 334. — Est exilé de la cour, 360. — Fait assassiner le connétable de Clisson, 362. — Ses biens sont confisqués. Est condamné à mort, 363 et 364. — Se sauve en Bretagne, *ibid*. — Obtient sa grâce, 378.

CRASSUS (M. Licinius) se joint à Pompée et à César dans le premier triumvirat, I, 67. — Se fait assurer le consulat et ensuite le gouvernement de l'Orient pour cinq ans, 79. — Périt dans la guerre contre les Parthes, *ibid*.

CRASSUS (P. Licin.), fils du triumvir, et lieutenant de César, soumet Armorique, I, 71. — Mande à César la révolte de cette province, 73. — Soumet l'Aquitaine, 77.

CRÉCI (Hugues de), fait le seigneur de Mont-Lhéry prisonnier. Se fait moine, II, 204.

CREIGH, amiral anglais au service de la Russie; ses succès dans la Baltique; il y bat le duc de Sudermanie à Cronstadt, XI, 349.

CRENAN (le marquis de), capitaine des gardes du prince de Condé, apaise le tumulte près de s'élever dans le palais, IX, 219.

CRÉPY (Raoul, comte de), épouse Anne, veuve de Henri I, II, 170.

CRÉQUI (Charles de Blanchefort, marquis de), maréchal de France, est traversé dans ses opérations en Italie par le duc de Savoie, VIII, 358. — Obtient de lui de marcher en avant et en est secouru contre le marquis de Léganez, au combat de Résin, *ibid.* — Est tué à l'attaque de Brême, 382.

CRÉQUI (Charles III de Blanchefort, duc de), petit-fils du précédent, ambassadeur de France à Rome, est insulté par la garde du pape, IX, 351. — Il sort de Rome, *ibid.*

CRÉQUI (François de Blanchefort, marquis de), frère du précédent, maréchal de France, est pressé vivement par Condé à la bataille des Dunes, IX, 318. — Bat Marsin et le prince de Ligne en Flandre, 369. — Battu à Consarbrick par le duc de Lunebourg, il est fait prisonnier à Trêves par le duc de Lorraine Charles V, qu'il bat à Kochersberg, et qu'il force à repasser le Rhin, X, 4 et 5. — Il s'empare de Fribourg, bat près de cette ville le duc de Lorraine et le prince de Bade, et envahit la Westphalie, ce qui assure la paix de Nimègue, 13. — Il s'empare de Luxembourg, 26. — Sa mort, 53.

CRÉVILLE, gentilhomme attaché au connétable de Saint-Pol. Son aventure avec Contai, serviteur du duc de Bourgogne, IV, 316.

CRILLON (Louis-Balbe Berthon de), chevalier de Malte, dit *le brave Crillon*. L'un des amis et des seconds du duelliste Bussi d'Amboise, VII, 73, à la note. — Conseil qu'il donne en voyant le rôle que jouait le frère Ange de Joyeuse dans une procession de la Ligue, 180. — Lettre célèbre que lui écrit Henri IV après le combat d'Arques, 232.

CRILLON (Louis-Alex.-Pierre-Nolasque Balbe-Berthon, duc de), général français au service d'Espagne, s'empare de Minorque, XI, 202. — Du fort de Saint-Philippe, 216. — Forme le siège de Gibraltar à l'aide des batteries flottantes du colonel d'Arçon, *ibid.* — Elles sont incendiées par le gouverneur Elliot, et le siége échoue, 217.

CRISPUS, fils de Constantin-le-Grand et de Minervine, sa première femme, a pour instituteur Lactance, dit le Cicéron chrétien, I, 215. — Il est envoyé par son père contre les Francs, et il les bat, *ibid.* — Est accusé par Fausta, sa belle-mère, et envoyé à la mort, *ibid.*

CRITOGNAT, seigneur d'Auvergne. Avis horrible qu'il propose dans la disette de vivres qu'éprouve Alise, assiégée par César, I, 113.

CROCUS, capitaine vandale, ravage la Gaule. Il est arrêté dans ses progrès par Probus, I, 194.

CROI ou CROY. (*Voy.* CROUI.)

CROISADES. Étymologie du mot, II, 181. — La première, *ibid.* — Ses principaux chefs, 182. — Ses avantages, 185. — La deuxième. Ses motifs, 211. — La troisième, 240. — Louis part pour la croisade, 242. — La quatrième, 258 et 259. — La cinquième, 260. — Contre les Albigeois, 265. — Sixième croisade, 307. — La septième croisade, 308. — Huitième et dernière croisade, 342.

CROISÉS. Leur conduite, II, 213. — Leur marche, *ibid.* — Ils sont trahis, 214. — Ils s'emparent de Constantinople, 260.

CROISSY. (*Voy.* COLBERT, Charles).

CROMÉ, conseiller au grand conseil, l'un des membres de la faction des Seize, se ligue avec d'autres pour faire périr le président Brisson, VII, 295. — Est excepté de l'amnistie publiée par le duc de Mayenne, 300.

CROMWELL (Olivier), l'un des membres du parlement d'Angleterre, qui envoya Charles I à l'échafaud, IX, 188. — La France s'allie avec lui, 316.

CROQUANTS (les), paysans révoltés de Guienne, sont défaits par le duc de la Valette, VIII, 291.

CROUI (Jean II, sire de), émissaire du duc de Bourgogne. Charles, duc d'Orléans, le fait appliquer à la question, III, 29.

CROUI (Jean de), tige des comtes de Chimay, troisième fils du précédent. (*Voy.* CHIMAY.)

CROUI (Philippe II, sire de), duc d'Arschot, arrière-petit-neveu du précédent. (*Voy.* ARSCHOT.)

CROUI (Antoine de), comte de Porcéan ou Porcien, neveu du précédent. (*Voy.* PORCIEN.)

CRUCÉ, orfèvre. Se vante d'avoir tué plus de quatre cents personnes à la Saint-Barthélemi, VI, 357. — Membre du conseil de la ligue, VII, 135.

CRUSSOL (Jacques de), frère et successeur d'Antoine de Crussol, premier duc d'Uzès. (*Voy.* ALIER et UZÈS.)

CRUSSOL (Jean de) frère du précédent, est tué à la Saint-Barthélemi, VI, 356.

CUGNIÈRES (Pierre de). Sa harangue contre le clergé, III, 118.

CULDOÉ (Jean de), prévôt des marchands, convoque les notables de Paris, III, 306. — Son discours au duc d'Anjou, 307.

CUMBERLAND (Guillaume-Auguste, duc de), troisième fils de Georges II, roi d'Angleterre, se distingue à la bataille de Dettingue

X, 354. — Son humanité envers un officier français, 355. — Commande l'armée alliée à la bataille de Fontenoi, 369. — Forme les Anglais en une colonne épaisse qui pense remporter la victoire, 370. — Est battu par le maréchal de Saxe, 371. — Il est rappelé en Angleterre lors de l'invasion du prince Édouard, 376. — Il l'atteint à Derby, à trente lieues de Londres, et le force à rétrograder, 377. — Le défait à Culloden et ruine entièrement son parti, 378. — Est battu à Laufeld par le maréchal de Saxe, et n'en protége pas moins Maëstricht, XI, 5. — Est battu à Hastembeck par le maréchal d'Estrées, 40 et 41. — Perd sa réputation militaire à la capitulation de Closterseven, à laquelle le réduit le maréchal de Richelieu, 42.

CURIUS DENTATUS (Marcus Annius), consul romain, vainqueur des Samnites. Bat aussi les Gaulois, I, 26.

CUSTINES (le comte de), l'un des principaux officiers français en Amérique dans l'expédition contre lord Cornwallis, XI, 199. — Membre de l'assemblée constituante, et depuis général de la république, s'empare des places germaniques sur le Rhin, 377.

D

DAGOBERT I, roi de France, fils de Clotaire II, d'abord roi des Austrasiens, I, 330. — Sa bravoure, ibid. — Il cède à Caribert, son frère, les provinces du midi de la France, 333. — Sa mort, 334.

DAGOBERT II, fils de Sigisbert II, roi d'Austrasie, est renfermé en Irlande par ordre de Grimoald, I, 341. — Est tué dans une sédition, 346.

DAGOBERT III, succède à son père Childebert III, I, 350. — Sa mort, 351.

DAIM (Olivier le), barbier de Louis XI. Ce prince l'envoie en ambassade à Marie de Bourgogne, IV, 339. — Est obligé de s'enfuir de Gand, ibid. — Est pendu, V, 4.

DALEMBERT. (*Voy.* ALEMBERT.)

DAMAS (le vicomte de), colonel du régiment d'Auxerrois, coopère à la prise de la Dominique, XI, 175. — A celle de Saint-Christophe, 211.

DAMIENS (Robert-François), assassine Louis XV, XI, 24.

DAMMARTIN (Bureau de), avertit la reine du projet du duc de Bourgogne sur la famille royale, IV, 68.

DAMPIERRE (Gui de), tige par les femmes des maisons de Bourbon et d'Autriche, III, 20.

DAMPIERRE (Gui de), comte de Flandre, fils de Guillaume de Dampierre, et petit-fils du précédent, déclare la guerre à Philippe IV, III, 23. — Obtient une trêve, ibid. — Réclame l'intervention du pape, 26. — Est enfermé dans le château de Compiègne, 28. — Envoyé par Philippe IV pour tenter un accommodement avec les Flamands, 42. — Ne peut réussir, ibid. — Sa mort, ibid.

DAMPIERRE (Robert de), fils du précédent, comte de Flandre, est enfermé au château de Chinon, III, 28. — Est mis en liberté, 44.

DAMPIERRE (Guillaume de), fils de Gui de Dampierre, comte de Flandre, est enfermé dans une forteresse d'Auvergne, III, 28. — Est mis en liberté, 44.

DAMPIERRE (Jean de), comte de Namur. (*Voy.* JEAN.)

DAMVILLE (Henri de Montmorency, connu du vivant de son père sous le nom de), second fils du connétable Anne de Montmorency, connétable lui-même et duc de Montmorency après François, son frère aîné. (Il faut prendre garde pour cette raison de le confondre avec cet aîné, ainsi qu'avec son frère puîné, Charles de Montmorency-Méra, amiral de France, baron, puis duc de Damville). Il fait prisonnier le prince de Condé à la bataille de Dreux, VI, 218. — Ses entreprises dans le Languedoc contre les calvinistes, 240. — Il les ménage, 312. — Est tenu en échec dans le Languedoc par la détention de son frère, 393. — Et par une armée royale, 394. Son caractère et ses dispositions, VII, 13. — Il va trouver Henri II en Piémont, 14. — Il signe la confédération des mécontens de Milhaud, 15. — Il se cantonne dans le Languedoc, 51. — Sa réponse à la députation des états de Blois, 53. — Henri II lui envoie des agens pour négocier avec lui, 55. — Lanoue lui annonce que la paix est faite, 60. — Prend, après la mort de son frère, le titre de maréchal de Montmorency, 95. — Traite avec le roi de Navarre, ibid. — Est fait connétable, 376. — Force le duc d'Épernon à se soumettre à Henri IV, ibid. — Explication avec Sully en présence du roi au sujet d'une pension, VIII, 11. — Se fortifie en Languedoc contre Henri IV, 29. — Sa fille est aimée du roi, 51. — Il la marie au prince de Condé, 55. — Il la redemande à l'archiduc Albert, près duquel elle était retirée, 63. — Marie de Médicis le fait entrer au conseil après la mort de Henri IV, 79. — Raison qu'il donne pour prouver qu'une requête présentée à Henri IV contre le prince de Condé n'est pas de lui, 82. — Son mot sur la conduite du prince de Condé dans le conseil, où il s'agissait du mariage de Louis XIII avec l'infante, 93.

DANGEAU (Philippe de Courcillon de), raconte dans ses mémoires la découverte de la conjuration tramée contre le régent par le prince de Cellamare, X, 255.

DANIEL (le père Gabriel), jésuite et historien. Ce qu'il dit d'Anne de Bretagne, V, 52.

DANOIS. Leur irruption en France. Charlemagne traite avec eux, II, 49.

DANTON, député à l'assemblée législative et à la convention, l'un des chefs du club dit des Cordeliers, appelle la guerre avec l'empereur, XI, 355. — Est fait ministre de la justice à la chute du trône, 370.

DARBY (G.), amiral anglais, est obligé de faire retraite devant le comte d'Estaing, XI, 188. — Est forcé par le comte de Guichen et don Louis de Cordova de se cacher à Torbay, 202.

DARDOIS, secrétaire du connétable de Montmorency, assiste au nom de son maître à une assemblée tenue à Vendôme, VI, 117.

DAUN (Ulric-Philippe-Laurent, comte de), feld-maréchal, vice-roi de Naples, et gouverneur de Milan, est prévenu par le maréchal de Berwick dans une invasion qu'il tente sur le Dauphiné, X, 177.

DAUN (Léopold-Joseph-Marie), second fils du précédent, feld-maréchal, bat le roi de Prusse Frédéric II à Chotzemitz, XI, 43. — Est battu par lui, ainsi que le prince Charles de Lorraine à Lissa, 48. — Lui fait lever le siége d'Olmutz, 55 et 56. — Bat Frédéric à Hochkirchen, mais n'ose le poursuivre, 57. — Lève par humanité le siége de Dresde, 58. — Enlève à Maxen le général Finck qui cherchait à lui couper la retraite, 67. — De concert avec les Russes, il cerne Frédéric à Leignitz et le laisse échapper, 77. — Est battu par lui à Torgau où il est blessé, 78. — Observe en Saxe le prince Henri de Prusse, 87. — Ne peut empêcher la prise de Schweidnitz par Frédéric, 90.

DAUPHIN. Origine de ce nom, III, 141.

DAVID, avocat, député à Rome par la ligue. Les calvinistes surprennent ses papiers, ils les font passer à Henri III, VII, 45.

DAVILA (Henri-Catherine), historien. Ce qu'il dit de Catherine de Médicis, VI, 190. — Catherine de Médicis l'envoie annoncer au roi l'arrivée à Paris du duc de Guise, VII, 165.

DÉAGEANT (Guichard de Saint-Marcellin), favori du connétable de Luynes; conseils qu'il lui donne au sujet de la reine mère, VIII, 166.

DÈCE (Cn. Messius Quint. Traj.), empereur romain, enlève l'empire à l'Arabe Philippe, I, 184. — Est tué dans un combat contre les Goths, ibid. — Persécute violemment les chrétiens, 185. — Mission célèbre sous son règne du saint-siége dans les Gaules, ibid.

DECIUS MUS (P.), consul romain, se dévoue aux dieux infernaux dans une guerre contre les Gaulois, et procure la victoire aux Romains, I, 26.

DÉJOTARE, roi ou tétrarque des Galates ou Gaulois de l'Asie. Plaidoyer de Cicéron en sa faveur pour le disculper d'avoir attenté à la vie de César, I, 30.

DÉMOCRATES. Signification de ce mot, XI, 256.

DENYS, l'ancien, tyran de Syracuse, prend à sa solde les restes des Senonais qui avaient pris Rome, I, 24.

DES CORDES, DES GUERDES, DES QUERDES. Voy. QUERDES (des).

DESCURES, un des agens de Henri IV. Ce qu'il écrivait à ce prince au sujet de Charles de Valois, duc d'Angoulême, VIII, 31.

DESESSARTS (Pepin), chevalier, se joint à Jean Maillard pour observer le prevôt Marcel, III, 211.

DESESSARTS (Pierre), prevôt de Paris, et surintendant des finances, est destitué, IV, 28. — Confident du duc de Bourgogne, dévoile ses secrets, 30. — Vient à Auxerre pour traiter de la paix entre les ducs d'Orléans et de Bourgogne, 40. — Le dauphin Louis lui donne le gouvernement de la Bastille, 43. — Livre la Bastille au duc de Bourgogne, 44. — Est mis en prison, ibid. — A la tête tranchée, 47.

DESÈZE, jeune avocat au parlement de Bordeaux, proposé à Louis XVI et à la Convention par MM. Tronchet et Malesherbes, pour porter la parole pour le monarque, XIV, 345. — Son plaidoyer en faveur du roi, ibid.

DESILLES, jeune officier du régiment du roi. Son dévouement pour prévenir l'effusion du sang des citoyens. Sa mort, XI, 344.

DESMARETS (Jean), avocat du roi. Ce qu'il propose à la mort de Charles V, III, 303. — Se rend intermédiaire entre la cour et le peuple, 318 et 319. — Son supplice, 328.

DESMARETS (poëte), auteur supposé de *Mirame*. Ce que lui dit le cardinal de Richelieu après la chute de cette pièce, VIII, 347.

DESMARETS (Nicolas), fils de Jean Desmarets, intendant de justice à Soissons, et de Marie Colbert, sœur du controleur général des finances, succède à Chamillard dans le ministère des finances, X, 166. — État déplorable dans lequel il les trouve, ibid. — Ses ressources, 167. — Est congédié par le régent, 222. — Celui-ci lui adresse Law dont il condamne les projets, 244.

DESMARETS (Jean-Baptiste-François), dit le maréchal de Maillebois, fils du précédent, s'empare de diverses places du Milanais, X, 325. — Soumet la Corse en trois semaines, 333. — Observe la Westphalie et force le roi d'Angleterre à la neutralité, 341. — Est envoyé pour faire lever le siège de Prague, 348. — Ne se croit pas en état de forcer les gorges de la Bohème, 349. — Son armée est donnée au maréchal de Broglie, ibid. — Est envoyé dans l'état de Gênes et le Montferrat pour seconder l'infant don Philippe, 373. Bat le roi de Sardaigne à Bassignano, et le réduit presqu'à sa capitale, ibid. — Se sépare des Espagnols par suite de la défiance qui s'introduit entre les deux nations, 382. — S'en rapproche à la vue du danger commun, ibid. — Ne peut faire prévaloir l'opinion de défendre l'état de Gênes, ibid. et 383. — Est battu sous Plaisance, ainsi que les Espagnols, par le prince de Lichtenstein, ibid. — Fait retraite en Provence, ibid.

DESMARETS (Marie-Yves), comte de Maillebois, lieutenant général, fils du précédent. Il feint de marcher sur le Milanais ; ce qui sépare les armées piémontaises et autrichiennes, et fait battre le roi de Sardaigne à Bassignano, X, 373. — Belle retraite par laquelle il ramène dans l'état de Gênes les armées françaises et espagnoles battues à Plaisance, 383. — Envieux du maréchal d'Estrées, il est sur le point de le faire battre à Hastembeck, XI, 41. — Il est mis en jugement, et soumis à une détention de peu de durée, 42.

DESMEUNIERS, membre de l'assemblée constituante, puis du directoire du département de Paris, signataire à ce titre d'une adresse au roi, pour l'inviter à apposer son veto sur un décret vexatoire du corps législatif, XI, 342.

DESODOARDS (Antoine Fantin), continuateur de Velly ; réfutation de son opinion sur l'époque des désignations numériques des rois de France de même nom, VI, 157, à la note. — Ce qu'il dit du masque de fer, IX, 349.

DESPRÉAUX, poëte. Sa réponse au prince de Condé qui lui montrai son armée, IX, 387.

DESPREMENIL. (Voy. Espremenil. Duval d').

DEUTERIE, dame de Cabrière, abandonne sa forteresse à Théodebert, I, 294. — Épouse Théodebert et fait périr sa fille du premier lit, 295. — Est répudiée par Théodebert, 297.

DEUX-PONTS (Wolfgang de Bavière de la branche palatine, duc de, et héritier de Neubourg et de Sulzbach), se refuse aux sollicitations de Catherine de Médicis, VI, 246. — Donne des secours aux calvinistes de France, 295. — Arrive au secours des confédérés à la tête d'une armée, 301. — Sa mort, 302. (*Voy.* NEUBOURG et BAVIÈRE).

DEUX-PONTS (Christian IV, duc de), arrière-petit-fils de Christian I, petit-fils du précédent, général de l'armée des Cercles ; il s'empare de Dresde, XI, 67.

DEUX-PONTS (Charles, duc de), neveu du précédent, et frère aîné de Maximilien, depuis électeur et roi de Bavière, réclame les secours du roi de Prusse contre les prétentions de l'empereur Joseph II, à l'héritage de la Bavière, qui oblige le dernier à s'en départir, XI, 181. — Les appelle de nouveau au sujet de l'échange de la Bavière proposé par le même à l'électeur Charles-Théodore, 235.

DEY D'ALGER (le). Louis XIV l'oblige à rendre tous les esclaves français, X, 22.

DIANE DE POITIERS, fille de Poitiers de Saint-Valier, obtient la grâce de son père, V, 302. — Elle devient favorite de Henri II sous le nom de duchesse de Valentinois, VI, 2. — Sa justification, 3. — Elle fait porter son argenterie à la monnaie, 34. — Intrigue pour qu'on déclare la guerre à Philippe II, 79. — Appuie la faction de Montmorency contre les Guises, 99. — Elle est disgraciée, 115. — Elle se ligue avec le connétable de Montmorency et le maréchal de Saint-André, 167.

DIANE D'ANGOULÊME, fille naturelle de Henri II. (*Voy.* ANGOULÊME.)

DIDEROT (Denys), l'un des plus ardens promoteurs de la secte philosophique, et à cet égard lieutenant de Voltaire, XI, 13.

DIDIER, roi de Lombardie. Il assiége Rome, II, 14. — Lève le siége de Rome, *ibid.* — Il se retire à Pavie, 23. — Est détrôné Sa mort, 24.

DIDIER (Artus), prêtre, écrit à Philippe II, roi d'Espagne, pour lui demander, au nom du clergé de France, sa protection contre les calvinistes, VI, 179. — Est condamné à une amende honorable et à la prison, *ibid.*

DIMES INFÉODÉES. Leur origine, I, 335.

DIMES sont assignées au clergé par Charlemagne, II, 47. — Leur suppression, XI, 288.

DILLON (Arthur), colonel du régiment de ce nom, surprend la garnison de Saint-Eustache, et moins fort de moitié, la contraint de se rendre, XI, 201. — Coopère à la prise de Saint-Christophe, 211.

DILLON (Robert) se distingue parmi les officiers employés à l'expédition contre lord Cornwallis, XI, 199.

DIOCLÉTIEN (Valer. Aurel.), empereur romain. Il tue Aper, meurtrier de Numérien, et est proclamé empereur, I, 195. — Ère de son nom, *ibid.* — Associe Maximien Hercule à l'empire, et lui assigne les Gaules pour département, 196. — Ouvre la dixième persécution contre les chrétiens, 202. — Est forcé d'abdiquer, *ibid.* — Sa réponse à Maximien qui l'engage à reprendre la pourpre 210. — Sa mort affreuse, 214.

DIVION (Jeanne de), fabrique de faux titres en faveur de Robert III, comte d'Artois, III, 121 et 122. — Avoue sa manœuvre, 123. — Est condamnée à être brûlée vive, 124.

DIVITIACUS, (Éduen), fait connaître à César l'oppression qu'éprouvait la Gaule de la part d'Arioviste, roi des Germains, I, 63.

DOHNA (le comte de), général prussien, chargé d'observer les Russes, est battu à Zullichen par le général Solticow, XI, 66.

D'HONA (le baron de), commande une armée envoyée au secours des protestants de France, VII, 147 et 148. — Est battu à Vismory et à Auneau par Henri, duc de Guise, 151.

DOLABELLA (Corn.), consul romain, défait complétement les Gaulois qui marchaient sur Rome, I, 26 et 27.

DOLÉ, créature de Concini. Les confédérés l'attaquent dans leur manifeste, VIII, 124.

DOLGOROUSKI (le prince), s'empare de la Crimée, XI, 144. — Est battu par les Turcs à Varna, 146.

DOMINICAINS ou FRÈRES PRÊCHEURS. Leur destination, II, 283. — La faculté d'ouvrir des écoles publiques leur est interdite, 300. — Le cardinal d'Amboise veut les réformer, V, 123.

DOMITIEN (Tit. Flav. Sab.), empereur romain, second fils de Vespasien, se rend dans les Gaules à l'occasion de la révolte de Civilis, I, 170. — Demeure à Lyon, 173. — Il ne se passe rien de remarquable dans les Gaules sous son règne, 176.

DOMITIUS ÆNOBARBUS (L.), désigné pour succéder à César dans la Transalpine, est fait prisonnier par celui-ci à Corfinium, I, 132. — César lui donne la liberté. Il regrette de n'en pouvoir jouir, dans la fausse persuasion où il était qu'il s'était empoisonné, *ibid.* — Il soulève les Marseillais contre César, 133. — S'échappe et va mourir à Pharsale, 135.

DON PATRIOTIQUE du quart du revenu de chacun, XI, 285. — Ce qu'il rapporta, *ibid.*

DORAT (Jean), dont le véritable nom était Disnematin, poëte français, est dans les bonnes grâces de Charles IX, VI, 395.

DORIA (André), amiral génois au service de la France, bat la flotte de Charles-Quint devant Marseille, V, 308 et 309. — Veut attaquer la flotte qui conduisait François I en Espagne, 318. — François I lui donne le commandement d'une flotte chargée d'attaquer la Sicile, 340. — Il quitte le service de France et s'attache à Charles-Quint, 341. — Enlève Gênes aux Français, la rend à la liberté et lui donne une constitution, 342. — Amène du blé à Charles-Quint en Provence, 375. — Est battu devant Naples par Dragut et San Severino, VI, 43.

DOUGLAS (Archibald), Écossais, beau-père de Jean-Stuart, comte de Buchan, connétable de France, amène un secours d'Écossais à Charles VII, 105. — Périt à la bataille de Verneuil, 107.

DOYAC (Jean), médecin de Louis XI. Ce prince l'envoie présider les grands jours d'Auvergne, IV, 361. — Est condamné au fouet, à avoir la langue percée d'un fer chaud, et au bannissement, V, 4.

DRAGUT, amiral ottoman, bat André Doria devant Naples, VI, 43. — Aide les Français à conquérir une partie de la Corse, 52.

DRAPÈS, Sénonais, partisan gaulois qui avait fatigué les armées romaines. Il défend Uxellodanum assiégée par Caninius, I, 121 et 122. — Il en sort pour chercher des vivres, 122. — Est fait prisonnier par les Romains, *ibid.* Se laisse mourir de faim, 124.

DREUX *ou* DROGON, fils de Carloman, I, 360.

DROGON, fils de Pépin d'Héristal et de Plectrude. Sa mort, I, 351.

DROUET, maître de poste de Sainte-Ménéhould, fait arrêter Louis XVI dans sa fuite à Montmédy, XI, 332.

DRUCOURT (madame de), femme du gouverneur de Louisbourg. Son héroïsme dans la défense de la place, XI, 59.

DRUIDES. Leur hiérarchie et leurs collèges, I, 6. — Leurs dogmes, *ibid.* — Leur doctrine secrète, 7. — Leur culte, 8. — Cérémonie du Gui, *ibid.* — Leurs sacrifices, 9. — Leur destruction, 10 et 11.

DRUIDESSES. Ce qu'elles étaient, I, 10.

DRUSUS (Claudius), second fils de Livie et de Tibère Claude Néron fait exécuter à la rigueur le dénombrement dans les Gaules, I, 144. — Passe en Germanie et y meurt sur les bords de l'Elbe, 145.

DUBELLAY. (*Voyez* BELLAY.)

DUBOIS (Pierre), bourgeois de Gand, propose aux Gantois de prendre pour chef Philippe d'Artevelle, III, 321.

DUBOIS (Guillaume), abbé, puis cardinal, d'abord précepteur du duc d'Orléans, régent, qui le fait conseiller d'état, X, 225. — Il se laisse gagner par les lords Stairs et Stanhope, 226. Il a seul le secret des négociations du régent avec l'Angleterre, 229. — Est envoyé à La Haye négocier la triple alliance, *ibid*. — Aspire aux premières dignités de l'église, 237. — Il contribue à la persécution qui se renouvelle contre le duc du Maine, *ibid*. — Est nommé au ministère des affaires étrangères, 242. — Est fait archevêque de Cambrai, 281. — Négocie auprès du cardinal de Noailles pour lui faire accepter la bulle *Unigenitus*, 281 et 282. — Il est fait cardinal, 284. — Vues du régent sur lui, 285. — Ce que lui dit le duc de Noailles lorsqu'il entre au conseil en qualité de cardinal, 288. — Il est fait premier ministre, 289. — Sa mort, 290. — Énumération de ses revenus, *ibid*.

DUCLOS (Charles-Dineau), historien. Son mot sur le règne de Louis XI, IV, 385.

DUCS. Leurs fonctions, I, 307.

DUELS JUDICIAIRES. Règlement de Louis IX à leur égard, II, 337. — Celui de La Châtaigneraie et de Jarnac est le dernier, VI, 7.

DUFAUR (Louis), conseiller au parlement de Paris. Indécence avec laquelle il invective, en présence de Henri II, contre l'église catholique, VI, 109. Le connétable de Montmorenci l'arrête dans le parlement, 110.

DUFAU (Yvon), un des généraux de Louis XI. Ce que ce prince écrivait de lui à Du Bouchage, IV, 307.

DUGUAST (Louis Bérenger, seigneur), favori de Henri II, se distingue dans les tracasseries domestiques de la cour, VII, 22. — Marguerite, reine de Navarre, le fait assassiner, 32 et 33.

DUGUAST (Alphonse d'Avalos, marquis del Vasto, ou du), général de Charles-Quint, cousin et héritier de Ferdinand-François d'Avalos, marquis de Pescaire, commande en Piémont, V, 379. — Fait assassiner deux ambassadeurs de François I dans le Piémont, 392. — Dégage la ville de Nice, et met les côtes d'Italie à l'abri des pirateries de Barberousse, 403. — Est battu à Cérisoles par le duc d'Enguien, 410.

DUGUAY-TROUIN (René), lieutenant général des armées navales, d'abord simple armateur, désole le commerce anglais, X, 88. — S'empare de Rio-Janéiro, et cause une perte immense aux Portugais dans le Brésil, 178.

DUGUESCLIN (Bertrand), connétable de France, appelle une bande des grandes compagnies en Bretagne, III, 232. — Bat à Cocherel les Anglais commandés par le captal de Buch, 239 et 240. — Charles V lui donne le comté de Longueville, 241. — Est fait prisonnier par Chandos à la bataille d'Aurai, 244. — Est mis en liberté, 250. — Est fait prisonnier à la bataille de Navarette, 253. — Est mis en liberté, 256. — Charles V paie sa rançon, *ibid.* — Est fait connétable de Castille, 257. — Est rappelé de Castille par Charles V, 260. — Est fait connétable de France ; bat les Anglais, 264. — Fait prisonnier le captal de Buch, 267 et 268. — Assiége Thouars, 270. — Remporte la bataille de Chivrai, 271. — Entre en Bretagne, 272. — S'empare d'Hennebond, 273. — Se retire en Bretagne, n'approuve pas la conduite de Charles V à l'égard de Montfort, 292. — Est disgracié et rappelé, 296. — Sa mort, 297. — Charles V le fait transporter à l'abbaye de Saint-Denis, 298.

DUGUESCLIN (Olivier), frère du précédent, qui le recommande à Charles V dans son testament, III, 297.

DUGUESCLIN (Julienne), sœur des précédents, repousse les Anglais qui avaient tenté de surprendre Pontorson, III, 250.

DUMAS (Mathieu), se distingue parmi les officiers employés à l'expédition contre lord Cornwallis, XI, 199.

DUMNORIX (Éduen), entraîne avec lui la cavalerie éduenne que César voulait embarquer pour son expédition de Bretagne, I, 80 et 81. — Atteint par la cavalerie de César, il est tué, 81.

DUMOURIEZ (François), commande un secours de quinze cents Français envoyés par Louis XV aux confédérés de Pologne, XI, 143. — Est fait ministre des affaires étrangères, 356. — Fait déclarer la guerre à l'empereur François II, *ibid.* — Est renvoyé par Louis XVI, 357. — Est nommé par l'assemblée législative pour remplacer le général de La Fayette, décrété par elle d'accusation, 375. — Il réunit à Grandpré les gardes nationales et les troupes de ligne et force les Prussiens à évacuer la Champagne, 376. — Bat à Jemmapes, près de Mons, le prince de Saxe-Cobourg, et chasse les Autrichiens de la Belgique, 377.

DUNOIS (Jean d'Orléans, comte de), fils légitimé de Louis, duc d'Orléans. Sa naissance, III, 392. — Valentine Visconti, femme du duc, l'exhorte à venger la mort de son père, 21. — Épouse une fille de Louvet, ministre de Charles VII, IV, 112. — Fait lever le siége de Montargis, 118. — Vient secourir les Orléanais assiégés, 123. — Se bat contre les Anglais à la journée des Harengs, 123. — Rentre dans Orléans, 125. — Veille à la sûreté de la Pucelle d'Orléans, 132. — Exhorte Jeanne d'Arc à continuer de servir le roi, 139. — Son opinion sur la Pucelle d'Orléans, 148. — Se laisse entraîner dans la Praguerie, 164. — Rentre en grâce, 165. — Commande l'armée française devant Bordeaux, 184. — Jure pour Charles VII les articles en vertu desquels la Guienne consent à se réunir à la France, *ibid*. — Son exclamation dans l'abbaye de Saint-Denis, après les obsèques de Charles VII, 206. — Entre dans la ligue du bien public contre Louis XI, 229. — Restitutions et reprises que lui fait le roi, 241.

DUNOIS (François I, comte de), fils du précédent, se ligue avec le duc d'Orléans contre madame de Beaujeu, V, 3. — Madame de Beaujeu lui ôte le gouvernement du Dauphiné, 18. — Forme une nouvelle ligue contre madame de Beaujeu, 19. — Est obligé de se retirer à Ast, 21. — Plan de la conspiration qu'il forme contre la cour, 26. — Il se rend à Parthenai, 27. — Se retire en Bretagne, 29. — Encourage le chancelier de Bretagne dans son opposition aux démarches du sire d'Albret pour épouser Anne de Bretagne, 44. — Promet de mener Anne de Bretagne à Nantes, 46. — Travaille à faire épouser Anne de Bretagne à Charles VIII, 48 et 49. — Sa mort, 55.

DUNOIS (François II, comte de), et duc de Longueville, fils du précédent, remplace le maréchal de Rieux dans le commandement d'une armée chargée de la défense du Languedoc, V, 152. (*Voyez* LONGUEVILLE.)

DUPES (journées des). Pourquoi elle est ainsi nommée? VIII, 287.

DUPLEIX (Scipion), historien. Peinture qu'il fait du caractère de Louis XI, IV, 383.

DUPLEIX (Joseph), gouverneur de la compagnie française de Pondichéry, refuse par jalousie contre La Bourdonnaie de ratifier la mise à rançon de Madras, X, 387. — Dénonce La Bourdonnaie, *ibid*. — Défend avec succès Pondichéry contre l'amiral Boscaven, XI, 10. — Reçoit du grand-mogol le titre de nabab d'Arcate, 50. — Mal secondé par la France, il est obligé d'y renoncer, *ibid*. — Est rappelé en France et y meurt peu après, 51.

DUPLESSIS-MORNAY. (*Voy*. MORNAY.)

DUPLESSIS-PRASLIN. (*Voy*. CHOISEUL.)

DUPLESSIS-RICHELIEU. (*Voy*. RICHELIEU.)

DUPORT (Adrien), conseiller au parlement, membre de l'assemblée constituante et ardent révolutionnaire, se rallie à la cause de l'autorité royale, XI, 335. — Est nommé pour recevoir la déclaration du roi et de la reine au sujet de leur évasion, *ibid*.

DUPORT-DUTERTRE, avocat, est appelé par Louis XVI au ministère de la justice, XI, 320.

DUPUY (Raymond), fondateur de l'ordre des hospitaliers de Saint-Jean, dits depuis chevaliers de Malte, II, 187.

DURAND, charpentier, établit une confrérie pour la paix, II, 237 et 238.

DURANTHON, avocat de Bordeaux, appelé par Louis XVI au ministère de la justice, XI, 356.

DURAS (Charles de). (*Voy*. Durazzo.)

DURAS (*Voy*. Durfort.)

DURAZZO (Charles d'Anjou), roi de Naples et de Hongrie, petit-neveu de Robert-le-Bon, roi de Naples, est appelé par Jeanne de Naples, petite-fille de Robert, à sa succession, III, 312. — Se dispose à dépouiller sa bienfaitrice, *ibid*. — La fait étrangler, 313. — Dispute le trône à Louis d'Anjou, frère de Charles V, et tige de la seconde maison d'Anjou, *ibid*. — Est excommunié par Clément VII, pape d'Avignon, 314. — Fait avorter les desseins de son compétiteur, 333.

DURE-TÊTE, chef de l'association des Ormistes, à Bordeaux, XI, —401. — Il est excepté de l'amnistie générale accordée à la ville de Bordeaux, 402.

DURFORT (François de), seigneur de Duras, protége avec sa compagnie la retraite du Garillan, V, 161.

DURFORT (Symphorien de), comte de Duras, fils du précédent, est battu en amenant un corps de calvinistes au prince de Condé, VI, 214.

DURFORT (Jacques de), marquis de Duras, fils du précédent, l'un des quatre seigneurs auxquels Charles IX fit grâce à la Saint-Barthélemi, VI, 357.

DURFORT (Jacques-Henri de), duc de Duras et maréchal de France, petit-fils du précédent, fils de Gui Aldonce de Durfort et d'Élisabeth de La Tour d'Auvergne, sœur du duc de Bouillon et du maréchal de Turenne, commande en Alsace sous le dauphin, et s'empare du Palatinat, X, 53. — Ravage ce pays, 55. — Ne peut empêcher le duc de Lorraine de reprendre Mayence, 56.

DURFORT (Gui Aldonce de), duc de Lorges-Quintin, et maréchal de France, frère du précédent. Il alterne avec le marquis de Vaubrun dans le commandement de l'armée, après la mort du maréchal de Turenne, son oncle, IX, 422. — Il bat Montécuculli au combat d'Altenheim et repasse le Rhin sans être inquiété, 423. — Insiste inutilement pour faire livrer bataille au prince d'Orange près de Valenciennes, 427. — Commande sur le Rhin après son frère, X, 63. — Se borne à une guerre d'observation, 65. Bat le prince de Wurtemberg à Pforzheim, et le fait prisonnier, 72. — Prend Heidelberg, et ravage de nouveau le Palatinat, 78. — Ne peut empêcher le prince de Bade de pénétrer en Alsace, 83.

DUROSOY, journaliste royaliste, est envoyé au supplice par le tribunal révolutionnaire du 10 août, XI, 371.

DURUG, agent de Charles-le-Mauvais, est arrêté, III, 285. — Est condamné à mort, 286.

DUTERTRE (Pierre), secrétaire de Charles-le-Mauvais, est arrêté, III, 285. — Condamné à mort, 286.

DUTERTRE. (*Voy.* DUPONT.)

E

EBBON, frère de lait de Louis I, et archevêque de Reims, préside le concile où ce prince est déposé, II, 67. — On lui ôte son archevêché. Il se retire en Italie, 71.

ÉBROIN, maire du palais de Neustrie, I, 342. — Met sur le trône Thierry III, 343. — Se retire au monastère de Luxeuil, *ibid.* — Se sauve de Luxeuil, 344. — Ses querelles avec Léger, 345. — Il est assassiné, 346.

ÉCHANSON, officier de bouche, dépendait du Palatin, I, 308.

ÉCHEVINS. Leur création, III, 196. — Charles, dauphin, les mande au Louvre, et leur reproche leurs intrigues, 197.

ÉCHIQUIER (L'). Ce que c'était, III, 56.

ÉCOLE MILITAIRE. Par qui elle a été établie, XI, 151.

ÉCUYER. Ses fonctions, II, 288.

ÉDEN, plénipotentiaire anglais, négocie avec le comte de Vergennes un traité de commerce entre l'Angleterre et la France, XI, 230.

EDGEWORTH DE FERMONT, abbé, assiste Louis XVI dans ses derniers moments, XI, 393. — Paroles consolantes et sublimes qu'il lui adresse au pied de l'échafaud, 398. — Éloge que lui fait du roi M. de Malesherbes, 399.

ÉDIT impérial de Worms, qui défend toute innovation en fait de religion. De la protestation contre cet édit est venu aux réformés le nom de protestants, V, 347. — Édit de Henri II contre les blasphémateurs et les hérétiques, VI, 6. — Édit de Charles-Quint dit de l'*interim*; pourquoi ainsi nommé? 14. — De Châteaubriant, donne par Henri II, et aggravant les peines portées contre les hérétiques, 25. — Édit portant établissement des présidiaux, 29. — Édit de juillet 1561, donné par Charles IX, interdisant les assemblées publiques des religionnaires, VI, 169. — Édit de janvier 1562, qui accorde aux religionnaires la faculté de s'assembler, 181. — Édit d'Amboise, qui restreint à certaines villes le privilége accordé aux religionnaires de s'assembler, 227. — Son exécution, 235. — La cour le modifie, 236. — Édit de Roussillon, qui restreint encore celui d'Amboise, 248. — Édit de Moulins sur plusieurs points de jurisprudence qui n'étaient pas encore fixés, 252. — De Rouen ou d'Union, donné par Henri III, approbatif du duc de Guise et de la ligue, VII, 182. — Ses conditions publiques, ibid. — Ses conditions particulières, 183. — De Folembray, donné par Henri IV, et qui décharge les princes lorrains et nommément le duc de Mayenne de l'assassinat de Henri III, 392. — Difficultés pour son enregistrement, 393. — De Nantes, par le même, en faveur des protestants, 403. — Du toisé sous Louis XIV, IX, 41. — Du tarif, 42. — Révocation de l'édit de Nantes, X, 41. — Sous Louis XV, édit dit de mainmorte, XI, 14.

EDOUARD I, roi d'Angleterre, fils de Henri III, fait hommage à Philippe IV de ses terres en France, III, 20. — Prête 100,000 liv. à Adolphe de Nassau, empereur d'Allemagne, 21. — Gagne Amédée, comte de Savoie, ibid. — Donne une de ses filles en mariage à Henri, comte de Bar, et une autre à Jean, duc de Brabant, ibid. — Est cité par Philippe IV devant le parlement, 21. — Ses domaines de France sont confisqués, ibid. — Est déclaré contumace, ibid. — Épouse en secondes noces Marguerite, sœur de Philippe IV, 25. — Fait la paix avec ce prince, 26. — Abandonne Gui de Dampierre, ibid.

EDOUARD II, roi d'Angleterre, fils d'Edouard I, épouse Isabelle, fille de Philippe IV, III, 25. — Cède ses états de France à Edouard III, son fils, 101.

EDOUARD III, roi d'Angleterre, fils d'Edouard II, se met en possession de la Guienne, III, 102. — Réclame la couronne de France, 107. — Fait hommage de la Guienne, 115. — Donne à Robert d'Artois le comté de Richemont. Entre en France, 130. — Se retire dans le Brabant, 132. — Vainqueur à la bataille de l'Écluse, 133. — Lève le siége de Saint-Omer, 134. — Signe une trêve avec Philippe VI, 135. — Fait passer des troupes au comte de Montfort, 136. — Passe en Bretagne, 140. — Débarque en Flandre, 145. — Renouvelle la guerre contre la France, 146. — Ravage la Normandie, 148. — S'empare de Caen, *ibid.* — Passe la Seine, *ibid.* — Passe la Somme, 149. — Vainqueur à Créci, 151. — Fait le siège de Calais, 154. — Force les habitants à capituler, 156. — Se bat contre Eustache de Ribaumont, 161. — Ravage le Boulonnais et l'Artois, 183. — Repasse en France, 218 et 219. — Assiège Paris, *ibid.* — Son irrésolution, 221. — Fait vœu d'accorder la paix, 224. — Ramène Jean en France, 227. — Emmène en Angleterre quatre-vingts otages, 228. — Traite durement les ambassadeurs français, 259. — Envoie deux armées en France, 260. — Signe un traité avec Charles-le-Mauvais, 262. — Envoie une flotte contre la France, 265. — Tente de secourir Thouars, 270. — Essaie d'engager dans son parti le roi de Castille, 271. — Envoie une armée en France, 274. — Donne des troupes à Montfort pour recouvrer la Bretagne, 276. — S'abandonne à la mollesse, 282. — Sa mort, 286.

EDOUARD, prince de Galles, dit aussi le Prince Noir, fils du précédent. (*Voy.* GALLES, le prince).

ÉDOUARD IV, roi d'Angleterre, arrière-petit-fils d'Edmond d'Yorck, fils d'Édouard III, et chef de la Rose Blanche, comme Jean-de-Gand, duc de Lancastre, son aîné, l'était de la Rose Rouge. Il détrône Henri VI, arrière-petit-fils de Jean-de-Gand, IV, 200. — Renversé par Warwick, il remonte sur le trône à la mort de ce guerrier, 286. — Il se ligue avec les ducs de Bourgogne et de Bretagne contre Louis XI, V, 302. — Il débarque à Calais, 308. — Conclut une trêve avec Louis XI, 311. — Son entrevue avec Louis XI, 312. — Sa mort, 376.

EDOUARD VI, roi d'Angleterre, fils de Henri VIII, succède à son père, VI, 9. — Sa mort, 53.

EDOUARD, prince palatin, quatrième fils du malheureux électeur Palatin Frédéric V, mari d'Anne de Gonzague, fille de Charles, duc de Nevers et de Mantoue, IX, 178.

EFFIAT (Antoine Coiffier, dit Ruzé, maréchal D'), légataire de Martin Ruzé, secrétaire d'état et père de Cinq-Mars, grand écuyer et favori de Louis XIII, VIII, 420.

EFFIAT (Antoine Coiffier, dit Ruzé, marquis D'), petit-fils du précédent, membre du conseil de régence, X, 222. — Ce que lui dit Villars au sujet du duc du Maine et du comte de Toulouse, 238 et 239.

EGINARD, secrétaire de Charlemagne et son historien, II, 38.

ÉGLISE GALLICANE. Ses libertés, III, 67. (*Voy.* PRAGMATIQUE et RÉGALE).

EGMONT (Arnould, comte d'), puis duc de Gueldre. (*Voy.* Arnould).

EGMONT (Adolphe d'), duc de Gueldre, fils aîné du précédent. (*Voy.* Adolphe).

EGMONT (Lamoral, comte d'), arrière-petit-fils de Guillaume, comte d'Egmont, frère du précédent, commandant de la cavalerie espagnole à la bataille de Saint-Quentin, retarde la retraite du connétable de Montmorency et contribue ainsi au gain de la bataille. VI, 87. — Bat le maréchal de Thermes à Gravelines, 98.

EGMONT (Philippe, comte d'), fils du précédent, général de la cavalerie espagnole, est tué à la bataille d'Ivry, VII, 248.

ELBENE (Alphonse d'), évêque d'Albi, complice du duc de Montmorency, est jugé par une commission d'évêques nommés par le pape, sur la demande de Richelieu, VIII, 327. — Le clergé de France réclame en 1650 contre cette commission, *ibid.*

ELBEUF (Charles I de Lorraine-Guise, duc d'), fils de René, marquis d'Elbeuf, fils de Claude I, duc de Guise, tige de tous les Guises. Il vient à la cour, VI, 342.—Assiste à Nanci à une assemblée tenue par les principaux ligueurs, VII, 153 et 154.

ELBEUF (Charles II de Lorraine-Guise, duc d'), fils du précédent, commande contre le roi dans le Languedoc, VIII, 321. — Il vient à Paris se joindre aux frondeurs, IX, 108. — Le parlement le nomme général des troupes qu'on allait lever, 109.— Le parlement le nomme lieutenant général du prince de Conti, *ibid.* — Accueil qu'il fait à l'envoyé du comte de Fuensaldague, 125.—Il présente aux frondeurs la lettre de cet envoyé, 126. — Il vient à la cour après l'accommodement de Saint-Germain, 140. — (*Voy.* Harcourt et Lambesc).

ELEONORE, fille de Guillaume X, duc d'Aquitaine, épouse Louis-le-Jeune, II, 206. — Son commerce de tendresse avec Saladin et avec son oncle Raymond, 217. — Louis l'emmène à Jérusalem, 218. — Son divorce, 219 et 220. — Epouse Henri, duc de Normandie, *ibid.* — Fomente la division entre Louis VII et Henri II, roi d'Angleterre, 221.— Se défait de l'Aquitaine en faveur de Richard, son fils, 224. — Fait la guerre à son mari conjointement avec ses fils, 227.— Va trouver Henri VI, empereur d'Allemagne, pour traiter de la rançon de Richard, 250.

ELEONORE DE CASTILLE, première femme d'Edouard I, roi d'Angleterre, III, 15.

ELEONORE D'AUTRICHE, sœur de Charles-Quint et veuve du roi de Portugal. Son frère offre sa main au connétable de Bourbon, V,

299. — Est fiancée à François I, 326. — Ramène en France le fils de François I, et épouse ce prince, 345.

ÉLÉONORE DE ROYE, femme de Louis de Bourbon, prince de Condé. Parti qu'elle conseille à son mari de suivre, VI, 153. — Demande la grâce de son mari arrêté, 155. — Elle va joindre son mari à Orléans, 190. — Elle engage le connétable de Montmorency, son oncle, à se réconcilier avec son mari, 221.— Ce qu'elle disait des obstacles apportés à la réconciliation de son oncle avec son mari, 222. — Sa mort, 237.

ÉLISABETH ou Isabelle, fille de Louis IX et de Marguerite de Provence, épouse Thibaut II, roi de Navarre, II, 341. — Sa mort, III, 3.

ÉLISABETH, reine d'Angleterre, fille de Henri VIII et d'Anne de Boulen, succède à Marie, sa sœur. Fait la paix avec la France, VI, 103. — Fournit six mille hommes au prince de Condé, dont trois mille pour tenir garnison au Hâvre-de-Grâce, 208. — La cour de France lui propose d'épouser Henri, duc d'Anjou, 328. — Elle fait un traité d'alliance avec Charles IX, 378. — Elle donne au duc d'Anjou un anneau pour gage de sa foi, VII, 86.— Elle prête de l'argent et des troupes au prince de Condé, 118. — Différence entre Henri III et elle, 139. — Elle fait mourir Marie Stuart, reine d'Écosse, 140. — Avis qu'elle donne à Biron, ambassadeur de Henri IV à Londres, 444. — Elle exhorte Henri IV à ne pas laisser impuni le crime de Biron, 472. — Sa mort, circonstances qui l'accompagnent, VIII, 15.

ÉLISABETH DE FRANCE, fille aînée de Henri II, destinée d'abord à don Carlos, fils de Philippe II, est accordée au père par le traité de Cateau-Cambresis, VI, 105. — Elle est conduite en Espagne où elle épouse Philippe II, 121.— Instruit la cour de France d'une conspiration tramée contre la reine de Navarre et Henri, son fils, 246. — Son entrevue à Bayonne avec Charles IX, son frère, 250. — Elle repasse en Espagne, ibid.

ÉLISABETH D'AUTRICHE, deuxième fille de l'empereur Maximilien II, épouse Charles IX, VI. 324.

ÉLISABETH DE FRANCE, fille de Henri IV et de Marie de Médicis, est demandée en mariage pour l'infant d'Espagne, VIII, 92. — Le duc de Guise la conduit aux frontières d'Espagne pour épouser l'infant, 128.

ÉLISABETH FARNÈSE, nièce et héritière d'Antoine Farnèse, duc de Parme, et deuxième femme de Philippe V, roi d'Espagne, X, 227.

ÉLISABETH PETROWNA, impératrice de Russie, seconde fille de

Pierre-le-Grand et de Catherine I, détrône le jeune czar Ivan, X, 346. — Fait reconnaître pour son successeur Pierre de Holstein-Gottorp, fils d'Anne, sa sœur aînée, 347. — S'allie à l'Autriche et à la Saxe contre Frédéric II, roi de Prusse, XI, 34. — Sa mort, 88.

ELISABETH (Madame), sœur de Louis XVI. (*Voy.* Madame.)

ELITOVIUS, chef des Gaulois Cénomans, fonde Bresse et Vérone, I, 19.

ELLIOT, commandant anglais de Gibraltar. Assiégé par les Français et les Espagnols, il incendie les batteries flottantes de l'ingénieur d'Arçon, et détruit toute espérance d'emporter la place de vive force, XI, 217 et 218.

EMERY (Jean Particelly, sieur d'), surintendant des finances. Sa réponse à un poëte, IX, 40. — Il rentre dans sa place dont il avait été expulsé, 147.

EMIRS, massacrent Almoadin, leur chef, II, 317. — Traitent avec Louis IX, 318.

EMMANUEL PHILIBERT, duc de Savoie, général de Charles-Quint et de Philippe II, commande les troupes de l'empereur en Flandre, VI, 51. — Évite la bataille, *ibid.* — S'avance aux portes d'Amiens, 57. — Antoine de Bourbon l'empêche de passer la Somme, *ibid.* — Gagne la bataille de Saint-Quentin, 86. — Ses états sont occupés par les Français depuis le commencement de la guerre, 98. Obtient de Philippe II qu'il y ait entre les Français et les Espagnols des conférences, 101. — La réintégration dans une partie de ses états, et son mariage avec Marguerite, sœur de Henri II, sont stimulés par le traité de Cateau-Cambresis, 105. — Il épouse Marguerite, sœur de Henri II, III, 206. — Recouvre Turin et trois autres villes en échange de quatre petites places qu'il cède à la France, 208. — Lui fournit quelques troupes contre les protestans, *ibid.* — Saisit les terres de Jacqueline de Monthel, duchesse d'Entremont, qui s'évade de la Savoie pour épouser l'amiral de Coligni, 327 et 328. — Obtient de Henri III la restitution du reste de ses états, sauf le marquisat de Saluces, VII, 9.

EMMANUEL I (Charles), dit le Grand, duc de Savoie, fils du précédent. Il négocie avec Henri, roi de Navarre, VII, 96. — Il s'empare du marquisat de Saluces, 189. — Ses prétentions sur la couronne de France, 242. — Il pénètre en Provence, 271. — Ses différends avec la France sont laissés à l'arbitrage du pape, 403. — Il vient en France, 428. — Son caractère, *ib.* — Sa conduite artificieuse, 430 et 431. — Il gagne Biron, 432. — Il s'appuie du comte de Fuentes, 433. — Option qui lui est offerte, 434 et 435. — Henri IV lui fait la guerre, 436. — En deux mois il est réduit à négocier, 437. — Il fait la paix, 439. — Il recherche l'alliance de Henri IV, 441. — Il tombe dans le découragement après la mort de Henri IV, VIII, 77. — Il est obligé d'envoyer un de ses fils à Madrid demander excuse, 80 et 81. — Il demande en mariage pour le prince de Piémont, son fils, Christine de France, 94. — Ses prétentions sur Mantoue et le Montferrat, 269 et 270. — Richelieu lui fait déclarer la guerre, 271. — Il est obligé de laisser passer les Français dans ses états, 273. — On recommence la guerre contre lui, 276. — Sa mort, 279.

EMME, sœur de Hugues-le-Grand, dispose de la couronne en faveur de Raoul, duc de Bourgogne, son mari, II, 120.

EMME, femme de Lothaire, est soupçonnée de l'avoir empoisonné, II, 138 et 139.

EMMONOT, capitaine de quartier, l'un des membres de la faction des Seize, se ligue avec d'autres pour faire périr le président Brisson, VII, 295. — Le duc de Mayenne le fait pendre, 300.

ENGHIEN. (*Voy.* ENGUIEN.)

ENTRAGUES (Charles de Balzac, sieur D'), attaché aux Guises. Il se bat en duel contre Caylus et le tue, VII, 68.

ENTRAGUES (François de Balzac, seigneur D'), frère aîné du précédent, veuf de Jacqueline de Rohan-Gié, il épouse Marie Touchet, maîtresse de Charles IX, de laquelle il eut Henriette d'Entragues, maîtresse de Henri IV, VII, 418. — Il remet à Henri IV l'original de la promesse de mariage faite par ce prince à sa fille, VIII, 26. — Il cherche à se défaire de Henri IV, 28. — Il est arrêté, 32. — Il est interrogé, 33. — Ses réponses aux interrogatoires qu'il subit, *ibid.* — Il est confronté avec le duc d'Angoulême et Henriette d'Entragues, 36. — Il est condamné à avoir la tête tranchée, 37. — Il est exilé à Malesherbes, 38. — Sa réponse audacieuse à Henri IV, 39.

ENTRAGUES (Henriette D'), marquise de Verneuil, fille aînée du précédent. (*Voy.* VERNEUIL.)

ENTRAGUES (Marie D'), depuis maréchale de Bassompierre, sœur cadette de Henriette d'Entragues, marquise de Verneuil. Henri IV s'y attache, VIII, 27. — Avis qu'elle donne à Henri IV, 29.

ENTREMONT (Jacqueline de Montbel, duchesse D'), épouse l'amiral de Coligni, VI, 327 et 328. — Se réfugie à Genève après l'assassinat de son mari, 371.

ENVOUTER. Signification de ce mot, III, 75.

EPERNON (Jean-Louis de Nogaret de La Valette, duc d'), pair et amiral de France, colonel général de l'infanterie française, gouverneur de Provence et de Guienne, un des favoris de Henri III, connus sous le nom de *Mignons*, VII, 40. — Henri III lui donne la terre d'Epernon, 81. — Il penche en faveur du roi de Navarre contre la ligue, 133. — Le roi le marie avec Marguerite, héritière de Foix-Candale, 142. Il se rend médiateur pour la retraite de l'armée allemande, 151. — Satires contre lui, 152. — Maltraite les ministres dans le conseil, 156. — Le duc de Guise demande son expulsion, 167. — Il quitte la cour, 183. — Il est assiégé dans le château d'Angoulême, ibid. — Il revient à la cour et négocie la réconciliation du roi de Navarre avec Henri III, 209. —. Sa réconciliation avec d'Aumont, 213. — Il se retire dans son gouvernement d'Angoulême, 226. — Il fléchit sous Henri IV, 376. — Ce qu'il dit à Biron au sujet du pardon que ce dernier avait obtenu de Henri IV à Lyon, 442. — Son altercation avec Sully au conseil, VIII, 9. — Son affaire avec les frères Sobole, 12 et 13. — Il entre dans la conjuration de la maison d'Entragues contre Henri IV, 29. Se trouve dans le carrosse de Henri IV au moment où ce prince est assassiné, 72. — Il fait mettre en sûreté Ravaillac, 73. — Moyens qu'il prend pour assurer la régence à Marie de Médicis, 77. — Il entre au conseil, 79. — Marie de Médicis lui promet les places de Sully, 83. — Il se joint à la faction de la maison de Lorraine, 95. — Est recherché par la reine, 97. — Il est abandonné au ressentiment de la faction des princes, 133. — Il tient conseil à Metz avec ses deux fils, 176. — Accueil qu'il fait à Rucelai à Pont-à-Mousson, 177. — Il se prépare à délivrer Marie de Médicis, ibid. — Sa réponse à Louis XIII qui lui enjoignait de ne pas quitter Metz, 181. — Il se retire à Angoulême, ibid. — Il reçoit à Loches Marie de Médicis, 182. — Comment il se justifie d'avoir favorisé l'évasion de Marie de Médicis, 183. — Son embarras, 188. — Il est forcé de fléchir, 190. — Il obtient des lettres d'abolition, ibid. — Il conseille à Marie de Médicis de se retirer dans la Guienne ou l'Angoumois, 199. — Investit La Rochelle, 217. — Reçoit le gouvernement de Guienne, 223. — Assiège Montauban, 234. — Il est obligé de faire des soumissions à Richelieu, 307. — Ses querelles avec Sourdis, archevêque de Bordeaux, 346. — Il est confiné au château de Loches. Sa mort, 419 et 420. (*Voy.* NOGARET, CANDALE, LA VALETTE.)

ÉPINAY-SAINT-LUC (François d'). (*Voy.* SAINT-LUC.)

EPOREDORIX, chef de la cavalerie éduenne dans l'armée romaine,

I, 105. Il révèle à César l'intrigue de Convictolitan et de Litavic pour faire soulever le contingent des Éduens, 106. — Il est conduit vers eux par César à l'effet de les ramener, ibid. — Il brûle Nevers et s'empare du dépôt de l'armée romaine, 109. — Commande une partie de l'armée qui vient au secours d'Alise, 113.

ÉPREUVES JUDICIAIRES. Leur forme, II, 99.

ARCHINOALD, maire du palais de Neustrie, succède à Æga dans cette place, I, 340. — Est condamné à mort, II, 15.

ERLAN (Jacques), financier, fait prêter à Louis XI de l'argent sur son crédit, IV, 311.

ERNEST (l'archiduc), gouverneur des Pays-Bas, second fils de l'empereur Maximilien II, et frère de l'empereur Rodolphe II, donne du secours au duc de Mayenne contre Henri IV, VII, 374.

ESCOBAR, théologien, cité dans les *Lettres provinciales*, IX, 153.

ESPENCE (Claude d'), Ce que Le Laboureur dit de lui relativement au colloque de Poissy, VI, 175.

ESPINAC (Pierre d'), archevêque de Lyon. Reproche que lui fait le duc d'Épernon, VII, 156. — Demande insolente qu'il fait à Henri III, 187 et 188. — Il est arrêté, 194. — Le duc de Mayenne le fait entrer dans le conseil de l'*Union*, 241. — Il va consoler le duc d'Orléans retiré à Saint-Denis, 249. — Est à la tête d'une députation de ligueurs chargée de conférer avec Henri IV, 261. — Porte la parole pour les ligueurs aux conférences de Surène, 331. — Sa réplique aux discours de l'archevêque de Bourges, dans la conférence de Surène, 333. — Ce qu'il dit de l'envoyé du duc de Mayenne à Rome, 361. — Ce qu'il disait du duc de Mayenne, ibid.

ESPINEVILLE (le capitaine d'), soutient un combat contre vingt-deux ourques flamandes. Sa mort, VI, 65.

ESPREMENIL (Duval d'), conseiller au parlement de Paris, découvre les projets du ministère contre le parlement, XI, 245. — L'archevêque de Toulouse, de Brienne, le fait arrêter et conduire aux îles Sainte-Marguerite, 248.

ESPRIT (ordre des hospitaliers du Saint-); pourquoi il fut établi, II, 283.

ESSARTS. (*Voyez* DESESSARTS).

ESSÉ (André de Montalembert, seigneur d'), défend Thérouenne, y est tué sur la brèche, VI, 51.

EST (Hippolyte d'), légat du pape, fils d'Alphonse d'Est, premier duc de Ferrare, travaille à fortifier en France le parti catholique, VI, 176.

EST (Anne d'), nièce du précédent, fille d'Hercule II, duc de Ferrare, et de Renée de France. (*Voy.* ANNE D'EST, GUISE et NEMOURS duchesse), (*Voy.* aussi FERRARE).

ESTAING (J.-Bap.-Charles, comte D'), vice-amiral de France, est fait prisonnier par les Anglais devant Madras, XI, 70. — Relâché sur parole, il est repris et court risque de la vie, 172 et 173. — Appareille de Toulon pour l'Amérique avec douze vaisseaux, *ibid.* — Tentative infructueuse qu'il fait contre Rhode-Island et pour attaquer l'amiral Howe, 174. — Se propose de reprendre l'île de Sainte-Lucie, et est contraint de regagner la Martinique, 175. — Accru des renforts de MM. de Grasse, de Vaudreuil et de la Motte-Piquet, il s'empare de la Grenade et bat l'amiral Byron, 178. — Lève le siége de Savannah, et revient en France, 179. — Est nommé généralissime des troupes de terre et de mer d'Espagne, 187. — Commande une flotte combinée de soixante-trois vaisseaux de ligne, et ramène en France un riche convoi, 188. — Est appelé à commander les forces françaises et espagnoles dans une expédition contre la Jamaïque, lorsque la paix met fin aux hostilités, 225.

ESTAINVILLE (D'), feint d'assassiner Joly, l'un des syndics des rentiers, IX, 148.

ESTELLE, échevin de Marseille, son zèle pendant la peste de cette ville, X, 277.

ESPERNAY (Jean Raguyer D'), sommation qui lui est faite par Charles IX de mettre bas les armes, VI, 271.

ESTOUTEVILLE (Guillaume, cardinal D') ménage le mariage d'Yolande, fille de Charles VII et de Marie d'Anjou, avec le fils aîné du duc de Savoie, IV, 187. — Réforme l'université de Paris, comme légat du pape, *ibid.*

ESTRADES (Godefroi, comte D'), maréchal de France, ambassadeur à Londres. Sa querelle avec le baron de Botteville, IX, 350. — Plénipotentiaire au traité de Nimègue, X, 1.

ESTRÉES (Gabrielle D'), duchesse de Beaufort, fille d'Antoine d'Estrées, marquis de Cœurzel, et grand maître de l'artillerie, épouse de Nicolas d'Amerval, seigneur de Liancourt, et depuis maîtresse de Henri IV. (*Voy.* GABRIELLE).

ESTRÉES (François Annibal, marquis D'), maréchal de France, frère de la précédente. (*Voy.* CŒURZEL).

ESTRÉES (Jean, comte D'), maréchal et vice-amiral de France, viceroi d'Amérique, second fils du précédent, se joint à la flotte du duc d'Yorck, IX, 386. — Se distingue au combat naval de Solebay, contre Ruyter, 395. — Bombarde Barcelonne, X, 65. — Seconde le maréchal de Noailles dans son expédition de Catalogne, 79.

ESTRÉES (César d'), évêque de Laon, puis cardinal, frère du précédent, médiateur de la paix religieuse, dite de Clément IX, IX, 376. — Ménage de même l'accommodement entre Rome et la France, au sujet de la régale, des franchises et des bulles refusées aux évêques nommés par Louis XIV, X, 80.

ESTRÉES (Victor-Marie, vice-amiral de France et maréchal de Cœuvre, puis d'), fils de Jean, maréchal d'Estrées, président du conseil de la marine au commencement de la régence, X, 222.

ESTRÉES (Louis-César le Tellier de Louvois, maréchal d'), par son père petit-fils de Louvois, et par sa mère neveu et héritier des biens et du nom du précédent, XI, 40. — Commande l'armée française en Hanovre, ibid. — Intrigues contre lui, ibid. — Gagne la bataille d'Hastembeck, 41. — Il est rappelé, ibid. — Commande de nouveau l'armée et est battu à Wilhelmstadt par le prince Ferdinand de Brunswick, 91.

ETAMPES (Anne de Pisseleu, duchesse d'), est distinguée de François I, V, 326. — Épouse de Jean de Brossé, dit de Bretagne, ibid. — Avis qu'elle donne au roi de retenir Charles-Quint, 387. — Charles-Quint lui fait présent d'un très-beau diamant, 388. — Occasionne la disgrâce du chancelier Poyet, 398. — S'entremet d'une négociation entre Charles-Quint et François I, 414. — Avis qu'elle fait passer à Charles-Quint, ibid. — Est disgraciée par Henri II, VI, 5.

ETANDUÈRE (de L'), amiral français, combat avec huit vaisseaux quatorze vaisseaux anglais, et ne peut en sauver que deux, XI, 7. Défense célèbre du vaisseau qu'il montait, 7 et 8.

ETAT (tiers). Ce qui le composait. Ses doléances aux états généraux de Tours, II, 336.

ETAT DE LA JUSTICE. Ce que c'était, VI, 92.

ETATS GÉNÉRAUX. Leur origine, III, 66. — Jean les convoque en 1355, 177. — Ils se rassemblent en 1356, 181. — Charles, dauphin, les assemble la même année, 188. — Il les assemble de nouveau en 1357, 194. — Il les assemble une troisième fois en 1359, 217. — Il les assemble une quatrième fois en 1369, 260. — Sont convoqués sous Charles VI en 1380, 308. — S'assemblent sous le même en 1412, IV, 42. — Louis XI les assemble à Tours en 1468, 255. — Charles VIII au même lieu en 1484, V, 5. — Louis XII au même lieu en 1506, 181. — Henri II à Paris en 1558, VI, 91. — Etats d'Orléans sous François II en 1560, 152.

— De Pontoise et de Saint-Germain sous Charles IX en 1561, 172. — Premiers états de Blois sous Henri III en 1576, VII, 49. — Ils ne décident rien sur la guerre, 5 {. — Deuxièmes états de Blois sous le même; leur ouverture, 186. — Leur clôture, 198. — Etats de la ligue à Paris au temps de Henri IV en 1593, 321. — Leurs séances peu importantes, 325. — Ils se rassemblent au Louvre, 348. — Leur fin, 353. — De Paris en 1614, sous Louis XIII, VIII, 106. — Ouvertures des états généraux de 1789, sous Louis XVI, XI, 258. — Ils prennent la dénomination d'assemblée nationale, 261.

ETIENNE III, pape, assiégé dans Rome par Astolfe, passe en France, II, 8. — Couronne Pepin, 9. — Ordonne à Carloman de se retirer en Allemagne dans un monastère, 10. — Fait donner la couronne de Lombardie à Didier, 11. — Demande du secours à Pepin con re Didier, ibid.

ETIENNE, gentilhomme, fondateur de l'ordre des Grammontins, II, 187.

ETIENNE, garçon de cuisine. Sa réponse à Louis XI, IV, 384 et 385.

ETOILE (ordre de l'). Son établissement, III, 170.

EU (Raoul II de Brienne, comte D'), connétable de France, cinquième descendant de Jean de Brienne, roi de Jérusalem et empereur de Constantinople, et de Raoul I, aussi connétable, défend mal la ville de Caen, assiégée par Edouard III, III, 148. — A la tête tranchée, 168.

EU (Philippe d'Artois, comte D'), fils de Jean-sans-Terre et petit-fils de Robert III, comte d'Artois, remplace Olivier Clisson dans la charge de connétable, III, 370. — Est fait prisonnier par Bajazet à la bataille de Nicopolis, dont sa témérité cause la perte, 382.

EUDES, duc d'Aquitaine, est secouru par Charles Martel, I, 355. — est vaincu par lui. Sa mort, 356 et 357.

EUDES, fils de Robert-le-Fort, repousse les Normands qui faisaient le siège de Paris, II, 112. — Est déclaré roi, 114. — Partage la France avec Charles-le-Simple, 115.

EUDES, fils de Robert et de Constance, II, 163. — Demande un apanage, 164. — Sa mort, 165.

EUDOXIE, fille du comte Franc Bauton, épouse l'empereur Arcade, I, 248. — Persécute saint Jean-Chrysostôme, ibid.

EUDOXIE, veuve de l'empereur Valentinien III, épouse Maxime Pétrone, son successeur, I, 270. — Instruite qu'il avait causé la mort de son premier mari, elle appelle contre lui Genseric, roi des

Vandales, *ibid.* — Est emmenée en Afrique, ainsi que ses deux filles par Genseric, 271.

EUGÈNE, maître du palais de Valentinien II, est proclamé empereur par les soins d'Arbogaste, I, 244. — Envoie des ambassadeurs à Théodose, *ibid.* — Rétablit la publicité du culte des idoles, *ibid.* Recherche et obtient l'alliance des Francs contre Théodose, *ibid.* — Est défait à la bataille d'Aquilée et mis à mort, 245.

EUGÈNE (François de Savoie, dit le prince Eugène), fils d'Olympe Mancini, nièce du cardinal Mazarin, d'Eugène-Maurice de Savoie, comte de Soissons, troisième fils du prince Thomas de Savoie, l'un des frères du duc Victor-Amédée I, IX, 306. — Témoigne peu de considération pour sa mère, soupçonnée d'empoisonnement, X, 17. — Essaie son courage contre les Turcs, et quitte la France sur le refus de Louis XIV de lui donner un régiment; mot du roi à ce sujet, 27 et 28. — Vient au secours du duc de Savoie et fait lever le siège de Coni, 65. — Quitte l'Italie à la paix du duc de Savoie et va faire la guerre sur le Danube, 90. — Instruit des résolutions de Catinat par le duc de Savoie, il force le poste de Carpi, 102. — Bat Villeroi au combat de Chiari, *ibid.* — Le surprend à Crémone et le fait prisonnier, 104. — Est repoussé par Vendôme à la journée de Luzara, 104 et 105. — Dissuade l'empereur Léopold de quitter Vienne, 114. — Avec Marlborough et le prince de Bade il bat à Hochstedt l'électeur de Bavière et les maréchaux de Marsin et de Tallard, 124 et 125. — Il passe l'Adige malgré Vendôme, 142. — Force la circonvallation devant Turin, et fait lever le siège entrepris par le duc d'Orléans, La Feuillade et Marsin, 142 et 143. — Pénètre en Dauphiné avec le duc de Savoie, fait et lève le siège de Toulon, 147. — Echappe à la vigilance des ducs de Bavière et de Berwick, et se joint en Flandre à Marlborough, 152. — Prend part aux combats d'Oudenarde, *ibid.* — S'empare de Lille, 153 et 154. — Fait lever le siège de Bruxelles, 154. — Met obstacle aux négociations pour la paix, 156. — Uni à Marlborough, bat Villars à Malplaquet, 161. — Fait des progrès malgré Villars, 170 et 171. — Couvre l'élection de l'empereur à Francfort, 177. — Ses lignes sont forcées à Denain par Villars, 187 et suiv. — Il essaie en vain de faire lever le siège de Fribourg à Villars, 197. — Est chargé de négocier la paix avec lui, 199. — Signe avec lui les traités de Rastadt et de Bade, 200. — Arrête les mouvements des Français après la prise de Philisbourg, 327. — Sa mort, *ibid.* — Mot de lui au sujet de la pragmatique de l'empereur Charles VI, 334.

EURIC, roi des Visigoths, successeur de Théodoric, s'empare du Berry et de l'Auvergne, I, 276.

EUSTACHE (frère), carme, prononce en présence de Louis, dauphin, une invective contre son gouvernement, IV, 45.

EUTHYMÈME, navigateur de Marseille, découvre le Sénégal, I, 45.

EUTROPE (l'eunuque) fait épouser à l'empereur Arcade Eudoxie, fille du comte Franc Bauton, I, 248. — Succède à la faveur de Rufin, 250. — Éprouve une semblable catastrophe, *ibid.*

ÉVREUX (Philippe, comte d'), petit-fils de Philippe-le-Hardi, épouse Jeanne, fille de Louis Hutin et de Marguerite de Bourgogne, que l'on fait renoncer à la Champagne et au royaume de Navarre, III, 86.

ÉVREUX (Philippe d'), fils du précédent. (*Voy.* PHILIPPE et NAVARRE.)

EXCOMMUNICATION (l'), Ses cérémonies, II, 156. — Ses effets, 189.

F.

FABERT (le maréchal). Louis XIV fait ses premières armes sous lui, IX, 308. — Refuse d'être fait chevalier de l'ordre, *ibid.*

FABIUS (les), députés de Rome près de Brennus, changent leur rôle d'ambassadeurs en celui d'ennemis, I, 22. — Le peuple les nomme tribuns militaires, 2?.

FABIUS (Q. Maximus Allobrogicus), consul romain, petit-fils de Paul-Émile, bat les Allobroges à Vindalie, près Avignon, I, 39.

FABIUS, lieutenant de César, est établi en quartiers chez les Morins, I, 82. — Se réunit à César pour dégager le camp de Q. Cicéron, 88. — Défend contre Vercingétorix la circonvallation d'Alise, 116. — Aide Caninius dans le siège de Poitiers, 122. — Soumet les Carnutes et les force à donner des otages, *ibid.*

FABRONI (l'abbé), faiseur d'horoscopes, retiré à Bruxelles auprès de Marie de Médicis. Richelieu demande son éloignement, VIII, 340.

FACARDIN, un des chefs des Sarrasins, est tué au combat de la Massoure, II, 313.

FAIRFAX (Thomas), l'un des membres du parlement d'Angleterre, qui envoya Charles I à l'échafaud, IX, 188.

FANTIN. (*Voy.* DESODOARDS).

FARGIS (madame du), dame d'atour d'Anne d'Autriche. Elle est obligée de quitter sa place, VIII, 304. — Elle suit Marie de Médicis à Bruxelles, 340.

FARNÈSE (Pierre-Louis), fils du pape Paul III. Son père l'investit du duché de Parme et de Plaisance, VI, 10. — Sa mort, *ibid.*

FARNÈSE (Octavio), fils du précédent, épouse Marguerite d'Autriche, fille naturelle de Charles-Quint, VI, 10. — Dépouillé de Plaisance par Charles-Quint, et de Parme par son aieul Paul III, il est remis en possession du dernier duché par le pape Jules III, 24. — S'adresse à Henri II pour obtenir du secours contre Charles-Quint, *ibid.* — Se détache de la France, 89.

FARNÈSE (Horace), frère du précédent, gendre désigné de Henri II, met ce prince et Charles-Quint en état d'hostilités directes, VI, 27. — Épouse Diane d'Angoulême, fille légitimée du roi, 50. — Est tué au siège de Hesdin, un mois après son mariage, *ibid.*

FARNÈSE (Alexandre), duc de Parme, général de Philippe II, fils d'Octavio Farnèse, gouverneur des Pays-Bas, VII, 62. — Le duc d'Anjou lui fait lever le siége de Cambrai, 80. — Vient en France au secours de Paris, 263. — Il force Henri IV à lever le blocus de Paris, 264. — Sa réponse à Henri IV qui lui offrait la bataille, *ibid.* — Il sonde la faction de la Ligue pendant son séjour à Paris, 268. — Il retourne en Flandre, 269. — Il demande La Fère pour condition de son retour en France, 291. — Il joint son armée à celle du duc de Mayenne, 300. — Il vient au secours de Rouen, 302. — Il se mesure avec Henri IV à Aumale, 303. — Sa réponse au duc de Mayenne après le combat d'Aumale, 306. — Il fait lever le siége de Rouen, 307. — Il assiége Caudebec et y est blessé, 308. — Il manque l'occasion de battre le roi, *ibid.* — Il est bloqué dans son camp, 309. — Il s'échappe et sauve son armée, 310. — Il remet au duc de Mayenne le commandement des troupes qu'il laisse en France, 316. — Sa mort, 326.

FARNÈSE (Ranuce I), duc de Parme, fils du précédent, fait une attaque qui favorise la retraite de son père à Caudebec, VII, 310.

FARNÈSE (Antoine), duc de Parme, fils de Ranuce II, duc de Parme, petit-fils du précédent et le dernier mâle des Farnèses, reconnaît pour son successeur don Carlos, fils de Philippe V et d'Élisabeth Farnèse, X, 309.

FASTRADE, femme de Charlemagne. Lettre que lui écrit ce prince, II, 42. — Ses hauteurs, sa mort, 43.

FAUCHET (l'abbé), évêque constitutionnel du Calvados, député à l'assemblée législative et à la convention. Son opinion sur la mise en jugement de Louis XVI pleine d'invectives contre le monarque qu'il désire néanmoins sauver, XI, 381.

FAUSTA, fille de Maximilien Hercule, et femme de Constantin-le-Grand, I, 208. — Accuse Crispus, son beau-fils, 215. — Est étouffée dans un bain, *ibid.*

FAVAS, agent des protestants à la cour, s'efforce de les soulever, VIII, 215.

FAVRAS (Thomas-Mahé, marquis de), est dénoncé comme coupable de conspiration, XI, 309. — Son supplice, 310. — Ce qu'il dit sur l'échafaud, 311.

FAY (du), l'un des quatre braves qui s'étaient fait une réputation dans la défense des places sous Louis XIV, IX, 427. — Est forcé, faute de munitions, de rendre Philisbourg au duc de Lorraine, 428.

FAYEL (le seigneur de), époux de Gabrielle de Vergy, lui fait manger le cœur de Raoul de Couci, son amant, II, 331 et 332.

FAYETTE (Gilbert Motier, seigneur de la), maréchal de France, l'un des ornements de la cour de Charles VII, IV, 97. — Coopère à la victoire de Baugé, 98. — Se jette dans Orléans pour défendre la ville contre les Anglais, 122.

FAYETTE (Gilbert Motier IV, de la), fils du précédent, protége avec sa compagnie la retraite du Garillan, V, 161.

FAYETTE (Louise de La), fille d'honneur de la reine Anne d'Autriche, cinquième descendante du précédent. Louis XIII s'attache à elle, VIII, 378. — Elle se retire à la Visitation, où elle prend le voile, 380. — Elle réconcilie Anne d'Autriche avec son mari, 381. — Anne d'Autriche veut inutilement l'arracher du cloître, *ibid.*

FAYETTE (le marquis de La), passe chez les insurgés américains et se distingue au combat de Brandiwine, et y est blessé, XI, 169. — Enlève un convoi que lord Cornwallis conduisait à Philadelphie, 170. — Concourt à l'expédition infructueuse du comte d'Estaing et du général Sullivan sur Rhode-Island, 173. — Est désigné pour prendre part à une descente en Angleterre, 177. — Harcèle lord Cornwallis et le confine dans la presqu'ile de Yorck-Town, 197. — Est nommé commandant général de la milice parisienne, 274. — Le conseil de la commune lui donne l'ordre de conduire le peuple de Paris à Versailles, 295. — Il va se reposer après avoir passé la nuit à placer ses postes, 296. — Les factieux profitent de son sommeil pour attaquer le château et massacrer les gardes-du-corps, *ibid.* — Il expulse la populace du château, *ibid.* — Il provoque l'abolition des distinctions nobiliaires, 317. Veut donner sa démission de commandant, 330. — Est en danger d'être assassiné par les émissaires du club des cordeliers, 333. — Le roi lui donne à commander une armée de cinquante mille hommes, 348. — Il quitte son armée et se présente à la barre de l'assemblée législative pour se plaindre de la journée du 20 juin, 360. — Est dénoncé à l'assemblée comme un autre Cromwell, *ibid*. — L'assemblée le déclare irréprochable, *ibid*. — Il se refuse à détruire les Jacobins, *ibid*. — Propose au roi de le conduire à Compiègne, et est refusé, 363. — Essaie en vain de faire partager à son armée son indignation au sujet des événemens du 10 août, 375. — Est décrété d'accusation par l'assemblée qui nomme le général Dumouriez pour le remplacer, *ibid*. — Fuit avec son état major dans les pays étrangers, *ibid*. — Est arrêté et détenu à Wesel, puis à Magdebourg, et enfin à Olmutz, *ibid*. — Est rendu à la liberté par la paix de Campo-Formio, 376.

FAYETTE (N. de Noailles, marquise de La), épouse du précédent, demande avec ses filles et obtient de partager la prison de son mari, XI, 376.

FÉDÉRATION (fête de la). Sa célébration, XI, 318. — Seconde fédération, 362.

FÉNÉLON (François de Salignac de La Mothe), archevêque de Cambrai, précepteur du duc de Bourgogne, petit-fils de Louis XIV, X, 179. — Son mandement à l'occasion du bref du pape sur le cas de conscience, 131. — Sa soumission dans l'affaire du quiétisme, *ibid*. — Son mandement sur la constitution *Unigenitus*, 210. — Compose un mémoire au sujet de la déposition des évêques réfractaires, et propose la voie d'un concile national, *ibid*.

FELIX V, pape, élu par le concile de Bâle. (*Voy*. AMÉDÉE VIII, duc de Savoie.)

FERDINAND DE LA CERDA, héritier de Castille, épouse Blanche, fille de Louis IX et de Marguerite de Provence, II, 344.

FERDINAND I, roi de Naples, fils naturel d'Alphonse V, roi d'Aragon, et cousin germain naturel de Ferdinand-le-Catholique, reçoit de son père le royaume de Naples, IV, 213. — Envoie des ambassadeurs à Charles VIII. Sa mort, V, 69. — Alphonse, son fils, lui succède, *ibid*.

FERDINAND II, roi de Naples, fils d'Alphonse et petit-fils du précédent. Son père abdique en sa faveur, V, 78. — Sa généreuse abdication, 77. — Se met en possession du fort d'Ischia, 79. — Se retire en Sicile, 81. — Quitte la Sicile et vient débarquer dans la Calabre, 90. — Est battu à Séminara par d'Aubigny, *ibid*. —

N'en rentre pas moins dans Naples, *ibid.* — Enferme le comte de Montpensier dans Atella, 92. — Sa mort, 93.

FERDINAND DE NAPLES, cousin germain du précédent, et fils de Frédéric III, roi de Naples après Ferdinand II, son neveu. Son père l'envoie défendre Tarente, V, 129. — Il capitule avec les Espagnols, qui le font prisonnier. Sa mort, 130.

FERDINAND-LE-CATHOLIQUE, II en Aragon, V en Castille, fils de don Juan II, roi d'Aragon, vient délivrer son père assiégé dans Perpignan par Louis XI, IV, 293. — Épouse Isabelle de Castille, 355. — Promet des secours à Anne de Bretagne contre la France, V, 47. — Charles VIII lui cède le Roussillon, 60. — Il ravage le Languedoc, 91. — Envoie des troupes pour s'emparer du royaume de Naples, VI, 125. — Motifs qu'il allègue pour justifier sa conduite perfide à l'égard du roi de Naples, 130. — Signe un traité à Trente avec Louis XII, 132. — Sa conduite oblique à l'égard de Louis XII, 144. — Sa lettre à Philippe, son gendre, qu'il avait chargé de traiter en France avec Louis XII, 146. — Conclut avec Louis XII une trêve, 153. — Offre à Frédéric, roi de Naples, de lui rendre son royaume, 172. — Obtient de Louis XII de lui céder la moitié du royaume de Naples, comme dot de Germaine de Foix, sa nièce, qu'il lui demande en mariage, 179 et 180. — Va visiter le royaume de Naples, 185. — Son entrevue à Savonne avec Louis XII, 191. — Signe un traité à Cambrai avec Louis XII et Maximilien, 194. — Se déclare pour le pape Jules II contre la France, 212. — Il s'empare de la Navarre, 218. — Se détache de la ligue de Malines, 234. — Il forme une ligue avec Maximilien et Léon X contre François I, 256 et 257. — Sa mort, 267.

FERDINAND, évêque de Ceuta, nonce du pape Alexandre VI, commissaire dans l'affaire du divorce de Louis XII et de Jeanne de France, V, 102. — Meurt empoisonné, 105.

FERDINAND I, frère de Charles-Quint, et petit-fils de Ferdinand-le-Catholique; son frère lui donne l'archiduché d'Autriche, V, 345. — Charles-Quint abdique en sa faveur, VI, 74.

FERDINAND II, empereur, fils de Charles, duc de Stirie, troisième fils du précédent, succède à l'empereur Mathias, son cousin germain, VIII, 210. — Commence contre l'électeur Palatin la fameuse guerre de trente ans, 211. — Dépouille l'électeur et fait passer sa dignité dans la branche cadette de la maison de Bavière, 263. — Sa mort, 267.

FERDINAND III, empereur, fils du précédent. N'étant encore qu'archiduc, il bat les Suédois à Nordlingue, VIII, 353. — Sa mort, 367.

FERDINAND D'AUTRICHE, dit le cardinal Infant, frère du roi d'Espagne Philippe IV, gouverneur des Pays-Bas, défait les Suédois à Nordlingue, VIII, 353. — Fait une irruption en Picardie, 360. — S'empare de Corbie, 361. Correspond avec la reine de France, Anne d'Autriche, sa sœur, 376. — Vient inutilement au secours d'Arras, 400. — Meurt devant Aire, dont il faisait le siége, 405.

FERDINAND VI, roi d'Espagne, fils de Philippe V. Son avénement X, 384. — Sa mort, XI, 85.

FERDINAND IV, roi des Deux-Siciles, fils de don Carlos, roi de Naples, puis d'Espagne, sous le nom de Charles III; et petit-fils de Philippe V, roi d'Espagne. Son père le fait reconnaître pour son successeur à Naples, XI, 85. — Expulse les Jésuites de ses états, 120. — Trente-sept ans après il en provoque le rétablissement, 122.

FERDINAND DE BOURBON, duc de Parme, fils de don Philippe et petit-fils de Philippe V, roi d'Espagne, et d'Élisabeth Farnèse. Frappé de censures par le pape Clément XIII, il chasse les Jésuites de ses états, XI, 119.

FÉRIA (le duc de), ambassadeur de Philippe II auprès de la ligue. Son entrevue à Soissons avec le duc de Mayenne, VII, 326. — Il harangue les états, 329. — Il demande qu'on élise l'infante Isabelle reine de France, 338. — Il sort de Paris avec la garnison espagnole, 371.

FERMER (le comte), général russe, forme le siége de Custrin, XI, 56. — Est battu par Frédéric II, roi de Prusse, à Zorndorf, ibid. — Se retire en Pologne, 57.

FÉRON (Jérôme le), prevôt des marchands, manque d'être massacré par le peuple, IX, 106.

FERRAND, comte de Flandre, petit-fils de Sanche I, roi de Portugal, déclare la guerre à Philippe-Auguste, II, 272. — Est fait prisonnier à Bouvines, 276. — Est tiré de la tour du Louvre, 295.

FERRARE (Alphonse d'Est, duc de), est attaqué par le pape Jules II, V, 200.

FERRARE (Hercule II d'Est, duc de), fils du précédent, épouse Renée de France, fille de Louis XII, V, 335. — Se ligue avec la France et les Vénitiens contre Charles-Quint, VI, 42. — Est nommé généralissime des troupes françaises et papales, 82 et 83. — En laisse les fonctions à François, duc de Guise, son gendre, ibid. — Entré dans la ligue contre l'empereur, est sauvé du ressentiment de Philippe par la médiation de Cosme de Médicis, 89.

FERRIÈRE (Jean de la), vidame de Chartres. (*Voy.* CHARTRES. Jean de la Ferrière, vidame de).

FERTÉ (Henri II, seigneur de S. Nectaire ou Senneterre, duc de la), maréchal de France. Sa manœuvre téméraire à Rocroi expose le duc d'Enghien à être battu, IX, 14. — Lieutenant du maréchal du Plessis-Praslin à Rethel, est fait maréchal de France, 184. — Vient se joindre à Turenne contre Condé à la bataille de Saint-Antoine, 266. — Par son imprudence, il pense faire battre Turenne par Condé, près de Péronne, 303. — Il joint Turenne au siége d'Arras, 310. — Est maltraité par Condé, *ibid.* — Force le comte d'Harcourt à rentrer dans le devoir, 311. — Ses quartiers sont forcés par Condé devant Valenciennes, et y est fait prisonnier, 315.

FERVAQUES (Guillaume de Hautemer, seigneur de), comte de Grancey et maréchal de France, donne avis à Henri III d'une conspiration formée contre lui par le duc d'Alençon son frère, VII, 24. (*Voy.* GRANCEY).

FEU SACRÉ. Ce que c'était, II, 187.

FEUILLADE (François d'Aubusson, duc de la), maréchal de France, septième descendant de Guillaume, tige du rameau de la Feuillade, et oncle de Pierre d'Aubusson de Monteil, grand-maître de Malte. Érige une statue à Louis XIV à la place des Victoires, X, 45 et 46. — Accompagne Louis XIV à l'armée de Flandre, 65.

FEUILLADE (Louis, vicomte d'Aubusson, duc de Rouannais et de la), maréchal de France, fils du précédent et gendre de Chamillart, s'empare de la Savoie, prend Suze et Pignerol, X, 126. — Nice et Chivas, 136. — Pressé à Turin, est forcé par le prince Eugène d'en lever le siége, 142.

FEUQUIÈRES (Manassés de Pas, marquis de), est défait près de Thionville par Piccolomini et blessé à mort, VIII, 398.

FEUQUIÈRES (Antoine de Pas, marquis de), lieutenant général, petit-fils du précédent, auteur de Mémoires militaires estimés, X, 77. — Part qu'il a à la victoire de Nerwinde, *ibid.*

FÈVRE-CAUMARTIN (le). (*Voy.* CAUMARTIN et LEFÈVRE).

FÈVRE-D'ORMESSON (le). (*Voyez* ORMESSON).

FEYMAS (la), intendant de Champagne, préside le tribunal chargé de juger le commandeur de Jars, VIII, 330. — Sa réponse à de Jars qui voulait le forcer à se récuser, 332. — Il veut profiter du moment où de Jars vient d'obtenir sa grâce pour le faire parler, 333.

FIEFS. Leur origine, II, 4. — Leurs mauvais effets, 89. — Deviennent inamovibles, 92 et 93. — Puis héréditaires, 102. — Ce qu'ils étaient à l'avénement de Hugues Capet, II, 149.

FIESQUE (Jean-Louis de). Sa conjuration contre Doria, VI, 10.

FIESQUE (Guillaume d'Harcourt-Beuvron, épouse de Charles-Léon, comte de). attachée à mademoiselle de Montpensier. Ce que Gaston disait d'elle, IX 246. — Elle est reçue maréchale de camp par l'armée de Condé qui était à Étampes, 257.

FIN (Beauvais Lanocle, sieur de la). Son caractère, VII, 423. — Conseils que Henri IV donne à Biron à son sujet, ibid. — Il rédige un traité entre Biron et les Espagnols, 435. — Ses voyages en Piémont et à Milan, 437. — Il prend des mesures contre le repentir de Biron, 439. — Il va à Milan conclure un nouveau traité entre le duc de Savoie et Biron, ibid. — Il évite d'être arrêté par le duc de Savoie en revenant d'Italie, 450. — Ses plaintes à Biron sur l'arrestation de Hennazé son secrétaire, ibid. — Il découvre au roi la conspiration de Biron, 451. — Ce qu'il dit à Biron au moment où il entrait chez le roi, 455. — Sa déposition contre Biron, 457.

FINCK (le comte de), général prussien, est enlevé à Maxen par le maréchal de Daun, auquel il se proposait de couper la retraite, XI, 67.

FITZ-JAMES (Jacques de), duc de Berwick. (*Voy.* BERWICK).

FITZ-JAMES (François de), évêque de Soissons et premier aumônier du roi, fils du précédent. Il obtient de Louis XV, malade à Metz, le renvoi de la duchesse de Châteauroux, X, 367. — Est exilé lors du retour de la duchesse à la faveur, 368.

FITZ-JAMES (Charles, duc de), frère du précédent, commandant en Languedoc, consigne dans leurs maisons les membres du parlement de Toulouse, XI, 124. — Le parlement de Toulouse le décrète de prise de corps, ibid. — Le parlement de Paris suit le procès et rend un arrêt équivoque, 125.

FLAGELLANTS (les). Leur conduite, III, 161.

FLAMAND (Nicolas). Sa participation au meurtre des deux maréchaux sous les yeux du dauphin, III, 326. — Conseils qu'il donne aux séditieux de Paris, ibid. — Son supplice, 328.

FLANDRE (Charles-le-Bon, comte de), est assassiné par des monopoleurs, II, 204. — Vengé par Louis-le-Gros, ibid. (*Voy.* BAUDOUIN, GUI et GUILLAUME DE DAMPIERRE, FERRAND, JEAN, comte de Namur; JEANNE, comtesse de Namur; JEANNE LA FLAMANDE, MARGUERITE, ROBERT, LOUIS DE NEVERS ou DE CRÉCI, LOUIS DE MALE.

FLAVENT est élu maire de Bourgogne à la recommandation de Nantilde, veuve de Dagobert, I, 340.

FLÉCHIER (Esprit), évêque de Nîmes, prédicateur célèbre sous Louis XIV, X, 217.

FLEURANGES (Robert III de La Marck, maréchal de). (*V.* BOUILLON, Robert III.)

FLEURI (Étienne de), conseiller au parlement de Paris, est nommé rapporteur du procès du duc de Biron, VII, 45. — Est nommé rapporteur dans l'affaire de la conjuration de la maison d'Entragues, VIII, 33.

FLEURI (Claude), précepteur des petits-fils de Louis XIV, X, 217. — Confesseur de Louis XV, 285.

FLEURI (André-Hercule, cardinal de), ancien évêque de Fréjus, prédicateur de Louis XV, X, 292. — Il se retire à sa maison d'Issy, 298. — Lettre remise à la reine à son sujet, 299. — Il est nommé ministre et cardinal, *ibid.* — Il supprime le cinquantième, 300. — Il obtient des préliminaires de paix avec les différentes puissances, 305. — Il réconcilie la cour de France avec celle d'Espagne, 307. — Sa vie, 316. — Laisse prendre de l'ascendant au maréchal de Belle-Isle, qui détermine le conseil à la guerre contre Marie-Thérèse, 337 et 338. — S'entremet en vain pour concilier l'Angleterre et l'Espagne, 340. — Écrit des lettres pleines de faiblesse dans l'espoir de sauver la garnison de Prague, 348. — Marie-Thérèse les fait imprimer pour décréditer la France auprès de ses alliés, *ibid.* — Sa mort; son caractère, 356. — Bases de son administration, 357 et 358. — Laisse tomber la marine, *ibid.* — Sa conduite dans les affaires ecclésiastiques, 358.

FLEURI (Guillaume-François Joli de), procureur général au parlement de Paris, conclut à déférer la régence au duc d'Orléans, X, 220.

FLEURI (Jean-François Joli de), contrôleur général après M. Necker, XI, 232. — A recours aux mêmes expédients des emprunts, et fait rétablir le troisième vingtième, 233. — Donne sa démission à la paix, *ibid.*

FLEURIEU (Charles-Pierre Claret de), est nommé ministre de la marine, XI, 320. — Se retire, 356.

FLORUS, Belge; sa révolte contre Tibère. Il est réduit à se tuer, I, 140.

FLOTTE (Pierre), administrateur fiscal de la Flandre, III, 29. — Garde des sceaux, 35.

FOI (ordre de la). Pourquoi il fut établi, II, 283.

FOI (Godemar de), défend le gué de Blanquetaque contre Édouard III, III, 150.

FOIRES. Leur origine, I, 338.

FOIX (Roger Bernard, comte de), se révolte contre Philippe-le-Hardi, est fait prisonnier, III, 4 et 5. — Duel entre lui et son neveu, ordonné par le parlement de Toulouse, 5.

FOIX (Gaston III, Phébus, comte de), arrière-petit-fils du précédent, taille en pièces une bande de ceux qui composaient la Jacquerie, III, 214.

FOIX (Jean de Grailly, comte de), fils d'Archambault de Grailly, frère du fameux captal de Buch, Jean III, et d'Isabelle de Foix, fille et héritière de Roger Bernard, cousin-germain du précédent, amène des troupes à Charles VII, V, 105.

FOIX (Jean de), vicomte de Narbonne, second fils de Gaston IV, comte de Foix, petit-fils du précédent. (*Voy.* Narbonne.)

FOIX (Gaston de), duc de Nemours, fils du précédent, et de Marie d'Orléans, sœur de Louis XII, remporte une victoire à Ravennes, V, 214 et 215. — Sa mort, 216.

FOIX (Germaine de), sœur du précédent. (*Voy.* Germaine.)

FOIX (Odet de), maréchal de Lautrec, fils de Jeanne d'Aidie, fille d'Odet, comte de Comminges, gouverneur de Guienne. (*Voy.* Lautrec.)

FOIX-LAUTREC (André de), sieur de Lespare, frère du précédent. (*Voy.* Lesparre.)

FOIX-LAUTREC (Thomas de), sieur de Lescun, dit le maréchal de Foix. (*Voy.* Lescun.)

FOIX-LAUTREC (Françoise de), dame de Châteaubriant (*Voyez* Chateaubriant.)

FOIX (Catherine de), fille de Gaston de Foix, prince de Viane, et petite-fille de Gaston IV. (*Voy.* Catherine.)

FOIX (*Voy.* Noailles.)

FOIX (Paul de), conseiller au parlement de Paris. Henri II le fait arrêter, VI, 110.

FONT (La), député du département de la Creuse à la convention, se récuse comme juge de Louis XVI, XI, 382.

FONTAINE (La), célèbre poète français, X, 217. — Son élégie en faveur de Fouquet, IX, 346.

FONTAINES (le comte de), général espagnol (*Voy.* Fuentes.)

FONTANGES (Marie-Angélique de Scoraille de Roussille, duchesse de), Louis XIV en devient amoureux; sa mort, X, 35. — Circonstances qui accompagnent sa mort, 36.

FONTEVRAULD. Robert d'Arbrissel y fonde un ordre religieux, II, 188.

FONTRAILLES (Imbault, sire de), chevalier français, combat en Italie sous le maréchal de Trivulce, V, 209 et 210.

FONTRAILLES (Astarac de), gentilhomme, dépêche en Espagne pour y signer un traité au nom de Gaston, du duc de Bouillon et de Cinq-Mars, VIII, 431.

FORBIN - JANSON (Toussaint de), cardinal de Janson, ménage un accommodement avec le pape au sujet des bulles refusées aux membres de l'assemblée du clergé de 1682, X, 80.

FORBIN-GARDANE (Claude, comte de), chef d'escadre et amiral, de Siam, désole le commerce anglais, X, 88. — Est chargé de conduire le chevalier de Saint-Georges en Écosse; il n'y réussit point, 150.

FORCE (François de Caumont, par sa femme seigneur de la), est tué à la journée de Saint-Barthélemi, VI, 356.

FORCE (Jacques Nompar de Caumont, duc de la), maréchal de France, fils du précédent. Conseil qu'il donne à Henri IV de concert avec d'Aubigné, VII, 224 et 225. — Sollicite la grâce du duc de Biron, 459. — Se trouve dans le carrosse de Henri IV au moment où ce prince est assassiné, VIII, 72. — Se met à la tête des réformés, et défend Montauban, 218. — Livre cette ville l'année suivante et est fait maréchal de France, 221. — Il entre dans le Languedoc à la tête d'une armée pour combattre Gaston, 349.

FORMULAIRE (le). En quoi il consiste, IX, 374.

FOU (Yvon du). (Voy. Dufou.)

FOUCAULD DE L'ARDIMALIE (le marquis), député à l'assemblée constituante, improuve les sacrifices inconsidérés du 4 août, XI, 283.

FOUGERET (M. de), seigneur de Château-Regnard. Note qu'il a communiquée à l'auteur sur les habitants de cette ville, VIII, 213, à la note.

FOUGERET (N. d'Outremont de), épouse du précédent, institutrice de la charité maternelle, et amie de l'auteur, I, Notice, xxv.

FOULON (Joseph). (Voy. Abbé de Sainte-Geneviève.)

FOULON (M.), conseiller d'état, est appelé au ministère des finances, XI, 272. — Est pendu à un réverbère, 279.

FOUQUET (Nicolas), marquis de Belle-Isle, surintendant des finances; sa disgrâce, IX, 341. — Il est arrêté, 344. — On lui fait son procès, 346. — Il conserve des amis dans sa disgrâce, entre autres, madame de Sévigné, mademoiselle Scudéri, La Fontaine et Pélisson, ibid. — Son jugement, 348. — Il est enfermé dans la citadelle de Pignerol, *ibid.* — L'époque de sa mort problématique, *ibid.* — Probabilités qu'il est l'homme au masque de fer, 349. (*Voy.* BELLE-ISLE et GISORS.)

FOUQUET (Basile, dit l'abbé), frère du précédent, l'un des flatteurs du cardinal Mazarin, IX, 171. — Il veut que l'on mette le feu à la maison de son frère, 344.

FOURILLES (le comte de), réformateur de la cavalerie française sous Louis XIV, est tué à la bataille de Senef; son vœu en expirant, IX, 405.

FOUS (fête des). En quoi elle consistait, II, 283.

FOX (Henri), lord Holland, ministre des affaires étrangères en Angleterre, signifie le refus de satisfaire la France sur les déprédations de son commerce, ce qui amène la guerre, XI, 31.

FOX (Charles), second fils du précédent, parvient au ministère et travaille à la pacification d'Angleterre avec les colonies d'Amérique et la France, XI, 225.

FRAMONT (le comte de), capitaine du Caton, donne l'artillerie de son vaisseau pour ajouter à celle qui fait le siège de la forteresse de Saint-Christophe, XI, 212. — Séparé de la flotte du comte de Grasse, il se réfugie à la Guadeloupe, 213. — Est pris quelques jours après le combat des Saintes, 214.

FRANÇAIS. Leurs mœurs, I, 288. — Leur religion, 290. — Leurs excursions, 296.

FRANCE. Son état sous Charlemagne, II, 53. — Son état sous Hugues-Capet, II, 149.

FRANCISCAINS. Différence entre les moines et eux, II, 284. — Leur origine, 286. — Profitent des troubles survenus dans l'université pour ouvrir des écoles, 300. — Ruse qu'ils emploient pour se soustraire à la réforme, V, 123.

FRANÇOIS D'ASSISE (Saint-), fondateur des Franciscains, II, 286.

FRANÇOIS DE PAULE, ermite. Louis XI le fait venir à la cour; il assiste ce prince à la mort, IV, 380.

FRANÇOIS I, fils de Charles comte d'Angoulême, et de Louise de Savoie, et arrière-petit-fils de Louis, duc d'Orléans, frère de Charles VI, par Jean, comte d'Angoulême son second fils, V, 253. — Est fiancé avec Claude de France, fille de Louis XII et d'Anne de Bretagne, 184. — N'étant encore que duc de Valois, il pénètre dans la Navarre, 218. — Épouse madame Claude, et a l'administration de la Bretagne, 233. — Son sacre, 254. — Prend le titre de duc de Milan, *ibid.* — Traite avec Charles-Quint, 255. — Ses largesses, 256. — Passe les Alpes à la tête d'une armée, 257. — Est vainqueur à la bataille de Marignan, 261. — Est armé chevalier par Bayard, 263. — Il recouvre le duché de Milan, 264. — Son entrevue avec Léon X, *ibid.* — Substitue à la pragmatique le concordat, 265. — Traite avec Charles-Quint, 267. — Services qu'il rend à Léon X, 269. — Son entrevue avec Henri VIII, 271. Laisse échapper Charles-Quint, 275. — Fait manquer le stratagème employé par Bossut, gouverneur de Guise, 286. — Ses préparatifs pour dissiper la ligue formée contre lui, 289. — Va trouver le connétable de Bourbon, 300. — Fait saisir les biens du connétable de Bourbon, 301. — Se détermine à conduire lui-même son armée en Italie, 309. — Entre en Italie et s'empare du Milanais, 310. — Il assiège Pavie, 311. — Est blessé et fait prisonnier à la bataille de Pavie, 313. — Ce qu'il écrit à sa mère après la bataille de Pavie, 314. — Est conduit à Pizigithone, 315. — Négocie avec Charles-Quint, 316. — Est transporté en Espagne, 317 et 318. — Il tombe malade, 319. — Il prend la resolution d'abdiquer la couronne, 321. — Consent à la plupart des conditions qui lui sont imposées par Charles-Quint, *ib.* — Signe le traité de Madrid avec Charles-Quint, 323. — Fiance Éléonore, veuve du roi de Portugal, 326. — Il revient en France, *ibid.* — Sa réponse à l'envoyé de Charles-Quint, qui le presse d'exécuter le traité de Madrid, 327. — Il soulève l'Italie contre Charles-Quint, et se justifie auprès des Allemands, 328. — Déclare dans une assemblée des notables sa résolution de retourner en Espagne, 337. — Il défie Charles-Quint, 339. — Il envoie trente mille hommes en Italie, et une flotte pour attaquer la Sicile, 340. — Conclut la paix de Cambrai, 344. — Épouse Éléonore, douairière de Portugal, 345. — Prend part à la ligue de Smalkalde, 347. — Fonde le collége royal, 348. — Réunit la Bretagne à la France, 349. — Son entrevue avec Henri VIII, *ibid.* — Proclame une ligue contre Soliman II, 350. — Son entrevue avec Clément VII, 351. — Il prie le pape d'entrer en accommodement avec Henri VIII, 352. — Il soutient la ligue de Smalkalde, *ibid.* — Dénonce à toute l'Europe l'assassinat de son ambassadeur, 355. — Sa réponse aux tentatives de Henri VIII, qui voulait le détacher de l'église romaine, 356. — Ses lois contre les sectaires, 357. — Il en fait brûler, 358. — Il reçoit un ambassadeur de Soliman II, *ibid.* — Sa modération pendant l'expédition de Charles-Quint en Afrique, 359 et 360. — Il s'empare de la Savoie, *ibid.* — Répond par un manifeste à la harangue de Charles-Quint dans le consistoire, 364. — Son plan de défense contre l'invasion de Charles-Quint en France, 367 et 368. — Sa douleur en apprenant la mort du dauphin François, 372. — Son discours à Henri son fils, après la mort du dauphin François, 374. — Marche contre Charles-Quint, 375. — Il donne Madeleine sa fille en mariage à Jacques, roi d'Écosse, 378. — Son alliance avec Soliman, 379. — Il cite Charles-Quint à la cour des pairs, 380. — Il chasse les troupes de Charles-Quint de la Picardie, 381. — Envoie ses principales forces en Italie, sous la conduite de Montmorency, 382. — Signe une trêve avec Charles-Quint, 383. — Refuse de soutenir les Gantois révoltés contre Charles-Quint, 385. — Donne à Charles-Quint toutes les sûretés qu'il exige pour passer en France, 387. — Il va au-devant de Charles-Quint, ibid. — Ce qu'il dit à Charles-Quint au sujet de la duchesse d'Étampes, ibid. — Ce qu'il dit à Triboulet son fou, au sujet de Charles-Quint, 388. — Il exile Montmorency, 390. — Il conclut des traités avec les rois de Suède et de Danemarck, 391. — Fait demander à Charles-Quint réparation du meurtre de ses ambassadeurs, 392. — Met sur pied deux armées, l'une contre le Roussillon, et l'autre contre le Luxembourg, 395. — S'avance jusqu'à Montpellier pour combattre Charles-Quint, 396. — Apaise des émeutes occasionées par les impôts, 399. — Sa réponse au manifeste de Charles-Quint, 400. Il prend possession du duché de Luxembourg, 404. — Il marche en personne contre Charles-Quint, 405. — Lève de nouveaux impôts pour soutenir la guerre, ibid. — Signe le traité de Crépy avec Charles-Quint, 416. — Envoie offrir la paix à Henri VIII, 418. — Il permet de prendre les armes contre les novateurs, 421. — Son zèle contre les réformés, 423. — Il fait la paix avec l'Angleterre, 424. — Sa mort, ibid. — Son caractère, 425 et 426.

FRANÇOIS DE FRANCE, dauphin, fils de François I, vient en Espagne comme otage, V, 326. — Revient en France, 345. — Sa mort, 371.

FRANÇOIS II, fils de Henri II et de Catherine de Médicis, épouse Marie Stuart, reine d'Écosse, VI, 95. — Succède à son père, 114. — Il prend pour ministres le duc de Guise et le cardinal de Lorraine, 116. — Marque quelque défiance de ses oncles, 136. — Va à Orléans pour l'assemblée des états généraux, 153. — Sa mort 156 et 157.

FRANÇOIS-NICOLAS, cardinal, puis duc de Lorraine. (*Voyez* LORRAINE.)

FRANÇOIS-ÉTIENNE DE LORRAINE, empereur, fils du duc Léopold et gendre de l'empereur Charles VI. Louis XV lui enlève la

Lorraine, X, 323. — Il entre en possession du grand duché de Toscane, 328. — Marche au secours de la Bohême, 342. — Empêche le maréchal de Maillebois d'y pénétrer et de faire lever le siége de Prague, 349. — Couvre l'élection de Francfort, repousse le prince de Conti et est élu empereur, 373 et 374. — Fait la paix avec la France par le traité d'Aix-la-Chapelle, XI, 8 et 9.

FRANÇOIS II, empereur, fils de l'empereur Léopold II, et petit-fils du précédent, succède à son père, XI, 352. — La Russie l'excite politiquement à la guerre contre la France, *ibid*. — Partage la Pologne avec la Russie et l'Autriche, *ibid*. — Dumouriez lui fait déclarer la guerre par Louis XVI, 357.

FRANÇOISE D'ORLÉANS, fille de François d'Orléans, marquis de Rothelin, puis duc de Longueville au défaut de la postérité de son aîné Louis II, arrière-petit-fils comme lui du fameux Jean, comte de Dunois, belle-mère du prince de Condé, Henri I. Charles IX l'obligé de faire abjuration, VI, 364.

FRANCS. Donnent à leur empire le nom de France, I, 4. — Étymologie du mot, 188. Leurs irruptions, leurs établissemens, leurs chefs, 17 et suiv.

FRANKLIN (Benjamin), physicien célèbre par ses découvertes en électricité, plénipotentiaire américain, envoyé en France, XI, 166. Enthousiasme qu'il fait naître, 167. — Conspiration d'un de ses fils pour livrer New-Yorck aux Anglais, 168. Parvient à obtenir de Louis XVI un traité d'alliance avec les Américains, 170 et 171.

FRAZER, gouverneur anglais de Saint-Christophe, XI, 211. — Se défend avec courage, et est néanmoins obligé de se rendre au marquis de Bouillé, 211 et 212.

FRÉDÉGONDE, concubine de Chilpéric, I, 302. — Fait étrangler Galsuinde, *ibid*. — Fait assassiner Sigebert, 306. — Ses crimes, 310. — Est exilée par Gontran, 316. — Elle fait assassiner Prétextat, évêque de Rouen, *ibid*. — Sa froide cruauté, *ibid*. — Son ingratitude envers Gontran, 318. — Sa mort, 320.

FRÉDÉRIC II de Souabe, empereur d'Allemagne, petit-fils de l'empereur Frédéric I, dit Barberousse, est excommunié par Innocent IV, II, 305. — Avait dressé à Louis XI une embuscade à Vaucouleurs, *ibid*.

FRÉDÉRIC III, empereur d'Allemagne, cousin issu de germain de l'empereur Albert II, son prédécesseur, et fils d'Ernest, duc d'Autriche et de Styrie, arrière-petit-fils de l'empereur Albert I, fils de Rodolphe de Habsbourg. Il marie son fils Maximilien avec Marie de Bourgogne, fille de Charles-le-Téméraire, IV, 347. — Ses plaintes à Louis XI, au sujet de ses entreprises sur les états de Marie de Bourgogne, 353. — Sa mort, 374.

FRÉDÉRIC III d'Aragon, roi de Naples, second fils de Ferdinand I, bâtard d'Aragon, roi de Naples. Louis XI lui fait épouser Anne de Savoie, sa nièce, à laquelle il donne en dot ses droits sur le Roussillon et la Cerdagne, IV, 354. — Il négocie avec Charles VIII, au nom de Ferdinand II, son neveu, V, 80. — Se retire avec son neveu en Sicile, 81. — Succède à son neveu, 93. — Il offre à Louis XII de lui faire hommage du royaume de Naples, 125. — Est trompé par Ferdinand-le-Catholique, qui s'était offert à le défendre, ibid. — Il cède à Louis XII son royaume, et se retire dans l'île d'Ischia, 128. — Il y est investi par Philippe de Clèves Ravestein, commandant la flotte française, 129. — Il passe en France, ibid. — Louis XII lui donne le comté du Maine, ibid. — Il sollicite Louis XII de se désister de ses prétentions sur Naples, 173. — Sa mort, 174.

FRÉDÉRIC III, dit le Sage, duc de Saxe. (*Voy.* SAXE.)

FRÉDÉRIC (Jean II), neveu du précédent, électeur de Saxe. (*Voy.* SAXE.)

FRÉDÉRIC V, électeur palatin, accepte la couronne de Bohême au préjudice de l'empereur Ferdinand II, VIII, 211. — Est dépouillé de ses états et de son titre par l'empereur, 26'.

FRÉDÉRIC, landgrave de Hesse-Cassel, et depuis roi de Suède par sa femme Ulrique Éléonore, sœur de Charles XII, est battu à Spire par le maréchal de Tallard, X, 119. — A Castiglione, par le maréchal de Médavi-Grancey, 143. (*Voy.* HESSE.)

FRÉDÉRIC AUGUSTE I, électeur de Saxe, roi de Pologne. (*Voy.* AUGUSTE.

FRÉDÉRIC AUGUSTE II, électeur de Saxe, roi de Pologne. (*Voy.* AUGUSTE II et SAXE.

FRÉDÉRIC GUILLAUME DE BRANDEBOURG, dit le Grand Électeur. (*Voyez* BRANDEBOURG.)

FRÉDÉRIC GUILLAUME I, roi de Prusse, fils de Frédéric I, électeur de Brandebourg, premier roi de Prusse, et fils du précédent. Pendant la guerre de la succession de Pologne, il sert ainsi que son fils dans l'armée du prince Eugène, et n'en donne pas moins un généreux asile à Stanislas, X, 326.

FRÉDÉRIC II, dit le Grand, fils du précédent, sert dans l'armée du prince Eugène dans la guerre de la succession de Pologne, X, 326. — Ses réclamations sur l'héritage de l'empereur Charles VI, 335. — Il fait à la bataille de Molwitz et la gagne par l'habileté du maréchal de Schweren, 236. — S'empare de la Silésie et de la Moravie, 337. — Bat le prince Charles de Lorraine à Czaslaw, 347. — Fait la paix avec la reine de Hongrie, moyennant qu'elle lui cède la Silésie, *ibid.* — Promet une diversion à la France, 361 et 362. — Entre en Bohême et fait capituler Prague, 362. — Le prince Charles la lui fait évacuer, 364. — Il bat le prince Charles à Friedberg et à Sohr, 374. — Et les Saxons à Kesseldorf sous Dresde, *ibid.* Fait la paix à Dresde avec l'impératrice et l'électeur de Saxe, *ibid.* — Procure la neutralité des cercles de l'Empire, 385. — Menacé par la Russie, l'Autriche et la Saxe, il envahit l'électorat sans déclaration de guerre, et commence ainsi la guerre dite de sept ans, XI, 35 et 36. — Entre à Dresde et tire des archives le traité conclu contre lui, *ibid.* — Il bat le maréchal de Brown à Lowositz, et fait capituler l'armée saxonne à Pirna, 36 et 37. — Il l'incorpore à ses troupes, *ibid.* — Ses plaisanteries sur Louis XV font armer la France contre lui, 39. — Il bat le prince Charles à Prague, 43. — Est battu à Chotzemitz par le maréchal de Daun, 44. — Sa situation alarmante, 44 et 45. — Bat le prince de Soubise à Rosbach, 46. — Daun et le prince Charles à Lissa, 48. — Lève le siège d'Olmutz, 55 et 56. — Bat les Russes à Zorndorf, *ibid.* — Est battu par Daun à Hochkirchen, et n'en délivre pas moins Neiss, 57. — Est battu à Kunersdorf par le général russe Solticow, 66. — Cerné par les Autrichiens et les Russes à Liegnitz, il leur échappe et bat Loudhon, 76 et 77. — Il éloigne les Russes qui pénètrent jusqu'à Berlin, 77 et 78. — Bat Daun et Torgau et le force à hiverner en-deçà de Dresde, *ibid.* — Se retranche en Silésie devant Loudbon et les Russes, et les force de se séparer faute de vivres, 87 et 88. — Sa position critique à la fin de la campagne, *ibid.* — Il en est tiré par l'avénement de Pierre III, son admirateur, au trône de Russie, 89. — Il fait le siége de Schweidnitz, et l'emporte malgré le maréchal de Daun, 90. — Il force l'empire à la neutralité et l'impératrice à la paix de Hubertsbourg, 91. — Il conserve les jésuites dans ses états, 122. — Partage une partie de la Pologne avec la Russie et l'Autriche, 146. — S'oppose aux prétentions de l'empereur Joseph II sur la Bavière, et entre en Silésie, 181. — Conclut avec lui la paix de Teschen, 182. — S'oppose à l'échange de la Bavière contre les Pays-Bas, et forme à cet effet une ligue du nord de l'Allemagne, 235. — Ses secours sont réclamés par le stathouder contre les républicains Hollandais, 237. — Il se propose de terminer ces différends par la voie de la conciliation, *ibid.* — Sa mort, *ibid.*

FREDERIC-GUILLAUME II, roi de Prusse, neveu du grand Frédéric, lui succède, XI, 237. — Embrasse la cause du stathouder, son beau-frère, contre les Hollandais, *ibid*. — S'empare d'Amsterdam, et fait rétablir le prince d'Orange dans toutes ses dignités, 238. — Empêche le Danemarck de secourir la Russie, 349. — Ajourne ses vues sur Thorn et sur Dantzick, et s'allie aux Polonais *ibid*. — Se dispose à la guerre contre l'empereur Léopold II, 350. — Fait la paix avec lui à Reichenbach, 351. — La Russie l'excite politiquement contre la France, 352. — Il partage la Pologne avec la Russie et l'Autriche, *ibid*. — Ses engagements avec l'empereur à Pilnitz contre la France, 355. — Entre en France et s'empare de Longwy et de Verdun, 376. — Est battu à Valmy par le général Kellermann, *ibid*. — Est forcé par le général Dumouriez à évacuer la Champagne, *ibid*. — Supposition qu'il ne se retire que d'après une invitation de Louis XVI, 377.

FRÉGOSE (César), ancien ambassadeur de François I auprès des Vénitiens, est assassiné par ordre de Charles-Quint, V, 392.

FRÉTEAU DE SAINT-JUST, conseiller au parlement de Paris, s'élève dans un lit de justice contre les emprunts graduels, XI, 244. — Il est exilé, *ibid*.

FRISONS, sont battus par Charles-Martel, I, 356.

FROISSARD, historien. Ce qu'il rapporte d'Édouard III, III, 224.

FRONDE (la grande). Idée qu'on doit en prendre, IX, 34. — Son union avec la petite Fronde, 179. — Elle attaque la petite Fronde par des libelles, 211. — Comment elle finit, 289.

FRONDE (la petite). Son union avec la grande Fronde, IX, 179. — De qui elle était formée, *ibid*. — La grande Fronde lui déclare la guerre par des libelles, 211. — Comment elle finit, 289.

FRONDEURS (les). Pourquoi ainsi nommés? IX, 48.

FRONSAC. (*Voy*. BNÉZÉ. Armand de Maillé, marquis de).

FRONTENAC (madame de), attachée à mademoiselle de Montpensier. Ce que Gaston disait d'elle, IX, 246. — Elle est reçue maréchale-de-camp par l'armée de Condé, 47.

FUENSALDAGNE (le comte de), ministre de l'archiduc, gouverneur des Pays-Bas, dépêche un émissaire aux Frondeurs, IX, 125. — Il entre en France à la tête de douze mille hommes, 280. — Il est dupe d'une ruse de Mazarin, 281. — Il retourne en Flandre, 282 et 283. — S'oppose au projet de Condé d'attaquer Turenne près de Péronne, 303. — Mésintelligence entre lui et Condé, *ibid*. — Ses quartiers devant Arras sont forcés par Turenne, 312. — Est remplacé par le marquis de Caracène, 315.

FUENTES (don Pedro Henriquez d'Azevedo, comte de), gouverneur de Milan pour Philippe II. Sa haine contre Henri IV, VII, 433. — Conseils qu'il fait donner à Biron, 438. — Déposition de Lafin contre lui, 456. — Son dépit en apprenant le jugement rendu contre Biron, 473. — Se mêle dans une intrigue du prince de Joinville, 473 et suiv. — Il témoigne une joie indécente en apprenant la mort de Henri IV, VIII, 78. — Sa mort, ibid.

FUENTES (le comte de), commande à Rocroi les bandes espagnoles et périt avec elles, IX, 16 et 17. — Sa mort glorieuse enviée par Condé, ibid.

FULVIUS FLACCUS (M.), consul, l'ami de C. Gracchus, est envoyé au secours de Marseille, et prépare les voies à la conquête de la Gaule par les Romains, I, 38.

FUMÉE (Antoine), conseiller au Parlement de Paris. Henri II le fait arrêter, VI, 110.

FURIUS (le préteur), bat les Cisalpins, I, 35.

FURSTEMBERG (Herman Égon, comte, puis prince de). Description du repas qu'il donne aux électeurs de Mayence et de Cologne, IX, 337, à la note.

FURSTEMBERG (Guillaume Égon, prince, puis cardinal de), frère du précédent, évêque de Strasbourg après François Égon, son frère. Plénipotentiaire de l'électeur de Cologne aux conférences de la paix qui se tenaient à Cologne, il est enlevé par ordre de l'empereur, IX, 401. — Louis XIV le réclame aux conférences de Nimègue, X, 1. — Il est soutenu par le même dans ses prétentions à l'électorat de Cologne, 51. — Il est supplanté par le prince Clément de Bavière, ibid. — Louis XIV en prend occasion de commencer les hostilités contre la ligue d'Augsbourg, 51 et 52.

G

GABELEURS (les). Signification de ce mot. Ils sont attaqués en Guienne par les communes, VI, 16.

GABELLE. Signification de ce mot; son établissement, III, 142. — Troubles en Guienne à son sujet, VI, 16. — Elle est abolie en Guienne, 19.

GABRIELLE DE VERGY, femme du seigneur de Fayel, amante de Raoul de Couci, II, 331. — Se laisse mourir de faim, 332.

GABRIELLE D'ESTRÉES, duchesse de Beaufort, maîtresse de Henri IV, fille d'Antoine d'Estrées, marquis de Cœuvres, et épouse de

Nicolas d'Amerval, seigneur de Liancourt, sollicite l'accommodement du duc de Mayenne avec ce prince, VII, 392. — Elle fait déclarer nul son mariage avec le sieur de Liancourt, 414. — Sa querelle avec Sully, 415. — Sa mort. Circonstances qui l'accompagnent, 416 et 417.

GAETAN (Henri), cardinal. Sixte V l'envoie légat en France, VII, 236. — Il exécute mal les ordres du pape, 238. — Sa partialité est punie, 239. — Mortification qu'il essuie au parlement, 240. — Il va consoler le duc de Mayenne après la bataille d'Ivri, 249. — Il demande une entrevue au maréchal de Biron, 251. — Plaisanterie de Givri à son égard, ibid. — Il autorise de sa présence la procession de la ligue, 255. — Il imagine de faire faire pendant le blocus de Paris de la farine de vieux ossements, 258. — Il est obligé de quitter Paris, 270.

GAGES (le comte de), général espagnol, remplace en Italie le comte de Montemar, X, 366. — Bat le prince de Lobkowitz à Velleri, et l'oblige à regagner le Bolonais, ibid. — Arrive par l'état de Gênes dans le Montferrat, 373. — Bat avec le maréchal de Maillebois le roi de Sardaigne à Bassignano, ibid. — Est battu à Plaisance par le prince de Lichtenstein, 282 et 283. — Fait retraite en Savoie, ibid.

GAGES, général anglais, transfère la douane de Boston à Plymouth, ce qui décide l'insurrection américaine, XI, 163.

GAIFRE ou WAIFRE, fils de Hunauld, duc d'Aquitaine, se révolte contre Pepin, II, 5. — Est vivement pressé par Pepin, 16. — Sa mort, 17.

GAILLARD (M.), historien. Ce qu'il dit de certaines représailles, IV, 254. — Son observation relativement à la harangue prononcée dans le consistoire par Charles-Quint, V, 364.

GAINAS, Goth de nation, un des officiers de Théodose à la bataille d'Aquilée, I, 245. — Reconduit à Arcade les légions d'Orient qu'avait retenues Stilicon, 249. — Fait assassiner Rufin, 250. — Le remplace ainsi qu'Eutrope dans leur pouvoir, ibid. — Appelle comme eux les barbares, ibid. — Projette d'incendier Constantinople, ibid. — Est déclaré rebelle, ibid. — Périt dans un combat contre les Huns, 251.

GALAS (Matthieu, le marquis de), général autrichien, force le cardinal de La Valette à se retirer en Lorraine, VIII, 356. — Celui-ci lui fait lever le siége de Saint-Jean de Losne, 366 et 367.

GALATIE ou GALLOGRÈCE, fondée en Asie par les Gaulois, I, 30.

GALBA, roi des Soissonnais, commande la confédération belgique, I, 67.

GALBA SERGIUS, lieutenant de César, est attaqué dans ses quartiers par les Véragres, et se retire chez les Allobroges, I, 72.

GALBA (Servius Sulpitius), empereur romain, est excité par le propréteur de la Gaule, Vindex, à marcher contre Néron, I, 154. — Ne remplit pas l'attente que l'on avait conçue de lui, mécontente les soldats prétoriens et est assassiné par eux, 157.

GALÉAS. (*Voy.* FONCE et VISCONTI.)

GALÈRES. En quoi elles consistaient, III, 282.

GALÈRE (C. Val. Maximianus), empereur romain, est fait César, I, 200. — Épouse la fille de Dioclétien, *ibid.* — Fait ouvrir la dixième persécution contre les chrétiens, 202. — Force Dioclétien et son collègue à abdiquer, *ibid.* — Est déclaré auguste avec Constance Chlore, *ibid.* — Retient Constantin, fils de Constance, en otage, 203. — Sa fureur à l'évasion de celui-ci, 204. — Le reconnaît pour César, 205. — Déclare Sévère auguste, *ibid.* — L'envoie contre Maxence, 207. — Se transporte lui-même en Italie, et voit son armée débauchée, 208. — Crée Licinius auguste, 209. — Sa mort, 211.

GALIGAYE (Léonore), vient en France à la suite de Marie de Médicis, VIII, 20. — Elle épouse Concini, *ibid.* — Sa conduite à l'égard de Henri IV, 21. — Sa faveur auprès de Marie de Médicis, 83 et 84. — Elle fait sa cour à la comtesse de Soissons douairière, 99. — Elle est arrêtée, 151. — Son caractère, 155. — Elle est interrogée, 156. — Ses réponses, *ibid.* — Elle est condamnée à mort, 157. — Elle est exécutée, 158.

GALIGAYE (Étienne), frère de Léonore Galigaye, est nommé archevêque de Tours et abbé de Marmoutier, VIII, 85 et 86. — Il se confine dans un petit bénéfice; sa mort, 158.

GALISSONIÈRE (Roland-Michel Barin, marquis de la), bat l'amiral Byng à Minorque, XI, 32.

GALLES (Édouard, prince de, dit aussi le Prince Noir), fils d'Édouard III, roi d'Angleterre. Sa bravoure à la bataille de Créci, III, 152. — Intercède pour les Calésiens, 158. — Débarque à Calais avec son père, 161. — Ravage l'Auvergne et le Limousin, 183. — Vainqueur à la bataille de Poitiers, 184. — Sa générosité après la victoire, 187. — Conduit le roi Jean prisonnier en Angleterre, 199. — Signe le traité de Brétigni, 227. Ramène Pierre-le-Cruel en Castille à la tête d'une armée, 252. — Fait Duguesclin prisonnier à la bataille de Navarette, 253. — Revient en Guienne, 254.

Sommé de comparaître devant la cour des pairs, sa réponse, 258. — Brûle et saccage Limoges, 263. — Repasse en Angleterre, 264. Sa mort, 280.

GALLES (Jeanne de Kent, dite la Belle Demoiselle, princesse de), cousine-germaine d'Édouard III, et épouse du précédent. Elle paie 20,000 liv. sur la rançon de Duguesclin, III, 256.

GALLIEN (Pub. Licin.), empereur romain, fils de Valérien, reçoit de son père l'administration de l'occident, I, 186. — Règne seul lors de la captivité de son père, enlevé en trahison par Sapor, roi de Perse, ibid. — Les trente tyrans lui disputent le souverain pouvoir, ibid. — Il voit avec indifférence les incursions des Francs, des Goths, des Sarmates et des Perses, 189. — Son fils est massacré dans les Gaules, et Posthume y est proclamé empereur, ibid. — Combat sans succès contre ce compétiteur, 190. — Assiégé dans Milan Auréle, un de ses lieutenants révoltés, ibid. — Est assassiné, ibid.

GALLITZIN (le prince de) s'empare de Chotzim, XI, 144.

GALLOWAY (Henri, marquis de Ruvigny, lord), agent des protestants à la cour. Quitte la France lors de l'édit de Nantes, et commande les Anglais en Portugal, X, 126. — Fait proclamer l'archiduc Charles à Madrid, 143. — Est forcé d'abandonner cette ville à l'approche de Philippe et du maréchal de Berwick, ibid. — Est battu par ce dernier à Almanza, 148. — Est battu encore à Badajoz par le marquis de Bay, 165.

GALOIS (les). Ce qu'ils étaient, III, 92.

GALOISES (les). Ce qu'elles étaient, III, 92.

GALON, légat du pape en Angleterre. Ses remontrances à Louis, fils de Philippe-Auguste, II, 278. — Excommunie Louis, ibid.

GALSUINDE, demandée en mariage par Chilpéric, est ou renvoyée ou étranglée, I, 302.

GAMA (Vasco de) double le cap de Bonne-Espérance, et parvient le premier par cette voie aux Indes Orientales, V, 63.

GAMACHES (Joachim Rouault, maréchal de). Louis XI lui donne le gouvernement de Paris, IV, 232.

GAMACHES (Nicolas I, seigneur de), l'un des quatre seigneurs auxquels Charles IX fit grâce à la Saint-Barthélemi, VI, 357.

GANGANELLI. (Voy. CLÉMENT XIV).

GARAT (jeune), député à l'assemblée constituante, nommé ministre de la justice en remplacement de Danton, après les massacres de septembre, est chargé de signifier au roi l'arrêt de mort porté contre lui par la convention, XI, 550.

GARDE (le baron de la), général des galères. François I lui ordonne de les faire passer de la Méditerranée dans l'Océan, V, 418. Ruse qu'il emploie pour s'emparer de quelques bateaux flamands, VI, 27 et 28. — Surprend un transport de cinq mille Espagnols, 65.

GARLANDES (les). Quatre frères ministres et généraux de Louis VI, II, 202.

GARNIER (l'abbé), historien, continuateur de l'Histoire de France de Velly et de Villaret. Portrait qu'il fait de la Balue, IV, 249 et 250. — Description qu'il fait de l'entrevue de Charles VIII avec Ludovic Sforce à Milan, V, 70. — Peinture qu'il fait de l'angoisse de Louis XII et de Jeanne de France, pendant le cours des procédures relatives à leur divorce, 103. — Sa remarque sur le contrat de mariage de Louis XII avec Anne de Bretagne, et celui de Charles VII avec cette princesse, 105 et 106. — Sa remarque sur Anne de Bretagne, 232.— Ce qu'il dit de l'intimité existante entre Henri II et le connétable Montmorency, VI, 99.

GASSION (Jean de), maréchal de France, contribue à la victoire du duc d'Enghien à Rocroi, IX, 15. — Son corps d'armée et celui du maréchal de la Meilleraye sont prêts à se charger pour l'intérêt d'un point d'honneur, 27. — Ne peut empêcher l'archiduc Léopold de pénétrer en Flandre, 32. — Prend la ville de Lens et y est tué, ibid.

GASTON, fondateur de l'ordre des Antonins, II, 187.

GASTON PHOEBUS et GASTON DE FOIX, (Voy. Foix).

GASTON DE FRANCE, duc d'Orléans, frère de Louis XIII, VIII, 145. — Préside, âgé de neuf ans, l'assemblée des notables à Rouen, 161. — Son éducation, 224. — Se plaint à Louis XIII du maréchal d'Ornano, 242. — Il consent à se marier, 247. — Il veut fuir en apprenant l'arrestation de Chalais, 250. — Il épouse mademoiselle de Montpensier, 251. — Il préside l'assemblée des notables aux Tuileries, 258. — Il devient veuf, 260. — Il demande à sa mère la liberté de Marie de Gonzague, 275.— Il cesse de faire la cour à Marie de Gonzague, 276. — Il se retire en Lorraine, 277. — Il revient en France, ibid.— Sa bravade ridicule à l'égard de Richelieu, 293 et 294. — Il se retire à Orléans, ibid. — Il refuse de revenir à la cour, 295. — Il se sauve en Lorraine, 305. — Il épouse Marguerite, fille du duc de Lorraine, 308. — Il se retire à Bruxelles, 309. — Il arme contre la France, 316. — Sa marche, 318. — Il se jette dans le Languedoc, 319. Est battu ainsi que le duc de Montmorency au combat de Castelnaudari, 321 — Traite avec la cour, 322. — Obtient la liberté de se retirer à Béziers, 323. — La cour l'envoie à Tours, 324. — Il quitte de nouveau le royaume dans l'intention de venger la mort du duc de Montmorency, 328. — Intrigues de Richelieu pour faire revenir Gaston, 338. — Ce prince signe un traité avec les Espagnols pour les abuser, 341. — Il revient en France, *ibid.* — Il arrive à la cour, 343. — Il se retire à Blois, 344. — Il vient à la cour et retourne à Blois, 345. — Il promet d'autoriser ce qu'on fera contre le cardinal de Richelieu, 364. — Change de résolution, 365. — Se retire à Blois, 367. — Il est réduit par Richelieu à séparer ses intérêts de ceux du comte de Soissons, 370. — Il encourage Cinq-Mars à ne pas rester sous la tutelle de Richelieu, 422. — Il suit le roi dans le Roussillon, 426. — Il entre dans la conspiration de Cinq-Mars, 427. — Il sollicite du duc de Bouillon une retraite à Sedan, 431. — Il traite avec l'Espagne, *ibid.* — Il se trouve investi en Auvergne, 433. — Ses aveux relatifs à la conjuration de Cinq-Mars, 433 et 434. — Il se rend à deux lieues de Lyon, 436. — Sa déposition dans la conjuration de Cinq-Mars, 431. — Il a la permission de se retirer à Blois, 442. — Déclaration du roi contre lui, 448. — La régente prend son consentement pour faire arrêter le duc de Beaufort, IX, 24. — Il s'empare de Gravelines, 27. — Prend quelques villes en Flandre, 31. — S'empare de Mardik, et remet le commandement au duc d'Enghien, 32. — Anne d'Autriche le charge de traiter avec le parlement, 44. — Il vient à l'assemblée des chambres, 53. — Il vient au parlement, 55. — Il accompagne le roi à Ruel, 80. — Il écrit au parlement, 84. — Il éclate en plaintes, 98. — Il sort de Paris avec la cour, 104. — Il amène le prince de Condé à rabattre de ses prétentions, 129. — Il vient à Paris, 140. — Il consent à ce que l'on arrête le prince de Condé, 159. — Il reste à Paris pendant l'absence de la cour, 169. — Il consent à laisser transférer les princes à Marcoussi, 170. — Il va à Fontainebleau, 176. — Il consent que les princes soient transférés au Havre, 177. — Il revient à Paris, *ibid.* — Il traite avec le prince de Condé, 179. — Il se refuse aux instances de la régente qui lui demandait une entrevue, 192. — Il va au parlement, 196. — Sa réponse à Molé qui l'accusait de retenir le roi prisonnier, *ib.* — Il présente à la régente les princes sortis de prison, 197. — Il invite la noblesse à rompre ses assemblées, 201 et 202. — Sa joie sur la querelle excitée entre Condé et le coadjuteur, 210 et 211. — Il s'entremet de l'accommodement du prince de Condé avec la cour, 220. — Il lève une petite armée en faveur de la Fronde, et en donne le commandement au duc de Beaufort, 238. — Ses réponses vagues aux sollicitations du prince de Condé, *ibid*. — Il se réunit au prince de Condé, 241. — Ce qu'il dit de sa fille, mademoiselle de Montpensier, 246. — Sa réponse à la députation de l'assemblée de l'hôtel de ville, 254. — Il se lie avec le prince de Condé, 256. — Il propose au parlement de le nommer lieutenant général du royaume, 262. — Il consent à recevoir dans Paris l'armée de Condé après la bataille de Saint-Antoine, 269. — Il favorise la retraite du prince de Condé dans Paris, 271. — Il offre de se retirer à Blois, 284. — Son embarras, 288 et 289. — Il sort de Paris, 290. — Il se retire à Blois, 298. — Sa mort, 338.

GATES (Hor.), général américain, cerne le général anglais Bourgoyn à Saratoga et le force à mettre bas les armes, XI, 170.

GAUCOURT (Raoul VI de), capitaine français au temps de Charles VII, défend Orléans contre les Anglais, IV. 122.

GAULE (la). Sa position, I, 3. — Sa division en cisalpine et transalpine, 20. — Réduction de la cisalpine par les Romains, 31. — Leur introduction dans la transalpine, 36. — Conquête de la transalpine par César, 60 à 125. — Division de la Gaule en provinces, 141. — La religion chrétienne s'y introduit, 178. — Premières incursions des Francs dans la Gaule, 187. — Ils s'y établissent sous Pharamond, leur premier roi, 262.

GAULOIS (les). Leur origine, I, 5. — Leur langue et leur religion, 6. — Leurs mœurs et usages, 11. — Leur caractère, *ibid*. — Leurs mariages, 12. — Leurs enfans, *ibid*. — Leurs magistrats, *ibid*. — Leurs conseils, 13. — Leurs émigrations, 14. — Leur milice, *ibid*. — Leur manière de combattre, *ibid*. — Leurs armes, 15. — Leurs peines militaires, *ibid*. — Leurs conquêtes, 16. — Succès de leur première irruption connue, 18. — Une partie s'établit en Asie, et y fonde le royaume de Galatie ou Gallogrèce, 30.

GAUTHIER-LE-HARPEUR est conduit à la cour de Charles-le-Mauvais, III, 342. — Son valet-de-chambre reçoit des instructions du roi de Navarre pour empoisonner Charles VI, 342 et 343.

GAUTIERS (les), paysans soldats dévoués à la ligue; ils sont défaits par le duc de Montpensier, VIII, 215.

GAUZELIN, évêque de Paris, repousse les Normands qui en faisaient le siége, II, 112.

GAY-TROUIN (du). (*Voy*. Dugay-Trouin.)

GÊNES, se donne à la France, III, 379. — Se met sous la protection de Charles VIII, IV, 102. — Chasse aussitôt les Français, 103.

— Réponse de Louis XII aux Génois qui lui offrent leur souveraineté, 376. — Elle se révolte contre Louis XII, V, 185. — Punition qu'il en tire, 186 et 187. — Doria l'affranchit du joug de la France et lui donne une constitution qui a duré jusqu'à nos jours, 342. — Louis XIV la fait bombarder et oblige le prince royal à venir lui faire ses soumissions, X, 23 et 24. — Réponse du doge interrogé sur ce qu'il trouvait de plus extraordinaire à Versailles, 24.

GENETTE (la). Ordre de chevalerie fondé par Charles-Martel, I, 358.

GENEVIÈVE (Sainte), dissuade les Parisiens de quitter leur ville à l'approche d'Attila, I, 267 et 268.

GENEVIÈVE (Joseph Foulon, abbé de Sainte-). On tient des conseils chez lui contre la faction des Seize, VII, 318. — Le légat lui fait faire son procès, 349. — Il est arrêté et relâché en donnant caution, 350. — Il se sauve auprès de Henri IV, *ibid.*

GENGISKAN, empereur des Mogols. Ses conquêtes en Asie au temps de Louis VIII, père de saint Louis, II, 292.

GENLIS (François de Hangest, seigneur de), amène des troupes au prince de Condé enfermé dans Orléans, VI, 195. — Sommation qui lui est faite à Saint-Denis par le roi, 271. — Il lève des troupes contre la cour, 289.

GENNES (de), chef d'escadre, désole le commerce anglais, X, 88.

GENSERIC, roi des Vandales, est appelé par l'impératrice Eudoxie, veuve de Valentinien III, contre Maxime, son second mari, assassin du premier, I, 270. — Prend Rome et la pille, 270 et 271. — Emmène Eudoxie et ses filles en Afrique, *ibid.*

GENTIEN (Benoît), réfute la harangue de Jean Petit en faveur de l'assassinat du duc d'Orléans, IV, 53.

GENTIL, commis de Samblançay, surintendant des finances, est condamné à être pendu, V, 283.

GEOFFROI, fils de Henri II d'Angleterre, épouse la fille du duc de Bourgogne, II, 226. — Sa mort, 249 et 250.

GEOFFROY, évêque de Coutances, est mis en prison, IV, 366.

GEORGES (Louis de Brunswick-Lunebourg), second électeur de Hanovre, et depuis roi d'Angleterre, commande l'armée des Cercles, et par ses manœuvres force Villars à quitter l'Allemagne, X, 147. — Ses projets d'invasion en France déconcertés, 164. — Succède en Angleterre à la reine Anne Stuart, 224. — Sa mort, 396. (*Voy.* BRUNSWICK.)

GEORGES II, roi d'Angleterre et électeur de Hanovre, fils du précédent, succède à son père, X, 306. — Prend parti pour Marie-Thérèse dans la guerre de la succession de Charles VI, 339. — Est forcé à la neutralité par le maréchal de Maillebois, 341. — Bat le maréchal de Noailles à Dettingue, où il devait être fait prisonnier, 254 et 255.—S'allie à la reine de Hongrie par le traité de Worms, 359. — Sa mort, 384.

GEORGES III, petit-fils du précédent, et fils de Frédéric-Louis, prince de Galles, monte sur le trône d'Angleterre, XI, 84. — Ses dispositions pacifiques, *ibid.*

GEOUFFRE, banquier de Marseille, un des créanciers des jésuites, les attaque en justice, XI, 98.

GÉRARD, évêque de Cambrai, se déclare contre la trêve du seigneur, II, 167.

GERBERGE, femme de Carloman, se retire avec ses enfans chez Tassillon, duc de Bavière, et ensuite chez Didier, roi des Lombards, II, 21.

GERBERGE, fille de Henri I, dit l'Oiseleur, roi de Germanie, et femme de Louis IV d'Outremer, roi de France, met tout en œuvre pour procurer la liberté à son mari, II, 130. — Réconcilie son mari avec Hugues 133.

GERMAIN (Saint), évêque de Paris, excommunie Caribert, I, 301.

GERMAINE DE FOIX, fille de Jean de Foix, vicomte de Narbonne, et de Marie d'Orléans, sœur de Louis XII, et sœur du fameux Gaston de Foix, épouse Ferdinand V, dit le Catholique, roi d'Aragon, V, 180. — Détermine Louis XII à ne pas favoriser les Napolitains mécontens, 184.—Son entrevue à Savonne avec Louis XII, 191. — Ne peut conserver la couronne de Naples après la mort de Ferdinand, 268.

GERMAINS (les), pénètrent dans les Gaules, I, 5.

GERMANICUS, fils de Drusus et d'Antonia, nièce d'Auguste, est adopté par Tibère, son oncle, I, 147. — Est envoyé en Germanie où il bat Arminius, *ibid.* — Sa mort, 148

GÉRONCE, amène des secours à l'usurpateur Constantin, assiégé dans Arles par Sarus, et fait lever le siége, I, 254. — Est envoyé pour s'assurer de l'Espagne, *ibid.*—Se soulève contre Constantin, 257, —Assiége Constant, son fils, dans Vienne, et le fait périr, 258. — Assiége le père dans Arles, *ibid.* — Est battu par Constance, général d'Honorius, 259.

GERSON (Jean), député de l'université de Paris aux conciles de Constance et de Bâle, y fait condamner les propositions de Jean Petit,

IV, 57. — Contribue à la déposition de Jean XXIII, et à la démission de Grégoire XII, *ibid.*

GESVRES (Louis Pothier, seigneur de), secrétaire d'état, second fils de Jacques Pothier, conseiller au parlement, tige commune des rameaux de Blancmesnil, de Novion et de Gesvres. Le comte d'Entragues remet, en sa présence, à Henri IV, la promesse de mariage souscrite par ce prince en faveur de Henriette d'Entragues, VIII, 26.

GIAC (Pierre, seigneur de), favori de Charles VII, petit-fils de Pierre de Giac, chancelier de France, est placé dans le ministère, IV, 113. — Saisit l'occasion de mortifier le connétable de Richemont, 115. — Il est arrêté et condamné à mort, 116 et 117.

GIAC (Jeanne de Faillac, dame de), femme du précédent, et maîtresse de Jean-sans-Peur, duc de Bourgogne, le détermine à rompre la conférence avec le roi d'Angleterre, IV, 88. — Détermine le duc de Bourgogne à se trouver à l'entrevue de Montereau, 90. — Elle se retire auprès du dauphin, *ibid.* — Elle épouse le seigneur de La Trimouille, 117.

GIAFFERI (Louis), chef des Corses insurgés, remporte un avantage sur les troupes impériales, X, 331.

GIÉ (Pierre de Rohan, seigneur de), maréchal de France, petit-fils de Charles de Rohan, tige des branches de Guéméné, Soubise et Gié, et cousin issu de germain de Jean II, vicomte de Rohan, aïeul d'Anne de Bretagne. Il est attiré en France par Louis XI, IV, 277. — Est battu à Guinegate, 357 et 358. — Est envoyé par madame de Beaujeu sommer le duc d'Orléans de venir à la cour, V, 28. — Commande l'avant-garde à Fornoue, 84. — Gouverneur de François I, 164. — Surveille Anne de Bretagne pendant la maladie de Louis XII, *ibid.* — On lui fait son procès, 165. — Invective Portbriant et le sire d'Albret, témoins appelés dans son procès, 166. — Se conduit avec beaucoup de modération à l'égard de Louise de Savoie, témoin appelée contre lui, 168. — Son procès est porté au parlement de Toulouse, 169. — Arrêt rendu contre lui, *ibid.* — Il se retire en Anjou, *ibid.* (*Voy.* ROHAN.)

GILLES, troisième fils de Pepin, se fait religieux, II, 17.

GILLON, général romain. (*Voy.* ÆGIDIUS.)

GINCALE, comte d'Athlone. (*Voy.* ATHLONE.)

GIRARDON, sculpteur célèbre sous Louis XIV, X, 216.

GISORS (Louis-Marie Fouquet, comte de), fils du maréchal de Belle-Isle, est tué à la bataille de Crevelt, XI, 541.

GITE (droit de). En quoi il consistait; il est aboli, III, 179.

GIVRI (Anne d'Anglure de). Ce qu'il dit à Henri IV, VII, 224. — Sa plaisanterie à l'égard du légat Gaétan, 251. — Sa mort. Ce que Henri IV lui écrivait, 375 et 376.

GIVRY (le bailli de), escalade avec Chevert le roc de Château-Dauphin, X, 364.

GLOCESTER (Thomas Woodstoke), comte de Buckingham, puis duc de). (*Voy.* BUCKINGHAM.)

GLOCESTER (Humphroy, duc de), frère de Henri V, roi d'Angleterre, régent du royaume d'Angleterre, IV, 100. — Épouse Jacqueline de Hainaut, femme divorcée de Jean IV, duc de Brabant, 107. — Martin V casse son mariage, 114.

GOD (Matthieu), capitaine anglais. Sa réponse après la bataille de Fourmigni, IV, 181.

GODEFROY, chef des Normands, est placé dans le Cotentin par Charles-le-Chauve, II, 88.

GODÉGISILE, frère de Gondebaud, roi de Bourgogne, est tué après une bataille remportée par son frère, I, 284.

GODEHEU, remplace Dupleix dans l'Inde et traite de la paix avec la compagnie anglaise, XI, 51.

GOIX (Le). Un des officiers de la garde du comte de Saint-Paul, gouverneur de Paris, IV, 32. — Rassemble les satellites de Jean-sans-Peur, duc de Bourgogne, 44.

GOMER, petit-fils de Noé et père des Celtes, I, V.

GONDEBAUD, fait assassiner Chilpéric, son frère, père de Clotilde, I, 281. — Clovis le force à lui payer un tribut, et s'en fait un allié contre les Visigoths, 284. — Est auteur du Code bourguignon, dit loi Gombète, *ibid.*

GONDEBAUD, prétendu fils de Clotaire I, I, 317. — Se jette sur les états de Gontrand, roi de Bourgogne. Sa mort, 318.

GONDEBAUD, moine de Saint-Médard de Soissons, forme le projet de délivrer Louis I, II, 62. — Négocie le retour de Lothaire à la cour de son père, 72.

GONDEMAR, frère de Sigismond, lui succède au royaume de Bourgogne. Est fait prisonnier, I, 292 et 293.

GONDI (Albert de), originaire de Florence, maréchal de France et duc de Retz par sa femme. (*Voy.* RETZ.)

GONDI (Pierre, cardinal de), frère du précédent, évêque de Paris, est mis à la tête de la députation des ligueurs, chargée de conférer avec Henri IV, VII, 261. — Le légat du pape le force à quitter Paris, 293. — Clément VIII le reçoit à Rome, 317. — Il apporte à Henri IV des espérances du côté de Rome, 377. — Il l'engage à retirer le prince de Condé des mains des Calvinistes, 378. — Il est considéré à la cour de Louis XIII, VIII, 195.

GONDI (Henri de), dit le cardinal de Retz, fils du maréchal ci-dessus, et évêque de Paris par démission de son oncle. Il est entremetteur de la paix entre Louis XIII et sa mère, VIII, 204. — Ce qu'il dit à Bassompierre de la part du duc de Luynes, 210. — Ses insinuations contre le prince de Condé, 222.

GONDI (Jean-François de), frère du précédent, premier archevêque de Paris, obtient Jean-François-Paul de Gondi, son neveu, pour coadjuteur, IX, 52.

GONDI (Jean-François-Paul de), neveu du précédent. (*Voy.* Retz, le cardinal de).

GONDOLON, maire de Neustrie, II, 19.

GONSALVE. (*Voy.* Gonzalve.)

GONTRAN, fils de Clotaire I, répudie sa femme, I, 301. — Roi de Bourgogne, 302. — Sa conduite versatile, 312. — Il exile Frédégonde, 316. — Il déclare Childebert, son neveu, son héritier, 318 et 319. — Sa mort, *ibid.*

GONZAGUE (Jean-François II), marquis de Mantoue. (*Voy.* Mantoue, Jean-François de).

GONZAGUE (Ferdinand de), troisième fils du précédent, frère de Frédéric, premier duc de Mantoue, tige lui-même du rameau des ducs de Guastalle, l'un des généraux de Charles-Quint, et gouverneur du Milanais. Montécuculli l'accuse de l'avoir engagé à empoisonner le dauphin François, V, 373. — Accusé d'avoir eu part à l'assassinat de Louis Farnèse, duc de Parme, VI, 11. — Attaque la Mirandole et commence les hostilités contre la France, 27.

GONZAGUE (Vincent II de), duc de Mantoue, arrière-petit-fils de Frédéric, premier duc de Mantoue. (*Voy.* Mantoue.)

GONZAGUE (Louis de), duc de Nevers, troisième fils de Frédéric, premier duc de Mantoue. (*Voy.* Nevers.)

GONZAGUE (Charles I, duc de Nevers et de Mantoue, fils du précédent. (*Voy.* Nevers.)

GONZAGUE-NEVERS (Marie-Louise), successivement épouse des rois de Pologne Ladislas et Casimir, fille du précédent et de Catherine de Lorraine, fille et héritière de Mayenne. (*Voy.* Marie-Louise de Gonzague.)

GONZAGUE-NEVERS (Anne de), sœur de la précédente, dite la Palatine, à cause de son alliance avec Édouard, prince palatin, l'un des fils du malheureux électeur Frédéric V. Elle projette de rendre la liberté au prince de Condé, IX, 178. — Éloge qu'en fait le coadjuteur, *ibid*. — Elle est médiatrice entre Mazarin et le coadjuteur, 210. (*Voy*. NEVERS et MANTOUE.)

GONZALES ou GONZALVE DE CORDOUE (Ferdinand), surnommé le grand capitaine, envoyé par Ferdinand V, roi d'Espagne, pour conquérir le royaume de Naples, V, 125. — Sa conduite hypocrite à l'égard de Frédéric III, roi de Naples, 126. — S'empare de Tarente; sa perfidie à l'égard du jeune Ferdinand, fils du roi de Naples, 130. — Commence ses hostilités, 140. — Est bloqué dans Barletti, 141. — Sa mauvaise foi à l'égard de deux capitaines français, 141 et 142. — Fait arrêter le capitaine Péralte pour avoir facilité l'évasion de ceux-ci, *ibid*. — Fait prisonnier La Palice et le menace de la mort, s'il ne donne ordre de livrer sa forteresse, 147 et 148. — Bat le duc de Nemours à Cérignoles, 150. — S'empare de Naples, *ibid*. — Bloque les restes de l'armée française à Gaëte, 151. — Fait arrêter César Borgia, 158. — Va au-devant de l'armée française, commandée par le duc de Mantoue, marquis de Saluces, 160. — Il l'arrête sur le Garillan, passe le fleuve et force les Français à faire retraite sur Gaëte, 161. — Il obtient cette ville en relâchant tous les prisonniers français, 162 et 163. — Projette de s'emparer du royaume de Naples, 184 et 185. — Ferdinand l'emmène en Aragon. Sa mort, 192.

GORDES (Bertrand Rimbault IV de Simiane, seigneur de), gouverneur du Dauphiné, refuse d'exécuter les ordres sanguinaires de Charles IX, VI, 362.

GORGIBUS, l'un des témoins qui déposent dans l'affaire de l'assassinat médité contre le prince de Condé, IX, 153.

GOUFFIER. (*Voy* BONIVET et ROANNÈS.)

GOULAS, secrétaire de Gaston, duc d'Orléans. Richelieu qui l'avait fait mettre à la Bastille lui rend la liberté, VIII, 370. — Il est exilé, IX, 81.

GOURMEL (Maurice), gagné par un espion de Louis XI, lui livrait la correspondance du duc de Bretagne; son supplice, IV, 346.

GOURVILLE tente d'enlever le coadjuteur, IX, 225. — Il accompagne le prince de Condé allant joindre son armée à Orléans, 250.

GRAILLI (Jean III de), captal de Buch, taille en pièces une bande de ceux qui composaient la Jacquerie, III, 214. — Est fait prisonnier à la bataille de Cochérel, 240. — Est mis en liberté, 247. — Fait hommage à Charles V de la seigneurie de Nemours, *ibid*. — Se rattache aux Anglais, est fait prisonnier; sa mort, 267 et 268.

GRAMOND (Gabriel, seigneur de), président au parlement de Toulouse, et historien de Louis XIII. Ce qu'il dit des femmes en général, VIII, 97.

GRAMMONT (Antoine I d'Aure, dit de), substitué au nom et armes de Grammont, comme étant fils de Menaud d'Aure et de Claire, héritière de Grammont, lieutenant général de Navarre et de Béarn. Il amène des troupes au prince de Condé, VI, 195.

GRAMMONT (Philibert, comte de), fils du précédent, et époux de Corisande d'Andouin, vicomtesse de Louvigny, l'un des quatre seigneurs auxquels Charles IX sauva la vie lors du massacre de la Saint-Barthélemi, VI, 357.

GRAMMONT (Antoine III, comte de Guiche, puis duc de), maréchal de France, fils d'Antoine II et petit-fils du précédent. Envoyé pour couvrir la Picardie, il est battu à Honnecourt par don Francisco de Melos, VIII, 429. — Est engagé par Richelieu à se laisser battre, 431. — Commande l'aile droite à la bataille de Nordlingue, et est mis en déroute par Jean de Werth, IX, 30. — Sert la cour sous Condé, 111. — Anne d'Autriche le charge de porter l'ordre de rendre la liberté aux princes, 193. — La régente le charge d'aller faire la demande à l'infante, 337.

GRAMMONT (Roger de), comte de Louvigny, frère du précédent (*Voy*. LOUVIGNY.)

GRAMMONT (Philibert, comte de), frère du précédent, le héros des Mémoires d'Hamilton, VIII, 248, note 1.

GRAMMONT (Antoine Charles IV, duc de), et d'abord comte de Guiche, fils du maréchal de Grammont, découvre un gué par où s'opère le passage du Rhin par Louis XIV, IX, 390.

GRAMMONT (Louis, duc de), petit-fils du précédent. Sa témérité et son impatience causent la perte de la bataille de Dettingue, X, 344. — Est tué à celle de Fontenoy. Mot du roi sur sa mort, 372.

GRAMMONTINS. Leur origine, II, 187.

GRANCEY (Jacques, comte, puis maréchal de), fils de Pierre Rouxel, baron de Médavi, et de Charlotte de Hautemer, seconde fille de Guillaume de Hautemer, seigneur de Fervaques, duc de Grancey et maréchal de France. Il bat le marquis de Caracène à la Roquette sur le Tanaro, IX, 304.

GRANCEY (Jacques-Léonor Rouxel, comte de Médavi et de), maréchal de France, fils de Pierre Rouxel II, et petit-fils du précédent. Bat à Castiglione Frédéric, landgrave de Hesse-Cassel, époux d'Ulrique Éléonore, sœur de Charles XII, et successeur de ce prince, X, 143. (*Voy*. FERVAQUES.)

GRAND (Jacques le), moine augustin, chargé de négocier auprès de roi d'Angleterre, en faveur des princes de la faction d'Orléans, IV, 38.

GRAND (le), avocat, député aux états généraux, propose que l'assemblée constituée du tiers état prenne le nom d'Assemblée nationale, XI, 282. — Propose le rachat des droits féodaux, et en distingue les diverses natures, ibid.

GRANDRI, alchimiste. Il est mis en prison, VI, 391.

GRANVELLE (Antoine Perrenot, cardinal de), premier ministre de Philippe II, accompagne la duchesse de Lorraine sur la frontière de France, VI, 100.

GRASSE (le comte de), lieutenant-général de la marine, amène un renfort au comte d'Estaing, XI, 178. — Est envoyé à Saint-Domingue, 180. — Sort de Brest avec vingt-un vaisseaux de ligne, 196. — Expédient qu'il emploie pour hâter sa traversée, ibid. — Livre au vice-amiral Hood devant la Martinique un combat qui n'a pas de suites, ibid. — Contribue à la prise de Tabago, ibid. — Se rend à la baie de Chesapeak pour concourir avec les généraux Washington et Rochambeau à cerner lord Cornwallis, 197. — Repousse les amiraux Hood et Graves qui essaient de dégager le général anglais, 199. — Projette, d'accord avec M. de Bouillé, une tentative sur la Jamaïque, 210. — Descend M. de Bouillé à Saint-Christophe, 211. — Est éloigné de la côte par l'habileté de l'amiral Hood, ibid. — Néglige de l'attaquer, 212. — Est rejoint à la Martinique par M. de Vaudreuil, ibid. — Se trouve inférieur à Rodney, ibid. — Part de la Martinique pour se joindre à dix-sept vaisseaux espagnols stationnés à Saint-Domingue, ibid. — Rebrousse chemin pour sauver un de ses vaisseaux, et se trouve atteint par Rodney, 213. — Est battu le 12 avril à la hauteur de Saintes et fait prisonnier, 213 et 214. — Est conduit en Angleterre, où il est à la fois accueilli et humilié, 216.

GRATIEN, empereur romain, est associé à l'empire par Valentinien, son père, I. 231. — Reconnaît pour empereur et pour son collègue Valentinien II, son frère, qui avait été proclamé par l'armée, et lui abandonne l'Italie, 232. — Attaqué par les Germains, comme il allait au secours de Valens, son oncle, il les défait à Argentorate, 234. — Recueille les débris de l'armée de Valens et en donne le commandement à Théodose, qu'il associe à l'empire, 234 et 235. — Décore de la pourpre consulaire le poëte Ausone, son précepteur, 235. — Ses inconséquences, ibid. — Maxime se révolte contre lui, 236. — Il se réfugie à Lutèce, où il est abandonné de ses troupes, *ibid.* — Il prend la fuite et est assassiné près de Lyon, 236 et 237. — Fonde la ville de Grenoble, *ibid.*

GRAVE (de), nommé ministre de la guerre, se retire aussitôt, XI, 356.

GRAVES (Th.), amiral, accourt avec le vice-amiral Hood au secours de lord Cornwallis dans la baie de la Chesapeak, et est repoussé par le comte de Grasse, XI, 199.

GRAVILLE (Pierre Mallet, seigneur de), se jette dans Orléans, IV, 122.

GRAVILLE (Louis Mallet, seigneur de), amiral de France, fils du précédent. S'oppose à l'expédition de Naples; son discours à ce sujet, V, 66 et 67. — Louis XII l'appelle dans son conseil, 100.

GRAVINA (le duc de), César Borgia le fait jeter dans un cachot, V, 138. — Sa mort, 139.

GREEN (Nath.), concourt avec M. de La Fayette et le général Gates, à resserrer lord Cornwallis dans la presqu'île de Yorck-Town, XI, 198.

GRÉGOIRE V, pape, casse le mariage de Robert et de Berthe, II, 255 et 256.

GRÉGOIRE XI (Pierre Roger), pape, neveu du pape Clément VI, quitte Avignon pour retourner à Rome, III, 287. — Sa mort est l'occasion du grand schisme d'Occident, 288.

GRÉGOIRE XII (Ange Corrario, pape, succède à Innocent VII; promet sa démission si Benoît XIII donne la sienne, IV, 7. — Est déposé par le concile de Pise, 18. — Donne sa démission volontaire, 57.

GRÉGOIRE XIII (Hughes Boncompagni), pape, fait chanter une messe d'actions de grâces à Rome, pour célébrer la Saint-Barthélemi, VI, 369. — Il tolère le plan de la ligue, VII, 48.

GRÉGOIRE XIV (Nicolas Sfondrate), pape, succède à Urbain VIII, VIII, 276. — Il lève des troupes en faveur de la ligue, 280. — Sa mort, 290.

GRIFON, fils de Charles-Martel et de Senechilde, I, 359. — Se retire en Allemagne, 360. — Partage qui lui est fait par Pepin, son frère, 361. — Se retire à la cour de Caïfre, duc d'Aquitaine; est tué dans la vallée de Maurienne, II, 6 et 7.

GRIMOALD, fils de Pepin-le-Vieux, maire d'Austrasie, le remplace à sa mort, I, 340. — Substitue son fils Childebert à Dagobert, fils de Sigebert II, d'Austrasie, 341. — Est condamné à mort, *ibid.*

GRIMOALD, fils de Pépin d'Héristal, maire du palais de Neustrie, I, 349. — Est assassiné, 351.

GROS (le), marchand mercier de Rouen. La populace le choisit pour roi, III, 317.

GROTIUS (Pierre Groot ou), fils du célèbre Hughes Grotius, fait partie de l'ambassade envoyée par les Hollandais à Louis XIV pour demander la paix, IX, 392. — Pense être massacré comme partisan de la France, 394.

GROUVELLE, secrétaire du conseil exécutif de France, après le 10 août, lit à Louis XVI, d'une voix mal assurée, la sentence de mort portée contre lui, XI, 394.

GUA (du) (Voy. DUGUA.)

GUADAGNI (Jean-Baptiste, dit l'abbé de), originaire de Florence, est associé à Lanoue dans le commandement de La Rochelle, VI, 374.

GUADET, député à l'Assemblée législative et à la Convention, l'un des chefs des Girondins. Il dénonce M. de La Fayette qui avait quitté son armée pour venir se plaindre de la journée du 20 juin, XI, 360.

GUAST (du). (Voy. DUGUAST.)

GUASTALLE (César-Gonzague, duc de), descendant de Ferdinand de Gonzague, frère de Frédéric I, premier duc de Mantoue, forme des prétentions sur les duchés de Mantoue et de Montferrat, VIII, 270.

GUAY-TROUIN. (Voy. DUGUAY TROUIN.)

GUÉBRIANT (Jean-Baptiste Budes, comte de), maréchal de France, est envoyé près du duc de Rohan dans la Valteline, VIII, 368. — Ses dispositions pour faire passer le Rhin aux troupes Weimariennes, 399. — Devient maréchal de cette armée, 404. — Est sur le point de surprendre la diète de Ratisbonne, ibid. — Secourt Banier, 405. — Prend le commandement général à sa mort, ibid. — Bat Picolomini à Wolfenbutel, ibid. — Abandonne le commandement de l'armée suédoise à Torstenson, et couvre le Rhin avec la sienne, 429. — Bat et fait prisonnier Lamboi et Merci à Kempen, ibid. — Il reçoit le bâton de maréchal de France, ibid. — Pressé par Merci, il reçoit un secours amené par Rantzau, IX, 18. — Est tué à la prise de Rothweil, ibid.

GUELDRES (Guillaume II, duc de), fils aîné de Gérard, duc de Juliers et de Marie de Gueldres. Vassal de Charles VI, pour quelques domaines, il l'envoie défier, III, 346. — Il obtient grâce par l'intercession de son père, ibid.

GUÉMENÉ. (Voyez GUIMENÉ et ROHAN).

GUEN (le), avocat, député à l'assemblée constituante, déclame contre les droits féodaux, XI, 283.

GUENGEN, secrétaire du duc de Bretagne. Ce que Louis XI en dit à Chauvin, chancelier du duc, IV, 345.

GUÉRAY (Schahim), kan des tartares de Crimée, cède ses états à l'impératrice de Russie, Catherine II, XI, 231.

GUERCHI (Antoine Marassin de), capitaine calviniste, du petit nombre des protestants qui se défendirent, est tué dans la maison de Coligni, VI, 363.

GUÉRIN, chevalier du Temple, puis évêque de Senlis, contribue à la victoire de Bouvines, II, 275.

GUÉRIN, procureur général du parlement d'Aix, instigateur des massacres de Merindol et de Cabrières, est condamné à mort, VI, 14.

GUESCLIN (du). (*Voy.* DUGUESCLIN).

GUESLE (la), procureur général du parlement de Paris, interroge Jacques Clément, VII, 219.

GUI DE DAMPIERRE, comte de Flandre. (*Voy.* DAMPIERRE).

GUICHE (Gabriel, seigneur de la), bailli de Mâcon, refuse d'exécuter les ordres sanguinaires de Charles IX, VI, 362.

GUICHE (Corisande d'Andouin, comtesse de), épouse de Philibert, comte de Grammont, maîtresse de Henri IV, VII, 150. — Elle cherche à se venger de Henri IV, 277 et 278. — Moyens qu'elle emploie à cet effet, *ibid.*

GUICHE (le comte de). (*Voy.* GRAMMONT, Antoine et Armand).

GUICHEN (le comte de), lieutenant général de la marine, remplace M. d'Estaing aux Antilles, XI, 183. — Rend trois combats indécis contre Rodney, 185. — Protége l'arrivée de don Solano, et ne peut profiter de sa jonction, *ibid.* — Convoie une flotte marchande jusqu'à Cadix, 186. — Commande les flottes réunies de France et d'Espagne, 201. — Force l'amiral Darby à se cacher dans Torbay, 202. — Se laisse enlever par un gros temps plusieurs transports par l'amiral Kempenfeld, moins fort que lui, 210.

GUIGNARD (Jean), jésuite, est condamné à être pendu, VII, 380.

GUILLART, évêque de Chartres, est cité à Rome, VI, 241.

GUILLAUME-LE-CONQUÉRANT, duc de Normandie, arme en faveur de Henri I, contre Eudes son frère, II, 164. — Se brouille avec Henri I, 168. — S'empare de l'Angleterre, 172. — Donne à Robert, son fils aîné, la Normandie, 175. — Sa mort, 176.

GUILLAUME, dit CLITON, fils de Robert, duc de Normandie, fils aîné du précédent, réclame de Louis VI ce duché, II, 195.

Henri I promet de lui rendre la Normandie, 197.— Il est tué dans un combat, 199.

GUILLAUME, fils de Henri I, roi d'Angleterre, troisième fils de Guillaume-le-Conquérant, périt dans un naufrage, II, 197.

GUILLAUME DE CHAMPAGNE, archevêque de Reims, ministre de Philippe-Auguste, II, 233. — Régent du royaume, 243.

GUILLAUME I DE NASSAU DILLEMBOURG, dit LE JEUNE, prince d'Orange, fondateur de la république des Provinces-Unies. (*Voy.* ORANGE).

GUILLAUME III DE NASSAU DILLEMBOURG, arrière-petit-fils du précédent, d'abord prince d'Orange, puis stathouder de Hollande, puis roi d'Angleterre. Il est élu commandant général des troupes hollandaises, lors de l'invasion de Louis XIV, IX, 389. — Les Hollandais lui confèrent le titre de stathouder, 393. — Il ranime le courage de ses compatriotes, *ibid.* — Fait le siége de Charleroi, et est obligé de le lever, 400. — S'empare de Bonn, *ib.* — Est battu à Senef par le prince de Condé, 404. — Lève le siége de Maëstricht, 427 et 428. — Est battu à Cassel par *Monsieur*, frère du roi, X, 4. — Ses manœuvres contre la France, 5 et 6.— Il épouse la princesse Marie, fille du duc d'Yorck, depuis roi d'Angleterre, *ibid.* — Sa perfidie, 12. — Il forme contre Louis XIV la ligue d'Augsbourg, 46 et 47. — Il aborde en Angleterre et détrône Jacques II, son beau-père, 54. — Il le bat à la bataille de la Boyne, et le force à quitter l'Irlande, 57 et 58. — Il s'empare de Liége, 65. — Est forcé de demeurer inactif sur la Méhaigne, pendant le siége de Namur par le roi, 69. — Est battu à Steinkerque par Luxembourg, 70. — A Nerwinde par le même, 76 et 77. — S'empare de Namur en présence de Villeroy, 86. — Il est reconnu roi d'Angleterre par le traité de Ryswick, 92. — Il dispose de la succession de Charles IV, roi d'Espagne, avant la mort de ce prince, 94. — S'allie à l'empereur contre la France, dans la guerre de la succession, 98. — Sa mort, 106. (*Voy.* ORANGE et NASSAU).

GUILLAUME IV DE NASSAU, prince d'Orange et stathouder, arrière-petit-fils d'une sœur du précédent. (*Voy.* ORANGE et NASSAU.)

GUILLAUME V DE NASSAU, prince d'Orange et stathouder, fils du précédent. (*Voy.* ORANGE et NASSAU.

GUIMENÉ (Anne de Rohan, princesse de), nièce et belle-fille d'Hercule de Rohan, duc de Montbazon. La Palatine l'emploie à briser les fers du prince de Condé, IX, 178. — Elle offre à Mazarin de soustraire le coadjuteur à la connaissance de tout le monde, 225. (*Voy.* ROHAN.)

GUINOMAND. (*Voy*. GUIOMAR.)
GUISE (Claude de Lorraine, comte, puis duc de), fils puîné de René II, duc de Lorraine, et tige de toutes les branches de la maison de Guise. Commande les lansquenets à la bataille de Marignan, V, 261. Est laissé pour mort sur le champ de bataille, d'où il est tiré par un Écossais, 262 et 263.—Repousse et bat les Allemands à Neufchâtel en Lorraine, 303. — Commande sous le duc d'Orléans, fils de François I, une expédition contre le Luxembourg, 395.

GUISE (Charles, cardinal de), puis de Lorraine, après le cardinal Jean, son oncle, fils puîné du précédent et d'Antoinette de Bourbon, tante du roi de Navarre, Antoine de Bourbon-Vendôme. Il est envoyé à Rome pour négocier la conquête de Naples, VI, 11. — Projette de faire élire pape le cardinal son oncle, 12 et 13. — Est envoyé à Rome de nouveau pour signer avec le pape une ligue contre l'empereur, 78. — Il offre à Henri II, au nom du clergé, un million, 92. — Il dénonce à Henri II Coligni et Dandelot comme fauteurs du calvinisme, 95. — Il conseille à Henri II d'établir l'inquisition en France, 97.— Fait des démarches pour la paix, 100. — Il traite de la paix avec le cardinal Granvelle, *ibid*. — François II le déclare ministre, VI, 116. — Son caractère, 122. — Abus qu'il fait de l'autorité, 124. — Va voir le chancelier Olivier au lit de la mort, 145. — Vote à l'assemblée de Fontainebleau pour un concile national et les états généraux, 149. — Rebute le roi de Navarre qui lui demandait la grâce du prince de Condé, son frère, 155. — Figure avec distinction dans le colloque de Poissy, 174. — Ce que dit Le Laboureur de lui à ce sujet, *ibid*. — Montre de la condescendance au concile de Trente, 242. — Négociations qu'il y poursuit, *ibid*. — Se réconcilie avec Coligni et avec le connétable de Montmorency, 254.—Il s'enfuit à Château-Thierry, 269. — Il s'insinue dans la confiance de Charles IX, 303. — La reine l'amène avec elle au camp du duc d'Anjou, 304. — Il agit mollement contre les calvinistes, 313. — Sa réponse à l'ambassadeur de Portugal, 332. — Récompense le courrier qui apporte à Rome la nouvelle du massacre de la Saint-Barthélemi, 369. — Sa mort, VII, 19. — Son portrait, *ibid*.

GUISE (François de Lorraine, d'abord comte d'Aumale, puis duc de, frère aîné du précédent. Il fait partie d'une expédition contre le Luxembourg, dirigée par son père, 395. — Henri II l'envoie dans l'Aunis et le Poitou avec un corps de troupes, VI, 17. — Épouse Anne d'Est, petite-fille de Louis XII, 19. — Ses préparatifs pour la défense de Metz, 44. — Ses bonnes dispositions au combat de Renti, 56. — S'avance dans le Milanais à la tête d'une armée, 82. — Ses fautes en Italie, 83. — Demande des secours, 84. — Est fait lieutenant général du royaume après la bataille de Saint-Quentin, 88. — Il s'empare de Calais, 89. — Sa générosité, 91. — Il assiége Thionville, et s'en empare, 98. — S'oppose dans le conseil à la ratification du traité de Cateau-Cambresis, 105.— François II le déclare ministre, 116. — Son caractère, 122. — Il se fait des ennemis, 123. — Mesures qu'il prend pour déjouer le plan de la conjuration d'Amboise, 135 et 136. — Ce qu'il dit au prince de Condé au sujet de cette conjuration, 142. — Il se ligue avec le connétable de Montmorency et le maréchal de Saint-André, 167. — Ce qu'il dit au sujet de l'édit de juillet 1561, 171.— Son raccommodement avec le prince de Condé, ibid. — Médiateur de la cour avec le connétable auprès du clergé pour en obtenir un subside, 173. — Est blessé à Vessy dans une émeute, 185. — Il vient à Paris malgré les instances de Catherine de Médicis, 186. — Généreuse réponse qu'il fait à son assassin au siége de Rouen, 210. — Ses soins pour préserver la ville du pillage, 211.— Il fait évader plusieurs officiers calvinistes, condamnés à mort, 212. — Il gagne la bataille de Dreux, 217.— Est fait lieutenant général pour la troisième fois, 220. — Il assiége Orléans, ibid. — Demande une promotion de chevaliers de Saint-Michel, 222. — Il est blessé en trahison par Poltrot, 223. — Conseils qu'il donne en mourant à sa femme et à ses enfants, ibid. — Son caractère, 224.

GUISE (Henri, duc de), dit le Balafré, fils du précédent, et d'Anne d'Est, fille de Renée de France, duchesse de Ferrare. Conseils que lui donne son père en mourant, VI, 223. — Il jure une haine implacable à Coligni, 225. — Son portrait, 300. — Se renferme dans Poitiers assiégé par Coligni, 307. — Épouse Catherine de Clèves, 332. — Il se retire de la cour, 335. — Il vient à la cour, 342. — Est chargé de commencer le massacre de la Saint-Barthélemi, 349 et 350. — Exige de Bême qu'il jette le cadavre de Coligni par la fenêtre, 353.— Encourage les massacres à la Saint-Barthélemi, 357. — Poursuit l'épée à la main un gentilhomme dans l'antichambre du roi, VII, 5.— Il défait Thoré, 31.— Il se livre à la faveur populaire, 42. — Vengeance singulière qu'il tire de sa femme, soupçonnée de lui être infidèle, 69 et 70.— Sa politique, 84. — Il s'étudie à gagner la confiance du clergé, 85. — Il entre dans la conjuration de Salcède, 87. — Il se détermine à agir. Son mot à cette occasion, 99. — Appât qu'il présente au cardinal de

Bourbon, 101. — Ruses par lesquelles il gagne d'autres personnes à la ligue, *ibid.* — Alarmes qu'il jette dans l'esprit du peuple, 101 et 102. — Une députation de la noblesse de Picardie l'emmène à Péronne, 103. — Sa frayeur en allant saluer Henri III à Saint-Maur, 111. — Il prend le commandement d'une armée chargée de repousser les Allemands, 116. — Il tombe sur les états du duc de Bouillon, 128. — Il refuse les propositions que lui fait le roi pour renoncer à la ligue, 132. — Il refuse également les propositions qui lui sont faites de la part des calvinistes, *ibid.* — Il s'irrite de la précipitation des ligueurs, 139. — Il harcèle l'armée allemande entrée en France, 147. — On le presse d'arrêter le roi, 149. — Il attaque l'armée allemande et la bat à Vimory et à Auneau, 151. — Il fait un carnage affreux d'Allemands, 152. — Il assiste à Nanci à une armée des principaux ligueurs, 153. — Mot d'un courtisan à son sujet, 157. — Ses grandes qualités, *ibid.* — Sa réponse au duc de Mayenne, 158. — Il pleure la mort du prince de Condé, 159. — Comment il est porté aux dernières extrémités, *ibid.* — Il retourne à Soissons, 162. — Le roi lui fait défendre de venir à Paris, 163. — Il arrive à Paris, 164. — Il descend chez la reine-mère, 165. — Il va chez le roi, 166. — Son entrevue avec le roi, *ibid.* — Son entrevue avec la reine-mère, 167. — Il demande l'expulsion de d'Épernon et de La Valette, *ibid.* — Sa réponse au roi, 170. — Il délivre les Suisses attaqués par les Parisiens, *ibid.* — Il demande le gouvernement de Paris pour le comte de Brissac, 171. — Ce qu'il dit à la reine-mère en apprenant la sortie du roi de Paris, 173. — Ce qu'il écrivait à un de ses amis relativement à ses projets, 174. — Sa conduite après la sortie de Henri III de Paris, — Il s'assure de Paris et des environs, 176. — Il est déclaré généralissime, 183. — Il se prépare aux états de Blois, 185. — Il les compose de ses partisans, *ibid.* — Il s'assure des provinces circonvoisines, 186. — Il fait les honneurs de la première séance des états de Blois, 187. — Il ne ménage plus rien, 190. — Sa réponse à ses amis qui tremblaient pour lui, 191. — Il reste intrépide, 192. — Sa mort est résolue, *ibid.* — Il est tué, 193.

GUISE (Louis de Lorraine, cardinal de), frère du précédent. Commission qu'il donne à Bassompierre, VII, 70 et 71. — Henri III le mande au Louvre, 113. — Discours que Henri III lui tient dans cette occasion, *ibid.* — Il est arrêté, 194. — Sa mort, 195.

GUISE (Charles de Lorraine, duc de), neveu du précédent, fils de Henri ci-dessus, de Catherine de Clèves, veuve du prince de Porcien, seconde fille de François de Clèves, duc de Nevers, et de

Marguerite de Bourbon-Vendôme, sœur d'Antoine, roi de Navarre. Il est arrêté après l'assassinat de son père, VII, 195.— Il se sauve du château de Tours où il était prisonnier, 287. — Le duc de Mayenne lui laisse le commandement de son armée, 300. — Les ambassadeurs d'Espagne le proposent pour roi de France, 345.— Il fait sa paix avec Henri IV, 376. — Marie de Médicis le fait entrer au conseil, VIII, 79. — Il appuie dans le conseil le mariage de Louis XIII avec l'infante d'Espagne, 93.— La reine se l'attache par une gratification de cent mille écus, 97. — Il va conduire Élisabeth de France qui devait épouser l'infant, 128. — Est détaché de la ligue des mécontents et opposé au duc de Bouillon, 149. — La reine lui donne le commandement de l'armée chargée d'assiéger Soissons, ibid. — Bloque le port de La Rochelle, 221. — Bat la flotte rocheloise, 222. — Mandé à la cour par Richelieu, il sort du royaume, 307.

GUISE (Louis-Alexandre Paris, chevalier de) frère du précédent. Marie de Médicis lui donne des marques d'attention, VIII, 96 — Il surprend le baron de Luz et le tue, ibid. — Il tue en duel le fils du baron de Luz, ibid. — La reine lui donne la lieutenance générale de Provence, 97.

GUISE (Henri II, duc de), neveu du précédent et fils du duc Charles. Louis XIII donne une déclaration contre lui, VIII, 415.— Appelé à Naples par les Napolitains révoltés, il est fait prisonnier par D. Juan d'Autriche IX, 34. — Élargi par le crédit du prince de Condé, il tente une nouvelle et infructueuse expédition sur Naples, 312.

GUITAUT. (*Voy.* COMMINGES).

GUITRI (Jean de Chaumont.), chef de l'escorte qui pendant les jours gras devait tirer les princes de la cour et les soustraire à la puissance de Charles IX, VI, 389.

GUNDICAIRE, roi des Bourguignons, concourt avec Mérovée et Ætius à la défaite d'Attila, roi des Huns, I, 268.

GURK ou GURCE, ou GORITZ (Mathieu Lang, évêque de), premier ministre de l'empereur Maximilien I, souscrit dans le concile de Tours à la demande du concile de Pise contre le pape, V, 208. Confère à Bologne avec le pape Jules II, 211. — Autorise au nom de l'empereur la convocation du concile de Pise, ibid.

GUSTAVE ADOLPHE, roi de Suède, fils du roi Charles IX et petit-fils de Gustave Wasa. Mécontent de l'empereur Ferdinand, il entre en Allemagne et embrasse la cause des protestants, VIII, 280. — Sa diversion sauve l'Italie et le duc de Mantoue, ibid. — Ses succès en Allemagne, 349 et 350. — Il conclut un traité de subsides avec la France, 351. — Bat Tilly à Leipsick, et Wallstein à Lutzen; est tué à cette dernière bataille, 352. — Laisse pour héritière de son trône la fameuse Christine, âgée de six ans, 353.

GUSTAVE (Charles X), roi de Suède, et d'abord comte de Deux-Ponts, petit-fils par sa mère du roi Charles IX, cousin-germain et successeur de Christine. (*Voy.* CHARLES GUSTAVE).

GUSTAVE III, roi de Suède, fils du roi Adolphe Frédéric, de la maison de Hollstein Eutin, lequel était arrière-petit fils par sa mère d'une sœur du précédent. Il opère une révolution dans son pays, XI, 146. — Fait contre la Russie une diversion en faveur de la Porte, 349. — Battu à Wiborg par le prince de Nassau, il prend sa revanche à Swenskasund, *ibid.* — Il menace Pétersbourg, et est battu à Cronstadt par l'amiral Creigh, *ibid.* — Fait la paix avec la Russie à Varela, 351. — La Russie exécute son zèle chevaleresque contre la France, 352. — Se constituait le généralissime de la coalition lorsqu'il est assassiné, *ibid.*

GUY (le). Plante parasite. En quoi consistait sa cérémonie chez les Gaulois, I, 8.

GUY D'AUVERGNE, templier, grand prieur de Normandie, frère du dauphin d'Auvergne, III, 52. — Son supplice, 53 et 54.

GUYOMAR ou GUINOMAND, ministre de Chilpéric I, lui reste fidèle, I, 273. — Lui envoie moitié de la pièce d'or dont il était dépositaire, 274.

H

HACHETTE (Jeanne), jeune fille de Beauvais, du nombre de celles qui contribuent à repousser Charles-le-Téméraire, duc de Bourgogne. Elle enlève un drapeau que l'ennemi plantait sur la muraille, IV, 291. — Procession instituée par Louis XI pour en perpétuer la mémoire, *ibid.*

HADDICK, général autrichien, met Berlin à contribution, XI, 44.

HAGANON, ministre et favori de Charles-le-Simple. Soulève le mécontentement des grands, II, 118.

HAINAUT (Guillaume III de Bavière, dit l'Insensé, comte de), deuxième fils de l'empereur Louis de Bavière et de Marguerite d'Avennes, héritière de Hainaut. Il remonte Philippe VI, renversé de cheval à la bataille de Crécy, III, 152.

HAINAUT (Albert de Bavière, comte de), frère et successeur du précédent. (*Voy.* ALBERT DE BAVIÈRE.)

HAINAUT (Guillaume VI, comte de), d'abord comte d'Ostervant, fils du précédent, est invité par Jean de Nevers à l'accompagner à l'expédition de Hongrie contre Bajazet, III, 381. — Offre sa médiation entre le duc de Bourgogne et les enfans de Louis d'Orléans, IV, 21. — Donne sa fille Jacqueline de Bavière en mariage à Jean Dauphin, fils de Charles VI, 66. — Accepte une conférence avec le duc de Bourgogne et les orléanistes, 72.

HAINAUT (Marguerite de Bourgogne, comtesse de), fille de Philippe-le-Hardi, et femme du précédent, se porte pour médiatrice entre le duc de Bourgogne et les orléanistes, IV, 55.

HALLUIN (Antoinette de Sainte-Aldegonde, épouse de Georges, seigneur de Commines et D'), confidente de Marie de Bourgogne. Ce qu'elle dit dans les états de Flandre au sujet des partis qui se présentaient pour la princesse, IV, 348.

HARAUCOURT. (*Voy.* ARAUCOURT.)

HARCELEY (Guillaume de), médecin de Laon, guérit Charles VI de sa folie, III, 367.

HARCOURT (Jean V, comte D'), fils de Jean IV, tué à la bataille de Crecy, est arrêté. A la tête tranchée, III, 182. — S'était laissé circonvenir par les intrigues de Charles-le-Mauvais, 204.

HARCOURT (Geoffroy D'), oncle du précédent, facilite aux Anglais l'entrée de Cotentin, III, 203. — Obtient grâce après la bataille de Crecy, *ibid.* — Se laisse entraîner de nouveau à la révolte, et arme pour le roi de Navarre, *ibid.* — Est tué dans un combat, *ibid.*

HARCOURT (Henri de Lorraine, comte D'), second fils de Charles de Lorraine, duc d'Elbeuf, et arrière-petit-fils de Claude, premier duc de Guise, lequel était arrière-petit-fils lui-même d'Antoine de Vaudemont et de Marie d'Harcourt, arrière-petite-fille du précédent et héritière de la branche aînée de la maison d'Harcourt. Il reprend de concert avec l'archevêque Sourdis les îles Sainte-Marguerite, VIII, 369. — Remplace le cardinal de La Valette en Italie et bat le marquis de Leganez à Quiers, 397. — Force les lignes de Léganez à Casal, 400. — Prend Turin, 401. — S'empare de Coni, 404. — Gagne la bataille de Liorens en Catalogne, IX, 31. — Est battu par le marquis de Léganez à Lérida, 32. — Lève le siège de Cambrai, 137. — Bat le duc de Lorraine près de Valenciennes et prend Maubeuge, *ibid.* — Commande l'armée avec laquelle la reine promène son fils dans le royaume, 161. — Commande l'escorte chargée de conduire les princes de Condé et de Conti au Hâvre, 177. — Il arrête les progrès du prince de Condé, 228. — Il est chargé d'investir le prince de Condé dans la Guienne, 245. — Cerne Bordeaux, 295. — Quitte son armée, emmène seulement sa cavalerie, et s'empare pour son compte de quelques villes d'Alsace, 296. — Est forcé par le maréchal de La Ferté de rentrer dans le devoir, 311. — Est fait gouverneur d'Anjou, ibid.

HARCOURT-BEUVRON (Henri, duc d'), maréchal de France, neuvième descendant de Philippe d'Harcourt, seigneur de Beuvron par sa femme, et fils puîné de Jean V, ci-dessus. Il rompt les projets d'invasion des alliés en Alsace, X, 165. — Le duc d'Orléans l'appelle à faire partie du conseil de régence, 221.

HARDY (J.), amiral anglais, ne peut empêcher la jonction des flottes du comte d'Orvilliers et de don Louis de Cordova, XI, 177.

HARLAY (Achille I de), premier président du parlement de Paris, successeur en cette charge de Christophe de Thou, son beau-père. Ce que lui dit Henri III au moment où il allait faire la guerre après le traité de Nemours, VII, 114. — Sa réponse au duc de Guise après la sortie de Henri III de Paris, 175. — Il va à l'assemblée de l'hôtel de ville après la mort du duc de Guise, 197. — Apostrophe que lui adresse en chaire le curé de Saint-Barthélemi, 200. — Bussi-le-Clerc le conduit à la Bastille, 203. — Il donne une lettre à Jacques Clément pour Henri III, 219. — Il sort de la Bastille et préside le parlement séant à Tours, 236. — Il instruit le procès du duc de Biron, 459. — Il est nommé rapporteur dans l'affaire de la conjuration de la maison d'Entragues, VIII, 33.

HARLAY dit SANCY (Nicolas de), seigneur de Sancy, fils de Robert de Harlay, seigneur de Sancy, lequel était oncle du précédent. Il amène au secours de Henri III une armée de Suisses, levée sur son crédit, VII, 206. — Il fait reconnaître Henri IV par les Suisses, 225. — Membre du conseil des finances établi par Henri IV, VIII, 5. Altercation entre lui et Rosny, 6.

HARLAY (Achille III de), procureur-général du parlement, puis premier président, arrière-petit-fils d'Achille I ci-dessus. Appelle de l'excommunication lancée à l'occasion des franchises contre le marquis de Lavardin, ambassadeur de France à Rome, X, 49.

HARLAY (Nicolas-Auguste de), seigneur de Cési, cousin-germain du précédent, est envoyé à Liége pour négocier la paix qui se conclut depuis à Ryswick, X, 82.

HARLAY DE CHAMPVALLON (François-Bonaventure, petit-fils de Louis de Harlay, seigneur de Cési, lequel était oncle d'Achille I ci-dessus, archevêque de Paris et président de l'assemblée du clergé. Réponse que lui fait Louis XIV, IX, 341.

HARO (Don Louis de), ministre d'Espagne sous Philippe IV, neveu et héritier de Gaspard de Guzman, comte-duc d'Olivarez. Ses conférences dans l'île des Faisans avec le cardinal Mazarin, pour procurer la paix dite des Pyrénées, IX, 329.

HAROLD, roi d'Angleterre, est vaincu et tué par Guillaume-le-Conquérant, II, 173.

HARPEDANE (Jean D'), neveu d'Olivier Clisson, remplace Jean, duc de Berri, dans le gouvernement du Languedoc, III, 355.

HARRIS (le chevalier), depuis lord Malmesbury, ambassadeur d'Angleterre à La Haye, conseille à la princesse d'Orange un voyage à La Haye, qui détermine les hostilités entre les partis orangiste et républicain, XI, 237.

HASTING, général normand, est repoussé par Robert-le-Fort, II, 94.

HASTINGS (Warren), gouverneur-général du Bengale, envoie sir Eyre Coote au secours de Madras, menacé par Aïder-Ali-Kan, XI, 206.

HAUTEFORT (Marie de), depuis épouse de Charles de Schomberg, maréchal de France. L'inclination de Louis XIII pour elle alarme Anne d'Autriche, VIII, 278. — Elle est reléguée dans le Maine, 375.

HAUTEMER (*Voy.* FERVAQUES.)

HAUTEVILLE (Élisabeth de), épouse le cardinal de Châtillon, VI, 241.

HAWKE, amiral anglais, s'empare de six vaisseaux français, après la perte desquels il n'en reste que deux à la France, XI, 7. — Il remporte près de Belle-Isle une victoire navale importante sur le maréchal de Conflans, 72.

HÉBERT, secrétaire du maréchal de Biron, fait des voyages fréquens à Milan et à Turin, VII, 451. — Il est appliqué à la question, 463. — Il est condamné à une prison perpétuelle, et mis en liberté, 471.

HÉDOUVILLE (Louis D'), seigneur de Sandricourt, un des principaux officiers de l'armée française en Italie. Comment il traite en plein conseil le duc de Mantoue, général de l'armée française, V, 160. — Il protège avec sa compagnie la retraite de Garillan, 161. — Justifie devant Louis XII la conduite de cette armée, 170.

HEDWIGE ou HATWIN. (*Voy.* AVIDE.)

HEINSIUS, grand pensionnaire de Hollande, s'unit à Marlborough et à Eugène pour mettre obstacle à la paix, X, 156.

HÉLÈNE, première femme de Constance Chlore et mère de Constantin, est répudiée par son mari, forcé d'épouser la fille de Maximien Hercule, I, 200.

HÉLOISE. Ses amours avec Abailard, est abbesse du Paraclet. Sa mort, II, 219.

HEMERI (D'), agent de Richelieu à Turin. Ce que ce cardinal lui écrivait au sujet du père Monod, jésuite, VIII, 386.

HÉNAULT (Charles-Jean-François, dit le président), historien. Sa remarque sur Marie de Médicis, VIII, 443. — Ce qu'il dit de Louvois, X, 68.

HENNUYER (Jean), évêque de Lisieux, sauve les calvinistes de son diocèse, VI, 362.

HENRI I, roi de France, fils de Robert. Son sacre. Se brouille avec son père, II, 160. — Il monte sur le trône, 163. — Il cède la Bourgogne à Robert, son frère, 164. — Se brouille avec les Normands, 168. — Fait couronner Philippe, son fils, 169. — Sa mort, *ibid.*

HENRI, petit-fils de Robert I ci-dessus, duc de Bourgogne, lequel était petit-fils lui-même de Hugues-Capet, s'empare du Portugal et devient lui-même la tige des rois de ce pays, II, 179.

HENRI I, roi d'Angleterre, troisième fils de Guillaume-le-Conquérant, enlève à Robert, son aîné, l'Angleterre et la Normandie, II, 195. — Est sommé par Louis VI de comparaître devant la cour des pairs, 196. — Défait Louis VI à Brenneville, *ibid.* — Retourne en Angleterre, 197. — Naufrage de sa famille, *ibid.* — Se ligue avec l'empereur d'Allemagne contre Louis VI, 197 et 198. — Reste possesseur de la Normandie, 200. — Remarie Mathilde, sa fille, au comte d'Anjou, *ibid.*

HENRI V, empereur d'Allemagne, dernier de la maison de Saxe, se ligue avec Henri I, son beau-père, contre Louis-le-Gros, II, 198. — Retourne en Allemagne, *ibid.* — Sa mort, 200.

HENRI II, Plantagenet, roi d'Angleterre, déjà comte d'Anjou et du Maine, par Geoffroi-le-Bel ou Plantagenet, son père, duc de Normandie par Mathilde, sa mère, veuve du précédent, et duc d'Aquitaine par Éléonore, sa femme. Il épouse cette dernière après son divorce avec Louis VII, roi de France, II, 220. — Ses guerres avec la France, 222. — On lui impute le meurtre de Thomas Becquet, 225. — Traité entre lui et Louis VII à Amboise, 228. — Nouveau traité à Nonancour, *ibid.* — Trouble dans sa famille, 229.

Marie Geoffroi, son troisième fils, à l'héritière de Bretagne, *ibid.*— Diffère le mariage d'Alix, sa bru, fille de Louis VII, avec son fils Richard, 236.—Sa guerre contre sa femme et ses fils, 239 et 240. Rend Alix, sa bru, en mains tierces, suivant la stipulation du traité d'Azay ou de Coulommiers, 244.

HENRI, fils de Henri II, roi d'Angleterre, rend hommage à Louis VII pour l'Anjou, II, 224. — Est associé au trône, 226. — Fait la guerre à son père. Sa mort, 236.

HENRI III, roi d'Angleterre, fils de Jean-sans-Terre, et petit-fils de Henri II, est proclamé roi d'Angleterre, II, 279. — Répète des terres en Poitou, 290. — Vient au secours du duc de Bretagne, 297. — Est vaincu à Taillebourg, 303. — Louis XI lui rend le Limousin, 332.— Établit Simon de Montfort, comte de Leicestre, vice-roi dans ses provinces de France, 333.

HENRI VII, empereur d'Allemagne, donne Marie de Luxembourg, sa fille, en mariage à Charles-le-Bel, III, 99.

HENRI IV, roi d'Angleterre, d'abord duc d'Héréford, puis de Lancastre, à la mort de Jean de Gand, son père, fils d'Édouard III. Est privé de la succession de son père par Richard II, roi d'Angleterre, son cousin-germain, III, 387 et 388. — Il le détrône et le fait périr, *ibid.*—Sa réponse au défi injurieux du duc d'Orléans, *ibid.* — Envoie une flotte qui ravage les côtes de la Normandie, et six mille hommes au duc de Bourgogne, IV, 32 et 33.

HENRI V, roi d'Angleterre, fils du précédent, demande en mariage Catherine, fille de Charles VI, roi de France, et d'Isabelle de Bavière, IV, 56. — Envoie demander la couronne de France, 59 et 60. — S'empare d'Harfleur, 60. — Est vainqueur à la bataille d'Azincourt, 63. — Sa férocité après la bataille, 64. — Ses succès en France, 77. — S'empare de Rouen, 86. — Épouse Catherine de France. Est reconnu régent et successeur de Charles VI au trône, 95. — Indique une assemblée à l'hôtel Saint-Paul, 96. — Ce qu'il mande à son chancelier à Londres, 97. — Passe en Angleterre, *ibid.* — Revient en France, 99. — Tient une cour plénière à Paris, *ibid.* — Sa mort, 100.

HENRI VI, fils du précédent et de Catherine de France, IV, 99.— Est couronné dans la cathédrale de Paris, 150. — Salue la reine Isabelle, son aïeule, *ibid.* — Retourne en Angleterre, *ibid.* — Épouse Marguerite, fille de René d'Anjou, roi de Sicile, 170.— Est détrôné, 202.

HENRI VII, roi d'Angleterre, d'abord comte de Richemond, fils de Marguerite de Sommerset, petite-fille de Jean de Beaufort, fils légitimé de Jean de Gand, duc de Lancastre, et d'Edmond Tudor, fils d'Owen Tudor et de Catherine de France, veuve de Henri V. Il monte sur le trône, aidé du secours de la France et du duc de Bretagne, V, 38. — Envoie des troupes au secours d'Anne de Bretagne, 47.— Sa harangue au parlement d'Angleterre contre Charles VIII, 56. — Signe un traité avec Charles VIII à Étampes, 58.

HENRI VIII, roi d'Angleterre, fils du précédent, traite avec Louis XII, V, 200.—Exige que la France rende Boulogne à Jules II, 213.— Se détermine à attaquer la France, 217.—Signe la ligue de Malines contre Louis XII, 225.—Aborde à Calais, 228.—Bat les Français à la journée dite des Éperons, 229. — Prend Thérouenne, 230. Prend Tournai, *ibid.* — Fait la paix avec la France, 235. — Renouvelle son traité de paix avec François I, 254. — Son entrevue avec François I au champ du Drap-d'Or, 271 et 272. — Son entrevue avec Charles-Quint, *ibid.* — Signe avec Charles-Quint un traité contre la France à Windsor, 285. — Fait passer une armée en France, *ibid.* — Se ligue avec plusieurs princes contre François I, 288.— Signe une alliance offensive et défensive avec Louise de Savoie, régente de France, 322. — Se joint à la ligue sainte, 334. — Médite de divorcer avec Catherine d'Autriche, 335. — Il prend part à la ligue de Smalcalde, 347. — Son entrevue avec François I à Boulogne, 349. — Proclame une ligue conjointement avec François I contre Soliman II, 350.—Épouse Anne de Boulen, *ibid.* — Est excommunié par le pape, 355. — Ses tentatives auprès de François I pour le détacher de l'église romaine, 356.—Envoie du secours à Charles-Quint contre la France, 405. — Il entre en France avec une armée, 411. — Refuse la paix que lui offre François I, 418. — Fait la paix avec la France par le traité de Guines, 424. — Sa mort, *ibid.*

HENRI II, roi de France, second fils de François I, épouse Catherine de Médicis, V, 351. — Devient dauphin. Accompagne son père en Provence, 375. — Accompagne Montmorency, général des troupes françaises en Italie, 382. — Commande l'armée destinée contre le Roussillon, 395.—Est obligé de lever le siége de Perpignan, 396. — N'approuve point la négociation entamée avec Charles-Quint, 416. — Il monte sur le trône, VI, 1. — Ses édits et règlements, 6. — Ses remontrances à Charles-Quint, 9. — Envoie des lettres patentes à Bordeaux pour apaiser la révolte, 16. — Envoie deux corps de troupes pour ramener le calme dans la Guienne, 17. — Envoie des troupes au secours de Marie de Lorraine, régente d'Écosse, 21. — Rachète Boulogne des Anglais, *ibid*. — Envoie une ambassade à Jules III, 25. — Publie l'édit de Châteaubriant, *ibid*. Son manifeste contre Charles V, *ibid*. — Traite avec Maurice de Saxe pour attaquer Charles V, *ibid*. — Établit les présidiaux, 28 et 29. — Il tient un lit de justice, 30. — Il crée de nouvelles charges, 34. — Il s'empare de Metz, Toul et Verdun, 39. — Il rend aux princes allemands leurs otages, 41. — S'avance jusqu'auprès de Valenciennes pour combattre Charles-Quint, 51. — Lève trois armées contre Charles V, 55. — Fonde Rocroi, *ibid*. — Ravage le Hainaut, 56. — Assiège le château de Renty, y bat Charles-Quint, mais ne peut prendre la ville, *ibid*. — Il établit de nouveaux impôts, 70. — Il crée de nouveaux offices, 71. — Il fait des emprunts, 72. — Il conclut la trêve de Vaucelles avec Philippe II, 74. — Se ligue avec le pape Paul IV contre l'empereur, 77 et 78. — Rompt la trêve de Vaucelles, 82. — Il augmente les impôts, 85. — Rend un édit contre les mariages clandestins à l'occasion de celui du fils aîné du connétable, *ibid*. — Il établit l'inquisition, 97. — Il abolit les semestres dans le parlement, *ibid*. — Son affection pour le connétable de Montmorency, 99. — Envoie des plénipotentiaires pour traiter de la paix avec l'Espagne, 101. — Son entrevue avec le connétable de Montmorency à Beauvais, 103. — Fait la paix avec l'Angleterre, *ibid*. — Signe la paix de Cateau-Cambresis avec l'Espagne, 104. — Ordonne des informations sur les attroupements des calvinistes, 107. — Assiste aux mercuriales du parlement, 108. — Son discours dans le parlement, *ibid*. — Est blessé mortellement dans un tournoi, 109. — Son caractère, 112.

HENRI III, roi de France, troisième fils de Henri II et de Catherine de Médicis, connu d'abord sous le nom d'Édouard-Alexandre, et du duc d'Anjou. Le duc de Nemours tâche en vain de l'engager à se laisser emmener par les Guises, VI, 184. — Il préside le conseil en l'absence de Charles IX, 258. — Il est nommé généralissime, 290. — Il se trouve à Loudun en présence de l'armée du prince de Condé, 293. — Il remporte la victoire à Jarnac, 295. — Sa nonchalance après la victoire, 300. — Il rompt son armée après le combat de la Roche-Abeille, 305. — Il oblige Coligni de lever le siège de Poitiers, 308. — Le roi lui ôte le commandement de l'armée, 314. — Il comble de caresses Coligni, 330. — Confirme à Charles IX tout ce que le maréchal de Retz lui a dit de l'assassinat de Coligni, 346. — Assiste au conseil où le massacre des calvinistes est fixé, 349. — Assiège La Rochelle, 375. — Sa négligence pendant le siége de La Rochelle, 379. — Il fait venir dans son camp des députés de Nimes et de Montauban, 380. — Il est élu roi de Pologne, 381. — Il quitte la France, 383. — Manière dont il écrivait à la belle Renée de Rieux-Châteauneuf et à la princesse de Condé, VII, 4. — Son voyage en Pologne, 7. — Ce que lui dit le comte Palatin, ibid. — Sa conduite en Pologne, 8. — Comment il la quitte, ibid. — Il restitue au duc de Savoie ses places du Piémont, 9. — Il rentre en France, 15. — Son caractère, ibid. — Il entre dans la confrérie des pénitents, 18. — Son couronnement et son mariage avec Louise de Vaudemont, cousine-germaine du duc de Lorraine Charles III°, 20 et 21. — Il se fait haïr de la cour, 22. — Mésintelligence entre le duc d'Alençon, son frère, et lui, 24. — Il veut faire étrangler les maréchaux de Montmorency et de Cossé, 27. — Sa colère en apprenant l'évasion du duc d'Alençon, 29. — Il est forcé de céder de tous côtés, 32. — Il est remplacé en Pologne par Étienne Battori, ibid. — Ses amusemens puérils, 33. — Ses dévotions, 34. — Il lève des troupes étrangères, 35. — Il ouvre les premiers états de Blois, 49. — Son embarras au sujet de la ligue, 50. — Il s'en déclare chef, ibid. — Il négocie avec les confédérés, 55. — Il met deux armées sur pied, ibid. — Donne les édits de Poitiers et de Bergerac, 57. — Il se livre aux plaisirs, 60. — Son faible pour ses mignons, 61. — Il seconde mal les projets de son frère sur la Flandre, 64. — Il appuie l'insolence de ses mignons à l'égard de son frère, 66. — Ce qu'il dit à sa mère au sujet de son frère, ibid. — Il se réconcilie avec son frère, 67. — Il fait élever des statues sur les tombeaux de Caylus et de Maugiron, 69. — Il fait élever une statue sur le tombeau de Saint-Mégrin, 72. — Ce qu'il fait pour brouiller Marguerite, sa sœur, avec son mari, 77. — Il se met en défense et négocie, 79. — Ses profusions en faveur de ses favoris, 81. — Sa folle amitié pour eux, ibid. — Ses fausses idées sur la religion, 81 et 82. — Il donne le commandement d'une armée contre les calvinistes au duc de Mayenne, 84. — Il se brouille avec le clergé, 85. — Il donne au prieur de Crato, prétendant au royaume de Portugal, un secours pour s'emparer des Açores, 90. — Excès des prédicateurs contre lui, 91. — Sa patience, 92. — Contrariétés entre ses lois et sa conduite, 94. — Indignation du peuple contre son luxe et ses divertissements, ibid. — Il se forme une garde de quarante-cinq gentilhommes, 104. — Il se laisse épouvanter par les ligueurs, 107 et 108. — Il prend dans cette circonstance le plus mauvais parti, 108. — Sa réponse au roi de Navarre qui lui offrait ses services, 112. — Il se prépare à la guerre contre le roi de Navarre, 113. Son discours au premier président et autres qu'il avait mandés au Louvre, *ibid.* — Il met des troupes sur pied, 116. Il est soupçonné de connivence avec le roi de Navarre, 120. — Il lève deux armées et de l'argent, 122. — Il reçoit une ambassade des Suisses, 124. — Il va dans le Bourbonnais, 125. — Ses amusements puérils à Lyon, *ibid.* — Il donne audience aux ambassadeurs des princes allemands, 126. — Ses projets d'accommodement avec les confédérés choquent la Ligue, 127. — Propositions qu'il fait au duc de Guise, 132. — Il ne sait à qui se fier, 134. — Il ne fait que lutter d'adresse avec les rebelles, 134 et 135. — Ce qu'il dit au duc de Mayenne, chef des ligueurs, 139. — Différence entre Élisabeth d'Angleterre et lui, *ibid.* — Il marie le duc d'Épernon, 142. — Il forme un plan de défense contre les Bourbons, 143. — Il sort de Paris contre les ligueurs, 149. — Il rentre triomphant dans Paris, 152. — Sa perplexité, 154. — Il s'amuse à arranger les obsèques du duc de Joyeuse, 158. — Il renforce sa garde de quatre mille Suisses, 162. — Il fait défendre au duc de Guise de venir à Paris, 163. — Son entrevue au Louvre avec le duc de Guise, 165 et 166. — Son entrevue chez la reine mère avec le duc de Guise, 167. — Sa conduite pusillanime à l'égard du duc de Guise, *ibid.* — Il introduit quatre mille Suisses dans Paris, 168. — Il se sauve de Paris pendant les Barricades, 173. — Il arrive à Chartres, *ibid.* — Il se retire à Rouen, 181. — Il négocie avec le duc de Guise, 182. — Sa conduite à Rouen, *ibid.* — Il indique les états à Blois, 183. — Il change ses ministres et son conseil, 184. — Son discours à l'ouverture des états de Blois, 187. — Extrémité où il est réduit, 188. — Il résout la mort du duc de Guise, 192. — Ce qu'il dit à sa mère après l'assassinat du duc de Guise, 194. — Il ne profite point de la consternation des Parisiens après la mort du duc de Guise, 196. — Il fait la clôture des états de Blois, 198. — Tout le royaume se révolte contre lui, 205 et 206. — Il négocie sans succès avec le duc de Mayenne, 209. — Il se détermine à appeler le roi de Navarre, *ibid.* — Son traité avec le roi de Navarre, 210. — Son entrevue avec le roi de Navarre, 211 et 212. — Il repousse le duc de Mayenne qui était venu l'attaquer dans Tours, 214. — Ses heureux succès, 213. — Ce qu'il dit en regardant Paris des hauteurs de Saint-Cloud, 215. — Il est blessé par Jacques Clément, 219. — Sa blessure est reconnue mortelle, 220. — Il proclame le roi de Navarre son successeur, *ibid.* — Il meurt et est regretté, 221.

HENRI IV, roi de France et de Navarre, fils d'Antoine de Bourbon, duc de Vendôme, et de Jeanne d'Albret, reine de Navarre, et dixième descendant de Saint-Louis par les princes suivans. 1, Robert, comte de Clermont, sixième fils de saint Louis, et sire de Bourbon par sa femme; 2, Louis, premier duc de Bourbon; 3, Jacques de Bourbon, comte de La Marche, connétable; 4, Jean de Bourbon, comte de Vendôme, par sa femme héritière de la branche aînée; 5, Louis II de Bourbon, comte de Vendôme; 6, Jean II de Bourbon, comte de Vendôme; 7, François de Bourbon, comte de Vendôme, époux de l'héritière de Saint-Pol; 8, Charles de Bourbon, duc de Vendôme; 9, Antoine de Bourbon, duc de Vendôme et roi de Navarre, père de Henri. Ses premières années, VI, 244 et 245. — Affreuse conspiration contre lui et contre sa mère, 246. — Sa mère l'emmène à La Rochelle, 289. — Sa mère le conduit à Cognac, 298. — Serment qu'il fait en présence des confédérés, ibid. — Est proclamé généralissime de l'armée des confédérés, ibid. — Sa mère l'amène à la cour, 330. — Il épouse Catherine, sœur de Charles IX, 338. — Présente une requête à Charles IX relativement à l'assassinat de Coligni, 343. — Tavannes s'oppose dans le conseil à ce qu'il soit compris dans le massacre médité, et lui sauve ainsi la vie, 349. — Charles IX le mande chez lui le jour de la Saint-Barthélemi, 355. — Il fait abjuration, 364. — Il ordonne dans ses états le rétablissement de la religion catholique, ibid. — Vient au siége de La Rochelle avec l'armée de Henri, duc d'Anjou, 376. — Il entre dans la cabale des politiques, 387. — On lui donne des gardes, 391. — Ce qu'il dit au duc de Bouillon au sujet du duc d'Alençon, ibid. — Il va au-devant de Henri III à Lyon, VII, 15. — Il entre dans la confrérie des Pénitens, 19. — Il vit dans l'indolence, 26. — Mauvaise volonté de Catherine de Médicis pour lui, ibid. — Il se sauve de la cour, 37. — Envoie des députés à l'assemblée des confédérés à Moulins, ibid. — Ses prétentions, 38. — Il se cantonne dans la Guienne et le Poitou, 39. — Sa conduite particulière, 51 et 52. — Sa réponse à la députation des états de Blois, 53. — Il communique à Marguerite, sa femme, une lettre de Henri III contre elle, 77. — Il se jette dans Cahors, 79. — Il envoie en Angleterre et en Allemagne solliciter des secours, 95. — Propositions qui lui sont faites de la part de Philippe II, 96. — Il prévoit les dangers que lui prépare l'édit de Nemours, 100. — Raisons pour lesquelles il ne s'oppose pas au traité de Nemours, 112. — Il prend néanmoins des mesures, ibid. — Ses exploits rapides, 117. — Il appelle de la bulle fulminée contre lui par Sixte V, 120.—Edit qu'il rend, 121. Ses manifestes, *ibid.* — Il a recours à l'étranger, 123. — Il entame une conférence avec la reine mère, 129. — Ses intentions, 130. — Piége séduisant que la reine mère lui tend, *ibid.* — Grandes précautions qu'il est obligé de prendre, 131.—Il rompt la conférence de Saint-Brice, 132.—Sa bravoure et sa bonté à la bataille de Coutras, 145. — Sa piété, 146. — Sa modestie après la victoire, 147. — Il ne seconde point l'armée allemande, 150. — Il fait renfermer la princesse de Condé, 158. — Son exclamation en apprenant la mort du prince de Condé, 159. — Moyen d'apaiser la cour de Rome, qu'il indiquait à Henri III, 205. — Entame une négociation avec Henri III, 207. — Il tombe dangereusement malade, *ibid.* — Il prépare les esprits à la réunion, 208. Son traité avec Henri III, 210. — Son entrevue avec Henri III, 211 et 212. — Ce qu'il écrit à Mornay après son entrevue avec Henri III, *ibid.* — Henri III le proclame son successeur, 220. — Ses paroles au moment où Henri III expire, 222.— Il se détermine à ne pas s'éloigner de Paris, 225. — Il est reconnu roi, *ibid.* — Il met ordre à toutes les affaires, 227. — Danger qu'il court au combat d'Arques, 232. — Lettre célèbre qu'il écrit à Crillon après le combat, *ibid.* Il attaque les faubourgs de Paris, 233.— Il se rend à Tours pour les états généraux qu'il avait convoqués, mais que les circonstances ne permirent pas de réunir, 234. — Les ajourne à l'année suivante, *ibid.* — Est reconnu par la république de Venise, *ibid.*— Il fait faire de nouvelles propositions au duc de Mayenne, 235. — Ses opérations militaires, 244. — Sa réponse avant la bataille d'Ivri, 245. — Ses excuses à Schomberg, général allemand, *ibid.* — Sa prière à Dieu avant la bataille d'Ivri, 246. — Ce qu'il dit à ses troupes avant la bataille d'Ivri, *Ibid.* — Il remporte la victoire, 247. — Sa réponse quand on lui demanda quel nom on donnerait à la bataille donnée à Ivri, 248. — Il négocie avec Villeroi, 252. — Il fait le blocus de Paris, 253. — Sa bonté pendant le blocus de Paris, 260. — Son entrevue avec une députation des ligueurs, 261.— Il refuse un passe-port aux députés qui voulaient aller trouver le duc de Mayenne en Flandre, 262. — Il tente d'emporter Paris par escalade, 266.—S'oublie pendant le blocus auprès de Marie de Beauvilliers, depuis abbesse de Montmartre, 267. — Le duc de Parme lui fait lever le blocus, *ibid.*— Il harcèle le duc de Parme, 269.— Il a recours aux Anglais pour soumettre le duc de Mercœur, 271.— Il négocie en Allemagne, en Angleterre et en Hollande, 272. — Il tente de s'emparer de Paris à la journée des farines, 273. — Il prend Chartres, 274. — Il donne un édit en réponse aux bulles fulminées contre lui, 282. — Il rend un édit en faveur des calvinistes, 283.— Il assiége Noyon, 285.— Il fait épouser à Turenne l'héritière du duché de Bouillon, ibid. — Il assiége Rouen, 300. — Il se mesure avec le duc de Parme à Aumale, 303. — Danger qu'il y court, 304. — Blessure qu'il y reçoit, 305.— Sa réponse à un mot du duc de Parme à son sujet, 306. — Il lève le siége de Rouen, 307. — Il bloque le duc de Parme dans son camp, 309. — Commande le corps de bataille à Caudebec, ibid. — Se flatte d'avoir enfermé le duc de Parme et de voir le terme de la guerre, 310. — Le laisse échapper, ibid.— Il le poursuit en vain, 311. — Sa réponse au trompette du duc de Parme, 312. — Il négocie avec le duc de Mayenne, 314. — Il envoie une ambassade à Rome, 317.— Il resserre de nouveau Paris, 319. — Il donne un édit contre la convocation des états à Paris, 323. — Rosny lui conseille de changer de religion, et des ministres lui accordent qu'il peut faire son salut dans la communion catholique, 334. — Il se fait instruire dans la religion romaine, 335. — On le déclare aux ligueurs, et il leur offre une trêve, ibid. — Il s'empare de Dreux, 337. — Il va à Mantes pour se faire instruire, 349. — Il fait abjuration, 351. — Il fait part de sa conversion aux parlements et gouverneurs du royaume, 354.— Il envoie un agent secret à Rome, ibid. — Il ne veut pas qu'on recherche les complices de Barrière, 355. — Il prolonge la trève avec le duc de Mayenne, 356.— Par quel moyen il pénètre les secrets de l'Espagne, 362.— Il est sacré à Chartres, 363.— Il entre dans Paris, 369. — Sa bonté, 370. — Il reçoit le titre de *grand*, 272. — Il réunit à Paris les débris du parlement de Châlons et de Tours, ibid. — Ce qu'il disait du duc de Mayenne, 374. — Il fait le siége de Laon, ibid. — Il s'empare de Laon, 375. — Ce qu'il écrivait à Givry, ibid.— Il renouvelle l'édit de Poitiers, 379. — Il est blessé à la bouche par Châtel, ibid. et 380. — Ce qu'il disait au sujet des jésuites après l'assassinat de Châtel, 380. — Il déclare la guerre à l'Espagne, 381. — Bat avec une poignée d'hommes le connétable de Castille au combat de Fontaine-Française, 282. — Y court de grands dangers, dégage Biron, force les Espagnols à la retraite, 284. — Sauve La Curée, un de ses capitaines, 385. — Ce qu'il écrit à sa sœur après le combat de Fontaine-Française, ibid. — Ses règlemens de police, de finances et de guerre, 386. — Il fait donner l'édit de Folembray en faveur du duc de Mayenne, 392. — Il convoque une assemblée de notables à Rouen, 398. — Sa harangue dans l'assemblée, ibid. et 399. — Il reprend Amiens sur les Espagnols, 401. — Il soumet la Bretagne, et apaise tous les troubles, 402. — Il fait la paix de Vervins avec l'Espagne, ibid. — Il donne l'édit de Nantes, 403. — Son discours au parlement pour le faire enregistrer, 404. — Il envoie des commissaires dans les provinces pour le faire exécuter, 408. — Il songe à divorcer d'avec Marguerite de Valois, 410. — Ce qu'il disait à Sully de Gabrielle d'Estrées, 411. — Il s'ouvre à Sully du dessein d'épouser Gabrielle d'Estrées, 412. — Ce qu'il dit à Gabrielle d'Estrées qui voulait le forcer à disgracier Sully, 415. — Il divorce d'avec Marguerite de Valois, 417. — Ses inquiétudes sur le mariage, ibid. — Il se détermine à se remarier, 418. Il s'attache à Henriette d'Entragues, ib. — Il lui fait une promesse de mariage par écrit, 419. — Ses scrupules sur ses desordres, 420. — Ce qu'il pensait du duc de Savoie, 429. — Il déclare la guerre au duc de Savoie, 436. — Dangers qu'il court dans le camp de Biron, 438. — Il épouse Marie de Médicis, 440. — Il fait la paix avec le duc de Savoie, 441.—Il accorde à Biron son pardon à Lyon, ibid. — Il envoie Biron en ambassade en Angleterre, 443. — Il apaise une révolte excitée dans le Poitou. 447.—Il interroge Lafin, dénonciateur de Biron, 452.—Ce qu'il dit à Sully à ce sujet, 453. — Comment il s'exprimait sur Biron et ses complices, 454.—Son entrevue avec Biron à Fontainebleau, 455. — Ce qu'il disait à Sully au sujet de Biron, 456. — Sa dernière entrevue avec Biron, 457. — Sa réponse aux parens du duc de Biron qui sollicitaient sa grâce, 459. — Révoque par un acte adressé au parlement le pardon verbal accordé par lui à Biron, 466. — Ce qu'il dit aux parens du prince de Joinville, 475. — Il fait fleurir la navigation, VIII, 2. — Il protège l'agriculture, ibid. — Il encourage les manufactures, 3. — Rétablit les finances, 4.— Fait expliquer Sancy et Rosny sur la solde des Suisses, 6. — Établit Rosny surintendant des finances, 7.— Le soutient contre le duc d'Épernon, 9.— Le fait expliquer avec le connétable sur une réforme dont se plaignait le dernier, 10. — Il va dans le pays Messin pour y rétablir l'ordre, 12. — Rappelle les jésuites, 13. — Rend un édit contre les duels, 14. — Ses plaintes au sujet de Marie de Médicis, 21.— Il tombe malade, 24. — Il retire sa promesse de mariage avec Henriette d'Entragues, 25. — Ses liaisons avec la sœur cadette d'Henriette d'Entragues, 27.—Dangers qu'il court en allant la voir, 29. — Il découvre la conjuration de la maison d'Entragues, 30. — Il la fait arrêter, 32. — Il fait grâce aux chefs de la conjuration,

38. — Sa question au comte d'Entragues, 39. — Il s'attache à Jacqueline de Beuil, comtesse de Moret, *ibid.*— Il rend ses bonnes grâces à Sully, 42.— Ce qu'il dit à Sully au moment où il se jetait à ses pieds, 43. — Il marche contre le duc de Bouillon, 44. — Il lui rend ses bonnes grâces, 45. — Tranquillité dont il jouit, *ibid.* Estime dont il jouit, 47. — Il réconcilie Rome et Venise, *ibid.* — Il procure une trêve de douze ans aux Hollandais, 49. — Refuse par politique la demande que lui font les Maures expulsés d'Espagne de s'établir dans les Landes de Bordeaux, 50. — Son caractère peint par lui-même, 51.— Il devient amoureux d'Henriette-Charlotte de Montmorency, fille du connétable, 53. — Il la fait épouser au prince de Condé, 55. — Son chagrin en apprenant la fuite du prince et de la princesse de Condé, 57. — Il fait assembler le conseil à ce sujet, *ibid.* — Il envoie Praslin réclamer à Bruxelles le prince et la princesse de Condé, 58. — Il annonce à la reine le jour où la princesse de Condé reviendra, 63. — Il se détermine à la guerre, 64. — Motifs de sa rupture, 65. — Il protége l'électeur de Brandebourg et le palatin de Neubourg dans leurs prétentions à la succession de Juliers, et accède à l'union évangélique des protestants de Hall, 66 et 67. — Ses agitations, 68. — Ce qu'il disait de l'opinion qu'on aurait de lui après sa mort, 70. — Ses réflexions morales pendant le couronnement de la reine à Saint-Denis, 71. — Ce qu'il disait à ses courtisans sur sa mort prochaine, *ibid.* — Son assassinat et ses circonstances, 72. — Affliction du peuple à la nouvelle de sa mort, 75 et 76. — Regrets des étrangers à la nouvelle de sa mort, 77.

HENRI DE PRUSSE (le prince), frère du roi Frédéric II, est opposé au maréchal de Daun, XI, 56. — Au même et à l'armée des Cercles, 87. — Bat le comte de Stolberg, général de l'armée des Cercles à Freyberg, 90.

HENRIETTE DE CLÈVES, duchesse de Nevers (*Voy.* CLÈVES et NEVERS.)

HENRIETTE D'ENTRAGUES. *Voy.* VERNEUIL (la marquise de), et ENTRAGUES.

HENRIETTE DE FRANCE. Madame, fille de Henri IV et de Marie de Médicis, épouse Charles I, roi d'Angleterre, VIII, 236.

HENRIETTE D'ANGLETERRE, fille de Charles I et de Henriette de France, femme du duc d'Orléans, frère de Louis XIV, IX, 343.— Ses liaisons avec le roi, 353. — Elle passe en Angleterre pour négocier avec Charles II, son frère, 380.— Sa mort précipitée, 383.

HERBERT II, comte de Vermandois. *Voy.* VERMANDOIS.

HERBERT, lord Harrington, amiral anglais, est battu à la baie de Bantry par Châteaurenauld, X, 57. — Par Tourville à Béachy, 59.

HERBOUVILLE (Janot d'), gouverneur du château de Crémone; sa courageuse résistance, V, 304.

HERCULE GAULOIS (l'). *Voy.* Ogmius.

HÉRIBERT, frère de Bernard, ministre de Louis-le-Débonnaire, et comte de Barcelonne; on lui crève les yeux, II, 61.

HERMENGARDE, sœur de Didier, roi des Lombards, épouse Charlemagne, est répudiée, II, 20.

HERMENTRUDE, femme de Charles le-Chauve et mère de Louis-le-Bègue, II, 101.

HÉRODE ARCHÉLAÜS, roi de Judée, fils aîné d'Hérode-le-Grand ou l'Infanticide, est exilé à Vienne dans les Gaules par Auguste, I, 150.

HÉRODE ANTIPAS, tétrarque de Galilée, frère du précédent, celui devant qui Jésus-Christ avait comparu, est envoyé en exil à Lyon par Caligula, I, 150.

HÉROLD, chef des Normands, est installé dans l'Anjou par l'empereur Lothaire, II, 87.

HERVÉ, archevêque de Reims, retire Charles-le-Simple, II, 119.

HERVERTZEEN, amiral hollandais, sauve par son habileté une partie de sa flotte au combat de Béachy, X, 59.

HESSE (Philippe, landgrave de), tige des deux rameaux de Hesse-Cassel et de Hesse-Darmstadt, l'un des chefs de la ligue de Smalkade. Luther lui permet la polygamie, V, 425. — Est fait prisonnier par Charles-Quint à la bataille de Muhlberg, VI, 8. — Est rendu à la liberté par la paix de Passau, 40.

HESSE-CASSEL (Frédéric, prince, puis landgrave de), sixième descendant du précédent, et roi de Suède par Ulrique Éléonore, sa femme, sœur de Charles XII. (Voy. Frédéric de Hesse.)

HESSE-DARMSTADT (Georges, prince de), cinquième descendant du précédent, s'empare de Gibraltar, de concert avec l'amiral anglais Booke, X, 127. — Coopère à la prise de Barcelonne, et y est tué, 138.

HILAIRE, évêque de Poitiers, contribue à faire rétablir l'expression de consubstantiel dans les confessions de foi, I, 228.

HILDEGARDE, princesse allemande, femme de Charlemagne, I, 166.

HIMILTRUDE, femme ou concubine de Charlemagne, mère de Pepin, II, 20.

HOCHERY, chef des Normands, brûle Rouen, II, 86.
HOCQUINCOURT (Charles de Mouchi, maréchal d'), fils de Georges de Mouchi, tige de la branche d'Hocquincourt. S'oppose au passage de Turenne, qui s'avançait pour enlever les princes du château de Vincennes, IX, 170. — Met en déroute la droite du Turenne à la bataille de Réthel, 184. — Est fait maréchal de France, *ibid.* — Prend le commandement des troupes levées en Allemagne par le cardinal Mazarin, 234. — Arrêt du parlement rendu contre lui, 237 et 238. — Il partage avec Turenne le commandement de l'armée royale chargée de combattre le duc de Nemours, 245. — Il est battu à Bleneau par le prince de Condé, 251. — Bat les Espagnols devant Roses et est battu ensuite devant Girone par D. Juan d'Autriche, 304 et 305. — Se joint à Turenne pour faire lever le siége d'Arras au prince de Condé, 311. — Est maltraité par Condé, *ibid.* — Se jette dans le parti des Espagnols pour un mécontentement contre le cardinal Mazarin, et est tué dans une reconnaissance, la veille de la bataille des Dunes, 319. (*Voy.* MOUCHI).
HOLLAND (Henri Fox, lord). (*Voy.* FOX).
HOMMAGE (L'). Différence entre le *simple* et le *lige*, III, 115
HOMMES D'ARMES, leur nombre et leur pays, IV, 173.
HONNEUR (les filles d'). Ce qu'elles étaient. Anne de Bretagne les introduit à la cour, V, 233.
HONORIUS, second fils de Théodose, lui succède dans l'empire d'Occident, sous la tutelle du Vandale Stilicon, I, 247. — Épouse successivement les deux filles de son tuteur, 252. — Le fait assassiner ainsi que son fils Eucher, 254. — Reconnaît l'usurpateur Constantin qui lui promet des secours contre Alaric, 256. — Envoie contre lui dans les Gaules le général Constance qui l'assiége dans Arles et le fait prisonnier, 258. — Il fait assassiner Constantin, à qui son général avait promis la vie, 259. — Ataulphe, successeur d'Alaric, le ménage dans la vue d'obtenir Placidie sa sœur en mariage, *ibid.* — Il fait décapiter Jovin qui s'était fait proclamer dans les Gaules et que lui livre Ataulphe, 260. — Il donne Placidie sa sœur à Constance après la mort d'Ataulphe, et l'associe à l'empire, 261. — Sa mort, 265.
HOOD (lord), vice-amiral anglais, soutient avec gloire un combat inégal près de la Martinique, contre le comte de Grasse, XI, 196. — Commande en chef pendant l'absence de Rodney, 197. — Vient au secours de lord Cornwallis dans la baie de la Chesapeak, et est repoussé par M. de Grasse, 199. — Arrive au secours de Saint-Christophe, et manœuvre de manière à éloigner M. de Grasse de la

côte et à occuper sa position, 211 et 212. — Ne peut empêcher néanmoins la reddition du fort, *ibid.* — Rejoint Rodney à Sainte-Lucie, *ibid.* — Poursuit à la tête de l'avant-garde anglaise l'amiral français, et s'engage avec lui pour le retarder, trois jours avant le combat de Saintes ou du 12 avril, *ibid.*

HOPITAL (Michel de l'), chancelier de France, succède à Olivier. Son portrait, VI, 145. — Il est membre de la commission nommée pour juger le prince de Condé, 154. — Sages conseils qu'il donne à Catherine de Médicis après la mort de François II, 158. Son discours lors de la clôture des états d'Orléans, 161.—Ce qu'il dit dans le parlement relativement aux troubles de France, 169. — Son discours dans une assemblée des députés de tous les parlements, 180.—Fait rendre un édit pour l'aliénation d'une certaine quantité de biens ecclésiastiques, 232.— Fait déclarer Charles IX majeur à treize ans révolus, 233. — Fait adopter dans l'assemblée de Moulins un édit de règlement, 252. — Sa réponse à Castelnau, 265. — S'oppose à ce qu'on appelle les Suisses au secours de la cour, 266. — Il est exclu du conseil privé, et disgracié, 285. — Sa mort; ses opinions religieuses, VII, 20.

HOPITAL (Louis de l'), marquis de Vitry. (*Voy.* VITRY.)

HOPITAL (Nicolas de l'), duc et maréchal de Vitry, capitaine des gardes, fils aîné du précédent. (*Voy.* VITRY.)

HOPITAL (François, maréchal de l'), frère du précédent, est donné au duc d'Enghien pour modérateur, IX, 14.— Commande la gauche à la bataille de Rocroi, 15. — Y est blessé et croit la bataille perdue, 16. — Nommé au gouvernement de Paris, il fait ombrage au prince de Condé, 272. — Il se sauve déguisé de l'hôtel de ville, 275. — Le parti du prince nomme le duc de Beaufort à sa place, 277.

HORDEONIUS FLACCUS, général des légions romaines dans les Germaniques au temps de Vitellius, I, 163. — Est soupçonné par ses soldats de favoriser la révolte du Batave Civilis, *ibid.* — Soulèvement de l'armée contre lui, *ibid.* — Remet le commandement à Vocula, son lieutenant, 164. — Dispense au nom de Vespasien une gratification de Vitellius, 166.—Est massacré par ses soldats, *ibid.*

HORNES (Philippe II de Montmorency, seigneur de Nivelle et comte de), général espagnol, retarde la retraite du connétable de Montmorency à la bataille de Saint-Quentin, et contribue à la victoire, VI, 87.

HOSPITALIERS (les). Leur origine, II, 187. — Leurs querelles dans la Palestine avec les Templiers, 520. — Ne faisaient avec l'empire ottoman que des trèves, III, 2. — Ils obtiennent la plus grande partie des biens des Templiers, 52. — Soliman II les chasse de Rhodes, V, 286. — Ils s'établissent à Malte, *ibid.*

HOSTE (Nicolas L'), l'un des commis de Villeroi, vend à Zuniga, ambassadeur d'Espagne, le secret des dépêches, VIII, 18. — Il s'échappe de Paris et se noie dans la Marne, 19.

HOTMAN (Vincent), maître des requêtes, l'un des rédacteurs des ordonnances de Louis XIV, IX, 361, à la note.

HOULAGOU, petit-fils de Gengiskan, met fin à l'empire des califes, II, 292.

HOWARD (Thomas), duc de Norfolk. Commission dont il charge un domestique pour Louis XI, IV, 309 et suiv.

HOWE (lord), amiral anglais, amène des renforts en Amérique au chevalier Howe, son frère, XI, 167. — Va au secours de Rhode-Island attaquée par les généraux d'Estaing, La Fayette et Sullivan. Une tempête empêche la rencontre des deux escadres, 174. — Réuni à l'amiral Biron, il menace Boston, *ibid.* — Il ravitaille Gibraltar à la faveur d'une tempête, 219. — Atteint à son tour par don Louis de Cordova, il feint de vouloir rendre le combat, et s'échappe pendant la nuit, *ibid.*

HOWE (le chevalier William), général anglais, frère du précédent, débarque à Boston, XI, 164. — Est forcé par Washington de l'évacuer, 166. — S'empare de New-Yorck et bat Washington à Kingsbride, 168. — Le bat encore à Brandywine et s'empare de Philadelphie, 169. — Est remplacé dans le commandement en chef par le général Henri Clinton, 173.

HUET (Pierre Daniel), évêque d'Avranches, précepteur du dauphin, fils de Louis XIV, X, 217.

HUGOMET (Guillaume), chancelier de Bourgogne. Marie de Bourgogne l'envoie en ambassade à Louis XI, IV, 337. — Son supplice, 341 et 342.

HUGHES (sir Edward), commandant des forces navales anglaises à la côte de Coromandel, enlève Trinquemale aux Hollandais, XI, 220. — Rend un combat indécis contre le bailli de Suffren à la hauteur de Sadras, et va se réparer à Ceylan, *ibid.* — Second combat indécis vers Provedierne, sur la côte de Ceylan, *ibid.* — Troisième combat indécis, mais qui empêche le bailli de mettre à exécution ses plans de surprise sur Negapatam, 221. — Arrive trop tard au secours de Trinquemale, et livre un quatrième combat aussi indécis que les précédents, *ibid.* — Amène de l'artillerie de siège pour attaquer Gondelour, 224. — Est repoussé par le bailli de Suffren ibid. — La paix met fin à leurs combats, 225.

HUGUENOTS. (*Voy.* CALVINISTES.)

HUGUES, fils de Lothaire, roi de Lorraine, et de Valdrade, II, 96. Est renfermé à l'abbaye de Prum; sa mort, *ibid.*

HUGUES, abbé de Saint-Denis, fils de Conrad, frère de Judith, seconde femme de Louis-le-Débonnaire, et d'Adélaïe, qui, selon Mézeray, était fille du même Louis-le-Débonnaire, et qui, après la mort de son premier mari, épousa Robert-le-Fort, et en eut Eudes et Robert, qui furent tous deux rois de France. Il est nommé tuteur des enfants de Louis-le-Bègue, II, 108.

HUGUES-LE-GRAND, dit aussi le Blanc ou l'Abbé, fils du roi Robert, petit-fils de Robert-le-Fort, beau-frère du roi Raoul, qui avait épousé sa sœur, et de Louis IV d'Outremer, dont la femme était sœur de la sienne. Il remporte la victoire sur Charles-le-Simple, laisse la couronne à la disposition de sa sœur, femme de Raoul, duc de Bourgogne, II, 120. — Néglige l'occasion de monter sur le trône à la mort de Raoul, 127. — Premier ministre de Louis IV d'Outremer, 128. — Se brouille avec lui, 129. — Il le retient prisonnier et se réconcilie avec lui, 130. — Assiste au concile d'Engelheim avec Louis IV, 132. — Fait sacrer Lothaire, son neveu, 133. — Sa mort, 135.

HUGUES CAPET, roi de France et le premier des Capétiens, ou rois de la troisième race, fils de Hugues-le-Grand et cousin-germain du roi Lothaire et de Charles, duc de Lorraine, son frère. Il commence à se brouiller avec Lothaire, II, 135 et 136. — Son élection, 147. — État de la France sous ce prince, 149. — Son sacre, 152. — Battu par Charles, duc de Lorraine, il le fait ensuite prisonnier, 154. — Sa mort, *ibid.*

HUGUES, fils du roi Robert et petit-fils de Hugues Capet, est couronné, II, 159. — Se brouille avec son père par les intrigues de Constance; se réconcilie avec son père; sa mort, *ibid.*

HUGUES-LE-GRAND, comte de Vermandois par son mariage avec l'héritière, fils du roi Henri I, II, 169. — L'un des chefs de la première croisade, 182.

HUGUES (le père). Catherine de Médicis l'envoie secrètement en Espagne, VI, 262.

HUMBERT I, comte de Maurienne et de Savoie, donne Adélaïde, sa fille, en mariage à Louis VI, II, 195.

HUMBERT II, possesseur du Dauphiné, le cède à la France, III, 141.

HUMIÈRES (Charles, seigneur d'), commandant en Picardie, fait signer une confédération par la noblesse de cette province, VI, 43. Sa mort, 386.

HUMIÈRES (Charles-Hercule de Crevant, marquis d'), fils aîné de Louis de Crevant II et de Jacqueline d'Humières, sœur et héritière du précédent, envoie des émissaires dans différentes provinces pour les soulever, VIII, 29.

HUMIÈRES (Louis IV de Crevant d'), fils de Louis III de Crevant d'Humières, frère du précédent, maréchal de France, est battu à Walcourt par le prince de Waldeck, X, 56. — Commande sur la Moselle, 61. — Un détachement de son armée, envoyé secrètement au maréchal de Luxembourg, procure à celui-ci la victoire de Fleurus, 61 et 62.

HUNAULD, fils de Eudes, duc d'Aquitaine, prête serment à Charles Martel, I, 357. — Est battu par Carloman et Pepin, 360. — Sort à la mort de Waifre, son fils, du monastère où il s'était retiré, II, 20. — Est fait prisonnier par Charlemagne, ibid. — Est tué dans une émeute, 24.

HUNS (les). Leur guerre contre Charlemagne, II, 42.

HUXELLES (Nicolas du Blé, maréchal d'), fait vingt et une sorties pendant le siège de Mayence, et ne se rend que par défaut de poudre, X, 56. — Est envoyé à Gertruydenberg pour négocier la paix, 167 et 168. — Est appelé au conseil de régence et fait président du conseil des affaires étrangères, 221 et 222. — Est appelé au conseil sous le ministère du cardinal de Fleuri, 300.

HYDER-ALI-KAN. (Voy. AIDEN-ALI-KAN.)

I

IBARA (Diégo d'), agent du roi d'Espagne auprès de la ligue, VII, 292. — Son entrevue à Soissons avec le duc de Mayenne, 326.

IDACE (l'évêque) défère Priscillien au concile de Sarragosse, I, 237. — Oblige les priscillianistes à quitter leurs églises, ibid. — Est obligé de fuir à son tour leurs persécutions, 238. — Il les défère au tyran Maxime, et les poursuit à son tribunal, où Priscillien est condamné à mort, 239. — Saint Martin refuse de communiquer avec lui, ibid.

ILLE (Jourdan de l'), seigneur de Casaubon, allié du pape Jean XXII. Ses vexations, son supplice, III, 190.

ILLESCAS (don Joseph d'). (Voy. ANNOLPHINI.)

IMBERCOURT (Gui de Brimieu, seigneur d'), ministre du duc de

Bourgogne, livre à Louis XI le connétable de Saint-Pol, IV, 321.
— Marie de Bourgogne l'envoie en ambassade à Louis XI, 537.—
Son supplice, 341 et 342.

IMPORTANTS (les). Pourquoi ainsi nommés? Leur cabale, IX, 3.
Une partie de la cour se soulève contre eux, 11. — Ils disparaissent de la cour, 24.

IMPOT INDIRECT. Son origine; en quoi il consiste, III, 178.

INDES (la compagnie des). Son établissement, IX, 360.

INDUCIOMARE, trévir, dépossédé par César du pouvoir souverain dans sa patrie, excite contre lui Ambiorix, I, 82. — Il inquiète Labiénus, et l'empêche de se rendre auprès de César pour dégager Cicéron, 88. — Renonce à attaquer Labiénus sur l'avis de l'avantage remporté par César sur Ambiorix, 90. — La réserve simulée de Labiénus lui inspire de la confiance; il en est victime et est tué dans une déroute, 91.

INFANT (le cardinal). (*Voy.* FERDINAND D'AUTRICHE.)

INFANTADO (le duc de l'). Sa question à l'Amirante de Castille, qui lisait la relation du massacre de la Saint-Barthélemi, VI, 370.

INGELBERGE, sœur de Canut, roi de Danemarck, épouse Philippe-Auguste, est divorcée, II, 252. — Est reprise par son mari, 254.
— Est renfermée dans le château d'Étampes, *ibid.*

INGONDE, femme de Clotaire I, I, 299.

INNOCENT II (Grégoire Papi), pape, sacre Philippe et Louis-le-Jeune, fils de Louis VI, II, 205.

INNOCENT III (Lothaire), de la famille des comtes de Ségui, pape, convoque un concile à Lyon pour juger du divorce de Philippe-Auguste, II, 252.— Fait des remontrances à Jean-sans-Terre, roi d'Angleterre, 270. — Propose au prince Louis, fils de Philippe-Auguste, la couronne d'Angleterre, *ibid.*

INNOCENT IV (Sinibalde de Fiesque), pape, excommunie Frédéric, empereur d'Allemagne, II, 305. — Offre l'empire à Robert d'Artois, *ibid.* — Sa bulle relative à la discipline de l'église, 327.

INNOCENT VI (Étienne d'Albert), pape, permet à Édouard III, roi d'Angleterre, de marier Edmond, son fils, à une de ses parentes, III, 234. — Réconcilie Louis, roi de Hongrie, avec Jeanne de Naples, 312.

INNOCENT VII (Cosmat de Meliorati), pape, succède à Boniface VII sous la condition de se démettre, IV, 1. — L'université le presse de confirmer cet engagement, *ibid.* — Sa mort, 7.

INNOCENT VIII (Jean-Baptiste Cibo), pape, demande à Charles VIII le prince Zizim, frère de Bajazet II, deuxième empereur de Constantinople, passé en France, V, 66.

INNOCENT IX (Jean-Antoine Facchinetti), pape, succède à Grégoire XIV, VII, 290. — Témoigne le désir de voir finir l'anarchie de la France, et insinue d'élire pour roi le cardinal de Bourbon, ibid.

INNOCENT X (Jean-Baptiste Pamphili), pape, nomme le coadjuteur de Paris cardinal malgré la cour de France, IX, 242. — Condamne le livre de Jansénius sur la grâce, 373.

INNOCENT XI (Benoît Odescalchi), pape, seconde la résistance de l'évêque de Pamiers contre l'édit de Louis XIV sur la régale, X, 19. — Casse l'arrêté de l'assemblée du clergé de France qui l'approuve, 20. — Refuse des bulles aux membres de l'assemblée nommés à des évêchés, 21. — Il excommunie le marquis de Lavardin, ambassadeur de France à Rome, pour vouloir y maintenir les franchises qu'il avait supprimées, 49. — Il rejette les avances de Louis XIV pour terminer ce différend à l'amiable, 50. — Donne un nouveau déplaisir au roi, 51. — Sa mort, 52.

INNOCENT XII (Antoine Pignatelli), pape, accorde aux membres de l'assemblée du clergé de France de 1682 les bulles qui leur avaient été refusées par ses prédécesseurs, X, 80.

INQUISITION (L'). Son établissement en France, VI, 97.

INSERMENTÉS (les prêtres). (*Voy.* Réfractaires).

INTERDICTION (L'). Ses cérémonies, II, 156.

INVAU (N. Mainon d'), est porté par le duc de Choiseul au contrôle général des finances, XI, 137. — Éteint la compagnie des Indes, ibid. — Est remplacé par l'abbé Terray, ibid.

IRÈNE, impératrice de Constantinople, veuve de Léon Khazare, offre sa main à Charlemagne. Sa mort, II, 46.

IRÈNE, femme de l'empereur Philippe, et sœur d'Alexis L'Ange, empereur de Constantinople, II 260.

IRÉNÉE, évêque de Lyon, martyr dans la persécution de l'empereur Sévère I, 182. — Porteur des lettres des évêques de la Gaule, écrites à l'effet de prévenir le schisme qu'introduiraient les rêveries de Montan, 228. — Retient dans l'union les églises d'Orient et d'Occident, malgré leur diversité dans la célébration de la Pâque, ibid.

ISAAC COMNÈNE. (*Voy.* Comnène).

ISAAC L'ANGE ou L'AVEUGLE, empereur de Constantinople, père d'Irénée et d'Alexis ci-dessus, est détrôné par Alexis, son frère, II,

260. — Est replacé sur le trône par les croisés, 261. — Meurt de chagrin de la mort de son fils, *ibid.*

ISABEAU, fille et héritière d'Aymar, comte d'Angoulême, veuve de Jean-sans-Terre, roi d'Angleterre, et femme de Hugues X de Lusignan. Ses intrigues, II, 302. — Tente contre Louis IX l'assassinat et le poison, 303.

ISABELLE, fille de Baudouin V, comte de Hainaut, épouse Philippe-Auguste, II, 231. — Sa mort, 248.

ISABELLE, fille de Louis VIII et de Blanche de Castille, fonde le monastère de Longchamp. Sa mort, II, 291 et 292.

ISABELLE ou ÉLISABETH, fille de saint Louis. (*Voy.* ÉLISABETH).

ISABELLE D'ARAGON, épouse de Philippe-le-Hardi, II, 341. — Sa mort, III, 3.

ISABELLE, fille de Philippe IV, roi de France, épouse Édouard, fils d'Édouard I, roi d'Angleterre, III, 25. — Réclame la régence du royaume de France, 106.

ISABELLE, fille de Jean, roi de France, épouse Jean Galéas Visconti, premier duc de Milan, III, 329.

ISABELLE DE BAVIÈRE, fille d'Étienne, duc de Bavière-Ingolstadt, lequel était petit-fils de l'empereur Louis V de Bavière, tige de la branche cadette de la maison de Bavière. Son mariage avec Charles VI, III, 335. — Son entrée à Paris et son couronnement, 351. — Fixe son séjour à l'hôtel Saint-Paul, 377. — Ses liaisons avec le duc d'Orléans, IV, 3. — S'enfuit à Melun, 5. — Se sauve à Melun avec le dauphin et ses autres enfants, 15. — Rentre dans Paris, 18. — Se sauve avec son mari et ses enfants au-delà de la Loire, 20. — Envoie à Tours pour conférer avec le duc de Bourgogne, 21. — Se retire à Melun, 23. — Se rend à Paris, 34. — Cause de sa haine contre le parti orléanais, 36 et 37. — Enlève au dauphin quatre de ses favoris, 51. — Se réfugie dans le Louvre avec le roi, 68. — Vient à Senlis conférer avec le duc de Bourgogne, 72. — Se brouille avec le comte d'Armagnac, 73. — Est exilé à Tours, *ibid.* — Se réconcilie avec le duc de Bourgogne, 76. — Établit un parlement à Amiens, *ibid.* — Le transfère à Troyes, *ibid.* — Négocie avec les députés du dauphin. 78. — Une lettre qu'elle écrit occasionne beaucoup de massacres dans Paris, 81. — Vient en triomphe à Paris avec le duc de Bourgogne, *ibid.* — Invite le dauphin son fils à revenir à Paris, 84. — Conduit Catherine sa fille à la conférence qui devait avoir lieu avec le roi d'Angleterre, 87. — Veut venger l'assassinat du duc de Bourgogne, 91 et 92. — Demande à Jean-le-Bon, duc de Bourgogne, des troupes, 92 et

93. — Fait des tentatives pour se procurer la régence, 100. — Laisse couler des larmes en voyant passer Henri VI, roi d'Angleterre, son petit-fils, 150. — Sa mort, 157.

ISABELLE DE FRANCE, fille de Charles VI et d'Isabelle de Bavière, épouse de Richard II, roi d'Angleterre, III, 378.

ISABELLE D'ÉCOSSE, fille de Jacques I, roi d'Écosse et sœur de Marguerite, première femme de Louis XI, épouse François I, fils aîné de Jean VI le Sage, duc de Bretagne, IV, 176. — Motifs singuliers de son beau-père, *ibid.*

ISABELLE DE BRETAGNE, fille puînée de François II, duc de Bretagne, et sœur d'Anne de Bretagne. L'archiduc Maximilien désire la faire épouser à Philippe, son fils, V, 31. — Sa mort, 45.

ISABELLE DE NAPLES, fille du roi Alphonse. Ses supplications à Charles VIII en faveur de son père et de Jean Galéas Sforce, son mari, duc de Milan, V, 71. — Sa retraite à l'île d'Ischia avec Frédéric, roi de Naples, son oncle, 128.

ISABELLE DE CASTILLE, reine d'Espagne, épouse de Ferdinand-le-Catholique, promet du secours à Anne de Bretagne contre la France, V, 47. — Sa mort, 179.

ISABELLE (Claire-Eugénie), infante d'Espagne, fille de Philippe II et d'Élisabeth de France. Les ambassadeurs d'Espagne la proposent pour reine de France, VII, 326. — Épouse l'archiduc Albert, fils de l'empereur Maximilien II, et lui porte en dot les Pays-Bas. État de sa cour à Bruxelles, VIII, 36 et 37. — Elle y retient la princesse de Condé, redemandée par Henri IV, 58. — Ce qu'elle dit de la jeune princesse, 60.

ISAURE (Clémence), fonde des prix aux jeux floraux, III, 103.

ISLE (Jourdain de l'). *Voy.* ILLE.

ISLE-ADAM (Jean de Villiers, seigneur de L'), maréchal de France, commandant de Pontoise, entre dans Paris avec un corps de Bourguignons, IV, 79.

ISLE-ADAM (Philippe de Villiers de L'), petit-fils du précédent, grand-maître de l'ordre de Saint-Jean-de-Jérusalem, abandonne Rhodes à Soliman II après la plus glorieuse résistance, VI, 252.

IVANE DE BRUNSWICK-WOLFEMBUTEL, empereur de Russie, détrôné par l'impératrice Élisabeth Pétrowna, X, 346.

J.

JACOB, dit le maître de Hongrie, chef des pastoureaux, prêche une croisade et s'environne de brigands, II, 325. — La reine Blanche dissipe ses attroupemens, 326.

JACOB (Jacques d'Empser, dit le Capitaine), commandant des Lansquenets de l'empereur Maximilien, reçoit l'ordre de quitter l'armée française, V, 215. — Il demande la bataille sur-le-champ pour avoir un prétexte de ne pas obéir à cette lâcheté, *ibid.*

JACQUELINE DE BAVIÈRE, fille de Guillaume IV de Bavière, comte de Hainaut, épouse Jean, dauphin de France, fils de Charles VI et d'Isabelle de Bavière, IV, 66. — Épouse en secondes noces Jean IV, duc de Brabant, fait casser son mariage, et épouse le duc de Glocester, régent d'Angleterre, 107. — Martin V casse son mariage, 114. — Elle épouse François de Borselen, stathouder de Hollande, contre la promesse qu'elle avait faite à Philippe-le-Bon, duc de Bourgogne, de ne pas prendre d'engagement sans son aveu, *ibid.* — Elle abandonne au duc ses états pour obtenir la liberté de Borselen, fait prisonnier par lui, *ibid.*

JACQUERIE (la). Étymologie de ce mot, horreurs qu'elle commet, III, 212 et 213.

JACQUES STUART IV, roi d'Ecosse, fait un diversion en Angleterre en faveur de Louis XII, et est tué à la bataille de Flodden, V, 230.

JACQUES STUART V, roi d'Écosse, fils du précédent et de Marguerite d'Angleterre, fille de Henri VIII, épouse Magdeleine de France, fille de François I, V, 378. — Sa mort occasionée par le désespoir d'être abandonné de son armée, 404.

JACQUES STUART, I en Angleterre, VI en Écosse, fils de Henri Stuart Darnley et de Marie Stuart, reine d'Écosse, fille de Jacques V. Il succède en Angleterre à Élisabeth, fille de Henri VIII, VIII, 16. — Il se montre sensible à la mort de Henri IV, 58. — Il envoie le duc d'Yorck, son fils (Charles I), en Espagne, demander la main de l'infante, 236.

JACQUES STUART II, roi d'Angleterre, d'abord duc d'Yorck, second fils de Charles I, et petit-fils du précédent, passe du camp de Turenne à celui de Condé. Pourquoi, IX, 316. — Ce que lui dit Condé avant la bataille des Dunes, 318. — Se distingue dans la guerre entre l'Angleterre et la Hollande, 360. — Commande contre les Hollandais les flottes réunies d'Angleterre et de France, 386. — Bat Ruyter au combat naval de Solebay, 395. — Monte sur le trône d'Angleterre, X, 46. — Est détrôné par le stathouder Guillaume, son gendre, et quitte l'Angleterre, 54 et 55. — Passe en Irlande, où il se livre à d'impolitiques rigueurs, 57. — Est battu au combat de la Boyne par Guillaume, et revient en France, 58. —

Voit brûler à Cherbourg les vaisseaux qui devaient le reporter en Angleterre, 74 et 75.—Se rend à Calais pour une nouvelle expédition qui n'est pas plus heureuse que les précédentes, 88 et 89. — Sa mort, 100. (*Voyez* STUART.)

JACQUEVILLE (Hélion de). Jean-sans-Peur, duc de Bourgogne, le fait prévôt de Paris, IV, 44. — Il tue le jeune La Rivière, fils du ministre, 46. — Il insulte le dauphin Louis, 47.

JAIME II (don), roi de Sicile, fils de Pierre III, roi d'Aragon et de Sicile. Son frère Alphonse III, roi d'Aragon, lui cède la couronne de Sicile, III, 19.

JAIME II (don), roi de Mayorque, petit-neveu de Pierre III, roi d'Aragon, vend à Philippe VI le Roussillon et le comté de Montpellier, III, 141.

JALES (le camp de). Ce que c'était, XI, 339.

JANOT. (*Voy.* HERBOUVILLE.)

JANSÉNISTES (les). Ce qu'ils étaient, IX, 116.

JANSÉNIUS (Cornélius), évêque d'Ypres. Son *Augustinus* est condamné par le pape Urbain VIII, IX, 371.—Les cinq propositions extraites de son livre comme en étant l'esprit sont condamnées par le pape Innocent X, 373. — Il est défendu par le docteur Arnaud, et de là les longues querelles du jansénisme, 373 et 374.

JANSON (le cardinal de). *Voy.* FORBIN (Toussaint.)

JARD (la), nommé au ministère de la guerre, XI, 357.

JARNAC (Guy de Chabot, seigneur de). Son duel avec La Châtaigneraie, VI, 7. (*Voy.* CHABOT.)

JARS (François de Rochechouart, chevalier de). Il est disgracié, VIII, 253. — Il est renfermé à la Bastille, 330.—On lui fait son procès, *ibid.* — Manière dont il traite Laffemas, 332. — Il est condamné et obtient sa grâce, 333. — Il est reconduit en prison, mis en liberté, et voyage en Italie, *ibid.*

JARSAY (René de Plessis-Bouré, seigneur de), capitaine des gardes de la reine-mère, fils de René du Plessis et de Catherine de Lavardin, fille du maréchal. Se donne pour amant d'Anne d'Autriche, IX, 151. — Anne d'Autriche lui défend de paraitre devant elle, *ibid.* — Le prince de Condé force la reine à le voir, 158.

JAY (Nicolas le), premier président au parlement de Paris. Louis XIII le fait enlever, VIII, 125. — Supplie Louis XIII de renvoyer au parlement le jugement du duc de La Valette, 393.

JEAN, secrétaire d'état, tente de s'emparer de l'empire après Honorius. Sa mort; I, 265.

JEAN VIII, pape, vient en France, y couronne Louis-le-Bègue, II, 106.

JEAN-SANS-TERRE, comte de Mortain, puis roi d'Angleterre, fils de Henri II et d'Éléonore, II, 250. — Cherche à prolonger la captivité de Richard, son frère, ibid. — Sa perfidie, 251. — S'empare du royaume à la mort de son frère Richard, au préjudice d'Arthur, son neveu, 256 et 257. — Le fait prisonnier et le tue, 257. — Est cité devant la cour des pairs, 258. — Et condamné, et ses possessions en France sont confisquées, ibid. — Est excommunié par le pape Innocent III, 270. — Il fait mourir l'archevêque de Cantorbéry, ibid. — Est abandonné par le pape, et son royaume offert à Louis, fils de Philippe-Auguste, ibid. — Est battu à Chinon, 277. — Se retire en Angleterre, ibid. — Sa mort, 279.

JEAN dit TRISTAN, fils de Louis IX et de Marguerite de Provence, II, 322. — Son père lui lègue le comté de Valois, 344. — Prend la croix pour la huitième croisade, 345. — Sa mort, 347.

JEAN DE DAMPIERRE, comte de Namur, fils de Gui de Dampierre, comte de Flandre. Les Flamands le nomment leur gouverneur général, III, 35.

JEAN I, roi de France, fils de Louis Hutin et de Clémence de Hongrie, naît posthume et ne vit que huit jours, III, 85.

JEAN XXII (Jacques d'Euse), pape, détourne Philippe V de partir pour la croisade, III, 88. — Philippe V le nomme son exécuteur testamentaire, 96. — Créations et démarcations d'évêchés par lui faites, 97. — Propose une croisade, IV, 127.

JEAN II, roi de France, d'abord duc de Normandie, fils de Philippe VI. Son père l'émancipe, III, 123. — Il ravage et brûle le Hainault, 134. — Fait la guerre en Guienne contre Édouard III, 146. — Fait le siége d'Angoulême, ibid. — Est trompé par Norwik, 147. — Est rappelé de la Guienne par son père, 155. — Épouse en secondes noces Jeanne de Boulogne, 163. — Monte sur le trône, 166. — Donne à Charles, son fils, le duché de Normandie, 176. — Convoque les états généraux, 177. — Arrête de sa main Charles-le-Mauvais, 182. — Vaincu et fait prisonnier à la bataille de Poitiers, 184 et suiv. — Est transféré en Angleterre, 199. — Refuse de faire hommage de sa couronne à Édouard III, 215. — Conclut un traité avec Édouard, 212. — Revient en France, 228. — Se met en devoir d'exécuter le traité de Bretigni, 229. — Réunit à la couronne les comtés de Toulouse et de Champagne, 234. — Va trouver le pape à Avignon, ibid. — Traite ave

Henri de Transtamare, 235. — Prend la croix, *ibid.* — Retourne en Angleterre, 237. — Sa mort, 238.

JEAN V, duc de Bretagne, fils de Jean IV, comte de Montfort et de Jeanne la Flamande. (*Voy.* MONTFORT).

JEAN VI, duc de Bretagne, fils du précédent. (*Voy.* BRETAGNE).

JEAN DE GAND, duc de Lancastre. (*Voy.* LANCASTRE).

JEAN DE LUXEMBOURG, roi de Bohême. (*Voy.* LUXEMBOURG).

JEAN DE BAVIERE-HOLLANDE, dit JEAN-SANS-PITIÉ, évêque de Liége, fils d'Albert de Bavière, comte de Hollande et de Hainaut, petit-fils de l'empereur Louis de Bavière et beau-frère de Jean-sans-Peur, duc de Bourgogne. Ses sujets se révoltent contre lui, IV, 18. — Rentre dans Liége, fait massacrer les prisonniers, 20.

JEAN XXIII (Balthazar Cossa), pape, est déposé dans les conciles de Constance et de Bâle, IV, 57.

JEAN DE FRANCE, fils de Charles VI et d'Isabelle de Bavière, épouse Jacqueline de Bavière, fille du comte de Hainaut, et reçoit la dénomination de dauphin, IV, 66. — Le comte de Hainaut l'amène à Compiègne. 72. — Sa mort, *ibid.*

JEAN I, roi d'Écosse, donne sa fille Marguerite en mariage à Louis, dauphin, fils de Charles VII et de Marie d'Anjou, IV, 158 et 159.

JEAN DE LEYDE, garçon tailleur, chef des anabaptistes, s'empare de Munster et s'y fait couronner. Il est exterminé avec les siens par la noblesse allemande, V, 247.

JEAN, duc de Calabre. (*Voy.* ANJOU).

JEAN (le frère), religieux qui servait le cardinal d'Amboise. Paroles que ce prélat lui adresse au lit de la mort, V, 204.

JEAN-GUILLAUME, duc de Clèves et de Juliers, meurt sans enfants, IX, 440. — Nombreux prétendants qui se présentent pour recueillir sa succession, *ibid.* — Elle est pour Henri IV l'occasion de porter la guerre en Allemagne, *ibid.*

JEANNE DE FLANDRE, comtesse de Namur, fille aînée de Baudouin, premier empereur latin de Constantinople, porte le comté de Flandre à Ferrand de Portugal, II, 271.

JEANNE DE TOULOUSE, fille de Raymond-Bérenger IV, comte de Toulouse, épouse Alphonse, comte de Ponthieu et de Toulouse, frère de saint Louis, II, 299. — Prend la croix, 308. — Vend ses bijoux pour la rançon de Louis IX, 318. — Sa mort, III, 3.

JEANNE DE NAVARRE, fille et héritière de Henri-le-Gros, comte de Champagne et roi de Navarre, et épouse de Philippe-le-Bel, roi de France, est sacrée avec lui, III, 18. — Fait prisonnier Henri, comte de Bar, 22. — Visite la Flandre avec son mari, 29.— Sollicite la paix entre Charles V et Charles-le-Mauvais, 247.

JEANNE DE VALOIS, fille puînée de Charles de Valois, épouse de Robert III d'Artois, comte et pair de Beaumont-le-Roger, III, 82.

JEANNE DE FRANCE, fille de Marguerite de Bourgogne et de Louis X, III, 70. — Fiancée avec Philippe, comte d'Évreux, petit-fils de Philippe-le-Hardi, elle est remise à Agnès, fille de saint Louis, son aïeule, 86.—Est mise en possession de la Navarre par Philippe VI, 110.

JEANNE DE BOURGOGNE-COMTE, femme de Charles, fils de Philippe-le-Bel, est renfermée au château Gaillard, III, 55. — Son mariage est cassé, 99.

JEANNE DE FRANCE, fille de Philippe V et de la précédente, épouse Eudes IV, duc de Bourgogne, et lui porte en dot la Franche-Comté, III, 86.

JEANNE D'EVREUX, troisième femme de Charles IV, dit le Bel, fille de Louis, comte d'Évreux, fils de Philippe-le-Hardi, III, 99. — Demeure enceinte à la mort de son mari, 104. — Accouche d'une fille, ce qui donne la couronne à Philippe VI de Valois, 106 et 107; — Sollicite la grâce de Charles-le-Mauvais, son neveu, 193.

JEANNE D'ANJOU, reine de Naples. (*Voy.* Anjou.)

JEANNE DE PENTHIÈVRE, dite LA BOITEUSE, nièce de Jean III le Bon, duc de Bretagne, et femme de Ch. de Châtillon, dit de Blois, neveu par sa mère de Philippe de Valois, hérite du duché de Bretagne, III, 135. — Le duché de Bretagne lui est adjugé par la cour des pairs contre les prétentions de Jean IV de Montfort, son oncle, 136. — Refuse de ratifier le traité de partage des Landes, 242 et 243. —Est contrainte par le traité de Guérande de renoncer à ses droits, 245.

JEANNE LA FLAMANDE, fille de Louis de Flandre, comte de Nevers, sœur de Louis, comte de Flandre, dit de Créci, et femme de Jean IV, comte de Montfort, soutient le siége de Hennebond, III. 137.

JEANNE DE BOURGOGNE, femme de Philippe de Valois, fille de Robert II, duc de Bourgogne, et d'Agnès, fille de saint Louis. Son éloge, sa mort, III, 163.

JEANNE DE BOURBON, fille du duc Pierre I, épouse Charles, dauphin, depuis roi de France, sous le nom de Charles V, fils de Jean et petit-fils de Philippe de Valois, III, 163. — Charles, son mari la nomme tutrice de son fils aîné Charles VI, 278. — Sa mort, 284.

JEANNE DE BOULOGNE, deuxième femme de Jean, fils de Philippe de Valois, veuve de Philippe, comte d'Artois, et mère de Philippe de Rouvres, dernier duc de la première maison de Bourgogne, III, 163.

JEANNE DE BOULOGNE, héritière des comtés d'Auvergne et de Boulogne, petite fille de Jean I, oncle de la précédente, et héritier des comtés après la mort de Philippe de Rouvres. Elle épouse Jean, duc de Berri, oncle de Charles VI, III, 369. — Protège La Rivière, ministre disgracié, ibid. — Étouffe avec son manteau la flamme qui prenait aux habits du roi, 371.

JEANNE DE FRANCE, fille du roi Jean, épouse Charles-le-Mauvais, III, 170 et 171. — Sollicite la grâce de son mari, 173. — Sa mort, 181.

JEANNE II ou JEANELLE, reine de Naples. (Voy. Anjou.)

JEANNE DE CHATILLON DE ROSOY, femme du baron de Craon, assassin du connétable de Clisson, est chassée de la Ferté-Bernard, III, 364.

JEANNE DE FRANCE, fille de Louis XI, est fiancée avec Louis, fils de Charles, duc d'Orléans, IV, 227 et 228. — Sollicite la délivrance du duc d'Orléans, son mari, V, 50 et 51. — Sa fermeté pendant le cours des procédures relatives à son divorce avec Louis XII, 102. — Est divorcée. Sa mort, 104.

JEANNE LA FOLLE, fille de Ferdinand d'Aragon et d'Isabelle de Castille, épouse Philippe d'Autriche, souverain des Pays-Bas, fils de l'empereur Maximilien I, V, 132. — Hérite de la Castille, 179.

JEANNE D'ALBRET, reine de Navarre, fille de Henri II d'Albret, roi de Navarre et de Marguerite, sœur de François I, femme d'Antoine de Bourbon, duc de Vendôme. Son mariage est conclu avec Guillaume, duc de Clèves et de Juliers, V, 402. — Il est rompu, ibid. — Épouse Antoine de Bourbon, duc de Vendôme, 403. — Le légat propose à son mari de rompre son mariage, VI, 177. — Sa réponse à son mari relativement à la religion, 213. — Se retire dans ses états après la mort de son mari, 214. — Elle est citée à Rome par le pape Pie IV, 241. — Conspiration contre elle et contre Henri, son fils, 246. — Elle accompagne Charles IX à son retour de Nérac, 251. — Elle se sauve à La Rochelle, 289. — Vient à Cognac après la bataille de Jarnac, 298. — Elle amène à la cour son fils et le prince de Condé, 330. — Sa mort, 335. — Son caractère, 336.

JEANNE DE COSSÉ, fille de Charles I, maréchal de Brissac, épouse François d'Épinay, sieur de Saint-Luc, un des favoris de Henri III, VII, 81.

JEANNIN (le président Pierre). Conseil qu'il donne au duc de Mayenne, VII, 228. — Il conseille au duc de Mayenne de traiter avec Henri IV, 235. — Le duc de Mayenne le fait entrer dans le conseil de l'Union, 241. — Commission que lui donne l'assemblée des ligueurs auprès du roi d'Espagne, 281. — Il découvre au duc de Mayenne le but des Espagnols, 289. — Assiste pour les ligueurs aux conférences de Suresne, 332. — Il négocie l'accommodement du duc de Mayenne avec Henri IV, 391. — Un des rédacteurs de l'édit de Nantes, 403. — Il détermine le baron de Luz à aller trouver Henri IV, 471. — Son avis dans le conseil au sujet de l'évasion du prince et de la princesse de Condé, VIII, 58. — Il affirme qu'une requête présentée à Henri IV, contre le prince de Condé, est de lui, 82. — Marie de Médicis le charge de négocier avec les mécontents, 124. — On lui ôte les finances, 133. — Il revient à la cour, 152. — Il rentre dans le ministère, 159.

JENKINS, capitaine anglais, maltraité par les Espagnols. Ses plaintes au parlement deviennent l'occasion de la guerre entre l'Angleterre et l'Espagne, X, 340.

JÉSUITES (les). L'université de Paris les attaque, VI, 69. — Un arrêt du parlement leur défend d'enseigner publiquement, ibid. — Ils refusent à Henri IV les prières nominales et publiques, VII, 371. — Ils sont expulsés, à quelle occasion, 380. — Henri IV les rappelle, VIII, 13. — Plusieurs d'entre eux négocient la réconciliation de la reine-mère avec son fils, 167. — L'université de Paris s'oppose en vain à l'ouverture de leurs classes, 168. — Le cardinal de Noailles, archevêque de Paris, retire les pouvoirs à la plupart d'entre eux, X, 206. — Sont considérés comme les promoteurs de la condamnation des réflexions morales du P. Quesnel, 207. — Leur affaire sous Louis XV, XI, 97. — Leur commerce, 98. — Leur procès au parlement de Paris, 98 et 99. — Leurs défenses, 99. — Ils sont condamnés à payer les lettres de change tirées par le P. Lavalette, 100. — Leurs constitutions, 101. — La conclusion de leur affaire est suspendue, 103. — Efforts inutiles pour les sauver, 104. — Leur société est dissoute en France, ibid. — Raisons pour la dissoudre, 106. — Motifs pour la conserver, 107. — Extinction de l'ordre et dernier état des jésuites, 121.

JEUX FLORAUX (les). Leur origine, III, 103.

JODELLE (Étienne), poëte français. Sa tragédie d'Orphée est représentée devant Henri II, VI, 94.

JOFFRIDI ou JOUFFROI (Jean), évêque d'Arras, puis cardinal-évêque d'Alby. Légat du pape auprès de Louis XI, en obtient la rétractation de la Pragmatique, IV, 212.

JOHNSTONE (le commodore) maltraité par le bailli de Suffren dans la baie de la Praya, ne peut exécuter sa mission contre le cap de Bonne-Espérance, XI, 208.

JOINVILLE (Jean, sire de), sénéchal de Champagne. Sa conversation avec Louis IX, II, 324. — Il refuse de partir pour la dernière croisade, 345.

JOINVILLE (Claude de Lorraine - Guise, prince de), depuis duc de Chevreuse. (*Voy.* CHEVREUSE.)

JOLY (Gui), conseiller au châtelet, l'un des syndics des rentiers, IX, 148. — Il imagine de se faire assassiner, *ibid.* — Ce qu'il raconte dans ses mémoires de l'entrevue de Mazarin avec les princes au Hâvre, 157. — Il accompagne le cardinal de Retz dans ses voyages, 301.

JONES (Paul), corsaire américain, se réfugie dans les ports de la Hollande, et devient le prétexte de la guerre que l'Angleterre déclare aux Provinces-Unies, XI, 190.

JONQUIÈRE (le marquis de la) tombe avec six vaisseaux au milieu de vingt-sept vaisseaux anglais, et ne peut sauver que l'honneur, XI, 7.

JONGLEURS (les). Ce qu'ils étaient, II, 187.

JOSEPH LE CLERC DU TREMBLAY (le père), capucin, agent du cardinal de Richelieu, VIII, 195. — Richelieu le charge de sonder Gaston sur son mariage avec Marguerite de Lorraine, 343. — Il est désavoué du traité conclu par lui à Ratisbonne, 350. — Il rassure Richelieu prêt à quitter le ministère, 362. — Est indiqué pour le ministère par mademoiselle de La Fayette sa parente, 388. — Sa mort, 389. — Son caractère, *ibid.*

JOSEPH I, empereur d'Allemagne. S'empare de Landau, ayant sous lui le prince de Bade, X, 107. — Reprend cette ville, 126. — Succède au trône impérial, 139. — Met au ban de l'empire les électeurs de Bavière et de Cologne, *ibid.* — Réprime un soulèvement de la Bavière en faveur de l'électeur, *ibid.* — Force le pape à reconnaître l'archiduc Charles son fils pour roi d'Espagne, 165. — Sa mort, 176.

JOSEPH II, empereur d'Allemagne, fils de l'empereur François-Étienne, duc de Lorraine, puis de Toscane, et de Marie-Thérèse, fille de l'empereur Charles VI et petite-fille du précédent. Il partage une partie de la Pologne avec la Russie et la Prusse, XI, 145. — Prétend hériter de la Bavière, 181. — Y fait entrer ses troupes, ibid. — Paix de Teschen, qui met fin à cette guerre, 182. — Il se dispose à soutenir la Russie dans ses démêlés avec la Porte au sujet de la Crimée, 231. — Fait démolir ses forteresses des Pays-Bas et en prend occasion de refuser aux Hollandais le subside de leurs garnisons, 234. — Il prétend à la navigation de l'Escaut, ibid. — S'arrange avec les Hollandais par la médiation de la France, ibid. — Obtient de l'électeur de Bavière un traité d'échange de la Bavière contre les Pays-Bas, 235. — Le roi de Prusse Frédéric en empêche l'exécution, ibid. — Il s'allie à la Russie contre la Porte, 349. — Ses innovations dans la Belgique soulèvent les Pays-Bas, que ses troupes sont forcées d'évacuer, 350. — Sa mort commence à ramener le calme, ibid. — Léopold, son frère, grand-duc de Toscane, lui succède, ibid.

JOUFFROY. (Voy. JOFFRIDI).

JOURS DE TROYES (grands). Justice du comte de Champagne, III, 56.

JOURS D'AUVERGNE (grands), IV, 361.

JOVIEN (Flav. Claud.), empereur romain, est élu par l'armée à la mort de Julien, I, 229. — Il abandonne quelques provinces aux Perses, ibid. — Il meurt étouffé par la vapeur du charbon, ibid.

JOVIN, grand-maître de la cavalerie dans les Gaules, il bat les Francs, I, 280.

JOVIN, usurpateur, se fait proclamer dans les Gaules, I, 259. — S'allie à Ataulphe. Celui-ci le trahit et le livre à Honorius, qui le fait décapiter, 260.

JOYEUSE (Louis II, vicomte de), épouse une fille du président Louvet, ministre de Charles VII, IV, 112.

JOYEUSE (Anne, duc de), un des favoris de Henri III, fils de Guillaume II, vicomte de Joyeuse et maréchal de France, lequel était arrière-petit-fils de Tannegui, vicomte de Joyeuse, fils du précédent, VII, 40. — Henri III lui fait épouser Marguerite de Lorraine-Mercœur, sœur de la reine, 81. — Il part pour Rome, 95. — Il penche pour la Ligue, 133. — Henri III lui donne le commandement d'une armée, 143. — Sa présomption, 144. — Il est défait et tué à la bataille de Coutras, 146.

JOYEUSE (Claude de), seigneur de Saint Sauveur, frère du précédent, est tué avec son frère à la bataille de Contras, VII, 146.

JOYEUSE (Antoine Scipion), chevalier de Malte, puis duc de

Joyeuse, après Anne son frère, se noie au combat de Villecour, VII, 393.
JOYEUSE (Henri de), frère du précédent, d'abord comte du Bouchage, puis duc de Joyeuse, maréchal de France et capucin sous le nom du frère Ange. (*Voy.* BOUCHAGE, le comte du).
JOYEUSE (François, cardinal de), frère des précédens, est envoyé par Henri IV pour négocier la paix entre le pape Paul V et la république de Venise, VIII, 48. — Lève les censures prononcées contre la seigneurie, 49. — Marie de Médicis le fait entrer au conseil, 79.
JOYEUSE (Jean Renaud, maréchal de), petit-fils d'Antoine, seigneur de Saint-Lambert, lequel, ainsi que les précédens, était cinquième descendant de Tannegui, vicomte de Joyeuse, tige commune des deux branches. Il commande sur le Rhin, X, 83.
JUAN II (don), roi d'Aragon, frère d'Alphonse V, époux de Blanche, héritière de la Navarre. Il retient cette province à don Carlos, son fils, dit le prince de Viane, IV, 216. — Engage à Louis XI le Roussillon et la Cerdagne, *ibid*. — Louis XI demande qu'il soit excepté d'une trève qu'il signe avec le duc de Bourgogne, 292. — Il défend Perpignan, *ibid*. — Son traité avec Louis XI, 293. — Il envoie des ambassadeurs à Louis XI, 305. — Proroge la trève conclue avec Louis XI, 319. — Ce qu'il dit à Ferdinand, dit depuis le Catholique, au sujet de Louis XI, 355.
JUAN D'ALBRET (Don), fils d'Alexis-le-Grand, roi de Navarre par Catherine de Foix, sa femme, se laisse enlever une partie de son royaume par Ferdinand V le Catholique, roi d'Aragon, V, 218.
JUAN D'AUTRICHE (don), fils naturel de Charles-Quint. (*Voy.* AUTRICHE.)
JUAN D'AUTRICHE (don), fils naturel de Philippe IV. (*Voy.* AUTRICHE.)
JUDITH, femme de l'empereur Louis I le Débonnaire, fille de Welf, comte de Weingarten en Souabe, l'un des principaux seigneurs de Bavière, II, 56 et 57. — Fait donner à Charles-le-Chauve, son fils, le royaume de Rhétie, 59. — Est arrêtée par des conjurés, 61. — Est reléguée dans un monastère de Poitiers, *ibid*. — Est rétablie, 63. — Est remise par Louis entre les mains de son fils, 66. — Elle abrége l'exil de Lothaire, 71. — Fait rappeler Lothaire à la cour de son père, 72. — Amène à Troyes des renforts à son fils, 80.
JUIFS (les). Leur expulsion sous Philippe-Auguste, II, 285. — Leur bannissement sous Louis IX, 301. — Leur rappel sous Louis X,

III, 78 et 79. — Sont attaqués par les Pastoureaux, 89. — Le gouvernement les prend sous sa protection, 90. — Accusés d'empoisonnement, 91. — Sont massacrés en plusieurs endroits, 160. Charles V prolonge leur séjour en France, 278. — Sont maltraités sous Charles VI, 307. — Sont bannis par le même, 377.

JUIGNÉ (Antoine-Éléonore-Léon Le Clerc de), archevêque de Paris, député aux états généraux de 1789, pense être massacré pour ne vouloir pas se réunir au tiers état, XI, 268. — Abandonne les dîmes ecclésiastiques au nom du clergé de l'assemblée constituante, 286.

JULES II (La Rovère, Julien de), pape, est envoyé en France par le pape Sixte IV, son oncle, IV, 365. — La cour de Flandre refuse de le recevoir, 366. — Ses intrigues dans les conclaves assemblés après la mort d'Alexandre VI et de Pie III, V, 154. — Élu pape sous le nom de Jules II, 156. — Fait arrêter César Borgia, 157. — Favorise la malveillance des Italiens contre la France, 185. — Excite les Génois à la révolte contre Louis XII, 186. — Commence la guerre contre les Vénitiens, 196. — Il traite secrètement avec les Vénitiens, 200. — Il veut enlever Gênes à la France, 201. — Il tombe malade, 205. — Enfermé dans Boulogne, il en sort triomphant, 210. — Se retire à Ravenne, 211. — Il anathématise le concile de Pise, 212. — Forme contre la France la ligue de la Sainte-Union, 213. — Un de ses agens en Angleterre découvre ses projets à Louis XII, ibid. — Détermine Henri VIII, roi d'Angleterre, à attaquer la France, 217. — Sa mort, 223.

JULES III (Jean-Marie del Monte), pape, succède à Paul III. Il rend Parme à Octave Farnèse, petit-fils de son prédécesseur, et veut l'engager ensuite à s'en démettre, VI, 24. — Il le déclare déchu de son fief, 25. — Sa réponse à l'ambassadeur de Henri II, ibid. — Envoie à Henri II Ascagne de La Corne, son neveu, 26. — Commence les hostilités contre la France, ibid. — Fait une trêve avec elle, 27. — Prévenu du mérite de Jean-Pierre Caraffe qui fut son successeur, il l'élève au cardinalat, 75.

JULIEN (Fl. Jul. Claud.), empereur romain, dit l'Apostat, deuxième fils de Jules Constance, l'un des frères de Constantin-le-Grand. Il échappe aux massacres des frères et des neveux de Constantin, I, 220. — Est envoyé en exil, ibid. — Est créé césar par Constance, et envoyé dans les Gaules pour y rétablir l'ordre, ibid. — Est surpris dans ses quartiers par les barbares, 222. — Est abandonné à ses seules ressources dans la ville de Sens, par Marcellus, général de la cavalerie, ibid. — Est contrarié par Barbation, autre général,

223. — Bat près de Strasbourg les Germains, trois fois plus forts que lui, *ibid.* — Leur accorde une trêve, 224. — Reçoit prisonnier un parti de six cents Français qui lui avaient résisté deux mois et les envoie à Constance, *ibid.* — Fait un séjour à Lutèce, *ibid.* — Il administre la Gaule avec sagesse et s'y fait aimer, 225. — Les soldats s'opposent au départ des légions que lui demande Constance, et le proclament Auguste, 226. — Il protége un envoyé de Constance, que ses soldats allaient mettre en pièces, *ibid.* — Il marche sur Constantinople et y est reçu avec joie, 229. — Il essaie de rétablir le paganisme, *ibid.* — Il périt dans une expédition contre la Perse, *ibid.*

JULIENNE DU GUESCLIN, religieuse. (*Voy.* Du Guesclin.)

JUMEAU (Pierre de), prévôt de Paris, fait pendre un écolier, est excommunié, III, 67. — Est condamné à faire réparation à l'université, 68.

JUMONVILLE (Villiers de), officier français, est assassiné par les Anglais dans le Canada, XI, 28. (*Voy.* Villiers.)

JUSTICE (Chambre de). Son établissement. Quelles étaient ses fonctions, X, 231.

JUSTICES ROYALES. Leur origine, II, 201 et 202.

JUSTINE, veuve de Magnence et de l'empereur Valentinien I, reçoit la tutelle de Valentinien II, son fils, proclamé empereur, I, 232. — Ses intrigues coûtent la vie au comte Théodose, père de Théodose-le-Grand, 234.

K

KALVERLI, capitaine de vaisseau anglais. Sa belle manœuvre, III, 295 et 296.

KEITH (le maréchal), dit lord maréchal, général prussien d'origine irlandaise. Garde les lignes prussiennes devant Prague, XI, 43. — Est forcé de lever le siége, 44. — Est tué à la bataille d'Och-Kirchen, 57.

KELLERMAN (le maréchal), bat à Valmy les Prussiens qui avaient envahi la Champagne, et les force à rétrograder, XI, 376.

KEMPENFELD, amiral anglais, profite d'un gros temps pour enlever avec douze vaisseaux seulement, partie d'un convoi français escorté par dix-neuf, aux ordres de MM. de Guichen et de Vaudreuil, XI, 209.

KEPPEL (lord), amiral anglais, commandant une flotte de trente vaisseaux, rend un combat indécis à la hauteur d'Ouessant contre une flotte française d'égale force commandée par le comte d'Orvilliers, XI, 175.

KERSAINT (de), officier de marine, député à la Convention; est supposé avoir engagé Louis XVI à écrire au roi de Prusse pour l'inviter à évacuer la Champagne, XI, 377. — Opine en faveur du roi, 382. — Donne sa démission lorsqu'il le voit condamné, 381. — Est envoyé peu après à l'échafaud, *ibid.*

KEWENHULLER (le comte de), général autrichien, recouvre l'Autriche, et envahit la Bavière, X, 345.

KNOWLES (Robert), général anglais, descend en France, III, 263. — S'enfuit en Bretagne, 264. — Est assiégé dans le château de Dorval, *ibid.*

KOCZIUSKO, général polonais, chef d'une confédération polonaise contre les Russes, XI, 352. — Succombe sous les efforts réunis de la Russie, de l'Autriche et de la Prusse. Il est blessé et fait prisonnier à la bataille de Macejowik, *ibid.*

KOENIGSECK (le comte de), surprend le maréchal de Broglie à la Secchia, X, 327. — Est battu à Guastalle par le roi de Sardaigne, *ibid.* — Bloque le maréchal de Broglie sous les murs de Prague, 348. — Commande les Autrichiens à la bataille de Fontenoy, 369.

KONIGSMARCK, général suédois, blessé des hauteurs de Condé, il se sépare de l'armée française, IX, 30. — Prend la ville de Prague et y fait un butin immense, 89.

L

LABIENUS, lieutenant de César, inquiété par le trévir Induciomare, ne peut se rendre auprès de César pour dégager Q. Cicéron, I, 88. — Favorise par sa réserve la confiance d'Induciomare, et en profite pour l'attaquer et le détruire, 90 et 91. — Bat une seconde fois les Trévirs, 93. — Fait une diversion du côté de Lutèce, 110. Instruit du danger de César, pressé par Vercingétorix, il s'en rapproche et fait sa jonction avec lui, *ibid.* — Est sur le point d'être forcé par les Gaulois dans les lignes d'Alise, 116.

LABOUREUR (Jean le), prieur de Juvigné, historien. Ce qu'il dit des principaux personnages qui figuraient au colloque de Poissy, VI, 174. — Ce qu'il dit des motifs pour lesquels les puissances étrangères accordaient des secours aux factions qui déchiraient la

France sous Charles IX, 217. — Eloge qu'il fait du duc de Guise, 224. — Ce qu'il dit du baron des Adrets, 229. — Ce qu'il dit de la deuxième paix conclue entre la cour et les confédérés, 281 et 282. — Ce qu'il dit de la dispersion des confédérés après la deuxième paix, 283. — Sa réflexion en parlant du cardinal de Lorraine, VII, 19. — Ce qu'il dit du faible de Henri III pour ses mignons, 61.

LADISLAS, roi de Naples, fils de Charles de Duras, et frère de Jeanne II ou Janelle ; la dernière de la première maison d'Anjou. (*Voy.* ANJOU).

LADISLAS, roi de Pologne, fils de Jagellon, est tué à la bataille de Varna, gagnée par le sultan Amurat IV, IV, 190.

LAGUETTE (Gérard), receveur général. Son supplice, III, 99.

LAHIRE (Étienne Vignoles, dit), chevalier attaché au dauphin Charles ; IV, 98. — Fait lever le siége de Montargis aux Anglais, 118. — Vient au secours des Orléanais assiégés, 123.

LAIGUES, un des membres de la cabale des importants, IX, 52. — Il excite le coadjuteur de Paris contre la cour, 57. — Un des agents du coadjuteur à Bruxelles, 124.

LAILLIER (Michel), changeur. Sa femme révèle le projet de livrer Paris au duc de Bourgogne, IV, 68.

LALLEY, sergent français déserteur, discipline les troupes d'Aider-Ali-Kan, XI, 205. — Est décoré de la croix de Saint-Louis et promu au grade de lieutenant colonel, 207.

LALLY (Thomas Arthur, comte de), est envoyé dans les Indes-Orientales, XI, 60. — Nature de sa mission, *ibid.* — Force l'amiral d'Aché de se présenter devant le fort Saint-David dont il s'empare, 61. — Ne peut le déterminer à marcher sur Madras, *ibid.* — Expédition infructueuse qu'il tente sur le Tanjaour, 62. — S'empare d'Arcate, *ibid.* — Assiége vainement Madras, 70. — Bat les Anglais à Vandavachi, *ibid.* — Ses troupes se révoltent, *ibid.* — Il ne peut retenir M. d'Aché à Pondichéri, 71. — Est battu à Vandavachi par le colonel Coote, 78. — Est assiégé par terre et par mer dans Pondichéri, 79 et 80. — Contrariétés qu'il éprouve, *ibid.* — Ses préventions, *ibid.* — Refuse de capituler et laisse les Anglais prendre possession de la ville, 80. — Son procès, 81. — Se constitue lui-même prisonnier, 81. — Est condamné à mort, 82. — Son caractère et sa réhabilitation, 83.

LALLY-TOLENDAL (le comte de), fils du précédent, fait réhabiliter la mémoire de son père, XI, 84. — Membre de l'assemblée nationale de 1789, il propose au nom du comité de constitution un projet de gouvernement calqué sur la constitution anglaise, 289. — Le projet est rejeté, *ibid*

LAMBERT, joueur de violon. Henri II lui donne la seigneurie de Gannac. Remontrances du parlement à ce sujet, VI, 72.

LAMBERT, maréchal de camp, défend aux corps des maréchaux de La Meilleraie et de Gassion prêts à se charger, d'obéir à leurs chefs, IX, 28.

LAMBERT, contrôleur général des finances sous M. Necker, XI, 280. — Donne sa démission, 320.

LAMBESC (Charles de Lorraine-Elbeuf, prince de), arrière-petit-fils de Henri, comte de Brionne, petit-fils du comte d'Harcourt, petit fils lui-même de René de Lorraine, tige du rameau d'Elbeuf. Il charge, à la tête de son régiment, ceux qui promenaient les bustes du duc d'Orléans et de M. Necker, XI, 2 3.

LAMBOY, général allemand, est battu par le général de La Meilleraie, comme il venait défendre Arras, VIII, 400. — Se réunit au cardinal Infant, et force les Français à s'éloigner d'Aire, 405. — Vient au secours du comte de Soissons prêt à être assiégé dans Sedan, 417. — Est fait prisonnier à Kempen par le maréchal de Guébriant, 429.

LAMETH (Charles de), neveu du maréchal de Broglie, se distingue entre les officiers employés à l'expédition contre lord Cornwallis, XI, 199. — Député aux états généraux de 1789, il provoque l'abolition des distinctions nobiliaires, 317. — Duel entre lui et le marquis de Castries, 326. — Se rallie à la cause de l'autorité royale, 335.

LAMETH (Alexandre de), frère du précédent, député comme lui à l'assemblée constituante, et officier de l'état-major du marquis de La Fayette. Il fuit avec lui hors de France, et est détenu comme lui, XI, 375. — Recouvre la liberté à la paix de Campo-Formio, 376.

LAMOIGNON (Guillaume de), premier président du parlement sous Louis XIV, X, 216.

LAMOIGNON (Nicolas de), seigneur de Launai-Courson, et dit de Baville, parce qu'il avait porté ce nom dans son enfance, fils puîné du précédent, intendant du Languedoc, X, 128. — Demande aux curés des Cévennes, pour l'assiette de l'impôt de la capitation, des renseignements qui deviennent l'occasion de la révolte des montagnards, *ibid*.

LAMOIGNON (Guillaume de), chancelier, seigneur de Blancmenil, second fils de Chrétien-François de Lamoignon de Baville, aîné du précédent. Il succède au chancelier d'Aguesseau, XI, 14. — Expose dans le conseil le danger des innovations du parlement, 22. — Donne sa démission, 132. — A pour successeur le chancelier de Maupou, *ibid*.

LAMOIGNON (Chrétien-Guillaume de), seigneur de Malesherbes, fils du précédent, et premier président de la cour des aides. Il est appelé au ministère de la maison du roi, XI, 156. — Essaie de mettre une règle dans la dispensation des lettres de cachet, *ibid*.— Donne sa démission, 157. — Se propose pour être un des conseils de Louis XVI, et est agréé par le roi et par la convention, 387. — Apprend au roi sa condamnation, 391. — Éloge qu'il fait du monarque à l'abbé Edgeworth, 399 et 400.

LAMOIGNON (Chrétien-François de), seigneur de Baville, garde des sceaux, fils du président Chrétien-Guillaume, et petit-fils du président Chrétien, frère aîné du chancelier de Lamoignon. Est revêtu de l'office de garde des sceaux, XI, 245. — Projette de substituer des grands bailliages au parlement, *ibid*. — Fait tenir un lit de justice pour l'établissement d'une cour plénière qui remplacerait la cour des pairs, 248. — Donne sa démission, 250.

LAMORAL, comte d'Egmont. (*Voy.* EGMONT.)

LAMOURETTE, évêque constitutionnel de Lyon. Son discours dans l'assemblée législative sur les avantages de la concorde, XI, 362.

LANCASTRE (Henri Grismund, duc de), petit-fils d'Edmond-le-Bossu, frère d'Édouard I, roi d'Angleterre, offre à Charles-le-Mauvais le secours de l'Angleterre, III, 172. — Seconde les partisans de Charles-le-Mauvais, 183. — Ses remontrances à Édouard III, 223.

LANCASTRE (Jean de Gand, duc de), fils d'Édouard III, roi d'Angleterre, gendre et héritier du précédent, et tige de la Rose rouge. Passe en France à la tête d'une armée, III, 260. — Vient en France remplacer le prince de Galles, son frère, 265. — Époux de Constance, fille aînée de Pierre-le-Cruel, roi de Castille, son père lui fait prendre le titre de roi de Castille, 271. — Descend à Calais à la tête d'une armée, 274. — Convient d'une suspension d'armes avec le duc d'Anjou, 275. — Revient à Londres, y est mal reçu, *ibid*.—Détermine le conseil de régence à porter la guerre en Castille, 291. — Se rend à Abbeville pour traiter de la paix avec Charles VI, 371.

LANCASTRE LÉGITIMÉ (Henri de), duc de Sommerset, fils de Jean de Beaufort, fils légitimé de Jean de Gand, duc de Lancastre. Il dispute la régence de France à Richard, duc d'Yorck, IV, 157.

LANDAIS, favori de François II, duc de Bretagne, intermédiaire de la correspondance du duc avec le roi d'Angleterre, IV, 344. — S'attache au duc d'Orléans; le quitte pour embrasser le parti de madame de Beaujeu, V, 16.—Occasionne une guerre civile en Bretagne, et est pendu, 21 et 22.

LANDE (la), député de la Meurthe à la Convention, se récuse comme juge de Louis XVI, XI, 382.

LANDRI, amant de Frédégonde, I, 313. — Maire du palais, 317.

LANDRIANO (Marsile); prélat milanais. Grégoire XIV l'envoie légat en France, VII, 280. — Il assiste à une assemblée des ligueurs tenue à Reims, *ibid.* — Il fulmine des bulles contre Henri IV, 281. — Il force Gondi, évêque de Paris, à quitter cette ville, 293.

LANG (Matthieu), évêque de Gurk, ou Gurce, ou Goritz. (*Voyez* GURK.)

LANGARA (don Juan de), amiral espagnol, est battu au cap Sainte-Marie par l'amiral anglais Rodney, XI, 184.

LANGERON (N. Andrault, bailli de), chef d'escadre, accepte le commandement de Marseille pendant la peste, X, 277.

LANGEY. (*Voy.* BELLAY.)

LANGLAIS, échevin de Paris, se concerte avec le comte de Brissac pour remettre Paris sous la puissance du roi, VII, 365.

LANGOIRAN, gentilhomme attaché à Coligni, lui demande son congé. Pourquoi? VI, 338.

LANGUE FRANÇAISE. Comment elle s'est formée, II, 37.

LANGUEDOC, province de France. Étymologie de ce mot, III, 188.

LANGUE-D'OIL, partie septentrionale de la France. Pourquoi ainsi nommée? III, 189.

LANJUINAIS, député à l'assemblée constituante et à la convention, opine en faveur de Louis XVI, XI, 382.

LANNOI (Charles, comte de), vice-roi de Naples. Charles-Quint l'adjoint au connétable de Bourbon dans le commandement de son armée, V, 302.— Fait porter Bayard, blessé à mort, dans sa propre tente, 306.—Reçoit l'épée de François I, prisonnier à Pavie, 313. — Conseille à François I de se laisser conduire en Espagne, 316. Vient en France demander l'exécution du traité de Madrid, 327.

LANNOI-MORVILLIERS, gentilhomme protestant, quitte la confédération calviniste et le gouvernement de Rouen lorsque les Anglais sont appelés à son secours, VI, 209.

LANOUE. Ce qu'il dit de la manière dont les calvinistes se conduisirent à la prise de Beaugenci, VI, 203. — Ce qu'il rapporte du prince de Condé à l'approche des secours qui venaient le trouver à

Orléans, 215. — Ce qu'il rapporte de ce qui se passait entre les royalistes et les confédérés pendant une trêve, 216. — Ce qu'il dit de la bataille de Dreux, 217. — Ce qu'il dit des Parisiens, 278. — Il lève des troupes contre la cour, 289.— Martigues, capitaine royaliste, lui sauve la vie après la bataille de Jarnac, 297. — Ce qu'il dit du siége de Cognac par les royalistes, 301.— Ce qu'il dit des intrigues de la cour, 303. — Ce qu'il dit du mécontentement qui régnait dans l'armée royale, 309. — Ses réflexions sur la conduite des royalistes à l'égard des confédérés, 315.— Ses réflexions sur la manière dont on doit envisager la guerre, 322. — Commande dans La Rochelle pendant le siége, 374. — Sa conduite pendant le siége de La Rochelle, ibid. — Ses exploits, 374 et 375. — Il est rappelé, 377. — Sa prudence, ibid. — Il se prête à l'entreprise des Jours-Gras, 388. — Est resserré dans la Saintonge par l'armée royale, 394. — Il va rejoindre le duc d'Alençon, retiré dans le Poitou, VII, 29. — Chargé par le roi d'aller porter en Languedoc la nouvelle de la paix, il sauve deux armées, 60. — Il passe en Flandre. Pourquoi? 64. — Le duc de Longueville lui défère le commandement de l'armée royaliste, 216. — Il meurt au siége de Lamballe, 286.

LAON (Pierre-Aycelin de Montagne, évêque de Laon, dit le cardinal de), demande que Charles VI se charge de l'administration, III, 347. — Sa mort, 348.

LARCHER (Claude), conseiller au parlement. La faction des seize le fait pendre, VII, 298.

LARD (Renaud de). Est tué à la prise de Cassel, III, 113.

LASCARIS (Théodore), prince grec, gendre d'Alexis III l'Ange, s'empare de la Natolie, et établit le siége de son empire à Nicée, II, 262.

LAUDHON. (*Voy.* LOUDHON.)

LAUTREC (Odet de Foix, sieur, puis maréchal de), fils de Jean de Foix, seigneur de Lautrec, lequel était fils de Pierre de Lautrec, frère de Gaston IV, comte de Foix et de Jeanne d'Aydie, fille d'Odet, comte de Comminges, gouverneur de Guienne, et de Marie de Lescun. Il est blessé à la bataille de Ravennes, V, 216.—Remplace le connétable de Bourbon dans le gouvernement du Milanais, 276. — Ses malheurs dans le Milanais, 277. — Vient à la cour peindre sa détresse, et se laisse engager à retourner sous la promesse de secours qui ne lui sont pas donnés, ibid.—Est forcé par les Suisses de combattre à la Bicoque, 280. — Est abandonné par eux et battu, 281. — Passe en France et se justifie, 282. — A le commandement de l'armée d'Italie, 340. — Meurt en faisant le siége de Naples, 341.

LAUZUN (Antoine Nompar de Caumont, marquis de Pinguilheim, et duc de), capitaine des gardes de Louis XIV. Il épouse mademoiselle de Montpensier, IX, 299. — Louis XIV l'envole chercher madame de La Vallière qui s'était retirée à Chaillot, 365. — Ramène en France la reine d'Angleterre et le prince de Galles, et escorte en Irlande le roi Jacques, X, 57. — Son courage à la bataille de la Boyne, 58. — Repasse en France après cette action, *ibid.*

LAUZUN (Armand-Louis de Gontaut, duc de), puis duc de Biron, petit-fils de Charles-Armand de Gontaut, maréchal de Biron, et de Marie-Antonine de Bautru-Nogent, fille d'une sœur et héritière du précédent. (*V.* Biron.)

LAVAL (Gui VII de Montmorency-), fils de Gui VI et petit-fils du second lit de Matthieu de Montmorency, dit le Grand Connétable, et d'Emme, héritière de Laval. Il prend la croix pour la huitième croisade, II, 345.

LAVAL (Gui XI de Montmorency-), arrière petit-fils du précédent. Son propos hardi à Montfort, duc de Bretagne, III, 272.

LAVAL (Gui XIII de Montfort-), fils de Jean de Montfort, seigneur de Kergolay, et d'Anne, héritière de Laval, fille du précédent. Ce qu'il écrit à sa mère au sujet de la Pucelle d'Orléans, IV, 147.

LAVAL (madame de), gouvernante d'Anne et d'Isabelle de Bretagne, filles de François II, duc de Bretagne, favorise le projet de mariage du sire d'Albret avec Anne, V, 35. — La presse d'épouser Charles VIII, 53.

LAVARDIN (Charles de Beaumanoir, seigneur de), cinquième descendant de Guillaume de Beaumanoir, neveu de Jean, chef des Bretons au combat des Trente. Il est tué à la journée de Saint-Barthélemi, VI, 356.

LAVARDIN (Jean de Beaumanoir, marquis, puis maréchal de), fils du précédent, principal lieutenant de l'armée du duc de Joyeuse. Ce qu'il lui dit de Henri IV avant la bataille de Coutras, VII, 146. — Se déposte au combat d'Aumale, et par ce mouvement met Henri IV dans le plus grand danger, 305. — Se trouve dans son carrosse au moment où ce prince est assassiné, VIII, 72. — Se donne pour amant de Marie de Médicis, IX, 157.

LAVARDIN (Henri-Charles de Beaumanoir III, marquis de), arrière-petit-fils du précédent, lieutenant-général au gouvernement de Bretagne, et ambassadeur de France à Rome. Chargé d'y maintenir la franchise, il brave le pape Innocent XI par l'entrée qu'il y fait, X, 48. — Est excommunié pour ce fait, 49.

LAVERDY (M. de), conseiller au parlement de Paris, est nommé contrôleur-général, XI, 123. — Fait rendre un édit sur la liberté du commerce des grains hors du royaume, 135. — Est renvoyé, 137.

LAW (Jean), gentilhomme écossais. Est décrété de prise de corps par le parlement, X, 239. — Ses plans pour la restauration des finances de la France, 244. — Établit d'abord une banque privée, *ibid.* — Il y fait adjoindre la compagnie de commerce dite d'Occident, et augmente le nombre des actions, 245. — Se rend adjudicataire des fermes, et en prend occasion de faire une nouvelle émission de billets d'actions, *ibid.* et 246. — Les billets émis au-delà des bornes commencent à ébranler la confiance accordée à la banque, *ibid.* — La réduction des actions à moitié de leur valeur achève de la ruiner tout-à-fait, 247. — Il est fait contrôleur-général des finances, 250. — Fuit à Venise, où il végète dans la pénurie, 276.

LEAKE (sir Jean), amiral anglais, transporte l'archiduc Charles de Lisbonne à Barcelonne, X, 138. — Force le comte de Toulouse de s'éloigner de Barcelonne, 143.

LECZYNSKA (Marie Charlotte), fille de Stanislas Leczynski, roi de Pologne, épouse Louis XV, roi de France, X, 295. — Sa mort, XI, 112.

LECZYNSKI (Nic. Stanislas), roi de Pologne, porté sur le trône par Charles XII, roi de Suède, est forcé d'en descendre lors des disgrâces de celui-ci, X, 295. — Est proclamé de nouveau à la mort d'Auguste I, et se rend à Varsovie, 317 et 318. — Est assiégé à Dantzick par les Russes, 319. — Sa tête est mise à prix, 320. — Son évasion, 321. — Le roi de Prusse lui offre un asile à Konigsberg, *ibid.* — Devient duc de Lorraine, 326. — Sa mort, IX, 111 et 112.

LEE (Charles), général anglais dévoué à la cause américaine. Il dirige les premières hostilités contre les Anglais, XI, 164. — Fait lever aux Anglais le siége de Charles-Town, 168.

LEEDE (Jean-François de Bett, marquis de), grand d'Espagne, envahit la Sardaigne et la Sicile, X, 235. — Est poussé de poste en poste par le comte de Mercy, et forcé à traiter de l'évacuation de la Sicile, 264.

LEFEVRE-CAUMARTIN DE LA BARRE, prévôt des marchands, frère puîné de Louis Lefevre de Caumartin, garde des sceaux. Il fait ombrage au prince de Condé, IX, 272. — Il accepte l'escorte que mademoiselle de Montpensier lui offre pour sortir de l'hôtel de ville, 275. — Il est destitué par le parti des princes, 277.

LEGANEZ (le marquis de), général espagnol, gouverneur du Milanais. Est battu au combat du Tesin par le duc de Savoie et le maréchal de Créqui, VIII, 358. — Battu au combat de Quiers par le comte d'Harcourt, 397 et 398. — Est forcé par le même dans ses lignes de Casal, 400. — Est envoyé en Catalogne, 404. — Est battu à Lérida par le maréchal de La Mothe Houdancourt, 485. — Bat au même lieu le comte d'Harcourt, ibid.

LEGER (Saint), évêque d'Autun, ennemi d'Ebroin, I, 343. — Se retire à l'abbaye de Luxeuil, 344. — Ebroin lui fait crever les yeux, 345. — Le fait assassiner, ibid.

LEHWALD (le feld-maréchal de), est opposé aux Russes par le roi de Prusse, XI, 42. — Il est battu à Welau par le général Apraxine, 44. — Il chasse les Suédois de la Poméranie, 45.

LEICESTER (Simon de Montfort, comte de). (*Voy.* MONTFORT.)

LEMBERG (le comte de), plénipotentiaire de l'empereur au traité de Westphalie, IX, 90.

LENET (Pierre), conseiller au parlement de Dijon. Ce qu'il raconte de la vie que l'on menait à Chantilly pendant la prison du prince de Condé, IX, 164. — Il propose d'ameuter la populace de Bordeaux en faveur des princes prisonniers, 166. — Le prince de Condé allant joindre son armée à Orléans le charge de ses intérêts, 250.

LÉON (Saint), pape, député par Valentinien II près d'Attila, obtient de lui qu'il se retirera, I, 269. — Envoyé par Genseric, roi des Vandales, ne peut obtenir de lui de sauver Rome du pillage, 271.

LÉON DE THRACE, empereur de Constantinople, succède à la famille éteinte de Théodose, I, 275. — Établit Anthémius, empereur d'Occident, ibid. — Envoie Olybrius pour le défendre contre Alcimer, 277. — Donne une armée à Julius Népos pour s'emparer du même trône, ibid.

LÉON III, pape, se réfugie en France; on lui fait son procès, II, 44.

LÉON X (Jean, cardinal de Médicis), pape, fils de Laurent de Médicis, prince de la république de Florence. Il est fait prisonnier à Ravennes, V, 215. — S'échappe pendant la retraite des Français, 219. — Succède à Jules II, 223. — Se prête à un accommodement avec Louis XII, 233. — Forme une ligue avec Maximilien et Ferdinand V contre François I, 256. — Son entrevue avec François I à Boulogne, 264. — Obtient de François I la suppres-

...... de la pragmatique, 265. — Reconnaît mal les services que lui rend François I, 269. — Sa mort, 279.

LÉON XI, pape. (*Voy.* MÉDICIS Alexandre. de), cardinal de Florence.

LÉONCY, banquier de Marseille, l'un des créanciers des jésuites, les attaque en justice, XI, 98.

LÉOPOLD, marquis d'Autriche, se brouille avec Richard', roi d'Angleterre, II, 247. — Fait Richard prisonnier, et le livre à l'empereur Henri VI, 249.

LÉOPOLD, archiduc d'Autriche-Inspruck, d'abord évêque de Passau, frère de l'empereur Ferdinand II, et cousin-germain de l'empereur Rodolphe II. Celui-ci remet en séquestre entre ses mains la succession de Juliers, VIII, 66.

LÉOPOLD, archiduc d'Autriche, fils de Ferdinand II et frère de Ferdinand III, grand-maître de l'ordre Teutonique, évêque de Strasbourg, Passau et Breslau, gouverneur des Pays-Bas. Il fait des progrès en Flandre, IX, 32. — Est arrêté par une diversion de Turenne dans le Luxembourg, 33. — Est battu à Lens par Condé, 88. — Fait lever le siége de Cambrai au comte d'Harcourt, 137. — S'avance dans la Champagne et retourne prendre ses quartiers en Flandre, 183. — Abandonne le gouvernement de Flandre, 315.

LÉOPOLD I, empereur d'Allemagne, fils de l'empereur Ferdinand III, et petit-neveu du précédent, appelle les Français à son secours contre les Turcs, IX, 359. — Se déclare contre Louis XIV en faveur des Hollandais, 393. — Fait la paix à Nimègue avec la France, X, 13. — Demande la restitution de la Lorraine en faveur du duc Charles, *ibid.* — Refuse d'accéder au traité de partage de la succession d'Espagne, 95. — Il fait des protestations contre le testament de Charles II, roi d'Espagne, 98. — Se ligue avec Guillaume contre Louis XIV, *ibid.* — Il commence les hostilités en envoyant le prince Eugène en Italie, 101. — Refroidit l'électeur de Bavière, en se rendant trop difficile sur les conditions d'accommodement, 109. — Est dissuadé par le prince Eugène de quitter Vienne, menacée par Villars et par l'électeur de Bavière, 114. — Renonce à la succession d'Espagne, en faveur de l'archiduc Charles, son second fils, 121. — Sa mort, 139.

LÉOPOLD, duc de Lorraine, fils du duc Charles V, rentre dans ses états à la paix de Ryswick, X, 173.

LÉOPOLD II, empereur d'Allemagne, d'abord grand-duc de Toscane, frère de Joseph II, succède à ce prince, XI, 350. — Fait la paix avec la Prusse à Reichembach, *ibid.* — Fait rentrer la Belgique dans le devoir, *ibid.* — Fait sa paix avec les Turcs à Sxistove, 351. Sa mort, 352. — Ses engagements avec la Prusse à Pilnitz, contre la France, 355.

LÉPIDUS (M. Emilius), grand pontife, et trois fois consul, partisan de César. Son armée est débauchée dans les Gaules par Antoine, I, 138. — Forme le second triumvirat avec Antoine et Octave, 139.

LÉPREUX. Sont accusés d'empoisonnement, III, 90.

LEROY (Pierre le), chanoine de Tours et aumônier du jeune cardinal de Bourbon, fils du prince de Condé, l'un des auteurs de la satire Ménippée, VIII, 348.

LESCUN (Odet d'Aidie, seigneur de), par sa femme est comte de Comminges, favori de Charles de France, frère de Louis XI, se laisse gagner par Louis, IV, 269. — Ouvre les yeux à Charles sur ses intérêts, 282. — Vient au secours de Louis XI contre le duc de Bourgogne, 284. — Emmène en Bretagne l'abbé de Versois et Laroche, soupçonnés d'avoir empoisonné Charles de France, 289. — S'attache à Louis XI, 290. — Obtient de lui le comté de Comminges et le gouvernement de Guienne, 292. — Succède à Landais dans la faveur de François II, duc de Bretagne, V, 22. — Madame de Beaujeu lui ôte le gouvernement de Guienne, 28. — Vient négocier à la cour en faveur du duc d'Orléans, 32. — Veut faire épouser Anne, fille du duc de Bretagne, à Alain sire d'Albret, 34 et 35.

LESCUN (Thomas de Foix, sieur de), dit le maréchal de Foix, frère du maréchal de Lautrec, petit-fils de Jeanne d'Aidie, fille et héritière du précédent, commande dans le Milanais pendant l'absence de son frère, V, 277. — Est excommunié par Léon X pour avoir tenté de surprendre Reggio, 278. — Est tué à Pavie, 313.

LESDIGUIÈRES (François de Bonne, duc de), connétable de France, s'oppose aux entreprises du duc de Savoie sur la France, VII, 429. — Commande, quoique protestant, les forces destinées à soumettre les protestants, qu'il avait inutilement essayé de rappeler à la modération, 216. — Louis XIII lui propose l'épée de connétable, 217. — Il est fait maréchal-général des camps et armées, *ibid.* — Il abjure et est fait connétable, 220.

LESPARE (le seigneur de), coupable de révolte et d'intrigues sous Charles VII, est condamné à perdre la tête, IV, 194.

LESPARE (André de Foix, sieur de), frère des maréchaux de Foix et de Lautrec, commande l'armée de Henri d'Albret, roi de Navarre, contre les Espagnols, V, 273.

LESSART (N. Valdec de), ministre des finances, XI, 320. — Passe aux affaires étrangères, 348. — Devient le point de mire des persécutions de l'assemblée législative, *ibid.* — S'attache à maintenir la paix extérieure, conformément aux vœux de Louis XVI; l'assemblée lui en fait un crime, 356. — Il est décrété d'accusation sur la dénonciation de Brissot sans être entendu, et il est envoyé à la haute-cour d'Orléans, *ibid.* — Est massacré à Versailles, 373.

LETTRES DE CHANGE. Leur origine, II, 301.

LEVE (Antoine de), général de Charles-Quint, bat François de Bourbon-Vendôme, comte de Saint-Pol, à Landriano, V, 342. — Commande l'armée espagnole qui devait entrer en France, 365. Capitulation qu'il accorde à la ville de Fossano, 368 et 369. — Montécuculli l'accuse de l'avoir engagé à empoisonner le dauphin François, 373. — Sa repartie à Charles-Quint le fait soupçonner de ce crime, *ibid.* — Sa mort en Provence, 379.

LEVIS-LERAN (Claude de), seigneur d'Audon et de Belesta, gendre de Philippe de Levis, seigneur de Mirepoix et maréchal de la Foi. Il est tué à la journée de la Saint-Barthélemi, VI, 356. (*Voy.* CAYLUS et VENTADOUR).

LEVIS (N. de), défend le Canada avec M. de Vaudreuil, XI, 69.

LEZEAU, l'un des rédacteurs des ordonnances de Louis XIV, IX 361, à la note.

LHUILLIER (Jean), maître des comptes et prévôt des marchands, se concerte avec le maréchal de Brissac pour remettre Paris sous la puissance de Henri IV, VII, 365.

LIANCOURT (Nicolas d'Amerval, seigneur de), mari de Gabrielle d'Estrées, qui fait déclarer nul son mariage avec lui, VII, 414.

LIANCOURT (Roger du Plessis, seigneur de), duc de la Roche-Guyon, engage Anne d'Autriche à donner sa confiance à Mazarin, IX, 6.

LIANCOURT (F.-Alex.-Fréd. de la Rochefoucault, duc de), grand-maître de la garde-robe, fils de Marie, fille puinée d'Alexandre, dernier mâle de la branche aînée de la Rochefoucault, lequel était arrière-petit-fils de François VI, l'auteur des Maximes, et de Louis-François-Armand de la Rochefoucault, comte de Marthon, duc d'Estissac, cousin germain de Jean-Baptiste-François duc d'Anville, tous deux petits-fils de Frédéric-Charles, comte de Roie et de Roucy, petit-fils lui-même de Charles, tige du rameau de Roucy, et fils puîné de François V, bisaïeul de François VI, dont le fils François VII épousa Jeannette-Charlotte Duplessis-Liancourt, héritière de Liancourt et de la Roche-Guyon. Député aux états généraux de

1789, il engage Louis XVI à se rendre à l'assemblée pour lui promettre l'éloignement des troupes, XI, 277.

LICHTEINSTEIN (le prince de) atteint les Français et les Espagnols sous Plaisance, et remporte une victoire complète sur eux, X, 382 et 383.

LICINIUS (C. Fl.) est créé Auguste par Galère, I, 209. — Dioclétien et Maximien assistent à cette solennité, *ibid*. — Il épouse une sœur de Constantin, 212. — Donne un édit pour la liberté de conscience, 213. — Détruit Maximin, 214. — Ses démêlés avec son beau-frère, *ibid*. — Il abdique, *ibid*. — Veut reprendre la pourpre et est mis à mort, *ibid*.

LIEUTENANTS, VICAIRES et VIGUIERS. Leurs fonctions, I, 303.

LIGNE (Claude Lamoral, prince de), est battu près d'Ypres par Turenne, IX, 319. — En Flandre par le marquis de Créqui, 369.

LIGNEROLLES, favori de Henri, duc d'Anjou, est provoqué par ordre de Charles IX à un duel, et y est tué, VI, 336.

LIGNY (Jean de Luxembourg, comte de), neveu du premier connétable de Saint-Paul. (*Voy*. LUXEMBOURG-SAINT-PAUL.)

LIGNY (Louis de Luxembourg, comte de), fils du second connétable, abandonne Trivulce à la merci des Milanais, V, 114. — Revient le dégager, et est forcé de se retirer avec lui par delà le Tesin, 115.

LIGUE. Singularité de celle qui se forma sous Henri III, VII, 40. — Son origine éloignée, 41. — Son chef, 42. — Sa naissance, 43. — Ses conditions, 44. — Ses progrès, 45. — Son plan, 46. — Elle se fortifie sous le nom du roi, 98. — Son manifeste, 105. — Elle a recours au pape, 118. — Son conseil brusque les affaires, 135. — Elle dresse, dans une assemblée tenue à Nancy, une requête insolente au roi, 154. — Sa procession à Chartres, où Henri III s'était retiré, 179. — Elle envoie des députés à Sixte V, 236. — Procession qu'elle imagine pour encourager les Parisiens, 255. — Sa chute totale, 408.

LIGUES de Cambrai, V, 192. — Sainte ou de la sainte-union, 212. — De Malines, 225. — Sainte, pourquoi ainsi nommée, 327. — Sa dissolution, 343. — De Smalkade, 347. D'Augsbourg, X, 46. — De Pilnitz, XI, 355.

LILLE (Jourdain de). (*Voy*. L'ISLE.)

LIMEUIL (Isabelle de La Tour-Turenne de), sœur de Henri I, vicomte de Turenne et duc de Bouillon, maîtresse du prince de Condé, VI, 237.

LINGESTRE, curé de Saint-Barthélemi. Son apostrophe en chaire au premier président de Harlay, VII, 199.

LINCOLN (Benjamin), général américain, assiége vainement Savannah, de concert avec le comte d'Estaing, XI, 179.

LINIÈRES (le P. de), jésuite, nommé confesseur de Louis XV à la place de l'abbé Fleury, X, 284. — Le cardinal de Noailles lui refuse des pouvoirs, ibid. — Il est obligé d'exercer son ministère à Saint-Cyr, 285.

LIONNE (Hugues, marquis de), ministre sous le cardinal Mazarin, IX, 171. — Condé demande son expulsion, 212. — Porteur de paroles de paix à Madrid, 323.

LITAVIC, chef des Éduens envoyés à César par Convictolitan, soulève ses troupes contre les Romains, I, 105 et 106.

LIVAROT, un des favoris de Henri III, connus sous le nom de mignons, VII, 40. — Il se bat en duel contre d'Entragues; est blessé, 68.

LIVRE. Sa valeur, I, 127 à la note. (*Voy.* MARC.)

LIVRE ROUGE. Ce que c'était. Il est livré à la curiosité du public, XI, 312.

LIVRÉES. Leur étymologie, II, 13. — Louis IX y fait broder des croix, 309.

LIVRES CAROLINS. Pourquoi ainsi nommés? II, 37.

LIZY (Jacques de Bruillard de). Sommation qui lui est faite par Charles IX de mettre bas les armes, VI, 271.

LOBKOWITZ (le prince de) est battu à Sahay par le maréchal de Broglie, X, 347. — Fait capituler Prague, 361. — S'avance en Italie au delà de Rome, 366. — Est battu à Velletri par le comte de Gages, et forcé de regagner le Bolonais, ibid.

LOI MARTIALE. Elle est proclamée, XI, 303.

LOIRE (le sire de), confident de Charles, dauphin, soupçonné d'avoir assassiné le duc de Bourgogne, IV, 92.

LOLLIANUS (Sp. Servil.), proclamé empereur dans les Gaules et massacré par les soldats, I, 190.

LOMBARDS (les) s'établissent en Italie, I, 304.

LOMBARDS (les). Signification de ce mot, III, 179.

LOMÉNIE. (*Voy.* BRIENNE.)

LOMNORIX, général gaulois, se rend maître de l'Hellespont, I, 29. — Donne des secours à Nicomède, roi de Bithynie, pour recouvrer ses états, ibid.

LOMONT, député à la convention, se récuse comme juge de Louis XVI, XI, 382.

LONGUEIL (René de), marquis de Maisons, président au parlement de Paris, partisan de Chavigni, IX, 39.

LONGUEVILLE (François II, duc de), fils de François I, comte de Dunois et duc de Longueville, lequel était fils de Jean, comte de Dunois, bâtard d'Orléans. Marche au secours de don Juan, roi de Navarre, V. 218.

LONGUEVILLE (Léonore, duc de), petit-fils de Louis, duc de Longueville, et par sa femme prince de Neufchâtel, frère du précédent. Il écrit à la cour en faveur de Lanoue, VI, 373.

LONGUEVILLE (Henri I, duc de), fils du précédent. Il défère à Lanoue le commandement de l'armée royaliste, VII, 215 et 216. — Henri IV lui donne le commandement d'un corps de troupes, 227.

LONGUEVILLE (Henri II, duc de), fils du précédent, gouverneur de Picardie, mécontent de ce que le maréchal d'Ancre lui retient la citadelle d'Amiens, VIII, 97. — Se déclare contre Marie de Médicis, 103, à la note 2. — Il se retire à Amiens, 123. — Il s'empare de Péronne, dont Concini était gouverneur, 137. — Il écrit une lettre soumise à Louis XIII, 200. — Est donné pour chef à l'armée du duc de Weimar, 399. — Se joint à Banier, ibid. — Est nommé plénipotentiaire au traité de Westphalie, IX, 90. — Vient à Paris avec le prince de Conti, 109. — Le parlement le charge d'aider le prince de Conti, généralissime de l'armée parisienne, de ses conseils, ibid. — Il sort de Paris. Sous quel prétexte, 120. — Il est arrêté et conduit à Vincennes, 159. — Il est transféré à Marcoussi, 170. — Il est transféré au Hâvre, 177. — Il sort de prison et vient à Paris, 197.

LONGUEVILLE (Anne-Geneviève de Bourbon-Condé, duchesse de), sœur du grand Condé et épouse du précédent, IX, 12. — Elle s'attache à la Fronde, 101. — Causes de la mésintelligence entre elle et le prince de Condé, son frère, 102. — Le coadjuteur la dépose à l'hôtel de ville comme otage, 113. — Réconciliée avec son frère, elle l'indispose contre la cour, 142. — Elle se sauve en Normandie, 161. — Elle se retire à Stenai, ibid. — Elle engage Turenne dans le parti des princes, ibid. — Mésintelligence entre le prince de Conti et elle, 297. — Le roi lui assigne un séjour éloigné de la cour, ibid. — Elle se jette dans la dévotion, 299.

LONGUEVILLE (Charles Paris, duc de), fils du précédent et de mademoiselle de Bourbon-Condé, est tué au passage du Rhin par son imprudence, IX, 391.

LONGWY (Jacqueline de), première femme de Louis, duc de Montpensier, propose de s'emparer des enfants du duc de Guise, VI, 152.

LORGES (*Voy.* DUNFONT, Gui Aldonce).

LORME (de). Ruccelaï, agent de Marie de Médicis, le charge de ses lettres pour cette princesse, VIII, 180.

LORRAINE (Charles de France, duc de), fils de Louis IV d'Outre-mer, roi de France, et de Gerberge, sœur d'Othon I, empereur d'Allemagne, II, 133. — Reçoit d'Othon II, son cousin-germain, la Lorraine entière, 136. — Cause de haine contre lui, 137. — Ses démarches pour avoir la couronne, 151. — Remporte une victoire, est fait prisonnier. Sa mort, 154.

LORRAINE (Jean d'Anjou, duc de Calabre et de), fils de René d'Anjou, dit le bon roi René, et d'Isabelle, héritière de Lorraine, a des succès à Naples, puis des revers, IV, 214. — Est un des chefs de la ligue du bien public, 229.

LORRAINE (Nicolas d'Anjou, duc de), fils du précédent. (*Voy.* NICOLAS.)

LORRAINE (René II, duc de), fils d'Yolande d'Anjou, sœur du précédent, et de Ferry de Vaudemont, son cousin issu de germain, tous deux issus de Jean, duc de Lorraine, leur bisaieul commun. Il obtient la principauté de Lorraine, IV, 298. — Charles-le-Téméraire, duc de Bourgogne, le fait enlever, et est forcé par Louis XI de le relâcher, 298 et 299. — Louis XI le soutient contre le duc de Bourgogne, 305. — Défie le duc de Bourgogne, 308. — Demande du secours à Louis XI, 319. — Se met à la tête d'une confédération contre le duc de Bourgogne, 329. — Combat pour les Suisses à la bataille de Morat, *ibid.* S'empare de Nanci, 331. — Vainqueur à la bataille de Nanci contre le duc de Bourgogne, 333. — Rentre dans Nanci, *ibid.* — Fait faire des obsèques au duc de Bourgogne, *ibid.* — Refus qu'il fait au bon roi René, son aieul, de prendre le nom d'Anjou, 363. — Rentre en possession du duché de Bar, V, 26.

LORRAINE (Antoine, duc de), fils du précédent, et frère de Claude de Lorraine, duc de Guise, établi en France, et la tige de toute la maison de Guise. Il prend Louis XII pour arbitre dans une affaire relative à son domaine, V, 99.

LORRAINE (Jean, cardinal de), frère du précédent, archevêque de Reims et de Lyon, annonce à François I la mort du dauphin François, son fils, V, 371 et 372. — Charles de Lorraine-Guise, son neveu, cardinal de Lorraine après lui, projette de le faire élire pape après Paul III, VI, 13.

LORRAINE (Charles de), fils de Claude, duc de Guise, et neveu du précédent. (*Voy.* GUISE.)

LORRAINE (Catherine de Danemarck, duchesse de), fille de Christiern, épouse du duc François, fils du duc Antoine. Elle vient sur la frontière de France avec le cardinal Granville. Pourquoi, VI, 100. — Obtient qu'il y ait des conférences à l'abbaye de Cercamp entre les plénipotentiaires français et espagnols, 101.

LORRAINE (Charles III, duc de), fils de la précédente. Henri II l'emmène à sa cour, VI, 39. — Son mariage avec Claude de France, fille de Henri II et de Catherine de Médicis, est stipulé par le traité de Cateau-Cambresis, 105. — Il négocie avec Catherine de Médicis et avec Henri, roi de Navarre, VII, 96. — Assiste à Nanci à une assemblée tenue par les principaux ligueurs, 153. — Ses prétentions sur la couronne de France, 241. — Il assiste à une assemblée des principaux ligueurs à Reims, 280. — Il demande et obtient une trève de Henri IV, 376.

LORRAINE (Henri, duc de), connu d'abord sous le nom de marquis de Pont, fils du précédent. Catherine de Médicis, son aïeule, cherche à l'établir solidement à la cour, VII, 155. — Ses prétentions à la couronne de France, 241. — Épouse Catherine, sœur de Henri IV, 410.

LORRAINE (Charles IV, duc de), neveu du précédent, dont il épouse la fille aînée Nicolle. Il donne sa sœur Marguerite en mariage à Gaston, duc d'Orléans, VIII, 308. — Il signe le traité de Vic avec Louis XIII, qui marchait contre lui, 309. — Est forcé de signer le traité de Liverdun plus défavorable que le premier, 316. — Se livre de nouveau au roi sur les suggestions du cardinal de Richelieu, et est forcé de ratifier le traité de Chartres qui le dépouille de Nanci et d'une partie de ses états, 337. — Pour ne le pas tenir, il abdique en faveur du cardinal Nicolas François, son frère, *ibid.* — Se joint aux impériaux et coopère à la victoire de Nordlingue sur les Suédois, 353. — Fait lever le siége de Dôle au prince de Condé, 359. — Lève celui de Saint-Jean de Losne, 366. — Fait des prodiges de valeur au siége d'Arras, 400. — Louis XIII lui rend ses états, 406. — Le cardinal de Richelieu le flatte d'obtenir du pape son divorce avec la princesse Nicolle, *ibid.* — Il épouse Béatrix de Cusance, veuve du comte de Cantecroix, qu'il appelle sa femme de campagne, *ibid.* — Il oublie ses engagemens, en se joignant au comte de Mercy ; il bat Rantzau à Dutlingen, IX, 18. — Refuse d'accéder au traité de Westphalie, et promène une petite armée qu'il vend au plus offrant, 95 et 96. — Est battu près de Valenciennes par le comte d'Harcourt, 137.—Entre en France avec son armée, et se joint aux princes contre la cour, 258. — Sa conduite dans cette occasion, 259. — Turenne le force à s'en retourner, *ibid.* — Il rentre en France, 280.—Il continue à amuser la cour par ses négociations, 283. — Il s'en retourne en Flandre avec le prince de Condé, 286 et 287. — Est arrêté par ordre du roi d'Espagne, 309.—Il est rendu à la liberté, refuse d'accéder au traité des Pyrénées, et l'accepte ensuite moyennant quelques adoucissements, 328. —Institue Louis XIV pour son héritier, puis se rétracte, 358. — Transige avec le roi, *ibid.* — Essaie en vain de pénétrer en Franche-Comté, 402 et 403. — Est battu par Turenne à Seintzheim, 408. — Prend Trèves et y fait prisonnier Créqui, 425. — Sa mort, *ibid.*

LORRAINE (François-Nicolas, duc de), d'abord cardinal, frère du précédent, est envoyé par lui auprès du cardinal de Richelieu pour négocier un accommodement, VIII, 334. — Il en prend occasion de faire évader de Nanci la duchesse d'Orléans, 335. — Son frère, honteux du traité de Charmes, et pour ne le point exécuter, abdique en sa faveur, 337. — Il épouse Claude, sœur cadette de la duchesse Nicolle, *ibid.* — S'enfuit déguisé ainsi qu'elle, et se réfugie en Italie, *ibid.* — Commande une des divisions de l'armée qui envahit la Picardie, 360. — Est donné pour chef à l'armée lorraine, lors de l'arrestation de son frère par les Espagnols, IX, 310. — Prend parti pour la France, 314.

LORRAINE (Philippe, dit le chevalier de), abbé de Tiron, second fils de Henri de Lorraine. Elbeuf, comte d'Harcourt, découvre à Monsieur, frère de Louis XIV, le projet de voyage de Madame en Angleterre, IX, 381. — Comment il l'avait su, *ibid.* — Ce que lui dit Turenne à ce sujet, *ibid.*

LORRAINE (Charles V, duc de), fils de François-Nicolas, commande l'armée impériale en Alsace, et prend Philisbourg, IX, 428. — Le maréchal de Créqui le force à évacuer cette province, X, 4 et 5. — Il est battu par le même à Fribourg, 13. — Refuse d'accéder au traité de Nimègue et demeure privé de ses droits, *ibid.* — De concert avec Sobieski, roi de Pologne, il défait les Turcs sous les murs de Vienne, 27. — Il reprend Mayence, 56. — Sa mort, *ibid.*

LORRAINE (Léopold, duc de), fils du précédent, rentre dans son duché par la paix de Ryswick, X, 93.

LORRAINE (François-Étienne, duc de), puis de Toscane, puis empereur, fils du précédent. (*Voy.* FRANÇOIS.)

LORRAINE (le prince Charles de), frère du précédent. (*Voy.* CHARLES DE LORRAINE. *Voy.* encore VAUDEMONT, MERCŒUR, GUISE, MAYENNE, AUMALE, ELBEUF, HARCOURT, BRIENNE, LAMBESC, JOINVILLE, CHEVREUSE, MONTPENSIER.)

LOTHAIRE, empereur, fils aîné de Louis-le-Débonnaire et d'Ermangarde, associé par son père à l'empire, II, 55. — Reçoit de son père l'Italie, 56. — Se fait couronner par le pape, 59. — Est obligé d'abandonner à Charles-le-Chauve, son frère, le royaume de Rhétie, *ibid.* — Renferme son père à Saint-Médard de Soissons, 61. — Se soulève de nouveau avec son frère contre son père, 65. — Le retient prisonnier dans l'abbaye de Saint-Denis, 69 et 70. — Demande pardon à son père, *ibid.* — Son rappel à la cour de son père, 70. — Ses prétentions à la mort de son père, 77 et 8. — Traite avec Charles-le-Chauve, 79. — Court attaquer son frère Louis-le-Germanique, 80 et 81. — Est vaincu à Fontenay, se retire à Aix-la-Chapelle, 83. — Battu de nouveau, est obligé de repasser les monts, 84. — A en partage l'Italie, la Provence, le titre d'empereur et la Lorraine. 85. — Accorde des établissements fixes aux Normands, 87. — Son abdication. Sa mort, 90.

LOTHAIRE, roi de Lorraine, second fils du précédent, a en partage la Lorraine, II, 91. — Réconcilie ses deux oncles, 92. — Aime Valdrade, 94. — Épouse Thietberge; fait annuler son mariage; le pape lui ordonne de la reprendre, 95. — Va à Rome pour fléchir le pape, 96. — Sa mort, *ib.*

LOTHAIRE, roi de France, fils de Louis IV d'Outremer et de Gerberge, II, 133. — Son sacre, 134. — Veut faire prisonnier Richard, duc de Normandie, 136. — Meurt empoisonné par sa femme, 138.

LOUCHARD, commissaire, membre du conseil de la ligue, VII, 135. — Se ligue avec d'autres pour faire périr le président Brisson, 295. — Le duc de Mayenne le fait pendre, 300.

LOUDHON (le baron de), général autrichien. Ses exploits à la journée de Hochkirchen, XI, 57. — Décide le gain de la bataille de Kunersdorf, 66. — Battu par le roi de Prusse à Liegnitz, il fait une retraite vantée par ce prince, 77. — Se joint aux Russes en Silésie, est obligé de décamper devant le roi de Prusse faute de vivres, 87 et 88. — S'empare de Chwiednitz par un coup de main, *ibid.* — Prend Belgrade à la fin de sa carrière militaire, 350.

LOUIS I LE DÉBONNAIRE, empereur, fils de Charlemagne et d'Hildegarde, couronné à Rome roi d'Aquitaine, II, 30. — Est associé à l'empire, 50. — Son portrait, 52. — Réformes par lui faites, 53. — Est sacré par le pape, 54. — Fait couronner sa femme, 55. — Partage ses états à ses enfans, *ibid.* — Défait en Italie Bernard, son neveu, *ibid.* — Sa pénitence, 56. — Donne la couronne d'Italie à Lothaire, son fils, *ibid.* — Épouse Judith, *ibid.* — Défait les Bretons, 57. — Son administration, *ibid.* — Ses guerres malheureuses, 57 et 58. — Sa conduite envers ses enfans, 58. — Est surpris par Lothaire, son fils, et renfermé à Saint-Médard de Soissons, 61. — Est délivré, 63. — Il se remet entre les mains de ses fils, 66. — Il leur remet sa femme et Charles, son fils, *ibid.* — Il est déposé, 67. — Sa réhabilitation, 69. — Pardonne à son fils Lothaire, 70. Sa mort, 74. — Jugement sur ce prince, 74 et 75.

LOUIS-LE-GERMANIQUE, troisième fils du précédent et d'Émengarde. Son père lui donne la Bavière, II, 55. — Se soulève contre son père, 65. — Oblige Lothaire à rendre la liberté à Louis, 69. Se soulève de nouveau contre son père, 73. — Vainqueur de Lothaire son frère à Fontenay, 83. — A la Germanie en partage, 85. — Veut dépouiller Charles-le-Chauve de ses états, 91. — Persuade à Lothaire, roi de Lorraine, son neveu, de reprendre Tietberge sa femme, et d'éloigner Valdrade sa maîtresse, 95. — Tire son neveu Carloman, fils de Charles-le-Chauve, de sa prison, et lui donne une abbaye, 97. — Sa mort, 98.

LOUIS II, fils de Lothaire, empereur et roi d'Italie, II, 94. — Réclame sa part du royaume de son frère Charles, roi de Provence, 96. — Sa mort, 97.

LOUIS II, LE BÈGUE, roi de France, fils de Charles-le-Chauve, se révolte contre son père, se réconcilie ensuite avec lui, II, 93 et 94. — A de la peine à monter sur le trône, 105. — Est couronné par Jean VIII. Sa mort, 107.

LOUIS, dit de Germanie ou de Bavière, ou le Jeune, second fils de Louis-le-Germanique, a la Germanie en partage. Attaqué par Charles son oncle, remporte sur lui la victoire, II, 100. — Attaque Louis et Carloman ses cousins, 109. — Sa mort, 110.

LOUIS III, roi de France, fils de Louis-le-Bègue et d'Ansgarde, et frère de Carloman, II, 107. — Le droit à la couronne lui est disputé, 109. — Est couronné. Il a la Neustrie en partage, *ibid.* — Est attaqué par Louis de Bavière, *ibid.* — Sa mort, *ibid.*

LOUIS IV D'OUTREMER, roi de France, fils de Charles-le-Simple, est emmené en Angleterre par sa mère, II, 121. — Rentre en France. Est sacré à Laon, 127. — Veut s'emparer de la Normandie, 129. — Est fait prisonnier par Aigrold, 130. — Recouvre la liberté, *ibid.* — Se réconcilie avec Hugues, 131, — Sa détresse, *ibid.* — Assiste au concile d'Engelheim, 132. — Sa mort, 133.

LOUIS V, LE FAINÉANT, roi de France, fils de Lothaire, et le dernier roi de la seconde race, est couronné avant la mort de son père. Sa mort, II, 139 et 140.

LOUIS VI, LE GROS, roi de France, fils de Philippe I et de Berthe, II, 177. — Son sacre, 189. — Se retire en Angleterre, 190. — Revient à la cour, *ibid.* — Est empoisonné, *ibid.* — Reçoit de son père le Vexin Français, 191. — Est sacré de nouveau, 192. — Sa valeur, 194. — Épouse Adélaïde, fille de Humbert comte de Maurienne, 195. — Somme Henri I, roi d'Angleterre, de paraître devant les pairs, 196. — Défait par Henri, manque d'être fait prisonnier, *ibid.* — Convoque les grands vassaux pour s'opposer à la ligue du roi d'Angleterre et de l'empereur, 198. — Donne la Flandre à Guillaume de Normandie, dit Cliton, neveu du roi d'Angleterre, 199. — Son gouvernement, 203. — Prend le seigneur de Couci, *ibid.* — Attaque Hugues de Créci, venge la mort de Charles-le-Bon, comte de Flandre, 204. — Est blessé dans un assaut, 205. — Fait sacrer Philippe et Louis ses fils, *ibid.* — Marie Louis-le-Jeune, son fils, à Éléonore, fille du duc d'Aquitaine, 206. — Sa mort, *ibid.*

LOUIS VII, dit le Jeune, roi de France, fils du précédent. Son sacre, II, 205. — Épouse Éléonore, fille de Guillaume X, duc d'Aquitaine, 206. — Amène sa femme à la cour, 208. — Bat le seigneur de Montgeai, 209. — Sa modération, *ibid.* — Son excommunication, 210. — Incendie Vitry, *ibid.* — Prend la croix, 212 et 213. — Combat les Sarrasins, 215. — Danger qu'il court, 216. — Son arrivée à Antioche, 217. — Son retour en France, 218. — Son divorce, 220. — Rend à Éléonore la Guienne et le Poitou, *ibid.* — Épouse Constance, fille d'Alphonse, roi de Castille, *ibid.* — Se brouille avec Henri, roi d'Angleterre, 221. — Épouse Alix, fille de Thibaut, comte de Champagne, 222. — Ses guerres avec l'Angleterre, *ib.* — Son traité de Montmirail avec Henri II d'Angleterre, 223. — Reçoit en France Thomas Becket, archevêque de Cantorbéri, 225. — Remet Alix sa fille au roi d'Angleterre pour être mariée à Richard, son fils, 228. — Nouvelles difficultés au sujet de la dot de la princesse, et accommodement, *ibid.* — Son pélerinage à Cantorbéri au tombeau de Thomas Becket, 230. — Sa mort, 231. — Son caractère, 231 et 232.

LOUIS VIII, roi de France, fils de Philippe-Auguste, et petit-fils du précédent. La couronne d'Angleterre lui est proposée par le pape,

II, 269 et 270. — Bat Jean-sans-Terre à Chinon, 277. — Reçoit à Londres la couronne d'Angleterre, 279. — Excommunié par le légat du pape, *ibid.* — Obligé de quitter l'Angleterre, 280. — Son sacre, 285. — Ses guerres, 290. — Sa mort, 291.

LOUIS IX, dit SAINT-LOUIS, roi de France, fils de Louis VIII et de Blanche de Castille, II, 292. — Il envoie le frère mineur Rubruquis à Mangoukan, empereur des Mogols, pour prêcher le christianisme dans ses états, *ibid.* — Pense être enlevé par les mécontents à Mont-Lhéri, et est sauvé par les Parisiens, 295 et 296. — Fait la guerre au duc de Bretagne, 297. — Épouse Marguerite, fille de Raymond Bérenger, comte de Provence, 299. — Son intérieur, *ibid.* — Fonde la Sorbonne, 300. — Ses lois contre les juifs, les usuriers et les prostituées, 301. — Va mettre Alphonse, son frère, en possession de son comté de Toulouse, 302. — Signe un accord désavantageux, 303. — Vainqueur du roi d'Angleterre à Taillebourg, 304. — Vainqueur à Saintes, 305. — Sa vie privée; fait épouser à Charles, son frère, Béatrix, héritière de Provence, *ibid.* — Fait vœu de prendre la croix, 308. — Convoque un parlement, *ibid.* — Part d'Aigues-Mortes; s'arrête en Chypre, 310. — Prend Damiette, 312. — Vaincu à la Massoure, 313. — Est fait prisonnier, 316. — Traite avec Almoadin, 317. — Traite avec les émirs, *ibid.* — Rend Damiette, 318. — Reste en Égypte, 319. — Revient en France, 322. — Sa piété et sa bonté, 323. — Ses actes de justice, 328 et 329. — Rend à Henri III, roi d'Angleterre, le Limousin, etc., 332. — Réconcilie Henri III avec ses barons, 333 et 334. — Sa fermeté dans les affaires ecclésiastiques, *ibid.* — Ses établissements ou son Code, 335. — Ses fondations, 340. — Ses paroles à Philippe, son fils, 342. — Fait son testament, 344. — Son départ pour la croisade, 346. — Combat devant Tunis, *ibid.* — Sa mort, 347. — Ses paroles à son fils, 348. — Sa pragmatique contre les invasions de la cour romaine, IV, 161, à la note.

LOUIS, fils aîné de Philippe III et d'Isabelle d'Aragon, III, 8. — Sa mort, 10.

LOUIS X, LE HUTIN, roi de France, fils de Philippe-le-Bel, épouse Marguerite de Bourgogne, la fait enfermer pour cause d'infidélité, III, 54. — Monte sur le trône, 70. — Épouse Clémence, fille de Charles Martel, roi de Hongrie, *ibid.* — Fait étrangler Marguerite de Bourgogne, sa première femme, *ibid.* — Fait faire le procès à Enguerrand de Marigni, 72. — Lègue une somme à la famille de Marigni, 77. — Lève de nouvelles taxes, 78. — Rappelle les juifs, 79. — Sa déroute en Flandre, *ibid.* — Sa mort, 80.

LOUIS, dit de Nevers et de Créci, comte de Flandre, petit-fils du comte Robert III, dit de Béthune. Il réclame des secours de Philippe de Valois contre ses sujets, III, 110. — Il est tué à la bataille de Créci, 153.

LOUIS, dit de Mâle, comte de Flandre, fils du précédent. (*Voyez* MALE.)

LOUIS-LE-GRAND, roi de Hongrie. (*Voy.* ANJOU.)

LOUIS, duc d'Anjou, fils du roi Jean. (*Voy.* ANJOU.)

LOUIS II D'ANJOU, fils du précédent. (*Voy.* ANJOU.)

LOUIS III D'ANJOU, fils du précédent. (*Voy.* ANJOU.)

LOUIS DE BAVIÈRE-INGOLSTADT, arrière-petit-fils de l'empereur Louis V, de Bavière, et frère d'Isabelle de Bavière, reine de France, est appelé au conseil de Charles VI, III, 370. — Commande l'escorte qui conduisait Louis, dauphin, à Melun, IV, 5. — Est député à Tours par la reine pour conférer avec le duc de Bourgogne, 21.

LOUIS DE FRANCE, dauphin, fils de Charles VI et d'Isabelle de Bavière, épouse Marguerite, fille du duc de Bourgogne, IV, 5. — Le pouvoir lui est déféré pendant l'empêchement du roi, 18. — Presse le roi, son père, de pardonner au duc de Bourgogne, 22. — Oblige le duc de Bourgogne à traiter avec le duc de Berri, 39 et 40. — Assiste à un nouveau traité à Auxerre entre les Orléanais et le duc de Bourgogne, 40. — Mésintelligence entre lui et le duc de Bourgogne, 43. — Est prisonnier dans son hôtel, 44. — Frappé d'un coup de dague Jacqueville qui l'insultait, 47. — Entre dans une ligue contre le duc de Bourgogne, 48. — Signe la paix avec lui, *ibid.* — Écrit au duc de Bourgogne de venir le délivrer des Orléanais, 51. — Projette de se rendre maître de Paris, et se retire, 57. — Revient à Paris et s'empare des finances d'Isabelle, 58. — Relègue la princesse de Bourgogne, sa femme, à Saint-Germain-en-Laye, 59. — Est nommé lieutenant-général du royaume, 65. — Sa mort, 66.

LOUIS XI, roi de France, fils de Charles VII, et de Marie d'Anjou, épouse Marguerite, fille de Jacques I, roi d'Écosse. IV, 159. — Entre dans la ligue de la Praguerie, 164. — Son entrevue à ce sujet avec son père, 165. — Se distingue au siége de Dieppe, 170. — Va faire la guerre contre les Suisses en faveur de la maison d'Autriche, 171. — Les bat à Bottelem et fait la paix avec eux, *ibid.* Se brouille sans retour avec son père, 176. — Il se retire en Dauphiné, 177. — Demande à son père le gouvernement de Normandie, 182. — Épouse Charlotte, fille du duc de Savoie, *ibid*. — Offre ses services à son père pour soumettre la Guienne révoltée, 185. — Il quitte le Dauphiné et se retire en Bourgogne, 196. — Fait venir à Bruxelles Charlotte de Savoie, son épouse, 202. — Il monte sur le trône, 208. — Son entrée dans Paris, 209. — Va voir à Tours Marie d'Anjou, sa mère, 210. — Donne à Charles-le-Téméraire, fils du duc de Bourgogne, le gouvernement de Normandie, 211. — Signe un traité d'alliance avec les Liégeois, *ibid*. — Il abolit la pragmatique, 212. — Est pris pour arbitre entre don Juan, roi d'Aragon, et Henri IV, roi de Castille, 217. — Entrevue qu'il a avec ce dernier, *ibid*. — Ses discussions avec le duc de Bourgogne, 217 et 218. — Retire, moyennant 400 mille écus d'or, les villes sur la Somme cédées au duc de Bourgogne, 218. — Veut établir dans les états du duc de Bourgogne une gabelle à son profit, 219. — Nomme le duc de Bretagne son lieutenant en Normandie, 220. — S'avance en Bretagne à la tête d'une armée, 221. — Veut faire arrêter Romillé, vice-chancelier de Bretagne, 223. — Demande en vain l'élargissement de Rubempré, 224. — Envoie une députation au duc de Bourgogne, *ibid*. — Fait son apologie dans une assemblée convoquée à Tours, 226 et 227. — Parle très durement au duc d'Orléans, 227. — Reçoit à Poitiers des ambassadeurs du duc de Bretagne, 230. — Négocie avec le duc de Bourbon, 231. — Mesures qu'il prend dans la guerre du bien public, 232. — Se comporte vaillamment à la bataille de Mont-Lhéri, 234 et 235. — Il se retire à Paris, 235. — Il négocie avec le duc de Bourgogne, 237. — Son entrevue avec Charles-le-Téméraire, 238. — Signe avec lui les traités de Conflans et de Vincennes, 240. — Son caractère, 242. — Sa conduite à l'égard de Charles-le-Téméraire, 244. — Manière dont il traite les Parisiens, *ibid*. — Se montre sur les frontières de Normandie avec une armée, 245. — Traite les habitants de Rouen en rebelles, 246. — Se fait prêter de nouveaux serments de fidélité, 248. — Repeuple de voleurs et d'assassins Paris qui avait été dévasté par la peste, 249. — Convoque les états généraux à Tours, 255. — Fait une trève avec le duc de Bourgogne, 257. — Ravage la Bretagne, *ibid*. — Conclut un traité à Ancenis avec le duc de Bretagne, 258. — Se trouve à la tête de son armée en présence du duc de Bourgogne, *ibid*. — Son entrevue à Péronne avec le duc de Bourgogne, 259. — Ses perplexités, 261. — Signe à Péronne un traité avec le duc de Bourgogne, 262. — Donne à Charles, son frère, pour apanage les comtés de Champagne et de Brie, *ibid*. — S'oblige à faire ratifier par le parlement le traité de Péronne, 262. — Se rend au siége de Liége avec le duc de Bourgogne, *ibid.* — Demande au duc de Bourgogne la permission de retourner à Paris, 265. — Sa question au duc de Bourgogne, *ibid.* — Est honteux du traité de Péronne, 266. — Donne à Charles, son frère, la Guienne en échange de la Champagne et de la Brie, 269. — Traité avec lui à Saintes, *ibid.* — Fait marcher une armée contre les seigneurs gascons ligués, 273. — Il institue l'ordre de Saint-Michel, 275. — Envoie au duc de Bretagne l'ordre de Saint-Michel, 276. — Marche en Bretagne. Signe à Angers un traité avec le duc, *ibid.* — Sa discussion avec le duc de Bourgogne, 277. — Il convoque une assemblée à Tours, 280. — Il lève une armée contre le duc de Bourgogne, 283. — Conclut une trêve avec le duc de Bourgogne, 285. — Se forme contre lui une ligue, 286. — Institue l'*Angelus*. A quelle occasion, 287. — Son traité frauduleux avec le duc de Bourgogne, 288. — Signe une trêve avec le duc de Bourgogne, 292. — Il entre dans le Roussillon, *ibid.* — Traite avec don Juan d'Aragon, *ibid.* — Fait arrêter et conduire à Paris le duc d'Alençon, 295. — Force le duc de Bourgogne à rendre René II, duc de Lorraine, qu'il avait fait enlever, 299. — Marie Anne, sa fille, au sire de Beaujeu, et Jeanne, son autre fille, à Louis d'Orléans, 300. — Fait grâce de la vie au duc d'Alençon, *ibid.* — Son entrevue avec le comte de Saint-Pol, 301. — Fait une alliance avec les Suisses, 304. — Il s'empare du Roussillon, 305 et suiv. — Conclut une trêve avec Édouard IV, 311. — Son entrevue avec Édouard, 312. — Sa générosité à l'égard des Anglais, 313. — Traite à Soleure avec le duc de Bourgogne, 318. — Proroge la trêve conclue avec le roi d'Aragon, et traite à l'abbaye de la Victoire avec le duc de Bretagne, 319. — S'empare de Saint-Quentin, 320. — Se fait livrer le connétable de Saint-Pol par le duc de Bourgogne, et le fait mettre à mort, 321. — Il consulte les théologiens relativement à la sommation que lui font les Suisses, 324. — S'empare de l'Anjou et du Barrois sur René d'Anjou, roi de Sicile, 327. — Les lui rend sur la promesse de rompre ses liaisons avec le duc de Bourgogne, 328. — Délivre Yolande, sa sœur, duchesse de Savoie, du château où le duc de Bourgogne la tenait renfermée, 330. Sa joie en apprenant la mort du duc de Bourgogne, 334. — Réunit les deux Bourgognes à la couronne, 336. — Sa réponse aux ambassadeurs de Marie de Bourgogne, 337. — L'Artois lui est confié, 340. — S'empare de l'Artois, 342. — Traitement qu'il fait subir aux habitants d'Arras, 343. — Fait arrêter les ambassadeurs du duc de Bretagne, 344.

Les interroge, 344. — Il confisque le duché d'Étampes sur le duc de Bretagne, 346. — Il traite avec le duc de Bretagne, 347. — nomme une commission pour juger le duc de Nemours, 349. — Cherche à attirer dans son parti le roi d'Angleterre, 351. — Confirme son alliance avec les Suisses, 352. — Fait le procès à la mémoire de Charles-le-Téméraire, *ibid.* — Abandonne Cambrai dont il s'était emparé, 353. — Ses traités avec différents princes, 354. — Réforme qu'il fait dans les troupes, 357. — Il s'empare de la Franche-Comté, *ibid.* — Fait un règlement pour les prisonniers de guerre, 358. — Représailles qu'il exerce envers Maximilien, 359. — Achète les droits de Penthièvre sur la Bretagne, 361. — Réunit l'Anjou à la couronne, 362. — S'empare du Barrois, 363. — Fait un accommodement avec l'Angleterre, 364. — Accueil qu'il fait au cardinal de La Rovère, légat en France, 365. — Conseils qu'il lui donne, *ibid.* — Remet à La Rovère le cardinal de La Balue, 366. — Accorde à Maximilien une trêve de quatre mois, 367. — Conclut avec le même une trêve d'un an, 368. — Sa maladie, *ibid.* — Ses précautions, 369. — Ses divers règlements, *ibid.* — Fait arrêter le comte du Perche, 371. — Lui accorde sa grâce, 372. — Réunit à la couronne le comté de Provence, *ibid.* — Lois et réformes par lui faites, 373. — Traite avec les Gantois, 374 et 375. — Fait des réserves sur Douai, Lille et Orchies, *ibid.* — Sa réponse aux Génois, 376. — Va visiter Charles, son fils, à Amboise, 377. — Sa maladie, 378. — Fait venir François de Paule de la Calabre, 380. — Sa mort, 381. — Son caractère, 383 et 384.

LOUIS XII, roi de France, et d'abord duc d'Orléans, fils de Charles, duc d'Orléans, lequel était fils aîné de Louis, duc d'Orléans, frère de Charles VI. Il épouse Jeanne de France, fille de Louis XI, IV, 300. — Louis XI lui fait promettre de ne rien changer à ses dispositions pour la régence, 378. — Se ligue avec plusieurs seigneurs contre madame de Beaujeu, V, 2. — Obtient les gouvernemens de Paris, de l'Ile-de-France, de Champagne et de Brie, 3. — Mésintelligence entre madame de Beaujeu et lui, 14. — Projette d'enlever Charles VIII, 16. — Déclame au parlement contre madame de Beaujeu, 17. — Présente un mémoire à l'université de Paris contre madame de Beaujeu, 18. — Il se sauve à Verneuil, *ibid.* — Se présente au roi en suppliant, 19. — Traite avec la cour, 21. — Son but en se liguant contre la cour, 25. — Il se sauve en Bretagne, 28. — Est cité dans un lit de justice, 37. — Accuse le sire d'Albret d'avoir voulu l'assassiner, 40. — Est fait prisonnier à la bataille de Saint-Aubin du Cormier, 41. — Est renfermé dans la tour de Bourges, 41 et 42. — Charles VIII le délivre, 50. — Charles VIII lui donne le gouvernement de Normandie, 52. — Ses démarches auprès d'Anne de Bretagne pour l'engager à épouser Charles VIII, 53. — Force la flotte d'Alphonse, roi de Naples, de rentrer dans ses ports, et empêche aussi le roi de s'emparer du Milanais, 70. — Tente de s'en emparer pour son propre compte à l'aide de l'armée que Charles VIII lui avait confiée, 87. — Est renfermé dans Novare par Ludovic Sforce, duc de Milan, et obligé de capituler, ibid. — Propose d'employer les Suisses contre le duc de Milan, et les fait agir sourdement pour demander la bataille, 88. — S'aliène la cour de Charles VIII par ses intrigues pour faire déclarer la guerre au duc de Milan, 94. — Il monte sur le trône, 98. — Sa conduite à l'égard d'Anne de Bretagne, 101. — Sollicite son divorce avec Jeanne de France, 102. — Son divorce est prononcé, 104. — Il donne à César Borgia le duché de Valence, 105. — Épouse Anne de Bretagne, ibid. — Ses règlemens pour les gens de guerre, 107. — Ses règlemens pour la police du royaume, 108. — Vend les offices des finances, 111. — Entre dans Milan, 112. Soumet le Milanais, 116. — Il fournit des troupes aux Florentins contre les Pisans, 118. — Il envoie une armée pour conquérir le royaume de Naples, 125. — Fait un traité avec Ferdinand d'Espagne et Philippe d'Autriche, 132. — Vient en Italie, 134. — Il pourvoit à la sûreté du Milanais, 136. — Sa réponse à Philippe d'Autriche en apprenant la mauvaise foi de Ferdinand d'Aragon, 146. — Somme Ferdinand et Philippe d'observer le traité de Lyon, 151. — Conclut avec Ferdinand une trêve de trois ans, 153. — Sa maladie, ce qui l'occasionne, 164. — Fait faire le procès à plusieurs lévriers de l'armée française en Italie, 170. — Permet aux Français qui avaient capitulé à Gaëte de rentrer en France, 172. — Reproches qu'il fait aux ambassadeurs de Ferdinand d'Aragon, 173. — Conclut à Blois un traité avec Philippe d'Autriche et Maximilien, empereur d'Allemagne, 174. — Se ligue avec Maximilien contre les Vénitiens, 176. — Rend hommage, par procureur, à Maximilien du duché de Milan, 177. — Il tombe malade, ibid. — Il institue régentes du royaume Anne de Bretagne et Louise de Savoie, 178. — Il revient en santé, 179. — Il cède le royaume de Naples à Ferdinand, roi d'Aragon, 179 et 180. — Il lui donne en mariage Germaine de Foix, sa nièce, 180. — Il convoque les états généraux à Tours, 181. — Il est nommé Père du Peuple, ibid. — Supplié de pourvoir à la sûreté du royaume, 182. — Se rend à Gênes pour la punir de sa révolte, 187. — Sa modération pour les impôts, 189. — Sa réponse en apprenant que les histrions l'avaient joué sur leurs tréteaux, *ibid*. — Parcourt le Milanais, 191. — Son entrevue à Savonne avec Ferdinand, *ibid*. — Sa réponse à Condolmier, ambassadeur de Venise, 195. — Entre en Italie pour attaquer les Vénitiens, 196. — Remporte une victoire à Agnadel contre les Vénitiens, 196 et 197. — Fait canonner Venise, 198. — Traite avec Henri VIII, roi d'Angleterre, 200. — Il se détermine à retourner en Italie, 202. — Déclare à la mort du cardinal d'Amboise qu'il sera son premier ministre, 205. — Sa réponse aux Suisses qui demandaient une augmentation de solde, 206. — Il convoque un concile national à Tours, 207. — Rejette les propositions de Jules II retiré à Ravennes, 211. — Fait frapper une médaille contre Jules II, 214. — Envoie une armée en Italie, *ibid*. — Son mot en apprenant la mort de Gaston de Foix, son neveu, tué à Ravennes, 216. — Traite avec les Vénitiens, 221. — Vend des domaines de la couronne, 228. — Se fait transporter en litière à Amiens, pour surveiller ses généraux, *ibid*. — Donne à François et à madame Claude, sa fille, l'administration de la Bretagne, 233. — Promet à Léon X d'abolir la pragmatique, *ibid*. — Épouse Marie, sœur de Henri VIII, roi d'Angleterre, 235. — Sa mort, *ibid*. — Son caractère, *ibid*. — Sa manière de pourvoir aux emplois, VI, 234.

LOUIS XIII, roi de France, fils de Henri IV et de Marie de Médicis, monte sur le trône, VIII, 76. — Il est reconnu majeur au parlement de Paris, 105 et 106. — Il fait appeler les députés des états, 109. — Il ordonne la lecture des remontrances du parlement, 117. — Il congédie la députation du parlement, 120. — Il va au-devant de son épouse, 125. — Il épouse Anne d'Autriche, 128. — Ce qu'il lui écrit au sujet de Luynes, *ibid*. — Ce qu'il disait de Concini, 129. — Il fait son entrée à Paris avec son épouse, 133. — Il vient tenir un lit de justice au parlement, 140. — Il est mécontent de l'autorité que prend Concini, 148. — Il écrit à sa mère exilée à Blois, 167. — Il permet au clergé de rentrer dans les biens que les calvinistes lui avaient enlevés en Béarn, 169. — Son raccommodement avec sa mère, 191. — Son entrevue avec elle, *ibid*. — Il va en Normandie, 200. — Il se présente aux portes d'Angers où était sa mère, *ibid*. — Sa réponse aux députés de sa mère, *ibid*. — Son entrevue avec sa mère au château de Brissac, 204. — Il va dans le Béarn et le soumet, 205. — Il établit un parlement à Pau, *ibid*. — Il revient à Paris, *ibid*. — Il tourne ses forces contre huguenots, 213. — Il marche en Saintonge et dans le Bas-Poitou, 216. — Ses qualités militaires, 220. — Il fait la paix avec les calvinistes, 222. — Tableau de sa cour, 230. — Sa réponse au grand prieur qui lui faisait part des craintes du duc de Vendôme, son frère, 246. — Il va à Nantes, *ibid.* — Il tombe malade en venant assiéger La Rochelle, 266. — Il revient triomphant à Paris, 268. — Il force le Pas-de-Suze, 273. — Il soumet les calvinistes, 274. — Il tombe malade à Lyon, 284. — Il fait promettre au duc de Montmorency de conduire le cardinal de Richelieu à Brouage, 285. — Il promet la disgrâce de Richelieu, *ibid.* — Il justifie Richelieu devant la reine-mère, 287. — Sa réponse à Saint-Simon lors de la Journée des dupes, 289. — Il se décide à quitter Paris, 290. — Il charge le cardinal de La Valette d'assurer Richelieu de sa protection, *ibid.* — Il négocie avec Gaston pour qu'il revienne à la cour, 295. — Il s'avance en Lorraine et signe à Vic un traité avec le duc Charles, 309. — Concert qui règne entre lui et Richelieu, 315. — Il se rend à Toulouse pour y faire juger Montmorency, 324. — Il marche en Lorraine pour punir le duc de sa connivence au mariage de son frère, 334. — Il s'empare d'une partie des états du duc, 336. — Il déclare la guerre aux deux branches de la maison d'Autriche, 354. — Attachement d'estime qu'il témoigne à mesdemoiselles de Hautefort et de La Fayette, 374. — Il établit une commission pour juger le duc de La Valette, et la préside, 392. — Sa réponse au premier président Lejai, qui le priait de renvoyer au parlement le jugement du duc de La Valette, 393. — Achète l'armée du duc de Weimar, 399. — Il suspend le jugement prêt à être rendu contre le duc de Vendôme, 408 et 409. — Il donne une déclaration contre le comte de Soissons, 414 et 415. — Il marche contre le comte de Soissons renfermé à Sedan, 416. — Ce qu'il disait à Cinq-Mars au sujet du cardinal de Richelieu, 420. — Il s'avance vers le Roussillon, 425. — Il va visiter Richelieu à Tarascon, 435. — Il revient à Paris, 436. — Il dénonce à tous les parlements Cinq-Mars comme criminel, 437. — Ce qu'il dit de Richelieu en apprenant sa mort, 445. — Sa déclaration contre Gaston, 447. — Sa réponse à Chavigni qui lui parlait en faveur d'Anne d'Autriche, 451. — Son testament, sa mort, *ibid.* — Son caractère, 452.

LOUIS (Vincent), autrefois secrétaire de Concini, et depuis émissaire de Ruccélaï, abbé de Signi, VIII, 176.

LOUIS XIV, fils de Louis XIII et d'Anne d'Autriche. Sa naissance, VIII, 381. — Il monte sur le trône, IX, 1. — Tient un lit de justice où sont abrogées les dernières volontés de son père, 5. — Il tient un lit de justice pour satisfaire le parlement sur ses demandes, 54. — Sa mère l'emmène à Ruel pour le soustraire aux entreprises du parlement et à l'insolence de la populace, 80. — Il quitte de nouveau Paris, 104. — Il vient à Paris après l'accommodement de Saint-Germain, 141. — Lit de justice tenu pour sa majorité, 220 et 221. — Il va au-devant du cardinal Mazarin qui revenait à la cour, 240. — Il va à Saint-Denis après la bataille de Saint-Antoine, 272. — Il visite les députés des Parisiens venus à Saint-Germain, 287. — Il rentre dans Paris, 290. — Il tient un lit de justice où il interdit au parlement toute délibération sur le gouvernement et les finances, 291. — Il assiste à la séance du parlement, où Condé est déclaré criminel de lèse-majesté, 298. — Son sacre, 305. — Son éducation, 305 et 306. — Son goût pour Marie Mancini, nièce de Mazarin, ibid. — Ce que disait de lui le cardinal Mazarin aux maréchaux de Grammont et de Villeroi, 307. — Ses premières armes, 308. — Il se transporte en bottes au parlement, et y défend l'assemblée des chambres, 312 et 313. — S'allie avec Cromwell, 316. — Lui remet Dunkerque, 319. — Il tombe malade, ibid. — Ses habitudes, 321. — Son entrevue à Lyon avec Marguerite de Savoie, qu'il devait épouser, 322. — Il est forcé de se séparer de Marie Mancini, nièce de Mazarin, 325. — Son contrat de mariage avec l'infante d'Espagne, 333. — Fait élever un fort à Marseille, détruit les fortifications d'Orange, et agit en souverain à Avignon, 337 et 338. — Ce qu'il dit au prince de Condé à son retour en France, ibid. — Son mariage avec l'infante à Fontarabie, ibid. — Il prend en main le gouvernement, 341. — Fait arrêter le surintendant des finances Fouquet, 344. — Il fait reconnaître la préséance de la France sur l'Espagne, 350. — Réparation qu'il exige de la violence faite à son ambassadeur à Rome, 351. — Comment il emploie sa journée, 352. — Ses liaisons avec Henriette d'Angleterre, sa belle-sœur, 353. — Il encourage les sciences et établit des manufactures, 354. — Confie la restauration des finances à Colbert, 355. — S'empare de Marsal et transige avec le duc de Lorraine qui l'avait fait héritier de ses états, 358. — Donne des secours à l'empereur contre les Turcs, 359. — S'allie aux Hollandais contre l'Angleterre, 360. — Fait la paix à Bréda et y acquiert l'Acadie, 361. — Ses établissements pendant la paix, ibid. S'attache à madame de La Vallière et à madame de Montespan, 364. — Il déclare la guerre à l'Espagne, 367. — Ses conquêtes en Flandre, 368 et 369. — Et en Franche-Comté, 370. — Est forcé par l'Angleterre et la Hollande à borner ses conquêtes, et à faire la paix d'Aix-la-Chapelle, *ibid.* — Demande au pape une commission pour juger les quatre évêques réfractaires au formulaire, 376, — Il négocie avec l'Angleterre par l'entremise de sa belle-sœur, 380. — Le secret en est divulgué. Ce qu'il dit à Turenne à ce sujet, 382. — Il négocie avec différentes puissances contre la Hollande, 386. — Il entre en Hollande, 387. — Opère son passage sur le Rhin, 390. — Refuse la paix aux Hollandais, 392. — Ses fautes dans l'invasion, 394. — Son retour à Paris, 395. — Ordonne l'évacuation de la Hollande, 401. — Ses alliés l'abandonnent, *ibid.* — Il s'empare de la Franche-Comté, 402. — Manque et regrette l'occasion de combattre près de Valenciennes Guillaume III, prince d'Orange, 426. — Il investit Valenciennes et s'en empare, X, 2. — Prend Gand et Ypres et fait des propositions de paix, 7. — Dicte la paix à Nimègue, 12. — Sa hauteur depuis cette époque, 14. — Ce qu'il dit dans ses mémoires du marquis de Pompone, son ministre disgracié, 14 et 15. — Son ordonnance au sujet de la régale, 18. — Résistance qu'elle éprouve, 18 et 19. — Convoque l'assemblée du clergé à ce sujet, *ibid.* — Fait enregistrer les quatre articles arrêtés par cette assemblée contre les empiétements des papes, 21. — Fait bombarder deux fois Alger et Gênes, 22. — Réunions qu'il opère en vertu du traité de Nimègue, 24. — Surprend Strasbourg, 25. — Trêve de Ratisbonne qui le laisse provisoirement en jouissance, 26. — Tableau de la première moitié de son règne, 28 et 29. — Il se détache de madame de Montespan, 33. Il devient épris de mademoiselle de Fontanges, 35. — Il épouse madame de Maintenon, 36. — Il révoque l'édit de Nantes, 37, — Il envoie des troupes contre les camisards, 44. — Ligue d'Augsbourg contre lui, 46. — Démêlés avec le pape au sujet des franchises, 48. — Inutiles avances qu'il fait pour les terminer à l'amiable, 50. — Porte en vain le cardinal de Furstemberg à l'électorat de Cologne, 51. — Saisit Avignon et fait appeler au futur concile des mesures éventuelles que le pape pourrait prendre, 52. — Piqué des mécomptes qu'il éprouve, il se détermine à la guerre contre la ligue et commence les hostilités, 53. — Donne un asile à Jacques II, roi d'Angleterre, chassé de ses états par le stathouder Guillaume, prince d'Orange, son gendre, 54. — Fait ravager le Palatinat, 55. — Donne une flotte au roi Jacques pour le porter en Irlande, 57. — Prend Mons en personne, 65. — Son embarras, 66. — Il envoie à la monnaie ses meubles d'argent, 67. — S'empare de Namur à la vue de Guillaume et du duc de Bavière, 69. —

Institue l'ordre militaire de Saint-Louis, 75. — Laisse échapper l'occasion de se mesurer avec le prince d'Orange, et paraît à l'armée pour la dernière fois, 76. — Envoie en possession de leur temporel les évêques nommés par lui, et auxquels le pape avait refusé des bulles, 81. — Fait des tentatives inutiles pour la paix, *ibid.* — Fait des offres au duc de Savoie pour le détacher des alliés, 83. — Veut être soumis à la capitation, 85. — Tente une nouvelle expédition maritime en faveur du roi Jacques, 88 et 89. — Fait la paix avec le duc de Savoie à Vigevano, *ibid.* — Avec les autres puissances belligérantes à Ryswick, 90 et 91. — Reconnaît le prince d'Orange pour roi d'Angleterre, 92. — Son ambassadeur est présent au traité de partage, minuté à Londres, de la succession d'Espagne, 94. — Accepte le testament du roi d'Espagne en faveur de Philippe, duc d'Anjou, son petit-fils, 96. — Guillaume forme une nouvelle ligue contre lui, 98. — Reconnaît le prince de Galles, fils de Jacques II, pour roi d'Angleterre, 100. — Croit s'attacher le duc de Savoie, en faisant épouser sa seconde fille au roi d'Espagne, *ibid.* — Rappelle Catinat d'Italie pour les soupçons qu'il concevait contre le duc, 102. — Investit Chamillard des ministères des finances et de la guerre, 103. — Sa sensibilité à la gloire de la nation, 109. — Donne ordre de traiter le duc de Savoie en ennemi, 115. — Le roi de Portugal l'abandonne et ouvre ses portes à l'archiduc Charles, 121. — Envoie Villars dans les Cévennes, 128. — Demande au pape une bulle à l'occasion du cas de conscience, 133. — Dispose une expédition maritime pour porter le chevalier de Saint-Georges en Écosse, 150. — Ses efforts pour obtenir la paix, 155. — Rejette les préliminaires signifiés par les alliés, 159. — Conclut des préliminaires avec l'Angleterre, 176. — Ses pertes, 178 et 179. Généreuse résolution du roi, 183 et 184. — Conclut la paix d'Utrecht, 190. — De Rastadt et de Bade, 200. — Demande à Clément XI de s'expliquer sur le livre des réflexions morales du P. Quesnel, 207. — Fait enregistrer la bulle *Unigenitus*, donnée par le pape à ce sujet, 209. — Veut faire déposer les évêques récalcitrants, et se propose d'assembler un concile à cette fin, 210. — Sa vieillesse, 211. — Son testament, 212. — Ce qu'il dit en remettant son testament au premier président, *ibid.* — Sa mort, *ibid.* — Sa justification, 214. — Ses paroles en mourant au dauphin, depuis Louis XV, 215 et 216. — Son éloge, 216. — Réponse fière qu'il fait au comte de Stairs, ambassadeur d'Angleterre, au sujet des fortifications de Mardik, 229.

LOUIS DE FRANCE, dauphin, dit Monseigneur *ou* le grand dauphin, fils de Louis XIV. Sa naissance, IX, 351. — Ce que lui dit Louis XIV à son départ pour l'armée, X, 53. — S'empare de Philisbourg et du Palatinat, qui est ravagé, 54. — Est opposé sur le Rhin au duc de Bavière, son beau-père, 63. — Commande sur le Rhin, 76. — En Flandre, 82. — Sa mort, 176. — Ses instituteurs, 179. — Sa conduite à l'égard du duc de Bourgogne, son fils, *ibid.*

LOUIS DE FRANCE, duc de Bourgogne, puis dauphin, fils du précédent. (*Voy.* BOURGOGNE.)

LOUIS I, neveu du précédent, roi d'Espagne par l'abdication de Philippe V, son père. Sa mort, X, 294.

LOUIS XV, roi de France, fils du duc de Bourgogne ci-dessus, et arrière-petit-fils de Louis XIV, X, 178. — Paroles que lui adresse Louis XIV à son lit de mort, 215 et 216. — Il monte sur le trône, 218. — Son confesseur privé de pouvoirs par le cardinal de Noailles, 284. — Son sacre et sa majorité, 289. — Il épouse Marie-Charlotte Leczinska, fille de Stanislas, roi de Pologne, détrôné, 295. — Sa vie et ses habitudes, 296. — Remercie M. le Duc et nomme premier ministre le cardinal de Fleuri, son précepteur, 299. — Place en différentes villes des compagnies de cadets gentilshommes, 300. — Sa lettre à Philippe V, 305. — Refuse d'entendre le parlement qui l'était venu trouver sans se faire annoncer, 312. — Reçoit les démissions des enquêtes et des requêtes et les rend peu après, 313 et 314. — Sa vie, 316. — Excite son beau-père à remonter sur le trône de Pologne, 317. — Le soutient faiblement, 319. — S'empare de la Lorraine, 323. — Obtient à la paix de Vienne l'expectative de la Lorraine, 328. — Garantit la pragmatique de l'empereur Charles VI au sujet de sa succession, 329. — Changement dans ses mœurs, 330. — Intervient dans les affaires de la Corse, 333. — Fait passer des troupes dans l'île, et est forcé de les retirer, *ibid.* — Entre dans la ligue contre la reine de Hongrie, 337 et 338. — Déclare la guerre à l'Angleterre et à l'Autriche, 359. — Essaie de porter le second prétendant en Angleterre, 360. — Se rend à l'armée de Flandre, 362. — Tombe malade à Metz, 366. — Renvoie la duchesse de Châteauroux ; est surnommé le Bien-Aimé, 367. — Rappelle la duchesse, 368. — Est présent, ainsi que le dauphin, à la bataille de Fontenoy, 369. — Refuse de se retirer, et livre des pièces de canon destinées à protéger sa retraite, et qui décidèrent de la victoire, 370 et 371. — Leçon d'humanité qu'il donne à son fils sur le champ de bataille, 372. — Ordonne l'invasion de la Hollande, XI, 4 et 5. — Conclut la paix d'Aix-la-Chapelle, 8 et 9. — S'attache à madame le Normand d'Étioles, qu'il fait marquise de Pompadour, 11. — Se forme un sérail, 12. — Impose silence au parlement dans l'affaire des billets de confession, 19. — L'exile pour son refus de surseoir à ses poursuites contre l'archevêque de Paris, et institue une chambre royale pour le remplacer, *ibid.* — Le rappelle à l'occasion de la naissance de Louis XVI, 20. — Tient un lit de justice pour réprimer de nouvelles atteintes de ce corps, dont la presque totalité offre sa démission, 22. — Il est assassiné par Damiens, 24. — Rétablit le parlement, 25. — Exile l'archevêque de Paris, *ibid.* — Renvoie MM. de Machault et d'Argenson, *ibid.* — Ses négociations avec l'Angleterre au sujet des limites du Canada, 26. — Sa rupture avec cette puissance qu'elle menace d'une descente, 31. — Son ressentiment des plaisanteries du roi de Prusse sur son sujet, le détermine à s'allier à l'Autriche et allume la guerre de sept ans, 35. — Appelle le duc de Choiseul au ministère, 64. — Conclut avec l'Espagne le traité d'alliance dit le pacte de famille, 84. — Conclut le traité de paix avec l'Angleterre, 93. — Rend une déclaration pour surseoir à statuer sur l'institut des jésuites, 103. — Consulte une assemblée d'évêques sur son utilité, *ibid.* — Rend un édit qui confirme la dissolution de la société en France, 105 et 106. — Évènements de la cour vers la fin de son règne, 108. — Témoigne peu de regret de la mort de madame de Pompadour, *ibid.* — La remplace par madame du Barri, *ibid.* — Témoigne de l'indifférence à son fils et le laisse braver par le duc de Choiseul, 109. — Le perd, 110. — Perd la reine, 112. — Acquiert la Corse, *ibid.* — Y fait passer des troupes, 113. — En expulse Paoli, qui avait essayé de défendre l'indépendance de sa patrie, 116. — Embrasse la cause du duc de Parme, son petit-fils, contre le pape, et se saisit d'Avignon, 119. — Continue à la paix la levée des impôts établis pour la durée de la guerre, 122. — Exile le parlement de Besançon qui s'y oppose, *ibid.* — Le satisfait sur quelques articles, 125. — Fait arrêter MM. de la Chalotais et quelques autres magistrats du parlement de Bretagne, comme prévenus d'être les auteurs de libelles diffamatoires contre sa personne, 127. — Établit une commission à Saint-Malo pour les juger, *ibid.* — Évoque l'affaire à son conseil et éteint les accusations et les poursuites, 129. — Ordonne que les accusations du parlement de Bretagne contre le duc d'Aiguillon soient poursuivies par-devant lui au parlement de Paris, 132. — Tient un lit de justice pour arrêter les procédures, 133. — Tient un second lit de justice pour interdire au parlement d'user du terme de classes pour désigner les parlements de provinces en établissant le système d'un parlement unique, 135. — Il exile le duc de Choiseul, appui des parlements, 136. — Exile les magistrats et compose un nouveau parlement, 138. — Il l'installe et promet de le maintenir, 139. — Réorganise les parlements des provinces, 140. — Réduit les rentes, 141. — Laisse partager une partie de la Pologne, 142. — État de sa cour, 147. — Ses dernières années, 148. — Sa mort, 150. — Son caractère, *ibid.* — Ses établissements, 151.

LOUIS DE FRANCE, dauphin, fils de Louis XV et de Marie Leczincka, accompagne son père à la bataille de Fontenoy, X, 369. — Leçon d'humanité qu'il reçoit sur le champ de bataille, 272. — Veut charger la colonne anglaise et en est empêché, *ibid.* — Épouse en secondes noces Marie-Josèphe, fille d'Auguste III, électeur de Saxe et roi de Pologne, XI, 1. — Caractère de son épouse, *ibid.* — Est appelé un moment au conseil, lors de l'assassinat du roi, 25. — Sollicite en vain de paraître à l'armée après la bataille de Crevelt, 54 et 55. — Est bravé par le duc de Choiseul, 109. — Sa mort, 110. — Son caractère, *ibid.* — Est enterré à Sens, 111.

LOUIS XVI, roi de France, fils de Louis Dauphin et de Marie-Josèphe de Saxe, et petit-fils de Louis XV, d'abord duc de Berry et ensuite dauphin. Sa naissance, XI, 20. — Il épouse Marie-Antoinette, fille de l'impératrice Marie-Thérèse, 147. — Accidens qui accompagnent les fêtes de son mariage, *ibid.* — Monte sur le trône, 152. — Veut appeler M. de Machault au ministère; en est dissuadé et nomme M. de Maurepas, *ibid.* — Rétablit le parlement, 153. — Appelle MM. Turgot et de Malesherbes au ministère, 154, 155 et 156. — Ce qu'il dit du premier en le renvoyant, 157. — Nomme M. Necker au ministère des finances, 158 et 159. — Conclut un traité d'alliance et de commerce avec les insurgés américains, 170 et 171. — En donne communication à la cour d'Angleterre, qui retire son ambassadeur, 171 et 172. — Envoie des secours aux Américains, *ibid.* — Refuse à l'empereur le secours qu'il réclame de la France, en vertu de l'alliance entre les deux cours, à l'occasion de la succession de Bavière, 181. — Permet l'impression du compte rendu de M. Necker, 192. — Démission de ce ministre, 193. — Protége les colonies hollandaises, 208. — Signe la paix qui assure l'indépendance des États-Unis d'Amérique, 226. — Conclut un traité de commerce avec l'Angleterre, 229. — Médiateur entre la Russie et la Turquie, au sujet de la Crimée, 231. — Inutilité de ses réformes personnelles, *ibid.* —

Appelle M. de Calonne au contrôle général, 233. — Médiateur entre l'empereur et les Hollandais au sujet de la navigation de l'Escaut, 234. — Invite l'empereur à renoncer au projet d'échange des Pays-Bas contre la Bavière, 235. — Paraît vouloir armer en faveur des républicains hollandais opposés au stathouder, qui réclame les secours de la Prusse, 235 et 236. — Convoque une assemblée de notables pour y pourvoir, 240. — Établit un nouveau ministère dont l'archevêque de Toulouse est le chef, 242. — Tient un lit de justice pour l'établissement d'emprunts graduels, 244. — Un autre pour remplacer le parlement par une cour plénière, 248. — Reçoit la démission de l'archevêque et rappelle M. Necker, 249. — Convoque une seconde assemblée des notables pour aviser à la forme des états généraux, 252. — Accorde une double représentation à l'ordre du tiers état, 253. — Ouvre les états généraux de 1789, 258. — Tient séance royale pour maintenir la délibération par ordre, 263. — Renonce à son opinion et ordonne à l'ordre de la noblesse de se réunir, 268. — Renvoie M. Necker, 271. — Se rend à l'assemblée pour lui apprendre qu'il a éloigné les troupes appelées aux environs de Paris, et rappelé M. Necker, 277. — Vient à Paris et reçoit la cocarde tricolore, 279. — Sa réponse aux décrets du 4 août, 286 et 277. — Il est contraint de les sanctionner, 288. — Son palais est forcé au 6 octobre, 297. — Il est amené à Paris pour y demeurer, 298. — Réprime les efforts indiscrets des parlemens pour le servir, 306. — Abandonne le livre rouge, 312. — Discours touchant qu'il adresse à l'assemblée, 314. — Serment qu'il prononce à la fête de la fédération, 318. — Accepte malgré lui la constitution civile du clergé, 321. — Désarme les nobles qui s'étaient réunis aux Tuileries pour le défendre, 324. — Sa triste situation, ibid. — Obstacles apportés à son voyage à Saint-Cloud, 329 et 330. — Sa fuite à Varennes et son arrestation, 332. — Il est suspendu de son pouvoir, 335. — Il le recouvre en acceptant la constitution, 336. Oppose son *veto* au décret de l'assemblée législative contre ses frères, 341. — Refuse de donner sa sanction à un décret contre les prêtres insermentés, 342 et 343. — Est forcé de déclarer la guerre au roi de Bohême, 357. — Sa garde est cassée, ibid. — Ose à peine ouvrir la bouche dans le conseil des ministres jacobins qu'il avait acceptés, ibid. — Les destitue, ibid. — Première attaque de son château, 358. — Sa fermeté, ibid. — Seconde attaque, 364. — Assigne les postes des défenseurs du château, 365. — Se retire avec sa famille dans l'assemblée législative, 367. — Envoie aux Suisses l'ordre de quitter le château, 368. — Son pouvoir est suspendu et il est enfermé au Temple, 370. — Rapports des comités de la convention sur son jugement, 378. — Opinions forcenées émises contre lui, 379. — Comparaît à la barre de la convention, 387. — Se choisit des conseils, *ibid.* — Sa défense et son discours dans la Convention, 388. — Est condamné à mort, 390. — Demande un sursis de trois jours qui lui est refusé, 391. — Sa dernière entrevue avec sa famille, 392. — Se prépare à la mort, 393. — Son testament, 397. — Paroles que lui adresse son confesseur au pied de l'échafaud, 398. — Sa mort, 399. — Son éloge, *ibid.*

LOUIS (Charles), dauphin, prince royal, fils du précédent, est enfermé avec lui au Temple, XI, 371. — Y périt par suite des mauvais traitemens qu'il y éprouve, 396, la note marquée *.

LOUISE DE SAVOIE, duchesse d'Angoulême, sœur de Charles III le Bon, duc de Savoie, épouse de Charles, comte d'Angoulême, et mère de François I, roi de France, V, 29. — Est appelée comme témoin dans le procès du maréchal de Gié, 166. — Sa déposition est défavorable à Gié, 168. — Louis XII l'institue régente conjointement avec Anne de Bretagne, 178. — François I érige pour elle le comté d'Angoulême en duché, 256. — Est régente du royaume pendant l'expédition de François I en Italie, 266. — Intente un procès au connétable de Bourbon, 289. — François I la nomme régente du royaume pendant son expédition d'Italie, 310. — Propositions qu'elle fait pour obtenir la liberté de son fils, 317. Traite avec Henri VIII, 322 et 323. — Amène les deux fils aînés de France sur la frontière d'Espagne, 326. — Signe un traité de paix à Cambrai avec Charles-Quint, 344.

LOUISE DE CHATILLON, fille de l'amiral de Coligni, épouse Téligny, VI, 328.

LOUISE DE VAUDEMONT, reine de France, fille de Nicolas, duc de Mercœur, et cousine germaine du duc de Lorraine Charles III, épouse Henri III, VII, 21. — Triste au milieu des grandeurs: Pourquoi? *ib.* — Elle forme opposition à l'édit de Folembay, rendu en faveur du duc de Mayenne, 393.

LOUISE GABRIELLE DE SAVOIE, reine d'Espagne, seconde fille de Victor-Amédée, duc de Savoie, et premier roi de Sardaigne, épouse Philippe V, roi d'Espagne, X, 100. — Sa mort, 227.

LOUISE DE FRANCE (Madame), fille de Louis XV et de Marie Leczinska, se fait carmélite, XI, 109.

LOUP, ministre de Brunehaut, est obligé de fuir, I, 311.

DES MATIÈRES.

LOUPE (le baron de la). Entre dans une cabale formée contre Marie de Médicis, VIII, 102, à la note 2.

LOUVET (le sire de), confident de Charles Dauphin, est soupçonné d'avoir assassiné le duc de Bourgogne, IV, 92. — Va en Bretagne négocier avec le duc Jean-le-Sage, 109. — Est forcé de quitter le ministère, 113.

LOUVIÈRE (La), fils de Broussel, conseiller au parlement, supplée son père dans le gouvernement de la Bastille, IX, 112. — Il rend la Bastille au roi, 290.

LOUVIGNY (Roger de Grammont, comte de), frère d'Antoine, maréchal de Grammont, confident de Chalais, dévoile à Richelieu les projets de Chalais, VIII, 248.

LOUVOIS (François-Michel Le Tellier, marquis de), ministre de la guerre sous Louis XIV, par la démission de Michel Le Tellier, son père, depuis chancelier de France, IX, 357. — Ses talens, son activité, 388. — Est chargé de rédiger avec le marquis de Pompone les conditions offertes aux Hollandais par Louis XIV, 393. — S'oppose à ce que les villes fortes de la Hollande soient démantelées, 395. — Dissuade le roi d'attaquer le prince d'Orange sous Bouchain, 427. — Force la ville de Strasbourg à se soumettre à la France, X, 25. — Sa mort. Ce que le président Hénault dit de lui, 67 et 68.

LOWENDAL (Ulric-Frédéric Waldemar, comte de), maréchal de France, arrière-petit-fils d'un fils naturel de Frédéric III, roi de Danemarck. Il prend d'assaut Berg-op-Zoom, ville réputée imprenable, XI, 6.

LOYOLA (Don Inigo ou Ignace de), gentilhomme espagnol, blessé à Pampelune, V, 274. — Fondateur de la société des Jésuites, ibid.

LUAN (Jean de), capitaine des gardes du duc d'Orléans, se donne pour garant de la promesse de Dunois, V, 436.

LUBERSAC (Jean-Baptiste-Joseph de), évêque de Chartres, député aux états généraux de 1789, provoque la liberté de la chasse à la journée du 4 août, XI, 284.

LUCKNER (le baron de), est fait maréchal de France par Louis XVI, qui lui confie une armée de cinquante mille hommes, XI, 348. — Son armée, dénuée de tout, ne peut résister au roi de Prusse, 366. — Il est retenu par la défiance en seconde ligne, 388.

LUDE (Jean de Daillon, seigneur du), confident de Louis XI, approuve le dessein de ce prince sur les états de Marie de Bourgogne, IV, 338. — Arrête le comte du Perche et le conduit à Chinon, 371.

LUDE (François de Daillon, comte du), arrière-petit-fils de Jacques de Daillon, fils du précédent, est nommé gouverneur de Gaston, frère de Louis XIII, à la place du sieur de Brèves, VIII, 225. — Sa mort, *ibid.*

LUITPERT, archevêque de Mayence, retire Charles-le-Gros, II, 113.

LUMNORIX. (*Voy.* LOMNORIX.)

LUSIGNAN (Gui de), second fils de Hugues VIII, dit Lebrun, seigneur de Lusignan. Roi de Jérusalem par son mariage avec la reine Sibylle; il le perd et achète de Richard, roi d'Angleterre, le royaume de Chypre, II, 247. — Revendique le titre de roi de Jérusalem contre les prétentions du marquis de Montferrat, *ibid.*

LUSIGNAN (Henri de), frère du précédent, petit-fils d'Amauri, roi de Chypre, reçoit Louis IX, II, 310.

LUSIGNAN (Hugues X, sir de), comte de La Marche, fils de Hugues IX et petit-fils de Hugues VIII, dit Lebrun, investit Louis IX et sa cour dans Poitiers, II, 303. — Une partie de ses états est confisquée, 305.

LUSIGNAN (Pierre I de), roi de Chypre, arrière-petit-fils de Hugues III le Grand, roi de Chypre, lequel était, par Henri, son père, petit-fils de Bertrand IV, prince d'Antioche, et par Isabelle, sa mère, neveu et héritier du précédent. Il vient en France demander du secours contre les Sarrasins, III, 235.

LUSTRAC (Marguerite de), veuve du maréchal de Saint-André, amante du prince de Condé, lui donne la terre de Vallery, VI, 237.

LUTARIUS, général gaulois, se rend maître de l'Hellespont, I, 29. — Donne des secours à Nicomède I, roi de Bithynie, pour recouvrer ses états, *ibid.*

LUTGARDE, femme de Charlemagne, II, 43.

LUTHER (Martin), religieux augustin et théologien de Wittemberg en Saxe. Ses prédications contre les indulgences, V, 243. — Passe de l'attaque de l'abus à l'attaque du dogme. — Il est excommunié par Léon X, *ibid.* — En devient plus furieux et attaque les mystères et la hiérarchie, *ibid.* — Troubles que sa doctrine fait naître dans l'empire, 244. — Est déclaré perturbateur du repos public, *ibid.* — Ses dogmes, *ibid.* — Son mariage et sa mort, 245. — Sectes diverses nées de sa doctrine, *ibid.* — Entrevue de Clément VII et de Charles-Quint à Boulogne pour arrêter les progrès de sa doctrine, 346. — Permission qu'il accorde au landgrave de Hesse d'avoir deux épouses à la fois, 425.

LUXEMBOURG. Origine de cette maison, III, 392 et à la note.

LUXEMBOURG (Henri VII, comte de), empereur d'Allemagne, petit-fils de Henri de Limbourg, tige de toutes les branches de la maison de Luxembourg. (*Voy.* HENRI.)

LUXEMBOURG (Jean, duc de), roi de Bohême, fils du précédent, est tué à la bataille de Créci, III, 153.

LUXEMBOURG (Charles IV, duc de), roi de Bohême et empereur d'Allemagne, fils du précédent. (*Voy.* CHARLES IV.)

LUXEMBOURG (Sigismond, duc de), roi de Bohême et de Hongrie, et empereur d'Allemagne, fils du précédent. (*Voy.* SIGISMOND.)

LUXEMBOURG (Élisabeth, duchesse de), nièce du précédent, vend son duché à Philippe-le-Bon, duc de Bourgogne, IV, 203.

LUXEMBOURG-LIGNY (Valeran III de), connétable de Saint-Paul, quatrième descendant de Valeran I, second fils de Henri de Limbourg. (*Voy.* SAINT-PAUL.)

LUXEMBOURG-SAINT-PAUL (Jean de), dit le comte de Ligny, neveu du précédent. Commande les Bourguignons à la bataille de Cravant, IV, 105. — Achète la Pucelle d'un capitaine bourguignon qui l'avait fait prisonnière et la livre aux Anglais, 139. — La visite dans sa prison, 145.

LUXEMBOURG-SAINT-PAUL (Jacqueline de), nièce du précédent, et sœur du second connétable de Saint-Paul. Elle épouse le duc de Bedfort, régent de France pour le roi d'Angleterre, IV, 152.

LUXEMBOURG-SAINT-PAUL (Louis de), connétable de France, frère de la précédente, petit-neveu du connétable de Saint-Paul. (*Voy.* SAINT-PAUL.)

LUXEMBOURG-SAINT-PAUL (Louis de), comte de Ligny, fils du précédent. (*Voy.* LIGNY.)

LUXEMBOURG-SAINT-PAUL (Marie de), petite-fille du connétable Louis, porte les biens de la branche aînée de sa maison dans celle de Bourbon, par son mariage avec François de Bourbon, comte de Vendôme, bisaïeul de Henri IV, VII, 237, à la note.

LUXEMBOURG-FIENNES (Philippe de), cardinal et évêque du Mans, fils de Thibault, tige des branches de Luxembourg-Fiennes et Martigues, et frère du connétable Louis. Commissaire nommé par le pape Alexandre VI dans l'affaire du divorce de Louis XII, V, 102.

LUXEMBOURG-MARTIGUES (Sébastien de), duc de Penthièvre par Charlotte de Brosse, sa mère, et arrière-petit-fils de Thibault ci-dessus, dit le chevalier Sans-Peur, et colonel-général de l'infanterie française. Il sauve la vie à Lanoue après la bataille de Jarnac, VI, 297.

LUXEMBOURG-MARTIGUES (Marie de), héritière de Penthièvre

comme fille aînée du précédent. Elle épouse Philippe-Emmanuel, duc de Mercœur, frère de Louise de Vaudemont, épouse de Henri III, et lui porte ses prétentions sur la Bretagne, VII, 270 et 271, à la note.

LUXEMBOURG-PINEY (François, duc de) et prince de Tingri, arrière-petit-fils d'Antoine de Luxembourg-Brienne, fils puîné du connétable Louis. (*Voy.* PINEY.)

LUXEMBOURG-PINEY (Henri, duc de), fils du précédent, entre dans une cabale contre Marie de Médicis, VIII, 102, à la note.

LUXEMBOURG-PINEY (Marie-Charlotte, duchesse de), fille du précédent, porte les biens de sa maison dans celle de Luynes, puis dans celle de Clermont-Tonnerre, VII, 237, à la note.

LUXEMBOURG-PINEY (Madelaine-Charlotte-Bonne-Thérèse de Clermont-Tonnerre, duchesse de), fille du précédent, porte les biens de sa branche dans la maison de Montmorency par son mariage avec François-Henri de Montmorency, comte de Boutteville, dit le maréchal de Luxembourg, VII, 237, à la note.

LUXEMBOURG (François-Henri de Montmorency-Bouteville, maréchal de), époux de la précédente, posthume de François de Montmorency-Bouteville, décapité pour duel, VIII, 265. — S'enfuit de la cour après l'arrestation du prince de Condé, IX, 161. — Fait entrer un convoi dans Arras assiégée par le maréchal de Turenne, 310. — Remis en activité, fait campagne en Franche-Comté sous le roi et le prince de Condé, 370. — Tente de surprendre La Haye à la faveur des glaces, et est contrarié par le dégel, 399. — Remplace le prince de Condé en Flandre, 424. — Commande en Alsace et y fait la guerre avec timidité, 428. — Décide le gain de la bataille de Cassel, X, 4. — Bat le prince d'Orange à Saint-Denis sous Mons, 12. — S'empare du territoire de Clèves, ce qui décide la paix de Nimègue avec l'empereur, 13. — Il est mis à la Bastille et ensuite exilé, pourquoi, 16. — Il bat le prince de Waldeck à Fleurus, 62. — L'arrière-garde du même à Leuze, 65. — Il force le prince d'Orange et le duc de Bavière à demeurer inactifs sur la Méhaigne pendant le siége de Namur, 69 et 70. — Bat le prince d'Orange à Steinkerque, *ibid.* — A Nervinde, 76 et 77. — Belle campagne défensive en Flandre, et marche célèbre de Vignacourt, 82. — Sa mort, 85.

LUXEMBOURG-PINEY (Anne-Charles-Sigismond, duc de), héritier avec Anne-Paul-Samuel-Sigismond, son frère puîné, des biens du précédent, leur trisaïeul, fils de Charles-Anne-Sigismond, duc d'Olonne, petit-fils de Paul-Sigismond, duc de Châtillon-sur-

Loing, second fils du précédent et frère de Charles-François-Frédéric, duc de Piney, et de Christian-Louis, prince de Tingry, comte de Beaumont, dit le maréchal de Montmorency. Il est élu président de la noblesse aux états généraux de 1789, XI, 266. — Sa conversation avec Louis XVI, 267 et 268. — Sa réunion en conséquence à l'ordre du tiers état, *ibid.*

LUYNES (Charles d'Albert, duc de), connétable de France, gentilhomme provençal, favori de Louis XIII, qui l'envoie porter à Anne d'Autriche sa première lettre de compliment, VIII, 128. — Il fait venir ses deux frères à la cour, 145. — Sa conduite à l'égard des Espagnols, 160. — Il épouse Marie de Rohan-Montbazon, *ib.* — Il apaise la reine-mère, 165. — Il négocie avec la reine-mère, 166. — Il favorise les jésuites qui sollicitaient l'ouverture de leurs classes, 168. — Il favorise le clergé, *ibid.* — Il obtient pour lui la confiscation des biens du maréchal d'Ancre, 169. — Il est jalousé, 170. — Il veut poursuivre Marie de Médicis qui venait de se sauver de Blois où elle était exilée, 183. — Il est forcé de traiter avec elle, *ibid.* — Il fait avancer des troupes contre le duc d'Épernon, 184. — Il fomente des divisions dans la cour de la reine-mère, 185. — Il va au-devant de Marie de Médicis qui venait de s'accommoder avec la cour, 191. — Il va tirer le prince de Condé de Vincennes, 193. — Cabale à la cour contre lui, 196. — Elle devient très-puissante, 197. — Il veut terminer à l'amiable la guerre entre Louis XIII et sa mère, 201. — Il recherche l'alliance de l'évêque de Luçon, 208. — Il cherche à empêcher que Richelieu ne soit fait cardinal, *ibid.* — Sa conduite à l'égard de Bassompierre, 209. — Il est fait connétable, 217. — Il est fait garde des sceaux, 218. — Sa mort, 219.

LUYNES (Honoré d'Albert de), seigneur de Cadenet, duc de Chaulnes, maréchal de France, frère du précédent. (*Voy.* CADENET).

LUYNES (Léon d'Albert de), seigneur de Brantes, duc de Luxembourg-Piney, par son mariage avec l'héritière Marie-Charlotte, frère des précédents. (*Voy.* BRANTEZ).

LUYNES (Louis-Charles d'Albert, duc de), fils du connétable, embrasse le parti de la Fronde. Pourquoi, IX, 116.

LUYNES (Paul d'Albert, cardinal de), archevêque de Sens, arrière-petit-fils du précédent. Décision favorable aux jésuites par les évêques assemblés chez lui par l'ordre de Louis XV, XI, 104.

LUZ (le baron de), lieutenant de Biron, lui envoie Picoté qu'il avait arrêté en Bourgogne, VII, 427. — Biron lui donne toute sa confiance depuis le pardon qu'il avait obtenu à Lyon, 450. — Biron l'envoie à la cour, 453. — Il se décide à aller trouver Henri IV, 470 et 471. — Il s'attache à la faction des princes, VIII, 95. — Il est tué par le chevalier de Guise, 96.

LUZ, fils du précédent, est tué en duel par le chevalier de Guise, VIII, 96.

LUZERNE (le comte de la), ministre de la marine, XI, 242. — Donne sa démission, 320.

LYS (la faction du). Pourquoi ainsi nommée, III, 30. — Est massacrée dans Bruges, 31.

M

MABLY (l'abbé Bonnot de), frère aîné de l'abbé de Condillac, écrivain politique. Ce qu'il dit des opérations de l'assemblée de Munster, IX, 90.

MACARTNEY (lord) rend l'île de la Grenade au comte d'Estaing, XI, 178.

MACASSAR. L'un des témoins qui déposent dans l'affaire de l'assassinat médité contre le prince de Condé, IX, 153.

MACHAULT (Jean-Baptiste de), seigneur d'Arnouville, conseiller au parlement, l'un des rédacteurs des ordonnances de Louis XIV, IX, 361, à la note.

MACHAULT (Jean-Baptiste de), seigneur d'Arnouville, contrôleur général, puis garde des sceaux, et ministre de la marine, fils de Louis-Charles, conseiller d'état, fils du précédent. Il fait rendre l'édit de mainmorte, XI, 14. — Est fait garde des sceaux, ibid. — Ses inutiles tentatives pour parvenir à l'estimation des biens du clergé, 15. — Passe au ministère de la marine, ibid. — Fait rendre un édit pour la liberté du commerce des grains, 16. — Ménage à la naissance de Louis XVI le retour du parlement exilé, 20. — Signifie à madame de Pompadour, lors de l'assassinat de Louis XV, l'ordre de se retirer, 25. — Est renvoyé du ministère lors du retour de celle-ci, ibid. — Habile répartition qu'il fait de la marine française pour tenir en échec celle de l'Angleterre, 31. — Désigné par le dauphin pour diriger les premiers pas de Louis XVI, il est écarté par une intrigue, 152.

MACHIAVEL (Nicolas), Florentin, écrivain politique. Système qu'il a érigé en maxime, IV, 312.

MADAME, sœur de Louis (Élisabeth-Philippine-Marie-Hélène de France), accompagne ce prince dans sa fuite à Varennes, XI, 332.

—. Détenue au Temple avec lui, 371. — Sa dernière entrevue avec son frère, 392. — Sa mort, 396, à la note marquée *.

MADAME ROYALE, fille de Louis XVI (Marie-Thérèse-Charlotte de France), accompagne son père dans sa fuite à Varennes, XI, 332. — Détenue au Temple avec lui, 371. — Sa dernière entrevue avec son père, 392. — Son échange contre quatre députés détenus en Autriche, 396, à la note marquée *.

MADELEINE DE FRANCE, fille de François I, épouse Jacques V, roi d'Écosse, V, 378. — Sa mort, 435.

MAGNENCE, capitaine des gardes de l'empereur Constant, se révolte contre lui et est proclamé empereur dans les Gaules, I, 217. — Est battu à Meursia par l'empereur Constance, ibid. — Est investi dans la ville de Lyon, où il se tue, 218.

MAHAULT, fille de Robert II, comte d'Artois, s'empare du comté d'Artois, III, 82. — Est obligée de faire une pension à Robert III, d'Artois, son neveu, ibid.

MAHÉ (Bernard-François) de la Bourdonnaye. (*Voy.* BOURDONNAYE).

MAHÉ (Thomas), marquis de Favras. (*Voy.* FAVRAS).

MAHOMET (l'Arabe) publie sa doctrine en Orient, au temps de Clotaire II, I, 331.

MAHOMET II, empereur turc, fils d'Amurat II, renverse l'empire grec de Constantinople, et y établit celui des Ottomans, IV, 191. — Fait une irruption en Italie, 364.

MAHONI (le comte de), commandant des troupes françaises et espagnoles, a des succès dans le royaume de Valence, X, 154.

MAIGNELAS (Florimond de Hulluin, marquis de), gouverneur de la Fère pour la Ligue. Le duc de Mayenne le fait assassiner, VII, 201.

MAILHE, député à la convention. Fait un rapport sur la mise en accusation de Louis XVI, XI, 378. — Prétend que le roi ne peut trouver de juges plus impartiaux que les membres de la convention, 379.

MAILLARD (Jean), tue Marcel, prévôt des marchands, III, 211. — Harangue le peuple à ce sujet, 212.

MAILLARD (le père), cordelier, confesseur de Charles VIII, à l'instigation de Ferdinand, roi d'Aragon, engage ce prince à restituer le Roussillon à Ferdinand, roi d'Aragon, V, 61.

MAILLÉ (Claire-Clémence de), fille du maréchal de Brézé et de Nicolle du Plessis, seconde sœur du cardinal de Richelieu, qui lui fait épouser le duc d'Enghien, depuis le grand Condé, VIII, 414. —

Elle a ordre de se retirer à Chantilly, IX, 161. — Elle s'échappe de Chantilly et va à Montrond, 164 et 165. — Elle se rend à Bordeaux, *ibid*. — Elle délivre le parlement de Bordeaux, investi par la populace, 167. — Elle est admise à l'audience de la régente, 172. — Elle fait présenter une requête au parlement pour la translation de son mari du Havre à la Conciergerie, 181 et 182. — Elle a la liberté de suivre son mari, 297.

MAILLEBOIS. (*Voy*. DESMARETS).

MAILLOTINS (les). Pourquoi ainsi nommés, III, 318.

MAILLY - CONTI (Madeleine de), épouse de Charles, seigneur de Roye et comte de Roucy. (*Voy*. ROYE).

MAILLY-NESLE (Louise-Julie de), veuve de Louis-Alexandre, comte de Mailly, cousin-germain de son père, elle devient la première maîtresse de Louis XV; X, 330. — Elle est supplantée par la duchesse de Châteauroux sa sœur, *ibid*. — (*Voy*. CHATEAUROUX).

MAINE (le comte du). (*Voy*. ANJOU. Charles, comte du Maine).

MAINE (Louis-Auguste de Bourbon, duc du), fils légitimé de Louis XIV et de madame de Montespan, épouse Louise-Bénédicte de Bourbon, petite-fille du grand Condé, X, 69. — Louis XIV lui donne rang avant tous les seigneurs du royaume, l'appelle à la succession au trône à défaut des princes légitimes, et fait un testament en sa faveur, 211 et 212. — Il est restreint à la surintendance de l'éducation de Louis XV, 221. — Membre du conseil de régence, *ibid*. — Est privé du rang de prince du sang, 230. — Sa réponse à ceux qui le pressaient de faire quelque sacrifice pour conserver son rang, 231. — Il est persécuté de nouveau par le régent, 236. — Il est remis à son rang de pair, 240. — Ce qu'il disait au maréchal de Villars avant sa disgrâce, 241. — Il est arrêté et conduit au château de Dourlens, 256. — Il est reconnu innocent, 259. — Il revient à Sceaux, 261. — Rentre en faveur, 300.

MAINE (Louise-Bénédicte de Bourbon-Condé, duchesse du), petite-fille du grand Condé, épouse le duc du Maine, fils de Louis XIV et de madame de Montespan, X, 69. — Son apostrophe à son mari lorsqu'il eut été privé du rang de prince du sang, 231. — Sa fureur en recevant l'ordre de quitter l'appartement qu'elle occupait aux Tuileries, 241. — Elle intrigue à la cour de Madrid contre le régent, 251. — Ses démarches sont épiées, 254. — Elle est arrêtée et conduite à la citadelle de Dijon, 256. — On lui permet de revenir à Sceaux, 261.

MAINEVILLE (François de Roncherolles de), seul dépositaire du

secret du duc de Guise, dans le conseil de la ligue, VII, 135.—Il négocie le raccommodement du duc de Guise avec les ligueurs, 139.
— Il annonce au duc de Guise l'évasion du roi, 173.

MAINFROI, prince de Tarente, fils naturel de l'empereur Frédéric II, et oncle naturel du jeune Conradin, roi de Naples, se déclare son tuteur, II, 338. — Bat les croisés que lui oppose le pape et se fait déclarer roi, *ibid.* — Est tué à la bataille de Bénévent, gagnée par Charles, comte d'Anjou et de Provence, frère de saint Louis, 339. — Laisse une fille qui porte à Pierre-le-Grand, roi d'Aragon, les droits qu'il supposait à la succession de Naples, *ibid.*

MAINTENON (Françoise d'Aubigné, marquise de), petite-fille de Théodore Agrippa d'Aubigné. Son mot lors de l'entrée à Paris de Louis XIV avec l'infante d'Espagne, qu'il venait d'épouser, IX, 339. — Ses commencements, X, 33. — Elle épouse le poëte Scarron, 34. — Elle paraît à la cour sous le nom de madame de Maintenon, 35. — Son mariage avec Louis XIV est encore un problème, 36. — Injustement accusée d'avoir influé sur la révocation de l'édit de Nantes, 37. — Par appréhension des dangers que pourrait courir le roi, elle le détourne de combattre le prince d'Orange, 76. — Protége Chamillart et contribue à le porter au ministère, 103. — Elle presse Louis XIV de faire son testament, 222. — Elle se retire à Saint-Cyr; ce qu'elle dit en y entrant, 213. — Ce qu'elle écrivait relativement à l'emploi des taxes imposées par le régent sur les gens d'affaires, 233.

MAIRES DU PALAIS (les). Leurs fonctions, I, 308. — Leur inamovibilité, 328. — Leur puissance absolue, 348.

MAISTRE (Gilles le), premier président du parlement de Paris. Ce qu'il dit dans un lit de justice tenu par Henri II, VI, 34.

MAISTRE (Jean le), neveu du précédent, président au parlement de Paris, fait transcrire un grand nombre d'exemplaires de la déclaration de Henri IV, et du discours de l'archevêque de Bourges aux conférences de Surêne, VII, 336. — Un arrêt du parlement lui enjoint de veiller à ce qu'il ne soit point porté d'atteinte à la loi salique, 343. — Il soutient dignement les priviléges du parlement devant le duc de Mayenne, 344. — Se concerte avec le maréchal de Brissac pour remettre Paris sous la puissance de Henri IV, 365.

MALANDRINS (les). Signification de ce mot, III, 251. (*Voy.* COMPAGNIES, les grandes).

MALBOROUGH. (*Voy.* MARLBOROUGH.)

MALCONTENTS (les). Espèce de cabale contre la cour, VI, 380.

MALE (Louis de), comte de Flandre, fils de Louis dit de Nevers ou de Créci, beau-père de Philippe-le-Hardi, duc de Bourgogne. Sa cruauté, III, 320.— Les Flamands le chassent, 321.— Demande du secours à la France, 323. — Rentre dans ses états; sa mort, 331.

MALEK-SALA, soudan d'Égypte au temps de la première croisade de saint Louis, petit-neveu de Saladin, II, 311. — Instituteur de la milice des Mamelucks, *ibid.* — Sa mort, 313.

MALESHERBES. (*Voy.* LAMOIGNON.)

MALEZIEU (Nicolas de), confident de la duchesse du Maine. Travail auquel cette princesse l'oblige de se livrer, X, 252.

MALMESBURY (Harris, lord). (*Voy.* HARRIS.)

MANCEL (Philippe), commandant de la citadelle de La Rochelle pour les Anglais; ruse employée pour la lui enlever, III, 268.

MANCINI (Laure), fille de Michel-Laurent Mancini, baron romain, et de Jéronime Mazarini, sœur puînée du cardinal Mazarin. Le duc de Vendôme concerte le mariage du duc de Mercœur, son fils, avec elle, IX, 144.

MANCINI (Olympe), sœur de la précédente, épouse d'Eugène, comte de Soissons, fils puîné du prince Thomas de Savoie, et mère du prince Eugène. (*Voy.* SOISSONS.)

MANCINI (Marie), sœur de la précédente. Goût de Louis XIV pour elle, IX, 321.— Elle se montre jalouse de la princesse Marguerite de Savoie, 323. — Ce qu'elle dit à Louis XIV en se séparant de lui, 325. — Elle épouse le connétable Colonne, 339.

MANCINI (Hortense), sœur de la précédente, épouse le duc de La Meilleraie, qui prend le nom de Mazarin, IX, 339 et 340.

MANCINI (Marie-Anne), sœur de la précédente, épouse de Godefroi-Maurice de La Tour d'Auvergne, duc de Bouillon, neveu de Turenne, IX, 340.

MANDAT, ancien officier aux gardes françaises, commandant de la garde nationale de Paris au 10 août, est massacré à l'hôtel de ville, XI, 366.

MANDELOT, gouverneur de Lyon, y sauve les protestants du massacre, VI, 362.

MANFREDI (Astor), prince de Faenza. Traitement cruel qu'il éprouve de César Borgia et du pape Alexandre VI. Sa mort, V, 121 et 122.

MANGOT. On lui donne les sceaux, VIII, 142.— Il est arrêté, 159.

MANGOU-KAN, petit-fils de Gengis-Kan. Saint Louis lui envoie le frère mineur Rubruquis pour prêcher le christianisme dans ses états, II, 292.

MANICHÉENS (les). Leur supplice sous Robert, II, 161.

MANLIUS TORQUATUS, tue un Gaulois en combat singulier, et le dépouille d'un collier, action d'où il prit son surnom, I, 25.

MANLIUS MAXIMUS (Cn.), consul. Sa mésintelligence avec les Cépions. Les fait battre tous deux par les Gaulois et par les Cimbres, I, 44.

MANSART (François), célèbre architecte sous Louis XIV, X, 216.

MANSFELD (Volrath de), lieutenant du duc des Deux-Ponts, prend le commandement des Reitres huguenots après sa mort, VI, 302.

MANSFELD (Pierre - Ernest), frère du précédent, officier dans l'armée catholique, VI, 302.

MANSFELD (Charles de), général espagnol, fils du précédent, amène des troupes au duc de Mayenne, VII, 366. — Soutient le siége de Laon contre Henri IV, 374.

MANTOUE (Jean-François II de Gonzague, marquis de), commande les Vénitiens contre les Français à la bataille de Fornoue, 84 et 85. — Remplace la Trémouille dans le commandement de l'armée française en Italie, 159. — Est repoussé au siége de Rocca-Secca, ibid. Quitte le commandement, 160.

MANTOUE (Isabelle d'Est, marquise de), fille d'Hercule I, duc de Ferrare, et épouse du précédent. Louis XII ouvre un bal avec elle à Milan, V, 191.

MANTOUE (Vincent II de Gonzague, duc de), arrière-petit-fils de Frédéric, premier duc de Mantoue, fils du précédent. Il fait épouser sa nièce au fils de Charles de Gonzague, duc de Nevers, afin d'assurer les droits de celui-ci à sa succession, VIII, 269 et 270.

MANTOUE (Charles I, duc de), héritier du précédent. (*Voy.* Gonzague.).

MANUEL COMNÈNE, empereur de Constantinople, petit-fils d'Alexis Comnène, traverse les chefs de la seconde croisade, le roi Louis VII et l'empereur Conrad III, II, 215.

MANUEL (Pierre), procureur de la commune de Paris, puis député à la Convention. Son adresse aux Parisiens pour les exhorter à courir au secours de Verdun. Elle est l'occasion des massacres de septembre, XI, 372.—Est supposé avoir engagé Louis XVI à écrire au roi de Prusse pour l'inviter à évacuer la Champagne, 377.— Affreuse opinion qu'il émet au sujet du roi lorsqu'il est mis en jugement, 380. — Tente néanmoins de le sauver, et n'y pouvant parvenir donne sa démission, ibid. — Sa mort, 381.

MARBEUF (le comte de), reçoit en dépôt les places de la Corse, XI, 113. — Y est renvoyé remplacer le marquis de Chauvelin, et y est remplacé lui-même par le comte de Vaux, 115 et 116.

MARC (Robert II de La), duc de Bouillon. (*Voy.* BOUILLON.).

MARC D'ARGENT. Sa valeur sous Charlemagne t les premiers rois de la troisième race, I, 125, 126 et 127, aux notes.—Sous les rois de la troisième race, III, 248 et 249, aux notes. (*Voy.* LIVRE.)

MARC-AURÈLE ANTONIN, empereur romain, gendre et successeur d'Antonin-le-Pieux. Sa persécution contre les églises de Vienne et de Lyon, I, 179.

MARCEL (Étienne), prevôt des marchands, président de l'ordre du tiers état dans l'assemblée des états généraux de 1356, III, 189.— Ses manœuvres, 190.— Suscite une émeute, 193.— Fait fermer les boutiques, 194.— Ses manœuvres dans les nouveaux états généraux, 195.— Est mandé au Louvre par le dauphin, 197.— Demande aux états la liberté du roi de Navarre, 199.— Organise les massacres dans Paris, 204.— Sa trahison, 209.— Son complot, 210 et 211.— Il est tué, 211.

MARCEL II (Marcel Cervino), pape, succède à Jules III. Sa mort, VI, 61.

MARCEL, prevôt des marchands. Ordre que lui donne Tavannes relativement au massacre de la Saint-Barthélemi, VI, 350.

MARCELLUS (M. Claud.), le vainqueur d'Annibal, tue de sa main Viridomare, roi des Gésates, I, 32.— Réduit la Gaule cisalpine en province romaine, *ibid.*

MARCELLUS (M.), consul, arrière-petit-fils du précédent et aïeul de Cl. Marcellus, gendre et neveu d'Auguste, illustre par le plaidoyer de Cicéron en sa faveur. Il propose, à l'instigation de Pompée, de donner un successeur à César dans les Gaules, I, 127.

MARCELLUS (C.), consul, cousin-germain du précédent, fait délibérer le sénat sur la démission de César et de Pompée, I, 129.— Fait adjuger au second deux légions retirées à César, *ibid.*

MARCELLUS (C. Cl.), consul, frère de Marcus, fait déclarer César rebelle, I, 130 et 131.

MARCELLUS, général de Constance, refuse de porter secours à Julien attaqué à Sens dans ses quartiers d'hiver, I, 222.

MARCHAND (Henri), maire de La Rochelle, aide de ses conseils La Noue qui y commandait pendant le siége, VI, 375.

MARCHANDS DE L'EAU (les). Ce qu'ils étaient. Charles V les protége, III, 279.

MARCILLY (M. de), se serre auprès de Louis XVI au 20 juin pour le protéger, XI, 358.

MARCIUS REX (Q.), consul, établit à Narbonne la seconde colonie romaine dans les Gaules, et lui donne son nom, I, 39.

MAREUIL (Bernard de); maréchal de France. Philippe VI le charge de l'éducation de son second fils, III, 117.

MARGUERIE (de La), l'un des rédacteurs des ordonnances de Louis XIV, IX, 361, à la note.

MARGUERITE, fille de Louis VII et de Constance, épouse Henri-le-Jeune d'Angleterre, II, 224. — Est couronnée à Winchester, 227. — Devient veuve, 236.

MARGUERITE, fille de Raymond Bérenger, comte de Provence, épouse Louis IX, II, 299. — Se plaint de la gêne où la tient Blanche sa belle-mère, 307. — Prend la croix, 308. — Vend ses bijoux pour la rançon de son mari, 318. — Accouche d'un fils à Saint-Jean-d'Acre, 322. — Refuse la régence, 344 et 345.

MARGUERITE, fille de Louis IX et de la précédente, épouse le duc de Brabant, II, 344.

MARGUERITE, reine d'Angleterre, fille de Philippe III, épouse d'Édouard I, roi d'Angleterre, III, 25. — Fait avertir Philippe IV, son frère, de ne pas s'éloigner de Paris, 32.

MARGUERITE DE BOURGOGNE, fille du duc Robert II, duc de Bourgogne, et d'Agnès, fille de saint Louis, épouse de Louis, fils de Philippe-le-Bel, est enfermée au château de Gaillard, III, 54 et 55. — Est étranglée dans sa prison, 70.

MARGUERITE DE BLOIS, fille de Charles de Blois, et de Jeanne la Boiteuse, héritière de la Bretagne, femme de Charles de La Cerda, connétable, III, 171.

MARGUERITE DE FLANDRE, fille de Louis de Male, comte de Flandre, épouse Philippe-le-Hardi, quatrième fils de Jean, roi de France, III, 260.

MARGUERITE DE BOURGOGNE, fille de Jean-sans-Peur, duc de Bourgogne, épouse Louis, dauphin, fils de Charles VI et d'Isabelle de Bavière, IV, 5. — Est reléguée à Saint-Germain-en-Laye par son mari, 59. — Épouse Arthur III, comte de Richemont, duc de Bretagne, 104.

MARGUERITE D'ECOSSE, fille de Jacques I, roi d'Ecosse, épouse Louis, dauphin, fils de Charles VII et de Marie d'Anjou, IV, 159.

MARGUERITE D'ANJOU, seconde fille de René d'Anjou, roi de Sicile, épouse Henri IV, roi d'Angleterre, IV, 170. — Passe en France pour solliciter des secours de Louis XI, 215.

MARGUERITE DE BOURGOGNE, fille de l'archiduc Maximilien, depuis empereur, et de Marie, héritière de Bourgogne, est amenée en France pour y épouser Charles, fils de Louis XI, IV, 374 et

375. — Elle est reconduite en Flandre, V, 59. — Se marie avec Jean de Castille, fils de Ferdinand-le-Catholique et d'Isabelle de Castille, ibid. — Veuve de ce prince, elle le devient encore de Philibert II, le Beau, duc de Savoie, frère de la duchesse d'Angoulême, mère de François I, 192. — Signe un traité à Cambrai, au nom de Maximilien, avec le pape et Louis XII, 194. — Gouvernante des Pays-Bas, 225. — Ce que lui écrivait Louis XII, 226. — Préside à la ligue formée à Malines contre Louis XII, ibid. — Signe à Cambrai pour Charles-Quint, son neveu, et avec la duchesse d'Angoulême, mère de François I, un traité de paix avec la France, 344. — Sa mort, 382.

MARGUERITE D'ANGOULÊME, reine de Navarre, et d'abord duchesse d'Alençon, sœur de François I, vient voir son frère prisonnier en Espagne, V, 319. — Elle devient reine de Navarre par son mariage avec Henri d'Albret; épouse les opinions de Calvin, 356. — Engage son frère à écouter Mélanchton, 357.

MARGUERITE D'AUTRICHE, fille naturelle de Charles-Quint, épouse Octavio, fils de Pierre-Louis Farnèse, duc de Parme et de Plaisance, VI, 10. — Gouvernante des Pays-Bas, elle fait arrêter des vaisseaux français dans la Manche, 23.

MARGUERITE DE VALOIS, fille de Henri II et de Catherine de Médicis, épouse Henri, roi de Navarre, depuis roi de France, VI, 338. — Ce qu'elle raconte de la colère de Charles IX en apprenant l'assassinat de Coligny, 345. — Ce qu'elle raconte des événemens arrivés la veille et le jour de la Saint-Barthélemi, 354. — Les conférences de la cabale des politiques se tiennent chez elle, 387. — Entretient des liaisons indécentes avec La Mole, ibid. — Son caractère, ib. — Se fait apporter la tête de La Mole, son amant, et l'embaume, VII, 6. — Sa haine contre Henri III, 23. — Ce qu'elle dit de Du Guast dans ses Mémoires, ibid. — Ce qu'elle raconte de la mauvaise volonté de Catherine de Médicis pour Henri, roi de Navarre, 26. — Elle fait assassiner Du Guast, 33. — On lui donne des gardes depuis l'évasion de son mari; sa mère l'amène au camp du duc d'Alençon, 38. — Sa mère la ramène à son mari qui la demandait, 74. — Moyens qu'elle emploie pour gagner son mari, 78. — Elle amuse son frère, 79. — Offense que Henri III lui fait, 92. — Elle reste déshonorée et oubliée, 93. — Sa haine pour Gabrielle d'Estrées, IX, 413. — Elle donne consentement à son divorce, 417.

MARGUERITE DE FRANCE, fille de François I, épouse de Manuel

Philibert, duc de Savoie, et tante de Henri III, engage Danville à venir voir ce prince en Piémont, VII, 14.

MARGUERITE DE LORRAINE, sœur du duc de Lorraine Charles IV. Gaston, duc d'Orléans, lui fait la cour, VIII, 277. — Elle épouse Gaston, duc d'Orléans, 308. — Elle s'échappe de Nanci et va rejoindre Gaston à Bruxelles, 335. — Accueil qu'elle y reçoit de Marie de Médicis, 339. — Elle donne l'ordre pour empêcher la régente de sortir de Paris, IX, 194.

MARGUERITE-THÉRÈSE D'ESPAGNE, fille de Philippe IV, roi d'Espagne, et sœur de Charles II et de Marie-Thérèse, femme de Louis XIV, IX, 368. — Elle meurt femme de l'empereur Léopold, X, 94.

MARGUERITE DE SAVOIE, fille de Victor-Amédée I, duc de Savoie et de Christine de France, fille de Henri IV. Son entrevue à Lyon avec Louis XIV, qu'elle devait épouser, VIII, 4.6. — Son mariage est rompu, ibid.

MARIE, sœur de Jean I, duc de Brabant, épouse Philippe-le-Hardi, III, 8. — Est accusée d'avoir empoisonné Louis, fils de Philippe et de sa première femme, 10.

MARIE DE LUXEMBOURG, fille de l'empereur Henri VII, et femme de Charles IV. Sa mort, III, 99.

MARIE D'ANJOU, fille de Louis II, roi de Sicile, sœur du bon roi René, et épouse de Charles VII, engage son mari, encore dauphin, à revenir à Paris, IV, 85. — Donne pour premier ministre à son mari Charles d'Anjou, comte du Maine, son frère, 152. — Sa réponse quand on lui parlait de la conduite peu régulière de son époux, 206. — Louis XI, son fils, va la voir à Tours, 210.

MARIE DE BOURGOGNE, fille de Charles-le-Téméraire, duc de Bourgogne. Ce qu'elle écrit aux états de Bourgogne assemblés, IV, 336. — Envoie des ambassadeurs à Louis XI, 337. — Épouse Maximilien d'Autriche, fils de l'empereur Frédéric, 343. — Sa mort, 374.

MARIE D'AUTRICHE, petite-fille de la précédente, sœur de Charles-Quint et veuve de Louis, roi de Hongrie et de Bohême, gouvernante des Pays-Bas. Elle obtient une trêve pour son gouvernement, V, 382. — Bâtit la ville de Marienbourg près de Rocroy, VI, 55. — Mariemont, maison de plaisance qu'elle avait bâtie, est brûlée par ordre de Henri II, en représailles de ce qu'elle avait fait incendier celle de Folembray, 36.

MARIE D'ANGLETERRE, sœur de Henri VIII, épouse Louis XII,

V, 235. — Retourne en Angleterre, où elle épouse Charles Brandon, duc de Suffolck, 253.

MARIE D'ANGLETERRE, fille de Henri VIII et de Catherine d'Aragon, monte sur le trône après la mort d'Édouard V, son frère, VI, 53. — Épouse Philippe, prince d'Espagne, *ibid.* — Déclare la guerre à Henri II, 85. — Sa mort, 103.

MARIE DE LORRAINE, fille de Claude de Lorraine, duc de Guise, veuve de Jacques V, roi d'Écosse, régente de ce royaume, V, 405. — Fait passer sa fille en France pour y épouser le dauphin François, VI, 21.

MARIE STUART, reine d'Écosse et de France, fille de Jacques V, roi d'Écosse, et de la précédente, succède à son père, V, 405. — Sa mère l'envoie en France pour épouser le dauphin François, VI, 21. — Épouse le dauphin François, 95. — Son exclamation en quittant la France après la mort de François II, 177. — Sa mort. VII, 140. — Son supplice utile aux ligueurs, 141.

MARIE DE CLÈVES, fille de François de Clèves, duc de Nevers, épouse le prince de Condé, VI, 338 et 339. — Charles IX l'oblige de faire abjuration, 364. — Henri III lui écrit de Pologne avec son sang, VII, 4. — Sa mort, 20.

MARIE DE LUXEMBOURG. (*Voy.* LUXEMBOURG-MARTIGUES.)

MARIE DE MÉDICIS, reine de France, fille de François II, grand-duc de Florence. Elle épouse Henri IV, VII, 440. — Sa haine contre madame d'Entragues, maîtresse de Henri IV, 445. — Elle comble de ses faveurs Leonora Galigaye et son mari, VIII, 21. — Son caractère. Plaintes de Henri IV à son sujet, *ibid.*—Elle refuse de renvoyer La Galigaye et son mari, 22. — Sa conduite à l'égard de Henri IV, 24. — Elle presse Henri IV de retirer la promesse de mariage qu'il avait faite à Henriette d'Entragues, 25 et 26. — Elle fait avertir l'ambassadeur d'Espagne à Bruxelles qu'on veut y enlever la princesse de Condé, 63. — Elle est couronnée à Saint-Denis, 70 et 71. — Elle est reconnue régente après la mort de Henri IV, 77. — Sa conduite, 78 et 79. — Sa prédilection pour Concini et sa femme soulève tout le monde, 84. — Elle empêche d'ouvrir la foire de Saint-Germain. Pourquoi? 89. — Elle propose dans un conseil le mariage de Louis XIII avec l'infante d'Espagne, 92. — Les grands se soulèvent contre elle, 101. — Conseil que lui donne Villeroi, 104. — Elle veut tout accorder aux révoltés, *ibid.* — Elle traite avec eux à Sainte-Menehould, 105. — Elle fait reconnaître Louis XIII majeur, *ibid.* — Convoque les états de 1614, 106. — Son embarras, 112. — Elle s'oppose à un arrêt du parlement, 113. — Sa réponse à la députation du parlement, 115. — Ce qu'elle disait du duc de Bouillon, 121. — Elle entame une négociation avec les mécontens, 124. — Elle envoie ordre aux mécontens de suivre le roi en Guienne, 125. — Son caractère, 129. — Elle négocie avec les mécontens, 131. — Sa réponse à Sully, qui l'engageait à s'armer de fermeté, 138. — Elle négocie avec les mécontens retirés à Soissons, 141. — Elle continue ses négociations avec les mécontens, 148. — Elle fait assiéger Soissons, 149. — Elle est exilée à Blois, 152. — On lui fait jurer qu'elle ne sortira pas de Blois sans la permission du roi, 167. — Son nouveau mécontentement, 171. — Elle se sauve de Blois, 182. — Le duc de Luynes entre en négociation avec elle, 183. — Réclamation en sa faveur, 184. — Elle ne veut point sacrifier le duc d'Épernon à l'avantage de Luynes, 186. — Elle se raccommode avec son fils, 191. — Son entrevue avec lui, *ibid.* — Conseils qu'elle demandait au prince de Piémont, son gendre, 192. — Changement dans sa maison, 193. — Elle appuie une cabale formée contre le duc de Luynes, 196. — Elle écrit à Louis XIII, qui ne veut pas recevoir sa lettre, 200. — Elle envoie des députés à son fils pour obtenir la paix, 202. — Son entrevue avec son fils au château de Brissac, 204. — Elle revient à Paris, 205. — Elle fait entrer Richelieu dans le conseil, 223. Elle veut marier Gaston, son deuxième fils, à mademoiselle de Montpensier, 240. — Premiers froids entre elle et le cardinal de Richelieu, 269. — Mésintelligence entre Richelieu et elle, 272. — Elle fait enlever Marie de Gonzague, 273. — La mésintelligence augmente entre Richelieu et elle, 275. — Elle refuse de rester à Paris en qualité de régente pendant l'absence du roi, 278. — Elle jure la perte de Richelieu, 282. — Réception qu'elle fait à madame de Combalet et au cardinal de Richelieu, 286. — Elle s'applaudit de la manière dont elle a traité le cardinal, 288. — Mauvais parti qu'elle prend, 293. — Sa connivence avec Gaston dans la bravade de ce prince à l'égard de Richelieu, 294. — Elle persiste dans sa haine contre Richelieu, 295 et 296. — Elle est laissée à Compiègne, 302 et 303. — La cour négocie avec elle, *ibid.* — Elle lie une intelligence avec le marquis de Vades, gouverneur de La Capelle, 306. — Elle s'enfuit de Compiègne et se retire dans la Flandre espagnole, 307. — Ses tentatives pour revenir en France, 338. — Elle approuve le mariage de Gaston avec Marguerite de Lorraine, 339. — Elle se retire en Angleterre et de là à Cologne, 454. — Sa mort, 502.

MARIE-LOUISE DE GONZAGUE-NEVON, successivement épouse des rois de Pologne Ladislas et Casimir, fille de Charles de Gonzague, duc de Nevers et de Mantoue, et sœur d'Anne de Gonzague, dite la Palatine. Gaston, duc d'Orléans, prend du goût pour elle, VIII, 260. — Marie de Médicis la fait arrêter, 273. — Elle est mise en liberté, 275. — Ce qu'elle mandait à Cinq-Mars au sujet de la conjuration dont il était chef, 430.

MARIE-THÉRÈSE D'AUTRICHE, infante d'Espagne, fille de Philippe IV. — Son contrat de mariage avec Louis XIV, VIII, 333. — Son mariage avec Louis XIV à Fontarabie, 338. — Sa mort, X, 28. — Mot de Louis XIV dans cette circonstance, ibid.

MARIE-D'ANGLETERRE, fille de Jacques II, roi d'Angleterre, épouse Guillaume, prince d'Orange, X, 6.

MARIE-ADÉLAIDE DE SAVOIE, duchesse de Bourgogne. (*Voy.* Adélaïde Marie).

MARIE-LOUISE-GABRIELLE DE SAVOIE, sœur de la précédente, fille de Victor Amédée II, roi de Sardaigne, épouse de Philippe V, roi d'Espagne, X, 100. — Sa mort, 227.

MARIE-ANNE-VICTOIRE, infante d'Espagne, fille de Philippe V et d'Élisabeth Farnèse. Le régent veut lui faire épouser Louis XV, X, 284. — Elle est renvoyée en Espagne, 294. — Elle devient depuis reine de Portugal, ibid.

MARIE-THÉRÈSE D'AUTRICHE, impératrice, épouse de l'empereur François I de Lorraine, grand-duc de Toscane, fille de l'empereur Charles VI, succède aux états héréditaires de son père, X, 334 et 335. — Prétendant à son héritage, ibid. — Elle refuse les secours de Frédéric, roi de Prusse, qui réclame la Silésie, 336. — Est attaquée par lui, ibid. — La France entre dans une ligue contre elle, 337. — Le roi d'Angleterre qui marchait à son secours est forcé à la neutralité, 341. — Le roi de Sardaigne se déclare pour elle, 344. — Discours pathétique par lequel elle obtient de puissants secours de la Hongrie, ibid. — Fait la paix avec le roi de Prusse en lui abandonnant la Silésie, 347. — Fait imprimer les lettres par lesquelles le cardinal de Fleury avouait que la guerre avait été décidée malgré lui, 348. — Traité avec l'empereur Charles VII, qu'elle force à la neutralité, 356. — Se refuse à la paix, et s'allie de nouveau à l'Angleterre et à la Sardaigne, 359. — Le roi de Prusse se déclare de nouveau contre elle, 361 et 362. — Elle fait une paix définitive avec le nouvel électeur de Bavière, fils de l'empereur Charles VII, 369. — Fait élire empereur le grand-duc son époux, 374. — Conclut la paix générale à Aix-la-

Chapelle, XI, 8 et 9. — Se ligue avec la Russie et la Saxe contre le roi de Prusse, 34. — Ses prévenances envers madame de Pompadour pour obtenir une alliance défensive avec la France, *ibid.* — Somme Frédéric d'évacuer la Saxe et s'engage dans la guerre dite de sept ans, 36. — Est forcée par le roi de Prusse à la paix d'Hubertsbourg, par laquelle elle lui abandonne le comté de Glatz, 93. — Partage une partie de la Pologne avec la Russie et la Prusse, 144. — Appelle l'empereur Joseph II son fils à la corégence de ses états, 182. — Sa mort, *ibid.*

MARIE-CHARLOTTE LECZINSKA, fille de Stanislas Leczinski, roi de Pologne, détrôné, épouse Louis XV, X, 295. — Sa mort, XI, 112.

MARIE THÉRÈSE, infante d'Espagne, fille de Philippe V et d'Isabelle Farnèse, épouse Louis dauphin, fils de Louis XV, XI, 1. — Sa mort, 5.

MARIE-JOSEPHE DE SAXE, fille d'Auguste II, électeur de Saxe et roi de Pologne, épouse Louis dauphin, fils de Louis XV, XI, 1. — Son caractère, 1 et 2. — Sa mort, ses talents, ses vertus, 6. — Enterrée à Sens avec son mari, 111.

MARIE - ANTOINETTE DE LORRAINE - AUTRICHE, reine de France, fille de l'impératrice Marie - Thérèse, épouse Louis dauphin, petit-fils de Louis XV, XI, 147. — Malheurs qui accompagnent les fêtes de son mariage, *ibid.* — Premier germe de la haine que lui témoigne le duc d'Orléans, 176. — S'oppose au mariage du fils de celui-ci avec la fille du comte d'Artois, 244. — Essaie de détourner le roi de venir à Paris après la prise de la Bastille, 277 et 278. — Sa présence aux fêtes données par les gardes du corps; enthousiasme qu'elle leur inspire, 292. — Son appartement est forcé par des brigands, et elle a à peine le temps de se réfugier dans celui du roi, 297. — Vient habiter Paris avec lui, 298. — Accompagne le roi dans sa fuite à Varennes, 332. — Est ramenée avec lui, 334. — Gagne le député Barnave aux intérêts de la famille royale, 335. — Vient à l'assemblée lors de l'acceptation de la constitution, 336. — Club autrichien que les Jacobins l'accusent de tenir aux Tuileries, 355. — Paraît à l'invasion du 20 juin, tenant son fils par la main, 359. — Son apostrophe au roi, qui lors de l'attaque du château songeait à se retirer au sein de l'assemblée, 367. — Elle se retire avec la famille royale dans l'assemblée, *ibid.* — Enfermée au Temple avec le roi et sa famille, 371. — Sa dernière entrevue avec le roi, 392. — Sa mort, 396, à la note marquée *.

MARIE - THÉRÈSE - CHARLOTTE DE FRANCE, dite Madame Royale, fille de la précédente, partage son évasion à Varennes, XI, 334. — Est enfermée au Temple avec sa famille, 371. — Ses derniers adieux au roi, 392. — Son échange contre quatre députés détenus en Autriche, 396, à la note marquée *.

MARIGNAN (Jean-Jacques Médici ou Médequin, marquis de), frère de Pie IV, et général milanais, commande l'armée florentine contre Sienne, VI, 58. — Tente de surprendre Sienne; est repoussé, *ib.* — Offre des conditions honorables à Montluc qui les refuse, 59 et 60. — Envoie des chariots de rafraichissements sur son passage, *ibid.*

MARIGNI (Enguerrand de), principal ministre de Philippe IV. Charles de Valois promet de se venger de lui, III, 38. — Tire de l'argent des Flamands, 60. — Son procès, 72 et 73. — Son supplice, 76.

MARILLAC (François de), avocat au parlement, défend Anne du Bourg, VI, 125. — Le prince de Condé, 154.

MARILLAC (Charles de), archevêque de Vienne, frère du précédent, demande à l'assemblée de Fontainebleau un concile national et les états généraux, VI, 149. — Meurt la même année de la douleur des maux qu'il pressentait devoir fondre bientôt sur la France, *ib.* — Ce que Brantôme dit de lui relativement à ses opinions religieuses, 175.

MARILLAC (Michel de), garde des sceaux, neveu des précédens. Conseiller aux enquêtes, il détermine le parlement à rendre un arrêt en faveur de la loi salique, VII, 344. — Il préside comme garde des sceaux la commission chargée de juger Chalais, VIII, 249. — Fait le discours d'ouverture de l'assemblée des notables de 1626, 258 et 259. — Cherche à faire échouer Richelieu dans son expédition contre la Savoie, 284. — On lui ôte les sceaux et il est arrêté, 291. — Il meurt en prison, 314.

MARILLAC (Louis, maréchal de), frère du précédent, chasse les Anglais de l'île de Rhé, VIII, 266. — Commande une armée d'observation sur les frontières de la Lorraine, 278. — Cherche à faire échouer Richelieu dans son expédition contre la Savoie, 283 et 284. — Il est arrêté en Italie au milieu de son armée, et conduit dans une citadelle de France, 291. — Il est transféré du château de Sainte-Menehould à la citadelle de Verdun, 311. — On le conduit à Ruel, où il est jugé, 312. — Il est exécuté, 313.

MARIN, l'un des rédacteurs des ordonnances de Louis XIV, IX, 361, à la note.

MARIUS NEPOS (Caïus), sept fois consul, est envoyé dans les Gaules contre les Cimbres, I, 45. — Il se fortifie dans la Camargue, 47. — La quitte pour suivre les Teutons vers les Alpes, 48. — Refuse aux femmes des Ambrons d'être la part des Vestales, ce qui les porte à se donner la mort, 49. — Remporte sur les Teutons une victoire éclatante par laquelle il les extermine entièrement, 50. — De concert avec le proconsul Catulus, il détruit les Cimbres dans les plaines de Verceil, 51 et 52.

MARIUS (M. Aurel.), proclamé dans les Gaules, est assassiné par ses soldats, I, 192.

MARLBOROUGH (Jean Churchill, duc de), descend en Flandre avec onze mille Anglais, X, 55. — Soumet le midi de l'Irlande, 60. — Est envoyé dans les Pays-Bas avec le titre de généralissime, 106. — Fait reculer devant lui le duc de Bourgogne et le maréchal de Boufflers, et s'empare du cours de la Meuse, 106 et 107. — Prend Bonn, Luy et Limbourg, malgré Villeroi, 120. — De concert avec le prince de Bade, il bat le maréchal bavarois d'Arco à Schellenberg, 121 et 122. — Avec le même et le prince Eugène bat le duc de Bavière et le maréchal de Tallard à Hochstedt, 124 et 125. — Décampe devant Villars, et en accuse le prince de Bade, 135. — Bat l'électeur de Bavière et le maréchal de Villeroi à Ramillies, et s'empare des Pays-Bas espagnols, 140. — Recule devant Vendôme, 149. — Le combat à Oudenarde, ainsi que le duc de Bourgogne, et les force à la retraite, 152. — Met obstacle aux négociations pour la paix, 156. — Bat Villars à Malplaquet, 161. — Fait des progrès malgré Villars, 171. — S'empare de Bouchain malgré ses instructions pacifiques, 178. — Est rappelé par sa cour, ibid.

MARLBOROUGH (la duchesse de), épouse du précédent, et favorite de la reine Anne, X, 106. — Elle est disgraciée, 175.

MARSEILLAIS (les). Ce qu'ils étaient, XI, 364. — Ils viennent attaquer le château des Tuileries, 365. — Ils massacrent les Suisses en trahison, 367.

MARSEILLE. Sa fondation par les Phocéens, I, 20. — P. Scipion y débarque, cherchant Annibal dans les Gaules, 33. — Sa prospérité, 36. — Réclame les secours de Rome contre les Liguriens transalpins, 37. — De nouvelles réclamations deviennent l'occasion des premiers établissemens romains dans la Gaule transalpine, 38. — Elle est assiégée et prise par Trébonius, lieutenant de César, 133 et 134. — Clémence de celui-ci à son égard, 135. —

Louis XIV y fait bâtir un fort pour tenir en bride l'indépendance de ses habitans, IX, 337.

MARSILLAC (le prince de), *Voy.* ROCHEFOUCAULT (François V, duc de La.)

MARSILLAC (André de Vivonne, princesse de), femme de François VI, prince de Marsillac, depuis duc de La Rochefoucault. Le prince de Condé veut lui procurer les honneurs du Louvre, IX, 145.

MARSIN *ou* MARCHIN (Jean-Gaspard-Ferdinand, comte de), Liégeois, lieutenant-général au service de France. Il ravitaille Barcelonne, IX, 137. — Est arrêté en Catalogne sur le soupçon de cabaler pour les princes, 182. — Rendu à la liberté et à son commandement, il abandonne la Catalogne et amène une partie de ses troupes à Condé, 227. — Le prince de Condé allant joindre son armée à Orléans, lui confie ses intérêts, 250. — Quitte Bordeaux par capitulation et va rejoindre Condé en Flandre, 297. — Est excepté à la paix du nombre des adhérens du prince de Condé qui ont la faculté de rentrer, 333. — Est battu en Flandre par le marquis de Créqui, 369. — Vient au secours de Guillaume, prince d'Orange, 400.

MARSIN (Ferdinand, comte de), maréchal de France, fils du précédent, remplace Villars auprès de l'électeur de Bavière, X, 119. — Battu ainsi que l'électeur et Tallard à Hochstedt par Marlborough, Eugène et le prince de Bade, 124 et 125. — Commande en Alsace, 134. — Force les lignes de Weissembourg avec Villars, 135. — Passe en Flandre au secours de Villeroi, *ibid.* — Dégage le Fort Louis sur le Rhin avec Villars, 143. — Est envoyé en Piémont avec le duc d'Orléans, pour remplacer Vendôme, 145. — S'oppose à une bataille, ce qui donne occasion au prince Eugène de forcer les lignes des Français devant Turin, *ibid.* — Marsin y est blessé à mort, *ibid.*

MARTEL (Guillaume), chambellan de Charles VII, le saisit dans son premier accès de frénésie, III, 366.

MARTIGNI (Charles de), évêque d'Elne, ambassadeur de Louis XI en Angleterre. Ce prince le fait citer au parlement, comme ayant outrepassé ses pouvoirs, IV, 364.

MARTIGUES (Sébastien de Luxembourg, vicomte de). (*V.* LUXEMBOURG-MARTIGUES.

MARTIN (Saint), évêque de Tours, dit le second apôtre de la Gaule, I, 240. — Refuse de communiquer avec les Idaciens pour avoir poursuivi la condamnation à mort de l'hérétique Priscillien, 239.

— Y consent pour sauver quelques innocens persécutés, *ibid.* —. Se repent de sa faiblesse et retourne au monastère qu'il avait fait bâtir, *ibid.*

MARTIN, est élu prince et duc des Français par les Austrasiens, I, 346. — Est tué à Soissons, *ibid.*

MARTIN IV (Simon de Brie), pape, offre la couronne de Sicile à Philippe-le-Hardi, III, 15.

MARTIN V (Othon Colonne), pape, élu dans le concile de Bâle, IV, 57. — Casse le divorce de Jacqueline de Hainaut avec le duc de Brabant, IV, 114.

MARTINEAU (la dame), femme d'un conseiller des requêtes, soulève la populace du faubourg Saint-Jacques, IX, 70.

MARTINET, réformateur de la discipline dans l'infanterie française sous Louis XIV, comme Fourilles dans la cavalerie, IX, 405.

MASQUE DE FER (le). Qui ce pouvait être, IX, 349.

MASSILLON (Jean-Baptiste), évêque de Clermont, célèbre prédicateur sous Louis XIV, X, 216.

MATHA (le comte de), plaisant de la cour. Son mot sur le duc de La Rochefoucault, IX, 115.

MATHIAS (l'archiduc), fils de l'empereur Maximilien II, et empereur lui-même dans la suite. Il est éconduit des Pays-Bas par la jalousie de Guillaume I, prince d'Orange, VII, 98.

MATHILDE D'ANGLETERRE, fille de Henri I, roi d'Angleterre, et femme de Henri V, empereur d'Allemagne, II, 197. — Se remarie à Geoffroi Plantagenet, comte d'Anjou, 200. — A un fils, Henri II, roi d'Angleterre, souche des rois Plantagenets de leur pays, *ibid.*

MATHILDE D'ANGLETERRE, fille de Henri II et petite-fille de la précédente, épouse Henri Welf-le Lion, duc de Saxe et de Bavière, première alliance entre les maisons d'Angleterre et de Brunswick, II, 229.

MATHILDE, fille de Henri II, duc de Brabant, femme de Robert d'Artois, frère de saint Louis, II, 299.

MATIGNON (Jacques Goyon I de), gentilhomme normand attaché connétable de Bourbon, cherche à le dissuader de ses liaisons avec Charles-Quint, V, 300.

MATIGNON (Jacques Goyon II, maréchal de), fils du précédent, sauve du massacre les protestants d'Alençon, VI, 362. — Catherine de Médicis l'envoie en Normandie contre Montgommeri, 394.

MATIGNON (Charles Goyon, sire de), fils du précédent. Le duc de Luynes achète sa soumission par un brevet de maréchal de France, qui n'a point eu d'effet, VIII, 201.

MATTHEWS, amiral anglais, envoie à Naples le capitaine Martin, qui force don Carlos à la neutralité, X, 352. — Est battu devant Toulon par le chevalier de Court et par don Joseph de Navarro, 359 et 360. — Est soumis à une cour martiale, *ibid.* — Transporte à Vado l'armée battue du roi de Sardaigne, 364.

MATTHEWS, général anglais, pénètre de Bombay dans le Canada, XI, 222. — Ses cruautés dans le pays, *ibid.* — Est battu par Tipoo-Saïb, 223. — Manque de fidélité à la capitulation. Est jugé et condamné à mort avec ses principaux officiers, *ibid.*

MATTHIEU, abbé de Saint-Denis, est nommé régent par Louis IX, II, 345.

MATTHIEU (le P.), jésuite, surnommé le courrier de la ligue, VII, 106. — Ce qu'il écrivait de Rome au duc de Nevers, qu'il voulait attacher à la ligue, 107. — Il va à Rome solliciter une bulle d'excommunication contre les Bourbons, 118.

MATTHIEU (Pierre), historien. Ce qu'il dit de Henri III, VII, 15 et 16. — Ce qu'il rapporte de Henri, roi de Navarre, après la signature du traité de Nemours, 110 et 111. — Comment il décrit la contenance du duc de Guise à l'ouverture des états de Blois, 187. — Sa remarque sur les papiers produits par Lafin dans le procès du duc de Biron, 460.

MAUGIRON, calviniste, lève des troupes dans le Dauphiné pour son parti, VI, 195.

MAUGIRON (Louis de), baron d'Ampus, un des favoris de Henri III, connus sous le nom de mignons, VII, 40. — Il se bat en duel contre d'Entragues, et reste sur la place, 68.

MAUNI (Gautier de), envoyé par Édouard III pour recevoir la capitulation de Calais, III, 157.

MAUPEOU (René-Charles), ancien premier président du parlement, est créé vice-chancelier, XI, 123. — Donne sa démission, 132.

MAUPEOU (René-Nicolas), chancelier de France, fils du précédent, est fait premier président du parlement de Paris, XI, 123. — Est fait chancelier, 132. — Conseille au roi de laisser un libre cours à la justice dans l'affaire du duc d'Aiguillon, *ibid.* — Son adresse pour faire goûter la destruction des parlements, 138. — Et pour prévenir la défection des parlements de province, 140.

MAUREPAS (Jean-Frédéric Phelypeaux, comte de), fils de Jérôme Phelypeaux, comte de Pontchartrain, fils unique du chancelier de Pontchartrain, Louis Phelypeaux. Il est fait secrétaire d'état, X, 242. — Ministre de la marine, il prépare des armements contre l'Angleterre, 359. — Il est congédié pour des satires contre madame de Pompadour, XI, 14. — Est appelé par Louis XVI pour le guider au commencement de son règne, 152. — Fait congédier M. Turgot, 157. — Porte M. Necker au ministère des finances, 158. — Intrigue pour l'en éloigner, 193.

MAURES (les) sont repoussés par Pepin, II, 6.

MAUREVEL (Louviers de), assassine à Niort le seigneur de Moui, surnom qu'on lui donnait, VI, 336. — Blesse en trahison Coligni, 342.

MAURI (Jean-Siffrein, cardinal). Ce qu'il dit dans son discours de réception à l'académie française des grands hommes qui ont illustré le siècle de Louis XIV, X, 216.

MAURICE (le duc) devient électeur de Saxe par la destitution de Jean-Frédéric, son cousin issu de germain, VI, 28. — Implore le secours de la France contre Charles V, 29. — Est sur le point de surprendre Charles-Quint à Inspruck, 39.

MAXENCE, fils de l'empereur Maximien-Hercule, est exclu de la dignité de César par Galère, I, 202. — Se fait déclarer Auguste à Rome, 206. — Rappelle Maximien, son père, à la souveraine puissance, 207. — Débauche l'armée de Sévère et le fait périr, 208. — Débauche l'armée de Galère, ibid. — Est précipité de son trône par son père dans une cérémonie publique, 209. — Force Maximien à quitter Rome, ibid. — Se dispose à attaquer Constantin sous le prétexte de venger son père, 211. — Est défait par lui sous les murs de Rome, 213. — Se noie en voulant y rentrer, ibid.

MAXIME (Magnus) se révolte dans la Bretagne contre Gratien et se fait déclarer empereur, I, 236. — Descend dans les Gaules, débauche l'armée de Gratien, le fait poursuivre et tuer, ibid. — Fait juger et mettre à mort l'hérétique Priscillien, 239 — Est sur le point de surprendre Valentinien II dans Milan, 241. — Est défait en Pannonie par Théodose, ibid. — Est livré par ses soldats et mis à mort, 241 et 242.

MAXIME (Pétrone) donne des soupçons à Valentinien III contre Étius, I, 269 et 270. — Fait assassiner l'empereur et lui succède, ibid. Épouse sa veuve qui appelle contre lui Genseric, roi des Vandales, ibid. — Maxime fuit et est lapidé, ibid.

MAXIMIEN HERCULE (Mar. Aurel. Val.) est associé à l'empire par Dioclétien, I, 196. — Il fait massacrer la légion thébéenne, ibid. — Dissipe dans les Gaules la révolte des Bagaudes, 197. — Y persécute les chrétiens, 198. — Établit les Francs chez les Nerviens et les Trévirs, 200. — Ouvre la persécution contre les chrétiens, 202. — Est forcé d'abdiquer, ibid. — Est rappelé par Maxence, son fils, à reprendre la pourpre, 207. — Défait Sévère et l'oblige à se donner la mort, 208. — Sollicite auprès de Constantin des secours contre Galère, *ibid.* — Lui confère le titre d'Auguste et lui donne Fausta, sa fille, en mariage, *ibid.*— Quitte Rome, forcé par son fils qu'il avait essayé de dépouiller, 209. — Sollicite en vain des secours de Constantin et de Galère, *ibid.* — Propose à Dioclétien de reprendre la pourpre, 210. — Vit en particulier auprès de Constantin, son gendre, *ibid.*—Veut reprendre la pourpre à Arles, *ibid.* — Est fait prisonnier et rétabli dans sa première condition, *ibid.* — Veut assassiner Constantin, son gendre, et est mis à mort, *ibid.*

MAXIMILIEN, empereur, fils de l'empereur Frédéric, épouse Marie de Bourgogne, fille de Charles-le-Téméraire, IV, 347 et 348. — Signe une trêve avec Louis XI, 351. — Vainqueur à la bataille de Guinegate, 358. — Fait pendre le cadet Raimonet malgré sa capitulation, 359. — Obtient de Louis XI une trêve de quatre mois, 367. — Conclut avec Louis XI une trêve d'un an, 368. — Signe un traité à Bruges avec François II, duc de Bretagne, V, 22. — Envoie au duc de Bretagne des secours contre les barons bretons révoltés, 31. — Est retenu prisonnier par les Brugeois révoltés, 37. — Est mis en liberté au bout de neuf mois, 48. — Épouse Anne de Bretagne par procureur, *ibid.* — Déclare la guerre à la France, 56. — Rentre en possession de l'Artois et de la Franche-Comté, 59. — Succède à l'empereur Frédéric III, son père, *ibid.* Fournit des troupes au duc de Milan contre la France, 114.— Refuse à Louis XII l'investiture du royaume de Naples, 133. — Fomente la révolte dans le Milanais, 163. — S'engage à donner à Louis XII l'investiture du duché de Milan, 175. — Se ligue avec Louis XII contre les Vénitiens, 176. — Met le siége devant Padoue, 198. — Sa retraite honteuse, 199. — Sa lettre à Marguerite, sa fille, gouvernante des Pays-Bas, 203.— Il veut être pape, 205.— Répand en Germanie des exemplaires du Recueil des libertés de l'église gallicane, ce qui y produit de la fermentation, 209. — Se prête à des conférences de paix avec le pape, 211. — Se laisse séduire par Jules II, 212. — Signe une ligue à Malines contre Louis XII, 225. — Sert comme volontaire dans l'armée de Henri VIII, avec une paie de cent écus par jour, 228. — Bat de concert avec lui les Français à Guinegate, 229. — Il forme une ligue avec Léon X et Ferdinand V contre François I, 256. — Se montre en Italie après le départ de François I, et se sauve en Allemagne, 266. — Sa mort, 270.

MAXIMILIEN, duc et premier électeur de Bavière. (*Voy.* BAVIÈRE.)
MAXIMILIEN (Emmanuel), électeur, petit-fils du précédent. (*Voy.* BAVIÈRE.)
MAXIMILIEN (Joseph), électeur de Bavière. (*Voy.* BAVIÈRE.)
MAXIMIN DAZA ou DAIA (C. Val.) est créé César, I, 202. — Se fait déclarer Auguste, 210. — Accède à l'édit de Constantin pour la liberté de conscience, 214. — Fait massacrer une partie de ses prêtres, *ibid*. — Crué par Licinius à Tarse, il s'empoisonne, *ibid*. Meurt dans des angoisses affreuses, *ibid*.
MAYENNE (Charles de Lorraine-Guise, duc de), frère de Henri-le-Balafré, duc de Guise, se renferme dans Poitiers assiégé par Coligni, VI, 307. — Commande l'armée envoyée contre celle qu'amenaient en France Jean Casimir et le prince de Condé, VII, 36. — Henri III lui donne le commandement d'une armée levée contre les co fédérés, 55. — S'empare des places aux environs de La Rochelle, *ibid*. — Charge Bassompierre de révéler au duc de Guise l'intrigue de sa femme avec Saint-Mégrin, 70. — Henri III lui donne le commandement d'une armée contre les calvinistes, 84. — Le duc de Guise lui donne le commandement de l'armée chargée de combattre les Bourbons en Guienne, 116. — Il remporte quelques avantages, 128. — Il quitte son armée et se met à la tête des ligueurs, 137 et 138. — Assiste à Nanci à une assemblée tenue par les principaux ligueurs, 153. — Il laisse échapper quelques aveux relatifs aux projets du duc de Guise, 189 et 190. — Il se sauve en Bourgogne après l'assassinat du duc de Guise, 195. — Il vient à Paris, 199. — Le conseil de la ligue le nomme lieutenant-général de l'état, 203 et 204. — Il confirme l'autorité des Seize, *ibid*. — Il se refuse à toutes les propositions de Henri III, *ibid*. — Il attaque le roi dans Tours, 214. — Il se retire, *ibid*. — Il se renferme dans Paris assiégé par Henri III, 217. — Se refuse aux propositions de Henri IV, 228. — Il fait proclamer roi le vieux cardinal de Bourbon, 229. — Il décampe après la bataille d'Arques, 233. — Embarras où il se trouve, 234. — Quelles étaient ses vues, 240. — Casse le conseil de l'union de la Ligue et le remplace par un autre, 241. — Il va au devant de Henri IV qui s'approchait de Paris, 244. — Est battu à Ivry, 245. — Sa consternation après la perte de la bataille, 248. — Il se retire à Saint-Denis, 249. — Écrit au roi d'Espagne, *ibid*. — Il va en Flandre conférer avec le duc de Parme, 252 et 253. — Il est obligé de fermer les yeux sur la conduite du duc de Mercœur en Bretagne, 271. — Il assiste à une assemblée des principaux ligueurs à Reims

280. — Il charge Jeannin de sonder les dispositions du roi d'Espagne en faveur de la Ligue, 281. — Il est jaloux de l'attachement des Parisiens pour le jeune duc de Guise, son neveu, 288. — Jeannin lui découvre le but des Espagnols, 289. — Il presse le retour du duc de Parme en France, 291. — Il fait assassiner Maiguelai, gouverneur de La Fère, *ibid.* - Il consent que La Fère reçoive garnison espagnole, 292. — Il s'applique à miner l'autorité des Seize, *ibid.* — Il tance vivement les Seize, 294. — Il part de Soissons et vient à Paris, 300. — Il fait pendre quatre membres du conseil des Douze, *ibid.* — Il observe les démarches des Espagnols, 302. — Sa mésintelligence avec le duc de Parme sauve Henri IV, 306. — Son embarras, 314. — Il entre en négociation avec le roi. *ibid.* — Elle ne réussit pas, 315. — Le duc de Parme lui remet le commandement des troupes qu'il laisse en France, 316. — Il convoque les états à Paris, 321. — Il invite les catholiques à envoyer des députés aux états, 323. — Il sonde les Espagnols, 326. — Sa vive altercation avec les ambassadeurs d'Espagne, 327. — Embarras dans lequel il se trouve, 340. — Il s'efforce de faire sentir au duc de Guise, son neveu, qu'il est dupe des ambassadeurs d'Espagne, 345. — Conditions qu'il fait aux ambassadeurs d'Espagne, en réponse à leurs propositions, 346. — Il est harcelé par sa mère et par la duchesse de Montpensier, 347. — Il propose mollement dans les états de Paris l'élection du duc de Guise pour roi, *ibid.* — Il veut empêcher les Parisiens d'aller à Saint - Denis voir l'abjuration de Henri IV, 350 et 351. — Il fait renouveler le serment d'union dans les états, 353. — Il fait mettre en prison le duc de Nemours, son frère, 355. — Il sollicite une prolongation de la trêve, 356. — Il envoie un agent secret à Rome, 361. — Il engage Bélin, gouverneur de Paris, à se démettre, 364. — Il ranime le reste de la faction des Seize, 366. — Il ne sait pas profiter de ses avantages, *ibid.* — Il quitte Paris, *ibid.* — Il défend Laon, assiégé par Henri IV, 374. — Danger qu'il court de la part des Espagnols, *ibid.* — Il traite encore avec les Espagnols, 382. — Il est battu au combat de Fontaine-Française, 383 et 384. — Il obtient de Henri IV un délai pour se soumettre, 387. — Il fait son accommodement avec Henri IV, 391. — Édit de Folembray rendu en sa faveur, 392. — Il combat pour Henri IV au siège d'Amiens, 401. — Il entre au conseil après la mort de Henri IV, VIII, 79. — Sa mort, 98.

MAYENNE (Henri de Lorraine-Guise, duc de), fils du précédent, et le dernier mâle de sa branche, remplace son père, VIII, 98. — Il fait la cour à la comtesse de Soissons, 99 et 100. — Il se retire à Sédan, 123. — Il quitte Paris de nouveau, 139. — Il conseille à Marie de Médicis de se retirer dans la Guienne ou l'Angoumois, 199. — Est tué au siége de Montauban, 218.

MAZARIN (Jules), cardinal, nonce du pape, négocie sans succès auprès de Louis XIII la pacification du Piémont, VIII, 279. — Fait convenir les armées française et espagnole en Italie d'un accord interprétatif du traité de Ratisbonne, au moment qu'elles allaient se charger, 281. — Richelieu le charge de sonder Gaston sur son mariage avec Marguerite de Lorraine, 343. — Conclut le traité de Quérasque, qui termine le différend au sujet de la succession de Mantoue, 350. — Il est fait cardinal et ministre des affaires étrangères, 410. — Reçoit de Louis XIII la barrette de cardinal, 429. — Sa faveur auprès d'Anne d'Autriche, IX, 6. — Ses qualités, 7. — Il se conduit avec circonspection, 8. — Fait porter la guerre dans l'état des Présides pour inquiéter Innocent X, 32. — Son caractère, 35. — Murmure contre lui, 37. — Ce qu'il disait de Chavigni, 39. — Il entre en conférence avec le parlement, 45. — Il opine pour que l'on promette au peuple ameuté la liberté de Broussel, 62. — Ce qu'il dit à Gondi le lendemain des barricades, 77. — Il fait arrêter Chavigni, Châteauneuf et Goulas, 81. — On ne veut point l'admettre aux conférences de Saint-Germain, 84. — Arrêt du parlement rendu contre lui, 106. — Haine contre lui, ibid. — La contenance des frondeurs l'embarrasse, 131. — Il s'ouvre de ses craintes au président de Mesmes, ibid. — Il souscrit à l'accommodement de Ruel, 132. — Il négocie habituellement avec les frondeurs, 138. — Il vient à Paris après l'accommodement de Saint-Germain, 142. — Il se jette entre les bras des frondeurs, 147. — Sa réponse au prince de Condé, qui le soupçonnait d'avoir des entrevues secrètes avec le coadjuteur, 158. — Sa conduite à l'égard du coadjuteur, 168. — Il cherche à gagner les chefs de la Fronde, ibid. — Il entame un traité secret avec le conseil d'Espagne, 169. — Ruse qu'il emploie pour faire transférer les princes à Marcoussi. Il cherche à brouiller Gaston avec le coadjuteur, 172 et 173. — Comment on le rend odieux, 186. — Il se défend mal, 187. — Il cherche à brouiller Gaston avec le coadjuteur, 188. — Il se retire à Saint-Germain, 192. — Arrêt rendu contre lui, 194. — Il va au Hâvre mettre les princes en liberté, 197. — Il se retire à Cologne, ibid. — Ce qu'il écrit à la régente, 199. — Sa lettre à la régente pour l'engager à se refuser aux prétentions de Condé, 208. — Ce qu'il écrivait à la reine, au sujet du prince de Condé, 222. — Il fait des levées en Allemagne, 233. — Le parlement met sa tête à prix, 236. — Il pénètre en France avec l'armée du maréchal d'Hocquincourt, 237. — Il arrive à la cour, 240. — Il s'applique à gagner la confiance de Louis XIV, 241. — Adresse avec laquelle il négocie avec les princes, 263. — Son mot en apprenant que mademoiselle de Montpensier avait fait tirer le canon de la Bastille sur l'armée du roi, 272. — Il quitte une seconde fois le royaume, 281. — Sa ruse à l'égard de Fuensaldagne, général espagnol, 282. — Son retour en France, 294. — Son mot sur Louis XIV, 307. — Il a recours à la protection de Turenne pendant la maladie du roi, 320. — Sonde la reine sur l'attachement du jeune roi pour Marie Mancini, sa nièce, 321. — Force sa nièce à se séparer de Louis XIV, 325. — Il se rend à l'île des Faisans pour conférer avec don Louis de Haro, ministre d'Espagne, 326. — Conditions qu'il impose au prince de Condé dans le traité des Pyrénées, 329. — Ses qualités ministérielles, 335. — Son erreur au sujet du rétablissement de Charles II, 336. — Il établit ses nièces, 339 et 340. — Sa mort, 340. — Donne ses biens au roi pour remédier aux scrupules que lui fait naître son confesseur, ibid. — Le roi les lui rend, 341.

MAZARIN (Michel), cardinal de Sainte-Cécile, frère du précédent. Ce qu'il disait du caractère de son frère, IX, 37.

MAZARIN (Armand-Charles de La Porte, duc de). (*Voy.* MEILLERAYE.)

MAZUYER, député à la Convention nationale. Son opinion sur la mise en jugement du roi, pleine d'invectives contre le monarque qu'il désire néanmoins sauver, XI, 381. — Vote néanmoins pour qu'il n'y ait pas de sursis à la peine de mort, 382.

MÉDICI ou MEDEQUIN. (*Voy.* MARIGNAN et PIE IV.)

MÉDICIS (Julien de), prince de la république de Florence, fils de Pierre et petit-fils de Cosme le Commerçant, surnommé le *Père de la Patrie*, et le premier qui ait jeté du lustre sur le nom de Médicis. Il est assassiné à Florence par les Pazzi, IV, 356.

MÉDICIS (Laurent I de), frère du précédent, se livre à Ferdinand, roi de Naples, et en obtient la paix pour sa patrie, IV, 356.

MÉDICIS (Jean de), cardinal et pape, fils du précédent. (*Voy.* LÉON X.)

MÉDICIS (Laurent II de), fils de Pierre II et neveu du pape Léon X, commande l'armée du pape et des Florentins contre François I, V, 257. — Devient duc d'Urbain, et épouse Madelaine de Latour héritière du comté d'Auvergne, 269.

MÉDICIS (Catherine de), reine de France, fille du précédent. (*Voy.* CATHERINE DE MÉDICIS.)

MÉDICIS (Alexandre de), frère naturel de Catherine de Médicis, premier duc de Florence. Charles-Quint l'installe dans le duché de Florence, V, 343.

MÉDICIS (Jules de), pape, fils naturel de Julien ci-dessus. (*Voy.* CLÉMENT VII.)

MÉDICIS (Cosme I de), dit le Grand, successeur d'Alexandre ci-dessus au duché de France, quatrième descendant de Laurent, dit l'Ancien, fils du premier Cosme. Il s'attache à Charles-Quint, VI, 57.

MÉDICIS (Marie de), fille de François-Marie, grand-duc de Toscane, fils du précédent. (*Voy.* MARIE DE MÉDICIS.)

MÉDICIS (Jean Gaston de), grand-duc de Toscane, dernier de sa maison, arrière-petit-fils de Cosme II, petit-fils par Ferdinand, son père, de Cosme I. La succession de ses états est assurée par le traité de la quadruple alliance à don Carlos, X, 302. — Il le reconnaît pour son successeur, 309. — Le traité de Vienne change ces dispositions, et la Toscane est assurée à François-Étienne, duc de Lorraine, en échange de cette province qui demeure à la France, 328.

MÉDICIS (Alexandre de), dit le cardinal de Florence, et depuis pape sous le nom de Léon XI, neuvième descendant d'Évrard II, gonfalonier de Florence, trisaïeul par son second fils, de Cosme, le Père de la patrie. Clément VIII l'envoie légat en France, VII, 395. — Il jette les fondements de la paix avec l'Espagne. *ibid.*

MEILLERAYE (Charles de La Porte, duc et maréchal de La), cousin-germain du cardinal de Richelieu. Il est fait maréchal sur la brèche d'Hesdin, VIII, 398. — Prend Aire à la vue du cardinal Infant, devant lequel il est ensuite forcé de reculer, 405. — Commande l'armée de Roussillon, 429. — Bat les Espagnols à Villefranche, prend Collioure et Perpignan, 430. — Anne d'Autriche le nomme lieutenant général de la Bretagne, IX, 12. — Il parvient, à la tête des gardes à cheval, à dégager les gardes françaises et suisses attaquées par la populace de Paris, 60. — Il accompagne le coadjuteur qui allait apaiser le tumulte excité dans Paris, 62. — Ce qu'il dit à la reine en faveur du coadjuteur, 64. — Il conseille à la reine de mettre Broussel en liberté, *ibid.* — Il vient au secours du chancelier Séguier, poursuivi par la populace, 69. — Il fait pendre un officier bordelais qui s'était rendu à discrétion, 172.

MEILLERAYE (Armand-Charles de La Porte, duc de La), et de Mazarin, fils du précédent, grand-maître de la maison du roi, épouse

Hortense Mancini, nièce du cardinal Mazarin. A quelles conditions, IX, 339 et 340.

MELANCHTON, disciple de Calvin. Marguerite, reine de Navarre, engage inutilement François I à l'entendre, V, 357.

MELOS (don Francisco de), général espagnol, succède au cardinal Infant et prend Aire, VIII, 405. — Bat le maréchal de Grammont à Honnecourt, 430. — Tend un piége au prince de Condé pour le battre, IX, 13. — Est battu lui-même à Rocroi, 15.

MELUN (Charles de), favori de Louis XI, introduit La Baluë auprès de ce prince, IV, 249. — Son supplice, 256.

MENAGER (le sieur), l'un des négociateurs français au congrès d'Utrecht, X, 181.

MÉNARDEAU, l'un des rédacteurs des ordonnances de Louis XIV, IX, 361, à la note.

MENDOSA HURTADO (Diego de), général de Charles-Quint, s'introduit dans Sienne, VI, 42.

MENDOSE (Jean), premier maître d'hôtel de Henri II. Sa plaisanterie à la députation de l'Université, chargée de porter des plaintes au roi contre Castelan, évêque de Mâcon et grand-aumônier, V, 428.

MENDOSE (don Bernardin de), ambassadeur de Philippe II en France, vient à Paris après la mort du duc de Guise. Pourquoi ? VII, 199. — Il excite le duc de Mayenne contre Henri IV, 228. — Il va consoler le duc de Mayenne, retiré à Saint-Denis après la bataille d'Ivry, 249. — Il assiste à une assemblée des principaux ligueurs à Reims, 280. — Son entrevue à Soissons avec le duc de Mayenne, 326. — Il demande, dans un conseil tenu chez le légat, qu'on élise l'infante Isabelle, reine de France, 338.

MENESTRELS. Ce qu'ils étaient, II, 186.

MENEURS (les). Signification de ce mot, XI, 292.

MENTZEL, partisan autrichien, renommé pour ses barbaries, s'empare de la Bavière, X, 345. — Est tué à Saarbruck en Lorraine, 355.

MERANIE (Agnès de), épouse Philippe-Auguste, II, 252. — Sa mort, 254.

MERCOEUR (Philippe-Emmanuel de Lorraine-Vaudemont, duc de), cousin-germain du duc de Lorraine Charles III, et frère de Louise de Vaudemont, femme de Henri III, gouverneur de Bretagne. Il veut s'y rendre souverain, VII, 270. — Le maréchal d'Aumont le combat avec succès en Bretagne, 376. — Il se soumet à Henri IV, 402.

MERCOEUR (Louis de Bourbon, duc de), puis de Vendôme, cardinal après la mort de sa femme, fils de César, duc de Vendôme, fils légitimé de Henri IV et de Françoise de Lorraine, fille du précédent. Son père négocie son mariage avec Laure Mancini, nièce du cardinal Mazarin, IX, 144.

MERCURIALES (les). Étymologie du mot, V, 108. — Louis XII les fixe à quinze jours, VI, 108.— François I les fixe à trois mois, *ibid.* — Celles qui ont eu lieu sous Henri II, *ibid.*

MERCY (François de), Lorrain, général du duc de Bavière. Il est fait prisonnier par Guébriant à Kempen, VIII, 429. — Le presse à son tour, IX, 18. — Bat et fait prisonnier Rantzau à Dutlingen, *ibid.* — Est battu à Fribourg par Condé et Turenne, 25. — Surprend et bat Turenne à Mariendal, 28. — Est battu par Condé et Turenne à Nordlingue; y est tué, 30.

MERCY (Florimond, comte de), petit-fils du précédent, est battu à Rumersheim par le comte du Bourg, X, 164. — Descend en Sicile et pousse de poste en poste le marquis de Leede, 264. — Est battu et tué à la bataille de Parme, gagnée par le maréchal de Coigny, 327.

MERINDOT, laquais de Mérichon, maire de La Rochelle. Louis XI l'envoie en héraut à Édouard IV, IV, 310. — Manière dont il s'acquitte de sa commission, 311.

MEROBAUD (le Franc), commande l'armée de Valentinien I contre les Quades, et les réduit à implorer la clémence de l'empereur, I, 231. — Est adjoint à la tutelle du jeune Valentinien II, 232. — Est chargé du gouvernement de l'état pendant l'absence de Gratien, 233. — Lui conduit des troupes, avec lesquelles il bat les Germains à Argentorate, *ibid.* — Accompagne Gratien dans sa fuite, lorsque son armée est débauchée par Maxime, 236.

MÉROVÉE, roi de France, succède à Clodion, I, 267.—Donne son nom à la première race des rois de France, *ibid.* — De concert avec les Romains, les Bourguignons et les Visigoths, il bat Attila près de Châlons, 268.

MÉROVÉE, fils de Chilpéric et d'Audovère, épouse Brunehaut, I, 306 et 307. — Est confiné dans un couvent, *ibid.* — Se sauve et est assassiné, 310.

MÉRU (Montmorency). (*Voy.* DAMVILLE, Charles, duc de).

MERVEILLE, gentilhomme milanais, ambassadeur de François I auprès de François - Marie Sforce, qui le fait arrêter et exécuter, V, 353.

MESMES DE MALASSISSE (Henri I de). Il traite de la paix à Longjumeau avec le cardinal de Châtillon, VI, 280.

MESMES (Henri II de), petit-fils du précédent, président au parlement de Paris. Son apostrophe au prince de Conti dans le parlement, IX, 126. — Il fait tous ses efforts pour ramener la paix, 128. — Sa réponse généreuse à Mazarin, 131. — Sa réponse à l'envoyé du prince de Condé, qui cherchait à soulever le parlement contre la cour, 239.

MESMES (Claude de), comte d'Avaux, frère du précédent. (*Voy.* Avaux.)

MESMES (Jean-Antoine de), comte d'Avaux, neveu des deux précédents. (*Voy.* Avaux.)

MESMES (Jean-Antoine de), neveu du précédent, premier président au parlement de Paris. Ce qu'il dit dans la séance où le duc d'Orléans est déclaré régent, X, 220.

MÉTROPOLES. Leur juridiction, I, 143, à la note.

METZ (Clément de), régent du royaume. Sa mort, II, 233.

MÉZERAI (François Eudes de), historien. Sa réflexion en commençant le règne de Philippe de Valois, III, 103. — Tableau qu'il fait du règne de Philippe de Valois, 165. — Peinture qu'il fait de Charles-le-Mauvais, 170. — Ce qu'il dit des pardons que Louis XI accordait, IV, 237. — Il présente les articles des traités de Conflans et de Vincennes d'une manière qui développe les motifs de Louis XI, 240. — Le tableau qu'il fait donne une connaissance exacte de la conduite de Louis XI à l'égard des seigneurs avec lesquels il avait des intérêts à démêler, 242 et suiv. — Ses réflexions sur les galères conduites de la Méditerranée dans l'Océan, V, 227. — Parallèle qu'il fait de François I et de Charles V, 273. — Ce qu'il dit du motif de la haine de la duchesse d'Angoulême contre le connétable de Bourbon, 290. — Ce qu'il dit de Bayard, 306. — Ce qu'il dit des impôts, 399. — Peinture qu'il fait de la frayeur des Parisiens à l'approche de Charles-Quint, 415. — Ce qu'il répond à un auteur du temps de François I, qui accuse ce prince d'avoir permis les progrès du calvinisme, 423. — Portrait qu'il fait de Henri II, VI, 112. — Causes, selon lui, de la corruption de la cour de Henri II, *ibid.*

MÉZÉTEAU (Clément), ingénieur, dirige la construction de la digue par laquelle le cardinal de Richelieu ferme la porte de La Rochelle, VIII, 267.

MIGNONS (les). Ce qu'ils étaient, VII, 40.

MILE (Henri), envoyé du duc de Bretagne. Son imprudence, IV, 286.

MILET. L'un des confidents de Mazarin, IX, 212.

MILLE ROMAIN; sa longueur, I, 87, à la note.

MILLEBORNE, ministre de Montfort, duc de Bretagne, lui conseille de mettre un impôt extraordinaire, III, 274.

MINARD (Antoine), président au parlement de Paris. Son avis relativement aux calvinistes, VI, 109. — Est assassiné d'un coup de pistolet, 125.

MINOTIERS (les). Pourquoi ainsi nommés, VII, 364.

MIRABEAU (Honoré-Gabriel Riquetti, comte de), député du tiers état aux états généraux de 1789, XI, 200. — Sa réponse au grand maître des cérémonies, qui sommait le tiers de quitter la salle des états, 265. — Il propose de déclarer inviolable la personne des députés aux états généraux, 269. — Se prononce en faveur du veto royal, qu'il ne peut faire prévaloir, 290. — Est soupçonné de s'être mêlé aux brigands du 6 octobre, 297. — Appuie la proposition de la loi martiale, 304. — Opine pour la spoliation du clergé, 306. — Attaque les magistrats du parlement de Rennes, 312. — Son opinion sur le droit de paix et de guerre et son apostrophe à ce sujet, 316. — Il plaide sa cause dans l'assemblée nationale relativement à la journée du 6 octobre, 319. — Son apostrophe dans l'assemblée contre les démagogues, 328. — Sa mort, *ibid.*

MIRABEAU (Boniface Riquetti, vicomte de), frère puîné du précédent, colonel du régiment de Touraine et député aux états généraux de 1789. Se distingue entre les officiers employés en Amérique dans l'expédition contre lord Cornwallis, XI, 199. — Défend contre son frère les magistrats du parlement de Rennes, 312.

MIRACLES (la cour des). Origine de ce mot, III, 350.

MIRANDOLE (Galeotti Pic II, comte de La), assassin et successeur de Jean-François, son oncle. Il se ligue avec la France et les Vénitiens contre Charles V, VI, 42.

MIREBEAU (François Chabot), comte de), second fils de l'amiral Chabot. Il découvre à Fontaine-Française l'armée espagnole au moment où elle allait surprendre Henri IV, VII, 383.

MIROMESNIL (Louis-Armand Hue de), garde des sceaux, XI, 155. — Se retire, 245.

MIRON (François), médecin de Henri, duc d'Anjou. Ce qu'il raconte de l'entrevue de Charles IX avec Coligni, après l'assassinat de ce dernier, VI, 345.

MIRON (Robert), petit-fils du précédent, prévôt des marchands après son frère aîné. Président du tiers état aux états généraux de 1614, VIII, 106. — Harangue le roi à genoux, *ibid.*

MODÈNE (François I, duc de), généralissime des armées de France en Italie, en remplacement du prince Thomas de Savoie, IX, 34. — La France, ne pouvant le secourir, lui permet de faire sa paix avec les Espagnols, 137. — Il enlève aux Espagnols Valence sur le Pô, 316. — Prend Mortare dans le Milanais, et ouvre un libre accès vers Milan, 319.

MOLARD (le capitaine), créateur de l'infanterie française, V, 196.

MOLAY (Jean de), grand-maître des Templiers, est arrêté, III, 48. — Son discours sur l'échafaud, 53. — Sa mort, 54.

MOLE (Joseph de Boniface, sieur de La), favori d'Alexandre de France, duc d'Alençon, VI, 386. — Charles IX veut le faire étrangler, 387. — Il va déclarer à la reine-mère l'entreprise des Jours gras, 390. — Il est arrêté, 391. — Il est accusé d'avoir voulu envoûter le roi, 392. — Son exclamation dans les douleurs de la torture, ibid. — Son apostrophe aux courtisans en allant au supplice, ibid. — Sa mémoire est réhabilitée, VII, 39.

MOLÉ (Édouard), seigneur de Champlatreux, conseiller au parlement, et procureur pendant la ligue, opine pour qu'il soit rendu un arrêt en faveur de la loi salique, VII, 344. Ce qu'il dit en cette occasion au duc de Mayenne, 345. — Se concerte avec le comte de Brissac pour remettre Paris sous l'obéissance du roi, 365. — Henri IV lui donne une charge de président à mortier, 373.

MOLÉ (Matthieu), 1er président au parlement de Paris, fils du précédent. Ses conclusions en qualité de procureur général contre le duc de la Valette, VIII, 393. — Son caractère, IX, 50. — Il veut s'opposer en vain aux assemblées des chambres, 55. — Il se rend avec le parlement par-devant la régente, pour lui demander la liberté du conseiller Broussel, 71 et 72. — Raguenet, capitaine du quartier, le force, le pistolet à la main, de retourner au Palais-Royal avec sa compagnie, 73. — Il s'oppose inutilement à ce que le coadjuteur prenne séance au parlement, 119. — Il veut inutilement soutenir le président de Mesmes dans le parlement, 127. — Il fait tous ses efforts pour ramener la paix, 128. — Courage avec lequel il défend l'accommodement de Ruel qu'il avait signé, 133. — Sa réponse à un forcené qui lui mettait le pistolet sur la gorge, 134. — Il est récusé comme juge dans l'affaire de l'assassinat du prince de Condé, 154. — Sa remarque ironique sur une lettre prétendue écrite par ce prince, 182. — Les frondeurs le font servir à leur dessein pour la délivrance des princes, 185. — Sa réponse à la demande du coadjuteur, pour que le parlement fasse des remontrances sur les désordres de l'état, 186. — Il conjure Gaston de revenir auprès du roi, 192. — Son apostrophe à Gaston, qui annonçait dans le parlement la prochaine liberté des princes, 196. — Il appuie l'avis de Broussel contre les cardinaux, 200. — La régente lui donne les sceaux ôtés à Châteauneuf, 203. — Fermeté avec laquelle il parle à des séditieux qui le menaçaient, 235. — Il quitte Paris pour se rendre auprès de la régente. Ce qu'il dit dans cette occasion, *ibid.*

MOLIÈRE (Jean-Baptiste Pocquelin de), célèbre par le comique français sous Louis XIV, X, 217.

MOLINA (Louis), jésuite espagnol, essaie d'expliquer l'accord de la grâce et de la liberté, X, 129 et 130.

MOLINISTES (les). Pourquoi ils sont ainsi nommés, X, 129 et 130.

MOLLEVILLE (Bertrand de), intendant de Bretagne, est appelé par Louis XVI au ministère de la marine, XI, 348. — Donne sa démission, 356.

MONASTÈRES (les). Ce qu'ils étaient au commencement du septième siècle, I, 337.

MONCHY (*Voy.* SENARPONT et HOCQUINCOURT), deux branches de la maison de Monchy. La première issue d'Edmond II de Monchy, seigneur de Senarpont, fils puîné d'Edmond I; et la seconde, de Georges de Monchy, second fils d'Antoine, lequel était le cinquième descendant d'Edmond I.

MONEINS (Tristan de), commandant du château du Ha à Bordeaux, est massacré par la populace, VI, 16.

MONGE, appelé au ministère de la marine, XI, 370.

MONI (le marquis de), écuyer de Marie de Médicis, ménage le retour de Ruccelaï à la cour, VIII, 194.

MONNERON, capitaine au corps du génie, accompagne La Peyrouse dans son expédition de la baie d'Hudson, XI, 215.

MONNAIES romaines au temps de César, I, 125, à la note.

MONNAIES (les). Leur altération sous Philippe-le-Bel, III, 32. — Fin de leur fluctuation sous Louis XIV, après le système de Law, X, 301.

MONOD (le P.), jésuite, directeur de Christine, duchesse de Savoie, tente de faire disgracier le cardinal de Richelieu, VIII, 383. — Il écrit au P. Caussin, confesseur de Louis XIII, pour qu'il détermine son pénitent à renvoyer Richelieu, 384. — Richelieu lui fait sentir son indignation, 386. — Force la duchesse de Savoie de l'enfermer dans une citadelle, 387.

MONRO, général anglais, reçoit la commission d'attaquer Pondichéri, XI, 171. — S'en rend maître, 204. — Marche au secours du Nabab d'Arcate, assiégé par Aider-Ali-Kan, 206. — Il appelle Baillie qui est défait en se rendant près de lui, *ibid.* — Se retire sur Madras et évacue Pondichéri, *ibid.*

MONSABERT (Goislard de), conseiller au parlement de Paris. Brienne veut le faire arrêter. Pourquoi? XI, 247.

MONSART DU BOS, gentilhomme, exécuté pendant les troubles de Paris. Le dauphin Louis fait réhabiliter sa mémoire, IV, 43.

MONSAUREAU (la dame de), maîtresse de Charles, frère de Louis XI, meurt empoisonnée, IV, 287.

MONSIEUR. (*Voy.* PROVENCE, le comte de.)

MONTAGU (Jean de), ministre de Charles VI, III, 348. — Se retire à Avignon, 36 . — Son supplice, IV, 24. — Le dauphin Louis fait réhabiliter sa mémoire, 43.

MONTAGU (comte de Salisbury), général anglais. (*Voy.* SALISBURY.)

MONTAIGU (milord), confident du duc de Buckingham, vient en France cabaler contre le duc de Richelieu, VII, 264. — On saisit ses papiers, *ibid.* — Engage Anne d'Autriche à donner sa confiance à Mazarin, IX, 6. — Comment il définit Mazarin à Anne d'Autriche, 7.

MONTAL (le marquis de), l'un des quatre braves qui se sont fait sous Louis XIV une réputation dans la défense des places, IX, 427. — Gouverneur de Charleroi, il y rentre malgré l'invest issement qui en est fait par le prince d'Orange, et lui en fait lever le siége, 400.

MONTALEMBERT. (*Voy.* ESSÉ.)

MONTAUBAN (Philippe de), chancelier de Bretagne, met opposition à la procuration obtenue par le sire d'Albret, relativement au mariage que celui-ci projetait avec Anne de Bretagne, V, 44. — Ses instances auprès d'Anne de Bretagne pour l'engager à épouser Charles VIII, 52. — Accompagne Anne au château de Langeais, où elle épouse Charles VIII, 54.

MONTAUSIER (Charles de Sainte-Maure, duc de), gouverneur du grand dauphin, fils de Louis XIV, X, 179.

MONTBARREY (Alex. El. Marie de Saint-Maurice, prince de), ministre de la guerre à la mort du comte de Saint-Germain, donne sa démission, et est remplacé par le maréchal de Ségur, XI, 191.

MONTBAZON (Hercule de Rohan-Guemené, duc de), se trouve dans le carrosse de Henri IV au moment où ce prince est assassiné, VIII, 72. — L'un des sous-présidents de l'assemblée des notables tenue à Rouen, 161. — Le duc de Luynes son gendre le charge de négocier auprès de la reine-mère, 166. — Le parlement le charge, comme gouverneur de Paris, de lever des troupes, IX, 106.

MONTBAZON (Marie de Bretagne, duchesse de), femme du précédent, et fille de Claude de Bretagne, comte de Vertus. Le duc d'Enghien s'attache à elle, IX, 20. — Lettres qu'elle attribue à mademoiselle de Bourbon, *ibid.* — La reine la condamne à faire une réparation à la princesse de Condé, 20 et 21. — Défenses qu'elle lui fait, *ibid.* — Elle est exilée, 23. — Elle veut s'enfuir à Péronne, 152. — La Palatine l'emploie à briser les fers du prince de Condé, 178. — On lui fait défenses de paraître à la cour, 290.

MONTBRUN (Charles du Puy, seigneur de), dit le brave Montbrun, calviniste, lève des troupes dans le comtat Venaissin pour son parti, VI, 195. — Sa réponse insolente à Henri III, qui le sommait de rendre quelques prisonniers. Sa mort, VII, 17. — Sa mémoire est réhabilitée, 39.

MONTCALM (Louis-Joseph, marquis de), est transporté en Amérique, XI, 31. — S'empare de quelques forts des Anglais, 48. — Défait le général Abercrombie au fort de Carillon, 59. — Perd la bataille de Québec, ainsi que la vie, contre le général Wolfe, qui est tué dans la même affaire, 68.

MONTCLAR (Jean-François de Noailles, marquis de), frère du maréchal et du cardinal de Noailles, il fait évacuer l'Alsace au duc de Saxe Eisenach, X, 5. — Investit Strashourg en pleine paix et force cette ville à s'agréger à la France, 25.

MONTÉCUCULLI (Sébastien), comte italien, accusé d'avoir empoisonné le dauphin François, avoue son crime et est écartelé, V, 372.

MONTÉCUCULLI (Raymond, comte de), commande l'arrière-garde au combat de Sommerhausen, et pense y être taillé en pièces par Turenne, IX, 89. — Bat les Turcs à la bataille de Saint-Gothard, et les force à une trêve, 359. — Est envoyé sur le Rhin contre Turenne, 397. — Tombe malade et défend de hasarder une action, 398. — Commande de nouveau sur le Rhin contre Turenne, 419. — Force l'armée française à repasser le Rhin après la mort de ce général, 422. — Pénètre en Alsace; est forcé par le prince de Condé à l'évacuer, 424. — Se retire du service, *ibid.*

MONTÉFELTRO (Guy Ubald de), duc d'Urbin. Moyens dont se sert César Borgia pour s'emparer de son duché, V, 133.

MONTEMAR (le comte de), général espagnol, duc de Bitonto, fait mettre bas les armes aux impériaux à Bitonto, et en reçoit le nom de duc de Bitonto, X, 328. — Descend en Italie, 343. — Est remplacé par le comte de Gages, 366.

MONTEMARCIANO (Hercule Sfrondate, duc de), neveu de Grégoire XIV. Ce pape lui donne le commandement des troupes levées pour la ligue contre Henri IV, VII, 280. — Rejoint Mayenne en Lorraine, 285 et 286.

MONVENART (Hector de), capitaine français, somme les Pisans de rentrer sous l'obéissance des Florentins, V, 118. — Réception touchante qu'on lui fait, 119.

MONTESPAN (Françoise-Athénaïs de Rochechouart-Mortemart, épouse de Louise-Henri de Gondrin de Pardaillan, et sœur du maréchal de Vivonne, marquis de). Louis XIV s'attache à elle, IX, 364. — Louis XIV se détache d'elle, X, 33. — Elle est éloignée de la cour. Pourquoi, 36.

MONTESQUIEU (Charles Secondat, baron et président de). Ses réflexions sur les suites des brouilleries des femmes dans les monarchies, IX, 142.

MONTESQUIOU, capitaine du duc d'Anjou. Il tue le prince de Condé à la bataille de Jarnac, VI, 297.

MONTESQUIOU-ARTAGNAN (Pierre de), maréchal de France, suggère à Villars l'idée d'attaquer les lignes de Denain, X, 186.— Contrarie ce général, 189.

MONTESQUIOU-MONTLUC. (*Voy.* MONTLUC.)

MONTESQUIOU (l'abbé de), député aux états-généraux de 1789, y défend avec talent, mais inutilement, la propriété du clergé, XI, 305. — Son impartialité le porte plusieurs fois à la présidence de l'assemblée, *ibid.*

MONTESQUIOU-FEZENZAC (le marquis de) s'empare de la Savoie, et, destitué dans le même temps, fuit hors de France, XI, 377.

MONTEYNARD (Louis-François de), est fait ministre de la guerre en remplacement du duc de Choiseul, XI, 136.

MONTFERRAT (Conrad de), marquis de Tyr, le dernier des fils de Guillaume IV, dit le Vieux, marquis de Montferrat et de Judith, fille de S. Léopold, duc d'Autriche, sœur utérine de l'empereur Conrad III. En vertu de son alliance avec Isabelle de Jérusalem, fille du roi Amauri, il revendique le royaume contre Guy de Lusignan, veuf de Sibylle, sœur aînée d'Isabelle, et d'abord épouse de Guillaume V de Montferrat, son frère, II, 247.

MONTFERRAT (Boniface, marquis de), l'un des chefs de la quatrième croisade. Les Vénitiens s'opposent à ce qu'il soit élu empereur de Constantinople. Une alliance le fait roi de Thessalie, II, 262.

MONTFERRAT (Jean II Paléologue, marquis de), petit-fils d'Andronic II Paléologue, dit le Vieux, empereur de Constantinople, et d'Yolande, héritière de Montferrat, fille de Guillaume VII, arrière-petit-fils du précédent. Il détermine les grandes compagnies à le suivre en Italie, III, 231.

MONTFERRAT (Jean-Georges Paléologue, marquis de), un arrière-petit-fils du précédent, et le dernier des Paléologues. Sa mort, V, 368.

MONTFORT (Amauri III, seigneur de), frère de Bertrade, maîtresse de Philippe I, roi de France. Sa cruauté, II, 204.

MONTFORT (Simon IV, comte de), et comte de Leicester par sa mère, petit-fils du précédent. Il commande contre les Albigeois, II, 266. — Sa mort, 269.

MONTFORT (Simon V de), comte de Leicester, quatrième fils du précédent, et frère d'Amauri VI, connétable de France. Henri III, roi d'Angleterre, l'établit vice-roi des provinces qu'il avait en France. Il fait son maître prisonnier, II, 333.

MONTFORT (Jean IV de Bretagne, comte de), frère de Jean III le Bon, duc de Bretagne, se fait proclamer duc de Bretagne, après la mort de son frère, au préjudice des droits de Charles de Châtillon, dit de Blois, III, 136. — Cité devant la cour des pairs, disparaît avant le jugement, ibid. — Est fait prisonnier, 137. — Il s'évade. Sa mort, 141.

MONTFORT (Jean V, comte de), duc de Bretagne, fils du précédent. Sa mère l'envoie en Angleterre, III, 141. — Gagne la bataille d'Aurai sur Charles de Blois, 243. — Est reconnu duc par le traité de Guérande, et fait hommage du duché de Bretagne à Charles V, 247. — Se ligue avec Édouard III contre la France, 272. — On procède contre lui, ibid. — Il se réfugie en Angleterre, 274. — Il revient en Bretagne à la tête d'une armée, 276. — Est obligé de lever le siége de Quimper, ibid. — Envoie défier Charles V, 291. — On lui fait son procès, 292. — Les Bretons le rappellent, 294. — Reconquiert son duché, ibid. — Signe une trêve d'un mois avec le duc d'Anjou, 295. — Conclut la paix avec la France, 309. — Vient à la cour, 310. — Sa perfidie à l'égard de Clisson, 344 et suiv. — Son repentir, 346. — Met à prix la liberté de Clisson, ibid. — Refuse d'accompagner Charles VI en Italie, 358. — Son entrevue à Tours avec Charles VI, 359. — Nie avoir reçu le baron de Craon, assassin de Clisson, 364. — Se réconcilie avec Clisson, 374. — En partant pour l'Angleterre, il lui confie sa femme et ses enfans, 379. — Sa mort, 389.

MONTFORT (Jean VI, comte de), duc de Bretagne, fils du précédent. (*Voy.* BRETAGNE.)

MONTGEAI (le châtelain de), se révolte contre Louis VII. Est battu, II, 209.

MONTGLAT, auteur de Mémoires. Ce qu'il dit de l'abbé de La Rivière, favori de Gaston, duc d'Orléans, VIII, 370, à la note.

MONTGOMMERY (Gabriel de Lorge, comte de), capitaine des gardes de Henri II. Le connétable de Montmorency lui livre les conseillers du Faur et du Bourg, arrêtés par ordre de Henri II, VI, 100. — Blesse mortellement Henri II dans un tournoi, 111. — Défend pour les protestants la ville de Rouen assiégée par les catholiques, 209. — Il se sauve la ville étant prise, 211. — Est sommé par Charles IX de mettre bas les armes, 271. — Est condamné à mort par arrêt du parlement de Paris et exécuté en effigie, 307. — Fait heureusement la guerre en Béarn, *ibid.* — Échappe au massacre de la Saint-Barthélemi, 357. — Amène d'Angleterre un secours aux Rochelois assiégés, 378. — Est pris en Normandie en combattant contre le roi, 394. — Le parlement lui fait son procès, VII, 11. — Il est condamné à perdre la tête, *ibid.* — Sa mémoire est réhabilitée, 39.

MONTGOMMERY (Gabriel II de Lorge, comte de), fils du précédent. Le duc de Luynes achète sa soumission par des présents et des pensions, VIII, 201.

MONTGOMMERY, général américain, assiége Québec et y est tué, XI, 165.

MONTHOLON (François I de), garde-des-sceaux, plaide pour le connétable de Bourbon dans le procès qui lui est intenté par la duchesse d'Angoulême, V, 298. — Il est élevé à la dignité de garde-des-sceaux, 299.

MONTHOLON (François II de), garde des sceaux, fils du précédent. Henri III l'appelle au ministère, VII, 184.

MONTIGNY (François de La Grange d'Arguien, maréchal de), sous Louis XIII, aïeul de Marie Casimir, épouse de Jean Sobieski, roi de Pologne. Il envoie des émissaires en différentes provinces pour les soulever, VIII, 29. — La régente lui confie une armée contre les mécontents, 141.

MONTLHÉRI (le seigneur de), est fait prisonnier et étouffé par Hugues de Créci, II, 204.

MONTLUC (Blaise de), de la maison de Montesquiou-d'Artagnan, général français, est envoyé à François I par le comte d'Enghien pour obtenir permission de livrer bataille, V, 407. — Henri II l'envoie en Italie pour seconder Strozzi, VI, 59. — Sort de Sienne avec armes et bagages, 60. — Est fait maréchal de France et reçoit le collier de Saint-Michel, *ibid.* — La charge de colonel-général de l'infanterie française, ôtée à Dandelot, lui est donnée, 96. Ses cruautés racontées par lui-même, 230. — Est chargé d'arrêter Jeanne d'Albret, reine de Navarre, 289. — Il se plaint de la conduite de Damville à l'égard des calvinistes, VII, 13.

MONTLUC (Jean de), évêque de Valence, frère du précédent et père d'un fils naturel, Jean de Montluc, maréchal de Balagny. S'élève dans l'assemblée de Fontainebleau contre les peines infligées aux hérétiques, VI, 149. — Ce que Le Laboureur dit de lui relativement au colloque de Poissy, 174. — Ce que Brantôme dit de lui relativement à ses opinions religieuses, 175. — Rédacteur d'une lettre hardie de Catherine de Médicis au pape, *ibid.* — Principal agent de la conférence de Talsy, 200. — Ce qu'il dit au prince de Condé après la conférence de Talsy, *ibid.* — Est cité à Rome pour ses opinions et pour sa conduite, 241. — Négocie l'élection de Henri, duc d'Anjou, au trône de Pologne, 382.

MONTMORENCY (Matthieu I de), connétable de France sous Louis-le-Jeune, cinquième descendant de Bouchard I, sire de Montmorency au temps de Hugues Capet; il épouse la veuve de Louis VI, II, 206. (Matthieu II, dit le Grand, connétable sous Philippe-Auguste, Louis VIII et saint Louis, eut entr'autres enfans d'Emme, héritière de Laval, sa seconde femme, Guy, tige de la maison de Montmorency-Laval.)

MONTMORENCY (Matthieu III de), petit-fils de Matthieu II, prend la croix pour la sixième croisade, II, 345.

MONTMORENCY (Anne, duc de), connétable de France sous François I, Henri II, François II et Charles IX, petit-fils de Jean II, le cinquième descendant de Matthieu III. (Des trois fils de Jean II, Jean, Louis et Guillaume, sont sorties les branches de Montmorency-Nivelle et Hornes, de Montmorency-Fosseux avec ses rameaux de Bouteville, Robèque, etc., et des ducs de Montmorency. La première et la troisième se sont éteintes sur l'échafaud à la quatrième génération.) Il descend en Italie avec François I, V, 310. — Est fait prisonnier à la bataille de Pavie, 313. — François I le charge de dévaster la Provence. Pourquoi, 370. — S'oppose dans le conseil à ce que l'on poursuive l'armée de Charles-Quint qui abandonnait la Provence, 376. — Est fait connétable; s'oppose à ce qu'on exige de Charles-Quint des gages de sa parole de donner l'investiture du Milanais à Charles, duc d'Orléans, 386. — Insinue à Charles-Quint de donner au duc d'Orléans l'investiture du Milanais, 389. — Il est exilé, 390. — Henri II le rappelle d'exil, VI, 2. — Donne à Henri II un plan de conduite pour toute la journée, 4. — Henri II l'envoie à Bordeaux avec un corps de troupes pour punir cette ville de sa révolte, 17. — Rigueur avec laquelle il traite les Bordelais, 18. — Parcourt différentes provinces qui s'étaient révoltées, et les punit, 19. — Son discours dans un lit de justice tenu par Henri II, 32. — S'empare de Metz par surprise, 39. — Échoue devant Strasbourg, *ibid*. — Commande une armée à la tête de laquelle il feint d'assiéger Avesnes, 55. — S'oppose à ce qu'on déclare la guerre à Philippe II, 78. — Il cesse de s'y opposer. Par quel motif, 81. — Est battu, blessé et fait prisonnier à la bataille de Saint-Quentin, 87. — Il obtient la liberté de venir à la cour, 95. — Retourne en prison, 99. — Est traité avec beaucoup de considération par les généraux et ministres espagnols, 100. — Henri II le nomme son premier plénipotentiaire pour traiter de la paix avec l'Espagne, 101. — Son entrevue avec Henri II à Amiens, *ibid*. — Est mis en liberté moyennant une rançon, 103. — Va saisir par ordre du roi les conseillers du Faur et du Bourg au milieu du parlement, 110. — Ses mesures pour avoir part au gouvernement après la mort de Henri II, 114. — Il est disgracié et se retire à Chantilly, 117. — Le duc de Guise lui ôte la charge de grand-maître de la maison du roi, 123. — Va au parlement faire le rapport de la conjuration d'Amboise, 143. — Il revient à la cour, 160. — Ce qu'il dit à Charles IX en revenant à la cour, *ibid*. — Menace de quitter la cour si l'on ne renvoie pas les Guises, 163. — Charles IX lui défend de quitter la cour, *ibid*. — Il parle contre les prêches qui se tenaient à la cour, 166. — Il se ligue avec le maréchal de Saint-André et la duchesse de Valentinois, 167. — Médiateur de la cour avec le duc de Guise auprès du clergé pour en obtenir un subside, 173. — On lui donne le surnom de capitaine *Brûle-Bancs*. Pourquoi, 189. — Est fait prisonnier à la bataille de Dreux, 218. — Catherine de Médicis l'abouche avec le prince de Condé, 226. — S'empare du Havre sur les Anglais, 231. — Se montre mécontent de l'édit d'Amboise, 239. — Il autorise de son nom un complot affreux, 240. — Se réconcilie avec le cardinal de Lorraine, 254. — Catherine de Médicis lui accorde une gratification considérable, 259. — Sa réponse à Castelneau qui annonçait à la cour l'existence d'une armée de calvinistes, 264 et 265. — Son entrevue à Aix-la-Chapelle avec le prince de Condé, 272. — Est blessé à mort à la bataille de Saint-Denis, 273. — Son caractère, 274.

MONTMORENCY (François, duc de), fils aîné du précédent, défend Therouenne avec d'Essé et y est fait prisonnier, VI, 51. — Épouse Diane d'Angoulême, fille naturelle de Henri II et de Philippe Duc, demoiselle piémontaise, 85. — Rupture de son mariage clandestin avec Jeanne de Halluin, demoiselle de Piennes, *ibid.* — Il s'efforce de détourner son père de se liguer avec le maréchal de Saint-André et la duchesse de Valentinois, 167. — Il est mis à la Bastille, 391. — Henri III veut le faire étrangler, VII, 27. — Il est mis en liberté, 30. — Sa mort, 95.

MONTMORENCY (Henri de), frère du précédent, duc et maréchal de Montmorency après lui, connu sous le nom de Damville du vivant de son père, et connétable lui-même sous Henri IV. (*Voy.* DAMVILLE.)

MONTMORENCY - THORÉ (Guillaume de), frère puîné des précédents et de Charles de Montmorency-Méra, duc de Damville et amiral de France, prisonnier avec son frère à Saint-Quentin, et de Gabriel de Montmorency - Montbéron, tué à côté de lui à Dreux. (*Voy.* THORÉ.)

MONTMORENCY (Henri II, duc et maréchal de), fils du connétable Henri I. Il bat la flotte des Rochelois commandée par Souhise, VIII, 235. — Combat les huguenots dans le Languedoc et éprouve un échec contre le duc de Rohan, 274. — Il bat les Impériaux et les Espagnols à Veillane, et s'empare du marquisat de Saluces, 279. — Est fait maréchal de France, 282. — Louis XIII malade à Lyon lui recommande de conduire Richelieu à Brouage, à sa première demande, 285. — Il se joint à Gaston, entré en France à main armée, 317. — Il cherche inutilement à soulever le Languedoc, *ibid.* — Il s'avance en Languedoc contre Schomberg, 320. — Sa réponse à Cavoye que Schomberg lui avait envoyé pour lui proposer un accommodement, 321. — Il est pris au combat de Castelnaudary, 322. — Il est exécuté, 326. — Détails sur sa mort, 327.

MONTMORENCY - FOSSEUX (Matthieu, comte de), député aux états généraux de 1789. Provoque l'abolition des distinctions nobiliaires, XI, 317. (*Voy.* HORNES, BOUTEVILLE, CHATILLON et LUXEMBOURG.)

MONTMORIN (Jean-Baptiste-Calixte, comte de), ministre des affaires étrangères, XI, 242. — Est renvoyé au 14 juillet, 271. — Donne sa démission, 348.

MONTOIRAN (de), guidon du duc de Montpensier. Ce que Brantôme en raconte, VI, 292.

MONTORIO. Le duc de Mayenne l'envoie à Rome comme son agent secret, VII, 361.

MONTPENSIER (Humbert de Beaujeu, seigneur de), connétable de France sous saint Louis, prend la croix pour la huitième croisade, II, 545.

MONTPENSIER (Louis-le-Bon, comte de), fils de Jean I, duc de Bourbon et de Marie de Berry, héritière de Montpensier, consent à renoncer à l'expectative des domaines des ducs de Bourbon, V, 293.

MONTPENSIER (Gilbert de Bourbon, comte de), fils du précédent et frère de Charles I, duc de Bourbon. Charles VIII lui donne le commandement des troupes qu'il laisse en Italie, V, 83. — Il viole la convention par laquelle il devait se rendre sous un temps fixé au roi de Naples Ferdinand II, 90 et 91. — Celui-ci le renferme dans Atella, 92. — Il capitule, ibid. — Sa mort, 93. — Ses réclamations au parlement contre la renonciation de son père au duché de Bourbon, 294.

MONTPENSIER (Louis II de Bourbon, duc de), fils de Louis de Bourbon, prince de La Roche-sur-Yon et comte de Montpensier, tige de la seconde branche de Montpensier par son mariage avec l'héritière Louise de Bourbon, sœur du fameux connétable, chef d'une ligue particulière qui est découverte, VI, 257. — Ce que Brantôme raconte de sa cruauté, 292. — Condamne Lanoue à la mort après la bataille de Jarnac, 297. — Est mécontent de la cour, 311. — Il prend le commandement des troupes sous le nom du roi, 314. — Il se retire de la cour, 335. — Il vient à la cour, 342. Il encourage les massacres à la Saint-Barthélemi, 357. — Commande un corps d'armée en Saintonge contre Lanoue et les calvinistes, 394. — Son mot en parlant des ordres donnés par Henri III de lui ramener le duc d'Alençon mort ou vif, VII, 30. — Opine dans le conseil du roi pour la paix avec les calvinistes, 54 et 55.

MONTPENSIER (François de Bourbon, duc de), d'abord dauphin d'Auvergne, et dit le prince dauphin, fils du précédent et de Jacqueline de Longwy, sa première femme. Il tient le maréchal de Damville en échec, VI, 394. — Il défait les Gautiers en Normandie, VII, 215. — Commande l'avant-garde à Caudebec, 309.

MONTPENSIER (Henri de Bourbon, duc de), fils du précédent. Le comte d'Entragues remet en sa présence à Henri IV la promesse de mariage souscrite par ce prince en faveur de Henriette d'Entragues, VIII, 26.

MONTPENSIER (Jacqueline de Longwy, duchesse de), première femme de Louis II ci-dessus. Avis secret qu'elle fait passer aux Bourbons, VI, 152.

MONTPENSIER (Catherine-Marie de Lorraine, duchesse de), sœur des ducs de Guise et de Mayenne, seconde femme de Louis II ci-dessus, et confidente de Catherine de Médicis. Devenue veuve, on la propose en mariage au cardinal de Bourbon, VII, 101. — Sa haine contre Henri III, 136. — Se jette aux genoux de Henri III. Pourquoi, 163. — Pourquoi elle portait à son côté une paire de ciseaux, 191. — Elle exhorte le duc de Mayenne à ne faire ni paix ni trêve avec Henri III, 203. — Elle fait venir Jacques Clément chez elle, 218. — Sa joie en apprenant la mort de Henri III, 223. — Elle reçoit chez elle la mère de Jacques Clément, *ibid.* — Elle excite le duc de Mayenne contre Henri IV, 228. — Elle entretient l'erreur des Parisiens, 233. — Elle exhorte le duc de Mayenne à se faire roi, 235. — Elle va trouver le duc de Mayenne retiré à Saint-Denis après la bataille d'Ivry, 249. — Ce qu'on appelait le pain de madame de Montpensier, 258. — Son attachement pour le jeune duc de Guise, son neveu, 288. — Elle presse le duc de Mayenne de se rendre à Paris, 299. — Elle presse le duc de Guise, son neveu, d'accepter les propositions qui lui sont faites par les ambassadeurs d'Espagne, 346. — Elle harcèle le duc de Mayenne pour qu'il accepte les propositions des ambassadeurs d'Espagne, 347.

MONTPENSIER (Marie de Bourbon, duchesse de), fille de Henri II ci-dessus, et de Henriette-Catherine, héritière de Joyeuse, nièce du duc de Joyeuse, tué à Coutras. Marie de Médicis veut lui faire épouser Gaston, son fils, VIII, 240. — Elle épouse Gaston, 251. — Sa mort, 260.

MONTPENSIER (Anne-Marie-Louise d'Orléans, dite Mademoiselle de, ou la Grande Mademoiselle), fille de la précédente et de Gaston, frère de Louis XIII, VIII, 260. — Elle ferme les portes d'Orléans au roi, IX, 245 et suiv. — Elle suspend les effets de la querelle entre les ducs de Beaufort et de Nemours, 249. — Comment elle passait son temps à Orléans, 257. — Demande un passe-port à Turenne pour retourner à Paris, *ibid.* — Elle ouvre les portes de Paris au prince de Condé après la bataille de Saint-Antoine, 269. — Elle fait tirer le canon de la Bastille sur l'armée du roi, 271. — Elle va avec le duc de Beaufort à l'hôtel de ville pour y faire cesser le massacre, 275. — Elle s'exile de Paris, 290. — Elle mène long-temps une vie errante, 298. — Ce qu'elle raconte des circonstances qui accompagnèrent la mort de Henriette d'Angleterre, duchesse d'Orléans, 383. — Monsieur jette les yeux sur elle pour l'épouser en secondes noces, 385. — Elle épouse secrètement le duc de Lauzun, capitaine des gardes de Louis XIV, *ibid.*

MONTPENSIER (Coudrai), attaché à Gaston, duc d'Orléans. Richelieu demande que ce prince l'éloigne de sa cour, VIII, 344.

MONTPEZAT (Antoine de Lettes, dit des Prez, marquis de), maréchal de France. Belle défense qu'il fait à Fossano, V, 368. — Son expédition en Roussillon avec le dauphin Henri, 396.

MONTRÉSOR (Claude de Bourdeilles, comte de), petit-neveu de Brantôme. Attaché au comte de Soissons, il projette d'assassiner le cardinal de Richelieu, VIII, 364. — Un des principaux de la cabale des Importuns, IX, 3. — Il a ordre de s'éloigner de la cour, 24. — Il excite le coadjuteur de Paris contre la cour, 57.

MONTSOREAUX (la dame de). Son intrigue avec Bussy. Vengeance que son mari en tire, VII, 73.

MORANGIS (de), l'un des rédacteurs des ordonnances de Louis XIV, IX, 361, à la note.

MORAS (François-Marie-Perine de), contrôleur général après M. de Machault, XI, 15. — Cumule les ministères de la marine et des finances, 26. — Cède le contrôle général à M. de Boulogne, 63. — Se démet de la marine, *ibid.*

MORBEC (Denis de), gentilhomme français, fait le roi Jean prisonnier à la bataille de Poitiers, III, 187.

MORET (Jacqueline de Beuil, comtesse de), maîtresse de Henri IV après Henriette d'Entragues, VIII, 39. — Elle lie une intelligence entre Marie de Médicis et le marquis de Vardes qu'elle avait épousé, 306.

MORET (Antoine de Bourbon, comte de), fils naturel de Henri IV et de la précédente, se ligue avec Gaston d'Orléans, frère de Louis XIII, VIII, 295. — Il est tué au combat de Castelnaudari, 322.

MORGAN, Anglais, est condamné à avoir la tête tranchée, comme complice de la conjuration de la maison d'Entragues, VIII, 37. — Il est banni à perpétuité, 28.

MORISSON, député du département de la Vendée à la convention, se récuse comme juge de Louis XVI, XI, 382.

MORNAY (Philippe de), seigneur du Plessis-Marly. Lors de l'entreprise des Jours gras il s'empare d'une porte de Mantes, VI, 389.

— Sa réflexion sur la guerre dite des Amoureux, VII, 75. — Le roi de Navarre le charge d'écouter les propositions des négociateurs espagnols, 96. — Les manifestes du roi de Navarre passent pour être de lui, 121. — Sa remontrance au roi de Navarre au moment où ce prince va livrer la bataille de Coutras, 146. — Il dissuade le roi de Navarre de faire le siége de Saintes, 208. — Sa réponse à une lettre du roi de Navarre qui lui annonçait le résultat de son entrevue avec Henri III, 212. — Il négocie pour Henri IV avec le duc de Mayenne, 314. — Il divulgue les articles du traité avec le duc de Mayenne. Pourquoi, 105. — Retient les protestants dans le devoir, VIII, 315. — Fait d'inutiles efforts pour continuer à les maintenir dans la soumission, 127.

MOROSINI (Jean-François), cardinal, légat du pape Sixte V, a une conférence avec Henri III après l'assassinat du duc de Guise, VII, 194. — Il négocie sans succès auprès du duc de Mayenne en faveur de Henri III, 209. — Conseil qu'il donne à Gaétan, venu en France pour le remplacer, 238.

MORTAIN (Pierre, comte de), fils de Charles-le-Mauvais, d'après le traité de Bicêtre, a seul le droit de rester à la cour, IV, 28.

MORTON (Jean), cardinal, chancelier d'Angleterre. Avis qu'il donne aux percepteurs des impôts, V, 57.

MORVILLE (le comte de). (*Voy.* ARMENONVILLE.)

MORVILLIERS (Pierre de), chancelier de France. Louis XI l'envoie en députation au duc de Bourgogne, IV, 224. — Sa réponse à Charles-le-Téméraire, 225.

MORVILLIERS. Il lève des troupes contre la cour, VI, 289.

MOTHE-HOUDANCOURT (Philippe, comte de LA), duc de Cardone, maréchal de France, lève le siége de Tarragone, VIII, 403. — Bat les Espagnols en Catalogne et reçoit de Louis XIII le bâton de maréchal de France, 429. — Ne peut empêcher le roi d'Espagne de reprendre Lérida, IX, 28. — Est traduit pour ce sujet devant un conseil de guerre, et n'est absous qu'au bout de quatre ans, *ibid.* — Vient à Paris avec le prince de Conti, 109.; — Il est nommé lieutenant général du prince de Conti, *ibid.*

MOTHE (le brigadier de La), chargé d'introduire un secours à Dantzick, investi par les Russes, rebrousse chemin, X, 319.

MOTTE-PIQUET (de La), lieutenant général des armées navales, amène un renfort en Amérique au comte d'Estaing, XI, 178. — Est envoyé à la Martinique, 180. — Son dévouement pour protéger le commerce, 187. — Beau combat qu'il rend à la Martinique contre le vice-amiral Hyde-Parker, *ibid.* — S'empare d'un convoi anglais provenant de la spoliation de Saint-Eustache, 196. — Commande l'avant-garde des flottes alliées devant Gibraltar, 219. — S'engage avec l'amiral Howe qui venait de ravitailler la place à la faveur d'une tempête, et qui échappe à la faveur de la nuit, *ibid.*

MOTTEVILLE (Françoise Bertrand, épouse de Nicolas Langlois, seigneur de). Ce qu'elle dit du duc de Buckingham, favori de Charles I, roi d'Angleterre, VIII, 237. — Ce qu'elle dit de la conjuration de Cinq-Mars, 427, note 2. — Ce qu'elle rapporte du cardinal Mazarin, IX, 7. — Ce qu'elle dit relativement à l'arrestation de Fouquet, surintendant des finances, 345.

MOUSTIER, échevin de Marseille. Son zèle pendant la peste de cette ville, X, 277.

MOUVANS (les frères), calvinistes, lèvent des troupes en Provence pour leur parti, VI, 195.

MOUY (Antoine de Vaudray de), sommation qui lui est faite par Charles IX de mettre bas les armes, VI, 271. — Il lève des troupes contre la cour, 289.

MUNCER (Thomas), chef des anabaptistes, ravage la Westphalie, V, 247.

MUNICH (Burchard-Christophe, comte de), entre en Pologne à la tête d'une armée russe et y fait proclamer Frédéric-Auguste II, X, 318. — Assiége le roi Stanislas à Dantzick, 319 et 320. — Prend la ville, 321. — Est envoyé en Sibérie à l'avénement de l'impératrice Élisabeth Pétrowna, 346.

MURRAY, général anglais, est assiégé dans le fort Saint-Philippe de Minorque par le duc de Crillon, XI, 202 et 203. — Est forcé de se rendre l'année suivante, *ibid.*

MUY (Louis-Nicolas-Victor de Félix, maréchal du), ami du dauphin, fils de Louis XV, est appelé par Louis XVI au ministère de la guerre, XI, 153. — Sa mort, 155.

N

NANGIS (Guillaume de), historien. Description qu'il fait de l'état de la France au temps où il vivait, III, 216.

NANNI (l'abbé). Le cardinal Caraffe le fait arrêter, comme chargé, de la part du duc d'Albe, d'empoisonner Paul IV. Il est condamné à mort, VI, 77.

NANTILDE, femme de Dagobert I, recommandable par ses vertus, I, 340.

NAPOLÉON, empereur. (*Voy.* BONAPARTE).

NARBONNE (Jean, vicomte de), deuxième fils de Gaston IV, comte de Foix, qui avait acheté cette vicomté, beau-frère de François II, duc de Bretagne, qui avait épousé Marguerite de Foix sa sœur, et du roi Louis XII, dont il avait épousé sa sœur, Marie d'Orléans, qui le rendit père du fameux Gaston de Foix, duc de Nemours. Louis XI lui donne le duché d'Étampes, confisqué sur le duc de Bretagne, IV, 346. — Il se ligue avec le duc d'Orléans, son beau-frère, contre madame de Beaujeu, V, 2. — Se ligue de nouveau contre madame de Beaujeu, 20.

NARBONNE (Louis, duc de), descendant des anciens vicomtes de Narbonne. Il est appelé par Louis XVI au ministère de la guerre, XI, 348. — Porté pour le parti de la guerre, 356. — Le roi le renvoie, et l'assemblée législative déclare qu'il emporte ses regrets, *ibid.*

NARSÈS, général de l'empereur Justin II, accusé d'avoir appelé les Lombards en Italie pour se venger de l'impératrice Sophie, I, 304.

NASSAU (Adolphe de), empereur d'Allemagne, fils de Walram, tige de la branche aînée de cette maison, d'où sont sortis les rameaux de Weilbourg, Saarbruck et Usingen. D'Othon, frère puiné de Walram, sont provenus ceux de Dillembourg, Siegen, Dietz et Hadamar. Édouard I, roi d'Angleterre, lui prête 100,000 liv. III, 21. — Écrit à Philippe IV une lettre hautaine, 22.

NASSAU (Henri, comte de), septième descendant d'Othon, frère de Walram. Assiége en vain Mézières, défendue par le chevalier Bayard, V, 274 et 275. — Fait le siége de Péronne et le lève, 376.

NASSAU (René, comte de), fils du précédent, et neveu par sa mère de Philibert de Châlons, prince d'Orange, hérite de la principauté et la lègue par testament à Guillaume de Nassau Dillembourg, son cousin-germain, fondateur de la république des Provinces-Unies, V, 346.

NASSAU-DILLEMBOURG (Guillaume I de), dit le Taciturne, prince d'Orange, fondateur de la république des Provinces-Unies. Il hérite de la principauté d'Orange, V, 346. — Il éconduit successivement de Flandre l'archiduc Mathias, frère de l'empereur Rodolphe II, et le duc d'Anjou, frère de Henri III, VII, 98. — Il est assassiné à Delft par Balthazar Gérard, *ibid.*

NASSAU-DILLEMBOURG (Maurice de), stathouder, fils du précédent, s'empare de Juliers, et remet cette ville au marquis de Brandebourg et au duc de Neubourg, VIII, 81.

NASSAU (Louis de), frère du précédent, vient en France. Pourquoi, VI, 329.

NASSAU-DILLEMBOURG (Frédéric-Henri de), prince d'Orange, frère du précédent. Il redoute le voisinage des Français ses alliés, et les seconde mal, VIII, 355. — Fait une diversion qui sauve la Picardie, 363. — Avec une armée superbe, il ne fait rien pour la cause commune, 399.

NASSAU-DILLEMBOURG (Guillaume III, Henri de), prince d'Orange, stathouder et roi d'Angleterre, petit-fils du précédent. (*Voy.* GUILLAUME.)

NASSAU-HADAMAR (Jean de), fils de Jean de Nassau Siegen, frère de Guillaume I ci-dessus, plénipotentiaire de l'empereur au traité de Westphalie, IX, 90.

NASSAU-SAARBRUCK (Walrade de), neuvième descendant de Jean de Weilbourg, l'un des petits-fils de l'empereur Adolphe. Général de l'empereur, s'empare de Keiserswerth et de l'électorat de Cologne, X, 106.

NASSAU-WEILBOURG-WITTGENSTEIN (Jean-Ernest, comte de), général palatin, fils de Frédéric, cousin-germain du précédent. Il est battu à Spire par le maréchal de Tallard, X, 119.

NASSAU (Henri, comte de), seigneur d'Owerkerk, capitaine des gardes de Guillaume III, roi d'Angleterre, et général de sa cavalerie, fils de Louis, seigneur de Leck, fils naturel du stathouder Maurice. Il est laissé par Marlborough sur la défensive dans les Pays-Bas, X, 122.

NASSAU-DIETZ-FRISON (Jean-Guillaume de), prince d'Orange, arrière-petit-fils d'Ernest Casimir, l'un des fils de Jean de Siegen, frère de Guillaume-le-Taciturne, petit-fils d'Albertine de Nassau-Dillembourg, sœur du stathouder et roi d'Angleterre Guillaume III, et à ce titre héritier de celui-ci. Ses exploits à la bataille de Malplaquet, et son désir de faire revivre en lui la dignité stathoudérienne, IX, 348.

NASSAU-DIETZ-FRISON (Guillaume IV, Charles-Henri), prince d'Orange et stathouder, fils du précédent, est élu stathouder héréditaire par les Hollandais, X, 162.

NASSAU-DIETZ-FRISON (Guillaume V de), prince d'Orange et stathouder héréditaire, fils du précédent. Il est privé par la province de Hollande du commandement de La Haye et des charges qu'il possède dans la province, XI, 236. — Se retire à Nimègue, *ibid.* — Un détachement de ses troupes est battu à Juphatz par les régents d'Utrecht, *ibid.* — Il réclame les secours du roi de Prusse Frédéric II, *ibid.*

NASSAU-SIEGEN (Charles-Nicolas, prince de), sixième descendant de Jean de Nassau-Siegen, frère de Guillaume-le-Taciturne, prince d'Orange. Il commande une batterie flottante au siége de Gibraltar, XI, 217. — La batterie est incendiée, et il se sauve à la nage, 218. — Ses succès contre les Turcs dans la mer d'Azof, 349. — Il bat le roi de Suède Gustave III dans le golfe de Wiborg, et est battu par lui à Swenska-Sund, *ibid.*

NAVAILLES (Suzanne de Beaudan, épouse de Philippe de Montault Bénac, duc de), elle presse la régente de rappeler Mazarin. Réponse que lui fait cette princesse, IX, 230 et 231.

NAVARRE (Louis de), frère de Charles-le-Mauvais, roi de Navarre, appelle les Anglais, III, 240.

NAVARRE (Charles-le-Noble, roi de), et d'abord comte de Beaumont, fils de Charles-le-Mauvais, demande l'élargissement des agens de son père, III, 286. — Accompagne l'armée destinée à s'emparer des provinces de son père, *ibid.* — Garantit la promesse du duc d'Anjou à l'égard du duc de Bretagne, 295. — Révèle à la cour de France l'attentat de son père, 243. — Assiste à l'assemblée tenue relativement au schisme, 385. — Se porte pour médiateur entre le duc d'Orléans et le duc de Bourgogne, IV, 6.—Presse le roi de pardonner au duc de Bourgogne, 22. (*Voy.* MONTAIN, MARGUERITE, D'ALBRET, BOURBON-VENDÔME, HENRI IV.)

NAVARRE (Pierre), capitaine espagnol, inventeur de la machine des mines, V, 141. — Fait sauter une partie des châteaux de Naples, 150 et 151. — Est fait prisonnier à Ravennes, où il commandait l'infanterie espagnole, 215. — Entre au service de France et dirige le passage des Alpes par François I, 259. — Est fait prisonnier à la retraite d'Averse, 342.

NAVARRO (don Joseph), amiral espagnol, bat l'amiral anglais Matthews devant Toulon. Il y est blessé. Est comblé d'honneurs dans sa patrie, X, 360.

NECKER (Jacques), citoyen de Genève et envoyé de cette république près la cour de France, est nommé adjoint au contrôleur-général Taboureau des Réaux, XI, 158. — Seul ministre des finances, sous le titre de directeur-général, 159. — Ses premières opérations, *ibid.* — Porte au ministère les marquis de Castries et de Ségur, 191. — Son compte rendu au roi, *ibid.* — Est forcé de donner sa démission, 193.—Prétend avoir comblé le déficit, 194.

— Justifie son compte rendu contre les allégations de M. de Calonne à l'assemblée des notables, 240. — Est exilé, *ibid.* — Est rappelé au ministère à la retraite et sur le conseil du cardinal de Loménie, 249. — Il fait retirer les édits bursaux de son prédécesseur, 251. — Rapport au conseil sur la fixation des états généraux, 253. — État des finances qu'il présente à l'ouverture de l'assemblée, 259. — Est renvoyé, 271. — Est rappelé, 279. — Premier ministre des finances, 280. — Propose à l'assemblée nationale des emprunts qui ne sont pas remplis, 285. — Puis le don patriotique qui est accepté, *ibid.* — Il adresse à l'assemblée un mémoire sur le veto suspensif, 290. — Injuste stérilité de ressources qui lui est reprochée, 307. — Donne sa démission et se retire en Suisse, 310.

NEMOURS (Jacques d'Armagnac, duc de), fils de Bernard, comte de Pardiac, duc de Nemours, gouverneur de Louis XI, et second fils du connétable d'Armagnac, un des chefs de la guerre du bien public, IV, 229. — Louis XI traite avec lui, sous la condition qu'il renoncera au droit d'être jugé à l'avenir par les pairs, 274. — Est renfermé, son procès, son supplice, 348 et 349.

NEMOURS (Louis d'Armagnac, duc de), fils du précédent, remplace d'Aubigny dans le commandement général des troupes françaises en Italie, V, 140. — Perd la bataille de Cérignolles et y est tué, 150.

NEMOURS (Jacques de Savoie, duc de), neveu du duc de Savoie Charles III, et de Louise, duchesse d'Angoulême, mère de François I. Son procès contre Françoise de Rohan, dame de la Garnache, petite-fille du maréchal de Gié, qui l'avait séduite et qui voulait le forcer à l'épouser, VI, 73. — Il promet à Castelnau la liberté et la vie, s'il veut mettre bas les armes, 140. — Il tente inutilement d'engager Alexandre, fils de Henri II et de Catherine de Médicis, à se laisser emmener par les Guises, 184. — Épouse Anne d'Est, veuve de François, duc de Guise, père du Balafré, 267. — Commande les chevau-légers qui conduisent Charles IX de Meaux à Paris, *ibid.* — Harcèle, à la tête d'une armée, le duc des Deux-Ponts qui traversait la France, 299. — Il vient à la cour, pourquoi, 342.

NEMOURS (Charles-Emmanuel de Savoie, duc de), fils du précédent, et frère utérin des ducs de Guise et de Mayenne. Il assiste à Nanci à une assemblée tenue par les principaux ligueurs, VII, 153. — Gouverneur de l'Île de France pour la ligue, il jure de défendre Paris jusqu'à la mort, 256. — Entame une négociation avec le duc de Mayenne, 342. — Le duc de Mayenne le fait mettre en prison, 355. — S'évade de Pierre-en-Cise et meurt, 393.

NEMOURS (Henri de Savoie, duc de), d'abord marquis de Saint-Sorlin, se soumet à Henri IV, VII, 393.

NEMOURS (Charles-Amédée de Savoie, duc de), fils du précédent. Le prince de Condé lui donne le commandement de son armée, IX, 244. — Il vient jusqu'à Mantes avec l'armée de Condé, 245. — Sa querelle avec le duc de Beaufort, son beau-frère, 249. — Il vient à Paris avec le prince de Condé, 253. — Le duc de Beaufort le tue d'un coup de pistolet, 280.

NEMOURS (Marie-d'Orléans-Longueville, duchesse de), fille de Henri II, duc de Longueville, et la dernière de sa maison, épouse de Henri de Savoie, duc de Nemours, frère du précédent, et le dernier duc de Nemours de la maison de Savoie. Ce qu'elle dit dans ses Mémoires des fautes du grand Condé, IX, 156.

NEPOS (Julius), empereur, neveu de la femme de Léon de Thrace empereur d'Orient, enlève l'empire d'Occident à Glycérius, I, 177. — Il cède l'Auvergne aux Visigoths, ibid. — Il est forcé par le patrice Oreste de renoncer à sa dignité, ibid.

NÉRON (Claudius Cæsar Germanicus), empereur, fils de Cneïus Ænobarbus et de la seconde Agrippine, petite-fille d'Agrippa, gendre de l'empereur Claude; il est adopté par lui au préjudice de Britannicus, I, 153. — Il contribue à la reconstruction de la ville de Lyon, détruite par un incendie, 154. — Soulèvement des Gaules contre lui, 155. — Déclaré ennemi de la patrie, il se tue, ibid.

NERVA (Cocceius), l'un des cinq bons empereurs romains qui succédèrent aux douze Césars. Il ne se passe rien de remarquable sous son règne dans les Gaules, I, 176.

NESLE (Simon II de Clermont, sire de), fils de Raoul I de Clermont et de Gertrude, héritière de la branche aînée des seigneurs de Nesle. Il est nommé régent du royaume par saint Louis, II, 345.

NESLE (Raoul II de Clermont, sire de), fils du précédent, connétable de France. Il est chargé par Philippe-le-Bel de saisir les domaines d'Edouard I, roi d'Angleterre, en France, III, 21 et 22. — Veut s'opposer à ce qu'on livre la bataille de Courtrai, 33 et 34. — Y est tué, 35.

NESLE (Jean II de), chancelier du dauphin Louis, fils de Charles VI, et favori du duc de Bourgogne, fils de Gui II de Nesle, maréchal de France, de la branche cadette des seigneurs de Nesle. Le dauphin Louis le chasse de sa présence, IV, 43.

NESLE (Jean de), chancelier du dauphin, et favori de Jean-sans-Peur, duc de Bourgogne. Le dauphin Louis le chasse de sa présence, IV, 43.

NESMOND, président au parlement de Paris. Son opinion dans le procès contre le duc de La Valette, VIII, 393. — Est effrayé de la lettre de créance de l'envoyé de l'archiduc, IX, 126.

NESMOND, chef d'escadre, désole le commerce anglais, X, 88.

NEUBOURG (Philippe-Louis, prince palatin de Bavière, duc de), fils de Wolfgang, duc de Deux-Ponts, prétend à la succession de Clèves et de Juliers, VIII, 66. — Excite les princes protestants d'Allemagne à former l'union évangélique de Hall, *ibid*. — Partage la succession du duché de Juliers avec l'électeur de Brandebourg, 81.

NEUHOFF (Théodore, baron de), est couronné en Corse sous le nom du roi Théodore, X, 332. — Quitte l'île et n'y peut plus rentrer, *ibid*.

NEUILLY (Foulques de), curé, prêche la troisième croisade, II, 242. — Son apostrophe à Richard, roi d'Angleterre, 256. — Il prêche la cinquième croisade, 259.

NEUPERG (le comte de), général de Marie-Thérèse, reine de Hongrie, est battu à Molwitz par Frédéric II, roi de Prusse, X, 336.

NEUTRALITÉ ARMÉE. Signification de ce mot, XI, 183.

NEVERS (Jean, comte de). (*Voy.* BOURGOGNE, Jean-sans-Peur, duc de).

NEVERS (François de Clèves, duc de), petit-fils d'Engilbert de Clèves, comte de Nevers par Élisabeth de Bourgogne, sa mère. Il poursuit Charles V qui levait le siège de Metz, VI, 48. — Pénètre dans les Ardennes à la tête d'une armée, 55. — S'offre en otage aux troupes allemandes licenciées, dont la solde ne devait être payée qu'aux frontières, 102.

NEVERS (Louis de Gonzague, duc de), troisième fils de Frédéric, premier duc de Mantoue et gendre du précédent, dont il avait épousé la fille aînée, Henriette. — Il vient à la cour, VI, 342. — Confirme à Charles IX tout ce que Catherine de Médicis lui a dit de l'assassinat de Coligni, 346. — Assiste au conseil où le massacre des calvinistes est fixé, 349. — Remplace le duc d'Aumale dans le commandement du siège de La Rochelle, 376. — Ce qu'il dit dans ses mémoires du caractère de Henri III, VII, 15. — Il offre dans un conseil du roi tous ses biens pour détruire les hérétiques, 54. Ce que les calvinistes disaient de lui, *ibid*. — Les jésuites veulent l'attacher à la ligue, 106. — Il va à Rome. Pourquoi, 107. —

Refuse de souscrire l'édit d'union, et ne se rend que sur l'ordre du roi, 183. — Henri III l'envoie contre le roi de Navarre, 207. — Il est rappelé au secours du roi, 208. — Conseil qu'il donne à Gaëtan, légat en France, 238. — Henri IV le nomme son ambassadeur à Rome, 354. — Il cherche à fléchir le pape, 359. — Ce qu'il dit au cardinal Tolet, *ibid.* — Il se décide à quitter Rome, *ibid.* — Sa conduite ferme à Rome, 360.

NEVERS (Henriette de Clèves, duchesse de), dite l'aînée des trois Grâces, fille de François ci-dessus, et épouse du précédent, se fait apporter la tête de Coconnas son amant, et l'embaume, VII, 6.

NEVERS (Charles I de Gonzague, duc de), puis duc de Mantoue. Il entre au conseil de Marie de Médicis, VIII, 79. — Il se joint à la faction des princes, 95. — Sa femme le détache de la reine, 99. — Il entre dans une cabale formée contre Marie de Médicis, 102, note 2. — Laisse surprendre une flotte française dans le port de Blavet, 234. — Il hérite des états de Mantoue et de Montferrat, 270. — Il est soutenu par Louis XIII contre l'empereur, les Espagnols et le duc de Savoie, 271. — Sa capitale est surprise par les Allemands, 279. — Traité de Ratisbonne, par lequel l'empereur promet de lui donner l'investiture, 281.

NEVERS (Catherine de Lorraine, duchesse de) et de Mantoue, fille et héritière de Mayenne, femme du précédent, cabale contre Marie de Médicis, VIII, 98.

NICOLAS I, pape, ordonne à Lothaire, roi de Lorraine, de reprendre Tietberge, sa femme, II, 95. — S'oppose à ce que Tietberge se sépare de son mari, *ibid.* — Sa mort, 96.

NICOLAS III, pape, déclare que les religieux mendiants n'auront que l'usufruit de leurs biens-fonds, III, 67.

NICOLAS D'ANJOU, duc de Lorraine, fils de Jean, duc de Calabre, puis de Lorraine par la cession que lui en fit le bon roi René, son père. Il vient au secours de Louis XI contre le duc de Bourgogne, IV, 284. — Sa mort, 298.

NICOLE DE PENTHIÈVRE. (*Voy.* PENTHIÈVRE.)

NICOLE, fille aînée du duc de Lorraine II. le Bon, et femme de Charles IV, duc de Lorraine, son cousin-germain. Le duc veut divorcer avec elle, et épouse la princesse de Cantecroix, VIII, 406.

NICOMÈDE I, roi de Bithynie, cède, au centre de l'Asie Mineure, aux Gaulois venus à son secours, un établissement, connu depuis sous le nom de Galatie ou Gallogrèce, I, 30.

NOAILLES (Archambault de Foix, seigneur de), fils d'Archambault de Grailly, premier comte de Foix de sa maison, partisan du duc de

Bourgogne. Il est tué à Montereau lors de l'assassinat du duc, IV, 90.

NOAILLES (Anne-Jules, duc de), maréchal de France, prend Urgel, X, 65. — S'empare de Rosés, 79. — Bat les Espagnols à Vergés, sur le Ter, 83. — Prend Girone, Palamos et Ostalric, ibid. — Est rappelé, 87.

NOAILLES (Adrien-Maurice, duc de), maréchal de France, fils du précédent, et époux de Françoise-Charlotte-Amable d'Aubigné, nièce de madame de Maintenon. Est obligé de quitter le Lampourdan pour courir à la défense de Cette, X, 172. — Est fait président du conseil des finances, 222. — Ce qu'il dit au cardinal Dubois, lorsque celui-ci entre au conseil comme cardinal, 288. — Il force les lignes d'Étingen, ibid. — Est fait maréchal de France, 326. — partage le commandement, après la mort du maréchal de Berwick, avec le maréchal d'Asfeld, 327. — Continue le siége de Philisbourg, ibid. — Est battu à Dettingue par le roi d'Angleterre Georges II et par le comte de Stairs, malgré les plus habiles dispositions, 354. — Couvre l'Alsace contre les entreprises de Georges II, 355. — Est destiné à faire les siéges des places de Flandre, 362. — Se porte sur le Rhin à la nouvelle de l'invasion du prince Charles, et le force de repasser le fleuve, 363. — Commande sous le maréchal de Saxe à Fontenoy, quoique son ancien, 372. — Il y perd le duc de Grammont, son neveu, à cause de sa défaite à Dettingue, ibid.

NOAILLES (Louis-Antoine, cardinal de), oncle du précédent, archevêque de Paris après avoir été évêque de Cahors et de Châlons-sur-Marne. Son caractère, X, 202. — Approuve les Réflexions morales du P. Quesnel, 203. — Se plaint à Louis XIV de la conduite des évêques de Luçon et de La Rochelle à son égard, et se fait néanmoins justice, 205. — Le P. Tellier, confesseur du roi, cherche à soulever contre lui le corps épiscopal, 206. — Il interdit les jésuites dans son diocèse, ibid. — Demande du temps pour souscrire à l'acte de conciliation proposé par le duc de Bourgogne, ibid. — Est sommé par le roi d'y adhérer ou de se soumettre au jugement du pape, 207. — Prend ce dernier parti, ibid. — Condamne le père Quesnel, et refuse de recevoir la bulle Unigenitus, 209. — Défend de l'accepter dans son diocèse, quoique le parlement l'eût enregistrée, 210. — Est sur le point d'être enlevé, ibid. — Le roi pense à le faire déposer dans un concile national, ibid. — La mort de Louis XIV arrête l'exécution de ce projet, 211. — Il est fait président du conseil de conscience, 222. — Adhère à l'appel au futur concile de la bulle Unigenitus, 279. — L'accepte conformément à un corps de doctrine qu'il présente à quarante évêques qui l'approuvent, 282. — Veut retarder son mandement d'acceptation, jusqu'à ce que le parlement ait enregistré la défense d'appeler au futur concile, ibid. — Est exclu du conseil de conscience, 283. — Prévient néanmoins l'enregistrement, ibid. — Refuse des pouvoirs au père Linières, jésuite, confesseur du roi, 284. — Se plaint au roi du jugement du concile d'Embrun, qui avait déposé l'évêque de Senez, comme appelant, 310. — Revient six mois avant sa mort sur ce qu'il avait fait en faveur du Quénellisme, et accepte purement et simplement la constitution, 311. — Actions de grâces qui en sont ordonnées par le pape, ibid.

NOAILLES (le vicomte de) se distingue à la prise de la Grenade et dans l'expédition contre lord Cornwallis, XI, 199. — Député aux états généraux de 1789, il propose le rachat des droits féodaux, 282. — Provoque l'abolition des distinctions nobiliaires, 317.

NOBLESSE (la). A quoi elle était tenue, II, 150. — Anne d'Autriche fait rompre ses assemblées, IX, 292. — Abolition de ses prérogatives, XI, 260 et 317.

NOGARET (Guillaume de), enlève Boniface VIII, III, 40. — Est condamné à faire des voyages aux principaux pèlerinages, 46.

NOGARET DE LA VALETTE. (*Voy.* LA VALETTE et d'ÉPERNON.)

NOGENT (Nicolas Bautru, comte de), frère de Guillaume. Ce qu'il dit à Marie de Médicis, VIII, 292, à la note. (*Voy.* BAUTRU.)

NOIR (le prince). (*Voy.* ÉDOUARD, prince de Galles.)

NOIRMOUTIERS (Louis II de La Trémoille, duc de), arrière-petit-fils de Claude, tige du rameau de Noirmoutiers, lequel était arrière-petit-fils lui-même du fameux Louis II, seigneur de La Trémoille, dit le Chevalier sans peur et sans reproche. Un des agents du coadjuteur à Bruxelles, IX, 124. (*Voy.* LA TRÉMOILLE.)

NOMINAUX (les). Ce qu'ils étaient. Règlement de Louis XI à leur égard, IV, 370.

NORBERT (Saint), fondateur de l'ordre des prémontrés, II, 187.

NORMANDS (les). Leur irruption sous Childebert I, I, 296. — Leur irruption sous Charlemagne, II, 48. — Ils pénètrent dans l'intérieur de la France sous Charles-le-Chauve, 86. — Ils assiégent Paris, 111. — S'établissent en France, 116 et 117.

NORTH (Francis lord), chef du ministère anglais, qui poursuivait la guerre d'Amérique, donne sa démission, XI, 225.

NORWICH soutient le siége d'Angoulême contre Jean, duc de Normandie, III, 146 et 147.

NOTABLES (assemblée des) à Rouen sous Henri IV, VII, 398. —

Au même lieu sous Louis XIII, VIII, 161. — Nouvelle assemblée sous le même aux Tuileries, 258. — Première sous Louis XVI à Versailles, pour aviser aux finances de l'état, XI, 240. — Seconde au même lieu pour décider de la forme des états généraux, 257.

NOTRE (André le), célèbre dessinateur de jardins sous Louis XIV, X, 217.

NOUVELLES ECCLESIASTIQUES (les). Ce que l'on appelle de ce nom, X, 314.

NOVIANT (Jean Lemercier, seigneur de), ministre de Charles VI, III, 348. — Est arrêté et dépouillé de ses biens, 369.

NOVICE (chevalier). Ses devoirs, II, 288.

NOVION (André Potier, seigneur de), président au parlement de Paris. Son opinion lors du procès contre le duc de La Valette, VIII, 394.

NOVION (Nicolas Potier, seigneur de), fils du précédent, est piqué contre Mazarin. Pourquoi, IX, 39.

NOYERS (Miles de), garde de l'oriflamme, empêche Philippe VI d'être enveloppé à Cassel, III, 113.

O

O (François d'), surintendant des finances, courtisan de Henri III. Il cache à ce prince sa situation; pourquoi, VI, 155 et 156. — Il amène du secours à Henri III, 213. — Ses dissipations, VIII, 4. Sa mort, ibid.

O (le marquis d'), issu de Jacques d'O, oncle du précédent. Il est mis à la Bastille. Pourquoi, VIII, 264.

OCTAI, empereur mogol, fils de Gengiskan. Ses dévastations dans la partie orientale de l'Europe, II, 292.

OCTAVE, empereur romain. (*Voy.* Auguste.)

OCTONVILLE (Raoul d'), commande les assassins chargés de la part du duc de Bourgogne de tuer le duc d'Orléans, IV, 9.

ODOACRE, chef des Hérules à la solde de l'empire, réclame du patrice Oreste le tiers des terres de l'Italie, I, 278. — A son refus, il marche contre lui, le saisit à Pavie, le fait décapiter, relègue l'empereur Romulus Augustulus, son fils, dans un château, se fait proclamer roi d'Italie, et met fin à l'empire d'Occident, ibid.

OGIER (le président Jean-Baptiste). Louis XV l'envoie en Bretagne pour pacifier les troubles de cette province, XI, 131.

OGINE, sœur d'Adelstan, roi d'Angleterre et petite-fille d'Alfred, le

Charlemagne de ce pays, femme de Charles-le-Simple, s'enfuit en Angleterre avec Louis son fils, II, 121.

OGMIUS ou L'HERCULE GAULOIS. Comme on le représentait, I, 7. — Expéditions qu'on lui attribue, 17.

OLEGRANE (David), gouverneur de Rouen pour les Anglais, fait couper le nez et les oreilles à des Rochelois, III, 269.

OLIVAREZ (Gaspard de Gusman, comte-duc d'), ministre de Philippe IV, roi d'Espagne, veut faire contribuer les Catalans à la défense commune et occasionne leur révolte, VIII, 402.

OLIVIER DE LEUVILDE (Jacques), chancelier de France. Sa modération à l'égard des calvinistes, VI, 135. — Fait passer un édit qui accorde une amnistie aux conjurés d'Amboise, 139. — Ce qu'il dit au cardinal de Lorraine en mourant, 145.

OLIVIER (Séraphin), auditeur de Rote. Henri IV lui adresse La Clielle, son agent secret à Rome, VII, 357. — Moyen qu'il emploie pour déterminer le pape à recevoir un agent de Henri IV, ibid. et 358. — Il détermine le pape à absoudre Henri IV, 388.

OMAR, roi de Tunis, entretient une correspondance secrète avec Louis IX, II, 343. — Il le trahit, 346. — Il traite avec les Français, III, 2.

ONDÉDEI, évêque. L'un des flatteurs du cardinal Mazarin, IX, 171. Il empêche la régente d'accepter les offres du coadjuteur, 284.

OPIMIUS (Q.) Népos, consul, est envoyé secourir Marseille contre les Liguriens, I, 37.

OPPÈDE (Jean Meynier, baron d'), premier président du parlement d'Aix; cruautés qu'il exerce à l'égard des Vaudois, V, 421.

ORANGE (Louis de Châlons, prince d') par Marie de Baux, sa mère. Pressé de reconnaître Henri V, roi d'Angleterre, pour successeur de Charles VI au trône de France; sa réponse, IV, 95.

ORANGE (Guillaume, prince d'), fils du précédent, est contraint par Louis XI de renoncer à ses droits de souveraineté dans Orange, IV, 335.

ORANGE (Jean II de Châlons, prince d'), fils du précédent et attaché à Marie, héritière de Bourgogne. Louis XI le met dans ses intérêts par les promesses qu'il lui fait, IV, 335. — Il aplanit la conquête de la Franche-Comté à Louis XI, puis la fait révolter, au refus du roi d'accepter ses promesses, 336 et 337. — Il se ligue avec le duc d'Orléans contre madame de Beaujeu, V, 2. — Est fait prisonnier à la bataille de Saint-Aubin-du-Cormier, 41. — Madame de Beaujeu lui rend la liberté, 50. — Il prend Louis XII pour arbitre dans une affaire relative à ses prétentions sur le domaine, V, 99.

ORANGE (Philibert, prince d'), fils du précédent, général de Charles-Quint, au service duquel il avait passé pour raison des prétentions de François I à la souveraineté d'Orange, où il avait été rétabli par Louis XII. Compagnon du connétable de Bourbon, tué à l'assaut de Rome, il lui succède dans le commandement de l'armée, V, 340. — Ses cruautés à l'égard des partisans de la maison d'Anjou, à Naples et en Sicile, 344. — Est tué au siége de Florence, 346. — Ses biens passent à René de Nassau, fils de sa sœur, *ibid.* — Pour la suite des princes d'Orange *voyez* NASSAU.

ORANGE (Éléonore de Bourbon-Condé, princesse d'), tante du grand Condé et femme de Philippe-Guillaume, prince d'Orange, de Murci, en Espagne, fils aîné de Guillaume de Nassau, fondateur de la république des Provinces-Unies. Ce qu'elle disait sur la réception de son frère à la cour de France, VIII, 81.

ORANGE (Frédérique-Sophie de Prusse, princesse d') mère du grand Frédéric, sœur du roi de Prusse Frédéric-Guillaume II, et épouse de Guillaume V, stathouder héréditaire des Provinces-Unies. Elle veut se rendre à La Haye, sous le prétexte de concilier les esprits, prévenus contre le stathouder, XI, 237 et 238. — Est arrêtée sur la frontière et est forcée de rétrograder, *ibid.* — Se prétend insultée, ainsi que son frère, qui entre en armes en Hollande et rétablit son beau-frère, *ibid.*

ORATORIENS (les), congrégation ecclésiastique. Plusieurs d'entre eux négocient la réconciliation de Marie de Médicis avec son fils, VIII, 167.

ORDONNANCES CABOCHIENNES (les). Pourquoi ainsi nommées. Elles sont enregistrées au parlement, IV, 46.

ORDRE DE CHEVALERIE. De la Genette, institué par Charles-Martel, I, 358. — De l'Étoile, par le roi Jean, III, 170. — De la Toison d'or, par Philippe II le Bon, duc de Bourgogne, IV, 123. — De Saint-Michel, par Louis XI, 275. — De Saint-Louis, par Louis XIV. X, 75.

ORESME (Nicolas), précepteur de Charles V. Ce prince le fait évêque, III, 302.

ORGEMONT (Nicolas d'), fils du chancelier Pierre d'Orgemont, et chanoine de Paris, se charge de diriger l'entreprise du duc de Bourgogne sur Paris, IV, 69. — Est découvert et renfermé, *ibid.*

ORGETORIX, Helvétien, excite ses compatriotes à envahir la Gaule celtique, et devient l'occasion de sa conquête par Jules-César, I, 59.

ORIFLAMME, Ce que c'était, II, 208. — Philippe-le-Bel va la prendre à Saint-Denis, III, 42. — Philippe-de-Valois va la prendre à Saint-Denis, 111.

ORLÉANISTES (les). Pourquoi ainsi nommés, IV, 27. *Voy.* ARMAGNACS (les).

ORLÉANS (Louis, duc d'), deuxième fils de Charles V. Sa naissance, III, 267. — Combat dans les tournois donnés lorsque Charles et Louis d'Anjou reçoivent l'ordre de chevalerie, 350. — Épouse Valentine Visconti, fille du duc de Milan, *ibid.* — Accompagne son frère Charles VI malade au château de Creil, 367 et 368. — Son frère Charles VI le déclare régent du royaume, 370. — Envoie des secours à Clisson contre le duc de Bretagne, 374. — Va porter à Benoit XIII la décision du concile de Paris, 376. — Est mis en possession du comté d'Ast, 380. — Préside à l'assemblée tenue à Paris relativement au schisme, 385. — Protége secrètement Benoit XIII, *ibid.* — Fait brûler Jean de Bar comme sorcier, 386. — Envoie un défi injurieux à Henri IV, roi d'Angleterre, 388. — S'empare des finances, *ibid.* — Rassemble des troupes contre le duc de Bourgogne, 390. — Naissance de Dunois, l'un de ses fils naturels, 392. — S'empare par force du trésor, 395. — Ses liaisons avec la reine Isabelle, IV, 2. — Ses défauts, 3. — S'enfuit à Melun à l'approche du nouveau duc de Bourgogne, Jean-sans-Peur, 5. — Se réconcilie avec le duc de Bourgogne, 6. — Attaque Blaye et Bourg, 7. — Se réconcilie de nouveau avec le duc de Bourgogne, 9. — Est assassiné, 9 et 10.

ORLÉANS (Jean d'), comte de Dunois, fils naturel du précédent. (*Voy.* DUNOIS.)

ORLÉANS (Charles, duc d'), fils de Louis ci-dessus, duc d'Orléans, et de Valentine Visconti, IV, 11. — Pardonne au duc de Bourgogne la mort de son père, 22. — Épouse Bonne, fille du comte d'Armagnac, 27. — Se retire à Orléans après le traité de Bicêtre, 28. — Fait appliquer à la question le comte de Crouï, émissaire du duc de Bourgogne, 29. — Envoie un cartel au duc de Bourgogne, 30. — Traite à Auxerre avec le duc de Bourgogne, 41. — Quitte le deuil de son père à la prière du dauphin, *ibid.* — Entre avec ses frères dans une ligue contre le duc de Bourgogne, 48. — Se rend maître du roi par la retraite du duc de Bourgogne, 50. — Est mécontent de l'accommodement fait avec le duc de Bourgogne, 56. — S'empare du Louvre et y renferme le dauphin,

58. — Est fait prisonnier à la bataille d'Azincourt, 64. — Est mis en liberté, 166. — Charles VII l'emploie dans des conférences à Saint-Omer avec les Anglais, 167. — S'intéresse auprès de Louis XI en faveur du duc de Bretagne, 227. — Meurt de chagrin, *ibid.*

ORLÉANS (Jean D'), comte d'Angoulême, frère du précédent et aïeul de François I. (*Voy.* ANGOULÊME.)

ORLÉANS (Philippe D'), comte de Vertus, frère du précédent, IV, 2. — Pardonne au duc de Bourgogne la mort de son père, 22. — Traite à Auxerre avec le duc de Bourgogne, 41.

ORLÉANS (Louis II, duc D'), fils de Charles, duc d'Orléans ci-dessus. (*Voy.* LOUIS XII, roi de France.)

ORLÉANS (Charles, duc D'), troisième fils de François I. Ce qu'il dit à Charles-Quint en s'élançant sur le cheval de ce prince, V, 487. — François I lui donne le commandement d'une armée chargée de s'emparer du Luxembourg, 395. — Ses exploits dans le Luxembourg ; il les suspend, pourquoi, 396. — Sa mort, 420.

ORLÉANS (Gaston de France, duc D'), frère de Louis XIII. (*Voy.* GASTON.)

ORLÉANS (Anne-Marie-Louise D'), dite mademoiselle de Montpensier, fille du précédent. (*Voy.* MONTPENSIER.)

ORLÉANS (Philippe de France, duc d'Anjou, puis D'), fils de Louis XIII et d'Anne d'Autriche. Sa mère le fait sortir furtivement de Paris, IX, 82. — Il visite pendant leur dîner les députés de Paris à Saint-Germain, 287. — Son éducation efféminée, 305. — Il reçoit de son frère l'apanage de Gaston, son oncle, 338. — Il épouse Henriette d'Angleterre, fille de Charles I et de Henriette-Marie, fille de Henri IV, 343. — On lui cache le voyage de sa femme en Angleterre, 381. — Il la perd subitement, 383. — Il jette les yeux sur Mademoiselle pour l'épouser, ce qui fait rompre les projets de mariage de celle-ci avec Lauzun, 385. — Il épouse en secondes noces Élisabeth-Charlotte, fille de l'électeur Palatin Charles-Louis, *ibid.* — Est employé à l'expédition de Hollande, 389. — Bat le prince d'Orange à Cassel, X, 3 et 4. — Cesse d'être employé, *ibid.*

ORLÉANS (Philippe II, duc D'), régent, fils du précédent, épouse mademoiselle de Blois, fille légitimée de Louis XIV et de madame de Montespan, X, 69. — Est envoyé en Italie remplacer le duc de Vendôme, I, 42. — Est blessé au siège de Turin et forcé à la retraite, *ibid.* — Prend Lérida, 148. — S'empare de Tortose, 154. — Ses

DES MATIÈRES.

intrigues en Espagne pour occuper le trône en cas de renonciation de la part du duc d'Anjou, 165. — Est privé du commandement des troupes, 166. — On veut lui faire son procès, il est défendu par le duc de Bourgogne, *ibid.* — Mot de Louis XIV sur lui, 211. — Se fait reconnaître régent, 220. — Établit des conseils en remplacement des divers ministères, 222. — Sacrifie le prétendant, 224. — Ce qu'il dit à l'abbé Dubois en le faisant conseiller d'état, 225. — Précautions légitimes qu'il prend pour s'assurer la couronne, 227. — Sa confiance imprudente à l'égard des Anglais, 228. — Expulse le chevalier de Saint-Georges, 229. — Prive les princes légitimés du rang de princes du sang, 230. — Établit une chambre de justice pour la recherche des financiers, 231. — Il ne tire aucun profit de l'abaissement des financiers, 233. — Disposition de la nation à son égard, 235 et 236. — Conclut le traité de la quadruple alliance pour le maintien mutuel de ses droits et de ceux de la maison de Hanovre aux trônes de France et d'Angleterre, 237. — Prive le duc du Maine de la surintendance de la maison du roi, 238. — Supprime les conseils établis au commencement de la régence, 242. — Annulle les projets de l'Écossais Jean Law pour la restauration des finances, 244. — Conspiration contre lui, 250 et 251. — Fait arrêter le duc et la duchesse du Maine, 256. — Se réconcilie avec eux, 261. — Ce qu'il dit dans cette circonstance, *ibid.* — Il déclare la guerre à l'Espagne, 262. — Il fait la paix, 264. — Fait exiler Alberoni, 267. — Nomme contrôleur-général l'Écossais Law, 270. — Exile le parlement à Pontoise pour la contrariété qu'il apportait aux opérations de finances, 271. — Fait sauver Law en Flandre, 276. — Protége les jansénistes dans les premiers jours de la régence, 279. — Défend d'appeler de la constitution sans nécessité, 280. — Bon mot qu'il dit au sujet de quelques nominations faites par lui en faveur des jansénistes, *ibid.* — Nomme l'abbé Fleury confesseur du roi, pourquoi, 285. — Le remplace par le P. de Linières, jésuite, *ib.* — Ses vues sur le cardinal Dubois, *ibid.* — Il le fait premier ministre, 289. — Il reprend le ministère après la mort du cardinal Dubois, 290. — Ses qualités estimables, 291. — Ses vices. Sa mort, 292.

ORLÉANS (Louise-Elisabeth D'), dite mademoiselle de Montpensier, fille du précédent, veuve de Louis I, roi d'Espagne, est renvoyée d'Espagne, X, 295. (*Voy.* BEAUJOLAIS et VALOIS.)

ORLÉANS (Louis, duc D'), dit le Dévot, fils du précédent. Compétiteur en pouvoir du duc de Bourbon, X, 293. — Stimule le duc de Chartres, son fils, pour avertir le roi malade de son danger et le porter à recourir aux secours de la religion, 367. — Éprouve à l'article de la mort un refus de sacremens faute d'un billet de confession, XI, 18.

ORLÉANS (Louis-Philippe, duc d'), fils du précédent. Pressé par son père, il annonce au roi malade à Metz le danger de son état, et le remet aux mains du premier aumônier, X, 367.

ORLÉANS (Louis-Philippe-Joseph, duc d'), fils du précédent. Sa conduite incertaine au combat d'Ouessant, XI, 176. Est fait colonel-général des hussards, *ibid*. — Premier motif de sa haine contre Louis XVI, *ibid*. — Ils sont accrus par l'opposition de la reine au mariage de la fille du duc avec le fils du comte d'Artois, frère du roi, 244. — Vote avec véhémence contre les emprunts graduels proposés en lit de justice par l'archevêque de Toulouse, *ibid*. — Louis XVI l'exile, *ibid*. — Le pillage de la maison de Réveillon, manufacturier du faubourg Saint-Antoine, lui est imputé, 257. — Son buste et celui de M. Necker sont portés en triomphe, 272. — Sa conduite au 6 octobre, 301. — Son voyage à Londres, 302. Revient à Paris et rentre à l'Assemblée nationale dont il était membre, 319. — Il est défendu par Mirabeau contre les procédures du Châtelet au sujet des journées des cinq et six octobre, *ibid*. — Est excepté de la déportation décrétée contre les Bourbons, 390. — Vote la mort du roi, *ibid*. — Périt du même supplice, *ibid*., à la note.

ORMESSON (N. d'), contrôleur-général, succède à M. de Fleury, XI, 234. — Ne peut prévenir un embarras dans les paiements de la caisse d'escompte, et donne sa démission, *ibid*.

ORMISTES (les). Étymologie de ce mot, IX, 296 et 297.

ORMOND (le duc d'), général anglais, seconde l'amiral Rooke à Vigo dans la prise ou la destruction de la flotte et du convoi du comte de Château-Renaud, X, 110. — Remplace le duc de Marlborough dans le commandement de l'armée d'Angleterre, 185. — Reçoit l'ordre de se séparer des alliés, *ibid*.

ORNANO (San Pietro d'), Corse réfugié en France, excite Henri II à faire la guerre aux Génois dans l'île de Corse, VI, 52.

ORNANO (Jean-Baptiste, maréchal d'), petit-fils du précédent et fils d'Alphonse, aussi maréchal de France, et nommé gouverneur de Gaston, frère de Louis XIII, après la mort du comte de Lude, VIII, 225. — Il est arrêté et renfermé dans le château de Caen, 226. — Il revient auprès de Gaston en qualité de chef de sa maison, 239. — Richelieu lui fait donner le bâton de maréchal, ibid. — Il est arrêté une seconde fois, 242. — Son exclamation en apprenant le mariage de Gaston avec mademoiselle de Montpensier, 251. — Sa mort, 252.

ORRI (Matthieu). Le pape le nomme inquisiteur de la foi en France, VI, 66.

ORRI (Philibert), contrôleur-général, succède à le Pelletier-des-Forts, X, 361. — Ses moyens pour alimenter le trésor public, ibid. — Trop économe au gré de madame de Pompadour, elle le fait remplacer par M. de Machault, XI, 14.

ORTHEZ (le vicomte d'), commandant à Bayonne. Sa lettre à Charles IX pour s'excuser de ne point faire tuer les calvinistes, VI, 362. — Il meurt empoisonné, 363.

ORVES (Thomas, comte d'), amiral français, commandant la station de l'île de France, trop faible pour agir dans l'Inde, XI, 207 et 208. — Se trouve à la tête de douze vaisseaux par l'arrivée du bailli de Suffren, 219. — Se rend dans l'Inde et prend un vaisseau dans la traversée, ibid. — Meurt à son arrivée dans l'Inde, ce qui fait passer le commandement au bailli de Suffren, ibid.

ORVILLIERS (le comte d'), amiral français, rend à la tête de trente vaisseaux un combat indécis près de l'île d'Ouessant contre l'amiral anglais lord Keppel, XI, 175. — Effectue sa jonction avec don Louis de Cordova, amiral espagnol, et se trouve à la tête d'une flotte de soixante-six vaisseaux, 177. — Il jette la terreur sur les côtes d'Angleterre, donne chasse inutilement à l'amiral Hardy, et rentre à Brest sans avoir rien opéré, ibid.

OSSAT (Arnaud d'), cardinal, conduit la négociation de Henri IV avec la cour de Rome, VII, 356. — Avis qu'il donne à la Clielle, agent de Henri IV à Rome, 358. — Il continue sa négociation à Rome pour Henri IV avec succès, 387. — Il abjure au nom de Henri IV, devant le pape, 389. — Ce qu'il écrit des réjouissances faites à Rome à l'occasion de l'absolution de Henri IV, 390. — Ce que lui dit le pape Paul V, en apprenant la mort de Henri IV, VIII, 78.

OSTERVANT (le comte de). (*Voy.* HAINAUT. Guillaume VI.)

OTHON (M. Salvius), empereur, excite les prétoriens contre Galba, et le remplace, I, 157. — Perd contre Vitellius la bataille de Bedriac, et se tue, ibid.

OTHON I DE SAXE, roi et empereur de Germanie, prend un grand crédit en France, II, 135. Sa redomontade, 137.

OTHON D'ESTOU DE BRUNSWICK, empereur d'Allemagne, neveu de Jean-sans-Terre. Espérances que ce dernier fonde sur lui, II,

265. — Se ligue avec Ferrand, comte de Flandre, contre Philippe-Auguste, 271. — Est vaincu à Bouvines, 272.

OTTOMAN, fondateur de l'empire turc, IV, 189.

OVERKERK (le comte d'). (*Voy.* NASSAU. Henri de, comte d'Overker).

OXENSTIERN (Axel), grand chancelier de Suède, négocie avec le cardinal de Richelieu un traité de subsides entre la France et la Suède, VIII, 351. — Essaie en vain, à la mort de Gustave, de retenir l'Allemagne dans l'alliance des Suédois, 353. — Mot de lui sur les négociations du congrès de Westphalie, IX, 92.

OXENSTIERN (Jean), fils du précédent, plénipotentiaire au congrès de Westphalie, IX, 90.

P

PAGE. Ses fonctions, II, 288.

PAIRS DE FRANCE (les). Leur nombre est fixé. Étymologie de ce mot, II, 205.

PAIX DE DIEU (la). Étymologie de ce mot, II, 237.

PAIX (camps de). Le général Desguerdes en suggère l'idée à Louis XI. Ce qu'ils étaient, IV, 360.

PALATIN. (*Voy.* COMTE DU PALAIS.)

PALATIN (Frédéric III de Bavière, comte), premier comte du rameau de Simmerin, se refuse aux sollicitations de Catherine de Médicis, VI, 247. — Envoie du secours aux protestants de France par Jean Casimir, son fils, 277. — Envoie de nouveaux secours aux protestants de France par Wolfgang de Neubourg, duc de Deux-Ponts, 295. — Ce qu'il dit à Henri III, qui allant en Pologne s'arrêta chez lui, VII, 7 et 8. — Fait encore passer des renforts aux protestants par Jean Casimir, son fils, 35 et 36.

PALATIN (Frédéric V, électeur), arrière-petit-fils du précédent. (*Voy.* FRÉDÉRIC V.)

PALATIN (Charles-Louis, électeur), fils du précédent, rentre dans ses possessions à la paix de Westphalie, sauf dans le haut Palatinat, IX, 94. — Un huitième électorat est créé en sa faveur, *ibid.* — Marie sa fille à Philippe, duc d'Orléans, frère de Louis XIV, 385. — Provoque Turenne à un combat singulier en réparation de l'incendie du Palatinat, 410.

PALATIN (Charles-Théodore, électeur). (*Voy.* BAVIÈRE.)

PALATINE (la). (*Voy.* GONZAGUE. Anne de).

PALÉOLOGUE (André), neveu du dernier empereur grec, vient en France à la sollicitation de Charles VIII, V, 66.

PALÉOLOGUE. (*Voy.* MONTFERRAT.)

PALICE (Jacques de Chabannes, seigneur de la), maréchal de France, petit-fils de Jacques V, aîné d'Antoine de Chabannes, comte de Dammartin. Est fait prisonnier par Gonzalve, V, 147 et 148. — Son dévouement généreux à Rouva, *ibid.* — Commande les Français au siège de Padoue, 200. — Sert en Italie sous les ordres du maréchal Trivulce, 209 et 210. — Commande l'armée française en Italie après la mort de Gaston de Foix, 216. — Il se retire dans le Milanais, 219. — Est tué à Pavie, 312.

PANCIROLE, nonce du pape, est chargé de régler la succession de Mantoue, VIII, 409.

PANNETIER (le grand), officier de bouche, dépendait du Palatin, I, 308.

PAOLI (Pascal), est élu chef des Corses insurgés, XI, 112. — Ses succès et ses établissements, 113. — Fait éprouver des échecs au marquis de Chauvelin, envoyé pour prendre possession de l'île de Corse au nom de Louis XV, 115. — Est contraint de céder aux forces supérieures de la France, quitte l'île et se retire à Londres, 116.

PAOLO (Pierre Paul Sarpi, dit Fra), religieux servite et historien. Ce qu'il dit du concile de Trente, VI, 241.

PARDAILLAN, est tué par La Renaudie son parent, VI, 138.

PARDAILLANT (le marquis de), dit publiquement que, si le roi ne venge pas l'assassinat de Coligni, les calvinistes en feront justice, VI, 346. — Est tué à la journée de Saint-Barthélemi, 356.

PARIS (les frères), auteurs des deux liquidations de la dette publique avant et après le système de Law, X, 285. — Le duc de Bourbon les emploie pour rétablir l'ordre dans les finances, 296.

PARIS (François de), diacre, son tombeau dans le cimetière de Saint-Médard, X, 315.

PARKER (sir Hyde), amiral anglais; son combat contre M. de la Motte-Piquet, XI, 187. Félicitations qu'il adresse à son adversaire, *ibid.*

PARKER (sir Peter) vice-amiral anglais, rend un combat indécis sur le Doggers-Bank contre le contre-amiral hollandais Zoutman, XI, 202.

PARLEMENT. Ce qui le composait. Sanctionne le code de Clotaire II, I, 331. — Les assemblées du Champ-de-Mars s'appelaient aussi de ce nom, 335. — Pepin en assemble un. Pourquoi, 261. — Charles-le-Chauve en assemble un à Quiersi, dans lequel il rend les fiefs héréditaires, II, 102. — Louis-le-Jeune, à Vezelay pour la seconde croisade, 212. — Louis IX en assemble un à Paris pour le même objet, 345. — Philippe-le-Bel cite Edouard I au parlement de Noël et au parlement de Pâques, III, 21 et 22. — Condamne une bulle de Boniface VIII, 25. — Prononce la confiscation du comté de Flandre, 28.

PARLEMENT DE PARIS, déclare innocente Jeanne, femme de Charles-le-Bel, III, 55. — Est rendu sédentaire, 56. — Sa composition, 57. Philippe-le-Bel a fixé la démarcation entre les anciens parlemens et le nouveau, 66. — Philippe, régent du royaume, le convoque au Louvre, 81. — Instruit le procès entre Robert III d'Artois et sa tante Mahault, relativement au comté d'Artois, 82. — Jourdain de l'Isle est sommé de comparaître devant lui, 100. — Il adjuge le comté de Flandre, 110. — Jean en tient un à son retour de Reims, 169. — Les procédures relatives à l'impôt lui sont attribuées, 178. — Ses pouvoirs sont suspendus pendant la durée des états, 228. — Le roi Jean ordonne sa rentrée, 195. — Les seigneurs gascons lui présentent requête contre le prince de Galles, 258. — Charles V l'assemble. Pourquoi ? 259. — Charles V vient y tenir un lit de justice. Pourquoi, 292. — Règlemens de Charles VI, relatifs au parlement, 349. — Il confirme au duc d'Orléans, frère de Charles VI, les pouvoirs dont il était déjà investi, 390. — Le connétable et le chancelier y portent deux édits, par lesquels Charles VI fixe le gouvernement, 394. — Condamne Savoisi, chambellan de Charles VI, à l'amende, IV, 2. — Il enregistre les ordonnances cabochiennes. 46. — Il signe la paix entre les Bourguignons et les Orléanistes, 48. — La reine et le duc de Bourgogne le composent de leurs créatures, 84. — Il ratifie le traité conclu entre le dauphin Charles et le duc de Bourgogne, 89. — Il est convoqué à l'hôtel Saint-Paul. Pourquoi, 96. — Ce qu'il ordonne relativement aux funérailles de Charles VI, 101. — Le parlement créé à Poitiers par Charles VII, se réunit à celui de Paris, 158. — Charles VII veut restreindre son ressort, 187 et 188. — Il confisque les biens du comte d'Armagnac, 194. — Il refuse d'enregistrer l'édit qui supprime la pragmatique, 251. — Louis XI lui fait enregistrer le traité de Péronne, 266. — Arrêt qu'il rend contre le comte d'Armagnac, 274. — Son arrêt relativement aux vassaux du duc de Bourgogne, 289. — Il envoie au duc de Bourgogne un conseiller et des huissiers, le somme de comparaître, 281. — Il condamne le duc d'Alençon à perdre la vie, 300. — Il accorde l'argent des consignations à Jacques Erlan, 311. — Il condamne le comte de Saint-Pol à perdre la tête, 321. — Sa réponse à la consultation à lui adressée par Louis XI, relativement au roi de Sicile, 328. — Il condamne Jacques d'Armagnac, duc de Nemours, à mort, 348 et suivantes. — Lettre que Louis XI lui écrit au sujet du procès du duc de Nemours, 350. — Ses remontrances à Louis XI sur ses libéralités excessives, 352. — Le duc d'Orléans y déclame contre l'administration de madame de Beaujeu, V, 17. — Charles VIII veut l'engager à contribuer proportionnellement avec le peuple. Il s'y refuse, 94. — Louis XII établit un tribunal de censure, 108. — Conditions qu'il appose aux ventes des domaines de la couronne, faites par Louis XII, 228. — Résistance qu'il fait pour enregistrer le concordat, 265. — Son arrêt contre le chancelier Poyet, 399. — Ses remontrances relativement à l'attribution accordée par Henri II aux prévôts des maréchaux, VI, 6. — Ses remontrances à Henri II sur la création de nouvelles charges, 35. — Il enregistre les pouvoirs d'Orri, inquisiteur de la foi, 66. — Ses remontrances à ce sujet, 67. — Il rend un arrêt contre les jésuites, en faveur de l'Université, 69. — Il apaise une querelle survenue entre les écoliers et les apprentis, 70. — Il demande et obtient la suppression des semestres, ibid. — Ses remontrances à Henri II sur les domaines de la couronne, 72. — Il enregistre l'édit portant l'établissement de l'inquisition. A quelles conditions, 97. — Célèbres mercuriales auxquelles assiste Henri II, 108. — Il fait le procès à Jacques Spifame, évêque de Nevers, 110. — Il condamne Anne Du Bourg à la potence, 125. — Le connétable de Montmorency vient y rapporter la conjuration d'Amboise, 143. — Il n'enregistre l'édit de juillet 1562 qu'après des lettres de jussion, 182. — Ses arrêts contre les calvinistes, 205. — Il est mécontent de ce que Catherine de Médicis fait déclarer Charles IX majeur au parlement de Normandie, 233. — Il rend un arrêt qui exclut les calvinistes de la magistrature, 290. — Il condamne Coligni à mort, 306. — Il condamne Montgommery à mort, VII, 11. — Il refuse d'enregistrer des édits bursaux donnés par Henri III, 122. — Il déclare innocente Charlotte de La Trémouille, accusée d'avoir fait empoisonner le prince de Condé son mari, 159. — Il envoie une députation à Henri III, retiré à Rouen, 181. — Il est emprisonné par les Seize, 203. Une partie reste à Paris soumise aux ligueurs, l'autre siége à Tours sous l'autorité de Henri IV, 236. — Il appelle comme d'abus des bulles du nonce, fulminées contre Henri IV, 282. — Son arrêt en faveur de la loi salique, 344. — Son mécontentement contre le duc de Mayenne, 364. — Il se réunit à ceux de Tours et de Châlons, 72. Difficultés qu'il oppose à l'enregistrement de l'édit de Folembrai en faveur du duc de Mayenne, 393. — A l'édit de Nantes en faveur des calvinistes, 403. — Et à celui pour le rappel des jésuites, VIII, 14. — Sa conduite pendant la minorité de Louis XIII, 111 et 112. Arrêt qu'il rend, *ibid.* — Ses remontrances, 115. — Son arrêt d'union, IX, 44. — Il s'assemble dans la chambre de Saint-Louis, 45. — Ce qu'il traite dans cette assemblée, 47. — Ses demandes, 52. — Ses assemblées recommencent, 55. — Il se rend en corps auprès d'Anne d'Autriche, 71. — Nouveaux débats à sa rentrée, 96. — Son embarras, 104 et 105. — Son arrêt contre Mazarin, 106. Il arrête des remontrances. A quel sujet, 182. — Il est conduit par la Fronde, 189. — Il rend un nouvel arrêt contre Mazarin, 194. — Sa séance du 21 août 1651, 217 et 218. — Met à prix la tête de Mazarin, 236. — Sa conduite inconséquente, 238. — Ses remontrances, 262. — Il est transféré à Pontoise, 279. — Lit de justice où le roi interdit au parlement toute délibération sur les matières d'administration et de finances, 291. — Il fait le procès au prince de Condé, 298. — Les assemblées des chambres lui sont interdites par Louis XIV, qui se rend en bottes au parlement, 313. — Enregistre les quatre articles de la déclaration du clergé de 1682, IX, 21. — Arrêt qu'il donne dans l'affaire des franchises, 50. — Enregistre la constitution *Unigenitus*, 209. — Avait été privé du droit de remontrance par Louis XIV, *ibid.* — Enregistre un édit qu'il appelle à la couronne les princes légitimés à défaut des princes du sang, 212. — Sa séance après la mort de Louis XIV, 218. — Annulle les dispositions testamentaires de Louis XIV, et déclare le duc d'Orléans régent, 220. — Le régent lui rend le droit de remontrances, *ibid.* — Il décrète Law de prise de corps, 239. — Il lui est défendu dans un lit de justice de se mêler d'affaires d'état et de finances, *ib.* — Il est exilé pour son opposition aux opérations de finances de Law, 271. — Il enregistre de nouveau la bulle *Unigenitus*, ainsi que la défense d'en appeler, et revient à Paris, 283 et 284. — Il enregistre une nouvelle déclaration pour le même objet, 311 et 312. — Se transporte à Marly sans y être attendu pour y porter des remontrances, *ibid.* — Reçoit les appels d'abus de quelques curés de Paris contre un mandement de leur évêque, 313. — Deux de ses membres sont arrêtés : il cesse ses fonctions. Ses premières démissions, *ibid.* — Elles lui sont rendues, et la paix se fait, 314. — Reçoit l'appel comme d'abus de la défense de l'archevêque d'invoquer le diacre Pâris, 316. — Il juge qu'il y a lieu à l'appel comme d'abus de la mesure des billets de confession exigée pour administrer les mourans, XI, 18. — Le décret du parlement est cassé par le conseil du roi, ibid. — Il met l'archevêque de Paris en cause, 19. — Refuse d'obéir à l'ordre du roi de surseoir aux poursuites, et est exilé, ibid. — Une chambre royale le remplace, ibid. — Il est rappelé à la naissance de Louis XVI, 20. — Il reçoit le procureur-général comme appelant de la bulle *Unigenitus*, ibid. — Supprime le bref de Benoît XIV, consulté par les évêques et par le roi au sujet des refus de sacremens, 22. — Se ligue avec les autres parlemens dans l'intention d'en former un seul, ibid. — Lit de justice dans lequel il reçoit une nouvelle organisation, 23. — Secondes démissions, ibid. — Fermentations qu'elles produisent dans la capitale et qui occasione l'assassinat du roi par Damiens, 24. — Ce qui restait de magistrats fait le procès de Damiens, ibid. — Le roi rappelle les autres, 25. — Fait le procès du général Lally et le condamne à mort, 81 et 82. — Procès des jésuites au parlement, 99. — Arrêt par lequel il dissout la société des jésuites, 104. — Louis XV le reconnaît pour être essentiellement la cour des pairs, 124. — Son arrêt contre le duc d'Aiguillon, 134. — Il cesse ses fonctions, 135. — Il est exilé, et ses charges sont supprimées, 137 et 138. — Louis XV le casse, ibid. — Louis XVI le rétablit, 139. — Refuse d'enregistrer l'impôt du timbre et de la subvention territoriale, proposée par l'archevêque de Toulouse, 243. — Il est exilé à Troyes, 243 et 244. — Proteste contre les emprunts graduels, ibid. — L'archevêque s'occupe des moyens de le supprimer, 245. — Ses mesures pour s'y opposer, 246 et 247. — Lit de justice pour l'établissement d'une cour plénière, 248. — L'établissement en est suspendu, 249. — Enregistre un édit pour la convocation des états généraux, sous la clause qu'ils seront convoqués dans la forme de 1614, 251. — Fait une adresse au roi contre la double représentation du tiers et pour l'abandon de ses priviléges pécuniaires, 253. — L'assemblée nationale prolonge ses vacances, 306. — Il est cassé par elle et remplacé par d'autres tribunaux, 325.

PARLEMENT DE BRETAGNE (le), est établi par Charles VIII, V, 95. — Son affaire avec le duc d'Aiguillon, XI, 125. — Il renouvelle la proscription des jésuites, 131. — Il attaque le duc d'Aiguillon, 132. — Est mandé à la barre de l'assemblée nationale, 312.

PARLEMENT DE TOULOUSE (le), ordonne le duel entre l'oncle et le neveu dans l'affaire de la succession de Béarn, III, 5. — L'affaire du maréchal de Gié est évoquée devant lui. Son arrêt, V, 169 — Il fait le procès au duc de Montmorency, VIII, 324. — Il lance un décret de prise de corps contre le duc de Fitz-James, XI, 124.

PARLEMENT DE PROVENCE. Son arrêt contre les Vaudois, V, 421.

PARLEMENT DE GUIENNE. Son arrêt contre des séditieux qui s'étaient révoltés à cause de la gabelle, VI, 17. — Le connétable de Montmorency l'interdit, 18.

PARLEMENT DE NORMANDIE. Il sort de Rouen avant le siége, VI, 216.—Catherine de Médicis y fait déclarer majeur Charles IX, 233.

PARLEMENT DE PAU (le), s'oppose à ce que le clergé rentre dans les biens que les calvinistes lui avaient enlevés, VIII, 169.

PARLEMENT DE BESANÇON (le). Il est exilé. Pourquoi, XI, 122.

PARLEMENT Maupeou (le). Pourquoi ainsi nommé, XI, 138 et 139.

PARME (*Voy.* FARNÈSE et FERDINAND DE BOURBON.)

PARTI (le Tiers-). Quelle était cette faction, VII, 10.

PASCAL II (Rainier), pape, lève l'excommunication lancée contre Philippe et Bertrade, II, 191.

PASQUIER (Étienne), avocat général de la chambre des comptes; ce qu'il dit du duc de Guise, VI, 222. — Ce qu'il dit des pertes faites par les huguenots au moyen des édits, 261. — Ce qu'il dit de la dispersion des confédérés, après la deuxième paix, 283. — Ce qu'il écrivait à un de ses amis sur l'état de Paris au commencement de la Ligue, VII, 105.—Ses réflexions sur Henri III et sur le duc de Guise, 173. — Ses réflexions sur la conduite que Henri III aurait dû tenir, 178.

PASSERAT (Jean), l'un des coopérateurs de la satire Ménippée, VII, 348.

PASTOUREAUX (les). Étymologie de ce mot, II, 137. — Ce qu'ils étaient, 324. — Ils s'arment contre les Juifs, III, 89.

PASTRANE (le duc de), ambassadeur d'Espagne en France, demande la princesse Élisabeth, sœur de Louis XIII, en mariage pour l'infant d'Espagne, VIII, 94. — Il écrit au roi d'Espagne de profiter des troubles de la France pour la démembrer, 102.—Ce qu'il déclare à Marie de Médicis, 104 et 105.

PATIN (Gui). Ce qu'il dit de la Ligue pour comparaison de ce qu'on en pensait de son temps, VII, 408, à la note.

PAUL D'AQUILÉE, historien lombard, est impliqué dans une conspiration contre Charlemagne, et renfermé, II, 36. — Ses talens lui sauvent la vie, *ibid.* — Écrit l'histoire des Lombards, 38.

PAUL II (Pierre Barbo), pape. Ses efforts pour détruire la pragmatique, IV, 250.

PAUL III (Alexandre Farnèse), pape, succède à Clément VII, s'engage à garder la neutralité entre Charles-Quint et François I, V, 363. — Essaie inutilement de faire la paix entre Charles-Quint et François I, 367. — Se transporte à Nice comme médiateur entre François I et Charles-Quint, 383. — Exhorte Charles-Quint à donner à François I satisfaction du meurtre de ses deux envoyés, 393. — Reste neutre entre François I et Charles-Quint, 401. — Donne les duchés de Parme et de Plaisance à Pierre-Louis Farnèse, son fils, VI, 10. — Cherche à venger l'assassinat de son fils, 11. — Sa mort, 23.

PAUL IV (Jean-Pierre Caraffa), pape, fondateur des Théatins, VI, 74. — Succède à Marcel II. Cherche à rétablir la paix entre Charles V et Henri II, 61. — Est entraîné par ses neveux à la guerre, 76. — Se ligue avec la France contre Charles-Quint, 77 et 78. — Fait arrêter un envoyé d'Espagne pour complicité de trahison, 81. — Est attaqué par le duc d'Albe, *ibid.* — Déclare Philippe déchu du royaume de Naples, *ibid.* — S'afflige des malheurs de la France, 89. — Invite Henri et Philippe à la paix, *ibid.*

PAUL V (Camille Borghèse), pape. Henri IV le réconcilie avec la république de Venise, VIII, 75. — Ce qu'il dit au cardinal d'Ossat en apprenant la mort de Henri IV, *ibid.*

PAULET (Charles), inventeur du droit nommé *Paulette*, IX, 43.

PAULETTE (la). Son établissement sous Henri IV, VIII, 12. — Pourquoi ainsi nommée? En quoi elle consiste, IX, 43.

PAULMY (le marquis de). *Voy.* ARGENSON (Ant. René).

PAVILLON (Nicolas), évêque d'Alet, donne un mandement pour la distinction du fait et du droit dans la signature du formulaire, IX, 375. — Le roi veut le faire juger par une commission d'évêques, 376. — Il se soumet, 377.

PAYNE (Thomas), Anglais, membre de la Convention de France, opine en faveur de Louis XVI, XI, 382.

BECQUINY (Jean de), chevalier, est envoyé à Charles Dauphin de la part du roi de Navarre. A quelle intention? III, 206.

PEDRE III (don), roi d'Aragon, époux de Constance de Naples, fille de Mainfroi. Il fait lever le siége de Messine, III, 14. — Est excommunié, *ibid.*

PEDRE (don), dit le Cruel, roi de Castille, donne Isabelle, sa seconde fille, en mariage à Edmond, duc de Cambridge, III, 237. — Fait empoisonner Blanche de Bourbon, sa femme, belle-sœur de Charles V, roi de France, 249. — Est détrôné, se retire à Bordeaux, 252. — Remonte sur le trône, 253. — Son ingratitude envers le prince de Galles, *ibid.* — Est tué à la bataille de Montiel, 257.

PÉLISSON (Paul), premier commis de Fouquet, surintendant des finances. Sa conduite généreuse à l'égard de Fouquet, IX, 347.

PELLETIER, curé de Saint-Jacques de la Boucherie. Son discours dans l'assemblée des Seize, VII, 295.

PELLETIER (Claude Le), contrôleur général des finances après Colbert. Emprunts faits sous son ministère, X, 66.

PELLETIER, dit LA HOUSSAIE (Félix Le), contrôleur général après Law. Ses expédients pour satisfaire à la dette publique, X, 286.

PELLETIER-DES-FORTS (Michel-Robert Le), contrôleur général, neveu de Claude ci-dessus, succède au président Dodun, successeur de Le Pelletier de La Houssaie, X, 300. — Est remplacé par Philibert Orry, 361.

PELLÈVE (Nicolas de), cardinal. Salcède l'accuse d'être auprès du pape l'agent de la conjuration formée contre la famille royale de France, VII, 89. — Il assiste à une assemblée des principaux ligueurs à Reims, 280. — Il s'élève dans les états de Paris contre le duc de Féria, ministre d'Espagne, 329. — Ses remerciments aux députés des états de leur acceptation du concile de Trente, 354. — Sa mort, 371 et 372.

PEMBROK (Jean Hastings, comte de), commande une flotte contre la France, III, 26. — Est battu par les Castillans, *ibid.*

PÉNITENTS (les), confrairie à laquelle Henri III s'associe, VII, 18.

PENTHIÈVRE (Jeanne-la-Boiteuse, héritière de). (*Voy.* JEANNE-LA-BOITEUSE.)

PENTHIÈVRE (Jean de Blois, comte de), fils de la précédente et de Charles de Châtillon, dit de Blois, épouse Marguerite, fille du connétable de Clisson, III, 344 et 345.

PENTHIÈVRE (Marguerite de), marquise de l'Aigle, épouse du connétable de Lacerda, sœur du précédent. (*Voy.* MARGUERITE DE PENTHIÈVRE.)

PENTHIÈVRE (les). Jean-Charles-Olivier, baron d'Avaugour; Guillaume, vicomte de Limoges, fils de Jean de Penthièvre et de Marguerite de Clisson. Olivier et Charles enlèvent le duc de Bretagne Jean VI, et sont forcés de le relâcher, IV, 109.

PENTHIÈVRE (Jean de Blois, comte de), l'un des précédents. De concert avec Jacques de Chabannes, il bat Talbot à Castillon, IV, 186.

PENTHIÈVRE (Nicole de), fille de Charles, baron d'Avaugour, épouse de Jean II Tiercelin, seigneur de Brosse, dit Jean de Bretagne, vend à Louis XI ses droits au duché de Bretagne, IV, 361. (*Voy.* DE BROSSE.)

PENTHIÈVRE (Françoise de), fille de Guillaume, vicomte de Limoges, l'un des Penthièvre, épouse d'Alain-le-Grand, sire d'Albret, V, 34.

PENTHIÈVRE (Charlotte de), fille de Jean IV de Brosse, dit de Bretagne, porte le comté de Penthièvre dans le duché de Luxembourg. (*Voy.* LUXEMBOURG-MARTIGUES.)

PEPIN DE LENDEN ou LE VIEUX, maire du palais d'Austrasie, le gouverne sous Dagobert II, I, 346.

PEPIN D'HÉRISTAL LE GROS ou LE JEUNE, petit-fils par son père de Saint-Arnoul, évêque de Metz, et du précédent par sa mère. Il est élu par les Austrasiens prince et duc des Français, s'empare de Thierry III, I, 346. — Maire du palais de Neustrie, 347. — Place Clovis III, fils de Thierry III, sur le trône de Neustrie, 348. — Met sur le trône Dagobert III, 350. — Sa mort, *ibid.*

PEPIN, dit LE BREF, premier roi de France de la seconde race, fils de Charles-Martel et de Rolande, et petit-fils du précédent, gouverne la Neustrie, place Childéric III sur le trône, I, 359. — Monte sur le trône, II, 3. — Sa conduite, 3 et 4. — Repousse les Maures et les Saxons, 6. — Est couronné à Soissons, 8. — Est couronné une seconde fois par le pape, 10. — Passe en Italie, défait Astolfe, *ibid.* — Repasse en Italie, défait Didier, 12. — Cède au pape l'exarchat et la Pentapole, *ibid.* — Convoque un concile à Vernon, *ibid.* — Ravage l'Aquitaine, 15. — S'en empare, 17. — Partage ses états entre ses deux fils. Sa mort, *ibid.*

PEPIN, fils de Charlemagne et d'Himiltrude, II, 20. — Conspire contre son père, est relégué dans un monastère, 43.

PEPIN, fils de Charlemagne et d'Hildegarde, est couronné roi d'Italie, II, 30. — Sa mort, 49.

PEPIN, fils de Bernard, roi d'Italie, fils naturel du précédent. Louis-le-Débonnaire le prive de sa couronne après la condamnation de son père. (*Voy.* HERBERT II, comte de Vermandois.)

PEPIN, second fils de Louis-le-Débonnaire et d'Hermengarde. Son père lui donne l'Aquitaine, II, 55. — Se soulève contre son père,

60. — Il est détrôné, 64 et 65. — Somme son frère Lothaire de rendre la liberté à Louis, leur père, 69. — Sa mort, 71.

PEPIN, fils du précédent, II, 71. — S'échappe de la cour de son grand-père, 73. — Réclame l'héritage de son père, 77. — Amène un renfort à Lothaire, 82. — Se retire en Aquitaine après la bataille de Fontenoy, 83. — Implore l'assistance des Normands, 86. — Est livré à Charles-le-Chauve et renfermé dans l'abbaye de Saint-Médard de Soissons. Sa mort, *ibid.*

PÉQUIGNY (Jean de). (*Voy.* PECQUIGNY.)

PEQUIGNY (d'Ailli de). Sommation qui lui est faite par Charles IX de mettre bas les armes, VI, 271.

PÉRALDE (Hugues de), templier, grand visiteur de France, est conduit à l'échafaud, III, 52.

PERALTE, capitaine espagnol, défend Canose, V, 141. — Fait sauver deux capitaines français arrêtés en trahison par Gonzalve, 142. — Est chargé de fers pour cette action. S'évade, *ibid.*

PERRAULT (Claude), célèbre architecte sous Louis XIV, X, 216.

PERCHE (René d'Alençon, comte du). (*Voy.* ALENÇON.)

PÉRIGORD (Talleyrand, cardinal de), fils d'Hélie VII, comte de Périgord, bisaïeul d'Archambaud V, sur qui le comté fut confisqué par Charles VI. Il négocie un accommodement entre Jean et le prince de Galles, III, 184.

PÉRIGORD (N. de Talleyrand de), seigneur de Grignols et de Chalais, de la branche des Talleyrand, issus de Boson, comte de Périgord. Il amène des troupes à Charles VII, IV, 105.

PERINET LE CLERC, fils d'un marchand de fer de Paris, quartinier, introduit dans Paris un corps de troupes bourguignonnes, IV, 79.

PERRON (Jacques Davy du), né protestant, devenu évêque d'Évreux, puis cardinal. Il instruit Henri IV dans la religion romaine, VII, 335. — Il négocie à Rome avec succès pour Henri IV, 387. — Il abjure au nom de Henri IV devant le pape, 389. — S'oppose, dans les états généraux de 1714, à la déclaration de l'indépendance des rois de France, VIII, 108. — L'un des sous-présidents de l'assemblée des notables tenue à Rouen, 161.

PESCAIRE (Ferdinand-François d'Avalos, marquis de), général des troupes de Charles-Quint, s'empare de Gênes, V, 281. — Bat les Français à la retraite de Romagnano, 305. — Vient avec le connétable de Bourbon faire le siége de Marseille, 308. — Bat François I à la bataille de Pavie, 311 et 312. — Est piqué de ce qu'on lui a enlevé son prisonnier, 322. — Démarches de la ligue sainte auprès de lui, 329. — Sa mort, *ibid.*

PÉTERSBOROURG (Charles Mordaunt, comte de), prend Barcelonne et y fait proclamer l'archiduc Charles, X, 138 et 139. — Générosité extraordinaire qu'il fait paraître pendant la capitulation, *ibid.*

PÉTILIANE (le comte de), général des troupes vénitiennes, battu à Agnadel, sauve une partie de l'armée, V, 196. — Sa courageuse défense dans Padoue, dont il fait lever le siége, 198. — Traite les prisonniers français avec égard, 199.

PÉTION DE VILLENEUVE (Jérôme), avocat de Chartres, député aux états généraux de 1789. Il opine pour la spoliation du clergé, XI, 305. — Est envoyé au-devant du roi à Varennes, 334. — Vote en cette circonstance pour la déchéance du monarque, 335. — Est élu maire de Paris, 343. — Sa réponse à Louis XVI au 20 juin, 359. — Demande la déchéance au nom de la commune, 364. — Sa conduite au 10 août, 369. — Préside lors de la formation de la convention, 374. — Est supposé avoir engagé Louis XVI à inviter le roi de Prusse d'évacuer la Champagne, 377. — Fait accorder au roi des conseils, 387.

PETIT (Jean), cordelier. Sa harangue en faveur du duc de Bourgogne, assassin du duc d'Orléans, IV, 13. — Répète le même discours dans le parvis de la cathédrale, 14. — Son discours est lacéré et brûlé, 53. — Ses propositions sont condamnées dans les conciles de Bâle et de Constance, 57. — Un arrêt du parlement défend d'enseigner ses propositions, 69.

PETITS MAITRES (les). Pourquoi ainsi nommés, IX, 145.

PÉTRONILLE, sœur puînée d'Éléonore, reine de France, épouse Raoul, comte de Vermandois, II, 209.

PÉTRUCCI, Siennois, entre dans la chambre de Coligni pour le tuer, VI, 352.

PEYNIER (de), capitaine de vaisseau, amène dans l'Inde au bailli de Suffren un renfort de quatre vaisseaux et de quatre mille cinq cents hommes, XI, 221.

PEYROUSE (le comte de la), navigateur français, commande le Sceptre au combat des Saintes, et ne peut empêcher que la ligne soit coupée, XI, 213. — Est détaché pour réunir les établissements anglais de la baie d'Hudson, 214 et 215. — Y est accompagné par le chevalier de Langle, son ami et le compagnon futur de ses funestes expéditions maritimes, *ibid.* — Dangers qu'il court par les glaces. Son humanité dans l'exécution de ses ordres, *ibid.*

PEYTON (Randolph), président du premier congrès américain, XI, 163. — Brise une couronne en douze parties, en signe d'indépendance de la couronne d'Angleterre, *ibid.*

PFIFFER, colonel des Suisses, ramène au milieu d'eux à Paris le roi Charles IX, que le prince de Condé avait tenté d'enlever, VI, 267.

PHALSBOURG (la princesse de), fille de Charles IV, duc de Lorraine. — Devenue veuve, vient à Bruxelles offrir sa main à Puy-Laurent, favori de Gaston, duc d'Orléans, VIII, 341. — Elle est soupçonnée d'avoir voulu faire assassiner Puy-Laurent, 342.

PHARAMOND, chef des Francs, premier roi de France, I, 264.

PHÉLYPEAUX DE PONTCHARTRAIN (Louis), contrôleur général, puis chancelier. Il établit un grand nombre d'impositions indirectes et la capitation, X, 66. — Il est fait ministre de la marine, 68. Son inflexibilité dans l'affaire de Fouquet, 69. — Est fait chancelier, 103.

PHÉLYPEAUX DE MAUREPAS (Jean-Frédéric), petit-fils du précédent. (Voy. MAUREPAS.)

PHÉLYPEAUX DE LA VRILLIÈRE (Louis), comte de Saint-Florentin, secrétaire d'état, beau-frère du précédent, époux de sa sœur, et descendant du même quadrisaïeul, X, 242. — Est fait ministre au département du clergé, ibid. — Résiste à la disgrâce du ministère, XI, 26.

PHILIPPE I, roi de France, fils de Henri I et d'Anne de Russie, est couronné du vivant de son père, II, 169. — Son caractère, 170. — Épouse Berthe, fille de Robert, comte de Frise, 174. — La répudie, 177. — Ses désordres, ibid. — Épouse Bertrade, femme de Foulque, comte d'Anjou, 178. — Est excommunié, ibid. — Sa mort. Jugement sur son caractère, 191 et 192.

PHILIPPE, fils du précédent et de Bertrade. Sa révolte contre Louis VI son frère, II, 193. — Se retire dans la terre que Louis lui assigne. Sa mort, 194.

PHILIPPE, fils de Louis VI. Son sacre, II, 205.

PHILIPPE II, AUGUSTE, roi de France, fils de Louis VII, dit le Jeune. Sa naissance, II, 225. — Accident qui lui arrive, 229. Son sacre, 230. — Épouse Isabelle, fille de Baudoin V, comte de Hainaut, 231. — Monte sur le trône, 232. — Agrandit Paris, 234. — Bannit les Juifs, 235. — Fait la guerre à Philippe, comte de Flandre, 236. — Descend en Angleterre, 240. — Part pour la croisade, 242. — Son séjour en Sicile; se brouille avec Richard d'Angleterre, 243. — Richard lui envoie Alix sa sœur, qu'il devait épouser, 245. — Philippe se détermine à la reprendre pour ne pas faire manquer la croisade, 246. — Il soutient le marquis de Tyr contre Gui de Lusignan que protégeait Richard, 247. — Revient en France, 248. — Épouse Ingelberge, la répudie, 252. — Épouse

Agnès de Méranie. Est condamné par le concile de Lyon à reprendre Ingelberge, 253.— Reprend Ingelberge, 254.—Sa bravoure, 255. — Accorde des secours à Artus, duc de Bretagne, 257. — Cite Jean-sans-Terre devant la cour des pairs, 258. — Réunit la Normandie à la France, *ibid.* — Confisque les terres de Raymond, comte de Toulouse, 265. — Se prépare à faire une descente en Angleterre, 270. — Sa guerre contre Ferrand, comte de Flandre, 271. — Ligue formée contre lui, *ibid.* — Est vainqueur à Bouvines, 272.— Augmente le royaume, 281. — Ses qualités, 282. — Établissements sous son règne, *ibid.* — Sa mort, 285.

PHILIPPE, évêque de Beauvais. Sa manière de combattre, II, 275.

PHILIPPE, duc de Souabe et empereur d'Allemagne, fils de Frédéric I Barberousse, et compétiteur d'Othon IV. Il recommande Alexis-l'Ange, son beau-frère, aux croisés, II, 260.

PHILIPPE, comte de Boulogne, oncle paternel de saint Louis. On veut le nommer régent au préjudice de Blanche de Castille, II, 293. — Se détache de la ligue formée contre cette princesse, 294 et 295.

PHILIPPE III, dit le HARDI, roi de France, fils de Louis IX et de Marguerite de Provence, épouse Isabeau d'Aragon, II, 341. — Son père lui lègue la couronne, 344. — Prend la croix pour la sixième croisade, 345. — Tombe malade à Tunis, 347. — Avis que lui donne son père en mourant, 348. — Revient en France, III, 3. — Porte le cercueil de son père à Saint-Denis, *ibid.* — Son sacre, 4.—Réduit le comte de Foix, 5. — Fait la guerre à Sanche, roi de Castille, pour maintenir les droits des La Cerda, ses neveux, 5 et 6.—Fait la paix, 7.—Ses acquisitions, 8. —Épouse Marie, sœur du comte de Brabant, *ibid.* — Soupçonne que Louis son fils a été empoisonné. Ses démarches à cet égard, 9, 10 et suiv. — Accepte la couronne d'Aragon pour Charles de Valois, son second fils, 15. — Sa mort, 16. — Ses institutions, 16 et 17.

PHILIPPE IV le Bel, roi de France, fils du précédent et d'Isabelle d'Aragon, III, 8. — Épouse l'héritière de Navarre, 15. — Son sacre, 18 — Cite Édouard I devant le parlement, 22. — Sa réponse à la lettre de l'empereur Adolphe de Nassau, *ibid.* — Ses victoires en Flandre, 23. — Commencement de ses querelles avec Boniface VIII, 24. — Fait prisonnier Guy de Dampierre, comte de Flandre, 28. — Réunit la Flandre à la couronne, *ibid.*— Révolte de la Flandre contre lui, 29.—Fait chasser le légat du pape de la salle d'audience 35. — Le fait enfermer, 36. — Convoque une assemblée de la noblesse et du clergé, 37.—Est excommunié, *ibid*. — Son appel au concile, 38. — Fait enlever Boniface VIII, 39 et 40. — Tente un accommodement avec les Flamands, 42. — Les bat à Mons-en-Puelle, 42 et 43. — En consacre la mémoire, 44. — Traite avec les Flamands, *ibid*. — Est réconcilié avec le saint-siége, *ibid*. — Fait élire pape Bertrand de Got, archevêque de Bordeaux, 45. — A quelles conditions, 46. — Détruit les templiers, 47. — Établit un parlement à Toulouse, 56. — Rend celui de Paris sédentaire et étend cette mesure aux autres tribunaux, *ibid*. — Ses lois somptuaires, 62. — Sa mort, 64. — Son caractère, 65.

PHILIPPE V, dit LE LONG, roi de France, fils du précédent, épouse Jeanne de Franche-Comté, III, 54. — Est élu régent du royaume, 81. — Monte sur le trône, 83. — Son sacre, 84. — Se met en possession de la Navarre, 85. — Se croise avec sa femme, et est détourné de partir par le pape Jean XXII, 88. — Ses lois, 93. Sa mort, 95.

PHILIPPE VI DE VALOIS, roi de France, fils de Valois et cousin-germain du précédent, est nommé régent du royaume, III, 106. — Son sacre, 109. — Renonce à la Navarre en faveur de Jeanne, fille de Louis-le-Hutin, *ibid*. — Marche contre les Flamands, 110. — Est surpris par eux à Cassel, 112. — Punit les Flamands, 114. — Sa conduite intérieure, 117. — Fixe le titre et le poids des monnaies, 118. — Indique une assemblée dans son palais pour y discuter les prétentions du clergé, *ibid*. — Se brouille avec Robert III, comte d'Artois, 123. — Laisse contre lui un libre cours à la justice, 124. — Le poursuit d'asile en asile, 125. — Fait des préparatifs de croisade, 127. — Édouard III, roi d'Angleterre, réclame contre lui la couronne, et descend en France, 130. — Philippe le rencontre à Vironfosse et ne l'attaque pas, 131. — Signe une trêve d'un an avec Édouard, 135. — Acquiert le Dauphiné et le Roussillon, 141. — Rend la gabelle un impôt régulier, 142. — Fait trancher la tête à douze seigneurs bretons, 143. — Est vaincu à Créci par Édouard, 151. — Rappelle Jean, son fils, de la Guienne, 155. — Se présente en vain pour faire lever le siége de Calais, 156. — Fait une trêve avec l'Angleterre, 159. — État fâcheux de la France sur la fin de son règne, 159 et 160. — Désavoue le gouverneur de Saint-Omer, 163. — Épouse en deuxièmes noces Blanche de Navarre, *ibid*. — Sa mort, *ibid*. — Son caractère, 164.

PHILIPPE, deuxième fils du précédent. Son mariage, III, 143.

PHILIPPE DE HAINAUT, femme d'Édouard III, roi d'Angleterre,

fille de Guillaume-le-Bon, comte de Hainaut et de Jeanne de Valois, sœur de Philippe de Valois. Elle révèle à Philippe VI les projets de son mari, III, 143. — Fait la guerre en Écosse avec succès, 154. — Amène aux pieds de son époux le roi d'Écosse qu'elle avait fait prisonnier, 156. — Demande et obtient la grâce des habitants de Calais, 158. — Sa mort, 264.

PHILIPPE D'ÉVREUX, frère de Charles-le-Mauvais, roi de Navarre, est compris dans le traité de Bretigny, III, 227.

PHILIPPE-MARIE VISCONTI, second fils de Jean Galéas Visconti, et dernier duc de Milan de ce nom. Envoie des Italiens au secours de Charles VII, IV, 105.

PHILIPPE-LE-BON, duc de Bourgogne, fils de Jean - sans - Peur et père de Charles-le-Téméraire. (*Voy.* BOURGOGNE.)

PHILIPPE D'AUTRICHE, dit LE BEAU, comte de Flandre, fils de l'empereur Maximilien et de Marie de Bourgogne, époux de Jeanne-la-Folle et père de Charles-Quint. Il est cité dans un lit de justice, 37. — Fait hommage de ses états à Louis XII, V, 110. — Permet au duc de Milan de lever des troupes dans ses états de Flandre contre la France, 113. — Signe un traité à Trente avec Louis XII, 132. — Fait hommage à Louis XII pour son comté de Flandre, *ibid.* — Vient en France présenter un plan de traité à Louis XII avec Ferdinand d'Aragon, 145. — Envoie à Gonzalve de Cordoue l'ordre de faire sortir les troupes espagnoles du royaume de Naples, *ibid.* — S'échappe de France et va s'aboucher avec Maximilien, 147. — Sa mort, 184.

PHILIPPE II, roi d'Espagne, fils de Charles - Quint, épouse Marie, reine d'Angleterre, VI, 53. — Son père abdique en sa faveur la couronne d'Espagne, 73. — Conclut une trêve de cinq ans avec Henri II à Vaucelles, 74. — Il prend Saint-Quentin d'assaut, 88. — Envoie des plénipotentiaires à l'abbaye de Cercamp pour traiter de la paix avec la France, 101. — Met le connétable de Montmorency en liberté, moyennant une rançon de deux cent mille écus, 103. — Signe la paix au Cateau-Cambrésis avec la France, 104. — Élisabeth, fille de Henri II, destinée d'abord à don Carlos, son fils, lui est accordée en mariage par le traité, 105. — Henri II est tué dans un tournoi donné à Paris à l'occasion de ce mariage, 111. — Sa lettre à Marie de Médicis, 121. — Promet à Antoine de Bourbon, roi de Navarre, la Sardaigne en dédommagement de la Navarre qu'il lui retenait, 178. — Envoie une ambassade solennelle à Charles IX, 243. — Il joue la cour de France, 275. — Envoie à l'amirante de Castille la relation du massacre de la Saint

Barthélemi, 370. — Il promet d'aider la Ligue d'hommes et d'argent, VII, 49. — Imagine avec le duc de Guise la conjuration de Salcède, 86 et 87. — Proposition qu'il fait faire à Henri, roi de Navarre, 96. — Il oblige le duc de Guise à faire un éclat, 102. — Les ligueurs lui prêtent la main pour s'emparer de Boulogne, 136. — Ses prétentions sur la France, 240. — Il demande que l'on couronne reine de France l'infante Isabelle-Claire-Eugénie, qu'il avait eue d'Elisabeth, fille de Henri II, *ibid.* — Son manifeste fastueux, 249. — Fait avec la France la paix de Vervins, et meurt six mois après, 403.

PHILIPPE III, roi d'Espagne, fils du précédent, fait une trêve de douze ans avec les Hollandais, VIII, 50. — Expulse les Maures de ses états, *ibid.* — Donne Anne sa fille, en mariage à Louis XIII, roi de France, VIII, 128. — Sa mort, 212.

PHILIPPE IV, roi d'Espagne, fils du précédent, monte sur le trône, VIII, 222. — Se prête sans difficulté à un accord pour l'évacuation de la Valteline, *ibid.* — Excite les protestants de France à la révolte pour empêcher que l'on n'assiste ceux des Pays-Bas, 233. — Appuie les prétentions du duc de Guastalle à la succession de Mantoue contre celles du duc de Nevers, soutenu par la France, 270. — Richelieu lui fait déclarer la guerre, 354. — Le Portugal et la Catalogne se révoltent contre lui, 402. — Il fait négocier avec Cinq-Mars, 428. — Refuse d'accéder au traité de Westphalie, IX, 95. — Envoie un ambassadeur proposer sa fille, Marie-Thérèse, en mariage à Louis XIV, 324. — Comparaison de l'Espagne sous son règne avec l'Espagne sous Philippe II, 326. — Son opinion sur la renonciation de l'infante, sa fille, 333. — Conclut la paix des Pyrénées, 335. — Son entrevue avec Louis XIV dans l'île des Faisans, 338. — Ce qu'il dit alors de Turenne, *ibid.* — Envoie un ambassadeur extraordinaire à Louis XIV pour reconnaître la préséance de la France sur l'Espagne, 350. — Sa mort, 366.

PHILIPPE V, roi d'Espagne, d'abord duc d'Anjou, petit-fils de Louis XIV et arrière-petit-fils du précédent. Testament de Charles IV, roi d'Espagne, en sa faveur, X, 95. — Il est reconnu roi d'Espagne, 97. — Il épouse Louise-Gabrielle de Savoie, fille du duc de Savoie, 100. — Il gagne la bataille de Lazara en Italie, 105. — Tâche en vain de reprendre Gibraltar, 127. — Lève le siège de Barcelonne où il s'était flatté de prendre l'archiduc Charles, son compétiteur, 143. — Il rentre à Madrid d'où il avait été obligé de fuir, *ibid.* — Perd Naples, 148. — Fait ôter le commandement des troupes françaises au duc d'Orléans qu'il signale comme un usurpateur, 165. — Battu à Sarragosse par le comte de Stahremberg, il quitte sa capitale, 172 et 173. — Y rentre, bat Stahremberg à Villaviciosa, et affermit la couronne sur sa tête, 174. — Il jure de nouveau sa renonciation au trône de France, 190. — Épouse en secondes noces Élisabeth Farnèse, héritière de Parme, 227. — Envahit la Sicile, 235. — Ses manifestes contre le régent, 256 et 257. — La France lui fait la guerre, *ibid.* — Il fait la paix, 264. — Est forcé de disgracier Alberoni, 267. — Il abdique, puis reprend les rênes du gouvernement à la mort de son fils aîné, 294. — Son ressentiment au renvoi de sa fille destinée à Louis XV, 295. — Fait la paix avec l'empereur Charles VI, 304. — Il se rapproche de la France, 306. — Il assure par le traité de Séville la succession de Parme à don Carlos, l'aîné des fils qu'il avait eus d'Élisabeth Farnèse, 307. — S'allie à la France dans la guerre pour la succession de Pologne et s'empare de Naples et de la Sicile pour don Carlos, 327. — Difficultés avec l'Angleterre qui se terminent par la guerre, 339. — Se joint à la France dans la succession de l'Autriche, et fait passer des troupes en Italie, 343. — Sa mort, 384.

PHILIPPE (don), duc de Parme, infant d'Espagne, deuxième fils du précédent et d'Élisabeth Farnèse, et gendre de Louis XV. Se présente en Savoie et ne peut forcer les Alpes, X, 351. — Commande dans les Alpes avec le prince de Conti, 364. — Bat le roi de Sardaigne à Villefranche, *ibid.* — Le bat encore à Coni, 365. — Est forcé par la mauvaise saison de rentrer en Savoie, 366. — Entre dans le Montferrat par l'état de Gênes, 373. — S'empare de Milan, *ib.* — Ne peut se résoudre, suivant le conseil du maréchal de Maillebois, à quitter l'état de Plaisance. Il y est atteint et battu par le prince de Lichtenstein, 382. — Fait retraite en Provence, 383. — Est mis par la paix d'Aix-la-Chapelle en possession des duchés de Parme, de Plaisance et de Guastalle, XI, 9. — Ses plans de réforme dans les matières ecclésiastiques, 119. — Sa mort, *ibid.*

PHOCÉENS (les) fondent Marseille, I, 20.

PHOTIUS, patriarche de Constantinople, auteur du schisme des Grecs. Précis de son histoire, II, 103.

PIBRAC (Gui du Faur, seigneur de), chancelier de Henri III. Ce prince, en quittant la Pologne, le laisse exposé à la fureur des Polonais, VII, 9.

PICHON, l'un des témoins qui déposent dans l'affaire de l'assassinat médité contre le prince de Condé, IX, 173.

PICOTÉ, avocat. Il s'insinue dans la confiance de Biron, VII, 427. — Il lui propose un traité avec Philippe II, 428.

PIE II (Æneas Sylvius Picolomini), pape, rétracte ses écrits en faveur du concile de Bâle, dont il avait été secrétaire, IV, 212. — Obtient de Louis XI l'abolition de la pragmatique, *ibid.* — Sa réponse à l'ambassadeur français qui le sommait de sa parole, 215.

PIE III (François Picolomini), pape, neveu du précédent, succède à Alexandre VI, V, 155. — Sa mort, 156.

PIE IV (Jean-Ange Medici ou Medequin), pape, frère du marquis de Marignan. Ses procédures contre plusieurs prélats qui avaient embrassé le calvinisme, VI, 241. — Il cite à Rome Jeanne d'Albret, reine de Navarre, *ibid.* — Met fin au concile de Trente, *ibid.* — Envoie une ambassade solennelle à Charles IX, 243.

PIE V (Michel Ghisleri), pape, suscite les princes catholiques contre Sélim, empereur des Turcs, VI, 324. — Il envoie en France le cardinal Alexandrin, 332.

PIE VI (Jean-Ange Braschi), pape, maintient les jésuites de Russie dans le *statu quo* où ils se trouvaient, XI, 122.

PIE VII (Barnabé Chiaramonte), réintègre pour un instant les jésuites à Naples, XI, 122.

PIENNES (Louis de Halluin, seigneur de), général français, ordonne la retraite à la journée des Éperons, V, 229.

PIENNES (Jeanne de Halluin, demoiselle de), fille d'Antoine, petit-fils du précédent. Rupture de son mariage clandestin avec François de Montmorency, fils aîné du connétable Anne de Montmorency, VI, 85.

PIENNES (Florimond de Halluin, marquis de), et de Maignelais, neveu de la précédente. (*Voy.* MAIGNELAIS.)

PIERRE L'HERMITE, gentilhomme Picard, provoque la première croisade, II, 179.

PIERRE II, roi d'Aragon, vient au secours de Raymond, comte de Toulouse, II, 268. — Il est tué, *ibid.*

PIERRE MAUCLERC, duc de Bretagne, arrière-petit-fils de Louis-le-Gros, se ligue contre Blanche de Castille, et implore le secours de Henri III, roi d'Angleterre, II, 297. — Est obligé de paraître au pied du trône, 298. — Étymologie de son surnom de Mauclerc, *ibid.* — Offre une retraite à Nantes à l'Université de Paris, 300.

PIERRE-LE-CRUEL, roi de Castille. (*Voy.* PÈDRE.)

PIERRE, prieur de Notre-Dame de Salles. Lettre que Louis XI lui écrit, IV, 379.

PIERRE III (Charles-Pierre-Ulric de Holstein-Gottorp), empereur de

Russie, petit-fils du czar Pierre par sa mère, sœur aînée de l'impératrice Élisabeth Pétrowna. Celle-ci le fait reconnaître pour son successeur, X, 347. — Il monte sur le trône de Russie, XI, 88. — Enthousiaste de Frédéric, roi de Prusse, il se déclare pour lui au moment où il était près d'être écrasé, 89. Ses innovations révoltent les esprits contre lui, *ibid.* — Détrôné par son épouse, il abdique et meurt sept jours après, 90.

PIGOT (Hughes), amiral anglais, est envoyé remplacer Rodney, dont on ignorait la victoire au combat des Saintes, XI, 216.

PILATE (Ponce), président ou procureur de Judée, est exilé dans les Gaules, I, 150.

PILES (le seigneur de), dit à Charles IX que, s'il ne venge pas l'assassinat de Coligni, les calvinistes en feront justice, VI, 346.

PIMENTEL (Antonio). Philippe, roi d'Espagne, l'envoie en France proposer la main de Marie-Thérèse à Louis XIV, IX, 324.

PINART (Claude), ministre de Henri III. Ce prince le congédie, VII, 184.

PINEY (François de Luxembourg Brienne, duc de), tige du rameau de Piney et Tingri, avait recherché Louise de Vaudemont avant le mariage de cette princesse avec Henri III, se retire de la cour. Pourquoi, VII, 21. — Enfermé à la Bastille, il donne un passe-port à Jacques Clément, 219. — Envoyé des catholiques royalistes à Rome, il écrit à Sixte V, 237. — Il obtient plusieurs audiences du pape, 250. — Lettre qu'il écrit au conclave assemblé pour l'élection de Grégoire XIV, 279.

PINON, doyen du parlement de Paris, pressé de donner son avis dans le procès contre le duc de La Valette, conclut à ce qu'il soit renvoyé à ses juges naturels, VIII, 393.

PISSELEU (Anne de), dite mademoiselle d'Heilly. (*Voy.* ÉTAMPES, duchesse d', et DE BROSSE.)

PITHÉAS, astronome de Marseille, détermine la latitude de sa patrie, et découvre la Baltique, I, 36.

PITHOU (Pierre), l'un des coopérateurs de la satire Ménippée, VII, 348.

PITT (William), depuis lord Chatam, ministre d'Angleterre; énergie qu'il donne aux opérations militaires de la Grande-Bretagne, XI, 58. — Fait échouer les négociations de paix avec la France, 84. — Se retire du ministère, ce qui amène la paix, 92. — Veut qu'on déclare la guerre à la France comme favorisant les Américains, 167.

PITT (William), second fils du précédent, chancelier de l'échiquier; il travaille à la pacification de l'Angleterre avec la France et les

Etats-Unis, XI. 226. — Ce qu'il dit dans la chambre des communes du traité de commerce conclu avec la France, 230.

PLACIDIE (Galla), fille de Théodose-le-Grand et de Galla, sœur de Valentinien II, sœur des empereurs Honorius et Arcade. Alaric la fait prisonnière à Rome, I, 257. — Ataulphe, successeur d'Alaric, la recherche en mariage, *ibid*. — Elle consent à lui donner sa main, 259. — Veuve d'Ataulphe, elle épouse Constance, qu'Honorius fait son collègue, 261. — Se brouille avec Honorius et se retire à Constantinople auprès de Théodose-le-Jeune, son neveu, 265. — Valentinien III, son fils, succède à Honorius, *ibid*.

PLANCUS (Munatius), lieutenant de César, gouverneur de la Gaule transalpine et fondateur de Lyon, s'unit à Antoine, I, 136.

PLANTAGENETS (les). Leur souche, II, 200.

PLASIAN (Guillaume de), conseiller du roi. Son acte d'accusation contre Boniface VIII, III, 38.

PLECTRUDE, femme de Pepin d'Héristal, s'assure de Charles, fils de Pepin, I, 351. — S'accommode avec lui; se retire en Austrasie, 353.

PLELO (Bréhant de), ambassadeur de France en Danemarck, se met à la tête d'un secours envoyé au roi Stanislas, et périt dans l'attaque des lignes russes devant Dantzick, X, 320.

PLESSIS (Du) ou PLASIAN. (*Voy*. PLASIAN.)

PLESSIS, confident du duc d'Épernon. Vincent-Louis, émissaire de Ruccelai, abbé de Signi, le fait venir à son auberge à Metz. Pourquoi? VIII, 176.

PLESSIS-MORNAY (du). (*Voy*. MORNAY.)

PLESSIS (Henri du), seigneur de Richelieu, frère aîné du cardinal de Richelieu, accompagne Marie de Médicis lors de son évasion de Blois, où elle était exilée, VIII, 182.

PLESSIS (Armand-Jean, du), cardinal, duc de Richelieu, frère du précédent. (*Voy*. RICHELIEU.)

PLESSIS (Françoise du), sœur du précédent, épouse de René de Vignerod, sœur de Pontcourlay. (*Voy*. VIGNEROD, AIGUILLON et RICHELIEU.)

PLESSIS (Nicole du), sœur de la précédente, épouse d'Urbain de Maillé, maréchal de Brezé. (*Voy*. BREZÉ et MAILLÉ.)

PLESSIS-PRASLIN (du). (*Voy*. CHOISEUL.)

PLUVIANT, est tué à la Saint-Barthélemi, VI, 356.

POCOCK, amiral anglais, livre deux combats indécis dans l'Inde contre M. d'Aché, XI, 61. — Et un troisième qui force l'amiral français à regagner l'île de France, 71.

POÉSIE FRANÇAISE. Son origine, II, 186.
POIGNARD (les chevaliers du). Pourquoi ainsi nommés, XI, 324.
POITIERS (Jean de), sieur de Saint-Vallier. (*Voy.* SAINT-VALLIER.).
POIVRE (M.), intendant de l'Ile de France, naturalise dans les colonies françaises les plantes à épiceries, XI, 151.
POLE (Richard), duc de Suffolk, héritier d'Yorck après Henri VIII, comme époux de la comtesse de Salisbury, nièce d'Édouard IV. Louis XII refuse de le livrer à Henri VIII, V, 235.
POLE (Renaud), cardinal, fils du précédent, V, 235. — Refuse de prétendre à la papauté, VI, 23. — Est envoyé légat en Angleterre, 54. — Travaille à rétablir la paix entre Henri II et Charles-Quint, 61.
POLIGNAC (Melchior, cardinal de), est envoyé à Gertruydenberg pour y négocier la paix, X, 168. — Est nommé plénipotentiaire au congrès d'Utrecht, 180. — Manifestes auxquels la duchesse du Maine l'oblige de s'appliquer, 252.
POLITIQUES (les). Pourquoi ainsi nommés, VI, 285. — Catherine de Médicis fait signer un formulaire de serment contre eux, *ibid.*
POLTROT DE MÉRÉ, (Jean), gentilhomme, blesse d'un coup de pistolet en trahison le duc François de Guise, VI, 223. — Il charge Coligni de lui avoir conseillé ce crime, 225.
POMBAL (Sébastien-Joseph Carvalho, marquis de), premier ministre en Portugal, fait expulser les jésuites, XI, 160.
POMPADOUR (Geoffroi de), grand aumônier. Madame de Beaujeu le fait arrêter, 23.
POMPADOUR (Jeanne-Antoinette Poisson, marquise de). Épouse du sieur Le Normand d'Etioles, elle devient maîtresse de Louis XV, XI, 11. — Déplace divers ministres, 14. — Est écartée lors de l'assassinat du roi, 25. — Reparaît triomphante quand le péril est passé et fait exiler MM. de Machault et d'Argenson, *ibid.* — Fait entrer au ministère l'abbé de Bernis, 26. — Est traitée de bonne cousine par Marie-Thérèse, 39. — Fait disgracier l'abbé de Bernis et le remplace par le duc de Choiseul, 64. — Sa mort, 108.
POMPÉE (Cneius), dit le Grand. Époque de sa naissance et de celle de Cicéron, 1, 44. — Se joint à Crassus et à César dans le premier triumvirat, 57. — Épouse Julie, fille du dernier, 58. — Se fait assurer le consulat par les amis de César, et à la suite les gouvernemens de l'Espagne et de l'Afrique pour cinq ans, 79. — Perd Julie, 81. — Prête deux légions à César, 92. — Est élu seul consul, 98. — Ses intrigues pour faire donner un successeur à César, 127. — Décret qui le charge de veiller à la sûreté de la république,

131. — Il est forcé de passer en Macédoine, 132. — Est vaincu à Pharsale, 136. — Sa mort, *ibid.*

POMPERANT, gentilhomme attaché au connétable de Bourbon, l'accompagne dans sa fuite en Allemagne, V, 301. — Empêche François I d'être tué à la bataille de Pavie, 313. — Rentre en grâce auprès du roi, 315.

POMPIGNAN (Jean-Georges Le Franc de), archevêque de Vienne, est appelé par Louis XVI à la feuille des bénéfices, XI, 280.

POMPONE (la marquise de). *Voy.* ARNAULD (Simon).

PONCET, l'un des rédacteurs des ordonnances de Louis XIV, IX, 361, à la note.

PONCHER (Étienne), évêque de Paris. Louis XII le fait entrer dans son conseil, V, 100.

PONIATOWSKI (Stanislas-Auguste), grand panetier de Lithuanie, est élu roi de Pologne, XI, 142. — Sa succession éventuelle est offerte à l'infante de Saxe, et refusée par l'électeur, 351. — Il accède à la confédération polonaise contre les Russes, 352. — Est envoyé à Pétersbourg où il meurt peu après, *ibid.* — Son royaume est partagé entre la Russie, l'Autriche et la Prusse, *ibid.*

PONS (Anne Poussard, veuve de François-Alexandre d'Albret, sire de), épouse Armand-Jean du Plessis, duc de Richelieu, petit-neveu du cardinal, IX, 157.

PONT (le marquis de), fils de la duchesse de Lorraine. *Voy.* LORRAINE (Henri, duc de).

PONTBRIANT, chambellan de François I, est appelé comme témoin dans le procès du maréchal de Gié, V, 166. — Le maréchal de Gié l'accable d'invectives, *ibid.*

PONT-CARRÉ, assiste pour Henri IV aux conférences de Suresne, VII, 332.

PONTCHARTRAIN. *Voy.* PHELYPEAUX.

PONT-CHATEAU (mademoiselle de), épouse Puy-Thuffent, favori de Gaston, duc d'Orléans, VIII, 344.

PONT-CHATEAU (mademoiselle de), sœur de la précédente, épouse le duc de La Valette, fils du duc d'Epernon, VIII, 346.

PONT-COURLAI (René de Vignerod, seigneur de), beau-frère du cardinal de Richelieu, qui le charge d'offrir ses services à la cour, VIII, 186.

POOLE (le cardinal). *Voy.* POLE.

PORCIEN (Antoine de Croï, prince de), neveu de Philippe II, sire de Croï et d'Arschot, et premier mari de Catherine de Clèves. Il amène des troupes au prince de Condé, enfermé dans Orléans, VI, 195.

PORÉE, armateur français, désole le commerce anglais, X, 88.

PORTAIL (le chevalier du), se distingue entre les officiers employés à l'expédition contre lord Cornwallis, XI, 199. — Est fait ministre de la guerre, 320. — Est remplacé au ministère de la guerre par M. de Narbonne, 348.

PORTE (Eustache de La), conseiller au parlement de Paris. Henri II le fait arrêter, VI, 110.

PORTE (La). Premier valet de chambre de Louis XIV. Portrait qu'il fait dans ses Mémoires de La Feynus, intendant de Champagne et créature de Richelieu, VIII, 330. — Ce qu'il dit de la misère qui régnait autour de Paris pendant la guerre de la Fronde, IX, 261.

PORTE (La), intendant de la liste civile, est envoyé au supplice par le tribunal révolutionnaire du 10 août, XI, 371.

PORTO-CARRERO (l'abbé). Le prince de Cellamare, ambassadeur d'Espagne en France, lui confie des pièces contre le régent pour les remettre à Albéroni, X, 254. — On saisit les papiers dont le prince de Cellamare l'avait chargé, 255.

POSTHUME, officier gaulois, est donné pour conseil à Gallien, par Valentinien, son père, I, 186. — Repousse une incursion des Francs dans la Gaule, 189. — Y est proclamé empereur, ibid. — Bat les Germains, ibid. — Lutte contre Gallien qu'il force à le laisser tranquille, ibid. — Est assassiné par ses soldats, ibid.

POTEMKIN (le prince), général russe, est rejeté par les Turcs de l'autre côté du Danube, XI, 146.

POTHIN, évêque de Lyon, martyrisé sous Marc-Aurèle, I, 179.

POTHON. (Voy. XAINTRAILLES.)

POTIER (Louis), seigneur de Gesvres, second fils de Jacques Potier conseiller au parlement. (Voy. GESVRES.)

POTIER DE BLANCMENIL, neveu du précédent, et petit-fils de Nicolas ci-dessus. (Voy. BLANCMENIL.)

POTIER DE NOVION, cousin-germain du précédent. (Voyez NOVION.)

POTIER (Nicolas), président au parlement de Paris, frère aîné du précédent, instruit le procès du duc de Biron, VII, 459.

POTIER (Augustin), évêque de Beauvais, fils du précédent; Anne d'Autriche veut en faire un ministre, IX, 3. — Anne d'Autriche lui donne la nomination de France au cardinalat, 10. — Il a ordre de quitter la cour, et est privé de l'espérance du cardinalat, 24.

POULAIN (Nicolas), lieutenant du prevôt de Paris, révèle la conjuration contre Boulogne et d'autres contre le roi, VII, 136 et 137. — Il révèle le projet des barricades, *ibid.* — Le roi s'en défie. Pourquoi, 155. — Il avertit le roi d'une conjuration formée contre sa personne, 162. — Il avertit le roi d'une conspiration formée par la duchesse de Lorraine, 163.

POULAINE (les souliers à la). Leur forme, III, 63.

POULE (La), avocat, député à l'Assemblée constituante. Ses déclarations contre les droits féodaux, XI, 283.

POURCELET (Guillaume de), gentilhomme provençal, échappé aux vêpres siciliennes, III, 13.

POUSSIN (Nicolas le), peintre célèbre sous Louis XIV, X, 216.

POYET (Guillaume), chancelier, d'abord avocat, plaide en cette qualité pour la duchesse d'Angoulême contre le connétable de Bourbon, V, 298. — Forme une commission pour juger l'amiral Chabot, 397. — Est mis à la Bastille et privé de sa charge par arrêt du parlement, 399. — Reprend son premier état d'avocat, *ibid.*

PRAGMATIQUE SANCTION (la). Étymologie du mot, IV, 161. — Celle de saint Louis, *ibid.*, à la note. — Celle de Charles VII, *ib.* — Elle est abolie par Louis XI, 211. — François I la supprime, et la remplace par le concordat, V, 264 et 265.

PRAGUERIE (la). Étymologie de ce mot, IV, 163, 166.

PRASLIN. (*Voy.* CHOISEUL.)

PRATO (Nicolas di), évêque d'Ostie, propose un expédient dans le conclave, pour concilier les factions, III, 45. — Envoie un courrier à Philippe IV, *ibid.*

PRECHEURS (l'ordre des frères). Sa destination, II, 283.

PRÉJEAN (Pierre-Jean de Bidoux, dit le chevalier), vice-amiral. Louis XII lui ordonne de conduire ses galères de la Méditerranée dans l'Océan, V, 226.

PRÉMONTRÉS (les). Leur origine, II, 187.

PRÉSIDIAUX (les). Leur établissement, leur attribution, VI, 29.

PRESLE (Raoul de), avocat, ami d'Enguerrand de Marigni, est mis en prison; pourquoi, III, 73.

PRÉTENDANT (Jacques Stuart, dit le chevalier de Saint-Georges ou le premier), fils de Jacques II, roi d'Angleterre. Louis XIV le reconnait pour roi d'Angleterre, X, 100. — Les vents l'empêchent de débarquer en Écosse, 150. — Le régent le sacrifie à l'Angleterre, et l'oblige de sortir du royaume, 224. — Alberoni se propose de le reporter en Angleterre, 235. — *Voyez* STUART.

PRÉTENDANT (le second), Charles Edouard Stuart, fils aîné du précédent. *Voyez* STUART.

PRÉTEXTAT, évêque de Rouen, Marie Mérovée, fils de Chilpéric II, avec Brunehaut, I, 307. — Est déposé, 311. — Est assassiné par ordre de Frédégonde, 316.

PRÉVOST, général anglais, gouverneur de Savannah, en fait lever le siége au comte d'Estaing, et au général américain Lincoln, XI, 179.

PRIE (madame de), maîtresse du duc de Bourbon, le gouverne pendant son ministère, X, 293. — Le détourne de donner en mariage au roi mademoiselle de Vermandois, sa sœur, 295.

PRIMATIE. Signification de ce mot, I, 143, à la note.

PRIMAUDET, capitaine de vaisseau. Son combat contre une escadre anglaise. Sa mort, V, 227.

PRISCILLIEN, hérétique, est condamné au concile de Sarragosse, I, 237. — Puis au concile de Bordeaux, 238. — Il en appelle au tribunal de l'usurpateur Maxime, où il est condamné à mort, *ibid.*

PROBUS (M. Aurel. Val.), empereur romain, fait des concessions aux Francs, chasse les Germains au-delà de l'Elbe, I, 191. — Relègue sur le Pont-Euxin une poignée de Francs qui rentrent par mer dans leur patrie, 193. — Il étouffe des mouvements de révolte dans la Gaule, *ibid.* — Est assassiné par ses soldats, 194. — Permet aux Gaulois de replanter leurs vignes, *ibid.* — Met un terme à la persécution des chrétiens dans la Gaule, *ibid.* — Y arrête les ravages du Vandal Crocus, *ibid.*

PROCESSIONS BLANCHES (les). Pourquoi elles sont ainsi nommées, VII, 142.

PROSTITUÉES (les). Lois contre elles, III, 301.

PROTESTANS (les). Étymologie du mot, V, 347.

PROUVILLE (le sieur de), sergent major de la citadelle d'Amiens. Concini le fait assassiner, VIII, 135.

PROVENCE (Louis Stanislas Xavier, comte de), dit Monsieur, fils de Louis Dauphin et de Marie Josèphe de Saxe, et frère de Louis XVI et du comte d'Artois, XI, 110. — Il épouse Marie de Sardaigne, fille de Victor Amédée III, 147. — Il accompagne Louis XVI à Paris et va demeurer au Luxembourg, 301. — Il va à l'hôtel de ville, 309. — Discours qu'il y prononce, *ibid.* — Il se sauve de France, 332. — L'assemblée législative le déclare déchu de ses droits, 347 et 348.

PTOLÉMÉE CÉRAUNUS, roi de Macédoine, frère de Ptolémée Philadelphe, roi d'Égypte, est défait et tué par Belgius, général gaulois, I, 28.

PUCELLE (René, dit l'abbé), conseiller au parlement, neveu par sa mère du maréchal de Catinat. Est arrêté pour avoir parlé trop librement dans une députation faite au roi par le parlement, X, 313. — Le parlement cesse ses fonctions à cette occasion, *ibid*.

PUGATCHÈVE, rebelle russe, se donne pour être Pierre III, et fait trembler Moscou, XI, 146.

PUGET (Pierre), sculpteur célèbre sous Louis XIV, X, 216.

PUISIEUX (Pierre Brulart IV, vicomte de), comte de Berny, fils du chancelier de Sillery, est envoyé en ambassade à Bruxelles pour essayer d'en retirer la princesse de Condé, VIII, 60. — Il cherche a empêcher que Richelieu ne soit fait cardinal, 208. — Il est disgracié, 220. — *Voyez* SILLERY.

PUISIEUX (Magdelaine de Neuville-Villeroy, dame de), fille de Charles, seigneur d'Alincourt et épouse du précédent. Henri IV fait passer par ses mains les lettres qu'il écrivait à la princesse de Condé, retirée à Bruxelles, VIII, 60.

PUSSORT, oncle de Colbert, l'un des rédacteurs des ordonnances de Louis XIV, IX, 361, à la note.

PUTNAM (Isaac), général américain, investit les Anglais dans Boston, XI, 164. — Lève le siège, 165.

PUY-LAURENS, favori de Gaston, frère de Louis XIII. Richelieu lui promet un duché-pairie. A quelle condition, VIII, 292. — Il lui fait offrir une de ses cousines en mariage, 341. — Il manque d'être assassiné à Bruxelles, 342. — Il épouse mademoiselle de Pont-Château, cousine de Richelieu, et est fait duc et pair, 344. — Il est arrêté, 345. — Sa mort, *ibid*.

PUYSÉGUR (de), ministre de la guerre, est renvoyé, XI, 271.

Q

QUATREMÈRE, conseiller au Châtelet. Ce qu'il dit à M. de Favras au sujet de la condamnation de cet accusé, XI, 310. — Devient lui-même victime de la révolution, *ibid*.

QUERDES (Philippe de Crèvecœur des), ou des Cordes, maréchal de France, est battu à Guinegate, IV, 357. — Suggère à Louis XI l'idée des camps de paix, 366. — Compte qu'il rend au roi, *ibid*.

QUESNAY (le docteur François), premier médecin du roi, patriarche et fondateur de la secte des économistes, XI, 135.

QUESNE (Abrah., marquis du), général des armées navales de France, bat Ruyter à Stromboli et à Agouste. Le général hollandais périt dans le dernier combat, IX, 426. — Bombarde Alger et se fait rendre les esclaves chrétiens, X, 22. — Bombarde Gênes, ibid.

QUESNEL (Pasquier, dit le père), oratorien, auteur du livre des Réflexions morales, X, 202. — L'ouvrage est soupçonné de receler les erreurs du jansénisme, 203. — On veut lui obtenir le suffrage de Bossuet, ibid. — Il est condamné une première fois par le pape, 204. — Les évêques de Luçon et de La Rochelle le dénoncent de nouveau, 205. — Louis XIV le défère au pape qui, par la bulle Unigenitus, y condamne cent et une propositions, 207.

QUEULX (le grand). Ses fonctions, I, 308.

QUINAULT (Philippe), poëte lyrique, célèbre sous Louis XIV, X, 217.

QUINZE-VINGTS (les). Fondation de cet hôpital, II, 341.

R

RACINE (Jean), célèbre poëte tragique français sous Louis XIV, X, 217.

RADON, est établi maire en Austrasie par Clotaire II, I, 328.

RAGAISE, roi franc, est condamné aux bêtes par Constantin, I, 205.

RAGNACAIRE, roi du Mans, est assassiné par Clovis, II, 286.

RAGUENET, marchand de fer et capitaine de quartier, force le premier président Molé de retourner au Palais-Royal, IX, 73.

RAIMONET, cadet gascon, Maximilien le fait pendre malgré sa capitulation, IV, 359.

RAINFROY, maire du palais de Neustrie, donne le sceptre à Chilpéric II, fils de Childéric II, I, 352. — Vaincu par Charles-Martel, s'accommode avec lui et se retire dans l'Anjou, ibid.

RAMBOUILLET (Nicolas d'Angennes, seigneur de), assiste pour Henri IV aux conférences de Surêne, XII, 332.

RANTZAU (Josias, comte de), maréchal de France, se jette dans Saint-Jean-de-Losne, et en fait lever le siége, VIII, 367. — Conduit un secours au maréchal de Guébriant, IX, 18. Prend le commandement des troupes à sa mort, ibid. — Est surpris et fait prisonnier à Dutlingen par Mercy et le duc de Lorraine, ibid. — Il est remplacé par Turenne, ibid. — Sert sous Gaston, 32. — Ne peut empêcher les progrès de l'archiduc, *ibid.* — Contrarie les opérations de Condé, 87.

RAOUL, orfèvre, premier roturier anobli, III, 17.

RAOUL ou RODOLPHE, roi de France, est couronné par le crédit de Hugues-le-Grand, son beau-frère, II, 120. — Règne concurremment avec Charles-le-Simple, *ibid.* — Seul après la mort de celui-ci, 122. — Meurt sans enfants, *ibid.*

RAOUL DE CLERMONT, seigneur de Nesle, connétable, arrière-petit-fils de Raoul II, aussi connétable. (*Voy.* NESLE.)

RAOUL DE BRIENNE, comte d'Eu, connétable, fils de Raoul I, aussi connétable. (*Voy.* EU.)

RAPIN (Philibert), bisaïeul de l'historien, est condamné à mort par le parlement de Toulouse, VI, 317. Vengeance qu'en tirent les huguenots, *ibid.*

RAPIN (Nicolas), grand prevôt de la connétablie, l'un des coopérateurs de la satire Ménippée, VII, 348.

RAVAILLAC (François). Il assassine Henri IV, VIII, 72 et 73. — Il soutient qu'il n'a pas de complices, 74. — Détails sur ce scélérat, *ibid.*

RAVESTEIN (Philippe de Clèves, sieur de), cousin-germain de Jean II, duc de Clèves et d'Engilbert de Clèves, comte de Nevers, il commande la flotte envoyée par Louis XII pour conquérir le royaume de Naples, V. 125. — Il s'empare de l'île d'Ischia, 128. — Conseils qu'il donne à Frédéric, roi de Naples, 129. — Attaque l'île de Metelin; malheurs que sa flotte éprouve dans cette circonstance, 131.

RAYMOND DE POITIERS, prince d'Antioche, fils puîné de Guillaume IX ou le Vieux, comte de Poitiers et duc d'Aquitaine, époux de Constance, petite-fille et héritière de Boémond, prince de Tarente, premier prince d'Antioche. Il reçoit Louis VII dans ses états, II, 210. — Est amoureux de sa nièce Éléonore, *ibid.*

RAYMOND-BÉRENGER IV, comte de Provence. (*Voy.* BÉRENGER.)

RAZIS, vieux ligueur retiré à Madrid, découvre le commerce de l'Hoste, commis de Villeroy, avec Zuniga, ambassadeur d'Espagne en France, VIII, 19. — Il vient en France, *ibid.*

RÉALISTES (les). Ce qu'ils étaient. Règlement de Louis XI à leur égard, IV, 370.

REBOULET (Simon), écrivain. Ce qu'il dit des soins d'Anne d'Autriche pour l'éducation de Louis XIV, IX, 363.

RECHERCHES (le comité des). Son établissement. Ses fonctions, XI,

304. — Il dénonce le marquis de Favras comme coupable de conspiration, 309.

RÉFÉRENDAIRE (le). Ses fonctions, I, 308.

RÉFRACTAIRES (les). Quels étaient ceux ainsi nommés? XI. 321. — Décret rendu contre eux, 342.

RÉGALE, son origine, I, 290. — Sa nature, X, 17. — Différend qu'elle fait naitre entre Louis XIV et le pape Innocent XI, 19. — Déclaration de l'assemblée du clergé de France qui en est la suite, connue sous le nom des quatre articles de 1682, 20 et 21. — Fin de l'affaire de la régale, 52.

REGNIER, calviniste. Son aventure avec Vezins, VI, 35*c*.

REIGNIER, roi de Cambrai, est tué de la main de Clovis, I, 387.

REMISTAN, oncle de Gaifre, duc d'Aquitaine, reçoit de Pepin la moitié du Berri, II, 16. — Se révolte contre Pepin, est pendu, ibid.

RENAU D'ÉLISAGARAY (Bernard) invente les galiotes à bombes, X, 22.

RENAUDIE (Jean de Barri, sieur de La), gentilhomme du Périgord, chef apparent de la conjuration d'Amboise, VI, 130. — Il assemble les conjurés à Nantes, 131. — Change le jour où le plan de la conjuration devait être exécuté, 135. — Il est tué, et son corps attaché à une potence, 138.

RENAZÉ, secrétaire de Lafin, porte aux capitaines du duc de Savoie les avis donnés par Biron, VII, 437. — Il est arrêté en Piémont par le duc de Savoie, 450. — Il se sauve de Savoie et vient déposer contre le duc de Biron, 461.

RENÉ (le bon roi). (*Voy.* ANJOU.)

RENÉ II, duc de Lorraine, petit-fils du précédent. (*Voy.* LORRAINE.)

RENÉE DE FRANCE, deuxième fille de Louis XII, épouse Hercule d'Est, fils du duc de Ferrare et duc lui-même depuis sous le nom d'Hercule II, V, 335.

RÉOMANS. Monastère; charte de sa fondation, I, 288.

REPNIN (le prince), général russe, est battu par les Turcs sur le Danube, XI, 146.

REQUESENS (Louis de), gouverneur des Pays-Bas, après le duc d'Albe, VII, 62.

REQUÊTES (les maitres des). Mazarin veut en augmenter le nombre. Ils se soulèvent contre lui, IX, 42.

REQUÊTES (les chambres des). Comment Gondi les appelle, IX, 127.

RETZ (Albert de Gondi, maréchal de), courtisan de Charles IX. Avis qu'il donne à Catherine de Médicis sur ce prince, VI, 340. — Ce qu'il raconte à Charles IX relativement à l'assassinat de Coligni, 345 et 346. — Assiste au conseil où le massacre des calvinistes est fixé au jour de Saint-Barthélemi, 349. — (*Voy.* GONDI.)

RETZ (Claude-Catherine de Clermont, baronne, puis maréchale de), épouse du précédent, auquel elle porte la baronnie de Retz, VI, 345. — Son mot sur les Guises, VII, 157.

RETZ (Henri de Gondi, duc de), fils de Charles et petit-fils du précédent. Il entre dans une cabale formée contre Marie de Médicis, VIII, 102, à la note 2.

RETZ (Jean-François-Paul de Gondi, cardinal de), fils de Philippo-Emmanuel, troisième fils du maréchal ci-dessus. Il intrigue contre la cour, IX, 52. — Ses intrigues et son caractère, 56. — Il entre chez la régente au moment où il y avait du tumulte dans Paris, 60. — Sa réponse à l'avis que Guitaut venait d'ouvrir chez la régente au sujet de Broussel, 61. — La régente le presse d'aller apaiser le tumulte excité dans Paris, 62. Dangers qu'il court dans cette occasion, 63. — Il apaise le tumulte, 64. — Il en est mal récompensé, 65. — Il renouvelle les barricades de la Ligue, 66. — Son embarras, 77. — La régente l'envoie chercher le lendemain des barricades, *ibid.* — Mesures qu'il prend, 79. — Il cherche à s'appuyer du duc d'Enghien, 82. — Il veut attacher le duc d'Enghien au parti de la Fronde, 99. — Il oppose au duc d'Enghien sa famille, 101 et 102. — Il harcèle Mazarin par des libelles, 103. — Ses inquiétudes, 107. — Il forme un régiment de cavalerie, 114. — Il se procure une séance au parlement. En quelle qualité, 119. — Marche qu'il suit dans l'assemblée des chambres, *ibid.* — Il négocie à Bruxelles avec l'Espagne, 124. — Il écrit à l'archiduc pour lui demander du secours, *ibid.* — Ce qu'il dit au président de Mesmes dans une assemblée au parlement, 126. — Sur l'invitation de la reine, il adoucit les esprits et les prépare au retour de Mazarin, 141 et 142. — Il propose à Condé de se joindre à la Fronde pour chasser Mazarin, 146. — Procès criminel intenté contre lui, 152. — Ses démarches auprès du prince de Condé pour se justifier de l'assassinat qu'on lui imputait, *ibid.* — Il se défend avec énergie dans le parlement, 153. — Il est obligé de se retirer dans l'affaire de l'assassinat du prince de Condé, 154. — Demande à récuser le premier président Molé, *ibid.* — Il se réconcilie avec la cour, 158. — Il remplace l'abbé de La Rivière auprès de Gaston, 167. — Il se tient sur la défensive à l'égard de Mazarin, 168. — Comment il désigne les nouvelles intrigues de la Fronde, 173. Il demande le chapeau de cardinal, 174. — Il traite avec le prince de Condé pour le délivrer de prison, 179. — Il demande que le parlement fasse des remontrances sur les désordres de l'état, 186. — Il excite Gaston à délivrer les princes, 188. — Il conclut dans le parlement, à ce que l'on fasse des remontrances pour obtenir la liberté des princes, 191. — Il empêche Gaston d'avoir une entrevue avec la régente, 193. — Il va au-devant des princes qui sortaient de leur prison du Havre, 197. — Il conseille à Gaston de faire enlever de force les sceaux à Molé, 203. — Il offre à Gaston le secours du parlement et du peuple contre Condé, 204. — Sa retraite, 205 et 206. — La reine le recherche, 207. — Son entrevue avec la régente, 209. — Il communique à Gaston le résultat de son entrevue avec la régente, 210. — Il se déclare contre le prince de Condé, 211. — Sa conduite dans l'assemblée du parlement, où Condé demandait l'expulsion des sous-ministres, 212 et 213. Sa lutte dans le parlement avec le prince de Condé, 217. — Il congédie du palais ses amis venus pour le soutenir contre le prince de Condé, 218. — Danger qu'il court dans cette occasion, ibid. — Il apostrophe durement le duc de La Rochefoucault dans la grand'chambre, 219. — Il s'abstient de paraître aux assemblées du parlement, 220. — Les partisans du prince de Condé tentent de l'enlever dans Paris, 225. — Il joue le rôle de galant auprès de la régente, 226. — Il prend un parti mitoyen entre la cour et le prince de Condé, 231. — Il menace de prendre le parti de Condé, 233. — Il travaille à soulever le parlement et le peuple contre le retour de Mazarin, 234. — Il est fait cardinal, 243. — Il se rend assidu aux assemblées de l'hôtel de ville, ibid. — Conseil qu'il donne à Gaston contre le prince de Condé, 254. — Il se met en défense contre le parti de Condé, 278. — Il va à Compiègne à la tête d'une députation, 284. — Il reçoit le chapeau de cardinal des mains du roi, ibid. — Sa description plaisante de l'embarras de Gaston après la retraite du prince de Condé en Flandre, 289. — Il est arrêté et conduit à Vincennes, 293. — Il est transféré au château de Nantes d'où il s'échappe, 300. — Son clergé le redemande, 301. — Il transige avec la cour, ibid.

RÉVEILLON, manufacturier du faubourg Saint-Antoine. Sa maison est pillée par la populace, XI, 257.

RÉVOL (Louis), ministre de Henri III. Ses qualités, VII, 185. — Assiste pour Henri IV aux conférences de Surène, 332.

RHOUET (Louise du), de Béraudière, maîtresse d'Antoine de Bourbon, roi de Navarre, VI, 182.

RIBAUMONT (Eustache de , chevalier français, se bat corps à corps avec Edouard III, roi d'Angleterre, III, 16.. — Edouard lui donne son chapelet, 182.

RIBERAC se bat en duel pour Antraguet contre Caylus. Sa mort, VII, 68.

RICHARD I SANS - PEUR, duc de Normandie, fils de Guillaume Longue Épée et petit-fils de Rollon. Louis IV d'Outremer le fait venir à sa cour. Pourquoi, II, 129.

RICHARD II LE-BON, duc de Normandie, fils du précédent, aide Robert, roi de France, à conquerir la Bourgogne, II, 157.

RICHARD I, COEUR-DE-LION, roi d'Angleterre, fils de Henri II, rend hommage à Louis VII pour la Guienne, II, 224. — Est fiancé avec Alix, fille de Louis, ibid. — Réclame la Guienne, 227. — — Fait la guerre à son père, ibid. — Monte sur le trône, 241. — Sa mauvaise foi, ibid. — S'embarque pour la croisade, 242. — Son séjour en Sicile; se brouille avec Philippe-Auguste, 234. — Se brouille avec Tancrède, roi de Sicile, 244. — Refuse d'épouser Alix, sœur de Philippe - Auguste, 245. — S'arrête en Chypre, 246. — Donne ou vend cette île à Guy de Lusignan, roi détrôné de Jérusalem, Ibid. — Le soutient contre Philippe-Auguste, 247. Se brouille avec Léopold, marquis d'Autriche, ibid. — Est arrêté en Allemagne par Léopold, 249. — Est détenu quatorze mois, ibid. — Enlève les archives de France, 255. — Sa mort, 256.

RICHARD II, roi d'Angleterre, fils d'Édouard, prince de Galles, dit le Prince - Noir. Agé de seize ans, il étouffe une révolte par sa résolution, III, 386. — Il épouse Isabelle, fille de Charles VI et d'Isabelle de Bavière, 387. — Fait étouffer dans un cachot le duc de Glocester son oncle, ibid. — Est détrôné par Henri de Lancastre, son cousin-germain, 388. — Sa mort, ibid.

RICHELIEU (Armand-Jean du Plessis, cardinal de), évêque de Luçon, orateur du clergé à la clôture des états de 1614, VIII, 109. — Il entre au conseil, 133. — Il prend un grand ascendant dans le conseil, 142. — Il se retire dans son évêché, 159. — Il fait offrir ses services à la cour; pourquoi, 186. — Il est arrêté à Lyon et relaché, 187. — Il se fait présenter à Marie de Médicis, ibid. — Il va saluer Louis XIII après son raccommodement avec sa mère, 191. — Il devient le maitre à la cour, 194 et 195. — Il dissuade la reine-mère de sortir d'Angers, et la livre ainsi au roi, 200. — Il négocie la paix entre Louis XIII et sa mère, 204. — Il est mal récompensé, 206. — Son adresse, 208. — Il est fait cardinal, et rentre dans le conseil, 223. — Il est goûté de Louis XIII,

227. — Il fait entrer les troupes françaises dans la Valteline, 233. — Sa réponse au nonce du pape, *ibid.* — Il fait la paix avec les calvinistes. Son mot à ce sujet, 235. — Conclut le traité de paix de Monçon avec l'Espagne, *ibid.* — Ses plaintes au nonce Spada sur sa position, 242 et 243. — Il court risque d'être assassiné, 244. — Ligue contre lui, 245. — Il se retire à Limours, et demande à quitter le ministère, 246. — Il nomme une commission pour juger Chalais, 249. — Il va interroger Chalais dans sa prison, *ibid.* — Louis XIII lui donne une garde, et Brouage pour place de sûreté, 255. — Il convoque une assemblée de notables aux Tuileries, 258. — Ses négociations contre les Calvinistes, 262. — Il assiége La Rochelle, 266. — Il la prend, 268. — Premiers froids entre la reine mère et lui, 269. — Engage le roi à soutenir le duc de Nevers, dans la succession de Mantoue, 271. — Il est créé premier ministre, 276. — Il détermine Louis XIII à pousser avec vigueur la guerre avec le duc de Savoie, 278. — Il part pour faire la guerre au duc de Savoie, et reçoit le titre de lieutenant-général, représentant la personne du roi, *ibid.* — Supplie le roi, malade à Lyon, de pourvoir à sa sûreté, 285. — Il cherche tous les moyens de se réconcilier contre la reine mère, 286. — Il se présente chez la reine-mère pour lui faire des excuses, 287. — Il triomphe à la journée des Dupes, 290. — Son discours dans le conseil tenu au sujet de la reine-mère et de Gaston, 296. — Il s'efforce de faire rentrer le duc de Montmorency dans le devoir, 318. — Se refuse à toute démarche pour le sauver, 326. — Fait juger plusieurs évêques par une délégation de commissaires nommés par le pape, 327. — Fait poursuivre le commandeur de Jars, 330. — Persuade au duc de Lorraine de conférer avec le roi et abuse de sa confiance pour lui faire exécuter le traité de Charmes qui le dépouillait d'une partie de ses états, 336. — Ses intrigues pour ramener Gaston en France, 341. — Donne une de ses parentes en mariage à Puy-Laurens, favori de Monsieur, et le fait arrêter, 345. — Il humilie le duc d'Épernon, 346 et 347. — Il établit l'Académie française, 347. — Son mot à Desmarets, auteur supposé de Mirame, après la chute de cette pièce, 348. — Il prend le titre de surintendant du commerce et de la navigation, *ibid.* — Il établit la compagnie des Indes, 349. — Ses négociations avec Gustave-Adolphe, roi de Suède, pour abaisser la maison d'Autriche, 351. — Achète l'armée et les conquêtes de l'armée suédoise en Alsace, 354. — Fait rompre la France avec l'empereur et l'Espagne, *ibid.* — Il songe à abandonner le timon des affaires, 362. — Conjuration formée

contre sa vie, 363. — Il réduit Gaston, 369. — Il est obligé de plier devant le comte de Soissons, 371. — Il force Louis XIII à éloigner de la cour Saint-Simon, son favori, 373. — Mortification qu'il fait essuyer à Anne d'Autriche, 376. — Ses intrigues pour discréditer mademoiselle de La Fayette dans l'esprit de Louis XIII, 380. — Veut dominer à la cour de Savoie, 383. — Intrigues du P. Monard, confesseur de la duchesse, contre lui, ibid. — Haine de Richelieu pour lui, 387. — Il s'empare d'une partie des états de la duchesse de Savoie, ibid. — Ce qu'il dit du P. Joseph en apprenant sa mort, 389. — Ce qu'il dit au président Bailleul, lors du jugement rendu contre le duc de La Valette, 394. — Sème la zizanie en Savoie, 396. — Veut faire arrêter dans une entrevue le comte d'Aglié, ministre de la duchesse, 397. — Le fait saisir lors de la prise de Turin et conduire à la Bastille, 401. — Ses opérations politiques, 411 et 412. — Ses projets contre le comte de Soissons, 414. — Il traverse Cinq-Mars, favori du roi, 422. — Ses vues, 423. — Il est en disgrâce, 428. — Il fait passer au roi une copie du traité conclu par Gaston, le duc de Bouillon et Cinq-Mars, avec l'Espagne, 432 et 433. — Sa réponse à une lettre que Gaston lui avait écrite, 434. — Son entrevue à Tarascon avec le roi, 435. — Il part pour Lyon, 436. — Il revient triomphant à Paris, 440. — Il force le roi à éloigner les personnes qui lui déplaisent, 444. — Il dispose souverainement du ministère en mourant, 445 et 446. — Son éloge, ibid.

RICHELIEU (Armand-Jean Vignerod, duc de), par substitution faite en sa faveur du nom et des armes de Richelieu par le cardinal son grand-oncle. Il était fils de François et petit-fils de René de Vignerod, seigneur de Pontcourlai, époux de Françoise Duplessis-Richelieu, l'aînée des sœurs du cardinal. Il manque d'être massacré par la populace d'Aix, IX, 120 et 121. — Le prince de Condé lui fait épouser madame de Pons, 156 et 157. (*Voy.* VIGNEROD.)

RICHELIEU (Louis-François-Armand du Plessis, duc de), fils du précédent, maréchal de France. Prend part à la conjuration du prince de Cellamare contre le régent, X, 276. — Est arrêté et élargi, ibid. — Auteur de la faveur de la duchesse de Châteauroux près de Louis XV, 367. — Essaie d'écarter du roi malade les secours de la religion, ibid. — Fait rappeler la duchesse, 368. — Suggère l'idée d'ouvrir la colonne anglaise à Fontenoy, à l'aide de quatre pièces de canon réservées pour couvrir la retraite du roi, 371. — Remplace le duc de Boufflers à Gênes, et achève la délivrance de cette ville, XI, 3. — Reconnaissance des Génois à son égard, ibid.

— Est envoyé à Minorque, 31 et 32. — S'empare du fort Saint-Philippe, 33. — Moyen qu'il prend pour prévenir les excès du vin dans son armée, *ibid.* — Remplace le maréchal d'Estrées en Hanovre, 41. — Fait capituler le duc de Cumberland à Closterseven, 42. — Ses réclamations et ses menaces également inutiles pour faire observer la capitulation, 47. — Il est rappelé, 53. — Donne au roi pour maîtresse la comtesse du Barri, 109.

RICHEMONT (Artus ou Artur III, comte de), connétable de France, petit-fils de Jean IV, duc de Bretagne, compétiteur de Charles de Blois, et lui-même duc de Bretagne après ses frères, François I et Pierre II. Il épouse Marguerite, fille de Jean-sans-Peur, duc de Bourgogne, veuve du dauphin Louis, IV, 104. — Vient négocier, de la part de son frère, à la cour de Charles VII, qui lui offre l'épée de connétable, 110. — Lève des troupes en Bretagne pour Charles VII, 111. — Est desservi à la cour, 115 et 116. — Arrête Giac et le fait juger et condamner à mort, *ibid.* — Fait assassiner Camus de Beaulieu, qui avait remplacé Giac dans le ministère, 117. — Cabales à la cour contre lui, 119. — Se met à la tête des mécontents, 120. — Est obligé de se retirer à Parthenay, 121. — Se rapproche de l'armée royale dans l'intention de partager ses triomphes, 132. — Jeanne d'Arc veut le faire charger, *ibid.* — Ce qu'il dit à celle-ci après la réunion, *ibid.* — Bat Talbot à Patai, 133. — Ne peut obtenir d'être présent au sacre du roi, 134. — Ses succès en Normandie, 137. — Fait arrêter et renfermer La Trémouille, 151. — Rentre dans les bonnes grâces du roi, 155. — Soumet Paris à Charles VII, 158. — Relève le courage de Charles VII lors de la ligue de la Praguerie, 164. — Devient duc de Bretagne et veut conserver l'épée de connétable. Ce qu'il dit à cette occasion, 197. — Formule de son hommage, 221. — Procure une transaction entre les maisons de Montfort et de Blois, V, 23.

RICHILDE, d'abord maîtresse et ensuite femme de Charles-le-Chauve, est soupçonnée de l'avoir empoisonné, II, 101. — Remet à Louis-le-Bègue le testament de son père, 106.

RICHILDE, veuve de Baudouin, comte de Flandre, cède la Flandre à Robert, comte de Frise, II, 174.

RICIMER, prince suève, attaché au service de l'empire, force l'empereur Avitus à abdiquer, et fait élire Majorien à sa place, I, 272. — Il fait assassiner ce dernier et proclamer Vibius Sévère, 275. — Épouse la fille d'Anthémius, successeur de Sévère, *ibid.* — Tent de s'emparer de Rome, 276. — Fait proclamer empereur Olybrius, ibid. — Sa mort, 277.

RICTIOVARE, préfet dans les Gaules, seconde la fureur de Maximin-Hercule contre les Chrétiens, I, 198. — Les fait massacrer en masse à Trèves, 199.

RIEUX (Jean IV, sire de), maréchal de Bretagne, principal auteur de la ligue des barons bretons contre leur duc François II, V, 31. — Se raccommode avec le duc de Bretagne, 33. — Favorise le sire d'Albret dans son projet d'épouser Anne de Bretagne, 35. Le duc de Bretagne, en mourant, lui confie la régence de ses états, 43. — Notifie à la cour de France la mort du duc de Bretagne, 44. — Projette d'enlever Anne de Bretagne, 45. — La presse d'épouser Charles VIII, 53. — Louis XII lui donne le commandement d'une armée, 152.

RIEUX (René de), dite la Belle Châteauneuf, fille de Jean de Rieux, comte de Châteauneuf, troisième fils du précédent. (Voy. CHATEAUNEUF.)

RIEUX, Gui II, comte de Châteauneuf, fils de Gui I, et neveu de la précédente, l'un des courtisans de Condé, est mis à la Bastille pour lui avoir manqué, IX, 279.

RIGNOMER, roi de Cambrai, est tué de la main de Clovis, I, 287.

RINCON (Antoine), gentilhomme espagnol, ambassadeur de François I auprès des Vénitiens, est assassiné par ordre de Charles-Quint, V, 392.

RIPPERDA (Jean-Guillaume, baron de), Hollandais, agent du roi d'Espagne Philippe V auprès de l'empereur. Il conclut entre eux la paix de Vienne, X, 295.

RIQUET ou RIQUETTE (Pierre-Paul de), baron de Bon-Repos et comte de Caraman. Il creuse le canal de Languedoc, X, 216.

RIQUETTI (Honoré Gabriel), comte de Mirabeau, de la même famille que le précédent, mais d'une autre branche. (V. MIRABEAU).

RIVIÈRE (Jean Bureau de La), chambellan de Charles V et ministre de Charles VI, III, 348. — Est arrêté et dépouillé de ses biens, 369.

RIVIÈRE (Jacques de la), fils du précédent. Jacqueville le tue d'un coup de hache, IV, 46.

RIVIÈRE (Louis Barbier, abbé de la), puis évêque de Langres, favori de Gaston, duc d'Orléans. Richelieu, qui l'avait fait mettre à la Bastille, lui rend la liberté, VIII, 370. — Gaston le dépêche à Richelieu après la découverte de la conjuration de Cinq-Mars, 433.

— Son portrait, 434. — Il excite Gaston contre Mazarin, IX, 97. — Il entre au conseil, 98. — Il quitte la cour, 161.

RIVIÈRE (Henri la), député à la convention, se récuse comme juge de Louis XVI, X, 382.

ROANNÈS (Louis de Gouffier, duc de), arrière-petit-fils d'Artus Gouffier, frère aîné de l'amiral Bonnivet. Un des principaux courtisans de Gaston, frère de Louis XIII, VIII, 295.

ROBERT, abbé de Molème, fondateur de l'ordre de Citeaux, II, 187.

ROBERT-LE-FORT, descendant de Childebrand, obtient de Charles-le-Chauve le duché de France, II, 93. — Attaque et bat Louis-le-Bègue, révolté contre son père, 93 et 94. — Remporte un avantage sur les Normands, *ibid.* — Est tué dans le combat, *ibid.*

ROBERT, roi de France, fils de Robert-le-Fort et d'Adélaïs, II, 94. — Repousse les Normands qui faisaient le siége de Paris, 112. Se distingue entre les mécontents du gouvernement de Charles-le-Simple, 118. — Se fait proclamer roi, 119. — Livre bataille à Charles-le-Simple; est tué, 120.

ROBERT, roi de France, fils de Hugues-Capet, est sacré du vivant de son père, II, 152. — Lui succède, 155. — Est excommunié et forcé de répudier Berthe, 156. — Épouse Constance, fille de Guillaume Taillefer, comte de Provence et de Toulouse, 157. — S'empare du duché de Bourgogne, *ibid.* — Le donne à Henri, son second fils, *ibid.* — Fait couronner Hugues son fils, 159. — A la mort de celui-ci il fait couronner Henri, son second fils, 160. — Ses qualités, *ibid.* — Va à Rome en pèlerinage, 161. — Sa mort, 162. — Jugement sur ce prince, *ibid.*

ROBERT, dit LE VIEUX, fils de Robert, roi de France. Il fait la guerre à Henri son frère, III, 164. — Celui-ci lui donne la Bourgogne, et il devient tige de la première maison ducale de ce nom, 164.

ROBERT, fils de Henri I, roi de France, et d'Anne de Russie, II, 169.

ROBERT, comte de Frise, attaque la veuve de Baudouin, comte de Flandre, donne sa fille en mariage à Philippe I, II, 174.

ROBERT, fils aîné de Guillaume-le-Conquérant, veut jouir de la Normandie que son père lui avait donnée, passe en France, se bat contre son père. Sa réconciliation, II, 174 et 175.

ROBERT-GUISCARD, gentilhomme normand, fils de Tancrède de Hauterive, s'empare de la Sicile et de la Pouille, et y fonde la dynastie des princes normands, II, 178.

ROBERT, comte de Clermont, fils de Louis XI et de Marguerite de Provence, tige des Bourbons. Son père lui lègue le comté de Clermont en Beauvoisis, provenants d'une acquisition de Philippe-Auguste, II, 344. (*Voy.* Bourbon.)

ROBERT-LE-BON, roi de Naples. (*Voy.* Anjou.).

ROBERTET (Florimond). Louis XII lui confie l'administration des finances, V, 100.

ROBESPIERRE (Maximilien), député aux états généraux de 1789. Il s'oppose au décret de la loi martiale, et commence à laisser percer les symptômes de sa démagogie, XI, 304. — Vote pour la déchéance du roi lors de sa fuite à Varennes, 335. — Opinion affreuse et machiavélique qu'il émet dans le procès de Louis XVI, 383 et suiv. — Jette la terreur parmi les Girondins, 385. — Propose que le roi soit mis à mort en vertu d'une insurrection, 387.

ROCHAMBEAU (le maréchal de). Envoyé en Amérique au secours des États-Unis, il s'établit à Rhode-Island, XI, 188. De concert avec Washington et le comte de Grasse, il force lord Cornwallis à mettre bas les armes à York-Town, 198 à 201. Est fait maréchal de France et commande une armée de cinquante mille hommes, 348. — Donne sa démission, 377.

ROCHAMBEAU (le comte de), fils du précédent, se distingue entre les officiers qui coopérèrent à l'expédition contre lord Cornwallis, XI, 199.

ROCHE (Henri de la), écuyer de la bouche de Charles, frère de Louis XI, soupçonné de l'avoir empoisonné, est mis en prison, IV, 289.

ROCHECHOUART. (*Voy.* Jans, Montespan, Vivonne.)

ROCHE-DU-MAINE (la), gentilhomme français. Ses reparties à Charles-Quint, V, 366.

ROCHEFORT (Gui de), seigneur de Gournay, se révolte contre Louis VI, II, 193. — Sa mort, 194.

ROCHEFORT (Guillaume de), chancelier de France sous Louis XI et Charles VIII. Son discours d'ouverture aux états généraux de Tours, V, 5 et 6. — Sa réponse aux députés du clergé et de la noblesse, 13. — Hâte la conclusion des états, *ibid.* — Son avis dans le conseil relativement à l'invasion de la Bretagne, 42.

ROCHEFORT (Gui de), frère du précédent, chancelier de France sous Charles VIII et Louis XII. Louis XII le confirme dans sa charge, V, 100. — Parvient à sauver la vie au maréchal de Gié, accusé faussement de différents crimes, 169. — Fait porter l'affaire de Gié au parlement de Toulouse, *ibid.* — Louis XII le nomme un des membres du conseil chargé de la direction du royaume pendant la régence, 178. — Sa réponse à l'orateur du tiers dans l'assemblée des états de Tours, 183. — Il déclare dans l'assemblée l'avis du conseil, *ibid.*

ROCHEFOUCAULT (François III de la), beau-frère de Louis I, prince de Condé, par Charlotte de Roye, comtesse de Roucy, sa femme. Il amène des troupes au prince de Condé, enfermé dans Orléans, VI, 195. — Amène au prince de Condé un escadron considérable, 215. — Il vient auprès de Meaux avec un corps de cavalerie pour surprendre la cour, 265. — Il n'ose attaquer les Suisses qui escortaient Charles IX de Meaux à Paris, 268. — Sommation qui lui est faite à Saint-Denis par le roi, 271. — Il se trompe sur les dispositions de la cour à l'égard de Coligni, 348. — Se refuse aux instances du roi qui voulait le faire coucher au Louvre, 351. — Est massacré à la Saint-Barthélemi, 356.

ROCHEFOUCAULT-RANDON (François de la), cardinal, neveu du précédent. L'un des sous-présidents de l'assemblée des notables tenue à Rouen, VIII, 161.

ROCHEFOUCAULT (François V, premier duc de la), petit-fils de François III, prince de Marsillac, est disgracié; pourquoi, VIII, 253.

ROCHEFOUCAULT (François VI duc de la), auteur des Maximes, fils du précédent. Rôle qu'il joue dans le parti de la Fronde, IX, 115. — Il s'enfuit de la cour après l'arrestation du prince de Condé, 161. — Il fait la guerre en Anjou, 163. — Il mène la jeune princesse de Condé et son fils à Bordeaux, 165. — Il fait pendre Canolles, officier royaliste, 172. — Il a des conférences clandestines avec Mazarin, *ibid.* — Ce qu'il raconte de l'entrevue de Mazarin avec les princes au Havre, 197. — Il empêche le mariage de mademoiselle de Chevreuse avec le prince de Conti, 200. — Sa réponse au coadjuteur qui conseillait à Gaston de faire enlever de force les sceaux à Molé, 204. — Danger qu'il fait courir au coadjuteur à la porte de la grand'chambre, 218. — Il accompagne le prince de Condé allant joindre son armée à Orléans, 250. — Il vient à Paris avec le prince de Condé, 253.

ROCHEFOUCAULT-ROIE ET ROUCY (Fr.-Alex.-Fréd. de la), duc de Liancourt, fils de Marie, fille puînée d'Alexandre, duc de la Rochefoucault, arrière-petit-fils du précédent, et le dernier mâle de la branche aînée, et de Louis-François-Arnauld de La Rochefoucault, duc d'Estissac, fils de Guillaume, comte de Marthon, fils aîné de Frédéric-Charles, comte de Roye, petit-fils de Charles, tige des comtes de Roucy, fils puîné de François III ci-dessus. (*Voy.* LIANCOURT.)

ROCHEFOUCAULT-ROIE et ROUCY (Louis Alex., duc de la) et de La Roche - Guyon, fille de Marie - Louise - Nicolle fille ainée d'Alexandre ci-dessus, lequel était petit - fils de François III, duc de la Rochefoucault, fils de l'auteur des *Maximes* et époux de l'héritière de Liancourt et de la Roche-Guyon, et de Jean Baptiste-François de la Rochefoucault, duc d'Enville, fils de Louis, frère puiné de Guillaume ci-dessus. Il est député aux états-généraux de 1789, puis membre du directoire du département de la Seine. Signataire à ce titre d'une adresse au roi pour l'inviter à apposer son veto sur un décret vexatoire du corps législatif, XI, 342.

ROCHE-SUR-YON (Louis de Bourbon, prince de la). (*Voy.* BOURBON.)

ROCHE-SUR-YON (Charles de Bourbon, prince de la), duc de Beaupréau, second fils du précédent. Sa générosité envers les soldats exténués de Charles-Quint, VI, 49. — Pénètre en Artois et ravage cette province, 55.

RODNEY (George), amiral anglais, retenu en France pour dettes, est libéré par le maréchal de Biron, XI, 184. — Bat don Juan de Langara au cap Sainte-Marie et ravitaille Gibraltar, 185. — Rend aux Antilles trois combats indécis contre M. de Guichen, *ibid.* — Divise son escadre et échappe à un ouragan, 186. — S'empare de l'île hollandaise de Saint-Eustache et s'y permet des vexations, 1;5. — Repasse en Angleterre. Intercepte des renforts conduits dans l'Inde par le capitaine du Chilleau de la Roche, 208. — Épie le comte de Grasse partant de la Martinique pour se joindre à la flotte espagnole de Saint-Domingue, 212. — Le joint à la hauteur des Saintes, lui livre combat et le fait prisonnier, 213. — Est rappelé par l'amirauté qui ignorait sa victoire, 216. — Est dédommagé par son élévation à la pairie, *ibid.*

RODOLPHE II, empereur d'Allemagne, fils de l'empereur Maximilien II, évoque à son tribunal le différend élevé au sujet de la succession de Juliers, et ordonne provisoirement le séquestre entre les mains de l'archiduc Léopold, évêque de Passau, son cousin-germain, VIII, 66.

ROGER, comte de Sicile, frère de Robert-Guiscard, duc de Pouille, envoie sa fille à Philippe Ier pour qu'il l'épouse, II, 177. — Elle est renvoyée, *ibid.*

ROGER (Pierre), archevêque de Sens et orateur du clergé, puis pape (*Voy.* CLÉMENT VI.)

ROHAN (Jean I, vicomte de). Son propos hardi à Montfort, duc de Bretagne, III, 272.

ROHAN-GIÉ (Pierre de), maréchal de France, arrière-petit-fils du précédent, comte de Rohan par Charles de Rohan-Guéméné, son fils puîné, tige des branches de Guémené, de Soubise, de Gie et Chabot. (*Voy.* GIÉ.)

ROHAN (Jean II, vicomte de), arrière-petit-fils de Jean I, gendre du duc de Bretagne François I, et cousin-germain de François II, père d'Anne de Bretagne. Il aspire à la main de cette princesse pour Jacques, son fils, V, 45.

ROHAN-FRONTENAY (Françoise de), dame de la Garnache, arrière-petite-fille du maréchal de Gié. Son mariage avec Jacques de Savoie, duc de Nemours, est cassé par le parlement, VI, 73.

ROHAN (René II, vicomte de), frère de la précédente, petit-fils d'Anne, héritière de Rohan, l'aînée des filles de Jean II ci-dessus, et de Pierre de Rohan-Frontenay, fils puîné du maréchal de Gié. Il amène des troupes au prince de Condé, enfermé dans Orléans, VI, 195. — Échappe au massacre de la Saint-Barthélemi, 357. — Refuse de secourir Henri IV contre les Espagnols, VII, 398.

ROHAN (Henri II, duc de), fils du précédent, gendre du duc de Sully, entre dans une cabale formée contre Marie de Médicis, VIII, 102, note, 2. — Ce qu'il dit du parlement de Paris, 114. — Cherche à ramener les protestans à la modération, 216. — Se met néanmoins à leur tête, *ibid.* — Confère avec Luynes et Lesdiguières pour procurer la paix, 222. — Soulève le Languedoc, 234. — Fait éprouver un échec au duc de Montmorency, 274. — Reçoit trois mille écus à la paix d'Alais et se retire à Venise, *ibid.* — Est envoyé dans la Valteline, et a des succès contre les Autrichiens, 357. — N'est point secondé dans une diversion qu'il fait dans le Milanais, 368. — Est forcé d'évacuer la Valteline. Se retire à l'armée du duc de Saxe-Weimar, *ibid.* — Sa mort, 381.

ROHAN (Benjamin de), frère du précédent, seigneur de Soubise par sa mère. (*Voy.* SOUBISE.)

ROHAN-GUÉMENÉ (Hercule de), duc de Montbazon, arrière-petit-fils de Louis IV de Rohan-Guéméné, seigneur de Montbazon par sa mère, et de Guéméné par son bisaïeul Louis I de Rohan-Guéméné, frère aîné du maréchal de Gié. (*Voy.* MONTBAZON et CHEVREUSE.)

ROHAN-SOUBISE (Charles de), duc de Rohan-Rohand et prince de Soubise, arrière-petit-fils de François de Rohan, prince de Soubise, second fils du précédent. (*Voy.* SOUBISE.)

ROI (Pierre le), tisserand de Bruges, mis en prison par Châtillon,

III, 30. — Consent à quitter Bruges avec cinq mille ouvriers, 31. — Fait cesser le carnage, *ibid.*

ROISSI (Pierre de) convertit des prostituées, II, 234.

ROLAND, neveu de Charlemagne, est tué à la bataille de Ronceveaux, II, 28.

ROLAND DE LA PLATIÈRE (Jean-Marie), ministre de l'intérieur, XI, 357. — Est renvoyé par Louis XVI, *ibid.* — Est rappelé au ministère après le 10 août, 370. — Transmet à la Convention des papiers trouvés aux Tuileries dans une armoire à porte de fer 378.

ROLANDE, femme de Charles-Martel, mère de Carloman et de Pepin, I, 359.

ROLLOND ou ROBERT I, chef des Normands, s'établit à Rouen, II, 116. — Charles-le-Simple lui confère la Normandie en fief et lui donne une de ses filles en mariage, 117. — Il se fait baptiser et fait de grandes largesses aux églises, *ibid.*

ROMAINS (les). Leurs guerres avec les Gaulois, I, 21 et 25. — Ils réduisent la Gaule cisalpine en province romaine, 31. — Leurs premières expéditions dans la Gaule transalpine, 36. — Leurs première colonie dans la Gaule transalpine, 38. — La seconde, 40. — Campagnes de César pour soumettre la Gaule, 60 à 125. — Division de la Gaule en provinces romaines, 199.

ROMANZOW (le comte de), général russe, se rend maître de Colbery sur la Baltique, XI, 88. — S'empare de la Moldavie, 144. — Est battu par les Turcs à Silistrie, 146. — Remporte une victoire décisive au-delà du Danube, et force la Porte à la paix de Kainardgi, *ibid.*

ROMILLÉ, vice-chancelier de Bretagne. Louis XI veut le faire arrêter, IV, 223.

ROMONT (le comte de) implore le secours du duc de Bourgogne contre les Suisses, IV, 324.

ROMULUS AUGUSTULUS. (*Voy.* Augustulus.)

RONSARD (Pierre), poëte français, est dans les bonnes grâces de Charles IX, VI, 395. — Vers que ce prince lui adresse, 396.

ROOKE, amiral anglais. Une flotte marchande qu'il escortait est dissipée par Tourville, X, 80. — Il brûle dans le port de Vigo la flotte de Châteaurenaud et les galions qu'il convoyait, 110. — S'empare de Gibraltar, 127.

ROQUEFEUILLE (le comte de), lieutenant-général des armées navales. Il commande une flotte destinée à porter en Angleterre le fils du chevalier de Saint-Georges, X, 360. — Est forcé de rentrer par la tempête, 361.

ROQUELAURE (Antoine, seigneur de), maréchal de France, se trouve dans la carrosse de Henri IV au moment où ce prince est assassiné, VIII, 72.

ROSE (Guillaume), évêque de Senlis, marche à la tête de la procession militaire de la Ligue, VII, 255. — Sa réponse aux ambassadeurs d'Espagne qui demandaient que l'infante Isabelle fût élue reine de France, 339.

ROSE, l'un des chefs des troupes weimariennes, se donne à la France, VIII, 399. — Tient Mercy en échec à Fribourg avec huit cents hommes seulement, IX, 27. — Est élu chef des troupes weimariennes qui quittent le service de France, 33. — Est arrêté par Turenne, ibid. — Met en déroute l'aile droite de Turenne à la bataille de Réthel, 184.

ROSE (le chevalier). Son zèle pendant la peste de Marseille, X, 277.

ROSIER (Hugues Sureau du), ministre protestant, fait abjuration, VI, 364.

ROSIÈRES (François de), archidiacre de Toul, auteur d'un livre contre Henri III, VII, 92.

ROSNE (de) est créé maréchal de France par Mayenne, VIII, 329. — Se retire chez les Espagnols et contribue malgré lui à leurs succès, 377. — Concourt à la prise de Calais, 396.

ROSNY (Maximilien II de Béthune, marquis de), fils de Maximilien I, duc de Sully. — Il entre dans une ligue contre Marie de Médicis, VIII, 102, à la note. (*Voy.* SULLY et BÉTHUNE.)

ROSTAING (de) accompagne M. de la Peyrouse dans son expédition à la baie d'Hudson, XI, 215.

ROTROU II, comte du Perche, fondateur des abbayes de Tiron et de la Trappe, l'un des chefs de la première croisade, II, 182.

ROUILLAC (Louis de Gothe, marquis de), est mis à la Bastille. Pourquoi? VIII, 264. — Sa rencontre plaisante chez le coadjuteur avec le marquis de Canillac, IX, 214.

ROUILLÉ (le président) est envoyé en Hollande par Louis XIV pour négocier la paix, X, 155.

ROUILLÉ (Louis-Antoine), ministre de la marine et des affaires étrangères sous Louis XV. Améliorations qu'il fait dans le premier de ses ministères, XI, 14.

ROUSSEAU (Jean-Jacques), citoyen de Genève, acquiert à la philosophie ceux que révolte le cynisme de Voltaire, XI, 14.

ROUTIERS (les). Étymologie de ce mot, II, 227.

ROUX (Olivier Le), agent de Louis XI. Découverte qu'il fait, IV, 286.

ROUX (Jacques), prêtre et officier municipal de la commune de Paris, chargé de conduire Louis XVI au supplice, refuse de se charger de son testament, XI, 394.

ROVÈRE (François de La). (*Voy.* SIXTE IV.)

ROVÈRE (Julien de La). (*Voy.* JULES II.)

ROVÈRE (François-Marie de La), duc d'Urbin, neveu du précédent, général pour le pape, est battu par le maréchal de Trivulce, V, 211. — Il agit avec une timidité qui laisse le connétable de Bourbon maître de la campagne, et de percer jusqu'à Rome, *ibid.*

ROYE (Madeleine de Mailly, épouse de Charles, sire de), belle-mère de Louis I, prince de Condé; parti qu'elle conseille à son gendre de suivre, VI, 152. — Elle emmène à Strasbourg les plus jeunes de ses petits-fils, 199.

ROYE (Éléonore de), fille aînée et principale héritière des précédents, et première femme de Louis I, prince de Condé, nièce de Coligni et petite-nièce du connétable Anne de Montmorency. (*Voy.* ÉLÉONORE DE ROYE.)

ROZIÈRE, ministre protestant, soupçonné d'avoir fait un livre renfermant une maxime abominable, VI, 261.

RUBEMBRÉ (le bâtard de). Louis XI le chargé d'arrêter Romillé, vice-chancelier de Bretagne, IV, 223. — Il est arrêté, *ibid.*

RUBRUQUIS (Guillaume), frère mineur, est envoyé par saint Louis à Mangoukan, empereur des Mogols, pour prêcher le christianisme dans ses états, II, 292.

RUCCELAI (Jean), Florentin, abbé de Signi, travaille à la liberté de Marie de Médicis, VIII, 171. — Il va à Sedan trouver le duc de Bouillon, 173. — Il négocie à Pont-à-Mousson avec le duc d'Épernon, 176 et 177. — Il écrit à la reine-mère, 180. — Il sert de guide à Marie de Médicis dans sa fuite de Blois, 182. — Il presse la reine-mère d'abandonner le duc d'Épernon, 185. — Il se brouille avec Marie de Médicis, 193 et 194. — La cour veut lui faire faire son procès, *ibid.* — Le marquis de Mosni ménage son retour à la cour, *ibid.* — Ce qu'il dit à Bassompierre de la part du duc de Luynes, 209 et 210.

RUFFET (Blaise), domestique de Marie de Médicis, condamné à mort; pourquoi, VIII, 337.

RUFIN, né aux environs de Bordeaux, préfet du prétoire d'Orient, dirige le jeune Arcadius, fils de Théodose, I, 247. — Veut faire épouser sa fille à Arcade, 248. — Il appelle Alaric à la dévastation de l'empire, *ibid.* — Gaïnas le fait assassiner comme il était sur le point d'être associé à l'empire, 250.

RUFUS (Virginius), chef des légions des deux Germaniques au temps de Néron, marche contre Vindex qui avait fait révolter la Gaule, I, 155. — Salué empereur par ses soldats, à la nouvelle de la mort de Néron; il les refuse, et n'en est pas moins destitué par Galba, 156.

RUGGIERI (Cosme), Florentin, astrologue et empoisonneur, protégé par Catherine de Médicis, VII, 5.

RUMAIN (le chevalier de), s'empare de l'île Caraïbe de Saint-Vincent, XI, 178.

RUSSEL (lord), comte d'Oxford, amiral anglais, brûle une partie de la flotte de Tourville à La Hogue, X, 73 à 75. — Force le même à s'éloigner des côtes de l'Espagne, 84. — Est éloigné par une ruse de celles de la Catalogne, 88. — Paraît dans la Manche et évente le projet d'une dernière expédition de Louis XIV en faveur de Jacques II, 89.

RUVIGNI (Henri, marquis de), lord Galloway. (*Voy.* GALLOWAY.)

RUYTER (Michel-Adrien), amiral hollandais, jette l'alarme sur les côtes d'Angleterre et remonte la Tamise, IX, 360. — Court risque d'être massacré par la populace comme partisan de la France, 394. — Combat indécis qu'il rend à Solebay contre le duc d'Yorck et le comte d'Estrées, 395. — Est battu à Stromboli et à Agouste par du Quesne, et périt dans le dernier combat, 426.

RUZÉ (Martin), ministre de Henri III, VII, 184. (*Voy.* EFFIAT.)

S

SABATIER, conseiller au parlement de Paris, s'élève dans un lit de justice contre les impôts graduels, XI, 244. — Il est exilé, *ibid.*

SABINUS (Titurius), lieutenant de César, ses quartiers d'hiver lui sont assignés chez les Éburons, I, 82. — Il y est attaqué par Ambiorix, chef des Éburons, *ibid.* — Abusé par lui il décampe et est assailli dans sa retraite, 84. — Il accepte une conférence, et y est tué, 86.

SABINUS DE LANGRES, qui prétendait descendre de César, se révolte contre Vespasien, I, 169. — Il est défait par les Séquanais, *ibid.* — Se cache pendant neuf ans dans un souterrain, *ibid.* — Est découvert et mis à mort avec sa femme et ses enfants, 170.

SACHETTI (Jules), cardinal, fait connaitre Mazarin au cardinal Colonne, VIII, 409.

SACROVIR, Éduen, se révolte contre Tibère; est réduit à se tuer, I, 148.

SACY (le P. de), jésuite, procureur général des Missions, XI, 98. — Les banquiers Geouffre et Lionay de Marseille ont recours à lui pour être aidés dans le paiement de leurs obligations, *ibid.*

SAGUE (la), gentilhomme gascon. Le prince de Condé l'envoie à l'assemblée de Fontainebleau. Il est arrêté, VI, 150. — Il découvre un plan de conspiration, 151.

SANS-CULOTTES (les). Ce qu'ils étaient, XI, 343.

SAINT-AIGNAN (le duc de). (*Voy.* BEAUVILLIERS.)

SAINT-ANDRÉ, capitaine. Injonction que Louis XI lui fait faire par le sénéchal de Saint-Pierre, IV, 358.

SAINT-ANDRÉ (Jacques d'Albon, maréchal de), s'empare par escalade de Cateau-Cambresis, VI, 61. — Est fait prisonnier à la bataille de Saint-Quentin, 101. — Nommé plénipotentiaire par Henri II, pour traiter de la paix avec l'Espagne, *ibid.* — Rapporte de Lyon des informations à la charge du prince de Condé, VII, 154. — Qui il était, 166. — Il se ligue avec le connétable de Montmorency et la duchesse de Valentinois, 167. — Il est tué à la bataille de Dreux, 218.

SAINT-BARTHÉLEMY (la). Jusqu'à quel point Charles IX trempa dans ce massacre, VI, 325. — Le massacre des calvinistes est fixé à ce jour, 349. — Signal du massacre, 351. — Le massacre dure trois jours, 356. — Ce qu'on pensa de cette journée à Rome, 368. — En Allemagne, 369. — En Espagne, 370.

SAINT-FIACRE (le mal de). Ce que c'était et pourquoi ainsi nommé, IV, 100.

SAINT-GELAIS (Octavien de), historien, ce qu'il dit du règne de Louis XII, V, 237.

SAINT-GEORGES (Jacques Stuart, dit le chevalier de), connu aussi sous le nom du Prétendant, fils de Jacques II, roi d'Angleterre. (*Voy.* STUART et PRÉTENDANT.)

SAINT-GERMAIN, évêque de Paris. (*Voy.* GERMAIN.)

SAINT-GERMAIN (l'abbé de), faiseur de libelles, retiré à Bruxelles auprès de Marie de Médicis. Richelieu demande son éloignement, VIII, 340.

SAINT-GERMAIN (Louis, comte de), ministre de la guerre sous Louis XVI. Il couvre la retraite de Rosbach, XI, 46. — Soutient tout le poids des ennemis à la bataille de Crevelt, 54. — Est fait

...ministre de la guerre à la mort du maréchal de Muy, 155. — Ses réformes, *ibid.*

SAINT-GERMAIN-DES-PRÉS, abbaye de Paris. Le cardinal d'Amboise y introduit la réforme, V, 123.

SAINT-HÉRAN, gouverneur d'Auvergne, refuse d'exécuter les ordres sanguinaires de Charles IX, VI, 362. — Sa lettre au roi, *ibid.*

SAINT-HILAIRE (le marquis de), lieutenant général, a le bras emporté du boulet qui tua Turenne. Paroles sublimes qu'il adressa à son fils sur la mort de ce grand capitaine, IX. 421.

SAINT-IBAL, gentilhomme attaché au comte de Soissons, projette d'assassiner le cardinal de Richelieu, VIII, 364 et 365. — Un des principaux chefs de la cabale des *Importans*, IX, 3. — Il a ordre de s'éloigner de la cour, 24. — Il excite le coadjuteur de Paris contre la cour, 57.

SAINT-JEAN-DE-JÉRUSALEM (les chevaliers de). *Voy.* HOSPITALIERS (les).

SAINT-JUST, jeune député à la Convention. Opinion aussi affreuse que déraisonnable qu'il émet à l'occasion de la mise en jugement de Louis XVI, IX, 379.

SAINT-LÉGER (Étienne de Saint-Simon, seigneur de), oncle de Claude, duc de Saint-Simon, favori de Louis XIII, et gouverneur de la Capelle. Richelieu veut lui faire son procès. Il se sauve, VIII, 373.

SAINT-LOUIS (l'ordre de) est institué par Louis XIV, X, 75.

SAINT-LUC (François d'Epinay, sieur de), un des mignons de Henri III. Ce qui se passa à ses noces, VII, 65. — Henri III lui fait épouser Jeanne de Cossé, fille du maréchal de Brissac, 81. — Moyen qu'il emploie pour dégoûter Henri III de ses plaisirs, 82. — Révèle son secret à Villequier et se sauve à Brouage, 83. — Négocie avec le comte de Brissac son beau-frère la remise de Paris à Henri IV, 385.

SAINT-MESGRIN (Paul Estuert de Caussade de). Un des favoris de Henri III, connus sous le nom de *Mignons*, VII, 40. — Il affecte de mépriser les Guises, 69. — Le duc de Mayenne et le cardinal de Guise le font assassiner, 72.

SAINT-MICHEL (l'ordre de) est institué par Louis XI, IV, 275. — Son cordon est nommé le *collier à toute bête.* Pourquoi, VI, 123. Le duc de Guise exige une nouvelle promotion des chevaliers de cet ordre après la bataille de Dreux, 222.

SAINT-PAUL. (*Voy.* SAINT-POL.)

SAINT-PHAL, sa querelle avec Bussi, VII, 72, à la note.

SAINT - PIERRE (Eustache de), bourgeois de Calais, son généreux dévouement, III, 158.

SAINT-PIERRE (le sénéchal de). Ce que lui écrit Louis XI au sujet des prisonniers de guerre. IV, 358.

SAINT - POL ou PAUL (Valeran III de Luxembourg Ligny, comte de), connétable de France, nommé commandant à Gênes; il en est chassé, III, 392. — Le duc de Bourgogne le fait nommer gouverneur de Paris, IV, 31. — Il se forme une garde de la plus vile populace, ibid. — Force le Dauphin d'écrire au duc de Bourgogne de hâter sa marche, 32.—Est fait connétable, 36. (*Voy.* LUXEMBOURG.)

SAINT-POL ou PAUL (Louis de Luxembourg, comte de), connétable de France, petit-neveu du précédent, favori de Charles-le-Téméraire, duc de Bourgogne. Louis XI, par le traité de Saint-Maur lui donne l'épée de connétable, IV, 241. — Il lui fait épouser Marguerite de Savoie, sœur de la reine, 247. — Fausses intelligences qu'il fait passer au duc de Bourgogne, 281.—Sa perfidie; à quelle fin, 283.—S'empare de Saint-Quentin sur le duc de Bourgogne, 284. — Fait passer au duc des avis secrets pour l'engager à donner sa fille en mariage au duc de Guienne, ibid. — Chasse la garnison royale de Saint-Quentin et s'en empare pour son propre compte, 301. — L'offre alternativement au roi et au duc, ibid.— Son entrevue avec Louis XI, ibid. — Entre dans une nouvelle ligue contre lui, 303.—Malice du roi contre lui, 315.— Sa lettre au roi au sujet de la trève avec Édouard, 317. — Édouard livre à Louis XI les lettres qu'il avait reçues, ibid. — Le duc ordonne de le livrer à Louis XI sous un certain délai, espérant que les circonstances changeront dans l'intervalle, 321. — Il est livré à l'expiration précise par les ministres du duc ses ennemis, ibid. — Il est conduit à la Bastille, ibid. — Son procès, et son supplice, ibid.

SAINT-POL (François de Bourbon-Vendôme, comte de), fils puîné de François de Bourbon, comte de Vendôme, et de Marie de Luxembourg-Saint-Paul, petite-fille du précédent. (*Voy.* BOURBON-VENDÔME.)

SAINT-POL (François d'Orléans-Longueville, comte de), second fils de Léonor d'Orléans, duc de Longueville et de Marie de Bourbon, duchesse d'Estouteville et comtesse de Saint-Paul, fille unique du précédent. Il se déclare contre Marie de Médicis, VIII, 102, note 2.

SAINT-PRIEST (M. Guignard de), ministre de Louis XVI. Est renvoyé au 12 juillet 1789, XI, 271. — Est rappelé au ministère de la maison du roi, 280. — Donne sa démission, 320.

SAINT-ROMAIN (Jean de), procureur général du parlement de Paris. Reproches qu'il fait à La Balue, IV, 251. — Louis XI récompense sa fermeté dans l'affaire de la pragmatique, *ibid.*

SAINT-ROMAIN, archevêque d'Aix, est cité à Rome. Pourquoi, VI, 241.

SAINT-RUTH (de), lieutenant général, remplace Lauzun en Irlande. Est tué à la bataille de Kilconnel, X, 61.

SAINT-SAUVEUR (Claude de Joyeuse, seigneur de). *Voyez* JOYEUSE.)

SAINT-SEVERIN. (*Voy.* SAN-SEVERIN.)

SAINT-SIMON (Claude, duc de), favori de Louis XIII. Avis qu'il fait passer à Richelieu, VIII, 289. — Ce qu'il dit à Louis XIII lors de la journée *des Dupes, ibid.* — Conseil qu'il lui donne dans cette occasion, 290. — Richelieu force Louis XIII à l'éloigner de la cour, 373.

SAINT-SIMON (Louis III, duc de), fils du précédent; sa conjecture sur Louis XIV, relativement à mademoiselle de La Vallière, X, 31. — Est fait membre du conseil de régence, 221. — Réclame avec les pairs contre les priviléges des princes légitimés, 230. — Ambassadeur en Espagne, 266. — Ce qu'il dit de la renonciation exigée du roi d'Espagne à la couronne de France, *ibid.*

SAINT-SIMON (le marquis de), coopère à la prise de Saint-Christophe, XI, 211.

SAINT-SORLIN (Henri de Savoie, marquis de), puis duc de Nemours. (*Voy.* NEMOURS.)

SAINT-VALIER (Jean de Poitiers, comte de), reçoit la confidence du complot du connétable de Bourbon, et se charge du chiffre entre lui et l'empereur, V, 299. — Condamné à perdre la tête comme complice du connétable, il obtient sa grâce à la sollicitation de Diane, sa fille, 302.

SAINT-VICTOR (les chanoines réguliers de) n'assistent point à la procession de la ligue, VII, 255.

SAINT-YON, un des officiers de la garde du comte de Saint-Paul, gouverneur de Paris, IV, 31. — Rassemble les satellites de Jean-sans-Peur, duc de Bourgogne, 44.

SAINTE-CÉCILE (Michel Mazarin, cardinal de), frère du cardinal Mazarin. (*Voy.* MAZARIN.)

SAINTE-GENEVIÈVE, bergère de Nanterre. Elle détourne les Parisiens de quitter leur ville à l'approche d'Attila, I, 267.

SAINTE-GENEVIÈVE (les chanoines réguliers de) n'assistent point à la procession militaire de la Ligue, VII, 255. — Procession de la châsse ordonnée par le parlement, IX, 263.

SAINTES (Claude de), évêque d'Évreux. Ce que le Laboureur dit de lui, relativement au colloque de Poissy, VI, 174.

SAISSET (Bernard), légat du pape, évêque de Pamiers. Philippe IV le chasse et le fait enlever, III, 35. — Est enfermé dans le château de Senlis, 36. — Peinture qu'il fait de Philippe IV, 65.

SALADIN. Ses amours avec Éléonore, reine de France, II, 217.

SALADIN, soudan d'Égypte, détruit le royaume de Jérusalem, II, 240.

SALADINE (la dime). Son établissement, II, 241.

SALCÈDE, gentilhomme, se lie avec le duc de Guise, VII, 87. — Sa conjuration, 88. — Il est puni de mort, 90.

SALIQUE (la loi) exclut les filles du trône, I, 298. — Est réformée par Charlemagne, II, 46. — Adjuge la couronne à Philippe V, III, 84. — Arrêt du parlement rendu en sa faveur, VII, 344.

SALISBURY-MONTAGU (comte de), gagne la bataille de Cravant sur le connétable de Buchan, IV, 105. — Fait le siège d'Orléans, 122. — Jeanne d'Arc le fait lever, 131.

SALO (Denis de), conseiller au parlement de Paris, est l'inventeur des journaux, X, 354.

SALUCES (Louis II, marquis de), remplace le duc de Mantoue dans le commandement de l'armée française en Italie, V, 160. — Fait la retraite de Garillan devant Gonzalve, 161. — S'enferme dans Gaëte, 162. — Capitule et meurt à Gênes, 163.

SALUCES (Michel Antoine, marquis de), fils aîné du précédent, commande les Français et sauve plusieurs villes des contributions du connétable de Bourbon, V, 332. — Prend le commandement de l'armée de Naples après la mort de Lautrec. Fait retraite à Averse, souscrit à une capitulation honteuse et meurt de ses blessures, 341.

SALUCES (François, marquis de), frère du précédent, et fils de Jeanne Paléologue, cousine germaine du dernier marquis de Montferrat, trahit la France, V, 368.

SALUCES (Gabriel, marquis de), frère des précédens. A sa mort, Henri II réunit le marquisat de Saluces à la couronne, VI, 15.

SALLES, député à la Convention, émet l'opinion de l'appel au peuple, du jugement à prononcer par la Convention sur Louis XVI, XI, 389. — Il est rejeté, ibid.

SALVERT, bourgeois de La Rochelle, aide de ses conseils La Noue, qui y commandait pendant le siége, VI, 375.

SAMBLANÇAY (Jacques de Baulne, seigneur de), surintendant des finances, est condamné à être pendu, V, 282.

SAMBLANÇAY (Renauld de Baulne de) petit-fils du précédent, archevêque de Bourges, puis de Sens, porte la parole pour les royalistes aux conférences de Surène, VII, 331. — Son discours d'ouverture à la conférence de Surène, 332. — Il reçoit l'abjuration de Henri IV à Saint-Denis, 351.

SAMBLANÇAY (Charlotte de Baulne de (, nièce du précédent. (*Voy.* FAUVE.)

SANCHE IV, roi de Castille, second fils d'Alphonse X le Sage ou l'Astronome, est reconnu l'héritier du trône au préjudice des enfans d'Alphonse de La Cerda son aîné, III, 6. — Il dépouille son père, qui rappelle en vain ses petits-fils à sa succession, 7.

SANCTION (la). Signification de ce mot, XI, 288.

SANCY (Nicolas de Harlay, seigneur de). (*Voy.* HARLAY.)

SANDRICOURT, capitaine français (*Voy.* HÉDOUVILLE.)

SANGA (Fabius), sénateur romain, protecteur des Allobroges, invite leurs députés à s'ouvrir à Cicéron des propositions qui leur avaient été faites par les chefs de la conjuration de Catilina, I, 54.

SAN-SERVERIN (Ferdinand de), souverain de Salerne, se ligue avec la France et les Vénitiens contre Charles V, VI, 42. — Ne réussit pas dans son projet de faire révolter Naples, 43. — Bat l'amiral Doria devant Naples, *ibid.*

SANTERRE, brasseur, commandant de la garde nationale de Paris, vient chercher Louis XVI au temple pour le conduire au supplice, XI, 394. — Ordonne un roulement pour étouffer la voix du monarque sur l'échafaud, 399.

SARGINES. (*Voyez* SERGINES.)

SARRASINS (les). Leur origine et leurs conquêtes, I, 331. — S'emparent de l'Espagne, 332. — Pénètrent dans les Gaules, et sont défaits par Charles-Martel, 355. — Députent vers Charlemagne, II, 26. — Démembrement de leur monarchie en Espagne, 27. — Louis, fils de Charlemagne, leur enlève la Catalogne, 28. — Livrent bataille dans l'Asie Mineure à Louis VII, II, 215. — S'emparent de Jérusalem, 240. — Font saint Louis prisonnier en Égypte, 316. — Expulsés d'Espagne par Philippe III, ils proposent à Henri IV d'habiter les landes de Bordeaux et sont refusés, VIII, 50.

SARSFIELD, général des Irlandais, en mésintelligence avec le général français Saint-Ruth, est battu à Kilconnel, X, 61.

SARTINES (Ant. Raim. Jean-Gualbert-Gabr. de), ministre de la marine, XI, 155. — Se retire, 191.

SARUS, officier goth au service de l'empereur Honorius. Assiége dans Vienne l'usurpateur Constantin, I, 254. — Est forcé de lever le siége, ibid. — Massacre la garde de Huns de Stilicon, ibid. — Attaque par méprise un parti d'Alaric, ce qui rompt la négociation de paix, et cause la prise et le pillage de Rome, 257.

SATIRE MÉNIPPÉE (la), Ce que c'est, et quelle impression elle fit dans le temps, VII, 349.

SAULX (François, comte de). Sommation qui lui est faite par le roi de mettre bas les armes, VI, 271.

SAUSSOI (du), médecin d'Abbeville, sauve Louis XIV par l'usage de l'émétique, alors encore peu connu, IX, 320.

SAUVE (Simon de Fizes, baron de), secrétaire d'état. Avis qu'il donne à Catherine de Médicis au sujet de Charles IX, VII, 340.

SAUVE (Charlotte de Beaune de Semblançay, successivement épouse du précédent et de François de La Trémouille, marquis de Noirmoutiers, favorite de Catherine de Médicis.) Les conférences de la cabale des *Politiques* se tenaient chez elle, VI. 387. — Henri roi de Navarre et le duc d'Alençon se disputent sa conquête, ibid. — Se distingue dans les tracasseries domestiques de la cour, VII, 22. — Catherine de Médicis s'en sert pour arrêter les fougues du duc d'Alençon, 25. — Inspire des sentimens de grandeur à Henri, roi de Navarre, 37. (*Voy.* SEMBLANÇAY.)

SAVOIE (ducs de). *Voyez*

AMÉDÉE V, dit le Grand;

AMÉDÉE VIII, dit le Pacifique, pape sous le nom de Félix V, petit-fils d'Amédée VI, dit le Comte Verd, lequel était petit-fils du précédent;

CHARLES III, arrière-petit-fils du précédent;

CHARLES-EMMANUEL, dit le Grand, fils du précédent;

VICTOR-AMÉDÉE I, fils du précédent;

CHARLES-EMMANUEL II, fils du précédent;

VICTOR-AMÉDÉE II, premier roi de Sardaigne, fils du précédent;

CHARLES-EMMANUEL III, fils du précédent;

SAVOIE-CARIGNAN (le prince Thomas de), frère de Victor-Amédée, duc de Savoie. Il est battu à Avein par le maréchal de Châtillon, VIII, 355. — Ses prétentions à la régence de Savoie, 383. — Richelieu le brouille avec Christine de France sa belle-sœur, 396.

— Est assiégé dans Turin par le comte d'Harcourt et forcé de capituler, 400 et 401. — Est assiégé dans Ivrée par Turenne et est délivré, 404. — Il fait la paix avec la France et reçoit des terres considérables, 430. — Généralissime des armées de France en Italie, il lève le siège d'Orbitello, IX, 32. — Joue auprès d'Anne d'Autriche le rôle de principal ministre prétendant la seconde retraite de Mazarin, 281.

SAVOIE (Maurice, cardinal de), frère du précédent. Ses prétentions à la régence, VIII, 382. — Richelieu le brouille avec Christine de France sa belle-sœur, X, 396. — Fait la paix avec elle et épouse sa nièce, 430.

SAVOIE-CARIGNAN (Eugène de), comte de Soissons, fils du prince Thomas. *Voy.* SOISSONS.

SAVOIE-CARIGNAN (Eugène-François de), dit le prince Eugène, l'un des fils du précédent. (*Voyez* EUGÈNE DE SAVOIE, LOUISE DE SAVOIE, MARGUERITE, CHRISTINE, NEMOURS, SOISSONS, MARIE-ADÉLAÏDE, ET MARIE-LOUISE-GABRIELLE.)

SAVOISI (Philippe de), chambellan de Charles V, indique l'endroit où était le trésor de ce prince, III, 304. — Son affaire avec l'Université, IV, 2. — Le parlement le condamne à une amende, *ibid.*

SAVONAROLE (Jérôme), dominicain. Il est à la tête de la députation des Florentins qui traite avec Charles VIII. Il prédit des succès à ce prince, V, 73.

SAXE (Otthon, duc de), père de l'empereur Henri, dit l'Oiseleur, est envoyé par l'empereur Charles-le-Gros contre les Normands, et est tué dans une action contre eux, II, 112.

SAXE (Frédéric, dit le Sage, électeur de), fils d'*Ernest*, lequel était petit-fils de Frédéric le Religieux, marquis de Misnie, premier électeur de Saxe de la maison de Wettin, investi de cette dignité par l'empereur Sigismond II, protège Luther, V, 244. — Refuse la couronne impériale et fait élire Charles-Quint, 270 et 271.

SAXE (Jean-Frédéric, électeur de), neveu du précédent, l'un des chefs de la ligue de Smalkade, est fait prisonnier par Charles-Quint à la bataille de Muhlberg, et privé de ses états, qui sont donnés à la branche Albertine ou cadette de la maison de Saxe, VI, 8 et 9. — Est rendu à la liberté par la paix de Passau, 40.

SAXE (Maurice, électeur de), cousin issu de germain du précédent, petit-fils d'*Albert*, frère d'Ernest ci-dessus, et chef de la branche Albertine ou cadette de Saxe, est investi par Charles-Quint de l'électorat enlevé à la branche Albertine, VI, 8 et 9. — Il est sur le point de surprendre l'empereur à Inspruck, 39. — L'amène au traité de Passau, qui procure la liberté de religion aux protestans d'Allemagne, 40.

SAXE-ALTEMBOURG (Frédéric-Guillaume de), arrière-petit-fils de l'électeur Jean-Frédéric, chef de la députation des princes protestans au congrès de Westphalie, IX, 90.

SAXE-WEIMAR (Bernard de), cousin-germain du précédent, général d'une armée suédoise, est battu à Nordlingue par l'archiduc Ferdinand, VIII, 353. — Obtient du succès en Alsace, 359. — Fait lever le siége de Saint-Jean de Losne à Galas et au duc de Lorraine, 367. — Bat Jean de Werth à Rheinfeld et le fait prisonnier, 381. — Sa mort. Louis XIII achète ses troupes et ses conquêtes, 399.

SAXE (Frédéric-Auguste I, électeur de), et roi de Pologne, cinquième descendant d'Auguste, électeur de Saxe, frère de Maurice ci-dessus. (*Voy.* AUGUSTE I.)

SAXE (Frédéric-Auguste II, électeur de), et roi de Pologne, fils du précédent. (*Voy.* AUGUSTE II.)

SAXE (Maurice, comte de), frère naturel du précédent. Sert dans l'armée du maréchal de Berwick, X, 326. — Dirige l'assaut de Prague, 342. — Prend Egra, 347. — Est désigné pour chef de l'armée qui devait seconder le prétendant en Angleterre, 360. — Il est fait maréchal de France et commande en Flandre, 368. — Savante campagne défensive qu'il y fait, *ibid.* — Ses dispositions pour la bataille de Fontenoy, 369. — Confirme le roi dans la pensée de demeurer et lui promet la victoire, 371. — Était presque mourant de maladie à cette époque, *ibid.* — S'empare de la Flandre, 385. — Bat le prince Charles de Lorraine à Raucoux, *ibid.* — Bat le duc de Cumberland à Laufeld, XI, 5. — Ne peut investir Maëstricht, mais facilite la conquête de la Flandre hollandaise, 6. — Investit Maëstricht, ce qui décide la paix, 8. — Sa mort, 40.

SAXE (Marie-Josèphe de), dauphine de France, fille d'Auguste II, ci-dessus. (*Voy.* MARIE-JOSÈPHE DE SAXE.)

SAXE (le prince Xavier de), frère de la précédente, s'empare de Cassel, XI, 75.

SAXE-COBOURG. (*Voy.* COBOURG.)

SAXONS (les), sont repoussés par Charles-Martel, I, 354. — Sont repoussés de nouveau, 356. — Sont repoussés par Pepin-le-Bref, II, 6. — Ce qu'ils étaient, 22. — Leur première expédition sous Charlemagne, *ibid.* — Leur deuxième expédition sous Charlemagne, 25. — Leur troisième expédition sous Charlemagne, 28 et 29. — Leur quatrième expédition sous Charlemagne, 31. — Leurs cinquième, sixième, septième expéditions sous Charlemagne, 31 à 32. — Sont dispersés par lui, 44. — Sont transférés en partie ne Helvétie, 48.

SCAGLIA (l'abbé), ambassadeur de Savoie en France, ennemi personnel de Richelieu. Ce qu'il disait à cet égard, VIII, 245. — Sa cour le rappelle, 253. — Richelieu le fait reléguer à Rome, 307.

SCANDERBERG (Georges Castriot, dit), prince d'Albanie, résiste à Amurat II et à Mahomet II, son fils, IV, 191.

SCARRON (Paul), poëte, épouse mademoiselle d'Aubigné, depuis madame de Maintenon, X, 34.

SCARRON (madame). (*V.* MAINTENON, madame de.)

SCAURUS (M. Æmilius), consul et prince du sénat, fait tracer des voies romaines dans la Gaule cisalpine, I, 40.

SCAURUS (M. Aurelius), consul, est battu dans les Gaules par les Cimbres, I, 43.

SCHEINER (Matthieu), cardinal de Sion, offre ses services à Louis XII, qui les refuse, V, 201. — Amène des Suisses en Italie contre les Français, 219. — Soulève les Suisses contre la France, 225. — Fait entrer les Suisses dans une ligue contre François I, 257. — Empêche les Suisses de conclure leur traité commencé avec François I, 259 et 260. — Se retire à Milan après la bataille de Marignan, 263 et 264.

SCHISME DES GRECS, II, 103.

SCHISME (le), Grand schisme d'Occident, III, 287. — Sa continuation, 372, IV, 1, 17. — Sa fin, 56.

SCHISME D'ANGLETERRE, V, 355.

SCHMETTAU (le maréchal de) est envoyé par le roi de Prusse à Louis XV pour concerter un plan de campagne, X, 366. — Fait brûler les faubourgs de Dresde et en éloigne par sa fermeté le maréchal de Daun, XI, 58.

SCHOENBORN (Philippe de), évêque de Wurtzbourg, chef de la députation des princes catholiques au congrès de Westphalie, IX, 90.

SCHOMBERG (Théodoric de), général allemand, d'une famille des environs de Trèves. Sa réponse à Henri IV qui, avant la bataille d'Ivri, lui faisait des excuses. Sa mort, VII, 245.

SCHOMBERG (N.), originaire de Misnie et frère de Gaspard ci-dessous, se bat en duel pour Entragues contre Caylus. Il reste sur la place, VII, 68.

SCHOMBERG (Gaspard de), comte de Nanteuil, maréchal de camp, général des troupes allemandes au service du roi. Il assiste pour Henri IV aux conférences de Surêne, VII, 332. — Un des rédacteurs de l'édit de Nantes, 403. — Membre du conseil des finances sous Henri IV, VIII, 5.

SCHOMBERG (Henri de), maréchal de France, fils du précédent. Ce qu'il dit à Bassompierre de la part du duc de Luynes, VIII, 209. — Chasse les Anglais de l'Ile-de-Rhé, 266. — Sert en Italie sous le cardinal de Richelieu, 271. — Refuse d'exécuter le traité de Ratisbonne relatif à la paix entre la France et l'Autriche, 281. — Marche avec Marillac contre les retranchements espagnols devant Casal, 281 et 282. — Il obtient un accord négocié par Mazarin au moment où les deux armées allaient se charger, ibid. — Il arrête le maréchal de Marillac, qui commandait l'armée française en Italie, et le fait conduire dans une citadelle de France, 291. Il marche dans le Languedoc contre Gaston, duc d'Orléans, qui s'était révolté, 319. — Il lui fait proposer un accommodement, 321. — Le bat à Castelnaudari et y fait prisonnier le duc de Montmorency, 322.

SCHOMBERG (Charles de), duc d'Halluin par sa première femme, fils du précédent. Bat Serbelloni à Leucate, et le force à se rembarquer, VIII, 369. — Commande en Roussillon, 429.

SCHOMBERG (Frédéric-Armand de), maréchal de France; de la même maison que Théodoric ci-dessus, est envoyé à la défense du Portugal, IX, 366. — Fait des progrès en Catalogne, 417. — Commande en Flandre et fait lever le siège de Maëstricht au prince d'Orange, 427 et 428. — S'empare du territoire de Clèves, X, 13. — Se retire en Angleterre lors de la révocation de l'édit de Nantes, 57. — Tient le roi Jacques en échec en Irlande, ibid. — Est tué à la bataille de La Boyne, 58.

SCHOMBERG (Menard, duc de), puis de Leicester en Angleterre, accompagne le duc de Savoie dans l'invasion du Dauphiné, X, 72. — Commande les Anglais et les Portugais en Portugal, 126. — Se retire pour cause de mécontentement, ibid.

SCHULLEMBOURG (le comte de), ne peut défendre le Milanais contre don Philippe, X, 373.

SCHWERIN (le maréchal de), général prussien, rétablit le combat à la bataille de Molwitz, et la gagne, X, 337. — Est tué à celle de Prague, XI, 43.

SCUDÉRI (Madelaine de); son zèle pour servir Fouquet malheureux, X, 346.

SÉBASTIEN (don), roi de Portugal. Sa mort livre le Portugal aux prétentions de divers concurrents, VII, 80.

SÉDÉCIAS, médecin juif, empoisonne Charles-le-Chauve, II, 100.

SÉGA (Philippe), cardinal, évêque de Plaisance en Espagne, un des conseillers intimes du légat Gaëtan. Il reste à Paris après son départ VII, 270. — Il est fait cardinal, 290.

SEGUIER (Pierre), avocat-général au parlement de Paris. Remontrances par lui faites au sujet de l'inquisition qui venait d'être établie en France, 67. — Premier président, mortier au parlement de Paris. Son rapport sur la cause des progrès du calvinisme, 107. — Son avis relativement aux calvinistes, 109.

SEGUIER (Louis), doyen de l'église de Paris, fils du précédent. Henri IV l'envoie en ambassade à Rome avec le duc de Nevers, VII, 354. — A quelle condition le pape consent à le voir, 360.

SEGUIER (Pierre), chancelier de France, fils de Jean Seguier, seigneur d'Autry, sixième fils de Pierre ci-dessus. Garde des sceaux après le marquis de Châteauneuf, VIII, 330.—Il perd la confiance du public. Pourquoi, IX, 38 et 3. — Il est arrêté par les barricades en se rendant au parlement, 68. — Il accompagne la cour à Ruel, 104. — On lui ôte les sceaux, 168. — Sa coopération aux ordonnances de Louis XIV, X, 361, à la note.

SÉGUR (Philippe-Henri, maréchal de). Il est laissé à la garde de l'Autriche, X, 342. — Est forcé de capituler à Lintz, 345. — Aide la retraite de François-Maurice, maréchal de Broglie, 355. — Est porté au ministère de la guerre à la sollicitation de M. Necker, XI, 191. — Donne sa démission, 242.

SEIGNELAY. (*Voy.* COLBERT.)

SEISSEL (Claude), évêque de Marseille. Ce qu'il dit de Louis XII, V, 237.

SEIZE (les). Origine de cette faction, VII, 104.— Ils établissent une correspondance générale dont Paris est le centre, *ibid.* — Ils brusquent les affaires, 135.—Ils méditent de s'emparer de la personne du roi, 162. — Leur fureur mêlée de ridicule après l'assassinat du duc de Guise, 199. — Leur autorité est confirmée par Mayenne, 204. Ils envoient à Rome le décret de la Sorbonne rendu contre Henri III, *ibid.*— Ils se déchaînent contre la mémoire de Henri III et de Henri IV, 227.— Ils favorisent les prétentions de Philippe II sur la France, 240 et 241.—Leur présomption, 269. — Ils augmentent la garnison étrangère de Paris de quatre mille hommes, 288. — Ils s'attachent aux Espagnols, *ibid.* — Ils présentent une requête au duc de Mayenne, 293.— Ils tombent dans le discrédit, 317. — Ils emploient la Sorbonne pour appuyer leur crédit, 319 et 320. — Ils s'assemblent sous la protection du duc de Mayenne, 366 — Leurs menaces impuissantes, 367.

SÉLIM, empereur des Turcs, petit-fils de Mahomet II. Les princes catholiques arment contre lui, VI, 324.

SELVE (Odet de), conseiller d'état, est sur le point d'être pendu par ordre du prince de Condé, par motif de représailles, VI, 212.

SEMBLANÇAY. (*Voy.* SAMBLANÇAY.)

SENARPONT (Jean de Monchy, seigneur de), gouverneur de Boulogne, petit-fils d'Edmond de Monchy, titre de la branche de Senarpont. Il lève le plan de Calais en différentes visites qu'il y fait, VI, 89. — Contribue à la prise de cette ville par le duc de Guise, 90. (*Voy.* MONCHY.)

SENECHILDE, femme de Charles-Martel, I, 354.

SEPUS (Jean), vaivode de Moldavie. Soliman II veut le placer sur le trône de Hongrie, V, 349.

SERGINES (Geoffroy de), tire Louis IX de la mêlée à La Massour, II, 316.

SERVAN (Joseph de), ministre de la guerre, XI, 356. — Ordonne sans consulter le roi la formation d'un camp près de Paris, 357. — Est cassé par Louis XVI, *ibid.* — Est rappelé au ministère après le 10 août, 370.

SERVIEN (Abel), secrétaire d'état et surintendant des finances. Négociateur du traité de Westphalie, IX, 90. — S'oppose dans le conseil à ce que l'on donne le chapeau de cardinal au coadjuteur, 177. — Condé demande en plein parlement son expulsion du ministère, 212. — Il empêche la régente d'accepter les offres du coadjuteur, 284.

SERVIN (Louis), avocat général au parlement de Paris. Il justifie sa compagnie des reproches qu'on lui fait, VIII, 113.

SÈVE (de), l'un des rédacteurs des ordonnances de Louis XIV, IX, 361, à la note.

SÉVERAC (Amauri de), maréchal de France, est défait ainsi que le connétable de Buchan, à la bataille de Cravant, IV, 105.

SÉVÈRE (L. Septime), empereur romain, bat, près de Lyon, Albinus, le dernier de ses compétiteurs, I, 181 et 182. — Embellit Narbonne, *ibid.* — Fait construire une seconde muraille entre l'Ecosse et l'Angleterre, *ibid.* — Persécute les chrétiens, *ibid.*

SÉVÈRE (Fl. Valer.), est créé César, I, 202. — Il est déclaré Auguste par Galère, 205. — Est envoyé par lui contre Maxence et Maximin, 207. — Son armée est débauchée, *ibid.* — Il capitule, et, contre la foi qui lui est donnée, il est mis à mort, 208.

SÉVÈRE (Vibius), empereur d'Occident, cède Narbonne à Théodoric, roi des Visigoths, I, 274.

SÉVIGNÉ (Marie de Rabutin, marquise de), son attachement pour Fouquet malheureux, IX, 346. — Ce qu'elle dit de mademoiselle de La Vallière, 353. — Ce qu'elle dit de l'armée du prince de Condé, 387. — Ce qu'elle dit du prince lui-même, 424.

SEXTIUS (C. Calvinus), consul, établit à Aix la première colonie romaine dans les Gaules, I, 38.

SFRONDATE (Nicolas). (*Voy.* GRÉGOIRE XIV.)

SFRONDATE (Hercule), duc de Montemarciano, neveu du pape. (*Voy.* MONTEMARCIANO.)

SFORCE (François), duc de Milan, fils naturel de Jacques Sforce, ou Mutio Attendulo, qui de simple paysan parvint à la dignité de connétable de Naples. Il épouse Blanche-Marie, fille naturelle du dernier duc de Milan de la maison de Visconti, et succède à son beau-père au duché de Milan, IV, 229 et 230. — Louis XI lui cède la ville de Gênes, *ibid.* — Envoie des secours à Louis XI pendant la guerre du bien public, 232.

SFORCE (Ludovic Marie), dit le More, fils puiné du précédent, administrateur de Milan, entretient une alliance sourde avec Isabelle et Ferdinand, rois de Naples, IV, 375 et 376. — Engage Charles VIII à faire la conquête du royaume de Naples. Son motif, 68. — Va au-devant de Charles VIII qui s'avançait vers Milan, 70. — Se fait élire duc de Milan au préjudice de son petit-neveu, 72. — Tient le duc d'Orléans bloqué dans Novare, 87. — Son traité avec Charles VIII à Verceil, *ibid.* — Est obligé de s'enfuir de Milan, 111 et 112. — Rentre dans le Milanais à la tête d'une armée, 114. — Il est fait prisonnier, *ibid.* — Meurt au château de Chinon, 116.

SFORCE (Jean-Galéas-Marie), duc de Milan, fils de Galéas Marie, duc de Milan, frère aîné de Ludovic le More. Son oncle Ludovic Sforce le tient renfermé dans le château de Pavie, V, 68. — Son entrevue avec Charles VIII, *ibid.* — Sa mort, 72.

SFORCE (Maximilien), fils aîné de Ludovic Sforce, duc de Milan, vient dans le Milanais pour y opérer une révolution, V, 220. — Se retire dans Novarre, 224. — Se replie sur Milan après la déroute de Villefranche, 259. — Cède à François Ier les châteaux de Milan et de Crémone, et se retire en France, 264.

SFORCE (François-Marie) duc de Milan, second fils de Ludovic le More. L'empereur Maximilien se déclare son protecteur, V, 266. — Vient dans le Milanais et y lève une armée, 280. — Reparaît en Italie sous les auspices de Charles-Quint, 307. — Les Français lui ouvrent le chemin de Milan, 335. — Charles-Quint lui donne l'investiture du duché de Milan, 353. — Il épouse Christine, fille Christiern II, roi de Danemarck, *ibid.* — Fait arrêter et exécuter Merveille, ambassadeur de François 1er, 354. — Sa mort, 360.

SFORCE (François), seigneur de Pesaro, petit-fils naturel d'Alexandre Sforce, seigneur de Pesaro, fils naturel lui-même de François Sforce ci-dessus, beau-frère de César Borgia dont il avait épousé la sœur; il n'en est pas moins contraint par lui à lui céder la souveraineté, V, 121.

SHOWELL, amiral anglais, transporte l'archiduc Charles de Lisbonne à Barcelonne, X, 138.

SIAGRIUS, fils d'Ægidius, se maintient avec l'opiniâtreté d'un propriétaire dans les faibles restes de la domination romaine dans les Gaules, I, 274. — Est tué par Clovis, 281.

SIÉGES (les). De Paris, II, 111. — De Damiette, 311. — De Calais, III, 154. — De Montargis, IV, 117. — D'Orléans, 122. — De Paris, 236. — De Liége, 263. — De Morat, 329. — De Nanci, 331. — De Marseille, V, 308. — De Pavie, 311. — De Péronne, 376. — De Metz, VI, 47. — De Thérouenne, 50. — De Rouen, 209. — D'Orléans, 220. — De Poitiers, 306. De La Rochelle, 372. — De Sancerre, 381. — De Livron, VII, 17. — De Paris, 253. — De Rouen, 300. — De La Rochelle, VIII 266. — De Nanci, 335. — De Saint-Jean-de-Losne, 366. — De Fontarabie, 382. — D'Arras, 400. — De Turin, *ibid.* — De Dunkerque, IX, 32. — De Lérida, 33. — D'Étampes, 256. — D'Arras, 310. — De Valenciennes, 315. — De Charleroi, 400. — De Maëstricht, 401. — De Philisbourg, 428. — De Valenciennes, X, 2. — D'Alger, 22. — De Gênes, *ibid.* — De Vienne, 27. — De Limerick, 60. — De Namur, 69. — De la même ville, 86. — De Landau, 107. — De Kehl, 111. — De Gibraltar, 127. De Barcelonne, 138. — De Turin, 141. — De Lille, 153. — De Landau, 196. — De Fribourg, *ibid.* — De Dantzick, 320. — De Philisbourg, 326. — De Prague, 342. — De la même ville, 348. — De Château-Dauphin, 365. — De Madras, 387. De Gênes, XI, 2. — De Berg-op-Zoom, 5. — Du fort Saint-Philippe de Minorque, 33. — Du fort Carillon et de Louisbourg, 59. — De Québec, 68. — De Madras, 69. — De Pondichéri, 79. — De Schweidnitz, 88. — De Kolberg, *ibid.* — De Boston, XI, 164. — De Québec, *ibid.* — De La Grenade, 178. — D'York-Town, 200. — De Minorque, 202. — De Pondichéri, 204. — De Gibraltar, 216. — De Goudelour, 223.

SIGEBERT, roi de Cologne, est tué par Cloderic, son fils, I, 286.

DES MATIÈRES.

SIGEBERT, fils de Clotaire I, épouse Brunehaut, I, 302. — Est roi d'Austrasie, 302 et 303. — Fait prisonnier Théodebert, fils de Chilpéric, *ibid.* — Est assassiné par ordre de Frédégonde, 306.

SIGEBERT II, est envoyé par Dagobert son père, pour roi aux Austrasiens, I, 334. — Sa mort, 341.

SIGISMOND, fils de Gondebaud, s'intitule roi de Bourgogne, I, 281. — Est tué par Clodomir, 292.

SIGISMOND, roi de Hongrie, et depuis empereur, envoie demander du secours en France contre Bajazet, empereur de Constantinople, III, 381.

SIGOVÈSE, prince gaulois, conduit une colonie celtique en Germanie, I, 18.

SILANUS (M. Junius), consul, est battu dans les Gaules par les Cimbres, I, 42.

SILHOUETTE (Étienne de), contrôleur général, donne de grandes espérances, XI, 73. — Il les détruit par son projet de subvention territoriale que le parlement refuse d'enregistrer, et par les mesures fiscales qu'il y substitue, 74. — Est remplacé par M. Bertin, 75.

SILLERY (Nicolas Brulart, marquis de), chancelier de France. Le comte d'Entragues remet en sa présence à Henri IV, la promesse de mariage souscrite par ce prince en faveur d'Henriette d'Entragues, VIII, 26. — Il propose dans le conseil le mariage de l'infante d'Espagne avec Louis XIII, 80. — On demande son éloignement, la reine le soutient, 93. — Sa harangue à la députation du parlement de Paris, 115. — On lui retire les sceaux, 133. — Son discours dans le lit de justice tenu par Louis XIII, 140. — Il revient à la cour, 152. — Il rentre dans le ministère, 159. — Il est disgracié, 226. (*Voy.* BRULART et PUISIEUX.)

SILLERY (Noël Brulart, commandeur de), chevalier de Malte, frère du précédent. Les confédérés l'attaquent dans leur manifeste, VIII, 124.

SIMON, dit Caboche. (*Voy.* CABOCHE.)

SINTZENDORFF (le comte de), plénipotentiaire de l'empereur au congrès d'Utrecht. Son mot dans cette assemblée, X, 182.

SIRI (Vittorio), historien, donne quelques détails sur la conjuration de la maison d'Entragues contre Henri IV, VIII, 26, note 1. — Sa remarque sur le jugement rendu contre Concini et sa femme, 158. — Ce qu'il conjecture du cardinal de Richelieu relativement à sa conduite envers Chalais et les Vendômes, 255 et 256. — Ce qu'il dit du jugement rendu contre Montmorency, exécuté à Toulouse, 326.

SIROT, baron de Vitteaux, commande la réserve à la bataille de Rocroy, IX, 15. — Ce qu'il dit à l'occasion de la perte faussement présumée de la bataille, 16. — Est tué dans le parti du prince de Condé, à l'attaque du pont de Gergeau, 248.

SIXTE IV (François d'Albe Scola de la Rovère), pape, excommunie les Florentins pour avoir fait pendre en habits pontificaux l'archevêque de Pise, complice de Pazzi, IV, 356. — Louis XI, en le menaçant du rétablissement de la pragmatique, obtient la levée des censures, *ibid*. — Il envoie le cardinal de la Rovère, son neveu, légat en France, 365.

SIXTE V (Félix Peretti), pape, succède au pape Grégoire XIII, VII, 107. — Refuse de donner des secours à la ligue, 119, à la note. — Fulmine une bulle contre le roi de Navarre, *ibid*. — Sa réponse à l'ambassadeur d'Espagne qui le menaçait, *ibid*. à la fin de la note. — Il envoie un nonce en France, 120. — Son exclamation sur le duc de Guise et sur Henri III, 173. — Projet qu'on lui attribue, 204. — Il paraît fort en colère contre Henri III, en apprenant la mort du cardinal de Guise, *ibid*. — Il lance un premier monitoire contre Henri III, 216. — Il comble d'éloges, en plein consistoire, le parricide de Jacques Clément, 223. — Il envoie le cardinal Gaëtan en France, 236. — Il donne des ordres prudens au légat, *ibid*. — Il change insensiblement de dispositions à l'égard des ligueurs, 249 et 250. — Sa mort, 269.

SOANNEN (Jean), évêque de Sénés, appelle de la bulle *Unigenitus* au futur concile, X, 309. — Il est condamné par le concile d'Embrun, *ibid*.

SOBIESKI (Jean), roi de Pologne, bat les Turcs de concert avec le duc de Lorraine et délivre Vienne, X, 27.

SOBOLES (les), deux frères gentilshommes du pays Messin. Leur affaire avec le duc d'Épernon, gouverneur de cette province, VIII, 12 et 13. — Henri IV les désavoue, *ibid*.

SOCIANDE, l'un des témoins qui déposent dans l'affaire de l'assassinat médité contre le prince de Condé, IV, 153.

SOISSONS (Charles de Bourbon, comte de), fils puîné de Louis I, prince de Condé. Sollicite l'absolution du pape, VII, 186. — Veut épouser Catherine d'Albret, sœur de Henri IV, 278. — Henri IV l'éloigne de Catherine d'Albret, 410. — Le comte d'Entragues remet en sa présence à Henri IV la promesse de mariage souscrite par ce prince en faveur de Henriette d'Entragues, VIII, 26. — Il se plaint au roi du cartel que lui a envoyé le duc d'Angoulême, 30. — Marie de Médicis le fait entrer au conseil après la mort de

Henri IV, 79. — Marie de Médicis lui promet la lieutenance générale du royaume, 83. — Il va le premier travailler chez Concini, 91. — Il entretient des correspondances suspectes avec les étrangers, 93 et 94. — Sa mort, 98.

SOISSONS (Louis de Bourbon, comte de), fils du précédent, succède à son père, VIII, 98. — Bloque La Rochelle, 221. — Est nommé chef du conseil qui devait rester à Paris pendant l'absence de Louis XIII, 246. — Il obtient la permission de voyager hors du royaume après le supplice de Chalais, 252. — Est chargé de s'opposer à l'irruption des Espagnols en Picardie, 361. — Il conjure contre la vie du cardinal de Richelieu, 363. — Il reprend Corbie sur les Espagnols, 367. — Il se retire à Sedan, *ibid.* — Il écrit à Louis XIII une apologie de sa conduite, 371. — Louis XIII rend une déclaration contre lui, 414 et 415. — Il est forcé de faire la guerre, *ibid.* — Il livre bataille à La Marsée et la gagne, 417. — Il est tué, 418.

SOISSONS (Anne de Montafié, comtesse de), mère du précédent. Cabale contre Marie de Médicis, VIII, 98. — Son manège de coquetterie à l'égard du duc de Mayenne, 99.

SOISSONS (Eugène de Savoie, comte de), fils puîné du prince Thomas de Savoie et de Marie de Soissons, fille de la précédente et heritière de son frère. Il épouse Olympe Mancini, nièce du cardinal Mazarin, IX, 321.

SOISSONS (Olympe Mancini, comtesse de), l'aînée des nièces du cardinal Mazarin, et femme du précédent. Petite cour familière qu'elle tient, IX, 321. — Elle est nommée surintendante de la maison de la reine Marie-Thérèse, femme de Louis XIV, 340. — Soupçonnée d'empoisonnement, elle se sauve en Espagne, X, 16. — Se réfugie pour la même cause à Bruxelles, où elle vit peu considérée du prince Eugène son fils, 17. — Elle y meurt, *ibid.*

SOLANO (Don), protégé par l'escadre du comte de Guichen, il se rend à la Havane avec une division destinée contre la Jamaïque, XI, 185 et 186.

SOLDE DES TROUPES (la). Son origine, II, 201.

SOLIMAN, sultan Seljoucide de Nicée, s'oppose aux efforts des princes chrétiens de la première croisade, II, 183.

SOLIMAN II, empereur de Constantinople, fils de Sélim I, chasse de Rhodes les chevaliers de Saint-Jean, V, 286. — Dispute la Hongrie à Ferdinand en faveur de Jean Sepus, 349. — Il envoie un ambassadeur à François I, 358. — Son alliance avec François I, 380.

SOLTICOW, général russe, bat le comte de Dohna à Zullichau, XI, 66. — Fait sa jonction avec Laudhon et bat Frédéric, roi de Prusse, à Kunersdorf, 66 et 67. — Regagne la Pologne, *ibid.* — Cerne Frédéric, de concert avec les Autrichiens, 76 et 77. — Repasse l'Oder, pénètre à Berlin et rentre en Pologne, 78. — Est rejeté par les Turcs de l'autre côté du Danube, 146.

SOMMERSET (Henri de Lancastre, légitimé), petit-fils de Jean de Gand. (*Voy.* LANCASTRE.)

SOMMERSET (Édouard Seymour, duc de), oncle maternel d'Édouard VI, roi d'Angleterre, régent et protecteur du royaume pendant la minorité de son neveu, VI, 8. — Veut faire épouser à son neveu Marie Stuart, reine d'Écosse, 20.

SORBONNE (la), fondée par Louis IX, II, 300. — Ce prince lui donne des livres précieux, l'origine de sa bibliothèque, 340. — Son décret contre Henri III, VII, 201 et 202. — Son décret contre Henri IV, 242. — Sa requête au duc de Mayenne, 319 et 320. — Accepte la bulle *Unigenitus*, X, 210.

SOREL (Agnès), maîtresse de Charles VII, le détourne de se retirer à l'extrémité du royaume, IV, 125. — Sa mort, 180.

SOSTHÉNES, roi de Macédoine, est défait et tué par le second Brennus, général gaulois, I, 28.

SOUBISE (Benjamin de Rohan, seigneur de), fils puîné de René II, vicomte de Rohan et de Catherine de Parthenay, héritière de Soubise, veuve du précédent. Il rend la ville de Saint-Jean-d'Angely, VIII, 217. — Surprend le port de Blavet, enlève les vaisseaux qu'il y trouve et commence ainsi la seconde guerre des protestants sous Louis XIII, 234. — Est battu par le duc de Montmorency, *ibid.* — Négocie en Angleterre et obtient pour les protestants des secours de Charles I. De la troisième et dernière guerre des protestants sous Louis XIII, 263.

SOUBISE (Charles Rohan, prince de), maréchal de France, arrière-petit-fils d'Hercule de Rohan-Guéménée, duc de Montbazon. Commande un secours destiné à l'impératrice, XI, 39. — Est battu à Rosbach conjointement avec le prince de Saxe-Hildeburghausen, par Frédéric, roi de Prusse, 46. — Bat le prince Ferdinand de Brunswick à Lutxelberg, 56. — Est fait maréchal de France, *ib.* — Est battu à Filingshausen, ainsi que le maréchal de Broglie par le prince Ferdinand. Cause de cette défaite, 87. — Est battu par le même, ainsi que le maréchal d'Estrées, à Wilhelmstadt, 91.

SOURDIS (François d'Escoubleau, cardinal de), archevêque de Bordeaux. Il est entremetteur de la paix entre Louis XIII et sa mère, VIII, 204.

SOURDIS (Henri d'Escoubleau-) frère du précédent et son successeur à l'archevêché de Bordeaux. Son différend avec le duc d'Épernon, VIII, 346. — Reprend avec le comte d'Harcourt les îles Sainte-Marguerite, 369. — Bat une flotte espagnole devant Fontarabie, 382. — Est forcé dans ses quartiers devant cette ville, *ibid.* — Échoue dans le ravitaillement de Tarragone, 403.

SOUVRAY. Ce qu'il faisait en Pologne auprès de Henri III, VII, 4.

SOUVRÉ (Gilles de), empêche qu'on étrangle les maréchaux de Montmorency et de Cossé, renfermés à la Bastille, VII, 27. — Il amène du secours à Henri III, 213.

SPADA, nonce du pape. Plaintes que Richelieu lui faisait sur sa position, VIII, 242 et 243.

SPIFAME (Jacques), évêque de Nevers. Le parlement de Paris lui fait son procès; pourquoi, VI, 110.

SPINA, Calabrois. Le cardinal Caraffe le fait arrêter et condamner à mort, VI, 77.

SPINOLA (Ambroise), général espagnol, se prépare à entrer en Champagne, pour appuyer la conjuration de la maison d'Entragues contre Henri IV, VIII, 29. — Agent de l'Espagne à Bruxelles, 61. — Assiège Casal, 270. — Sa mort, 281.

SPIRIDOW, amiral russe, détruit une flotte turque à Tchesmé, XI, 144.

STAAL (madame de), confidente de la duchesse du Maine. Ce qu'elle dit des intrigues de sa maîtresse contre le régent, X, 251. — Écrit qu'on exige d'elle pour condition de sa liberté, 259 et 260.

STARHENBERG (le comte de) quitte l'Italie pour courir à la défense du Tirol et est poursuivi par Vendôme, X, 114. — Bat le maréchal de Bezons en Catalogne, 165. — Bat Philippe V et le marquis du Bay à Sarragosse, 173. — Est battu à Villaviciosa par Vendôme et se retire en Catalogne, 174.

STAIRS (le lord), ambassadeur d'Angleterre en France. Ses liaisons avec le duc d'Orléans, régent, X, 224. — Réponse qu'il s'attire de Louis XIV, 220. — Bat le maréchal de Noailles à Dettingue, 354.

STANHOPE (lord Jacques), général anglais, rejoint le comte de Stahremberg en Espagne, et contribue à la victoire de Sarragosse, X, 173. — Le duc de Vendôme le fait prisonnier à Brihuega, 174. — Ses liaisons avec le duc d'Orléans, régent, 224.

STANISLAS LECZINSKI, roi de Pologne. (*Voy.* LECZYNSKI).

STANLAY (lord). Commission dont il charge un domestique pour Louis XI, IV, 309.

STILICON, prince vandale, attaché au service de l'empire romain, époux de Serène, nièce de Théodose-le-Grand. Il commande les barbares à la bataille d'Aquilée, I, 245. — Est nommé tuteur du jeune empereur Honorius, 247. — Fait renouveler les alliances avec les Francs, *ibid.* — Passe en Orient à la nouvelle de l'incursion d'Alaric, et l'oblige à se retirer, 249. — Le ménage dans sa retraite, *ibid.* — Renvoie les troupes d'Orient à Arcade par Gaïnas, chargé de se défaire de Rufin, 250. — Il fait prisonnier Alaric, 251. — Le bat à Pallentia et à Vérone et le force à retourner en Illyrie, 252. — Est accusé d'avoir appelé sur l'Italie la plus formidable incursion des barbares pour placer son fils Eucher sur le trône, *ibid.* — Marie successivement ses deux filles à l'empereur Honorius, *ibid.* — Fait attaquer l'usurpateur Constantin dans les Gaules, 253 et 254. — Est rendu suspect à Honorius, qui le fait assassiner, *ibid.*

STRAFORD (le comte de), l'un des négociateurs anglais au congrès d'Utrecht, X, 181.

STROZZI (Pierre), Florentin, maréchal de France, fils de Philippe I Strozzi, et de Claricie de Médicis, tante de la reine Catherine Médicis. Henri II lui donne le commandement de ses troupes en Italie, 58. — Repousse le marquis de Marignan qui assiégeait Sienne, *ibid.* — Est battu par le marquis de Marignan et blessé dans sa retraite, *ibid.* — Est disgracié, 60.

STROZZI (Philippe II), colonel de l'infanterie française, fils du précédent et de Laudomie de Médicis, cousine issue de germain de Côme-le-Grand, aïeul de la reine Marie de Médicis. Est forcé de se rendre au combat de la Roche-l'Abeille, VI, 305. — Coligni lui sauve la vie, *ibid.* — Conduit Antoine, prieur de Crato, aux îles Açores, est battu par le marquis de Sainte-Croix et massacré, VII, 91.

STUART-ALBANY (Jean), comte de Buchan, connétable de France, petit-fils de Robert II Stuart, premier roi d'Écosse de cette maison, neveu de Robert III et cousin-germain de Jacques I. (*Voy.* BUCHAN.)

STUART-DARNLEY (Jean II), connétable d'Écosse, comte d'Évreux et seigneur d'Aubigny, fils d'Alexandre Stuart Darnley, lequel avait le même trisaïeul (Walter Stuart) que Robert II, premier roi d'Écosse de la maison Stuart. Il est tué à la bataille de Rouvrai ou des Harengs, IV, 124.

STUART-DARNLEY (Guillaume), frère du précédent, est tué à la bataille de Rouvrai ou des Harengs, IV, 124.

STUART-DARNLEY (Eberard ou Beraud), seigneur d'Aubigny, petit-fils de Jean II ci-dessus, et beau-père de Robert Stuart, comte de Beaumont-le-Roger, maréchal de France, arrière-petit-fils du même Jean II, par Alain son fils aîné. (*Voy.* AUBIGNY).

STUART (Jacques I), roi d'Écosse, fils de Robert III et petit-fils de Robert II, premier roi d'Écosse de la maison Stuart, comme héritier de Marie de Bruce sa mère. Prisonnier dix-huit ans en Angleterre, il est enfin élargi, IV, 105.

STUART (Jacques IV), roi d'Écosse, fils de Jacques III, petit-fils de Jacques II et arrière-petit-fils de Jacques I ci-dessus. (*Voy.* JACQUES IV.)

STUART (Jacques V), roi d'Écosse, fils du précédent. (*Voy.* JACQUES V.)

STUART (Marie), fille du précédent et de Marie de Lorraine-Guise, successivement épouse de François II, roi de France, et de Henri Stuart-Darnley, comte de Lenox, arrière-petit-fils de Matthieu Stuart, frère aîné de Robert ci-dessus, maréchal de France. (*Voy.* MARIE STUART.)

STUART (Jacques VI en Écosse et I en Angleterre), fils de la précédente et de Henri Stuart (*Voy.* JACQUES I.)

STUART (Charles I), roi d'Angleterre, fils du précédent. (*Voy.* CHARLES I.)

STUART (Charles II), roi d'Angleterre, fils du précédent. (*Voy.* CHARLES II.)

STUART (Jacques II), roi d'Angleterre, frère du précédent (*Voy.* JACQUES II.)

STUART (Jacques), dit le chevalier de Saint-Georges ou le premier prétendant, fils du précédent. (*Voy.* PRÉTENDANT, le premier).

STUART (Charles Edouard), dit le second prétendant, fils aîné du précédent. La tempête rompt les mesures de la France pour le transporter en Angleterre, X, 360 et 361. — Il aborde en Écosse sur une simple frégate, frétée par un négociant, 375. — Se fait reconnaître régent à Edimbourg, *ibid.* - Bat sir Cope à Preston-Pans, 376. — Pénètre jusqu'à trente lieues de Londres, *ibid.* — Est forcé par le duc de Cumberland de rétrograder, 377. — Bat le général Hawley à Falkirk, 378. — Est battu et son parti ruiné sans ressources à Culloden par le duc de Cumberland, 378 et 379. — Dangers qu'il court pendant cinq mois, 379 à 381. — Il aborde en

France, *ibid.*—Est forcé de quitter la France, XI, 11.— Sa mort, *ib.*

STUART (Robert), prisonnier à Vincennes. Les Guises se le font amener à Amboise. Pourquoi, VI, 134. — Se sauve d'Amboise. Sa lettre au cardinal de Guise après sa fuite, 144. — Blesse mortellement le connétable de Montmorency à la bataille de Saint-Denis, 273 et 274. — Est fait prisonnier à la bataille de Jarnac, et tué à coup de poignard, 297.

STUART (le major) commande en chef dans l'Inde après la mort de sir Eyre Coote, XI, 223. — Il investit Goudelour, *ibid.* — S'empare des dehors de la place, 224. — La paix met fin à ses opérations, 225.

STYRUM (le comte de), général des Cercles, est battu par l'électeur de Bavière, X, 111. — Est encore battu à la première bataille d'Hochstædt par Villars et l'électeur, 117.

SUÈDE (le roi de). (*Voy.* GUSTAVE ADOLPHE, CHRISTINE, CHARLES GUSTAVE X, CHARLES XI, CHARLES XII, FRÉDÉRIC DE HESSE, GUSTAVE III.)

SUEUR (le), peintre célèbre sous Louis XIV, X, 216.

SUFFOLK (Richard Pole, duc de). (*Voy.* POLE.)

SUFFREN DE SAINT-TROPEZ (le bailli de), vice-amiral de France. Chargé de conduire un renfort dans l'Inde, il attaque dans la baie de la Praya le commodore Johnstone, et l'empêche de mettre à exécution ses projets sur le Cap de Bonne-Espérance, XI, 208. — Dépose le marquis de Bussy au cap pour le défendre et poursuit sa route, 209. — Remet son escadre au comte d'Orves à l'Ile de France, 219. — Part avec lui pour l'Inde, *ibid.* — Y commande en chef par la mort du comte, *ibid.* — Rend un combat indécis contre sir Edward Hughes à la hauteur de Sadras, 220. — Débarque ses renforts à Porto-Novo, *ibid.* — Rend un second combat indécis contre sir Edward à Provendierne, sur la côte de Ceylan, *ibid.* — Livre un troisième combat indécis, mais qui l'empêche de suivre ses plans de surprise sur Négapatnam, 221. — S'empare de Trinquemale, *ibid.* — Rend un quatrième combat contre sir Edward, qui arrivait au secours de la place, *ibid.* — Va hiverner à Achem, *ibid.* — Est rejoint par quatre vaisseaux et deux mille cinq cents hommes, amenés par M. de Bussy, 222. — Arrive au secours de Goudelour, renforce ses équipages d'une partie de la garnison, combat et repousse sir Edward, qui amenait l'artillerie de siège, et accroit ensuite la garnison de ses soldats de marine, 224. — La paix met fin à ses exploits, 225.

SUGER, abbé de Saint-Denys, appelé au conseil de Louis VI, II,

203. — S'oppose à la croisade, 219. — Est régent du royaume pendant l'absence de Louis VII, *ibid.* — Réconcilie Louis VII et Éléonore. Sa mort, *ibid.*

SUISSES (les). Se rendent indépendans, III, 69. — Sont battus à Bottelem par le dauphin, depuis Louis XI, IV, 171. — Font la paix avec lui, *ibid.* — Livrent Ludovic Sforce à La Trémouille, V, 116. — Sont battus à Marignan par François I, 261.—Protégent Charles IX, VI, 267.—Défendent et ne peuvent sauver Louis XVI, XI, 365 et suiv.

SULLIVAN, général américain. Tentative infructueuse qu'il fait sur Rhode-Islande, de concert avec MM. d'Estaing et de La Fayette, XI, 173 et 174.

SULLY (Maximilien I de Béthune, marquis de Rosny, et duc de). Ce qu'il raconte dans ses mémoires de la conjuration de Salcède, VII, 89, à la note. — Conseils qu'il donnait à Henri IV, 321. — Il l'engage à changer de religion, 334.—Confident de Henri IV, 409. — Il détourne Henri IV d'épouser Gabrielle d'Estrées, 412. — Raisons qu'il lui donne pour ne pas l'épouser, *ibid.* – Il se brouille avec Gabrielle d'Estrées. A quelle occasion, 415. — Il dissuade Henri IV d'épouser Henriette d'Entragues sa maitresse, et déchire la promesse de mariage que ce prince lui avait faite, 419. — Est fait grand-maître de l'artillerie, 420. — Veut qu'on refuse tout délai au duc de Savoie pour se décider à l'échange du marquisat de Saluces, 435. — Sa diligence dans les préparatifs militaires contre le duc, 436. — Henri IV lui fait part de la conjuration de Biron, 452. — Il lui ordonne d'aller entendre les dépositions de La Fin à ce sujet, 453. — Ce qu'il pensait des manufactures, VIII, 3. — Il veut que les impôts ne frappent que sur le luxe, *ibid.* — Ses opérations de finance pour la restauration de l'état, 5 et 6. — Altercation avec Sancy, en présence de Henri IV, 7. — Avec le duc d'Epernon au conseil, 8 et 9. — Explication avec le connétable, 11.—Établit la Paulette, 12.—Négocie un traité avec Jacques I, roi d'Angleterre, 16.— Ce qu'il disait de Henri IV et de Henri ite d'Entragues, 21 et 22. — Conseils qu'il donnait à Henri IV pour obtenir de la tranquillité, *ibid.* — Henri IV l'envoie dans le Poitou pour faire justice des complices de la conjuration d'Entragues, 38. — Il se forme une intrigue contre lui, 40. — Il se racommode avec Henri IV, qu'on avait cherché à indisposer contre lui, 42. — Ce qu'il disait à Henri IV de la condition des rois, 43.— Henri IV le charge de porter ses plaintes au prince de Condé sur sa conduite à l'égard de sa femme, 56. — Manière dont il s'acquitte de sa commission, *ibid*. Description plaisante qu'il fait de la manière dont fut reçue à la cour la nouvelle de la fuite du prince de Condé et de son épouse, 57. - Son avis dans le conseil tenu à ce sujet, 58. — Ce qu'il dit à Henri IV en sortant de ce conseil, *ibid*. — Il opine dans le conseil pour la guerre avec l'Espagne, 80. — Marie de Médicis lui promet de le conserver dans ses places, 83. — Il refuse de laisser prendre de l'autorité à Concini dans les finances, 84. — Il assiste à Saumur à une assemblée de Calvinistes. Par quel motif, 90. — Il se retire dans ses terres, *ibid*. Ce qu'il dit à Louis XIII en voyant les courtisans rire de son costume, *ibid*. à la note 2. — Comment il nommait Henri IV, 91. — Il entre secrètement dans une cabale formée contre Marie de Médicis, 102 à la note 2. — Conseils qu'il donne à Marie de Médicis, 137.

SULLY (Charlotte Séguier, duchesse de), fille du chancelier Pierre Séguier et épouse de Maximilien-François de Béthune, petit-fils du précédent. Elle accompagne son père qui allait au parlement, IX, 68. — Elle est blessée dans cette occasion, 69.

SULLY (Maximilien-Henri, duc de), petit-fils de la précédente. Law veut lui acheter le marquisat de Rosny, X, 250. (*Voy*. BÉTHUNE et ROSNY.)

SULPICINES (les). Qui l'on appelle de ce nom, X, 316.

SULPITIUS (C.), dictateur, fait éprouver aux Gaulois un échec considérable, I, 25.

SUZANE DE BOURBON, héritière de la branche aînée, fille de M. et de madame de Beaujeu. Louis XII pourvoit à son établissement, V, 100. — Épouse Charles de Bourbon, connétable de France, 298. — Sa mort, *ibid*. Institue son mari pour son héritier, 298. (*Voy*. BOURBON et BEAUJEU.)

SUVAROW (prince Italinsky), général russe, est rejeté par les Turcs de l'autre côté du Danube, XI, 146. — Ses succès contre les Turcs sur le Dniester, 349. — Prend Varsovie et met fin au royaume de Pologne, 352.

SUZE (Rostaing de Beaune, comte de), entre dans une cabale formée contre Marie de Médicis, VIII, 102, note 2.

SUZERAINETÉ (le droit de). En quoi il consistait, II, 157 et 158.

SYAGRIUS. (*Voy*. SIAGRIUS.)

SYLVAIN, officier franc, entre au service de l'empereur Constance, I, 219. — Est fait maître de la cavalerie dans les Gaules, *ibid*. — Dénoncé comme traître, il se fait proclamer Auguste, *ibid*. — Est assassiné par ordre de Constance, *ibid*. — Les Francs vengent sa mort, 220.

SYSTÈME (le). Ce que l'on appelle de ce nom, X, 244.— Ses effets, 272 et 273.

T

TABLE DE MARBRE (la). Ce que c'était. Sa création, VI, 7.

TABOUREAU - DES - RÉAUX, contrôleur-général, succède à M. de Clugny, XI, 158. — A pour adjoint M. Necker, *ibid.*

TACITE (M. Claud.), empereur romain, descendant de l'historien, est assassiné par ses soldats, I, 192.

TAILLE (la), est établie à perpétuité. A quoi elle est spécialement affectée, IV, 172.

TALBOT (Jean), comte de Shrewsbury, dit l'Achille anglais. S'empare de Laval, IV, 121. — Est battu à Patay par le connétable de Richemont. Est fait prisonnier par Xaintrailles et relâché à sa recommandation, 133.— Repousse Jean-le-Bon, duc de Bourgogne, au Crotoi, 159. — Est obligé de lever le siège de Dieppe, 170.— Se rend maître du Bordelais, 185. — Est vaincu à la bataille de Castillon. Sa mort, 186.

TALLARD (Camille d'Hoshen, comte de), maréchal de France. I laisse échapper le prince de Bade qu'il était chargé de tenir en échec, X, 116. — Prend Brisach et Landau, *ibid.* — Bat à Spire le prince de Hesse-Cassel, beau-frère de Charles XII et son successeur au trône de Suède, 120. — Opère sa jonction avec l'électeur de Bavière, 122. — Est battu avec lui à Hochstædt par Marlborough, le prince Eugène et le prince de Bade, 124 et 125.

TALLEYRAND. (*Voyez* CHALAIS et PÉRIGORD.)

TALLEYRAND DE PÉRIGORD (N.), évêque d'Autun, et député aux états généraux de 1789. Officie au champ de Mars à la première fédération, XI, 318. — Membre du directoire du département de Paris, signataire à ce titre d'une adresse au roi pour l'inviter à apposer son *veto* sur un décret vexatoire du corps législatif, 342.

TALLIEN, membre de la commune de Paris, annonce d'avance en mots couverts à l'Assemblée législative les massacres de septembre, XI, 372.

TALON (Omer), avocat général du parlement de Paris. Raison qu'il donne, dans un lit de justice tenu par Louis XIII, pour changer les dispositions de ce prince, IX, 5. — Plaintes qu'il faisait dans le parlement sur la manière dont la régente était traitée, 38. — Ce qu'il disait du chancelier Séguier, 39. — Ce qu'il disait de Chavigny, *ibid.* — Il fait tous ses efforts pour ramener la paix, 128. Il conjure Gaston de revenir auprès du roi, 192. — Sa réponse au coadjuteur, qui se plaignait de la conduite inconséquente du parlement, 239.

TALON (Denys), avocat général au parlement de Paris, fils du précédent. Son plaidoyer contre la conduite du pape dans l'affaire des franchises, X, 49.

TAMBOURIN, théologien cité dans les Lettres provinciales, IX, 153.

TANCRÈDE, roi de Sicile, fils naturel de Roger, duc de Pouille, usurpateur du trône sur Constance, sa tante, femme de l'empereur Henri VI et fille du roi Roger II. Ses liaisons avec Richard, roi d'Angleterre, deviennent une des causes de la détention de ce prince, II, 249.

TANGÉ, agent du duc de Savoie et du comte de Fuentes. Henri IV le fait arrêter, VII, 475.

TANNEGUI DU CHATEL, seigneur breton, s'attache à Charles V, III, 247. — Prevôt de Paris, prend les mesures nécessaires pour empêcher le duc de Bourgogne de se rendre maître de cette ville, IV, 68. — Sa réponse aux plaintes des Parisiens, 79. — Transporte Charles, dauphin, à la Bastille, et de là à Melun, 80. — Veut pénétrer dans Paris, est repoussé, 81. — Assiste de la part du dauphin aux conférences avec la cour et le roi d'Angleterre, 87. — Détermine la dame de Giac, maîtresse du duc de Bourgogne, à engager ce prince à rompre la conférence avec Henri V, 88. — Est soupçonné d'avoir assassiné le duc de Bourgogne, 92. — Sa générosité, 112. — Charles VII lui donne le gouvernement de Baucaire, 113.

TANNEGUI DU CHATEL, neveu du précédent, avance les frais des funérailles de Charles VII, IV, 206.

TANQUEREL (Jean), licencié en théologie, soutient dans des thèses des propositions attentatoires à l'autorité royale; est condamné à se rétracter, VI, 179.

TARBÉ, ministre des finances sous Louis XVI, XI, 348. — Il se retire et est remplacé par le Génevois Clavières, 347.

TARDIF (Jean), conseiller au châtelet. La faction des Seize le fait pendre, VII, 297.

TARGET, avocat, député aux états généraux de 1789. Il ouvre la fameuse séance du 4 août, 281. — Est choisi par Louis XVI pour être un de ses défenseurs, et refuse, 387.

TARIF (le) sous la régence d'Anne d'Autriche. Ce que c'était, IX,

42. — Celui du traité de commerce entre la France et l'Angleterre, Réflexions à ce sujet, XI, 229.

TAVANNES (Gaspard de Saulx, dit de), maréchal de France, se distingue au combat de Renti, VI, 56. — Empêche l'hérésie de pénétrer en Bourgogne, 182. — Ce qu'il dit du duc de Guise et de Catherine de Médicis, 192. Refuse d'obéir à la reine qui lui ordonnait d'attaquer les Allemands malgré leur sauf conduit, 228. — Ses entreprises en Bourgogne contre les calvinistes, 240. — Ce qu'il dit à Charles IX lors de son entrée dans la Bourgogne, 248. — Il a ordre d'enlever le prince de Condé, 287. — Comment il exécute sa commission, 287 et 288. — Commande l'armée du roi sous le duc d'Anjou à la bataille de Jarnac, 295. — Il assiége Cognac, 301. — Sa réponse au cardinal de Lorraine, 304. — Avis qu'il ouvre après la bataille de Montcontour, 313. — Il se retire dans son gouvernement de Bourgogne, 314. — Sa réponse à Catherine de Médicis au sujet de la reine de Navarre, 331. — Confirme à Charles IX tout ce que Catherine de Médicis lui a dit de l'assassinat de Coligni, 346. — Assiste au conseil où le massacre des calvinistes est fixé au jour de la Saint-Barthélemi, 349. — Y propose de conserver la vie au roi de Navarre et au prince de Condé, ibid. Ordre qu'il donne au prévôt des marchands, 350. — Menace le prévôt des marchands de l'indignation du roi, pourquoi, ibid. — Encourage le massacre de la Saint-Barthélemi, 357.

TAVANNES (Jacques de Saulx, comte de), arrière petit-fils du précédent. Sarcasme que se permet à son égard le prince de Condé qui lui avait laissé le commandement de son armée, IX, 286.

TAVERNY, lieutenant de maréchaussée, soutient un siége de neuf heures dans sa maison à la journée de la Saint-Barthélemi, VI, 363.

TAXIS (Jean-Baptiste), agent du roi d'Espagne auprès de la ligue. Ses vues sur la France, VII, 292. — Son entrevue à Soissons avec le duc de Mayenne, 326. — Il réconcilie les ambassadeurs d'Espagne avec le duc de Mayenne, 329. — Il demande dans un conseil tenu chez le légat l'infante Isabelle pour reine de France, 338.

TEILLO (don), frère de Henri Transtamare, roi de Castille. Ses propos insultants au connétable du Guesclin, III, 252. — Il prend la fuite à la bataille de Navarette, 253.

TÉLIGNY (Louis, seigneur de), gentilhomme protestant, est envoyé à la cour par les confédérés, pourquoi, VI, 287. — Épouse Louise de Châtillon, fille de l'amiral Coligni, 328. — Se trompe sur les dispositions de la cour à l'égard de Coligni, 348. — Est tué à la Saint-Barthélemi, 356.

TELLIER (Michel le), ministre de la guerre, puis chancelier de France. La régente le charge de veiller à la tranquillité de Paris pendant son absence, IX, 169. — Il s'oppose dans le conseil à ce que l'on procure le chapeau de cardinal au coadjuteur, 177. — Condé demande son expulsion du ministère, 212. — Il empêche la régente d'accepter les offres du coadjuteur, 284. — Ministre de la guerre, 341. — Fait passer son emploi au marquis de Louvois, son fils, 357.

TELLIER (François-Michel le), marquis de Louvois. (*Voy.* LOUVOIS.)

TELLIER (Louis-François-Marie), marquis de Barbesieux, troisième fils du précédent. (*Voy.* BARBESIEUX.)

TELLIER (Louis-César le), maréchal d'Estrées, neveu du précédent. (*Voy.* ESTRÉES.)

TELLIER (le P. Michel), jésuite, confesseur de Louis XIV. Son caractère, X, 167. — Ses projets contre le cardinal de Noailles, 206. — Est renvoyé par le régent, 223.

TEMPLIERS (les). Leur origine, II, 187. — Leurs altercations dans la Palestine avec les chevaliers de Saint-Jean, 320. — Leur destruction, III, 47 et 48. — Leur condamnation, 49. — Leur abolition, 51.

TENCIN (Guérin de), archevêque d'Embrun, préside le concile d'Embrun, X, 309.

TENDES (Honorat II de Savoie, comte de), petit-fils de René de Savoie, marquis de Villars, frère légitime de la mère de François I, gouverneur de Provence. Il refuse de se prêter à l'exécution des ordres sanguinaires de Charles IX, VI, 362. — Il meurt empoisonné, 363.

TERNAY (le chevalier de), porte en Amérique le comte de Rochambeau et six mille hommes de débarquement, XI, 188.

TERRAY (Joseph-Marie), conseiller au parlement, est fait contrôleur général des finances, XI, 137. — Son caractère, *ibid.* — Étendue du déficit à son entrée dans le ministère, 141. — Il suspend les paiements et réduit les rentes, *ibid.*

TERRIER DE MONTCIEL est appelé au ministère de l'intérieur par Louis XVI, XI, 357.

TESSÉ (René Froullai de), maréchal de France, lève le siége de Barcelonne, X, 143. — Fait lever celui de Toulon au duc de Savoie et au prince Eugène, 147.

TÉTRICUS, proclamé empereur dans les Gaules, n'ose se refuser au vœu des soldats, I, 190. — Appelle lui-même l'empereur Aurélien et se rend à lui, 191 et 192.

THAUN. (*Voy.* DAUN.)

THÉBÉENNE (la légion) est massacrée par ordre de Maximien - Hercule, 1, 196.

THÉMINES (Pons de Cardaillac de), maréchal de France, arrête le prince de Condé, VIII, 139. — Assiége La Rochelle, 234.

THÉODEBALDE, fils de Théodebert, lui succède au royaume d'Austrasie, I, 296. — Sa mort, 297.

THÉODEBERT I, roi d'Austrasie, fils de Thierry I, I, 194. — Fait la guerre en Aquitaine, *ibid*. — Répudie Visigarde pour épouser Deuterie, 295. — Quitte Deuterie pour reprendre Visigarde, 297. — Avait reçu de Vitigès, roi d'Italie, tout ce que les Goths possédaient encore dans les Gaules, *ibid*. — Sa mort, *ibid*.

THÉODEBERT, fils de Chilpéric I, roi de France, est fait prisonnier par Sigebert, son oncle, I, 303. — Reprend les armes contre Sigebert, est défait et tué, 305 et 306.

THÉODEBERT II, roi d'Austrasie, fils de Childebert, I, 320. — Est vaincu par Thierry, son frère, et assassiné par ordre de Brunehaut, 323.

THÉODON, fils de Tassillon, duc de Bavière, est donné en otage à Charlemagne, II, 33. — Est enfermé dans un monastère avec son père, 34.

THÉODORE (le roi). (*Voy.* NEUHOFF, le baron de).

THÉODORIC, roi des Visigoths, concourt avec Mérovée et Aétius à battre Attila, roi des Huns, I, 268. — Fait en Espagne la guerre aux Suèves, à la sollicitation de l'empereur Avitus, et s'approprie ses conquêtes, 272. — S'étend au-delà des Pyrénées dans la Gaule, 274.

THÉODORIC-LE-GRAND, roi des Ostrogoths en Italie, beau-frère de Clovis. Entreprend la défense d'Amalaric, son pupille, fils d'Alaric II, roi des Visigoths, et bat à Arles Thierry I, fils aîné de Clovis, I, 285.

THÉODOSE (le comte) est envoyé par l'empereur Valentinien contre les Francs et en Bretagne, I, 230.

THÉODOSE-LE-GRAND, empereur, fils du précédent. Commandant en Mœsie; il se retire en Espagne après la catastrophe de son père, I, 234. — Reçoit de Gratien le commandement des débris de l'armée de Valens, *ibid*. — Contraint les Goths à repasser le Danube, 235. — Est associé à l'empire par Gratien, et investi du département de l'Orient, *ibid.* — Achève de repousser les barbares à l'aide des Francs Arbogast et Baudon qui lui sont envoyés par Gratien, *ibid.* — Accueille Valentinien II dépouillé par Maxime, 241. — Défait Maxime en Pannonie et l'investit dans Aquilée, où il est livré et mis à mort, 242. — Rétablit Valentinien, *ibid.* — Reçoit honnêtement les ambassadeurs de l'usurpateur Eugène, 244. — Se dispose néanmoins à lui faire la guerre, *ibid.* — Force le passage des Alpes Julies, 245. — Remporte une victoire décisive sur Eugène et Arbogast, 246. — Fait mettre Eugène à mort, 247. — Meurt lui-même trois mois après possesseur des empires d'Occident et d'Orient, *ibid.* — Les partage à ses deux fils Honorius et Arcadius, *ibid.*

THÉODOSE II le Jeune, empereur d'Orient, fils d'Arcadius et petit-fils du précédent. Se rachète du pillage des Huns conduits par Attila, I, 267. — A pour conseil Pulchérie, sa sœur, qui lui succéda, 271.

THERMES (Paul de La Barthe, seigneur de), maréchal de France, commande une armée française en Italie, VI, 57. — Est envoyé à Sienne, d'où il passe en Corse, 58. — Brissac menace son armée de se faire remplacer par lui, 62. — Est fait maréchal de France, 97. — Le duc de Guise l'envoie avec huit mille hommes piller la Flandre, *ibid.* — Est rencontré par Lamoral, comte d'Egmond, qui le bat et le fait prisonnier, 98.

THIBAULT, comte de Champagne. (*Voy.* CHAMPAGNE.)

THIBAULT, curé de Soupes près Nemours, député aux états-généraux de 1789, offre, lors de la nuit du 4 août, la remise du casuel des curés, XI, 284.

THIERRY I, roi d'Austrasie, fils aîné de Clovis, est battu à Arles par Théodoric-le-Grand, roi des Ostrogoths, I, 285. — Son irruption en Allemagne, 294.

THIERRY II, roi de Bourgogne, fils de Childebert II, I, 320. — Fait renfermer son frère Théodebert, *ibid.* — Tire son épée contre Brunehaut, son aïeule. Sa mort, 323.

THIERRY III, roi de France, fils de Clovis II et de Bathilde, I, 342. — Est mis sur le trône par Ebroin, 343. — Se renferme dans l'abbaye de Saint-Denis, *ibid.* — Remonte sur le trône, 345. — Rend à Dagobert, fils de Sigebert d'Austrasie, une partie de ses états, 346. — Les Austrasiens refusent de le reconnaître, *ibid.* — Pepin d'Héristal s'empare de sa personne, *ibid.* — Sa mort, 347.

THIERRY IV, dit DE CHELLES, roi de France, fils de Dagobert III, I, 351. — Est mis sur le trône de Neustrie par Charles-Martel, 354. — Sa mort est suivie de cinq ans d'interrègne. 35..

THION DE LA CHAUME, membre du directoire du département de Paris, signataire à ce titre d'une adresse au roi pour l'inviter à apposer son véto sur un décret vexatoire du corps législatif, XI, 342.

THOMAS (le prince). (*Voy.* SAVOIE-CARIGNAN.)

THOMAS D'AQUIN (saint), dominicain; son exclamation à la table de Louis IX, II, 299.

THORÉ (Guillaume de Montmorency, seigneur de), cinquième fils du connétable Anne de Montmorency, et frère du maréchal de Montmorency, se sauve en Picardie avec le prince de Condé, VI, 391. — Sa réponse à Catherine de Médicis qui le menaçait de lui envoyer les têtes de son frère et de son beau-frère, VII, 30. — Il est défait auprès de Langres par le duc de Guise, 31. — Défend Senlis contre les ligueurs, 215.

THOU (Christophe de), premier président au parlement de Paris. Son avis relativement aux calvinistes, VI, 109. — Chef de la commission nommée pour faire le procès au prince de Condé, 154. — Ce qu'il conseille dans la conjuration de La Salcède, VII, 89. — A pour successeur Achille de Harlay, son gendre, 114.

THOU (Augustin de), avocat général, puis président à mortier au parlement de Paris, frère du précédent. Ce qu'il dit à Bussi-le-Clerc, qui s'apprêtait à conduire le premier président de Harlay, son neveu, à la Bastille, VII, 203.

THOU (Jacques-Auguste de), dit l'historien, neveu du précédent, président à mortier après lui, et troisième fils du premier président. Ce qu'il raconte de François Civil, officier de la garnison qui défendait Rouen contre les royalistes, VI, 211, à la note. — Ce qu'il rapporte du baron des Adrets, 229. — Ce qu'il raconte de Briquemaut, un chef des calvinistes, 292. — Ce qu'il dit des historiens italiens, 333. — Motif qu'il prête à Catherine de Médicis relativement à l'entreprise des Jours gras, 393. — Sa réflexion relativement au supplice de Montgommeri, VII, 11. — Sa réflexion sur le caractère de Henri III, 126. — Description qu'il fait de la procession de la ligue à Chartres, où Henri III s'était retiré, 179. — Sa remarque sur les états généraux, 188. — Assiste pour Henri IV aux conférences de Surène, 332. — Un des rédacteurs de l'édit de Nantes, 403. — Commission dont le charge le prince de Condé auprès de Henri IV, VIII, 55.

THOU (Nicolas de), oncle du précédent, évêque de Chartres, procure à Henri III une réception honorable dans cette ville, malgré les ligueurs, VII, 173.

THOU (François-Auguste), fils aîné de l'historien, ami et conseil de Cinq - Mars, grand écuyer et favori de Louis XIII, VIII, 420. — Il dissuade Cinq-Mars du projet d'assassiner Richelieu, 427. — Il écrit à Rome et en Espagne du consentement du roi, 428. — Il désapprouve le traité signé avec l'Espagne, au nom de Gaston, du duc de Bouillon et de Cinq-Mars, 432. — Il est arrêté à Narbonne avec Cinq-Mars, 433. — Ses réponses dans l'interrogatoire, 438. — Il est condamné, 439. — Ce qu'il dit à Cinq-Mars au moment où on lui prononçait sa sentence, 439 et 440. — Il est exécuté, 441.

THOURET, avocat de Rouen, député aux états généraux de 1789, opine pour la spoliation du clergé, XI, 305.

THURIN (Philibert de), conseiller au parlement de Paris, est nommé rapporteur dans le procès du duc de Biron, VII, 459. — Il est nommé rapporteur dans l'affaire de la conjuration de la maison d'Entragues, VIII, 33.

TIBÈRE (Claude Néron), empereur romain, fils de Tibère Claude Néron et de Livie, depuis femme d'Auguste. Il remplace Agrippa dans les Gaules, I, 144. — Devient gendre d'Auguste, 146. — Est envoyé en Germanie, *ibid.* — Y retourne après la défaite de Varus, 147. — Parvient à l'empire, 148. — Rappelle Pilate de la Syrie, 150. — Sa mort, *ibid.*

TIBERT, un des officiers de la garde du comte de Saint - Paul, gouverneur de Paris, IV, 32. — Rassemble les satellites de Jean-sans-Peur, duc de Bourgogne, 44.

LIETBERGE, femme de Lothaire, roi de Lorraine. Son mari fait annuler son mariage pour épouser Valdrade, sa maîtresse, II, 95. — Le pape Nicolas casse le jugement des évêques, et force Lothaire à la reprendre, *ibid.*

TIGNERETTE, gendarme, se sacrifie pour le salut de l'armée d'Audincton, et survit à son dévouement, V, 287.

TIGNONVILLE (Guillaume), prévôt de Paris, demande, après l'assassinat du duc d'Orléans, la permission de fouiller les hôtels des princes, IV, 10. — Sentence prononcée contre lui pour avoir fait pendre un suppôt de l'université, 17.

TILLY (Jean Tzerclaes, comte de), général de l'électeur de Bavière, est battu à Léipsic par Gustave-Adolphe, roi de Suède, VIII, 352. — Est blessé mortellement en défendant le passage du Leck, *ibid.*

TIPOO-SAIB, sultan de Mysore, fils d'Aïder - Ali - Kan, attaque infructueusement le colonel Baillie, XI, 206. — Est battu par sir

Eyre-Coote, 208. — Se sépare des Français à la nouvelle de la mort de son père pour courir à la défense de ses états attaqués par le général anglais Matthews, 223. — Il le bat à l'aide de la division de l'armée française qui lui avait été accordée, et le force à capituler, *ibid.* — Le fait périr en expiation de ses atrocités pour violations des clauses de la capitulation, *ibid.*

TITE, empereur romain, fils de Vespasien, prend Jérusalem et ruine cette ville, I, 161. — Rien de remarquable dans les Gaules sous son règne, 176.

TOIRAS (Jean du Caylar de Saint-Bonnet, marquis de), maréchal de France, s'empare de l'île de Rhé, VIII, 234. — La défend habilement contre le duc de Buckingham, 266. — Défend Casal contre Spinola, 269, et 280. — Entre en négociation pour la reddition de la place et est dégagé par le traité conclu à Ratisbonne, 280. — Est fait maréchal de France, 282. — Est tué devant Santanetta, 358.

TOLÈDE (Pierre Alvarès de), vice-roi de Naples. Les Napolitains se soulèvent contre lui, VI, 12.

TOLÈDE (Ferdinand Alvarès de), duc d'Albe, neveu du précédent. (*Voy.* ALBE.)

TOLET (François), cardinal. La Clielle, agent de Henri IV à Rome, est admis chez lui, VII, 358. — Ce qu'il lui fait dire par d'Ossat, *ibid.* — Réception qu'il fait au duc de Nevers, ambassadeur de Henri IV, 359. — Sa conversation avec la duchesse de Bénévent relativement aux bonnes dispositions du pape envers Henri IV, 388.

TORCI, ministre des affaires étrangères sous Louis XIV. (*Voy.* COLBERT.)

TORTENSON, un des généraux de Gustave, roi de Suède, remplace Banier, VIII, 429. — Bat les Autrichiens à Schweidnitz et à Leipsick, *ibid.* — Il les bat de nouveau à Jankowitz en Bohême, et marche sur Vienne, IX, 28.

TORYS (les). Une des factions qui divisent l'Angleterre. Ils s'insinuent dans la confiance de la reine Anne et amènent la disgrâce de Marlborough, X, 175.

TOUCHE-TRÉVILLE (le comte de la), porte en Amérique un renfort de six mille hommes au comte de Rochambeau, XI, 189.

TOUCHET (Marie), fille d'un juge d'Orléans, et maitresse de Charles IX, VI, 395 — Elle épouse depuis François de Balsac, seigneur d'Entragues, et en a la fameuse Henriette, duchesse de Verneuil, VII, 418.

TOULONGEON (le sire de), maréchal de Bourgogne, est fait prisonnier à la bataille de Cravant et échangé contre le connétable Jean Stuart, comte de Buchan, IV, 105.

TOULOUSE (Raymond VI, comte de), soutient les Albigeois, II, 264. — Est soupçonné d'avoir fait tuer le légat du pape, 265. — Est excommunié, *ibid.* — Sa pénitence, 266. — Guerre entre lui et Simon, comte de Montfort, 267. — Le pape écrit en sa faveur, *ibid.* — Se joint aux croisés, *ibid.* — Demande du secours à l'empereur Otthon, 268. — Trouve une ressource dans Pierre, roi d'Aragon, *ibid.* — Recouvre une partie de ses états, 269.

TOULOUSE (Raymond VII, comte de), fils du précédent. Philippe-Auguste lui rend la plus grande partie des états confisqués sur son père, II, 281. — Sa révolte contre Blanche de Castille. Est battu et réduit à une paix honteuse, 293. — Donne Jeanne, sa fille, en mariage à Alphonse, fils de Louis VIII, avec réversion de son comté à la couronne, 293 et 294.

TOULOUSE (Louis-Alexandre de Bourbon, comte de), amiral de France, prince légitimé, fils de Louis XIV et de madame de Montespan. Il essaie en vain de reprendre Gibraltar, X, 127. — Combat naval de Malaga entre lui et l'amiral Rooke, *ibid.* — Est forcé par l'amiral Leake de s'éloigner de Barcelonne qu'il assiégeait du côté de la mer, 143. — Entre au conseil de régence, 221. — Est fait président du conseil de marine, 222. — Est privé par arrêt du rang des princes du sang, 230. — On lui conserve son rang et ses prérogatives de prince du sang, 239.

TOUR-TURENNE (la). (*Voy.* TURENNE, BOUILLON, LIMERIK.)

TOUR DU-PIN-PAULIN (M. de la), est appelé au ministère de la guerre, XI, 280. — Donne sa démission, 320.

TOUR-MAUBOURG (N. Fay de la), député aux états-généraux de 1789, est envoyé par l'Assemblée nationale au-devant du roi à Varennes, XI, 334. — Membre de l'état-major de l'armée de M. de La Fayette, il fuit avec lui hors de France et est arrêté comme lui, 375. — Il est rendu à la liberté par la paix de Campo-Formio, 376.

TOURNON (François de), évêque d'Embrun, puis archevêque de Bourges, et enfin cardinal, dissuade François I d'écouter Mélanchton, V, 357. — Le duc de Guise cherche à le mortifier, VI, 15. — Ambassadeur de Henri II à Venise; il forme une ligue en Italie contre Charles V, 42. — Conseille à Henri II d'établir l'inquisition en France, 97. — Ce que dit de lui le Laboureur relativement au colloque de Poissy, 174.

DES MATIÈRES. 427

TOURVILLE (Anne-Hilarion de Costentin de), vice-amiral et maréchal de France. Il bat à Beachy, sur les côtes d'Angleterre, les flottes réunies d'Angleterre et de Hollande, et fait une descente à Tingmout, X, 59 et 60. — Attaque par suite d'ordres absolus la flotte anglaise double de la sienne, et soutient le combat avec gloire, 73 et 74. — Treize de ses vaisseaux sont brûlés à la Hogue, 75. — Il est fait maréchal de France, *ibid.* — Dissipe au Cap Saint-Vincent une flotte marchande escortée par l'amiral Rooke, 80. — Reçoit l'ordre d'éviter lord Russel sur les côtes d'Espagne, 84.

TRAITÉS d'Orléans, II 79. — De Strasbourg, 140. — De Montmirail, 223. — De Bretigni, III, 224. — Des Landes, 242. — De Guérande, 245. — De Wincester ou de Bicêtre, IV, 28. — De Bourges et d'Auxerre, 40 et 41. — De Pontoise, 48. — De Poilly-le-Fort, 88. — D'Arras, 93. — De Troyes, 95. — De Saumur, 114. — D'Arras, 154. — De Conflans et de Vincennes, 240. — D'Ancenis, 258. — De Péronne, 262. — De Saintes, 269. — D'Angers et d'Étampes, 276. — De Soleure, 318. — De Senlis, 319. — De Bourges, V, 22. — De Sablé, 43. — D'Étaples, 58. — De Verceil, 88. — De Trente, 132. — De Lyon, 151. — De Blois, 174. — De Noyon, 267. — De Windsor, 285. — De Madrid, 323. — De Cambrai, 344. — De Crépy, 417. — De Guines, 424. — De Vaucelles, VI, 74. — De Cateau-Cambresis, 104. — De Nérac, VII, 75. — De Nemours, 107. — De Vervins, 403. — De Sainte-Ménéhould, VIII, 105. — De Loudun, 131. — De Westphalie, IX, 89. — Des Pyrénées, 327. — De Pise, 352. — De Breda, 361. — De la triple Alliance. Pourquoi ainsi nommé, 370. — D'Aix-la-Chapelle, *ibid.* — De Nimègue, X, 12. — De Turin, sous le nom de Neutralité d'Italie, 89. — De Ryswick, 91. — De La Haye, 94. — D'Utrecht, 190. — Réflexions sur le traité d'Utrecht, 193. — De Rastadt et de Bade, 200. — De la triple Alliance, 229. — De la quadruple Alliance, 237. — Ses clauses, 301. — De Vienne, 304. — De Vienne, 328. — De Breslau, 347. — De Worms, 359. — Entre la Bavière et l'Autriche, 368. — De Dresde, 374. — D'Aix-La-Chapelle, XI, 9. — De Londres, 35. — De Versailles, dit l'Alliance de 1756, *ibid.* — De confirmation de ladite alliance, 64. — De paix sous le nom de Pacte de famille, 84. — De Paris, 93. — De partage d'une partie de la Pologne, 145. — De Kaïnardgi, 146. — D'alliance avec les États-Unis d'Amérique, 170. — De Teschen, 180. — De Paix avec l'Angleterre, 226. — De commerce avec la même puissance,

229. — D'Anali-Lavak, 231. — De Reichenbach, de Varelæ et de Szistow, 351. — De partage de la Pologne entière, 352.

TRANSTAMARE (Henri de), frère naturel de don Pèdre-le-Cruel, roi de Castille, traite avec Jean, roi de France, III, 235. — Monte sur le trône de Castille, 252. — Vaincu à la bataille de Navarette, *ibid.* — Est vainqueur à la bataille de Montciel, tue don Pèdre et remonte sur le trône, 257. — Envoie une flotte au secours des Français, 265. — Refuse de se lier avec Édouard III contre la France, 271. — Envoie une flotte au secours de Charles V, 282. — Opère une diversion en faveur de Charles V, 287. — Les Anglais le chassent de la Navarre, 291.

TRAUTMANSDORFF (le comte de), plénipotentiaire de l'empereur au traité de Westphalie, IX, 90.

TREBONIUS (Caius), lieutenant de César, prend Marseille, I, 134.

TREMBLAY (le sieur), frère du père Joseph, gouverneur de la Bastille, la rend aux Frondeurs, IX, 112.

TRÉMOUILLE. (*Voy.* Trimouille.)

TRÉSORIERS DE FRANCE (les) se liguent avec d'autres possesseurs de charges contre Mazarin, IX, 42.

TRÊVE DU SEIGNEUR (la). En quoi elle consistait, II, 166.

TRÈVES (les). Règlement de Louis IX à leur égard, II, 336.

TREVISANI (Dominique), Vénitien; un des procurateurs de Saint-Marc; son discours dans le sénat, V, 195.

TRIBOULET, fou de François I, conseille indirectement à ce prince de faire arrêter Charles-Quint, V, 388.

TRIMOUILLE (Gui VI, sire de la), dit le *Vaillant chevalier*, grand-chambellan héréditaire de Bourgogne, envoie demander aux Parisiens un sauf-conduit pour conférer avec eux, III, 327. — Échappe au désastre de Nicopolis, IV, 117.

TRIMOUILLE (Georges, sire de la), ministre de Charles VII, fils du précédent. Il manque d'être assassiné, IV, 47. — A une altercation avec Giac devant Charles VII, 116. — Le connétable de Richemont le fait nommer surintendant des finances, 117. — Le même le fait arrêter et renfermer, 151. — Il s'échappe de sa prison, 164. — Se met à la tête de la Praguerie, *ibid.* — Le connétable empêche qu'il ne voie le roi, 166.

TRIMOUILLE (Georges de la), sire de Craon, second fils du précédent, s'empare de la Bourgogne au nom de Louis XI, IV, 336. — Demande à ce prince de partager avec lui l'argent pris sur le duc de Bourgogne, *ibid.*

TRIMOUILLE (Louis II. sire de), dit le Chevalier-sans-Reproche, neveu du précédent, fils de Louis I et petit-fils de Georges, ci-dessus. Il commande l'armée levée contre le duc de Bretagne et d'Orléans, V, 32. — Est vainqueur à la bataille de Saint-Aubin-du-Cormier; fait trancher la tête aux capitaines faits prisonniers, 41. — Entre en Bretagne à la tête de l'armée française pour déterminer la duchesse Anne à épouser le roi, 53. — Dirige le passage de l'artillerie au travers des montagnes, avant la bataille de Fornoue, 83 et 84. — Commande le corps de bataille et y est habillé comme le roi, *ibid*. — Attaque Ludovic Sforce dans le Milanais et le fait prisonnier, 115. — Louis XII lui donne le commandement d'une armée chargée d'entrer en Italie, 151. — Tombe malade, et est remplacé par le duc de Mantoue, 158. — Louis XII le charge de négocier avec les Suisses, 220. — Est battu par eux à Novare, 224. — Assiégé dans Dijon par les mêmes, il fait un accord avec eux, 231. — Est tué à Pavie, 313.

TRIMOUILLE (Claude, seigneur de la), duc de Thouars, fils de Louis III, premier duc de Thouars, lequel était arrière-petit-fils du précédent. Ce que lui dit d'Aubigné en passant devant des gibets, VII, 6. — Il devient un des principaux chefs des calvinistes, 397. — Refuse de secourir Henri IV contre les Espagnols, 398. — Se ravise et amène du secours à Henri IV, 401.

TRIMOUILLE (Charlotte-Catherine de la), sœur du précédent, seconde femme de Henri I de Bourbon, prince de Condé. (*Voy.* CHARLOTTE DE LA TRIMOUILLE.)

TRIMOUILLE (Henri, seigneur de la), duc de Thouars, fils de Claude ci-dessus, un des généraux de la Fronde. Ses prétentions aux conférences de Saint-Germain, IX, 135, à la note 2.

TRIMOUILLE (Louis II de la), duc de Noirmoutiers. (*Voy.* NOIRMOUTIERS.)

TRINITÉ (l'ordre de la). Pourquoi il fut établi, II, 283.

TRISTAN-L'HERMITE, prévôt des maréchaux, surnommé le *Bourreau du roi*, accompagne Louis XI partout, IV, 246. — Louis XI le charge de choisir entre les prisonniers de guerre cinquante des plus considérables pour les faire pendre par représailles, 359.

TRIUMVIRAT FRANÇAIS (le). De qui il était composé, VI, 167. — Le roi de Navarre s'y livre, 178. — Il enlève Charles IX, 188. — Il le mène à Paris, 189. — Son triomphe, *ibid.* — Ce qu'il écrivait aux protestants d'Allemagne, 191.

TRIVULCE (Jean-Jacques), seigneur Milanais, marquis de Viglevano, maréchal de France. Louis XII le nomme gouverneur du Milanais, V, 112. — Abandonné à la merci des Milanais, il parvient à se réfugier dans la citadelle, 114. — Se retire derrière le Mortaro, 115. — Fête brillante qu'il donne à Louis XII, 191. — Succède au maréchal de Chaumont dans le commandement des troupes françaises en Italie, 209. — Remporte une victoire sur le duc d'Urbin, général des troupes de Jules II, 211. — Assiége Novaro; est battu, 224 et 225.— Indique à François I le passage de la Roquespervière dans les Alpes, 258. — Son mot sur la bataille de Marignan, 263.

TRIVULCE (Théodore), seigneur de Codogno, maréchal de France, cousin-germain du précédent. Est contraint de remettre Gênes à Doria, **V**, 342.

TROCCI, agent de César Borgia. Manière adroite dont il justifie son maître auprès de Louis XII et du cardinal d'Amboise, V, 134.

TROMP (Martin Happertz), amiral hollandais, bloque Dunkerque par mer pendant que le prince de Condé l'assiége par terre, IX, 32.

TROMP (Corneille, comte de), amiral hollandais, fils du précédent, se distingue dans la guerre maritime qui finit par le traité de Bréda, IX, 360.

TRONCHET, avocat au parlement de Paris, député aux états-généraux de 1786. Est nommé par l'assemblée nationale pour recevoir les déclarations du roi et de la reine au sujet de leur évasion, XI, 335.— Est choisi par Louis XVI pour l'un de ses conseils, 387.

TRONJOLI (M. de), livre un combat naval indécis au commodore Vernon devant Pondichéri, XI, 389. — Va se réparer à l'Ile de France et abandonne cette ville à son sort, *ibid*

TROUVÈRES (les). Ce qu'ils étaient, II, 186.

TROYE (Jean de), chirurgien, renforce la troupe des brigands aux ordres du duc de Bourgogne, IV. 34. — Rassemble les satellites du duc de Bourgogne, 44. — Met sur la tête de Charles VI un chaperon, 45. — Est puni du dernier supplice, 50.

TURCS. Précis de leur histoire jusqu'à la prise de Constantinople, IV, 188.

TURENNE (Henri de la Tour-d'Auvergne, vicomte de), et duc de Bouillon par son mariage avec l'héritière, Charlotte de La Marck. Se fait calviniste; pourquoi, VI, 363 et 364. — Projet chimérique qu'il forme avec le duc d'Alençon, 377. — Lors de l'entreprise des *Jours-Gras*, il trompe la reine-mère, 389. — Il se sauve en Picardie avec le prince de Condé, 391. — Il va joindre le duc d'Alençon dans le Poitou, VII, 29. — Henri IV l'envoie dans différentes cours en qualité d'ambassadeur 272. — Henri IV lui fait épouser l'héritière du duché de Bouillon, 285. — Commande l'arrière-garde à Caudebec, 309. — Un des chefs calvinistes après l'abjuration de Henri IV, 397. — Refuse de secourir Henri IV contre les Espagnols, 398. — Se ravise et amène du secours à Henri IV, 401. — Se met à la tête d'une cabale contre le roi, 444. — Ses tentatives, 447. — Il se sauve en Allemagne, 471. — Il y forme des intrigues contre Henri IV, VIII, 17. — Il entre dans la conjuration de la maison d'Entragues contre Henri IV, 29. — Il est forcé de se soumettre, 44 et 45. — Marie de Médicis lui promet le commandement de l'armée d'Allemagne, 83. — Il assiste à Saumur à une assemblée de calvinistes, 90. — Il se joint à la faction des princes, 95. — Il se joint à la cabale des femmes contre Marie de Médicis, 100. — Il s'abouche avec le prince de Condé, 101. — Il reste à la cour ; pourquoi, *ibid.* — Rôle qu'il joue dans le traité de Sainte-Ménéhould, 104. — Il a recours au parlement ; pourquoi, 110. — Ses intrigues dans le parlement, 112. — Il continue d'intriguer dans le parlement, 121. — Il se retire à Sedan, 123. — Il se raccommode avec Concini, 133 et 134. — Il quitte Paris, pourquoi, 139. — Il vient au secours des mécontens assiégés dans Soissons, 149. — Conseil qu'il donne à Ruccelai, agent de Marie de Médicis, 173. Louis XIII, rend une déclaration contre lui, 415. — Richelieu lui accorde des conditions avantageuses, 419. — Il entre dans la conspiration de Cinq-Mars, 427. — Remplace le comte d'Harcourt dans le commandement de l'armée d'Italie, 429. — Traite avec l'Espagne, conjointement avec Gaston et Cinq-Mars, 431. — Il est arrêté et renfermé dans la forteresse de Cazal, 433. — Il obtient sa liberté par la cession de Sedan, 441. (*Voy.* LA TOUR-TURENNE, BOUILLON, LIMEUL.)

TURENNE (Henri II de la Tour-d'Auvergne, vicomte de), second fils du précédent. Commence à se faire connaître dans la retraite du cardinal de La Valette en Lorraine, VIII, 356. — Il bat le prince Thomas au combat de Quiers en Italie, 397 et 398. — Force les lignes du marquis de Léganez à Cazal, 401. — Amène à l'armée devant Turin un convoi qui décide de la prise de la ville, *ibid.* — Assiége le prince Thomas dans Ivrée, 404. — Sert en Roussillon, 429. — Commande en chef en Italie pendant l'absence du prince Thomas, IX, 18. — Est fait maréchal de France et remplace Rantzau dans le commandement des troupes Weimariennes, *ibid.* — Bat conjointement avec le duc d'Enghien les Impériaux à Fribourg, 25. — Est surpris et battu à Mariendal par Mercy, 28. — Le bat à Nordlingue de concert avec Condé, 30. — Rétablit l'électeur de Trèves dans sa capitale, 31. — Se réunit à Wrangel et force l'électeur de Bavière à la neutralité, *ibid.* — Suit les Weimariens qui veulent quitter le service de France, 33. — Fait arrêter Rose un de leurs chefs, *ib.* — Ramène une partie des autres après avoir chargé les plus mutins, *ib.* — Envahit la Bavière dont l'électeur avait rompu sa neutralité, 88. — Il tente inutilement d'amener son armée au secours de la Fronde, 136. — Il se sauve en Allemagne, 137. — S'enfuit de la cour après l'arrestation du prince de Condé, 161. — Il se réfugie à Stenay, *ibid.* — Se laisse engager par la duchesse de Longueville dans le parti des princes et lève une armée pour eux, *ibid.* Il tente d'enlever les princes à Vincennes, 170. — Il est battu à Rhétel par Duplessis-Praslin, 183. — Il quitte le parti de Condé pour s'attacher à la régente, 227 et 228. — Il partage avec le maréchal d'Hocquincourt le commandement de l'armée royale, chargé de combattre celle du duc de Nemours, 245. — Sauve la cour à Gergeau, dont il défend le pont lui trentième, 248. — Il se trouve en présence du prince de Condé, après le combat de Bleneau, et lui en impose par ses dispositions, 252 et 253. — Il fait le siège d'Étampes, 257. — Il lève le siège d'Étampes, 259 et 260. — Il force le duc de Lorraine à s'éloigner, 261. — Il livre bataille au prince de Condé dans le faubourg Saint-Antoine, 265 et 266. — Il serre l'armée du duc de Lorraine, malgré les ordres de la régente, 283. — Il engage la régente à traîner en longueur les négociations avec le prince de Condé, 285. — Il décampe devant l'armée du prince de Condé, 286. — Oblige le prince à quitter la France, 286 et 287. — Le force à la retraite après une irruption qu'il avait faite avec les Espagnols en Picardie, 302. — Reconnaissance qu'il fait devant Arras, 310. — Il en fait lever le siége au prince de Condé, 311. — Est médiateur entre la cour et le parlement, 313. — Entre en Flandre, où le prince de Condé s'oppose à ses progrès, 314. — Le prince de Condé lui fait lever le siége de Valenciennes, 315. — Belle retraite qu'il fait sous le Quesnoy, *ibid.* — Il investit Cambrai, que sauve Condé en s'y jetant, 317. — Traverse à son tour les projets du prince et prend Mardik, *ibid.* — Gagne la bataille des Dunes sur Condé et D. Juan d'Autriche; s'empare de Dunkerque et de toute la Flandre maritime, 318. — Louis XIV, à la paix des Pyrénées, le présente au roi d'Espagne, qui fait son éloge, 338. — Son mot relativement au jugement de Fouquet, surintendant des finances, 348. — Il est chargé de la direction de la défense du Portugal, 366. — Est fait maréchal général, 368. — Divulgue en partie le secret de l'expédition de Hollande, 381. — Y est employé, 389. — Force l'électeur de Brandebourg à la neutralité, 397. — Amour des soldats pour lui, 399. Couvre l'expédition de la Franche-Comté, 403. — Célèbre campagne qu'il fait en Alsace, 408. — Gagne la bataille de Sintzheim sur le duc de Lorraine et le comte de Caprara, ibid. — Ravage le Palatinat, 409. — Sa conversion à la religion catholique, 410. — Refuse d'obéir à l'ordre d'évacuer l'Alsace, 411. — Bat le duc de Bournonville à Ensheim, 414. — Bat l'électeur de Brandebourg à Turckheim, et contraint enfin les impériaux à évacuer l'Alsace, 416. — Est tué à Salzbach d'un coup de canon, 421. — Louis XIV le fait enterrer à Saint-Denis, ibid. — Mot sublime du lieutenant-général Saint-Hilaire sur sa mort, ibid. — Mot plaisant de madame de Cornuel sur les maréchaux faits à l'époque de sa mort, 426.

TURGOT (Anne-Robert-Jacques), est appelé au ministère de la marine, puis des finances, XI, 154. — Vice des préambules des édits qu'il fait rendre au sujet du commerce des grains, ibid. — Ses inutiles efforts pour faire abolir la corvée, 156. — Il est renvoyé. Mot flatteur de Louis XVI à son sujet, 157.

TURLER, capitaine suisse, défend le château des Tuileries le 10 août, et met en fuite ceux qui l'assaillent, XI, 368. — Obéit à l'ordre d'évacuer le château, ibid.

TYRCONNEL, vice-roi d'Irlande, demeure fidèle au roi Jacques, X, 57.

U

ULPHILAS, évêque des Goths, demande en leur nom à Valens la permission de passer le Danube, I, 232. — Inventeur des lettres gothiques, ibid., à la note. — Sa traduction de la Bible en langue gothique et en lettres d'or et d'argent, conservée dans la bibliothèque des rois de Suède, ibid.

UNIVERSITÉ DE PARIS (L'). Étymologie de ce mot; son accroissement, II, 283. — Est comblée de biens par Louis IX, 390. — Elle veut se retirer à Nantes, ibid. — Décret qu'elle rend, 327. — Sa puissance, III, 68. — Invite Charles IV, empereur d'Allemagne, à une thèse de théologie, 83. — Reconnaît Clément VII pour pape, 299. — Se plaint des abus qui régnaient à la cour d'Avignon, 314. — Sa querelle avec Aubriot, prévôt de Paris, 315. — Elle va en corps demander grâce à Charles VI pour la ville de Paris qui s'était révoltée, 328. — Charles VI lui communique une lettre du pape Boniface XII, 353. — Ses remontrances, *ibid.* — Conseille à Charles VI de soustraire son royaume à l'obédience de Boniface et de Benoît, 383. — Presse Innocent VII de confirmer l'engagement par lui pris de se démettre, IV, 1. — Son affaire avec Savoisi, 2. — Fait des remontrances au duc d'Orléans, 3. — Va complimenter Jean-sans-Peur, duc de Bourgogne, 6. — Son différend avec Tignouville, prévôt de Paris, 16 et 17. — Son zèle pour l'extinction du schisme, *ibid.* — S'oppose à la demande d'un décime faite par le pape Alexandre V, 29. — Envoie des députés à Auxerre pour traiter de la paix entre les orléanistes et le duc de Bourgogne, 40. — Le connétable d'Armagnac l'assujettit aux nouveaux impôts, 66. — Le cardinal d'Estouteville la réforme, 187. — Ses remontrances au sujet de la pragmatique, 251. — Sa conduite à l'égard du duc d'Orléans, V, 18. — Députe à Henri II pour lui dénoncer une proposition de Du Châtel, évêque de Mâcon et grand aumônier, 428. — Obtient un arrêt du parlement qui défend aux jésuites d'enseigner publiquement, VI, 69. — Elle s'oppose à ce que les jésuites ouvrent leurs classes, VIII, 168.

UNIVERSITÉ DE TOULOUSE (L'). Est augmentée par Louis IX, II, 340.

UNIVERSITÉ DE BOURGES (L'). Est fondée par Louis IX, *ib.*

URBAIN II (Otton), pape, indique un concile à Clermont en Auvergne, II, 180. — Donne à Robert d'Arbrissel la mission de prêcher, 188. — Excommunie Philippe I, 189.

URBAIN IV (Jacques Pantaléon de Court-Palais), pape, se déclare comme seigneur suzerain de Naples, tuteur du jeune Conradin, II, 338. — Fait prêcher une croisade contre Mainfroi, oncle naturel du jeune prince, lequel émit les mêmes prétentions et en usa pour se faire élire roi, *ibid.* — Il offre la couronne à Charles d'Anjou, frère de saint Louis, 339.

URBAIN V (Guillaume Grimoald), pape, défend à Edmond, comte de Cambridge, et depuis duc d'Yorck, d'épouser Marguerite de Flandre, sa parente, III, 235. — Engage Jean, roi de France, de porter la croix, *ibid.* — Prend la résolution de porter le saint-siége à Rome, 187. — Revient à Avignon. Sa mort, *ibid.*

URBAIN VI (Barthélemi Prignano), pape. Son élection, III, 288. — Les cardinaux protestent contre son élection, *ibid.* — Envoie dans toutes les cours pour se faire reconnaître, 289. — Est reconnu par l'Angleterre, 291. — Déclare Jeanne de Naples déchue du trône pour avoir favorisé l'élection de son compétiteur, et y appelle Charles de Durazzo, 312. — Autorise une croisade contre la France, 330 et 331.

URBAIN VII (Jean-Baptiste Castagna), pape, succède à Sixte V. Sa mort, VII, 279.

URBAIN VIII (Maffée Barberin), pape. Barberin, son neveu, fait entrer Mazarin dans les affaires, VIII, 409.

URBIN (le duc d'), général des troupes de Jules II. (*Voy.* ROVÈRE.)

URFE (François d'), chevalier français. Courage avec lequel il soutient avec Bayard un combat contre onze cavaliers espagnols, V, 142.

URSINS (Jacques Juvénal *ou* Jouvenel, dit des), à cause de son hôtel, patriarche d'Antioche, fils de Jean Jouvénal, prevôt des marchands, et président au parlement. Il nomme La Balue son exécuteur testamentaire, IV, 249.

URSINS (Guillaume Juvénal *ou* Jouvenel des), chancelier de France, frère du précédent. Son discours aux états généraux convoqués à Tours, IV, 255.

URSINS *ou* ORSINI (Jourdain, cardinal des), de la branche des ducs de Bracciano, légat du pape. Henri V, roi d'Angleterre, lui manifeste ses vues sur la France, IV, 85.

URSINS *ou* ORSINI (Jean-Baptiste, cardinal des), de la branche de Monte-Rotando. Le pape Alexandre VI le fait empoisonner, V, 138 et 139.

URSINS *ou* ORSINI (Paul des), de la branche de Lamentana, issue de celle de Bracciano, fils du cardinal Latin des Ursins. César Borgia le surprend par trahison et le jette dans un cachot, V, 138.

URSINS *ou* ORSINI (François des), duc de Gravina, d'une branche issue de Bracciano. César Borgia le surprend en trahison et le jette dans un cachot, V, 138. — Sa mort, 139.

URSINS *ou* ORSINI (Marie Félice, princesse des), de la branche de Bracciano, femme du duc de Montmorency Henri II, décapité à Toulouse. Elle l'engage à armer en faveur de Marie de Médicis, sa parente, VIII, 317. — Elle se retire dans un couvent après la mort de son mari, 327.

URSULE (sainte) et ses compagnes, dites les onze mille vierges, martyres dans les Gaules, I, 194.

USURIERS (les). Lois contre eux, II, 301.

UXELLES. (*Voy.* HUXELLES.)

UZÈS (Françoise de Clermont-Talard, duchesse d'), veuve d'Antoine de Crussol, premier duc d'Uzès. Son mot relativement à l'armée envoyée par Henri III contre le roi de Navarre, VII, 116 et 117. (*Voy.* CRUSSOL et ACIER.)

V

VAIR (le président du). On lui donne les sceaux, VIII, 133. — On lui ôte les sceaux, 142. — Il revient à la cour, 152. — Il rentre dans le ministère, 159. — Sa mort, 218.

VALA, abbé de Corbie, fils de Bernard, bâtard de Charles-Martel. Prend part aux entreprises contre Louis-le-Débonnaire, II, 56. — Est relégué dans un château, 64.

VALADI, député à la convention, se récuse comme juge du monarque, XI, 382.

VALDRADE, maîtresse de Lothaire, roi de Lorraine, II, 94. — Est excommuniée par le pape, 95.

VALENÇAI (Henri d'Étampes, commandeur de) et ambassadeur de France à Rome. Avis qu'il donne à Richelieu de la part de Chalais, VIII, 244. — Ce qu'Anne d'Autriche écrit au sujet du coadjuteur, IX, 242.

VALENS, lieutenant de Vitellius, pille la Gaule en se rendant en Italie, I, 157. — Remporte avec Cecinna sur les troupes d'Othon, la première bataille de Bédriac, ibid.

VALENS, premier empereur d'Orient, en reçoit le gouvernement de Valentinien I, son frère, premier empereur dit d'Occident, I, 230. — Il accorde aux Goths poursuivis par les Huns la permission de passer le Danube, 233. — Il excite leur mécontentement en leur enlevant la faculté de se procurer des vivres, ibid. — Il est défait par eux à Andrinople, 234. — Sa haine coûte la vie au comte Théodose, père de Théodose-le-Grand, ibid.

VALENTINE VISCONTI, fille de Jean Galéas Visconti, premier duc de Milan, épouse Louis, duc d'Orléans, frère de Charles VI, III, 350. — Fait passer à son père les plans de l'expédition entreprise contre lui, 358. — Est obligée de quitter la cour, 379. — Cause de sa disgrâce, ibid. — Après la mort de son mari elle envoie ses enfants à Blois, IV, 12. — Charles VI lui promet de venger la mort de son mari, ibid. — Rentre dans Paris après le départ du duc de Bourgogne, 18. — Est autorisée à mettre le duc de Bourgogne en cause, ibid. — Recommande en mourant à ses enfants de poursuivre l'assassin de leur père, 21.

VALENTINIEN I, empereur romain, premier empereur dit d'Occident, succède à Jovien par le choix de l'armée, I, 230. — Partage l'empire avec Valens, son frère, ibid. — Associe à l'empire

Gratien, son fils, du premier lit, 231.— Oppose aux incursions des Francs une ligne de forts et de retranchements, ibid. — Il fait la guerre aux Quades, ibid.— Meurt dans un accès de colère, ibid.

VALENTINIEN II, empereur d'Occident, fils du second lit du précédent et de Justine, veuve de Magnence, est proclamé empereur par l'armée, I, 232. — Est reconnu par Gratien, son frère aîné, qui lui abandonne l'Italie, ibid. — Est forcé de s'accommoder avec Maxime, usurpateur des états de son frère, 237. — Est dépouillé par lui et forcé de fuir Théodose-le-Grand, empereur d'Orient, 241.— Est rétabli par lui, 242. — Veut dépouiller Arbogast, son ministre, de sa dignité, 242 et 243. — Est mis à mort par lui, ibid.

VALENTINIEN III, empereur d'Occident, fils du général Constance et de Placidie, fille de Théodose-le-Grand, succède à Honorius son oncle, I, 265. — Honoria, sa sœur, excite Attila contre lui, 267. — Il lui députe le pape saint Léon, qui persuade au roi barbare de se retirer, 269. — Il assassine Aëtius de sa propre main, 270. — Est assassiné lui-même peu de jours après à l'instigation de Pétrone Maxime, ibid.

VALÉRIEN (Pub. Licin.), empereur romain, confie le soin de l'Occident à son fils, et lui donne pour conseils Posthume, Aurélien et Probus, qui tous trois furent empereurs, I, 186. — Est enlevé en trahison par Sapor, roi de Perse, qui, après mille humiliations, le fait écorcher vif, ib.

VALÉRIUS CORVINUS (M.) tue un Gaulois en combat singulier, et mérite pour cette action l'honneur du consulat, I, 25.

VALETTE (Jean Parizot de La), grand-maître de l'ordre de Saint-Jean de Jérusalem, fait lever le siége de Malte aux troupes de Soliman, empereur des Turcs, VI, 252.

VALETTE (Bernard de Nogaret de La), frère du duc d'Épernon. Le duc de Guise demande son expulsion, VII, 167.

VALETTE (Bernard II de Nogaret, duc de La), neveu du précédent et second fils du duc d'Épernon. Conseil qu'il tient avec son père et son frère, VIII, 176. — Il épouse Gabrielle, fille naturelle de Henri IV, 223. — Il est disgracié. Pourquoi, 253. — Veuf de sa première femme, il épouse mademoiselle de Pont-Château, nièce du cardinal de Richelieu, 346. — Essaie en vain d'exciter son père contre Richelieu, 367. — Soumet la Guienne révoltée, 369. — Recueille les fuyards de Fontarabie, 382. — Louis XIII lui fait faire son procès. Pourquoi, 371 et suivantes. — Il est condamné à avoir la tête tranchée, 396.—Il est exécuté en effigie, et se sauve en Angleterre, *ibid.*

VALETTE (Louis de Nogaret, cardinal de), archevêque de Toulouse, frère puîné du précédent. Conseil qu'il tient avec son père et son frère, VIII, 176. — Il reçoit à Montrichard Marie de Médicis, 182. — Il accompagne le cardinal de Richelieu qui allait faire la guerre au duc de Savoie, 278.—Il empêche Richelieu de quitter la cour, 290. — Le roi le charge de rassurer le cardinal, *ibid.* — Commande une armée sur le Rhin, 354.— Est forcé par Galas à la retraite, 356. — S'empare de Saverne, 359. — Fait lever le siége de Saint-Jean-de-Losne à Galas et au duc de Lorraine, 366 et 367. — Remplace le maréchal de Créqui en Italie, 382.—Reçoit plusieurs places que lui livre la duchesse Christine, 397. — Sa mort, *ibid.* (*Voy.* CANDALE et ÉPERNON.)

VALETTE (le père La), jésuite, préfet des missions à la Martinique. Commerce qu'il faisait, XI, 97.

VALLIER (Saint). (*Voy.* SAINT-VALIER.)

VALLIA, roi des Goths, est élu pour succéder à Ataulphe, 260 et 261. — Il rend Placidie et fait la paix avec les Romains, *ibid.* — Il soumet pour eux les Alains, les Suèves et les Vandales, et reçoit la seconde Aquitaine et Toulouse pour prix de ses services, *ibid.*

VALLIÈRE (Louise-Françoise de la Beaume-le-Blanc, duchesse de La), fille d'honneur d'Henriette d'Angleterre, duchesse d'Orléans. Ce qu'en dit madame de Sévigné, IX, 352. — Elle est faite duchesse, 384. — Elle s'échappe de la cour, 365. — Ses chagrins. Elle se fait carmélite, X, 30 et 31. — Sa réponse à madame de Montespan, 32. — Ce qu'elle dit en apprenant la mort du duc de Vermandois, son fils, *ibid.*

VALOIS (Henri de), grand prieur et fils naturel de Henri II. (*Voy.* ANGOULÊME.)

VALOIS (Charles de), comte d'Auvergne et duc d'Angoulême, fils de Charles IX et de Marie Touchet. (*Voy.* ANGOULÊME.)

VALOIS (Charlotte Aglaé d'Orléans, dite Mademoiselle de), fille du duc d'Orléans, régent, marié au duc de Modène. Elle intercède auprès de son père pour le duc de Richelieu, X, 256.

VALON, officier général. Sarcasme que se permet sur lui le prince de Condé, qui lui avait confié le commandement de son armée, IX, 286.

VALOT, médecin d'Henriette d'Angleterre, duchesse d'Orléans. Ce qu'il dit de son état, IX, 384.

VANDELAINCOURT, député à la Convention, se récuse comme juge de Louis XVI, XI, 382.

VANDENESSE (Jean de Chabannes, seigneur de), frère du maréchal de La Palice. Contribue avec le chevalier Bayard à discipliner l'infanterie française, V, 196. — Se distingue à Aignadel et y fait prisonnier L'Alviane, 197. — Remplace l'amiral Bonivet dans le commandement de l'armée française à la retraite de Romagnano, et y est tué, 305.

VANTADOUR (Gilbert de Levis, premier duc de), beau-frère de Damville, va joindre le duc d'Alençon retiré dans le Poitou, VII, 29.

VACQUERIE (Jacques de La), premier président du parlement de Paris. Sa réponse au duc d'Orléans, V, 17.

VARADE (le père), recteur des jésuites. Henri IV permet au légat de l'emmener sous sa sauvegarde, VII, 371.

VARANO, seigneur de Camerino. César Borgia s'empare de sa seigneurie et le fait étrangler, V, 133.

VARDES (René I Dubec, marquis de) Richelieu l'envoie s'emparer de La Capelle et arrêter son fils, VIII, 306 et 307.

VARDES (René II, Dubec, marquis de), gouverneur de La Capelle et mari de la comtesse de Moret, fils du précédent et père de François, connu par ses intrigues sous Louis XIV. Marie de Médicis lie une intelligence avec lui, VIII, 306.

VARENNE (La). Moyens qu'il emploie pour pénétrer les secrets de l'Espagne, VII, 366. — Ce qu'il écrit à Sully sur la mort de Gabrielle d'Estrées, 416.

VARNACHAIRE, maire de Bourgogne, commande pour Brunehaut contre Clotaire, I, 324. — Brunehaut veut le faire assassiner, 323 et 325. — Clotaire lui conserve sa dignité, 328.

VARUS (Quintilius), lieutenant d'Auguste, est surpris avec trois légions par Armenius qui les détruit en totalité, I, 137. — Varus est réduit à se tuer, ibid.

VAUBAN (Sébastien Le Prestre, seigneur de), maréchal de France. Ce qu'il dit des motifs qui l'ont déterminé à écrire sur le génie, IX, 388. — Dirige sous les ordres du roi le siège de Maëstricht, 401. — Celui de Besançon, 303. — Celui de Valenciennes, X, 2. — Celui de Philisbourg, 53. — Prend Namur défendue par Cohorn, 69. — Munit Brest contre une tentative des Anglais et les force à se rembarquer, 84.

VAUBRUN (le marquis de), lieutenant-général, alterne avec le comte de Lorges dans le commandement de l'armée après la mort de Turenne, IX, 422. — Est tué au combat d'Altenheim, 423.

VAUDEMONT (Charles Henri de Lorraine, prince de), fils du duc de Lorraine Charles VI et de Béatrix de Cusance, princesse de Cantecroix. Il pénètre en Franche-Comté, IX, 403. — Belle retraite qu'il fait devant Villars, X, 86. — Jette le parti de l'empereur dans la guerre de la succession, 102.

VAUDEMONT (Thomas, prince), fils du précédent, commande les Espagnols en Piémont dans la guerre de la succession, X, 101.

VAUDREUIL (Louis-Philippe, comte de), lieutenant des armées navales. Sa belle conduite au combat de Belle-Isle d'où il ramène à la remorque le vaisseau le Tonnant, XI, 9 et 8. — Gouverneur du Canada, il le défend de concert avec M. de Montcalm, 48. — Est seul après la mort de celui-ci, 69. — Il capitule pour la colonie, ibid.

VAUDREUIL (N. Rigault, marquis de), détruit les établissements anglais du Sénégal et amène un renfort au comte d'Estaing, XI, 178. — Croise dans la baie de Chesapeak, 180. — Conduit des renforts et un convoi à M. de Grasse, 210. — Arrête les progrès de l'amiral anglais Kempenfeld, ibid. — Rejoint M. de Grasse à la Martinique, ibid. — Ramène dix-neuf vaisseaux à Saint-Domingue après le combat des Saintes, 214. — Croise quelque temps entre Saint-Domingue et la Jamaique, puis va hiverner sur les côtes des États-Unis. — Détache M. de La Peyrouse pour ruiner les établissemens de la baie d'Hudson, 214 et 215.

VAUGHAN (Robert), général anglais. Ses cruautés sur le continent de l'Amérique et à Saint-Eustache, XI, 195.

VAUGUYON (N. Quelen-Stuert de Caussade, duc de la), ministre des affaires étrangères lors du renvoi de M. Necker, XI, 271.

VAUTIER, médecin de Marie de Médicis, est arrêté à Compiègne, VIII, 302.

VAUX (le maréchal de), passe en Corse et en est rappelé, XI, 112. — Renvoyé avec des forces considérables, il en fait la conquête en deux mois, 115 et 116. — Est désigné pour commander une descente en Angleterre, 177.

VEILLANE (le marquis de). Sa réponse à Charles-Quint, V, 220.

VELLY (Paul François), historien. Jugement qu'il porte sur Philippe-le-Long, III, 97.

VENCESLAS, roi des Romains, puis empereur d'Allemagne, vient à Paris, III, 283. — Il est détrôné, 383.

VENDÉE (la guerre de la). Pourquoi ainsi nommée, XI, 339.

DES MATIÈRES.

VENDOME (Jean de Bourbon, comte de), petit-fils de l'héritière de Vendôme, époux de celle de la Roche-sur-Yon, et fils de Louis de Bourbon, comte de Vendôme, frère puîné de Jacques II, comte de La Marche, roi de Naples. — Il refuse de se joindre aux princes ligués dans la guerre du bien public, IV, 283. (*Voy.* BOURBON.)

VENDOME (César de Bourbon, duc de, et de Mercœur), amiral de France, fils légitimé de Henri IV et de Gabrielle d'Estrées. Sa mère le fait baptiser avec une magnificence royale, VII, 414. — Il se déclare contre Marie de Médicis, VIII, 102, note 2. — Il refuse d'abord de signer le traité de Sainte-Ménehould, 105. — Il arme contre la cour. Sous quel prétexte, 127. — Il quitte Paris. Pourquoi, 139. — Il vient à Blois et est arrêté, 246. — Il sort de prison, 252. — On lui fait son procès, 408. — Il se sauve en Angleterre, *ibid.* — Il revient en France, 448. — Il entre dans la cabale des *Importants*, IX, 3. — Il recherche Mazarin et concerte le mariage de son fils aîné avec une nièce du ministre, 144. — Bloque le port de Bordeaux, 295. — Bat une flotte espagnole près de Barcelonne, 314 et 315.

VENDOME (Louis de Bourbon, duc de), d'abord duc de Mercœur, fils de César ci-dessus, et cardinal après la mort de sa femme. (*Voy.* MERCŒUR.)

VENDOME (Françoise de Lorraine - Vaudemont, duchesse de), femme et héritière de Mercœur. Elle concerte avec Mazarin le mariage du duc de Mercœur avec mademoiselle de Mancini, IX, 144. — (*Voy.* MERCŒUR.)

VENDOME (Alexandre de Bourbon), grand-prieur de France, frère du précédent. Refus que fait Sully de payer les frais de son baptême, VII, 414. — Se déclare contre Marie de Médicis, VIII, 102, note 2. — Se déclare l'ennemi du cardinal de Richelieu. Pourquoi, 245. — Suit Louis XIII à Blois, 246. — Est arrêté et conduit à Amboise, *ibid.* — Sa mort, 253.

VENDOME (François de Bourbon), duc de Beaufort, second fils de César ci-dessus. (*Voy.* BEAUFORT.)

VENDOME (Élisabeth de Bourbon), duchesse de Nemours, sœur du précédent. (*Voy.* NEMOURS, Ch. Amédée de Savoie.)

VENDOME (Louis-Joseph de Bourbon, duc de), fils de Louis ci-dessus et de Laure Mancini, arrière-petit-fils de Henri IV. — Envoyé en Espagne, il déjoue les desseins des Espagnols sur Palamos et Ostalric, X, 87. — Il éloigne par une ruse lord Russel des côtes de Catalogne, 88. — Dissipe les troupes espagnoles autour de Barcelonne, 90. — Remplace Villars en Italie. Repousse le prince Eugêne à Luzara et s'empare de Guastalle, 105 et 106. — Suit le comte de Stahremberg dans le Tyrol, 114. — Il est forcé par la défection du duc de Savoie à revenir sur ses pas, 115. — S'empare du duché de Modène, 126. — Bat le prince Eugène à Cassano, et l'empêche de traverser l'Adda, 137. — Bat le comte Reventlau à Castiglione, 141. — Ne peut s'opposer au passage de l'Adige par Eugène, 142. — Est appelé en Flandre après la bataille de Ramillies, ibid. — Fait reculer Marlborough, 148. — Le combat à Oudenarde et fait retraite, 152 et 153. — Laisse prendre Lille au prince Eugène, 153 et 154. — Se retire à sa maison de campagne d'Anet, ibid. — Est demandé par le roi d'Espagne à Louis XIV, 173. — Fait prisonnier lord Stanhope à Brihuega, 174. — Bat le comte de Stahremberg à Villa-Viciosa, et affermit la couronne d'Espagne, sur la tête de Philippe, ibid. — Lit qu'il lui fait préparer, ibid.

VENUS (les Tard.). Ce qu'ils étaient, et pourquoi ainsi nommés, III, 231.

VÊPRES SICILIENNES (les). Leurs suites, III, 12.

VERCINGENTORIX, roi des Auvergnats. Devient le chef d'une ligue formidable des Gaulois contre César, I, 98. — Assiége la ville de Gergovie des Boyens, alliée des Romains, 100. — Se retire à l'approche de César, 101. — Se réduit à une guerre de chicane, et propose de brûler toutes les villes du Berry, ibid. — Affame l'armée romaine, mais ne peut empêcher la prise de Bourges, 103. — Suit César à Gergovie; est sur le point de forcer son camp pendant son absence, et l'oblige à lever le siége, 107. — Le titre de généralissime de la ligue lui est déféré dans une assemblée générale des Gaulois, 109. — Attaque César, est battu, se retire à Alise où il est assiégé et d'où il fait plusieurs sorties inutiles, III, 18. — S'offre pour être livré à César, et il est réservé pour son triomphe, 117.

VERDUN (Nicolas de), premier président du parlement de Paris, va demander à Louis XIII sa réponse aux remontrances du parlement, VIII, 115. — Sa réponse à la harangue du chancelier, 115 et 116.

VERGASILLAUNUS, parent de Vercingentorix, commande une partie de l'armée qui vient au secours d'Alise, I, 113. — Chargé d'attaquer un quartier de la circonvallation, il est battu et fait prisonnier, 116.

VERGENNES (Charles-Gravier, comte de), ministre des affaires étrangères, est d'abord ambassadeur à Constantinople et en Suède.

Il excite les Turcs à déclarer la guerre à la Russie, XI, 144. — Contribue par ses avis à la révolution de Suède, 146. — Est appelé au ministère, 155. — Prévient une guerre avec l'Allemagne, 180. — Négocie un traité de commerce avec l'Angleterre, 230. — Sa mort, 242.

VERGNIAUX, député à l'Assemblée législative et à la Convention, l'un des chefs des Girondins, appelle la guerre contre l'Autriche, XI, 355. — Ses efforts inutiles pour faire triompher l'appel au peuple du jugement de la Convention sur le roi, 389.

VERMANDOIS (Herbert II, comte de), fils d'Herbert I et arrière-petit-fils de Bernard, roi d'Italie, trahit Charles-le-Simple et l'arrête prisonnier, II, 121. — Se fait donner Laon, *ibid.* — Sa mort et ses dernières paroles, 130.

VERMANDOIS (Raoul I, comte de), fils de Hugues-le-Grand, frère de Philippe I, roi de France, et d'Adélaïde, héritière du Vermandois, cinquième descendante du précédent. Son divorce. Épouse Pétronille, belle-sœur de Louis VII, II, 209.

VERMANDOIS (Louis de Bourbon, comte de), fils de Louis XIV et de mademoiselle de La Vallière, IX, 364. — Il meurt au siége de Courtrai. Paroles de sa mère à cette occasion, X, 32.

VERMANDOIS (H. L. M. Fr.-Gabrielle de Bourbon-Condé, dite Mademoiselle de), sœur de Louis III de Bourbon-Condé, dit M. le Duc. Madame de Prie, maîtresse de celui-ci, le détourne de la proposer pour épouse à Louis XV, XI, 295.

VERNEUIL (Henriette d'Entragues, marquise de), maîtresse de Henri IV, fille de François de Balzac, comte d'Entragues et de Marie Touchet, maîtresse de Henri III, VII, 418. — Elle obtient de Henri IV une promesse de mariage par écrit, 419. — Elle signifie son opposition au mariage de Henri IV avec Marie de Médicis, 445. — Elle éloigne Henri IV de son épouse, 446. — Ses amours avec le prince de Joinville, 473. — Ses amours sont connus de Henri; comment elle se justifie, 474. — Sa conduite à l'égard de Henri IV, VIII, 21 et 22. — Henri IV lui donne des gardes, 32. — Sa réponse aux interrogatoires qu'elle subit, 35 et 36. — Elle est confrontée avec son père et son frère, *ibid.* — Elle est condamnée à être renfermée, 37. — Henri IV lui fait grâce, 38.

VERNON, amiral anglais, s'empare de Porto-Belo, X, 341.

VERNON (le commodore) bloque le port de Pondichéri, XI, 204. — Est forcé de s'en éloigner quelque temps par M. de Tronjoly qui lui livre un combat indécis, *ibid.*

VERSOIS (Jean-Faure de), abbé de Saint-Jean-d'Angély et aumônier de Charles, frère de Louis XI, est mis en prison. Pourquoi, IV, 287 et 289. — Sa mort, 290.

VERTUS (le comte de). *Voy.* ORLÉANS (Philippe d'), comte de Vertus.

VESPASIEN (Tit. Flav.), empereur, est envoyé par Claude dans la Bretagne qu'il soumet, I, 152. — Est envoyé par Néron en Judée où il a des succès pareils, 158. — Prête serment à Galba, à Othon, à Vitellius, *ibid.* — Est proclamé par ses soldats, 159. — Les légions d'Illyrie embrassent son parti et battent à Bédriac l'armée de Vitellius, *ibid.* — Antonius Primus, leur chef, s'empare de Rome et de Vitellius qui est massacré, 160. — Vespasien entre en triomphe à Rome et y rétablit la sûreté, 161. — Il fait périr pour une ancienne révolte Sabinus de Langres, sa femme et ses enfans, 169.

VETO (le). Signification de ce mot, XI, 188. — Distinction entre le veto suspensif et le veto absolu, 290 et 291.

VETUS (Lucius), chef des légions de la première guerre germanique, au temps de Néron; projette de joindre la Saône à la Moselle. I, 155.

VÉZINS, gentilhomme du Quercy. Son aventure avec Regnier, VI, 359.

VIALART (Charles de Saint-Paul), évêque d'Avranches, historien du cardinal de Richelieu. Sa remarque sur le cardinal, VIII, 239. — Ce qu'il dit des intrigues des femmes de la cour pour remarier Gaston, frère de Louis XII, 261.

VIC (Dominique, comte de), gouverneur de Saint-Denys, repousse les ligueurs qui s'étaient emparés de cette ville, VII, 273. — Assiste pour Henri IV aux conférences de Suréne, 332.

VICAIRES (les). (*Voy.* LIEUTENANS les), I, 308.

VICTOIRE (la), abbaye auprès de Senlis, fondée par Philippe-Auguste. Pourquoi, II, 277.

VICTOR-AMÉDÉE I DE SAVOIE, duc de Savoie, fils de Charles-Emmanuel I, et gendre de Marie de Médicis. Conseil qu'il lui donne pour obtenir les bonnes grâces de Louis XIII, VIII, 192. — Louis XIII fait avec lui un traité de ligue offensive et défensive, 457. — Le mécontentement éclate entre lui et le maréchal de Créqui, *ibid.* — Fixe la victoire au combat du Tesin contre le marquis de Léganez, 368. — Sa mort, 368.

VICTOR-AMÉDÉE II, duc de Savoie et premier roi de Sardaigne, petit-fils du précédent, traite secrètement avec l'Autriche, X, 64. — Amuse Catinat qui le somme de lui livrer ses places, *ibid.* —

Est battu par lui à Staffarde et dépouillé de ses places principales, *ibid.*— Envahit le Dauphiné et y commet mille ravages, 72 et 73. —Tombe malade et l'évacue, *ibid.*—Est battu à La Marsaille par Catinat. Les environs de sa capitale sont dévastés en représailles, 78. — Offre du roi pour le détacher de ses alliés, 83. — Prend Casal, 87. — Fait la paix avec la France et force les alliés à évacuer l'Italie, 89.—On croit s'en être assuré, lors de la guerre de la succession d'Espagne, par le mariage de ses deux filles avec les deux fils aînés du dauphin, fils de Louis XIV, 100. — Il trahit la France, 102. — Traite avec l'empereur et perd la Savoie que Louis XIV avait envahie, 115. — Il pénètre en Dauphiné avec le prince Eugène. Fait et lève le siége de Toulon, 147. — Y agit faiblement. Obtient au traité d'Utrecht une partie du Montferrat, l'île de Sicile et le titre de roi, 190 et 191.— Perd la Sicile envahie par l'Espagne, X, 235. — Reçoit la Sardaigne en échange, 265. — Son abdication, sa captivité et sa mort, 323 et 324.

VICTORINUS, associé par Posthume à l'empire des Gaules, est assassiné par ses soldats, I, 190.

VIDAL (Arnaud), remporte le premier prix aux jeux floraux, III, 103.

VIELLEVILLE (François de Scepeaux, maréchal de). Ce qu'il dit du duc de Nemours, VI, 141. — Ce qu'il dit à Charles IX sur la bataille de Saint-Denis, 275.— Sa collusion avec les confédérés, 288.

VIENNE (Jean de), gouverneur de Calais, défend cette ville contre Édouard III, III, 154. — Capitule, 157.

VIENNE (Jean de), amiral de France, neveu du précédent. Va porter du secours aux Écossais, III, 336. — Son peu de succès en Écosse, 338. — Donne des lumières sur l'Angleterre, *ibid.*

VIEUVILLE (Charles, duc de La), lieutenant-général en Champagne et surintendant des finances sous Louis XIII, s'empare de la confiance du roi après la mort du duc de Luynes, VIII, 223. — Il domine dans le conseil, 224. — Il se rend odieux, 226. — Il est jaloux de Richelieu, 227.— Ce qu'il disait à Louis XIII de Richelieu, *ibid.* — Sa disgrâce, 229. — Court risque d'être massacré à Reims, IX, 121.

VIEUX DE LA MONTAGNE (le), envoie des députés à Louis IX, II, 320.

VIGNEROD. (*Voy.* RICHELIEU et AIGUILLON.)

VIGNOLES. (*Voy.* LA HIRE.)

VIGOUREUX (La), est arrêtée. Pourquoi, X, 15.

VIGUIERS (les). (*Voy.* LIEUTENANTS, les), I, 308.

VILAINES (le Bègue de), ministre de Charles VI, III, 348. — Est arrêté et relâché, 369. — Se retire en Espagne, *ibid.*

VILLARET (Claude), historien. Description qu'il fait des préparatifs de Charles VI, pour une seconde expédition en Flandre, III, 338.

VILLARS-BRANCAS (André de), d'une famille originaire de Naples, gouverneur de Rouen pour la ligue, tente de s'emparer de Mantes, VII, 276. — Il défend Rouen assiégé par Henri IV, 301. — Il fait une sortie heureuse contre Henri IV, 306. — Est créé amiral de France par Mayenne, 332. — Assiste pour les ligueurs aux conférences de Surêne, *ibid.* — Il rend Rouen à Henri IV, 376.

VILLARS (madame de), tante de Henriette d'Entragues, instruit Henri IV des amours de sa nièce avec le prince de Joinville, VII, 474.

VILLARS (Louis-Hector, maréchal duc de), d'une famille originaire de Lyon. Son enthousiasme à Senef, en voyant Condé tirer son épée, IX, 404. — Il fait prisonnier de sa main à Pfortzheim le prince de Wurtemberg, général de l'armée impériale, X, 172. — Il est chargé de joindre l'électeur de Bavière en Allemagne, 107. Attaque à cet effet le prince de Bade, et le bat à Friedlingue, 108 et 109. — En est récompensé par le bâton de maréchal de France, *ibid.* — Rentre en Alsace, 110. — Repousse le prince de Bade dans les lignes de Stolhoffen et s'empare de Kehl, 111. — Il joint l'électeur, 112 et 113. — Ses discussions avec lui, *ibid.* — Lui propose de marcher sur Vienne, *ibid.* — L'électeur fait manquer ce plan, 114. — Il demande son rappel, 117. Il bat de concert avec lui le comte de Styrum à Hochstædt, *ibid.* — Il se sépare de l'électeur sur de nouvelles altercations avec lui, 119. — Est remplacé par le comte de Marsin, *ibid.* — Est chargé d'apaiser les troubles des Cévennes, *ibid.* — Parvient à les pacifier, 128 et 129. — Défend la frontière sur la Moselle, 134. — Force Marlborough à décamper devant lui, 135. — Joint le maréchal de Marsin en Alsace, *ibid.* — Force les lignes de Weissembourg, *ibid.* — Ne peut empêcher le prince de Bade de forcer les lignes de Huguenau, 136. — Dégage le fort Louis sur le Rhin, 144. — Paie d'exemple en cette occasion pour forcer Marsin, son collègue, à attaquer, *ib.* Les forces qu'on lui retire pour les porter en Flandre après la bataille de Ramillies l'empêchent de pénétrer en Allemagne, *ibid.* — Il enlève les lignes de Stolhoffen et entre en Souabe, 145. — Il fait proposer au roi de Suède, Charles XII, de se joindre à lui, 146. — Est obligé de rétrograder par défaut de moyens, *ibid.* — Empêche le duc de Savoie de pénétrer en Provence, 151. — Est opposé en

Flandre à Eugène et à Marlborough, 159. — Est battu à Malplaquet et blessé à cette bataille, 161. — Ne peut que borner les progrès des alliés, 171. — N'obtient point la liberté de livrer bataille à Marlborough, 178. — Force les lignes du prince Eugène à Denain et sauve la France, 186 et suiv. — Est contrarié par ses officiers, 189. — Leçon qu'il leur fait, 195. — Prend Landau et Fribourg, 198. — Sa fermeté pendant le siège est taxée de cruauté, 199. — Il est choisi pour négocier la paix, ibid. — Il en confère à Rastadt avec le prince Eugène, 200. — Signe avec lui la paix à Bade en Suisse, ibid. — Est nommé membre du conseil de régence, 221. — Président du conseil de la guerre, 222. — Ses remontrances sur les changemens opérés dans l'administration par le régent, ibid. — Conseils qu'il donne au régent, 227. — Ce qu'il raconte de la confiance du régent à l'égard des Anglais, 228. — Comment il raconte la manière dont s'opéra la disgrâce du duc du Maine, 238. — S'entremet pour amener le cardinal de Noailles et le parlement à accepter la bulle *Unigenitus* et y réussit, 283. — Membre du conseil d'état sous le duc de Bourbon, 292. — S'emploie de nouveau pour le rappel du parlement, 314. — Est envoyé commander en Italie; ses succès, 324. — S'empare de Milan, de Pavie, de Lodi, de Pizzighitone, ibid. — Coup de vigueur pour se tirer d'un pas dangereux, 325. — Il en est épuisé et meurt à quatre-vingt-trois ans, ibid.

VILLEDEUIL (N. Laurent de), contrôleur-général des finances sous l'archevêque de Toulouse, XI, 242. — Ministre de la maison du roi, est remplacé par M. de Saint-Priest, 280.

VILLEGAGNON (Nicolas Durand de), chevalier de Malte, commandant d'une colonie établie dans le Brésil, VI, 66.

VILLEHARDOUIN (Geoffroi de), maréchal de Champagne, premier historien qui ait écrit en français, II, 341.

VILLEMANZY, commissaire-ordonnateur, employé en Amérique dans l'expédition contre lord Cornwallis, XI, 199.

VILLEQUIER (René de) favori de Henri III, poignarde sa femme dans le Louvre, VII, 5. — Personnage qu'il fait à la cour, 40. — Il révèle au roi un secret que Saint-Luc lui avait confié, 83 (*Voy.* AUMONT.)

VILLEQUIER (Georges de), neveu du précédent. Par ordre de Charles IX, il provoque Lignerolles à la chasse, à un duel, et le tue, VI, 336. — Avis qu'il donne à Catherine de Médicis, 340.

VILLEROI (Nicolas de Neufville III, sieur de). Catherine de Médicis l'envoie en Piémont au-devant de Henri III, VII, 14. — Henri III l'envoie pour négocier avec les confédérés, 55. — Est accusé par Salcède d'avoir trempé dans sa conjuration, 89, à la note. — Il penche pour la Ligue, 133. — Sa haine contre d'Épernon, 156. —Surprend des ordres de Henri III contre le duc d'Épernon, 184. — Le roi l'exclut du conseil, *ibid.* — Il conseille au duc de Mayenne de traiter avec Henri IV, 235. — Le duc de Mayenne le fait entrer dans le conseil de l'Union, 241. — Négocie avec Henri IV, 252. — Est entremetteur d'une négociation entre le duc de Mayenne et Henri IV, 314. — Assiste pour les ligueurs aux conférences de Surêne, 332. — Abandonne le parti de la Ligue, 363. — Henri IV le charge d'entendre les dépositions de La Fin, relativement à la conspiration de Biron, 453. — Ce que Henri IV disait de lui, VIII, 18. — Le comte d'Entragues remet en sa présence, à Henri IV, la promesse de mariage souscrite par ce prince en faveur d'Henriette d'Entragues, 26. — Son avis dans le conseil tenu relativement à l'évasion du prince et de la princesse de Condé, 58. — Conseille à Marie de Médicis de conserver les anciens ministres, 79. — Conseil qu'il donne à Marie de Médicis, 104. — Marie de Médicis le charge de négocier avec les mécontents, 124. — Son mot dans le conseil sur le prince de Condé, 134. — Sa retraite, 142. — Revient à la cour, 152. — Rentre dans le ministère, 159. — Sa mort, *ibid.* — Ce que Henri IV disait de lui, 160.

VILLEROI (Charles de Neufville, seigneur de), marquis d'Alincourt, fils du précédent, gouverneur du Lyonnais, fait arrêter Richelieu, alors évêque de Luçon, qui revenait d'Avignon, VIII, 186.

VILLEROI (Nicolas, duc de), fils du précédent, maréchal de France et gouverneur de Louis XIV. Question que lui fait Louis XIII au sujet de Richelieu, alors évêque de Luçon, VIII, 185. — Ce qu'il écrit à son père, gouverneur du Lyonnais, relativement à Richelieu, 186. — Coopère aux ordonnances rendues sous Louis XIV, IX, 361.

VILLEROI (François de Neufville, duc de), fils du précédent, pair et maréchal de France et gouverneur de Louis XV. Est fait maréchal de France, X, 75. — Se jette le premier dans les retranchements de Nerwinde, 77. — Remplace Luxembourg en Flandre, 85. — Repousse l'électeur de Bavière et le prince de Vaudemont, 86. — Ne peut secourir Namur, *ibid.* — Commande encore en Flandre, 90. — Remplace Catinat en Italie et est battu par le prince Eugène à Chiari, 102. — Est surpris dans Crémone et fait prisonnier, 104. — Ne peut empêcher Marlborough de s'emparer de Bonn, Huy et Limbourg, 120. — Ses lignes sont forcées par Marlborough, 135. — Il se retire sous Louvain, 136. — Battu à Ramillies par le duc de Marlborough, il abandonne les Pays - Bas espagnols et se retire sous Lille, 139 à 141. — Membre du conseil de régence, 221. — Président du conseil des finances, 242.

VILLIERS DE L'ISLE ADAM. (*Voy.* Isle-Adam.)

VILLIERS, frère de Jumonville, fait capituler Washington dans le fort de la Nécessité, XI, 28. (*Voy.* Jumonville.)

VINCENT DE PAULE (le P.), instituteur des missionnaires, engage Anne d'Autriche à accorder sa confiance à Mazarin, IX, 6.

VINDEX (Julius), propréteur des Gaules sous Néron, les fait révolter, I, 154. — Excite Galba à marcher contre Néron, *ibid.* — Échoue auprès des légions des deux Germaniques qui marchent contre lui, 155. — Est battu et se donne la mort, *ibid.*

VINTIMILLE (Charles-Gaspard-Guillaume de), archevêque de Paris, successeur du cardinal de Noailles, X, 312. — Donne contre les nouvelles ecclésiastiques un mandement dont appellent vingt-deux de ses curés, 313. — Défend d'adresser un culte au diacre Pâris, 316. — Des avocats appellent de son mandement, et le parlement ne rejette pas leur appel, *ibid.*

VIOLE, président au parlement de Paris, l'un des partisans de Chavigni, IX, 39.

VIOMÉNIL (le baron de), l'un des principaux officiers français employés en Amérique dans l'expédition contre Cornwallis, XI, 9.

VIRDUMARE, chef de cavalerie éduenne de l'armée romaine, I, 106. — Il entre dans l'intrigue de Litavic et de Convictolitan pour faire soulever les Éduens, *ibid.* — Il brûle Nevers et s'empare du dépôt de l'armée romaine, 109. — Il commande une partie de l'armée gauloise qui vient au secours d'Alise, 113.

VISA (le). Signification de ce mot, X, 286. — Malversations dans la manière de l'opérer, 287. — Il pèche et dans le fond et dans la forme, 288.

VISCONTI (Jean Galéas), premier duc de Milan, épouse Isabelle, fille de Jean, roi de France, III, 229. — Donne Valentine sa fille en mariage au duc d'Orléans, frère de Charles VI, 350. — Attaqué par Jean III, comte d'Armagnac, il le fait prisonnier, 358. — Moleste les Génois, envoie défier Charles VI, et les principaux seigneurs de la cour, *ibid.*

VISCONTI (Philippe-Marie), duc de Milan, second fils du précédent. (*Voy.* Philippe Marie.)

VISCONTI, vice-roi de Naples, est repoussé par don Carlos, et est battu à Bitonto par le comte de Montemar, X, 327 et 328.

VISIGARDE est répudiée par Théodebert, I, 295. — Est reprise par lui, 297.

VITELLIUS (Aulus), empereur, est envoyé dans les Germaniques par Galba, I, 156. — Est proclamé empereur par ses soldats, ibid. — Ses lieutenans se rendant en Italie, pillent la Gaule, 157. — Il gagne la bataille de Bedriac sur les troupes d'Othon, ibid. — Vitellius gagne Rome, et s'y rend méprisable par ses vices et par sa gloutonnerie, 158. — Consent à abdiquer et en est empêché par ses soldats germains, 160. — Est massacré par la populace après en avoir été le jouet, ibid.

VITIKIND, chef des Saxons, attaque la France sous Charlemagne, II, 25. — Est battu, et se retire en Danemarck, 26. — Marche de nouveau contre Charlemagne, 28. — Attaque de nouveau les Français et en fait un affreux carnage, 31. — Cède à la force, va trouver Charlemagne et se convertit, 32.

VITRI (Louis Galuccio de l'Hôpital marquis de), capitaine des gardes, gouverneur de Meaux, se soumet à Henri IV, VII, 363. — Arrête le duc de Biron, 458.

VITRI (Nicolas Galuccio de l'Hôpital maréchal de), capitaine des gardes de Louis XIII, arrête Concini, VII, 150. — Il sort de la Bastille, où il était détenu pour violence envers l'archevêque de Bordeaux Sourdis, 448. — Il entre dans la cabale des *Importants*, IX, 3. (*Voy.* HÔPITAL.)

VIVONNE (Jean de), marquis de Pisani, dernier mâle de sa maison. Henri IV l'envoie en ambassade à Clément VIII, VII, 317.

VIVONNE (Louis-Victor de Rochechouart, duc de Mortemar et de Vivonne), comme descendant d'une héritière de Vivonne, maréchal de France et général des galères de France. Il remporte une victoire navale à Palerme sur une flotte hollandaise, IX, 426. (*Voy.* MONTESPAN.)

VOCULA, lieutenant d'une légion dans les Gaules, étouffe un soulèvement par sa fermeté, I 164. — Reçoit de Flaccus son général le commandement de l'armée, ibid. — Forme un camp sur le Rhin à Gelduba, ibid. — Bat le Batave Civilis et lui fait lever le blocus du camp de Vétera, 165. — Sédition dans son armée à la faveur de laquelle Civilis enlève son camp de Gelduba, 166. — Fuit son armée pour éviter d'être massacré, ibid. — Est rappelé par ses soldats et périt par leurs mains, 167.

VOISIN (la) est arrêtée; pourquoi, X, 15.

VOISIN (Denys-François), chancelier de France, l'un des coopérateurs des ordonnances de Louis XIV, IX, 361.—Succède à Chamillard au ministère de la guerre, X, 166. — Est fait membre du conseil de régence, 221.

VOLTAIRE (Marie-François Arouet de), patriarche de la secte philosophique, XI, 13. — Dénonce le jugement de M. de Lally au tribunal de l'opinion publique, 83. — Meurt cinq jours après la réhabilitation de la mémoire de ce général, 84.

VOYER (le). (*Voy.* ARGENSON.)

VRILLIÈRE (la). (*Voy.* PHELYPPEAUX.)

W

WALDECK (Georges-Frédéric, comte puis prince de), commande l'armée des cercles en Flandre, X, 55. — Bat le maréchal d'Humières à Walcourt, 56. — Est battu par Luxembourg à Fleurus, 62. — Son arrière-garde est battue par le même à Leuze, 66.

WALPOLE (Robert), comte d'Oxford, ministre principal d'Angleterre sous les rois Georges I et Georges II. Ses dispositions pacifiques contribuent au dépérissement où le cardinal de Fleury laisse tomber la marine française, X, 357.

WANEFRID. (*Voy.* PAUL D'AQUILÉE.)

WARREN, amiral anglais, enlève l'escadre du marquis de la Jonquière, XI, 7.

WARWICH (Richard Beauchamp, comte de), régent de France après la mort du duc de Bedford, et l'un des meilleurs généraux de l'Angleterre, est envoyé en Bretagne, IV, 115. — Dunois lui fait lever le siége de Montargis, 117 et 118.

WARWICH (Richard Nevil, comte de), gendre du précédent, dit le *faiseur de rois*, fait ses premières armes en France, IV, 115, à la note. — Détrône Édouard IV qu'il avait placé sur le trône, et y rétablit Henri IV qu'il avait détrôné, 152, à la note. — Est tué à la bataille de Barnet, 286.

WASHINGTON (Georges), commandant du fort de la Nécessité en Amérique; sa troupe assassine Jumonville, officier français, XI, 28. — Est contraint à capituler par Villiers, frère de Jumonville, *ibid.*—Commande la retraite après la défaite du général Braddock, 29. — Est nommé généralissime des insurgés américains, 165. — S'empare de Boston, 166.—Évacue New-Yorck; est battu par le chevalier Howe, à Kings-Bride, et couvre Philadelphie, 168.—

Échappe à lord Cornwallis, *ibid.*— Est battu de nouveau par Howe à Brandy-wine, et évacue Philadelphie, 169. — Il y rentre par la retraite du général Clinton, 173. — Combat indécis entre ce général et lui à Monmouth, *ibid.* — De concert avec les généraux de Rochambeau et de Grasse, il resserre lord Cornwallis à York-Town et le force à mettre bas les armes, 197 à 201.

WEIMAR. (*Voy.* SAXE-WEIMAR.)

WERTH (Jean de), général autrichien, sous le cardinal Infant, VIII, 360. — Propose de marcher sur Paris, 362. — Est fait prisonnier à Rhinfeld par Weimar, et envoyé à Paris, 381 et 382. — Commande une division à Dutlingen, IX, 18. — Met en déroute l'aile droite française à la bataille de Nordlingue, 30.

WESTERMANN, officier prussien, chef des brigands qui attaquent le château des Tuileries au 10 août, XI, 366.

WIGHS (les). Une des factions qui divisent l'Angleterre, ses principes, X, 175.

WINCHESTER (Henri de Beaufort-Lancastre, cardinal de), fils de Jean de Gand, et grand-oncle de Henri VI, couronné roi d'Angleterre dans la cathédrale de Paris, IV, 153. — Préside les plénipotentiaires anglais au congrès d'Arras, 154.

WIRTEMBERG (Christophe, dit le Pacifique, duc de), sollicite Henri II en faveur des calvinistes, VI, 110. — Catherine de Médicis lui offre le commandement de l'armée royale, 225. — Il se refuse aux sollicitations de Catherine de Médicis, 247.

WIRTEMBERG (Frédéric, duc de), d'abord comte de Montbelliard, cousin germain du précédent, au fils duquel il succéda. Il est à la tête d'une ambassade envoyée à Henri III par les princes d'Allemagne, VII, 125. — Il repart mécontent du roi, 127.

WIRTEMBERG (Georges de), comte de Montbelliard, époux d'Anne de Coligni, fille de Gaspard, maréchal de Châtillon, et fils puîné de Louis-Frédéric, comte de Montbelliard, second fils du précédent. Il amène quelques troupes au secours du prince de Condé, IX, 244.

WIRTEMBERG (Frédéric-Charles de), prince-administrateur du duché pendant la minorité d'Eberard son neveu, arrière-petit-fils de Frédéric ci-dessus. Il est battu à Pforzheim par le maréchal de Lorges, et fait prisonnier de la main de Villars, X, 72. — Est repoussé par Villeroi, 86.

WISSANTS (Jacques et Pierre), bourgeois de Calais. Leur généreux dévouement, III, 158.

WITT (Jean de), grand-pensionnaire s'oppose au rétablissement du stathoudérat, X, 393. — Est massacré par le peuple, 394

WITT (Corneille de), amiral hollandais, frère du précédent, brûle des vaisseaux anglais à quatre lieues de Londres, IX, 361. Est massacré par le peuple comme partisan de la France, 394.

WOLFE, général anglais, gagne la bataille de Québec et y trouve la mort ainsi que le général français, XI, 68.

WOLFGANG, duc de Deux-Ponts. (*Voy.* DEUX-PONTS.)

WOLFGANG, duc d'Isembourg. Il est à la tête d'une ambassade envoyée à Henri III par les princes d'Allemagne, VII, 125. — Repart mécontent du roi, IX, 90.

WOLMAR (le conseiller), plénipotentiaire de l'empereur au congrès de Westphalie, IX, 90.

WOLSEY (Thomas), cardinal, ministre et favori de Henri VIII, roi d'Angleterre, procure à ce prince une entrevue avec François I, V, 271. — Est flatté de l'espérance de la tiare par Charles-Quint, 273. — Préside au congrès de Calais, 275. — Charles-Quint par le traité de Windsor, s'engage à lui payer une pension, 285. — Se refroidit à l'égard de l'empereur. Pourquoi, 322.

WOODVILLE (Elisabeth), fille de lord Rivers et de Jacqueline de Luxembourg, épouse Édouard IV, roi d'Angleterre, ce qui occasionne une révolution dans ce pays, IV, 152, à la note.

WOUDRETON (Robert), valet de Gauthier-le-Harpeur. Charles-le-Mauvais l'engage à empoisonner la famille royale. Il est arrêté, son supplice, III, 343.

WRANGEL (Charles-Gustave), général suédois, succède à Torstenson, et se joint à Turenne, IX, 31. — Force l'électeur de Bavière à la neutralité, *ibid.* Envahit son pays pour le punir d'avoir violé son traité, 88.

X

XAINTRAILLES (Pothon de), chevalier attaché au dauphin Charles, IV, 98. — Commande un corps de royalistes dans l'armée du duc de Bourgogne, 108. — Se jette dans Orléans, 122. — Fait prisonnier Talbot à Patay, 133. — Le fait relâcher sans rançon, procédé dont usa depuis Talbot à son égard, *ibid.* — Bat les Anglais à Germigny, 140.

Y

YOLANDE DE FRANCE, fille de Charles VII et de Marie d'Anjou, épouse Amédée IX, fils ainé du duc de Savoie, IV, 187. — Est délivrée par Louis XI, son frère, du château où le duc de Bourgogne la tenait renfermée, 330.

YORCK (Edmond, comte de Cambridge, puis duc d'), tige de la Rose blanche, fils d'Édouard III, roi d'Angleterre, et frère puîné de Jean de Gand, duc de Lancastre, tige de la Rose rouge. Le pape Innocent VI lui permet d'épouser telle de ses parentes qu'il voudra, III, 234. — Urbain V révoque cette permission, 235. — Il épouse Isabelle, seconde fille de Pierre-le-Cruel, roi de Castille, ibid.

YORCK (N., duc d'), fils du précédent, est tué à Azincourt de la main du duc d'Alençon, IV, 63.

YORCK (Richard, duc d'), neveu du précédent, cousin issu de germain du duc de Bedford, est régent de France après lui, IV, 157. — Il est traversé par Henri de Lancastre, duc de Sommerset, petit-fils de Jean de Gand, par Jean de Beaufort, son père, prince légitimé, ibid.

YORCK (le duc d'), depuis JACQUES II, roi d'Angleterre. (Voy. JACQUES II.)

Z

ZACHARIE, pape, déclare Childéric III déchu de la couronne, I, 362.

ZAMET. Gabrielle d'Estrées est frappée dans sa maison de la maladie dont elle mourut peu après, VII, 416.

ZENNEQUIN, un des chefs des Flamands, surprend Philippe VI à Casal, III, 112.

ZÉNON, père des Stoïciens, II, 286.

ZIZIM, frère de Bajazet II, empereur de Constantinople, passe en France. Charles VIII le remet entre les mains d'Innocent VIII, V, 66. — Alexandre VI le remet entre les mains de Charles VIII, 76. — Meurt empoisonné, ib.

ZUNIGA (don Balthazar de), ambassadeur d'Espagne en France, fomente des intrigues à la cour de Henri IV, VIII, 17 et 18. — Sa conduite à l'égard de Henri IV, 23. — Il séduit Henriette d'Entragues, 25.

ZOUTMAN, contre-amiral hollandais, rend un combat indécis sur le Doggersbank contre le vice-amiral anglais Peter-Parker, XI, 202.

ZUINGLE (Ulric), curé de Zurich, disciple de Luther, ajoute aux erreurs de son maître, V, 245 — Divise les cantons suisses par sa doctrine, et est tué dans un combat qui est la suite de leurs différends, 246.

FIN DU DOUZIÈME ET DERNIER VOLUME.

www.ingramcontent.com/pod-product-compliance
Lightning Source LLC
Chambersburg PA
CBHW070215240426
43671CB00007B/659